U0711680

中国特色社会主义法治理论系列教材
编审委员会

（按姓氏笔画排序）

顾　　问	江　平	李德顺	应松年	张文显	张晋藩
	陈光中	徐显明			
编委会主任	黄　进				
编委会委员	马怀德	王利明	王　轶	卞建林	孔庆江
	叶　青	申卫星	付子堂	冯　果	吕　涛
	曲新久	朱　勇	刘晓红	杨灿明	杨宗科
	李玉基	李树忠	时建中	吴志攀	张守文
	张保生	季卫东	焦洪昌	蔡立东	

· 中国特色社会主义法治理论系列教材 ·

黄　进／总主编

民法物权

刘家安／著

中国政法大学出版社

2023 · 北京

声　　明　　1. 版权所有，侵权必究。

2. 如有缺页、倒装问题，由出版社负责退换。

图书在版编目（ＣＩＰ）数据

民法物权/刘家安著. —北京：中国政法大学出版社，2023.3（2025.3重印）
ISBN 978-7-5764-0784-6

Ⅰ．①民… Ⅱ．①刘… Ⅲ．①物权法－中国 Ⅳ．①D923.2

中国版本图书馆CIP数据核字(2023)第032399号

出　版　者	中国政法大学出版社
地　　　址	北京市海淀区西土城路 25 号
邮　　　箱	fadapress@163.com
网　　　址	http://www.cuplpress.com (网络实名：中国政法大学出版社)
电　　　话	010-58908435(第一编辑部) 58908334(邮购部)
承　　　印	北京鑫海金澳胶印有限公司
开　　　本	787mm×1092mm　1/16
印　　　张	23.75
字　　　数	534 千字
版　　　次	2023 年 3 月第 1 版
印　　　次	2025 年 3 月第 4 次印刷
印　　　数	26001~31000 册
定　　　价	66.00 元

作者简介

刘家安 祖籍山东省莒县，1971 年 11 月生于福建省顺昌县。在中国政法大学先后取得法学学士、硕士、博士学位，1996 年留校任教，现任民商经济法学院教授、民法研究所所长，兼任中国法学会民法学研究会常务理事、副秘书长，北京市物权法研究会副会长等学术职务。1999 年至 2000 年曾赴意大利罗马第二大学访问学习，研修罗马法、意大利民法，通晓英语、意大利语。主要研究方向为物权法、债法、罗马法等。出版专著《买卖的法律结构》《物权法论》，译著《买卖契约——学说汇纂（第 18 卷）》，参与民法、商法、罗马法等方面多部教材的写作。获评"北京市教学名师"（2021 年），多次荣获"中国政法大学最受本科生欢迎的十位教师"等称号。

总 序

经过六十多年的建设发展，中国政法大学作为国家"211 工程""985 工程优势学科创新平台""2011 计划"重点建设大学和"双一流"建设高校，已从一所普通大学成长为如今具有国际影响力的国内一流大学，被誉为"中国法学教育的最高学府"和"中国人文社会科学领域的学术重镇"。法大一直秉承"厚德、明法、格物、致公"的校训精神，坚持"学术立校、人才强校、质量兴校、特色办校、依法治校"的办学理念，以"经国纬政、法治天下""经世济民、福泽万邦"为办学使命，形成了独特的法学教育教学理念，积累了丰富的法学理论研究成果和法治人才培养经验，汇集了一大批自强不息、追求卓越的学术名师。在建设富强民主文明和谐美丽的社会主义现代化强国、实现中华民族伟大复兴中国梦的新征程中，法大正致力于建设开放式、国际化、多科性、创新型的世界一流法科强校，并积极推进国家法治建设和高等教育事业的发展，以卓越的人才培养、科学研究、社会服务推动国家法治昌明、政治民主、经济发展、文化繁荣、社会和谐及生态文明，书写着充满光荣与梦想、开拓与奋进的时代华章。

党的十八大以来，党中央高度重视依法治国，对全面推进依法治国作出决定和部署，民主法治建设迈出重大步伐。十八届四中全会专门研究全面推进依法治国并作出决定，提出全面推进依法治国的总目标是建设中国特色社会主义法治体系，建设社会主义法治国家；提出要在中国共产党领导下，坚持中国特色社会主义制度，贯彻中国特色社会主义法治理论，形成完备的法律规范体系、高效的法治实施体系、严密的法治监督体系、有力的法治保障体系，形成完善的党内法规体系，坚持依法治国、依法执政、依法行政共同推进，坚持法治国家、法治政府、法治社会一体建设，实现科学立法、严格执法、公正司法、全民守法，促进国家治理体系和治理能力现代化；还特别提出要加强法治工作队伍建设，创新法治人才培养机制。党的十九大庄严宣布，经过长期努力，中国特色社会主义进入新时代，这是我国发展新的历史方位。在新时代，我国社会主要矛盾已经转化为人民日益增长的美好生活需要和不平衡不充分的发展之间的矛盾。人民美好生活需要日益广泛，不仅对物质文化生活提出了更高要求，而且在民主、法治、公平、正义、安全、环境等方面的要求日益增长。因此，坚持全面依法治国是新时代坚持和发展中国特色社会主义的基本方略，要坚定不移走中国特色社会主义法治道路，完善以宪法为核心的中国特色社会主义法律体系，建设中国特色社会主义法治体系，建设社会主义法治国家，发展中国特色社会主义法治理论。党的十九届四中全会专门研究了坚持和完善中国特色社会主义制度，推进国家治理体系和治理能力现代化若干重大问题，进一步强调坚持全面依法治国，建设社会主义法治国家，切实保障社会公平正义和人民权利的显著优势，还要继续坚持和完善中国特色社会主义法治体系，提高党依法治国、依法执政能力，推进法治中国建设。党中央关于全面依法治国的一系列战略部署，为我国新时代法学教育和法治人才培养提供了根本遵循，指明了前进方向。

坚持全面依法治国离不开法学教育和法治人才培养，新时代中国特色社会主义法治建设对法学教育和法治人才培养提出了新使命、新任务、新要求。习近平总书记2017年5月3日考察中国政法大学时就法学教育和法治人才培养强调指出：全面推进依法治国是一项长期而重大的历史任务，全面依法治国是一个系统工程，法治人才培养是其重要组成部分；办好法学教育，必须坚持中国特色社会主义法治道路，坚持以马克思主义法学思想和中国特色社会主义法治理论为指导，立德树人，德法兼修，培养大批高素质法治人才。他特别强调指出：高校是法治人才培养的第一阵地，要为完善中国特色社会主义法治体系、建设社会主义法治国家提供理论支撑，努力以中国智慧、中国实践为世界法治文明建设作出贡献；对世界上的优秀法治文明成果，要积极吸收借鉴，但也要加以甄别，有条件地吸收和转化，不能囫囵吞枣、照搬照抄；要坚持从我国国情和实际出发，正确解读中国现实、回答中国问题，提出标识性学术概念，打造具有中国特色和国际视野的学术话语体系，尽快把我国法学学科体系和教材体系建立起来。为了认真贯彻落实党的十八大、十八届三中和四中全会精神，十九大和十九届四中全会精神，特别是习近平总书记考察中国政法大学重要讲话精神，中国政法大学秉承先进的法学教育教学理念，充分利用学校教师资源、出版资源和数字网络平台优势，深谋远虑、善作善为，积极组织编写和大力推动出版摆在读者面前的这套全新的立体化、数字化法学系列教材。

据我所知，本系列教材的编写人员均为法大在一线从事教学工作多年、拥有丰富法学教学经验和丰硕科研成果、教学特点鲜明的中青年教师，他们在法大深受学生喜爱和好评，有的还连续数年当选"中国政法大学最受本科生欢迎的老师"。本系列教材就是他们立足于法学教育改革和人才培养模式创新的需要，结合互联网资源信息化、数字化的特点，以自己多年授课形成的讲义为基础，根据学生课堂学习和课外拓展的需求与信息反馈，经过细致的加工与打磨，用心编写而成的。本系列教材可以说是各位编写人员一二十年来教学实践与探索的结晶，更是他们精雕细琢的课堂教学的载体和建模。

在我看来，本系列教材在以下几个方面颇具特色：

第一，坚持以中国特色社会主义法治理论为指导。本系列教材定位为马克思主义理论研究和建设工程重点教材的补充教材，教材的编写认真贯彻落实党的十八大、十八届三中和四中全会精神，十九大和十九届四中全会精神，特别是习近平总书记考察中国政法大学重要讲话精神，坚持中国特色社会主义法治道路，坚持以马克思主义法学思想和中国特色社会主义法治理论为指导，坚持"立德树人、德法兼修"的法治人才培养观；坚持从我国国情和实际出发，正确解读中国现实、回答中国问题，提出标识性学术概念，用"中国智慧、中国实践"培养高素质法治人才；坚持全面准确反映中国特色社会主义法治建设丰富实践和法治理论最新理论成果，努力打造具有中国特色和国际视野的法学学术话语体系、学科体系和教材体系，为完善中国特色社会主义法治体系、建设社会主义法治国家提供理论支撑。

第二，知识呈现从整体到细节，巧构法科学习思维导图。法学教育不仅要传授学生法学基础知识，更要帮助学生在脑海中形成脉络清晰的树状知识结构图，对于如何解构法律事实、梳理法律关系、分清主次矛盾、找到解决方法，有一个科学完整的法学方法论，为学生以后从事理论研究或法律实务工作奠定坚实的基础。

第三，重点难点内容突出，主干精炼、枝叶繁茂。得益于数字网络平台的拓展功能和数字设备扫描二维码的方便快捷，本系列教材得以从过去繁缛复杂、全而不精的闭合循环中解脱出来，着力对每个知识点的通说进行深度解读并介绍主要的学术观点，力求提纲挈领、简明扼要。同时，对于每个学科的重点难点内容予以大篇幅的详细对比和研讨，力求重点难点无巨细，使学生通过学习教材能够充分掌握该学科的主要内容，并培养足以应对常见问题的能力。相关知识点的学术前沿动态和学界小众学术观点，则通过二维码栏目向学生打开课外拓展学习的窗口，使学有余力者能够有矿可挖、有据可查、有章可循、有的放矢。

第四，注重理论教学与实践教学相结合，应试教学与实务教学相结合。法学学科是实践性很强的学科，法学教育必须妥善处理理论教学和实践教学的关系。本系列教材充分结合案例教学、情景教学、模拟法庭、法律诊所、社会调查、实习实践、团队研讨和专题研究等教学和学习方法，引导学生探究式学习，从理论走向实践、从课堂走向社会。同时，考虑到学生未来工作或继续深造的发展方向，满足学生准备国家统一法律职业资格考试和研究生入学考试的需要，本系列教材设置了专门的题库和法律法规库并定期更新，通过二维码栏目向学生开放各类考试常考的知识点及其对应的真题、模拟题，并结合法律实务的需求，提供法律法规及案例等司法实务中常用的信息，或跳转到相关资源丰富的实务网站，引领学生从单纯理论知识学习走向理论知识学习与法律实务训练同步、从应对法学考试走向应对法律实务、从全面学习走向深度研究。

第五，加强课堂教学与课下研讨相结合，文字与图表、音视频相结合。本系列教材立意除了强化课堂教学互动外，还在课下为学生提供了丰富、立体的学习资源，既有相关知识点的分析对比图表，也有包含全书的课程讲义PPT。此外，针对重点难点知识，授课教师在PPT的基础上录制讲解视频，并在网络学习平台上开辟师生交流渠道，由教师布置课后作业并通过网络学习平台打分、统计答题信息等方式，有针对性地进行二次讲解和课后答疑，在充分缩短时间和空间距离的前提下，加强师生沟通互动，不断提高教师教学效果和学生学习成效。

本系列教材是中国政法大学中青年教师多年立德树人、教书育人、潜心教学、耕耘讲台的直接成果，也是我国法学法律界同仁长期以来对中国政法大学事业发展关心、支持和帮助的结果。作为系列教材总主编，借此机会，我对法学法律界同仁，对本系列教材编辑委员会的顾问和委员，对所有编写人员和组编工作人员，表示衷心的感谢并致以崇高的敬意！我们相信，本系列教材的出版必将有力地推进中国政法大学法学教学改革创新和法治人才培养质量的提升，也将对我国法学教育起到示范和引领作用。我们也真诚希望海内外广大从事法学教育工作的专家学者能够同我们进行坦诚交流，对本系列教材提出宝贵意见，予以批评指正。

中国政法大学自建校以来，以人为本、尊师重教，薪火相传、筚路蓝缕，淡泊明志、求真务实，崇尚学术、追求真理，开拓创新、放飞梦想，始终奋战在我国法学教育和法治建设的第一线，已经成为我国法学教育和法治人才培养的主力军。法大之所以有今天，是因为有一代又一代法大人自强不息、追求卓越，坚持不懈、努力奋斗。本系列教材的编写、出版，就是今日法大人对法大的贡献，就是今日法大人对法大历史的书写，就是今日法大人承前启后、继往开来的印记。法大的事业乃千秋伟业，胸怀"经国纬政、法治天下"壮志，坚守"经世济民、福泽万邦"情怀的法大人，唯有肩负起时代的使命和人民的重托，同心毕力，奋楫争先，在新的征程上继续砥砺前行！

是为序。

黄　进

2019 年 12 月 1 日修订于蓟门

前 言

　　本书作者曾于 2009 年独著出版《物权法论》，并于 2015 年将该教材更新至第二版。该教材简明扼要，尽管覆盖物权法体系的全部内容，但仅有 20 余万字。薄薄的一本，显得不太厚重。出版之初，作者也自感该教材还有很多不足。令作者始料不及的是，该教材得到了广大读者的高度认同，全国高校众多法学院均将该书作为指定教材和推荐教材，它成为诸多法学教材推荐榜上的常客。其实，作者深知，《物权法论》并没有那么好，其受到的超预期欢迎，其实折射出一个并不令人愉悦的事实：经过多年的"教材建设"，法学教材的品类和数量已给人以过于泛滥的感觉，但是，真正适合法学专业学生阅读的简明教科书实际上乏善可陈。或许只是因为其简明的行文风格和相对清晰的说理方式，《物权法论》才具有了较强的可读性，从而获得了读者一定程度的认可。

　　《物权法论》第二版出版以来，物权法方面的学术研究、司法实践，乃至于民事立法，均获得了长足的发展。2021 年 1 月 1 日，《中华人民共和国民法典》正式生效。客观地说，《民法典》物权编并未对先前的《中华人民共和国物权法》做出重大的修正，而是在总体上忠实地承继了后者的体系、规范风格和具体条文。尽管如此，民法典时代的来临还是使各种民法教科书都有了更新的必要性。另外，作者深感《物权法论》这本教科书可能也过于简明，在论述对象的广度与深度方面，有实质性提升的需要。过去几年，作者也不断被同仁和读者问及，《物权法论》何时更新至第三版？考虑到内容方面所做调整的幅度，作者不再出《物权法论》的新版，而是写作一本全新的物权法教科书，并将书名确定为《民法物权》。

　　《民法物权》是面向法学专业学生编写的一本教科书。它以《中华人民共和国民法典》物权编为主要依据及重点阐述对象，同时也对其他法源及重要的物权法理论问题做出讨论。

　　在内容、方法及体例上，本教科书具有以下几个特点：

　　第一，作者仍将本教科书定位为简明物权法教科书。物权法体系庞大、理论精深、实践丰富，相关著作容易写得繁杂冗长，从而影响初学者的阅读体验和对基础知识的掌握。在不牺牲讨论对象广度和深度的同时，本书作者致力于简化全书结构，不设编，仅设章、节，并以精炼的语言阐明相关问题，行文尽可能不拖泥带水。

第二，倡导我国本土法学意识。改革开放以来的民法学，在相当长的一段时间内，以民事立法的推进和完善为主要任务。由于民事立法本身的不完备，包括教科书在内的法学作品一方面习惯于诉诸比较法的知识，通过介绍域外法经验（实际往往肤浅且有失准确），尝试提出我国立法的设计；另一方面，对于法律规则本身也时常只能以"传统民法理论认为"等语焉不详的方式加以表达。《民法通则》以来的立法和其他法源的发展，尤其是《民法典》的出台，终于使我国的民法学基本具备了转型为法律解释学的条件。在写作本书时，作者时刻提醒自己，这本教科书应以阐明现行中国物权法律制度为基本宗旨，因此，除非为我国现行法的解释提供可能的方案，或者为偶尔评点制度得失的目的，本书一般不单独阐释比较法的知识。当然，对于一些我国法源未涉及的物权法问题，本书也只能借助在我国民法学上已取得相当共识的理论来加以阐明。

第三，倡导"问题意识"，致力于培养读者的民法学思维能力。传统上，我国的民法学教科书往往仅注重知识体系的完整表达，教科书写作往往表现为理论与知识的平铺直叙，使用此种教科书的学生往往也习惯于囫囵吞枣式的抽象识记。作者以为，民法学教科书在提供一个完整知识框架的同时，更应引导读者思考每一个概念范畴、每一项规则何以呈现为现时的语言表达，思考某种表达或说法到底具有何种规范意义。另外，从具体的生活事实出发提出问题并寻求法律规范层面的回答，这种方法能够引导读者理解抽象规则的实践意义，从而也真正理解规则本身。为此，本教科书不仅在通篇写作中贯彻与读者交流思想的写作风格，而且在许多章节中也刻意增加了"问题"或"导入性问题"的设计，希望读者带着问题阅读，并自己在阅读中发现问题的答案。这一设计的主要目的并非在于教授解题之道，而是引发读者的问题意识，同时也旨在增强读者的阅读兴趣。

第四，作者意识到，物权法上的许多问题，甚至是一些基本概念范畴，都存在很大争议。而相对于其他体裁的学术性作品而言，教科书的读者往往更加希望获得相对确定的答案。法学具有很强的思辨性，诸多问题并不存在唯一"正确"的答案，层出不穷的各种学术观点可能均有其合理的成分。如果本教科书致力于展示各种学说，不仅会导致内容的繁杂、冗长，从而偏离本书简明教科书的基本定位，而且，此种看似严谨周全的行文风格其实会降低读者的阅读兴趣和阅读感受。在本书写作过程中，作者并不追求全面呈现迄今为止我国物权法学研究的现状，对于基本已达致"通说"的一些学术观点，作者原则上不做脚注（本书引注性脚注不多）。不过，在现阶段，很难说我国的物权法学已发展出了一套被广为接受的"通说"，而且，在作者看来，一些相当流行的学说甚至缺乏基本的合理性。有鉴于此，本书当然也体现作者相当多的个人思考。作者以为，一本用心书写的教科书，在学术性方面丝毫不应低于学术专著与论文，而其在观点的明晰和语言文字的精炼等方面则有着更高的要求。本书写作中，对于诸多争议问题，作者依赖理性的指引，以法律的外在形式逻辑与内在蕴含的价值判断为基础，简明扼要地作出相关论证。作者期待，这本教科书能够在生成我国物权法学的通说方面做出一点微薄的贡献。

第五，分层阅读的设计。本教科书首先预设的读者人群，是初习物权法学的法学专业本科生。为此，本书立足于对基本概念、基本规范、基本知识的阐明。作者相信，一般读者通过阅读教科书的主体部分即能较好地掌握物权法的基本知识。同时，作者并不想仅将本教科书定位于初级教科书，而是希望其也能满足更高层次的阅读需要。为此，针对学术性较强且通常也较有难度的问题，本教科书在行文上做了两项设计：其一，正文中随时插入一些更具思辨性专题的讨论，并以不同的编辑字体显示，以示区分；其二，较多地使用说明性脚注，对于正文中不便展开的一些内容做补充性说明（如此可保持正文部分阅读的流畅性）。在作者看来，这部分学术性较强的内容更适合进阶读者，初学者在首次阅读本书时，可以考虑先跳过这些较有难度的内容。

第六，增加可读性的其他考虑。作者认为，教科书写作应追求可读性，要能激发读者的阅读兴趣。为此，作者除认真推敲每一段文字外，还做了其他一些设计。例如，写作过程中，作者特别注重示例的作用，不仅以一些简明的事例辅助说清法律逻辑，同时也以举例方式揭示物权制度的社会经济机能。作者很期待，书中对地役权的社会经济功能等所做的描述能够深深吸引读者，让大家有读下去的冲动。

即使有先前的《物权法论》为基础，但本书的写作仍历时数年才完成。尽管已付出了不少努力，但作者深知，本教科书仍有很多不足。本书出版后，作者会继续自己在物权法学上的思考，也特别期待能听到广大同仁和读者的意见和批评，以便未来再版时能进一步提升本教科书的品质。

作　者
2023 年 1 月 6 日

目　录

第一章

导 论

✉ 本章提要

　　本章主要阐明物权法的意义、功能与性质，从整体上概述我国物权法的体系及其法律渊源，并简要介绍我国物权法的发展，探讨蕴含于物权立法中的价值取向。

☛ 第一节　物权法的意义与性质

一、物权法的意义、功能

　　人类的生存与发展，须以对外在客观世界中一定物质的利用和支配为前提。尽管大自然赐予人类的物产十分丰厚，人类辛勤的劳作更使我们这个星球具有了承载数十亿人物质需求的能力。然而，在人类的无限需求与有限的物质资源之间必然存在着紧张关系。如果我们所需要的所有物质财富都如同我们所呼吸的空气那样，具有取之不尽、用之不竭的特性的话，或许在人类社会的发展过程中就不会创造出私有制这种制度了。正是因为物质有限而人类的需求无限，才需要由法律确定物的归属，然后赋予该特定主体对该物的排他性支配和利用的权利，从而建立物质财富的归属与利用秩序，避免无谓的争端。一言以蔽之，物权法的基本功能是定分止争。

　　作为民法重要组成部分的物权法[1]，其基本功能在于调整平等主体之间的财产性法律关系。但是，物权制度在相当大的程度上取决于一国宪法所确立的经济制度，并将其予以具体化。就此而言，《中华人民共和国民法典》（以下简称《民法典》）第1条所称"……根据宪法，制定本法"，此言非虚。《中华人民共和国宪法》（以下简称《宪法》）第6条规定，"中华人民共和国的社会主义经济制度的基础是生产资料的社会主义公有制，即全民所有制和劳动群众集体所有制。"我国宪法确立了绝对的土地公有制，土地只能归属于国家或集体所有。在传统上，物权法以不动产物权为规范的重点，而不动产又以土地为主要表现形态。除苏联法制外，自罗马法以降，对于我国民法产生直接或间接影响的法律体系莫不以土地私有制为前提。在土地私有制之下，土

―――――――――――

　　[1] 《中华人民共和国民法典》于2021年1月1日生效后，《中华人民共和国物权法》失去效力。本书将以不带书名号的"物权法"指称包民法典物权编在内的实质意义上的物权法法源，而使用带书名号的"《物权法》"指称"《中华人民共和国物权法》"。

地所有人为普通私主体，归入"物权"的用益物权也是对归属于另一个私主体的不动产享有以使用、收益为内容的私权。我国宪法规定土地公有制，而物权法仍在形式上继受实行土地私有制的大陆法系国家民法的基本范畴，而且也以不动产物权为规范的重点，这就使得我国的物权制度注定是具有"中国特色"的物权制度。

然而，这并不意味着公有制条件下物权法的意义会受到削弱。一方面，公有之物总是有私用的需要，而物权法上的用益物权恰恰可以为稳定此种利用关系作出重要的贡献。在保持土地公有制不变的情况下，利用在"他人"之物上构建归属于一般民事主体的财产权，这一点既有助于增进民众的福祉和经济运行的效率，同时也关乎公有制的实现方式问题。另一方面，我国宪法也明确了保护私有财产的立场，[1] 于是，物权法同样须承担起明确各种可归属于私主体的物权类型，从而既划定公权力的界限，又在私人之间发挥定分止争的基本功能。

所谓物权，顾名思义，指的是人在物上的权利，即将特定之物归属于某特定主体，由其直接支配，并享受利益。从表面上看，物权界定的是作为法律主体的人与特定物之间的关系，但是，作为权利客体的物缺乏意志和人格，实际上并不存在"人—物关系"这样的法律范畴。与其他法律关系一样，物权法律关系规范的仍然是人与人之间的关系，即通过确定特定主体对物的支配而确定其对物的自由意志，从而也确立了他人尊重其物权的义务，事实上，正如后文所述，即使物权是绝对权，但并不影响"物权法律关系"的建构。不过，将物权直接理解为特定主体在特定物上的权利，这样也能凸显物权的对世权、绝对权的性质，从而有助于构建物权的法律思维，并使物权法律地位与债权法律地位的区分变得一目了然。

所谓物权法，是指以物权关系为规范对象的法律。物权法，有形式意义上的物权法与实质意义上的物权法之分。形式意义上的物权法，指以"物权法"命名的立法，或者指《民法典》中以"物权"或者类似名称为编名的部分。实质意义上的物权法，除形式意义上物权法外，还包括其他以物权关系为规范对象的法律。在我国，形式意义上的物权法，曾经指于 2007 年 10 月施行的《中华人民共和国物权法》（以下简称《物权法》）。随着《民法典》的出台，形式意义上的物权法指《民法典》中的"物权"编。实质意义上的物权法，除民法典物权编外，还包括以物权关系为规范对象的其他法律渊源，如《中华人民共和国土地管理法》（以下简称《土地管理法》）、《中华人民共和国城市房地产管理法》（以下简称《城市房地产管理法》）、《中华人民共和国农村土地承包法》（以下简称《农村土地承包法》）、《中华人民共和国海域使用管理法》（以下简称《海域使用管理法》）等。

二、物权法的性质

（一）物权法的私法属性

物权法属于民法的重要组成部分，故其性质应与民法的一般属性无异，也就是说，

---

[1] 《宪法》第 13 条规定，"公民的合法的私有财产不受侵犯。国家依照法律规定保护公民的私有财产权与继承权。"

若将法律区分为公法与私法，物权法应属于私法。物权法规范的是民事主体在特定财产之上的权利，所有权、用益物权、担保物权等具体的物权类型均属于私权。享有物权即意味着权利主体在其权利范围内有根据其自由意志自由行动的权利，这种意志的自由不仅体现在静态地对物进行支配上，而且也及于物权的设立、转移、变更和消灭的动态过程。总之，作为私法规范，物权法总体上仍体现了意思自治的精神。物权人在其权利范围内可以根据其自由意志行使对物的支配权，他人包括公权力机构都不得不法干预。

尽管如此，与民法的其他部分尤其是债权规范相比，物权法规范的确具有较多的强行性规范的色彩。究其原因，主要有以下几个方面：

（1）这是由本书后文将具体阐明的物权自身的法律效力所决定的：物权具有对世的效力，物权的得丧变更不仅与权利人及受让人等直接参与物权关系的当事人相关，而且也潜在地影响着其他每一个人的法律境况，因此下文所阐明的物权法定主义、物权公示的必要性等都具有强行性规范的性质，不能为当事人间的特别约定所排除。

（2）包括所有权在内的各种物权虽然具有私权的性质，但特定权利人的利益会与公共福祉发生冲突，法秩序在承认和尊重私权的前提下，可以且有必要基于公共福祉的考量对属于私人的物权加以必要的限制，因此，归属于特定私主体的物权在一定程度上也承载着社会义务。例如，即便在实行土地私有制的国家，基于城市规划、环境保护等各方面的原因，土地的用途可能会被法律所明确限定，权利人不能突破此法律限定而对其加以利用，如不能将住宅用地随意改变为工业用地。

（3）我国实行土地公有制，土地所有权只能属于国家和集体，因此，与土地私有制之下的物权体系相比，我国的物权制度必然需要更多地体现社会利益和公共政策，而且也会在一定程度上存在民法与行政法等公法的交织作用关系。例如，在城市土地归国家所有的情况下，其使用权可以通过出让手续归属于具体的民事主体，但是代表国家行使土地所有权的是土地行政管理机关。与在土地私有制下地上权等用益物权通过私人间达成的合意而自由设立不同，我国的民事主体取得建设用地使用权的过程须依赖于特定行政程序，其具有强烈的公法色彩。

正是由于上述原因，我国物权法中确实存在许多强行性规范，甚至有学者主张我国物权法在总体上宜归入强行法的范畴。本书认为，物权的私权属性和物权法的私法属性并未受到强行性规范存在的影响，物权法的基本功能仍在于尊重私主体意思自治的前提下确认和保护私权。

（二）物权法是财产法

在人身权与财产权的分类体系之下，物权具有明显的财产权的属性，其权利内容表现为对物的支配，而各种形式的对物支配都具有一定的经济价值。物权法规范所有权、用益物权、担保物权等各种物权关系，其性质显然为财产法。

物权法的基本功能在于定分止争，其首要的使命在于明确物在法律上的归属以及不同物权人各自在物上所享有的权利，因此，与作为调整动态财产流转关系的债权法不同，物权法主要调整的是静态的财产关系。当然，欲界定某一权利主体对其物所享有的权利为何，首先需要明确其何以及自何时起开始享有此权利，因此物权法也需要对物权的得丧变更作出基本的界定。

关于"物权是财产权、物权法是财产法"这一通常的判断，本书有以下两点观察：①物权虽属典型的财产权，但物权之于权利人的意义并不仅局限于其经济价值。以所有权为核心的物权乃个体生存的基本保障，个体的独立人格恰恰需要依赖其自由支配的财产，在此意义上，私有财产乃人格独立的基本保障。所有权人对其物拥有自由意志，对所有权的侵害或否认，不仅损害了所有权人的经济利益，亦是对所有权人独立意志与尊严的冒犯。②物权系民事主体享有的财产权，这并不仅意味着物权人可对物进行符合其物理特性的利用，而且还应认可物权构成权利人的责任财产，质言之，物权原则上应具有可让渡性，权利人不仅可主动将其物权转让或在其物上设立担保，而且也可消极地将物权作为其债权人强制执行的对象，从而将其信用建立在包括物权在内的责任财产之上。就此点而言，在我国土地公有制之下，目前在"公有私用"思想指导之下所确立的承包经营权、宅基地使用权等权利尚不具有完整的物权形象，此类权利虽称"用益物权"，但享有此类权利之人具有特定身份（如"集体经济组织的成员"）的限制，权利不具有一般的可让渡性，从而也难以真正成为权利人的责任财产。近年来，在集体土地之上所做的"三权分置"改革，其主要思想就是创造出一个可自由流通从而可以成为权利人责任财产的"土地经营权"这一权利类型。

第二节　物权法的体系及其法律渊源

一、物权法的制定及其体系

随着《民法典》的实施，《物权法》失去效力。不过，回溯我国物权法的立法进程，最关键的仍是 2007 年《物权法》的制定颁行。《物权法》在《民法通则》《土地管理法》等基础上，完成了我国物权规范的定型。《民法典》物权编的立法准备，完全以《物权法》为基础，可以理解为系对后者的一次系统修正。

（一）物权法的制定

2007 年 3 月，第十届全国人大第五次会议通过了《物权法》，该法于同年 10 月 1 日起施行。

在《物权法》制定之前，我国没有形式意义上的物权法，实质意义上的物权法规范散见于《民法通则》《担保法》《土地管理法》等法律和一些行政法规之中。这些零散的规定缺乏系统性，一些重要的物权制度未被纳入规范体系，物权法规范体系存在着明显的缺陷。

作为构建民法典的一个重要步骤，立法机关自 20 世纪 90 年代就开始筹划《物权法》的立法。物权法律制度不仅反映我国的基本经济制度及其变革需求，而且也与每一个普通人的生活休戚相关。同时，物权法的基本原理和具体规则又非常具有专业性、技术性，因此，在立法过程中产生了许多争议（包括意识形态方面的争议），立法遭遇了相当大的困难。《物权法》草案在经过多次修改并经全国人大及其常委会多达 7 次的正式审议之后，最终才得以通过。

2014 年启动民法典编纂之后，法律界对在民法典中设独立的"物权编"这一点存在高度的共识。从立法过程和结果来看，民法典物权编无疑是以 2007 年《物权法》为基础编纂而成，其基本结构和立法风格都延续了《物权法》的传统。

（二）物权法的立法特点

如前所述，《民法典》物权编总体上继受了《物权法》的立法风格、框架结构和具体制度。在立法技术上，我国的物权立法具有如下特点：

（1）在结构上，采取由抽象到具体、由一般到特殊的立法技术。《物权法》设"总则"编（第一编），对物权法的基本原则、物权变动的一般规则、物权的保护等有关所有物权类型的一般问题作出规范，然后在相当于"分则"的部分（第二编之后）分别对所有权、用益物权、担保物权和占有作出了具体规定。这一立法技术遵循民法体系化的立法要求，以"提取公因式"的方法抽象出物权法的总则，然后在分则部分针对具体的物权类型分别加以规定。《民法典》物权编沿用了《物权法》的这一体例，在该编中先设"通则"的分编，然后依次就所有权、用益物权、担保物权和占有做出规定。可以说明的一点是，在由物权法定原则所决定的具有封闭性的物权体系内，"通则"的必要性实际不大，而其规定也明显有过度抽象的嫌疑。

（2）在规范内容上，以对先前规范的重新整合和明晰化为主，并适当地引入新规定。《物权法》虽然是一部新的法律，但是其具体规定在很大程度上是对立法之前既存规范的整理和系统化。例如，无论是总则部分关于物权的得丧变更的一般规定（如将交付作为动产物权变动的要件，将登记作为不动产物权变动的要件），还是有关土地所有权的归属、宅基地使用权、土地承包经营权、担保物权等具体类型物权的规定，主要都是承继了《宪法》《民法通则》《土地管理法》《城市房地产管理法》《农村土地承包法》及《担保法》等法律的规定，其所作出的实质性的修正并不多。当然，由于原有物权法律体系存在一些空白，《物权法》也引入了一些新的规定，如有关物权保护、建筑物区分所有权、地役权、占有等内容的规定。这一立法思想再次体现在了《民法典》物权编的立法思想之中，后者基本继承了《物权法》的现行规范，对一些具体规范作出了调整、修改，并增设了居住权这一新的用益物权类型。

（3）在规范的表述上，力图寻求专业化与通俗化之间的平衡。一方面，物权法具有相当高的技术性，其规范不可避免地需使用一些专业术语和专业的表述方式，如"地役权""不得对抗善意第三人"等，这些专业化的表述很难在不牺牲精确性的情况下被通俗的语言替代。另一方面，物权法的立法者也在寻求使规范的表述尽量通俗易懂，例如，尽管很难回避"建筑物区分所有权"这一法律术语，但《物权法》最终还是采用了"业主的建筑物区分所有权"这一表述，从而通过"业主的"这一日常语词的描绘使普通人能够大致领会这一术语所指为何。不过，立法者在专业化与通俗化之间的纠结也造成了一定的问题，突出表现在相关规范既不通俗又欠专业，[1] 这也凸显了学理解释的重要性。

受多重因素的影响，《物权法》立法并不完美，对一些应予规定的问题采取了回避的态度，其所确立的一些规则也显得比较粗糙。但毫无疑问，这部法律填补了许多领域的立法空白，确认了改革开放以来我国政府及公众所认可的一些重要的价值观念（如对公有财产与私有财产的平等保护等），在完善我国民事立法的道路上迈出了重要的一步，也为民法典物权编奠定了坚实的基础。

2020 年出台的《民法典》，于第二编设有物权编。无论在整体结构上，还是在立法指导思想以及规范表述的具体方式等各方面，物权编均承继了《物权法》，不少章节未做任何实质性改动。

（三）物权法的体系

《物权法》设 5 编，共 19 章 247 条。《民法典》物权编也相应地设有 5 个分编，共 20 章 258 条。总体上，物权编采用了大陆法系民事立法惯行的"总—分"结构：

（1）第一分编为"通则"，除对物权法的基本原则作出规定（第一章）外，[2] 还包括了有关物权的设立、变更、转让与消灭的一般规则（第二章），以及有关物权保护的规则（第三章）。

（2）后四分编内容实际构成"分则"，分别就所有权、用益物权、担保物权、占有等问题进行了规定。所有权分编包括：第四章"一般规定"；第五章"国家所有权和集体所有权、私人所有权"；第六章"业主的建筑物区分所有权"；第七章"相邻关系"；第八章"共有"；第九章"所有权取得的特别规定"。用益物权分编包括：第十章"一般规定"；第十一章"土地承包经营权"；第十二章"建设用地使用权"；第十三章"宅基地使用权"；第十四章"居住权"；第十五章"地役权"。担保物权分编包括：第十六章"一般规定"；第十七章"抵押权"；第十八章"质权"；第十九章"留置权"。占有分编仅包括第二十章的五条规范。

这一体系设计与大陆法系民法的物权体系基本吻合，同时又体现了中国法的特色，尤其是在土地公有制条件下物权的内在要求。另外，物权编未对物权的客体"物"及其分类作出具体规定，对"占有"这一物权法上的重要制度也规定得相当简单。

二、物权法的法律渊源

物权法的法律渊源，是指物权法规范的表现形式。关于对物权法的法律渊源的表

---

[1]　例如，《民法典》第 228 条（《物权法》第 27 条）对"占有改定"规则的表达，规避了"间接占有""占有媒介关系"等术语，而采用了更为通俗的现行表达。但是，这一通俗取向的表述增加了该条在解释适用上的难度。

[2]　须注意的是，《民法典》的编纂分两步走（即，2017 年率先通过《民法总则》，其后进行物权编等各分编审议，并于 2020 年将总则编与其他各分编合并成《民法典》草案，并由立法机关审议通过），在先行通过的《民法总则》中设有"民事权利"一章（第五章），其中包含几条重要的物权一般规范（第 114 条至第 117 条）。《民法典》整体吸收《民法总则》为其总则编后，这几条物权规范停留在了总则编。在认识上，应将《民法典》第 114 条至第 117 条与物权编第一章的规定视为一个整体。

述，当然应遵循民法法律渊源的一般表述方法。据此，似应对"法律""习惯法""司法解释"乃至学理的渊源地位分头加以阐明。不过，正是因为作为民法重要组成部分的物权法当然遵循民法的一般规则，故本书不全面概述这些法律渊源，而是择其要者加以具体阐明。

毫无疑问，民法典出台后，《民法典》物权编成为物权法最重要的法律渊源。此外，宪法、其他法律、行政法规以及最高人民法院的司法解释等事实上都构成了我国物权法的法律渊源，其中较为重要的有：

（1）《宪法》。我国宪法对我国的基本经济制度及财产权制度作出了重要规定，而正是这些规定奠定了我国物权法的基础。例如，根据《宪法》第10条的规定，城市土地归国家所有，而农村和城市郊区的土地除法律规定属国家所有外均归集体所有。由此可知，我国实行绝对的土地公有制，一般的民事主体不可能成为土地的所有权人。这一宪法原则对我国的不动产物权制度产生了绝对性的影响。此外，《宪法》在规定社会主义的公共财产神圣不可侵犯（第12条）的同时，也明确承认"公民的合法的私有财产不受侵犯"（第13条），从而为物权法上的权利保护制度提供了宪法的基础。当然，《宪法》对于物权法的作用还是体现在上述奠基性功能，它直接决定了《民法典》物权编和相关民事立法的权利结构，由于《民法典》物权编等相关民事立法和其他法律渊源已完全吸收了《宪法》的相关规定，再加上宪法的特殊属性，其对于物权法而言通常仅构成间接的法律渊源，原则上法院不能仅以宪法规范作为物权纠纷裁判的依据。

（2）《土地管理法》。作为《宪法》所确立的基本土地制度的具体表现，《土地管理法》进一步明确了土地的国有和集体所有的界限，确立了保护耕地和土地用途管制的制度，并对集体所有权的具体归属、土地承包经营权、宅基地使用权、土地征收等问题作出了规定。这些规定奠定了我国土地制度的基础，也成了民法典物权编所确立的不动产物权制度的基本前提。而且，对于某些不动产物权类型而言，民法典物权编甚至放弃提供具体的规范，而转引了《土地管理法》等法律、法规的规定。[1] 与民法典的编纂同步，立法机关也对《土地管理法》进行了修正，使其继续充当物权法重要的法律渊源。

（3）《农村土地承包法》。该法对农村土地承包经营权的取得、内容、保护、流转等问题作出了全面的规定，《民法典》上有关"土地承包经营权"的规定基本上是重申了该法的基本内容。2018年12月，立法机关对《农村土地承包法》做出了重要的修正，尤其是落实了农地"三权分置"改革的思想，在农村集体土地所有权和农户的承包权的基础上，规定了可流转、可抵押的"土地经营权"。该法的修正也成为民法典物权编的重要基础。

（4）《海域使用管理法》。《民法典》第328条规定，"依法取得的海域使用权受法律保护"，而该条所依据的法律即为2001年10月通过的《海域使用管理法》。尽管

――――――――――

〔1〕　例如，《民法典》第363条规定："宅基地使用权的取得、行使和转让，适用土地管理的法律和国家有关规定。"

《民法典》未专章加以规定，但海域使用权实际上成了独立的用益物权类型，《不动产登记暂行条例》第 5 条明确了海域使用权在不动产登记簿上的登记能力。

（5）有关不动产登记方面的法律规范。登记对于不动产物权至关重要，而根据《物权法》第 10 条的规定，不动产"登记的范围、登记机构和登记办法，由法律、行政法规规定"。换言之，《物权法》授权全国人大或国务院通过制定专门的《不动产登记法》或《不动产登记条例》之类的法律或者行政法规来全面规范不动产的登记。[1] 2014 年 12 月，国务院发布了由国土资源部负责起草的《不动产登记暂行条例》（2015 年 3 月 1 日起施行），初步确立了不动产统一登记的制度框架。2015 年 6 月，国土资源部发布了《不动产登记暂行条例实施细则》，该实施细则于 2016 年 1 月 1 日施行。

（6）物权法相关司法解释。《物权法》生效后，最高人民法院针对该法的解释适用，出台了数项司法解释，其中最为重要的是：2009 年 10 月生效的《最高人民法院关于审理建筑物区分所有权纠纷案件具体应用法律若干问题的解释》（以下简称《建筑物区分所有权解释》）；2016 年 3 月 1 日施行的《最高人民法院关于适用〈中华人民共和国物权法〉若干问题的解释（一）》。2020 年 12 月，为配合《民法典》的施行，最高人民法院出台了《最高人民法院关于适用〈中华人民共和国民法典〉有关担保制度的解释》（以下简称《担保制度解释》），并将前述物权法解释（一）修正为《最高人民法院关于适用〈中华人民共和国民法典〉物权编的解释（一）》（以下简称《物权编解释（一）》）。

第三节　我国物权法的基本理念

自私有制确立之始，人类社会就构建起了一定的财产归属与利用的制度。在各种不同的文明起源中，均可看到这一现象。尽管"物权"这一抽象的法律概念出现得很晚，而且也仅为以罗马法为基础的大陆法系国家所使用，但所有国家都有自己的财产归属与利用的法律制度，只不过其表达方式有所差异而已。在此意义上，即便不是所有国家都有形式意义上的物权法，实质意义上的物权法规范也一定会存在于每一个国家的法律体系内。

法律总有其规范的目的，也会体现特定的价值观。如果说各国的物权法规范在表达方式上存在诸多差异的话，那么它们背后的理念差异或许并没有那么显著，这一点至少就实行相同或相似社会制度的国家来说是可以成立的。例如，尽管英美国家的财产法和大陆法系资本主义国家的物权法在所使用的法律概念、法律推理的方式等方面存在显著差异，但它们所反映的价值观大同小异。

我国制定的物权法，也必然要体现一定的价值取向。本书认为，影响这一立法价值取向的现实因素包括以下四个方面：①我国社会主义经济制度的基本要求，尤其是

---

〔1〕　在此专门立法完成之前，由于不动产登记采取依行政管理职能多部门登记的体制，有关不动产登记的规范主要见于一些部门规章，如 2008 年 2 月 15 日住房和城乡建设部发布的《房屋登记办法》，该办法于 2008 年 7 月 1 日起施行，对涉及房屋的登记进行规范。

公有制的要求；②肯定和维护多年改革开放成果的必要性；③公众对私有财产保护意识的不断增强；④经济发展的效率取向。将以上几个因素叠加在一起，即可确立我国物权法的基本理念。

一、公有财产与私有财产的一体保护

根据《宪法》的规定，在当前的社会主义初级阶段，我国实行以公有制为主体、多种所有制经济共同发展的基本经济制度。公有制为主体的经济制度，要求法律加强对国有财产和集体财产的保护，《宪法》第 12 条庄严地宣告，"社会主义的公共财产神圣不可侵犯。"同时，《宪法》第 13 条规定，"公民的合法的私有财产不受侵犯。"由此可见，至少在《宪法》表述的层面上，对公有财产保护的价值似乎高于私有财产。

中华人民共和国成立后，在相当长的一段时间内，由于意识形态方面的原因，对个体的私有财产欠缺周全的保护。改革开放以来，人们逐渐对以下这一看法取得共识：即使是在社会主义公有制条件下，私有财产仍然是个人经济独立自主的基础，是个人自由与尊严的前提条件，保护私有财产与维护社会主义公有制为主体的经济制度并不矛盾。

在《物权法》的立法过程中，有关公有财产是否应受特别保护的问题曾引起极大的争议。最终出台的《物权法》在第一章"基本原则"部分的第 4 条规定："国家、集体、私人的物权和其他权利人的物权受法律保护，任何单位和个人不得侵犯"。这一表述方式体现了立法者平等保护公有财产和私有财产的立法意旨，从而在维护公有财产的同时，强化了我国法律对私有财产的保护。有人认为，《物权法》未采纳"公共财产神圣不可侵犯"这种表述有违宪的嫌疑。实际上，这种指责是没有根据的。《物权法》并未降低对公共财产的保护标准，而只不过是相对强化了对私有财产的保护。这一立法理念的变化恰恰体现了我国社会的进步以及公众的基本认同，是我国社会主义法治文明的重要体现。《民法典》第 207 条则更旗帜鲜明地使用了"平等保护"的表达。

就物权法的私法属性来看，保护一般民事主体的物权恰恰是这部民事基本法的基本使命。对于公有财产的确认和保护，物权立法固然也可发挥一定的功效，但其相关规范主要具有宣示性，公有财产权的行使及保护的具体机制主要系通过国有资产法、村民组织法等特别立法加以实现。

二、从归属到利用

《物权法》第 1 条是关于该法立法目的的规定，在该条中包含了"明确物的归属，发挥物的效用"的表述，这一表述体现了《物权法》一项重要的立法思想。《民法典》虽未就物权编的立法宗旨加以明确表达，但该法典的第 322 条等仍体现了"充分发挥物的效用"的立法精神。

明确物在法律上的归属具有重要的意义。一方面，物权法的一项最基本的功能即为"定分止争"，只有明确了物的归属，才能减少无谓的争端，维护和平秩序；另一方面，也只有首先明确了物在法律上的归属（所谓"明晰产权"），才能使人们产生稳

定的预期，并以此激发创造财富和获取财富的热情，从而加强对物的利用，增加社会的财富。举例来说，物权法将农村土地承包经营权明确规定为一种用益物权后，承包经营权人对特定土地的权利更加清晰，权利人可期待在整个承包经营期内对土地进行稳定的利用，发包人和其他人原则上均不得任意收回或调整承包地。这种稳定的权利安排会使承包经营权人放心地对土地进行投入（如改良土壤、兴修水利等），从而有效抑制在权利归属不确定的情形下过度开发土地等短期利用行为。

明确物的归属本身具有重要意义，已如前述。而在交易社会中，如何发挥物的效用，从而做到"物尽其用"则显得更为重要。发挥物的效用，一方面，意味着包括物权法在内的法律规范应该为所有权人创造尽可能多的权利行使空间，例如，由物权法承认更多的用益物权和担保物权，从而使所有权人能充分地利用物的使用价值和交换价值，以获取财产上的利益；另一方面，对于用益物权人及担保物权人而言，其对他人之物的利用往往也能为其带来利益。

物权法不仅规范了动产与不动产的所有权归属，而且也着重对物之利用作出规范，这一点尤其体现在不动产方面。我国实行严格的土地公有制，土地只能归国家或集体所有，而国家或集体此类抽象的主体并不能像私主体那样依据意思自治原则自由地对物加以利用，因此需要法律对所有权的行使等作出特别规定。另外，公有的土地往往可以而且也需要由私人加以具体利用，于是，土地承包经营权、建设用地使用权等用益物权就成了具体利用土地的常态。在这个意义上，与西方国家土地私有制条件下的用益物权制度相比，我国物权法上的用益物权制度更显重要。

不过，土地公有制的实现方式仍然制约着物的利用和效率的达成，与先前的《农村土地承包法》等法律、法规相比，《物权法》并未在增进物之利用方面做出明显改善。近年来，在"三权分置"思想指导之下对农地和宅基地利用与流转方面所做的探索及立法变革，其目的就在于增强农村土地承包经营权与宅基地使用权的财产权属性，并增进土地利用的效益。《民法典》吸收了农地三权分置变革的成果，创造了可以自由流通的"土地经营权"，显著增进了农地的利用效率。

三、自由与效率

物权法上的自由，指的是物权人可以自由地根据自己的意愿行使其权利。由于物权的绝对性特征，相对于债权规范而言，物权法中包含较多的强制性规范。尽管如此，作为私法的物权法仍以意思自治为其原则，承认所有权人及其他物权人在其权利范围内自由利用其物的权利。此外，尽管物权法定主义系物权法的一项基本原则，但就物权法所承认的物权类型而言，当事人自由创设、转移、消灭物权的自由以及在一定范围内自由设定物权内容的自由仍为法律所保障。而且，后文还将指出，物权法定主义的奉行，并不影响当事人间可以自由达成债权性的利用安排，而对世性的、具有标准形态且经公示的物权一旦在物上建构，即可大大减少人们未来的信息获取成本和磋商成本，提升对物利用的效率。

权利人在财产上的自由，往往意味着效率。物权法清晰地界定各种物权，这一做法本身即可排除达成私人协议的障碍，从而减少交易成本，提高物的利用效率。另外，物权法中还有大量以效率为取向的规范。例如，根据有关相邻关系的规定，因通行、铺设管线等需要而必须使用相邻土地的，其权利人应当提供必要的便利，易言之，不得以意思自治为由对邻人的利用要求予以拒绝。此类规则明显是为了充分发挥物的效用而设，体现了效率的原则。又如，为增进对物的有效利用，按份共有人处分共有的不动产或者动产，以及改变共有的不动产或者动产的用途或作重大修缮的，无须征得全体共有人的同意，而仅须经占份额 2/3 以上的按份共有人的同意。另外，在按份共有人转让共有份额时，其他共有人享有优先购买权，且只要没有相反的约定，按份共有人可以随时要求分割共有物。这些规定的目的即在于鼓励消除共有状态，从而避免因共有人之间的冲突而影响对物利用的效率。

与之前的《物权法》相比，《民法典》进一步强化了效率意识。从土地承包经营权中分化出可以自由转让的土地经营权，极大地改善了农地利用的效率。《民法典》第 406 条彻底改变《物权法》第 191 条限制抵押物转让的规则，实现了物尽其用、物畅其流的立法政策。为满足融资担保的需要，《民法典》物权编进一步强化了担保物权，尤其是对动产担保制度的完善，其目的在于不改变物的实际控制而利用其交换价值进行融资担保，充分实现物尽其用。

四、所有权的社会义务与所有权保护的强化

在近代民法上，所有权神圣成为民法的一项基本理念，所有权人对其所有之物享有绝对的自由支配，这种自由甚至被视为个人人格尊严的基础。然而，私人所有权也负有社会义务的观念逐渐成为各国人民的共识。[1] 人们意识到，在所有权人的利益与公共福祉之间可能发生冲突。因此，所有权人对其物的使用及处分的自由，不可能是毫无约束的，所有权本身应内在地受到一定限制。在私法方面，"禁止权利滥用"原则的发展对所有权的滥用作出了一般性的限制，同时，物权法体系内相邻关系等具体制度也限制着所有权人的"为所欲为"，他物权人与所有权人在同一个物上存在的法律关系也限制着所有权，并使相关各方各得其所。在公法方面，基于公共福祉及政府给付职能的强化，法律越来越多地对私人所有权作出具体的限制，甚至包括以强行征收的手段剥夺私人所有权。晚近以来，环境保护、公共安全、城市规划等法律的发展对物权关系的影响愈发显著。

相对西方国家而言，我国社会的传统观念更为强调团体主义与社会本位，因此，私人的权利更多地受到家族、宗族、社会乃至国家的限制。新中国所确立的社会主义道路更是不可避免地强化了社会本位的观念。晚近以来的改革进程，从某种意义上讲，就是一个不断强化个体意识和个人利益的过程。尽管如此，社会本位的思想仍普遍地体现在我们的法律之中。例如，《民法典》在对所有权给出的定义中就特别突出了权利的享有须"依法"进行（第 240 条）；该法第 243 条也是以授权规范的形式承认可以为了公共利益的需要进行征收。由《民法典》物权编以及我国其他众多法律、法规的规

---

〔1〕 例如，《德国基本法》第 14 条规定："所有权受保障，其内容与范围由法律决定之。所有权负有义务。其行使同时应服务于公众之福祉。"

定可知，所有权及其他物权不仅是权利人的私权，同时也承载着一定的社会义务。

同时，我们也应看到，相对以往的法律而言，《物权法》已经明显地强化了对所有权及其他物权的保护。例如，《物权法》设专章（第三章）规定了"物权的保护"，对物上请求权及其他保护物权的方式作出了较为完善的规定，《民法典》承继了《物权法》的这一做法。另外，即便是在授权可以因公共利益的需要而进行征收的规范中，物权立法也强化了对被征收者的补偿等保护措施，《民法典》第117条更是明确了"应当给予公平、合理的补偿"的规则。总体而言，物权法毫无疑问地还是围绕着物权的保护展开其规范。正是由于我国既有的观念和制度对民事权利的保护不足，物权法才更应在彰显和保护民事权利方面做出贡献。因此，在承认所有权具有社会义务的同时，现阶段的中国物权法更应强调所有权的自由和保护。

第二章

物权的客体：物

✉ **本章提要**

物权的客体原则上是物。探讨物权，首先须了解作为物权客体的物。本章讨论"物"的概念、特征、物的构成和分类等问题，其涉及的物权客体特定等知识在物权法上具有极其重要的意义。

◎ **导入性问题**

1. 民法学上的"物"须满足哪些要件？日月星辰是不是民法上的物？

2. 何为"一物"？这个问题本身有意义吗？为什么需要讨论"重要成分"？

3. 出卖马匹者是否需要交付马鞍？除依一般社会观念回答这个问题外，如何在法律上做出论证？

4. 如何识别"不动产"？为什么有人将最具有移动性的机动车称为"准不动产"？

👉 **第一节 物的概念与法律特征**

一、物权的客体

（一）物权的客体原则上为物

"物权"，顾名思义，为物上的权利，从而物权系以"物"为其客体，体现权利人对特定物的控制与支配关系。如下文所述，民法学上的"物"仅指有体物。物权，原则上须以有体的不动产或动产为其权利客体。就居于物权体系核心的"所有权"而言，这一原则不存在例外，所有权总是以有体之物为其权利客体。

> 所有权总是以有体物为其权利客体，这一判断的成立须以使用技术意义上的"所有权"概念为前提。在我们所使用的语言中，人们常在"归我所有"的意义上表达某项财产或权利的归属，例如，"该作品的著作权归我所有""该土地的承包经营权是我的"。类似"我的""你的""公司的""国家的"这种所有格意义上的表达并不总是对应物权法上的"所有权"。"我的债权""你的著作权"描述的显然不是所有权，而是其他类型的财产权。因此，绝不能因为修辞意义上的"该作品的著作权归我所有"的表达就产生"所有权以著作权为客体"的奇特结论。

前述观察并非没有实际的意义。《民法典》第 240 条在对"所有权"进行定义时，遵循了所有权客体为物的体系要求，采用了"所有权人对自己的不动产或者动产……"的表述。但是，物权编第五章在"国家所有权和集体所有权、私人所有权"的标题之下，规定了不少不以有体物为客体的权利类型。例如，物权编不仅规定各种"自然资源"属于国家所有，而且，还有诸如"无线电频谱资源属于国家所有"这样的规定（第 252 条）。"无线电频谱资源"显然不属于"物"。在解释上，与其因此改变"所有权客体为物"的规则，不如将此处的"属于国家所有"解释为所有权以外的一种权利。

需注意的是，一些类型的物权也可以抽象的权利为客体。例如，就作为担保物权的质权而言，物权编既规定了以动产为客体的动产质权，同时也规定了权利质权。在后者，债权、知识产权、股权等都可成为其客体。又如，在《民法典》第 395 条所列举的抵押权客体中就包含了建设用地使用权、海域使用权等权利。物权以物之外的权利为客体的，须有相应的法律规定。[1]

（二）物权客体特定原则

物权的客体原则上为"物"，而且须为特定之物，也就是说，物权的客体须为特定的一个物，学理上将此称为"物权客体特定原则"，并将其作为物权法的一项基本原则。[2] 物权客体特定，属于典型的技术性要求，并不涉及价值判断问题。

物权既为直接支配标的物的权利，则标的物须具有确定性，如果物权客体的边界不明，则其定分止争的基本功能就不能发挥。在物权法的视角下，"在仓库堆积如山的粮食中，我对其中的 10 吨享有所有权"或"我对羊群中的 10 只羊拥有所有权"这样的判断是不能成立的，必须明确对具体的哪 10 吨大米或哪 10 只羊拥有所有权，否则对物支配就无从谈起。相反，在债之关系的视角下，"将仓库中的 10 吨大米给付于我"或"向我交付该羊群中的 10 只羊"当然能够成立。即便在一群羊均归属于同一人所有的情形，仍有必要以每一只羊作为一个所有权的客体，从而不存在"对一群羊的所有权"这样的概念，否则无从解释羊群中一只羊的死亡或一只小羊羔诞生带来的所有权得丧问题，也会在转让一只羊时得出让渡所有权之一部分的奇特结论。

物权客体特定在每一个单独的物上，这不仅是静态地确定支配对象的需要，也是为了满足交易确定性的需要。如前所述，"向我交付该羊群中的 10 只羊"的债务可因买卖合同等债权行为而发生，但涉及移转所有权的处分行为则必须以每一只确定的羊为对象，也就是说，当事人的合意和交付行为均须指向每一只羊。在此意义上，有多少个需要被移转所有权之物，就需要有多少个移转所有权的处分行为。

物权客体特定，需要建立在对"特定的一物"的清晰界定基础之上。何为"一

---

〔1〕《民法典》第 115 条后段规定："法律规定权利作为物权客体的，依照其规定。"

〔2〕"物权客体特定原则"，学理上有以"物权客体特定性""物权客体独立性"或"一物一权主义"指称者，参见谢在全：《民法物权论》（上册），中国政法大学出版社 2011 年版，第 11—13 页。本书认为，在"一个物权以一个特定之物为客体"的意义上使用"物权客体特定"的表述，可清晰表达该原则，"一物一权"之类的表述徒增理解上的歧义，应予舍弃。

物"，须结合法律的规定与交易观念加以确定。物权客体特定，通常意味着：①物权须以经济上和功能上完整的一物为客体，通常不能也无须在物的构成部分上成立独立的物权。例如，一辆机动车构成功能上的"一物"，物权应存在于整个机动车上，而不单独存在于发动机、车身、轮胎等构成成分之上。因此，当某人说"我拥有一辆车"时，他享有的就是一个所有权，而非在车辆零部件上的诸多所有权。当然，如果物的非重要成分归属于他人，则有必要继续维持此成分的独立性，从而继续维持该他人的所有权，此点将在后文述明。②物权以独立的一物为客体，原则上有多少个独立之物，就有多少个物权，不能在多个物上成立一个物权。例如，某人拥有一整套（12 张）生肖邮票，则该人就享有 12 个所有权，亦即，在每一张邮票上都存在一个所有权。如此，所有权人可自由支配每一个物，并可自由地对每一个独立的权利客体做出处置。

我国物权法虽未明确规定物权客体特定原则，但《民法典》第 114 条第 2 款对物权的立法定义中对物权的客体即采取了"特定的物"的表述，[1] 而且该原则实际上也为我国民法理论普遍认可，《民法典》物权编的具体规范基本上也遵循了物权客体特定这一原则。

关于物权客体特定原则，可做以下几点补充：

（1）对于不动产而言，何为物权客体意义上的"一物"？此问题在我国法上相当复杂，涉及土地划界、房地关系等方面，本书将在后文界定"不动产"时再做说明。

（2）如前所述，物权客体特定的理由主要在于物权明晰性的需求，而这种需求针对那些专属于国家所有的"物"时并不强烈，甚至完全不需要。对那些专属于国家的"物"，既然不可能归属于他人，也不存在转让所有权的问题，那么，至少在其上构建需要明确客体的用益物权或采矿权等权利之前，并不需要遵循客体特定原则。如此，《民法典》第 247 条[2]、第 250 条[3]、第 209 条第 2 款[4]等也就可以理解了。

（3）物权客体特定，其重要原因在于，只有明确了特定的客体，才能界定权利人在物上的支配，并产生排他的效力。担保物权具有价值权的性质，尤其是不需要移转占有的担保物权类型，只要权利客体在权利需要实现时能确定，且能辅之以恰当的公示方法，则在此类物权设立时，法律可放松物权客体特定原则的适用要求。《民法典》第 396 条规定了"浮动抵押"，此类抵押权以企业、个体工商户等现有的和将来所有的生产设备、原材料、半成品、产品为客体。如果将以此方式设立的抵押权视为一个单一的抵押权，则该抵

---

〔1〕《民法典》第 114 条第 2 款："物权是权利人依法对特定的物享有直接支配和排他的权利，包括所有权、用益物权和担保物权。"

〔2〕《民法典》第 247 条："矿藏、水流、海域属于国家所有。"

〔3〕《民法典》第 250 条："森林、山岭、草原、荒地、滩涂等自然资源，属于国家所有，但是法律规定属于集体所有的除外。"

〔4〕《民法典》第 209 条第 2 款："依法属于国家所有的自然资源，所有权可以不登记。"

押权的客体明显不限于某一特定物。可见，此种源自英美法的担保制度与大陆法系固有的担保物权存在较大的差异。不过，《民法典》第 411 条规定了抵押财产的确定方法，可以认为，至少在此确定抵押财产范围的时点，抵押权也个别地存在于每一个抵押物之上了。在此意义上，浮动抵押权的客体属于"可得确定"的情形，并不完全违反物权客体特定原则。在其他不需要移转占有的动产担保和权利担保的情形，基于便利性等的考量，担保物权的客体可以用概括描述方式确定，但此种描述仍然需要满足合理识别担保财产的要求，否则无从设立担保物权。[1]

二、物的概念

物权原则上以物为客体。而关于何者为物，《民法典》第 115 条只是简单地规定，"物包括不动产和动产"。这一规定实际上并未明确界定什么是物，而仅是对其基本类型作出了规定。

物在民法上的概念，与哲学及自然科学意义上的"物质"并不完全相同。究其原因，民法上的"物"乃是作为权利的客体而存在。这就意味着，物与物权之间存在着相互说明的关系——物权以物为客体，同时，仅有具备成为物权客体的东西才是民法上的物。因此，仅有能够为人力所支配从而可能成为人们争夺对象的东西才能成为民法上的物。日月星辰当然是物理学意义上的物，但由于它们在现行法律秩序下不可能成为权利的客体，因此也就不被作为民法上的物对待。

关于民法上的"物"，通说认为，系指除人的身体外，能够为人力所支配，并能满足人类社会生活需要的有体物。

三、物的法律特征

上述定义揭示了"物"的如下法律特征：

（一）有体性

将"物"分为"有体物"和"无体物"，这是古代罗马法的传统。在罗马法上，"有体物"是指那些可以被触摸到的物品，而"无体物"则是指那些触摸不到的东西，即各种权利，如用益权、继承权、债权等。[2] 基于具有财产价值这一共同属性而将作为权利客体的物与权利本身混为一谈，在许多法律体系上都可以观察到这一现象。实际上，古代罗马法上"物"的概念类似今天我们通常所说的"财产"——后者既指动产、不动产等有体物，同时也包含具有财产价值的权利在内。

---

〔1〕　参见《担保制度解释》第 53 条："当事人在动产和权利担保合同中对担保财产进行概括描述，该描述能够合理识别担保财产的，人民法院应当认定担保成立。"

〔2〕　[古罗马] 盖尤斯：《盖尤斯法学阶梯》，黄风译，中国政法大学出版社 2008 年版，第 58 页。在早期罗马法上，乡村地役权这样的权利非常古老，几乎与所有权同时产生。在观念上，人们将通行地役权这样的权利视为是对被通行之小片土地的支配，等同于所有权，故以"物"指称之，后世法学将其归入"无体物"这一概念之中。

随着"物权"概念的提出，有必要在逻辑层面上清晰地区分作为物权客体的物与其他"无体物"（权利）。举例来说，如果作为"无体物"的债权通常都能成为物权的客体，那么就会产生"对一项债权拥有所有权"这样的权利结构，从而使得物权和债权等权利无法区分。于是，在将物权与债权作出区分的法典上，"物"通常都被界定为"有体物"。[1]

本书认为，物权法上的物必须是有体物，还有一个重要的理由。物权体系的核心是所有权，而占有是所有权的基础和起源。我们有理由相信，人类社会的所有权观念产生自占有。如果说观念性的权利有更多的客体可能的话，作为管领事实的占有则只能在有体物上发生。所有权一旦因占有的原因发生在有体物之上，围绕所有权构建的其他物权自然也主要以有体物为其客体。

所谓"有体物"，是指占据一定空间而有形存在的物质实体。有体物通常表现为固态，但也可以是液态或气态。不过，液态或气态之物要成为权利人支配的对象，通常需以一定容器装盛或至少需禁锢在一定空间内方可成为物权的客体。例如，自然喷涌之泉不是物，但一旦将其装瓶，则瓶装水当然可以成为民法上的物。从大地深处自然溢出的天然气很难说是物，但一旦被捕获在管道或其他容器中，即可成为民法上的物。

光能、热能、电能等自然力虽不符合上述有体物的定义，但它们具有经济价值，在技术上可为人力所支配，能够被以物理或化学的方法存储或输送，如利用电网传输的电能或存储于一块磷酸铁锂电池中的电能，或通过热力管道输送的热能。在民法上，此类自然力也可被视为"物"，并类推适用有关动产的规则。如驾驶电动出租车的司机到换电站，使用一块电能耗尽的电池，再加上相当于充电所应付的电费，交换一块充满电的电池，被存储在电池中的电能因此得到交易。

物权的客体须为有体物，此点既是物权的支配权属性的内在要求，同时也是在逻辑上将物权与其他财产权相区分的前提。以物权与知识产权的区分为例，后者的法律特性虽然与前者有很大的相似性，但终究因其客体的无体性而在权利的构成和保护等方面与物权有所不同，从而难以纳入物权的体系。

我国早先的民事立法在涉及物权客体表述时，其实并没有"物必有体"的意识。1986 年《民法通则》将所有权表述为"财产所有权"[2]，到 2007年《物权法》才以"物"以及"不动产和动产"这样的概念来取代"财产"。作为物权编之下的第一个条文，《民法典》第 205 条清晰地将物权编调整的对象界定为"物"（"本编调整因物的归属和利用而产生的民事关系"）。《民法典》第 115 条虽未明确将物界定为有体物，但它通过"物包括不动产和动产"的这一表述，实际上承认了物的有体性。但是，由于立法技术上的原因，《民

---

[1] 《德国民法典》第 90 条规定："本法所称之物，仅指有体物。"；《日本民法典》第 85 条规定："本法所称物，谓有体物。"

[2] 《民法通则》第五章第一节名为"财产所有权和与财产所有权有关的财产权"。该法第 71 条对所有权的定义如下："财产所有权是指所有人依法对自己的财产享有占有、使用、收益和处分的权利。"

法典》物权编在某些规范上也偏离了物的有体性这一标准。例如，物权编第五章在界定"国家所有权"时，将"野生动植物资源"（第 251 条）、"无线电频谱资源"（第 252 条）等均纳入所有权的客体。[1]

物权编关于自然资源归属于国家等规范实际上是重申了《宪法》第 9 条的规定。在一国法律体系中，宪法与民法有不同的功能定位，宪法上规定的"所有"，其意义并不完全等同于民法上的所有权。所谓"宪法所有权"并不属于民法上"物权"的下位概念。如前文所述，物权编第五章诸多规范中表述的"……归国家所有"，实际上并不一定指的是民法上的所有权。本书认为，作为民事规范，物权编其实大可不必为重申宪法的规定，而破坏"物必有体"及"物权客体特定"两项基本原则。

另外，在司法实践和学说层面，也经常发生将"受保护的财产（权）"与"物"相混淆的情形。例如，对于因技术进步而出现的所谓"网络虚拟财产"和"数据"，人们往往会以其"应受保护"为由，而将其归入物权的范畴。实际上，所谓"网络虚拟财产"或"数据"并非有体物，在占有、支配、排他等方面与有体物存在显著的差异，因此，其上的权利也难以被界定为物权。《民法典》第 127 条[2]明确了对数据、网络虚拟财产的保护立场，但并未将其置于物权的规范群落（第 114—117 条）。当然，对于现代社会出现的各种不具有体性的新型财产，只要具备财产归属的特征，则其上的权利可类推适用有关物权的规定。

(二) 可支配性

物，为物权之客体；物权，系对特定物加以支配控制的权利。因此，法律上的物必须能够为人力所支配。凡人力所不能支配者，尽管在现实世界中有其客观的存在，且能够为人类的理性所认知，但终究不能成为物权的客体。人类很早就认识到宇宙的物质属性，但并未因此产生界定其所有权的冲动，其主要原因恐怕还是，人们只能在仰望星空时欣赏其震撼人心的美丽或发哲人之沉思。由于没有支配的可能，因此就没有定分止争的需要。

随着科技的进步，人类对于客观世界的支配能力不断增强。这或许意味着，作为物权客体的物的范围也会呈现出不断扩展的趋势。不过，也恰恰是在这些领域，各国法律乃至国际法往往会禁止或限制将这些人力所及之物视为民法上的物而成为权利的对象，例如，有关外层空间方面的国际条约不承认各国对外太空的主权，[3] 其衍生的意义是，各国的民事主体也不得对这些领域主张享有物权。

---

〔1〕 在关于"私人所有权"的相关规范中，《物权法》也出现了"私人合法的储蓄、投资及其收益受法律保护"（第 65 条）这样的表述。以"储蓄"为例，如系指银行存款，则存款人之于"存款"实际上享有的是一项请求银行还本付息的债权，而非所有权。《民法典》正确地删去了该条。

〔2〕 《民法典》第 127 条："法律对数据、网络虚拟财产的保护有规定的，依照其规定。"

〔3〕 《外层空间条约》第 2 条规定："各国不得通过主权要求，使用或占领等方法，以及其他任何措施，把外层空间（包括月球和其他天体）据为己有。"我国是该条约的缔约国。

正是由于具有可支配性，前文所述的电力、热力等自然力也可被视为民法上的物。

（三）可利用性

物的可利用性，是指能够满足主体之物质利益或精神利益的特性，即通常所说的"有价值"。物之所以具有经济价值，其原因在于其所具有的稀缺性。因为稀缺，所以会在社会成员之间引起冲突，定分止争的必要性由是而生，而物权法的基本功能恰恰在于定分止争。在此意义上，尽管对人类甚至是须臾不可离但不具有稀缺性的东西，通常并不能成为物权的客体，例如空气。

> 将空气、阳光、海水等排除出"物"的范畴，主要是基于无人能对其主张所有权这一意义而言的。如果将"公有物"（或称"公共物""共同物"）这一概念引入，则空气、海水等当然可进入"物"的范畴。
>
> "公有物"，指不为任何人所有，而且未来也不得为任何人所有，得为一切人共同使用之物。这一概念源自罗马法。古代罗马人将物首先分为"可有物"与"不可有物"，后者又根据不可有的原因区分为"神法上的不可有物"及"人法上的不可有物"，"公有物"即属于"人法上不可有物"。罗马法学家杰尔苏曾写道，"大海如空气一样，为全人类所共有"（D. 43, 8, 3, 1）。另一位法学家马尔西安也认为，"根据自然法，空气、流水、海洋及由此而来的海滨属于一切人所共有"（D. 1, 8, 2, 1）。罗马法的这一概念为后世民法所继受，例如，《法国民法典》第714条规定，"不属于任何人之物，得为公众共同使用。有关治安的法律规定此种物的使用方式"。显然，"公有物"这一概念表达的观念是：虽为"物"，但不属于"财产"；虽人人皆可用，但不可归属于任何人所有。
>
> 我国现行法上未使用"公有物"这一概念，这不仅使得空气、海水等由于无法确定归属而无法进入"物"的范畴，而且，更为重要的是，它也直接导致了以"国家所有"的概念替代"公有公用"的观念。例如，物权编第五章将水流、海域、野生动植物资源、无线电频谱资源等均纳入"国家所有权"的范畴。此种立法处理不仅会引起逻辑上的质疑（例如，就野生动物而言，既属于"野生"，何以又纳入"所有"？），而且，更有疑问的是，对于那些原本应该是公有公用之物，一旦确立为"国家所有"，是否意味着任何使用均须获得国家之同意？

当然，某件东西是否具有利用价值，并不能总是以其客观属性及对大众的意义来加以判断。某些物品或许不具有一般的经济价值，但对特定人仍可能具有重要意义，例如，一张具有特定纪念意义的老照片。只要有人在主观上认其有价值，其即可作为民法上的物而在其上成立物权。[1]

（四）伦理考量

法学的使命，不在于以"科学"的方法去探究事物的本质，而在于规范人类个体及群体的行为。就此而言，人类社会长期发展的伦理观念对法律的影响可以说是无处不在。这一点同样适用于关于物的法律界定。

人的身体是否构成民法上的物？在伦理学上，具有理性的人依其本质只能为目的，而不能仅仅将人作为手段来使用，因此人是主体，而外在的世界为客体。首先，生存之人的身体，虽然也具有物质性，但身体乃是法律主体（自然人）的构成要素，而非权利的客体，故不属于物的范畴。其次，随着自然人的死亡，其权利能力终止，遂产生了人类遗体是否属于民法上之物的法律问题。几乎在所有类型的社会中，都可以看到尊重人类遗体的宗教与文化现象。因此，基于伦理方面的考虑，遗体并不能被视为一般的物，不能作为遗产加以继承，而是应根据法律和习俗给予体面的安葬等处理。最后，用于输血的血液、用于移植的器官可以暂时地与人体相分离。在现代社会中，只要具备拯救自己或他人生命的医学目的，这一分离本身并不违反法律，而且也逐渐为社会的伦理观念所认同。但即便如此，血液、人类器官等的买卖及其他形式的交易仍为许多国家的法律及医学伦理规范所排斥。因此，暂时分离出来的器官等也只是在非常有限的意义上被作为物看待。基于生殖辅助技术而产生的人类冷冻胚胎，尽管也是生物学意义上的客观存在，但由于其具有孕育人类生命的可能，也不能作为民法上一般的物加以对待。《民法典》在人格权编"生命权、身体权、健康权"一章对人体细胞、人体组织、人体器官、遗体的捐献做出规定，并明令禁止其买卖，显然也未将它们作为物加以对待。在涉及与人体分离的细胞、组织、器官等的归属、控制等问题时，法律仅限于在必要时将它们视为物，并确保在处置等方面不违背公序良俗。

> 近年来，我国司法实践中出现了有关冷冻人类胚胎的纠纷。江苏宜兴一对双独年轻夫妇在南京一家医院做试管婴儿，并留下 4 枚冷冻胚胎。在实施移植之前，该对夫妇不幸因车祸双双离世。双方老人与医院对簿公堂，要求继承胚胎。宜兴法院一审认为，冷冻胚胎具有发展为生命的潜能，是含有未来生命特征的特殊之物，不能像一般之物一样任意转让或继承；施行体外受精胚胎移植手术的夫妻已经死亡，其留下的胚胎所享有的受限制的权利不能被继承，据此，一审法院判决驳回了当事人对冷冻胚胎监管和处置权的请求。[2] 无锡中院二审认为，胚胎是介于人与物之间的过渡存在，具有孕育成生命的潜质，比非生命体具有更高的道德地位，应受到特殊的尊重与保护；虽然依相关规定胚胎不能买卖、赠送，并且我国法律也禁止实施代孕，但不

---

〔1〕 在我国实证法上，不仅承认在此类物上存在物权，而且还给予权利人特殊的保护。《民法典》第 1183 条第 2 款规定："因故意或者重大过失侵害自然人具有人身意义的特定物造成严重精神损害的，被侵权人有权请求精神损害赔偿。"

〔2〕 参见江苏省宜兴市人民法院（2013）宜民初字第 2729 号民事判决书。

能否定权利人对胚胎享有的相关权利，据此，二审法院撤销了一审判决，判决 4 位老人共同监管和处置医院的 4 枚冷冻胚胎。[1] 在另外一些案件中，法院虽承认与特定人之身体分离的组织具有物的一般属性，且应由该人取得所有权，但一般也都强调公序良俗原则的适用。[2]

动物是否为物？物的伦理性也体现在法律对动物属性的界定上。同为有生命的物种，人类时常对动物表现出特殊的情感，以至于我们的法律和伦理规范常常会将动物与无生命的物区分开来。晚近以来，动物保护主义甚至成了一种国际性的运动，此种思想意识引导人们郑重其事地提出了所谓"动物的权利"[3]，这进一步促成了"动物非物"的法律观念。通过立法修订，《德国民法典》明确规定了"动物非物"。[4] 当然，那种认为动物应如人类那样成为法律主体的观点未免有矫枉过正的嫌疑。"动物非物"之规定的立法目的并非要将动物人格化，而是为了限制动物所有人的权利，使其不能对归其所有的动物为所欲为。

近年来，随着人工智能（AI）的兴起，法学界也开始讨论人工智能的法律地位问题。有观点认为应打破传统法学的主客观二元论，赋予人工智能主体资格。本书认为，无须说作为人类的技术创造物，即便是人工智能具有了一定自我演化的能力，人类的法律也不应将其作为自然人意义上的主体加以看待。在主客观的二元世界中，人工智能只能属于"物"的范畴（当然它可以视情形获得"特殊之物"的待遇）。在涉及人工智能的责任问题时，或许未来的法律可依据情形将人工智能塑造成一个自我负责的独立财产，在此意义上，它具有类似财团法人的性质。

第二节 物的构成及分类

导入性问题

1. 物权成立于特定物之上，然而究竟何为"一物"？一辆汽车由众多零部件组合而成，那么，究竟是在整辆汽车上有一个所有权，还是在每一个零部件上都分别有一个所有权？

2. 甲在建房时，窃取了邻居乙的一根木料作为房屋的栋梁，房屋建成后，乙发现木料失窃的事实，则其是否有权要求甲返还？如系甲窃取乙的轮胎后安装于自己的汽车上，则后者能否要求前者返还？

3. 《民法典》第 320 条规定："主物转让的，从物随主物转让，但是当事人另有约定的除外。"然而，该如何认定主物和从物呢？该条中的"转让"应做如何理解？

---

[1] 参见江苏省无锡市中级人民法院（2014）锡民终字第 1235 号民事判决书。

[2] 例如"金某诉中山大学附属肿瘤医院返还原物案"，广东省广州市中级人民法院（2018）粤 01 民终 11254 号民事判决书。

[3] 例如，1978 年 10 月 15 日联合国教科文组织通过了《动物权利共同宣言》。

[4] 《德国民法典》第 90a 条规定："动物非物。动物以特别法保护之。于未有特别规定时，应准用有关物之规定。"

4. 果树上的果实是否是果树的孳息？在何种意义上说，租金是房屋的孳息？

一、物的成分

根据物权客体特定原则，一项物权成立于一物之上。某些类型的物（如一匹马、一个玻璃花瓶），质地单纯，浑然一体，对物权的客体加以界定时，无须引入"成分"的概念。反之，另外一些物（如一辆机动车）由原先独立的数物相互结合而成，而且结合后仍可清晰地识别出物的构成部分，针对这些物界定其上物权时，"物的成分"就成了一个重要的法律范畴。

物的成分，是指物的构成部分。根据物与其构成成分之间的关系，可将物的成分区分为重要成分与非重要成分。

物之重要成分的识别标准，并不在于其在物中所发挥的功用（如发动机之于汽车），而在于其不能从物中分离出来的特性。物理上或经济上是否重要，对于权利界定并无意义，相反，成分的能否分离对于物权客体的识别及物上权利的界定却具有法律上的重要性。

将不可分离性作为物之重要成分的认定标准，其原因在于：凡不可从物中分离而独立存在的部分，必不能独立成为物权的客体，质言之，这些成分即便先前是独立物，即便在合成于他物时还能被识别出来（如牢固地附着于墙上的一块瓷砖），它们也已经丧失了先前独立物的属性，不可能再独立承载一个所有权；相反，那些具有可分离性的部分，即便在整体中发挥着至关重要的作用，由于可以自合成物中重新分离且不影响其自身的价值，因此有可能不因合成于他物中而丧失其独立性，可以继续独立地作为一项物权的客体。

（一）重要成分

物的重要成分，是指非经毁损不能分离，或分离将耗费过高成本的构成成分。"重要成分"当然也属于物的成分，其特殊性在于与物的不可分离性。[1]

物的重要成分不得单独作为物权的客体，确立这一规则是为了维护物的经济价值，避免因强行对物加以分割而带来的损害。举例来说，对于一栋房屋而言，其墙体、支柱、栋梁等当然属于不可分割的重要成分，因此，即便在建房时取用了属于他人的木材，一旦该木材与房屋结为一体（如用作栋梁、支柱等），则立刻成为房屋之不可分离的重要部分。此时，即应认定发生了动产对不动产的附合，从而必须否定木材之原所有人的所有权，否则，如允许后者继续以所有人身份要求返还，则势必会导致房屋受损甚至完全坍塌。从经济上衡量，一根木料的价值无法与整栋房屋的价值相比，因此法律不应支持以牺牲整栋房屋来维护对一根木料所有权的主张。当然，对因自己之物

---

[1]　我国民法未对物的成分作出界定。根据《德国民法典》第93条，物的成分中，非经毁损物的一部或变更其本质，而不能分离的，为重要成分；物的重要成分不得为特定权利的标的。

成为他人之物的重要成分而无法要求返还的当事人而言，他可以根据具体情形主张不当得利、侵权等方面的请求权来维护自己的利益。

从前例可知，是否构成物的重要成分，是识别所有权因附合而取得之问题的基础：只有在分属于不同人的两个以上的物相互结合而不能分离时，才需要将合成物识别为一个新物，并由法律通过添附规则确定这个新物的所有权归属。

重要成分的概念对于界定"不动产"的概念也具有重要的价值。固定地附着于土地之上的建筑物、定着物与土地不可分离，故应成为土地的重要成分。[1] 然而，在土地及其上定着物的关系问题上，亦有立法例明确将地上附着物与土地做法律上的区分，使得"不动产"可以表现为"土地"与"建筑物"两种形态，从而容许所有权等物权可以在建筑物上独立发生。[2]

（二）非重要成分

物的非重要成分，是指可由物中分离出来而独立存在的部分。物的构成成分中，凡不属于重要成分者，即为非重要成分。与重要成分一样，非重要成分也是物的构成部分，物权以整个物作为其客体，而非以其成分为客体。例如，一辆汽车虽由众多零部件组装而成，但通常所有权乃存在于整辆汽车之上，而非分别以发动机、机身、轮胎等为客体。

但是，与重要成分不同的是，物的非重要成分可以单独地成为物权的客体。汽车所有人使用其新购的一个轮胎替换旧轮胎，则在其将新轮胎安装在汽车上时，此轮胎即失去了独立性而成为汽车的非重要成分。但是，若汽车所有人窃取他人之轮胎并安装于自己车上，则此轮胎与汽车并不发生动产之间的附合。这是因为，与前述木料与房屋的结合不同，此种结合并非不可分离的结合，而是很容易发生分离，因此，即便该轮胎已安装在他人的车上，对其所有人而言，该轮胎仍是独立的一物，其所有权并不因与汽车的结合而丧失，轮胎所有人仍可直接要求汽车所有人予以返还。同理，如果轮胎的出卖人在交付给买受人的轮胎上保留了所有权，则后者将轮胎安装到车辆上使用的事实，并不会改变保留所有权的效果。

二、主物与从物

（一）从物的识别

无论是物的重要成分，还是非重要成分，都是构成一个整体的物的部分。物与其成分之间的关系，是整体与部分的关系。主物与从物的关系，则有所不同：它们是两个独立的物，只不过相互之间具有一定的依存关系，从而可能在法律上共命运。

在主物与从物的关系中，主物，指的是起主导地位并可独立发挥功能的物；从物，则指不构成主物的成分，但经常性地辅助主物发挥效用的物。我国现行法虽有"主物

---

〔1〕《德国民法典》第94条："土地之定着物，特别是建筑物及土地之出产物，尚未分离者，属于土地之重要成分。种子于播种时，植物于栽植时，为土地之重要成分。"

〔2〕日本、我国台湾地区均采此种立法例。我国实行土地公有制，同时承认地上建筑物的私人所有，因此当然也采此种地上定着物不属于土地重要成分的立法例。

转让的，从物随主物转让"（《民法典》第 320 条）的规定，但并未界定何为"从物"。

说某物是另一物的"从物"，则该从物应具备以下特征：

（1）从物不属于主物的成分，而是独立的一物。作为独立的一物，从物上有独立的所有权。即便处在辅助主物的状态下，从物所有人也可单独对从物实施处分行为。至于何为物的成分，何为经常性辅助物之效能的从物，并非不辩自明，须考虑物的利用状态和一般交易观念加以具体确定。例如，锁与开锁的钥匙，尽管物理形态上有独立性，但必须结合方可使用，权利人也几乎没有独立处分的可能，故应视为一物。相反，尽管备用轮胎通常都存放于机动车上，但由于汽车没有备用轮胎通常并不影响使用，而且备用轮胎显然也可随时被单独处置，故备用轮胎构成汽车的从物。一幅画作，即便没有镶嵌在画框之中，也不失其完整性，因此，画框并非画作的成分；但镶嵌在画框中的画作便于保存、展览，因此，画框通常可构成画作的从物。

（2）从物经常性地对主物起着服务、辅助的功效，从而使得主物的效用更为显著，利用更为便利。从物对主物的这种服务关系应具有经常性、稳定性。一物若只是临时辅助他物之功效，则不存在稳定的利用结合关系，也就不能将此物认作彼物的从物。只有存在稳定的、经常性的联系，方可在必要时将两物视为具有共同效用的一个交易对象，并通过构建法律上的主从关系，将"主物之处分，及于从物"的规则予以运用。

（3）从物与主物之间须具有一定的空间关系。欲在两个独立物之间建立主物与从物的关系，虽不必要求二者之间必须具有"我中有你"的位置关系或必须紧密相连（例如，总是将划船之桨从停泊在湖边的帆船上拿走存放在湖畔小屋中，并不会改变船桨和帆船之间的主从关系[1]），但至少从物要在空间上比较接近主物，如此方可识别出前述的经常性辅助关系。很难想象，总是位于北京的 A 物与总是位于上海的 B 物之间具有主从关系。

尽管有前述标准，但主物与从物关系的识别，并非基于纯粹的逻辑判断。实际上，确立此种关系乃是基于交易的立场，并以更好地发挥物的效用为其目的。因此，真正决定两物之间是否存在主物与从物关系的是人们的交易观念。质言之，并非两物之间"天生"具有主从关系才引起了一并移转的逻辑后果，毋宁说，是人们在交易上首先断定移转 A 物时应一并移转 B 物，才在法律论证中将 B 物指称为 A 物的从物，并援引《民法典》第 320 条这样的规范"得出"结论。

　　关于从物的认定和识别的问题，至少还有以下两个问题需要讨论：①主物与从物是否必须同属于一人？或者说，在 A 物对 B 物具有经常性的辅助作用但两物分属不同人所有时，是否还可以认定二者之间的主从关系？②从物是否必须限定在动产，一项不动产是否也可以成为另一物的从物？

　　主物与从物是两个独立的物，其上分别有两个所有权，已如前述，那么

---

　　[1]　就本例而言，需依具体情形分析船与船桨之间的关系。如小船仅能靠船桨划动方能在水面行进，则船桨应视为船的成分为妥。其道理正如，电动车车主基于充电和防盗的考虑，经常将电瓶卸下带回家中，这一点并不改变电瓶为电动车之成分的性质。

是否要求两物同属于一人才能构建主从关系呢？对此问题，各国或地区立法有不同的规定。[1] 我国现行法并未就主物与从物的认定标准作出一般规定，而在两物是否必须归属于同一人的问题之上，2021 年 1 月 1 日已被废止的最高人民法院《担保法解释》第 63 条的如下规定令人困惑："抵押权设定前为抵押物的从物的，抵押权的效力及于抵押物的从物。但是，抵押物与其从物为两个以上的人分别所有时，抵押权的效力不及于抵押物的从物"。此条一方面提到"抵押物与其从物为两个以上的人分别所有"，从而似乎采取的是不要求主物与从物同属一人的立场；但另一方面，它又规定，在两物不属同一人所有时，并不适用"主物的处分，及于从物"的一般规则，从而使得主从关系的认定失去了意义。本书认为，我国现行法采取的应该是主物和从物须同属于一人的立场。[2] 但是，在学理上，对于主物与从物是否须归属于同一人之问题的解答，应取决于对认定从物的法律效果的界定，也就是说，对于"主物之处分及于从物"这一规则的不同解释决定了两物是否需要属于同一人所有的问题，此点容后再释明。

自不动产与动产区分的角度来看，动产常为一个不动产的从物，例如，酒店客房内的家具等设施可构成房间的从物，农具属于农场的从物等，但一项不动产通常不能成为他物的从物，也就是说，原则上，从物以动产为限。[3] 不动产登记簿对每一个独立的不动产（不动产登记单元）予以登记，并要求对其物权变动等单独进行移转或设立登记。因此，如果有完善的不动产登记体系，真正将每一处不动产都纳入登记，则不动产不能成为从物。但是，我国的不动产登记体系一直都不完善，事实上有大量的不动产未纳入登记。另外，我国实行土地与地上建筑物权利归属分离的立法例，即便所有土地均有清晰的不动产登记，某些发生辅助功能的建筑物、附着物可能恰恰不进行单独登记（如设于地下室或院内的与住宅相配套的杂物间、配电室、水塔等）。在司法实践中，法院经常将此类不动产识别为"从物"，并运用《民法典》第 320 条的规则裁判。[4]

---

〔1〕 我国台湾地区"民法"第 68 条明确要求主物与从物须"同属于一人"，《日本民法典》第 87 条也采相同的立场。而《德国民法典》第 97 条在对从物作出界定时并不要求从物归属于主物所有权人，而第 926 条则明确规定了从物不属于主物所有权人所有（从而可适用善意取得）的情形。

〔2〕 有关从物的规定也见之于民事诉讼法的法源之中。《最高人民法院关于人民法院民事执行中查封、扣押、冻结财产的规定》第 20 条规定，"查封、扣押的效力及于查封、扣押物的从物和天然孳息。"依该条，法院针对某物所做查封、扣押决定，其查封、扣押的效力自动及于其从物，至少在该规范的解释适用方面，应以主物、从物归属于同一人为前提。

〔3〕《德国民法典》第 97 条明定从物为动产。

〔4〕 例如，福建省厦门市中级人民法院（2019）闽 02 民终 3798 号民事裁定书。该案涉及与住宅配套的储物间归属的争议。法院认定，储物间虽构成住宅的从属物，但因当事人约定排除从属物与主物一并转让，故法院判定储物间仍属于出卖人所有。

（二）主物、从物关系的法律意义

如果不是为了适用类似"主物转让的，从物随主物转让"这样的规则，法律完全没有必要将自身具有独立性的某物界定为"从物"。法律上确定一物为另一物的从物，其目的并非是描述两物静态的、经济上的关联，而是为了使前者追随后者而动，在交易中确定合同的标的与相关物权变动的效果。

在我国法上，调整主物、从物关系法律效果的基本规范是《民法典》第320条。该条规定，"主物转让的，从物随主物转让，但是当事人另有约定的除外"。关于该条的理解，可做以下两点解读：

（1）由该条但书（"但是当事人另有约定的除外"）可知，该条属于任意性规范，即当事人可以通过明确约定主物转让的效力不及于从物，从而排除主物转让时从物随之转让规则的适用。由于从物是主物之外一个独立的物，此种在转让时将主物与从物脱钩的约定实属常见。例如，尽管二手车的转让通常要及于作为从物的备胎，但当事人当然可约定备胎不包含在车辆买卖的交易中。

（2）在当事人没有相反约定情况下，主物转让的效力及于从物。这一效力不仅体现在所有权上，也体现在他物权之上，具体可表现在：①就主物设立用益物权的，用益物权的效力也及于从物。例如，在供役地上设立地役权后，若供役地上有为进行利用所需的、可视为供役土地从物的附属设施，则地役权的效力也应及于该附属设施。②主物抵押时，抵押权的效力及于从物。[1]③动产质权的效力及于质物的从物。

关于"主物转让的，从物随主物转让"的规则，有一个重要问题未引起足够重视，即本条中所谓"转让"所指为何，是指物权变动的效力，还是债权效力？该规则出现在《民法典》物权编中，而且，位于第二分编"所有权"第九章"所有权取得的特别规定"，因此，从体系出发的解释结论应该是，该条实际所指的意思是，"主物的所有权发生转移的，从物的所有权随之转移"。正是因为从物所有权直接追随主物所有权的移转而移转，因此，立法者似乎认为，此种情形不属于依法律行为发生物权变动的情形，故此将其归入所有权取得的"特别规定"中。但是，本书认为，对该条的解释仍有两个疑问需要回答：第一，除物权效力外，这一规则是否也可适用于债权效力层面，或者说，这一规则是否适用于负担行为？第二，以上对《民法典》第320条所做初步解读是否合理，是否有进一步推敲的余地？

本书认为，从物依附于主物的观念，其首要的适用价值恰恰在于负担行为引起的债的效力层面，即，负有主物给付义务者，也有义务给付从物，除

---

〔1〕《担保制度解释》第40条第1款规定："从物产生于抵押权依法设立前，抵押权人主张抵押权的效力及于从物的，人民法院应予支持，但是当事人另有约定的除外。"该条区分从物产生的时间（抵押权设立的前后），并否认抵押权的效力及于设立后产生之从物（第2款）。基于主从物之间不存在天然纽带的观点，本书认为，若在抵押权设立后，他物与抵押物产生了一定关联，仅需否认该他物系抵押物的从物即可解决问题。

非当事人另有约定。[1] 例如，买卖车辆合同订立后，出卖人不仅负有车辆交付义务，也负有备胎的交付义务，故在出卖人交付车辆但未交付备胎时，买受人可要求出卖人继续履行交付备胎的债务。在本例中，如认为主物所有权依法律行为发生移转时将直接引起从物所有权的移转，则出卖人交付车辆后尚未交付的备胎也立刻由买受人取得所有权。应该说，这一规则的合理性不足。假如甲出价 5 万元购买乙的机动车，应解释为，甲以 5 万的价格购买乙的机动车及备胎（在交易中双方当然可以将备胎排除出交易，此时，甲通常会降低出价），因此，应将此种情形下备胎所有权的转移理解为依法律行为发生的物权变动，从而需要适用《民法典》第 224 条关于动产物权变动的一般规则，也就是说，备胎所有权也须在由乙交付给甲后发生所有权的移转。[2]

本书认为，在主物、从物关系问题上，应采以下两点解释立场：①应将从物追随主物的规则主要限定在债权效力上，即负担主物之给付义务者，也负有从物之给付义务。如此，法律就无须要求从物必须与主物同属一人。如甲将其供骑乘的马匹出卖给乙，而该马上配有甲自其友人丙处长期借用的马鞍，则即使认定甲之马与丙之马鞍构成主从关系，对丙的影响也有限，因为该主从关系的构建仅使甲负有马鞍的交付义务，而该义务的发生并不直接威胁丙的所有权。因此，结合《民法典》第 320 条，可将该条中的"转让"解释为买卖合同等负担行为。[3] ②就狭义"处分"意义上的"转让"而言，应限缩直接引起从物所有权移转效力的适用，如限定在以下情形：动产构成不动产的从物的（通常表现为动产在不动产内或不动产上），作为主物的不动产因登记而移转所有权的，动产所有权随之转移，即便尚未由出让人交付于受让人。例如，当事人通过登记移转经营性房屋的所有权的，房屋内的设施作为从物，其所有权直接发生移转；当事人通过移转登记就农场实现了物权变动的，农场上必要的农具、肥料等从物的所有权直接移转于受让人。同理，不动产上设立抵押权的，其抵押权设定的效力亦直接及于抵押物的从物。

---

[1] 《德国民法典》第 311C 条规定："负有物之移转或设定义务者，有疑义时，该义务亦及于从物。"我国台湾地区"民法"第 68 条第 2 项规定，"主物之处分，及于从物。"对此，王泽鉴先生认为，"所谓处分，应从宽解释，除物权行为外，尚兼包括债权行为在内"，参见王泽鉴：《民法总则》，北京大学出版社 2009 年版，第 182 页。

[2] 最高人民法院意识到了这一物债效力区分的必要性。根据 2000 年《担保法解释》第 91 条的规定，尽管动产质权的效力及于质物的从物，但是，在从物上的质权仍需自交付质物后方可设立。尽管这一司法解释已于 2021 年 1 月 1 日被废止，但它体现的法理仍在。据此，所谓"动产质权的效力及于质物的从物"应被解释为：根据质押合同，质权人不仅可请求出质人交付质物，也可请求出质人交付其从物。由于抵押物无须交付，故该解释第 63 条未做类似第 91 条的规定。

[3] 从我国实证法上的另一处规定也可得出这一结论。《民法典》第 631 条规定，"因标的物的主物不符合约定而解除合同的，解除合同的效力及于从物。因标的物的从物不符合约定被解除的，解除的效力不及于主物。"在前例中，如果马匹有问题，则解除的效力及于马鞍；如果仅是马鞍质量有问题，则解除的效力不及于马匹。该条规定的效力当然是债权上的效力，而与狭义的处分无关。

三、孳息

《民法典》第321条分两款分别规定了天然孳息与法定孳息的取得规则，但并未对孳息以及天然孳息、法定孳息的概念作出界定。孳息，是指由物所产生的收益，[1] 可分为天然孳息与法定孳息。

（一）天然孳息

1. 天然孳息的界定

天然孳息，是指依物的自然属性或通常的使用方法而产生的收获物、出产物。例如，耕作土地所收获的粮食、果树所产生的果实、动物所生幼崽、母鸡下的蛋、奶牛产出的牛奶、从绵羊身上剪下的羊毛等。产生天然孳息的物，称为"原物"。

产自原物的天然孳息，必须从原物中分离出来后，才能成为物权的客体。在与原物分离之前，天然孳息仅为原物的成分，并不存在独立的归属问题。孳息自原物分离后，成为独立的新物，需要在法律上界定其归属。

由原物中产生的一切并不都具有孳息的性质。原则上，只有依物的自然属性，定期或常规性地产出出产物，且原物不因此而明显损坏或减少价值时，才能构成孳息。[2] 因此，从一棵橡胶树上割胶所得的胶乳是孳息，但砍伐树木后所得的木材不是树木的孳息（必要时可视为土地的孳息），相反，如果树木需要常规性地修剪，则修剪下来的枝条可作为树木的孳息，如同果实。同理，土地所出产的粮食是孳息，而从土地中开采的矿石并不属于土地的孳息，这也是因为法律对矿产的所有和开发有特别规定的缘故。这一区分具有法律上的意义，例如，因用益物权人有权收取孳息，故土地承包经营权人可从其承包的土地中收取粮食，但无权开采土地中的矿石。

在曾被广为讨论的"牛黄案"[3] 中，一种分析意见认为，牛黄是牛的天然孳息（亦有认为牛黄属于牛内脏所生孳息者），故本案可依孳息归属的规则处理。本书认为，这一观点显然站不住脚。牛黄并非牛奶或小牛犊这样正常的出产物，其与牛肉、牛皮等都是屠宰黄牛后所得，属于物本身终结其存在而分离为多物的情形。

2. 天然孳息的归属

天然孳息，主要涉及的是收取和所有权归属的问题，除《民法典》第321条第1款一般性地规定天然孳息的取得规则外（"天然孳息，由所有权人取得；既有所有权人又有用益物权人的，由用益物权人取得。当事人另有约定的，按照约定"），《民法

---

[1] 与"使用"相并列的"收益"，应该是狭义的收益，与"收取孳息"同义。广义的收益，也应包括使用利益本身，在此意义上的收益是孳息的上位概念。

[2] 我国现行法未界定天然孳息的概念，但比较法的经验可资借鉴。我国台湾地区"民法"对天然孳息的定义是"果实、动物之产物及其他依物之用法所收获之出产物"（第69条）；《德国民法典》第99条未采用天然孳息与法定孳息的区分，其对"物的孳息"的定义是，"物之出产物及依物之用法所得之其他收获物。"

[3] 本案案情见于2000年9月19日《人民法院报》，概要介绍如下：1997年3月20日，农民张某与某肉联厂口头商定，由肉联厂将其两头黄牛宰杀，宰杀后按净得牛肉以每斤2元2角的价格进行结算，由肉联厂收购；牛头、牛皮、牛内脏归肉联厂，再由张某给付宰杀费7元。在宰杀过程中，肉联厂屠宰工人在一头牛的下水中发现牛黄70克，后肉联厂将这些牛黄出售，得款2100元。张某知晓后向肉联厂要2100元牛黄款被拒绝后，即向法院起诉。

典》第 412 条、第 430 条、第 452 条、第 460 条、第 573 条、第 630 条、第 900 条尚有数处关于孳息收取、归属或返还的规定，另有一些规范涉及了包含孳息在内的"收益"的归属，现简要分述如下：

（1）天然孳息原则上属于原物所有权人。天然孳息是从原物产生的，原物所有权人依据所有权的"收益"权能，通常都能取得天然孳息的所有权。因此，母鸡即便将其蛋产在了野外，鸡的所有权人也当然地拥有这只蛋的所有权。

（2）如果原物上为他人设立了用益物权，则原物所产生的孳息由用益物权人收取，并取得其所有权。由于我国法上的用益物权仅在不动产上发生，而且也仅有农业用途的土地和海域能够产生天然孳息，故这里的用益物权主要指土地承包经营权和海域使用权。我国实行土地公有制，在家庭联产承包早已全面推行的背景下，承包经营权人取代农地的所有权人（农村集体经济组织）成为土地上出产物的收取权人。在"三权分置"改革背景下，如果承包人再为他人设立"土地经营权"，则将由后者获得土地上天然孳息的所有权。

（3）抵押权人在抵押财产被法院扣押后可以收取抵押财产的天然孳息与法定孳息（《民法典》第 412 条），质权人有权收取质物的孳息（《民法典》第 430 条），留置权人有权收取留置物的孳息（《民法典》第 452 条）。担保物权人原则上并不享有就担保物取得收益的权能，何以前述法条均规定担保物权人有权收取孳息？实际上，在前述法条中，担保物权人在收取孳息后均需适用充抵的规则，即首先需以收取的孳息充抵收取的费用，其次充抵债权之利息，然后充抵原债权。[1] 被担保之债多为金钱之债，同样多表现为金钱的法定孳息容易适用充抵规则，故由担保物权人取得法定孳息所有权后再行充抵并非难事。而就此处讨论的天然孳息而言，担保物权人可能收取的粮食、果实、动物幼崽等天然孳息无法直接实行充抵，与其规定将此类物变价后充抵，[2] 不如将此类担保物权人收取天然孳息的规范解释为：天然孳息产生后，仍适用归属于原物所有权人的一般规则，由抵押物、质物、留置物的所有权人取得所有权，但担保物权人有权收取并占有，并将孳息加入到担保财产中一并供担保之用。

（4）租赁期间，租赁物产生天然孳息的，须依租赁合同的类型或当事人之间的约定确定孳息的归属，在有疑义时，应以承租人取得孳息的解释为宜。我国《民法典》虽未如有些立法例般明确区分"使用租赁"与"用益租赁"（在后者，当然系由承租人收取孳息），但其第 720 条规定，"在租赁期间因占有、使用租赁物获得的收益，归承租人所有，但当事人另有约定的除外"。此处的"收益"，当包括获得天然孳息在内。

（5）《民法典》第 630 条规定，"标的物在交付之前产生的孳息，归出卖人所有；交付之后产生的孳息，归买受人所有"。在动产买卖的一般情形，这一规则与原物所有权人收取孳息的规则相吻合。该规则也应适用于不动产买卖标的物已交付但尚未办理

---

〔1〕 奇怪的是，前引三条抵押权人、质权人、留置权人收取孳息的规范均仅规定"应当先充抵收取孳息的费用"，缺失了充抵被担保之债权的利息和原债权的规定。

〔2〕 参见台湾地区"民法"第 890 条第 3 项（"孳息如须变价始得抵充者，其变价方法准用实行质权之规定"）。

所有权转移登记的情形及动产所有权保留买卖的情形，在此两种情况下，尽管买受人还不是所有权人，但也已经有权取代出卖人享有孳息。

（6）比较法上，常见承认善意占有人孳息收取权的立法例，即善意占有人在占有期间所收取的孳息不负向物之所有权人返还之责，但是，我国《民法典》第460条在字面上未对善意占有人设此优待，而是规定无权占有人均须向所有权人返还孳息。善意占有人能否保有其收取之孳息的问题，尚需仔细斟酌。

（二）法定孳息

法定孳息，是指原物依一定的法律关系而产生的收益。例如，出租房屋而收取租金的，租金即为房屋所产生的法定孳息。土地承包经营权人将农地出租给他人或为他人设立"经营权"的，后者取得土地的天然孳息，而承包经营权人以租金的方式获得法定孳息。

关于法定孳息的归属，《民法典》第321条第2款规定，"法定孳息，当事人有约定的，按照约定取得；没有约定或者约定不明确的，按照交易习惯取得"。所谓按约定取得，即按法律关系的内容取得，如依租赁关系的内容，由出租人获得租金。如果当事人间的法律关系并未明定法定孳息的收取权，则须按照交易习惯来确定法定孳息的归属。

> 我国实证法未给出法定孳息的立法定义或判定标准，学理通常均采类似台湾地区"民法"第69条（"称法定孳息者，谓利息、租金及其他因法律关系所得之收益"）规定的表述。严格来说，用"法定孳息"指称物经由一定法律关系所产生的收益并不准确。能够给物带来收益的法律关系恰恰多为租赁合同等"意定"的关系，因此，此处所称"法定孳息"，应做"法律上的孳息"之解。[1] 另外，天然孳息依物的自然属性产生，属于一个新物，法律需要建立起该物与特定民事主体的归属关系，以定分止争。而法定孳息本身即是法律关系的产物，法定孳息与其说是产生自原物，不如说是产生自当事人实施的租赁等法律行为。法律关系中的一方收取法定孳息，其实就意味着他方负有法定孳息的给付义务，因此，恰恰是当事人之间的法律关系决定了法定孳息的收取权，法律似乎并无必要对法定孳息收取权作出专门规定。不过，在以下情形，租金等法定孳息产生自租赁物的观念具有法律推理上的意义：乙将甲之物出租于丙，并从丙处收取租金若干，法律如果支持甲向乙（根据不当得利或不真正无因管理等请求权基础）要求返还或移交租金，则此租金系甲之物所产生的观念发挥着至关重要的作用。

---

〔1〕 德国民法未使用"天然孳息"与"法定孳息"的概念，而是将孳息分为物的孳息与权利孳息；又根据孳息是由物或权利直接产生，还是依一定法律关系产生，区分为"直接孳息"与"间接孳息"。相对而言，"直接""间接"的表述更加准确。参见《德国民法典》第99条。

四、单一物、合成物与集合物

（一）单一物

单一物，是指形态上自成一体且其构成部分已失去其个性的物，例如一匹马、一只电灯泡、一个玻璃水杯等。单一物是浑然一体之物，一般不再需要识别其成分，而且原则上也不存在部分因与整体分离而成为独立之物的情形。

（二）合成物

合成物，是指由数个单一物结合成一体的物。例如，由发动机、轮胎、轴承等组合成的汽车即为典型的合成物：汽车的各部件原各为独立的物，但一经组合成为一个功能体，这些零部件均成为后者的组成成分。不过，其个性并不因此完全丧失，在这些零部件从汽车上拆卸下来后仍可成为独立的物。在交易观念上，合成物为一物，民法也因此将其作为一个所有权的客体。

（三）集合物

集合物，也称聚合物，是指多个单一物或合成物为共同的目的集合在一起而形成的聚合体。集合物可进一步分为事实上的集合物和法律上的集合物。

事实上的集合物，是指由同质的多数动产构成的集合物，如一个畜群、一个收藏某类图书的图书馆等。以畜群为例，它虽然由作为个体的动物构成，但其在经济上和功能上被视为一个整体（如一个畜群中的动物有合理的雌雄、兽龄搭配，从而有较强的自然繁育能力），并因此经常成为一个交易的对象。

法律上的集合物，是指由不同性质的财产为共同目的而集合在一起的聚合体，如企业、遗产等。以企业为例，企业固然也可能因具备法人资格（企业法人）而成为法律主体，但有时它也可以成为权利的客体，如所谓的企业转让、企业兼并等。作为集合物，企业由动产、不动产等有体物构成，此外它还包括了债权、知识产权等"无体物"，甚至消极财产如债务也是构成该集合物的财产。遗产也属于此种情形，它也由动产、不动产、债权、债务等构成。此外，一个法律主体所拥有的一切可用于承担责任的财产，在被指称为"责任财产"时，也属于法律上的集合物。

单一物和合成物都是"一物"，无论是一个水杯，还是一辆汽车，都是一个所有权的客体。相反，集合物并非一个特定物，而是若干物为特定目的而集合在一起。集合物固然可以成为一个交易关系的对象（如以10万元买下整个羊群或以100万元购买一家企业），即，将集合物作为一宗买卖的标的物，但就物权关系而言，并不存在集合物之上的所有权。事实上，所有权仍然存在于构成集合物的每一个物之上，例如，对于羊群而言，所有权仍存在于每一只羊身上。尽管法学上创造出的"集合物"这一概念并非完全不具有物权法上的意义，[1]但是，从物权客体特定这一物权法的基本原理出发，集合物实际上并不属于物权法意义上的"物"。

在比较法上，某些类型的物权可以建立在集合物之上，如德国民法上的

---

[1] 罗马法学家探讨了集合物的时效取得及所有物返还之诉能否针对羊群行使这样的问题。

用益权，不仅可以事实上的聚合物（如一群羊）为客体，甚至也可以建立在某人的全部财产（法律上的集合物）之上。不过，即便在此类情形，德国法仍坚持物权客体特定原则，认为用益权存在于每一个具体的物上。[1]

在我国实证法上，"集合物"在物权领域最突出的一个表现应该是所谓"浮动抵押"。自《担保法》始，我国民法上的抵押权总体上坚持了物权客体特定原则，即一个抵押权以一项独立的抵押财产为客体（即便是作为特殊抵押权的"最高额抵押权"也遵循这一原则）。《物权法》借鉴英美法担保制度，在抵押权中增设了以企业现有及将有的所有动产为客体的浮动抵押类型，《民法典》从之。浮动抵押，可理解为以集合物为客体的特殊抵押权。

五、不动产与动产

以物是否能够移动并且是否因移动而损害其价值为标准，可以将物分为不动产和动产。

（一）不动产

在性质上不能移动或者移动通常会严重损害其价值的物，为不动产。《民法典》第115条确认了不动产与动产的分类，但未对它们作出界定。《民法典》颁布之前，《最高人民法院关于贯彻执行〈中华人民共和国民法通则〉若干问题的意见（试行）》第186条规定："土地、附着于土地的建筑物及其他定着物、建筑物的固定附属设备为不动产"；《担保法》第92条对不动产所作定义为，"本法所称不动产是指土地以及房屋、林木等地上定着物"。尽管这些法律或司法解释已失效，但仍有助于我们理解我国法上的"不动产"概念。另外，2014年12月发布的《不动产登记暂行条例》（现行有效）第2条第2款规定，"本条例所称不动产，是指土地、海域以及房屋、林木等定着物"。

无论是以"能否移动"的抽象标准来区分不动产与动产，还是通过列举不动产的类别而用排除法确定动产的范围，实际上大体都能将不动产确定为土地及其附着物、定着物，包括各种建筑、树木等。问题的关键是，在物权客体特定原则之下，各种类型的土地及各种附着物、定着物究竟在何种意义上构成一项不动产物权的客体？质言之，就不动产而言，何为"一物"？

就土地本身而言，地球的地表有大块陆地相连，尽管根据自然地理特征或人力改造有时也能产生"一块土地"的观念，如一座湖心小岛所占据的土地或一块梯田，但是，要想一般性地将土地纳入权利的客体，唯有借助人为划界。在不动产登记簿上，一个由权属界线组成的封闭地块就是一个最小地籍单元，称"宗地"。《不动产登记暂行条例》将"不动产单元"作为不动产

---

[1]　参见《德国民法典》第1035条、第1085条。

登记的基本单位,[1] 而不动产单元指的是权属界线封闭且具有独立使用价值的空间。[2]

实际上，"土地"这一基本法律范畴在我国法律上并不清晰，《民法通则》《物权法》《土地管理法》《民法典》等均未对"土地"作出法律界定。就自然属性与经济功能而言，土地存在耕地、草原、森林、沙漠、滩涂、矿山、建筑用地等具体形态。根据《民法典》第 260 条的规定，集体所有权的对象包括"法律规定为集体所有的土地和森林、山岭、草原、荒地、滩涂等"，据此，森林、山岭、草原、荒地、滩涂等成为"土地"之外的所有权客体。然而，有疑问的是，荒地、滩涂、山岭等除了土地的表现形式外，其自身"有体"吗？难道它们本身不就是土地的自然状态吗？在解释上，该条中的"土地"指的仅是"耕地"。相对而言，《土地管理法》对"土地"的界定更为合理。《土地管理法》第 4 条确立了土地用途管制的制度，并将土地区分为农用地、建设用地和未利用地。该条第 3 款规定，"前款所称农用地是指直接用于农业生产的土地，包括耕地、林地、草地、农田水利用地、养殖水面等；建设用地是指建造建筑物、构筑物的土地，包括城乡住宅和公共设施用地、工矿用地、交通水利设施用地、旅游用地、军事设施用地等；未利用地是指农用地和建设用地以外的土地"。据此，草地、养殖水面等都回归了"土地"的属性。

从土地的自然状态出发，有探讨价值的是矿藏。矿藏蕴藏于土地，本应如土壤、岩石等构成土地的重要成分。但是，无论是《宪法》（第 9 条），还是《民法典》（第 247 条）均明确宣告矿藏属于国家所有。《矿产资源法》第 3 条更是明确规定，"矿产资源属于国家所有，由国务院行使国家对矿产资源的所有权。地表或者地下的矿产资源的国家所有权，不因其所依附的土地的所有权或者使用权的不同而改变"。由此可见，矿藏在我国法上属于独立于土地之外的物权客体。不过，矿藏也只有埋藏于土地中时，才属于不动产。一旦从土地中开采出来，矿石、原油、天然气等均为动产，而且这些动产的所有权将依采矿权确立归属。另外，尽管未开采的矿藏属于不动产的范畴，但是法律豁免了其登记义务。[3]

关于附着于土地上的房屋等建筑物、定着物，由于其与土地不可分离，

---

〔1〕　该条例第 8 条规定，"不动产以不动产单元为基本单位进行登记。不动产单元具有唯一编码。"这就是物权特定意义上的"一物"。

〔2〕　根据《不动产登记暂行条例实施细则》及相关登记操作规范的规定，没有房屋等建筑物、构筑物以及森林、林木定着物的，以土地、海域权属界线封闭的空间为不动产单元；有房屋等建筑物、构筑物以及森林、林木定着物的，以该房屋等建筑物、构筑物以及森林、林木定着物与土地、海域权属界线封闭的空间为不动产单元；有地下车库、商铺等具有独立使用价值的特定空间或者码头、油库、隧道、桥梁等构筑物的，以该特定空间或者构筑物与土地、海域权属界线封闭的空间为不动产单元。

〔3〕　《民法典》第 209 条第 2 款规定："依法属于国家所有的自然资源，所有权可以不登记。"登记的目的是为了进行权利的公示，既然自然资源属于国家专有，且实际难以与土地登记相区分（在探明之前甚至不知其存在），因此，就矿藏资源缺乏独立登记的必要性。实际上，在我国，国家所有的土地所有权也是无需登记的。

罗马法以及后世许多国家的法律均将其作为土地的成分对待，一切附着于土地上之物均因附合而成为土地的一部分。在此意义上，"土地"即为"不动产"。我国法律明显采狭义的"土地"概念，不仅建筑物、构筑物及其附属设施属于独立于土地之外的不动产，而且，林木亦属于独立于林地的不动产。[1]

不动产还包括"海域"。较狭义的"土地"（如《土地管理法》规定的"土地"）应不包括海域，而仅指海洋以外的陆地（含湖泊、江河等陆地水域）。根据《中华人民共和国海域使用管理法》的规定，所谓"海域"，指的是中华人民共和国内水、领海的水面、水体、海床和底土。该法同时规定，海域一律归国家所有，用海人须依法取得海域使用权。本书认为，海域实际上可以整合进"国有土地"的范畴，而海域使用权也与建设用地使用权具有相似的权利属性。

（二）动产

不动产以外的有体物，均为动产，它们在性质上具有可移动性，其价值不会因为物理上的位移而受损害。动产类型众多，无法穷尽，民法通过界定不动产，而将其他有体物均归入动产的范围。

关于动产的特殊类型，可做以下四点说明：

（1）作为交通运输工具，机动车、船舶、航空器显然属于动产，但是，由于该类特殊动产具备登记公示的可能性，故学理上有因此将其称为"准不动产"者。

（2）热力、电能等因可支配、可利用而可视为物的自然力，应适用动产的相关规则。

（3）某些特殊的物，其性质介于不动产与动产之间，如活动板房、轻型可拆卸轨道，只要它们并非为长期稳定附着于土地而存在，且未纳入不动产登记，应以认定为动产为宜。

（4）在我国，因登记制度本身不健全，一些不动产无法获得登记。此类未纳入登记的不动产，在涉及所有权转移等物权变动需要时，应适用动产物权变动的规则。

（三）区分的重要意义

不动产与动产的区分，是民法上对物所作的最为重要的分类。此种分类的意义表现在：

（1）不动产与动产的区分构成了物权法立法体系的基础。《民法典》物权编第二章"物权的设立、变更、转让和消灭"直接以不动产与动产的区分作为构建我国物权变动

---

[1] 参见《森林法》。根据该法，森林、林地和林木构成不同的权利对象，其中，森林、林地应归属于国家或集体，而林木则可以归属于个人。林木生长于土地，即便在实行地上建筑物与土地分离之立法例，一般均将林木作为土地的成分。我国法律明文规定林木为独立于土地的"不动产"（见前文关于不动产的定义），从物权法的视角看，既然认为林木可独立于土地而成为单独的物，单株的林木可作为"一物"，构成一项物权的客体。但是，将"森林"规定为所有权的客体却令人费解，盖因"森林"无法满足物权客体特定原则。在物权法的视野中，只见树木不见森林。如果可以脱离实证法来谈的话，本书认为应将林木作为土地的成分更为合理。

规则的基础。另外，就物权编所规范的具体物权类型而言，也可清晰地观察到这种分类的重要性：土地承包经营权、宅基地使用权、建设用地使用权、居住权和地役权等用益物权均以不动产为其客体；相反，担保物权中的质权和留置权均不得以不动产为其客体。

（2）不动产物权与动产物权的公示方法不同。不动产具有特定性和不可移动性，在技术上可以建立起一套行之有效的登记及查询制度，准确地反映不动产物权的归属及变动情况，因此不动产物权以登记为其公示的方法。动产总体上不适合被纳入特定的登记体系，故动产原则上以占有为其权利的外观，动产物权的变动以占有的转移（即"交付"）为其公示方法。如前文所述，机动车、船舶、航空器等交通运载工具尽管属于动产，但是，针对这些交通工具，却存在一套成熟的登记制度，因此，登记对于此类特殊的动产具有一定的意义。

（3）不动产与动产的物权变动要件不同。不动产不仅以登记作为其物权归属的公示手段，而且基于法律行为的不动产物权变动（设立物权、转移物权等）原则上也须以登记为其生效要件。[1] 相反，动产物权的变动通常无须登记，而仅须交付即可。[2] 即便对于汽车、船舶、航空器等特殊动产而言，登记也仅是其对抗要件，而非物权变动的生效要件。[3]

当然，不动产与动产作为有体物，作为物权这一抽象权利的客体，二者也具有很多的共性。例如，在物权法上讨论作为法律事实的"占有"时，其指称的是对物——无论其为不动产或是动产——的事实支配、控制，切不可因占有兼有作为动产所有权推定的效力而将不动产排除出占有的对象。

> 不动产与动产的区分具有历史性。二者的区分虽始于罗马法，但是，此种现代法上对物的基本区分在罗马法上却并不重要。在传统的农业社会格局下，罗马法上对物最重要的区分是"要式移转物"与"非要式移转物"，二者遵循不同的物权变动规则。要式移转物不仅包括意大利的土地及乡村地役权，而且也包括牛、马等提供畜力的动物。对古代罗马人而言，这些物具有最高的价值。要式移转物的物权变动，须实施要式买卖、拟诉弃权等要式行为，而非要式移转物仅须完成交付即可。中世纪之后继受罗马法的欧洲各国则逐渐将不动产与动产的区分作为对物的基本区分。在相当长的历史时期内，不动产不仅因不能移动的物理属性而区别于动产，其更因在经济上的重要性而具有动产无法比拟的价值。因此，不动产的交易和物权变动采取与动产不同的规则，如前者的交易须以公证文书的方式做成，其物权变动也须载入不动产登记簿。

---

〔1〕《民法典》第209条第1款规定："不动产物权的设立、变更、转让和消灭，经依法登记，发生效力；未经登记，不发生效力，但法律另有规定的除外。"

〔2〕《民法典》第224条规定："动产物权的设立和转让，自交付时发生效力，但法律另有规定的除外。"

〔3〕《民法典》第225条规定："船舶、航空器和机动车等物权的设立、变更、转让和消灭，未经登记，不得对抗善意第三人。"

进入现代社会，伴随着经济的发展，尤其是资本市场和金融业的繁荣，不动产已经不再具有过往的财富代表形象。但是，这种经济和社会的变迁并未对物在法律上的基本区分构成真正的挑战。即便这种区分不再代表着财富价值上的区分，但是，与动产可以被源源不断地制造不同，土地总量有限，稀缺性更强，对人类生存具有更为终极的价值。而且，更为重要的是，不能移动的物理属性仍然决定着不动产在公示方法上与动产的不同——不动产可以登记为公示手段，而动产原则上仅能以占有为公示手段。只要在有效的公示手段上的这种差异继续存在，物权法就可以继续坚持将不动产与动产的区分作为体系上最基本的区分。

随着信息技术，尤其是物联网等新技术的发展，以电子标识等方式对动产做唯一性识别并将其纳入更具开放性和高效性的登记体系，这一情形或许在不久的将来就可以实现。那一天的来临，恐怕会真正摧毁不动产与动产在物权法上的区分。在担保领域，我国目前已经构建了统一的动产与权利的登记平台，动产抵押依赖登记取得对抗力。尽管担保登记实行的是所谓"人的编成主义"，公示效果尚无法与不动产抵押相比，但也预示着未来不动产与动产区分的式微。

六、作为物的金钱

金钱，对人的重要性不言而喻。但是，对于金钱的客体属性及金钱之上的权利属性，却存在显著的分歧。一方面，在普通人的认知中，银行存款当然是自己的"钱"，与手中的纸币没有分别；另一方面，在某些法律适用的场合，金钱却明显地被排除出"物"的范畴。[1]

自物的视角看待金钱及其上的权利，需要把握前述"有体性"与"物权客体特定"两项要求。首先，尽管具有被法律赋值的一般等价物的特性，以纸币或硬币形式存在的金钱仍符合有体物的要求，至少就物权法的视角看，可以被实际占有的有形货币当然是物权的客体。其次，根据物权客体特定的要求，金钱所有权的客体同样须确定。这就意味着，一方面，金钱所有人在每一张纸币、每一枚硬币上都享有一个所有权；另一方面，现金一旦被存入银行，存款者将丧失现金的所有权，类似"银行账户内的钱是我的"或者"这家银行的万亿资产中有十万是我的"这种说法是不成立的。

银行活期存款即便流动性、安全性极高，且被视为与现金一样的支付工具，但所谓"账户内的钱"其实仅是一个记账符号，其表现的是开户人对银行享有的还本付息的债权。银行存款当然也算是储户的资产，但此项资产的法律属性是债权。存款人在银行柜台或自助存款设备"存入"现金时，伴随

---

〔1〕 就买卖合同而言，出卖人负有交付"物"的义务，而买受人负有支付价款的义务，在此情形，价款显然不被视为物，否则，所有的买卖都会变成互易。

着作为有体物的现金占有的移转，银行即取得这些现金的所有权。相反，如果现金的持有人在银行提供的加密保险箱内存放现金，则作为寄存物之现金的所有权当然不会因保管而发生转移。[1]

关于金钱及其上权利的特殊性，还广泛流行以下这种说法：金钱的占有即所有。根据这种观点，占有金钱者即成为金钱的所有权人。本书认为，这一说法固然可能对诸如银行取得储户存入之金钱的所有权等现象提供一定的解释，但其自身缺乏法理的支撑，也相当不准确。在许多情形，金钱的占有人并不取得金钱的所有权。设甲将 10 万元现金装入一只密码箱，则无论这只密码箱是被交给乙保管，还是遗失后由丙拾得，占有人都不取得这笔金钱的所有权。所谓"占有即所有"，可能仅仅表达的是以下这种观念：一旦甲取得乙之金钱的占有，即使双方缺乏转让现金所有权的合意，但只要甲将该笔金钱混入自己的现金资产，就会导致难以辨识哪些金钱是乙之金钱，所有权客体特定的要求不能继续被满足，这样就需要在法律上重新确定所有权归属。前述情形，实际上已经构成添附中的混合，而考虑此种混合的特点，宜认定由甲取得全部金钱的所有权，同时甲也须对丧失特定金钱所有权的乙负返还同等数额金钱之债务。在本例中，导致甲取得所有权的原因，并非甲占有乙之金钱的事实，而是金钱混合导致的所有权与其权利客体的重配需要。

由以上分析可知，金钱所有权的得丧，仍遵循所有权变动的一般规则：或者依当事人的意思发生继受取得，或者依添附规则等发生原始取得。所谓"占有即所有"的命题是不成立的。

随着新技术的发展，电子货币、数字货币等无纸化的新型货币开始出现。尽管不具备一般意义上的有体性，但区块链技术、电子加密技术的运用，并依托算法和电子设备，这些无纸化货币有可能满足占有控制与特定化的要求，与银行存款等形成明显的差异，可以被视为有体物，从而可以确定其上的权利是所有权。

---

[1] 与本书作者的前述认识不同，我国现行法的一些规定显然将存款视为物，并承认储户对存款的所有权。《储蓄管理条例》第 5 条规定，"国家保护个人储蓄存款的所有权及其他合法权益。"司法实践中，法院也经常在裁判文书中认定账户存款属于存款人所有。在最高人民法院发布的第 54 号指导案例【（2013）皖民二终字第 00261 号】二审判决书中，安徽省高级人民法院认为，担保人系其在贷款银行开立的保证金账户内资金的所有权人，在满足了金钱特定化与移交债权人占有的两项要件后，债权人可以在保证金账户内的资金上成立动产质权。不过，值得注意的是，2021 年 1 月 1 日生效的《担保制度解释》不再将所谓账户担保视为质押，而是将其作为一种非典型担保加以规定（第 70 条）。在法理上，认为银行存款是存款人的所有物是说不通的。

第三章

物权通论

✉ **本章提要**

本章具有"物权总论"的意义，即以"提取公因式"的方法，从所有权、用益物权、担保物权等具体物权类型中抽象出各种物权的共性以及涉及的共同问题。在本章所设的各节中，将分别讨论物权的概念与特性、物权的类型、物权的效力等问题。

🎯 **导入性问题**

1. 甲在乙家具经销商处定制一件家具，双方约定由乙在一个月后交货。在生产商将该件家具运往乙的营业场所的过程中，丙驾车不慎引发车祸，致甲购买的家具严重受损。甲没有按时得到自己订购的家具，于是向丙主张损害赔偿。问：甲的主张是否合理？

2. 甲向乙借款3万元，为担保还款，将其"劳力士"手表一块交给乙设立质押。乙不慎将该表遗失，为丙所拾获，丙据为己有，后赠与丁。问：乙能否直接向丁提出返还要求？

3. 甲父死亡时，将房产A留给甲。甲为报答早年的救命恩人乙，为老年的乙在A房产上设立了终生性居住权。后甲经商需要融资，问：甲能否以已经为乙设立居住权的A房产为丙银行设立抵押权？如能设立，是否影响乙的居住权？如果甲先将房产抵押给了丙银行，在抵押期间还能否为乙设立居住权？

4. 甲、乙各拥有A、B两块相邻的土地，乙为方便进入自己的B土地，与甲约定，每年给甲若干补偿，而甲则允许其在A土地上穿行。后甲将A土地转让给丙。乙向丙提出通行要求，丙表示拒绝。问：依法理，乙的主张是否成立？乙应如何设定权利，才能确保其在A土地上通行的权利？

👉 **第一节　物权的概念与特性**

一、物权的概念

"物权"是大陆法系民法中一个相当抽象的概念，具有鲜明的大陆法系特征，在英美法中不存在相对应的概念。

"物权"的概念乃至物权与债权的区分，其起源可追溯到古代罗马法。不过，罗马法虽然承认所有权、地上权、役权、永佃权等具体的物权类型，也从诉权的角度区分了"对物之诉"与"对人之诉",却未在实体权利方面抽象出"物权"的概念(相反,古代罗马法很早就抽象出"债"的概念,可以说,罗马法已有比较完善的债法体系)。在对罗马法进行注释、评论的过程中,中世纪的法学家提出了"对物的权利"(*ius ad rem*)这一法律术语,从而为"物权"这个概念的使用奠定了基础。到了近代民族国家的民法典编纂时代,作为与债权相对应的概念,"物权"这一术语才被明确地加以使用,这一点尤其体现在 1896 年制定的《德国民法典》中。[1] 19 世纪末以及 20 世纪许多国家的民法典都明确地使用了"物权"这一概念。

不过,即便是在大陆法系各国,也几乎看不到在民法典中直接对物权作出立法定义的情形。对于在民法典中使用"物权"这一概念的国家而言,与民法典中其他一些基本范畴(如"权利""法律行为"等)一样,"物权"概念的运用,更多地依赖于学理上的普遍共识。

尽管对物权的定义,存在着许多学说或者不同的表述方式,[2] 且大致可区分为"对物支配"与"对抗一般人"这两种看似差异甚大的定义方法,但是表述的差异往往只是一种表象,它们大多数只是从不同的侧面对"物权"这一概念加以描述。实际上,学理上对物权的概念并不存在根本的分歧。综合各家学说,可以将物权定义为:物权是直接支配特定物,而享受其利益的权利。

《物权法》第 2 条第 3 款采用概括加类型列举的方式对物权作出了一个立法定义:"本法所称物权,是指权利人依法对特定的物享有的直接支配和排他的权利,包括所有权、用益物权和担保物权。"由于《民法典》总则编设有"民事权利"一章,概要性地规定各种民事权利,因此,在民法典上,物权的立法定义未出现在物权编,而是出现在了总则部分的第 114 条第 2 款,其表述与前述《物权法》第 2 条第 3 款完全一致。

对上述有关物权的学理和立法定义,可作简要分析如下:

(1)物权是一种财产权。物权的享有,可满足一定的经济目的。无论是所有权,还是用益物权或担保物权,均具有财产的价值,可以给予经济评价,或服务于特定经济目的(如为同样具有财产权属性的一项债权提供实现上的保障)。作为最为重要的财产权,物权通常都具有可自由让渡的属性,而物权人也可利用此种可自由让渡性来获取物的交换价值,或以其物作为担保品以获取融资。

---

〔1〕 关于"物权"概念在各国法典中首次使用的问题,国内学者存在一定争议。本书作者认为,许多此类争议实际上涉及的是法律术语翻译的问题。由于物权与债权的二元区分是《德国民法典》的鲜明特点,而且"物权"也在该法典中独立成编,因此说"物权"概念在《德国民法典》上真正趋于成熟,这一判断应该是正确的。

〔2〕 举几位学者对"物权"的定义如下:①物权者,直接支配特定物,而享受其利益之权利也(姚瑞光:《民法物权论》,中国政法大学出版社 2011 年版,第 1 页;谢在全:《民法物权论》(上册),中国政法大学出版社 2011 年版,第 9 页);②物权者,直接支配一定之物,而享受利益之排他权利(史尚宽:《物权法论》,中国政法大学出版社 2000 年版,第 7 页);③物权者,支配物之权利(梅仲协:《民法要义》,中国政法大学出版社 1998 年版,第 369 页);④物权是权利人在法律规定的范围内按照自己的意志支配自有物或者依照授权支配他人的物,直接享受物的效益的排他性财产权(张俊浩主编:《民法学原理》,中国政法大学出版社 2000 年版,第 383 页);⑤主观意义上的物权,即特定的人在特定的物上所享有的法律地位([德]鲍尔、施蒂尔纳:《德国物权法》(上册),张双根译,法律出版社 2004 年版,第 12 页)。

就物权的财产权属性而言，具备可自由让渡性从而使权利人获得交换价值或者融资机会，这一点尤为重要（却往往被忽视）。一项权利，只有具备可让渡性，方可进行真正意义上的经济评价，从而才能真正成为权利人的责任财产，并成为权利人对外开展经济交往的信用基础。在私有制为基础的物权制度中，基于权利设定的特殊目的，也可能会产生仅限个人使用而不具有让渡性的物权类型（如具有人役权性质的居住权），但总体上物权均在法律上可自由让渡。我国的物权制度，建立在土地公有的基础之上，不仅国家或集体的土地所有权不可让渡，而且基于"公有私用"思想构建的土地承包权、宅基地使用权等"他物权"也存在可让渡性方面的法律障碍。在这种产权制度安排之下，一些类型的物权是否真正具备财产权的属性，不无疑问。未来需要通过制度性变革，打通相关物权的转让障碍，将它们塑造成真正的财产权。

（2）物权为直接支配物的权利。所谓"直接支配"，指的是物权人对于标的物的支配和控制，无须他人意思或行为介入即可自主地实现。例如，物的所有人可以完全自由地使用其标的物；土地承包经营权人等用益物权人在其权利范围内亦可直接对标的物进行利用；抵押权人尽管不因抵押权的设立而占有标的物，但在其债权已届清偿期而未受清偿时，也无须依赖抵押人的协助，即可根据民事诉讼法规定的有关实现担保物权的特别程序申请法院拍卖抵押物，并以卖得的价金优先受偿。当权利人对物的支配受到妨害时，物权人可请求法律救济，从而回复对物的直接控制和支配。物权，若非表现为对物的直接控制支配，至少也会表现为对物的法律上之力，即观念上的支配。法律上支配的观念，还尤其表现在物权的对世性上。

（3）物权是对特定物的直接支配。原则上，物权的客体必须是特定的有体物，此乃物权客体特定原则的要求。物权是直接支配权利客体的权利，如果客体不确定，该种权利也就无从行使。在例外情形下，物权也可以权利为其客体，如权利质权。物权关系的法律纽带是特定之物，而非特定的义务人，正是在此意义上，人们时常将物权关系界定为"对物的权利"。当然，通过界定物权人对物的权利，实际上也同时构建了物权人以外之人的不作为义务（尊重物权的义务）。

（4）权利人对物权的享有，其目的在于享受物的利益。物的利益，体现在物所具有的使用价值和交换价值。所有权人全面地享受物的利益，用益物权人在一定限度内享受他人之物的使用价值，担保物权则是对物之交换价值的利用从而使权利人自己享有的债权获得实现上的特别保障。当然，权利的本质乃权利人的自由，故原则上不存在由法律迫使物权人实现其物权利益的问题，例如，所有权人实际上并不负有充分发挥物之价值的义务，所有权人也当然可以通过抛弃所有权而放弃其在特定物上的利益。

在揭示"物权"这一法律范畴的意义时，通常并不将其置于"法律关系"的框架下加以讨论，这与学理上对"债权"或"债"的处理颇有不同。尽管理论上存在关于物权究竟系权利人对物的权利，抑或是经由物而规范人与人之间关系的争论，但总体上看，将物权本身理解为特定权利人对物享有的权利（而非对特定或不特定人享有的权利）是正确的。就正常状态下的所有权而言，权利人对其物的支配控制具有自在性，与他人不发生关联，此时仅自不特定之人对其所有权负有尊重义务的视角来强加一种"物权法律关系"，完全没有必要。即便是居住权、质权等定限物权，也不能被界定为物之所有人与居住权人、债权人之间的法律关系，而应将其作为定限物权人在特定物上享有的特定权利。

不过，以上观察并不意味着，在物权法上不存在人与人之间以给付为内容的法律关系。就一切以物权为基础的请求权而言，均需界定请求权指向的对象（义务人）及给付的内容。本书作者认为，至少在以下几个方面，"物上法律关系"的观察视角是非常有必要的：①物权受到侵害、妨害或有妨害之虞时，物权人对他人主张回复占有、排除妨害或消除危险的请求权；②与所有权人向无权占有人主张占有回复的请求权相伴随，占有人（尤其是善意占有人）就必要费用偿还等对所有权人所产生的请求或抗辩（所谓"回复请求权人—占有人关系"，《民法典》第459—461条）；③不动产相邻关系；④共有人之间的关系；⑤建筑物区分所有权人之间的关系；⑥物上存在用益物权或担保物权时，物之所有人与定限物权人之间的关系。

二、物权的特性

与其他权利，特别是与同属于财产权的债权相比较，物权具有以下几方面的特性：

（一）支配性

物权是支配权。物权的支配性表现在：物权人可以自主地对物加以支配，无须向他人作出请求或事先征得他人同意，物权人即可以实现其对物之利益。民法上属于支配权的权利，除物权外，还包括人格权、知识产权等，不过这些权利均不是对有体物的支配权。

物权有完全物权与定限物权之分。完全物权即所有权，它是对物进行全面支配的权利；而定限物权是在他人之物上的权利。通常情形下，定限物权是权利人经由与物的所有人实施法律行为而取得，但是该定限物权一经取得，就超出了特定当事人之间法律关系的范畴，表现为权利人对物的某种程度的支配。定限物权人取得对物的此种支配权后，其权利内容的实现，即无须物权设定人的介入，而且，该定限物权不因物权设定人即所有权人的变更而受影响。质言之，定限物权人对于他人所有之物也享有支配性利益。

物权的支配权属性与债权的请求权属性形成鲜明的对比。债权尽管也可能涉及特定的有体物（如买受人对于特定物的出卖人享有要求交付的权利），但债权人对该物并不享有任何支配权，债权的实现只能通过向债务人提出清偿请求，并借助后者的清偿行为，才可能得以实现。原则上，债权人不得向第三人提出任何主张。

以上关于物权支配权性质的阐述，属于我国民法学的通说。学说甚至进一步认为，支配性是物权的本质属性，是物权区别于其他财产权的本质特征。本书认为，将"支配"的观念用于描述物权具有一定的意义，但也不必过于强调"支配权"概念对于准确认识物权的范畴及理解其效力的价值，理由如下：①从物权概念演进的历史来看，从"所有权"到"物权"，由诉权意义上的"对物之诉"到"物上权利"，物权这一概念不是建立在对物支配的观念之中，学说与立法也不是在"支配"这个要素上发现并提取了公因式。②即使仅考察其描述功能，就权利人不占有标的物的物权类型（如抵押权）而言，"支配权"的定位反而会增加论证上的负担，如果从"事实上之支配"逃逸到"法律上之支配"，其实相当于说抵押权是法律上之力，而这仅是对权利的一般描述而已。③物权的正常状态，或许能用权利人对权利客体的支配加以描述，但是，一旦物权受到扰动，则物权人维护对物支配的自力救济能力其实相对有限，物权的保护还是须依赖各种请求权，包括物权请求权。

学说上对物权支配性的强调，其真切的意义恐怕还是在于说明物权是特定物上的权利，具有对世性。以有体物为客体的绝对权，具有对世的效力，这一点才是物权最重要的特性。

(二) 绝对性

在物债二分的体系中，物权被预设了对世的效力，即，物权被视为权利人在物上的权利。物权首先表现为人对物的关系，而非物权人与某特定义务人之间的关系。受将一切实体权利均纳入"法律关系"传统思维的影响，民法学说往往将物权等绝对权描述为权利人针对一切人的权利，权利人以外之人均为义务人，负有不损害绝对权的不作为义务。本书认为，此种将一切物权均纳入人与人之间法律关系范畴的说法，并无实际意义。物权，无论是自物权，还是他物权，均系权利人在特定物上的法律地位。即使是在他人所有之物上享有的用益物权或担保物权，也非他物权人对所有人的对人性权利，质言之，他物权并不仅界定他物权人与所有权人之间的法律关系。

物权是权利人在特定物上的法律地位，具有绝对权属性。对于物权的这一特性的界定，至少在以下三方面对我们的认知具有意义：

其一，尽管物权的取得多须依赖特定人之间的法律行为，如买受人通过与出卖人订立买卖合同从后者处取得标的物之所有权，或者居住权人与房屋所有权人通过订立居住权合同取得居住权，但是，一旦依法律规定得出物权变动效果发生的结论，则在观念的世界中，物权取得人已突破先前与前手或设立人之间的法律关系，开始具有向第三人主张自己在物上之权利的能力。正是基于这一点，我们才能理解何以物权法如此重视"物权变动"规则的塑造。

其二，物权的绝对性，在逻辑上支持了其具有的追及或对抗效力，这尤其体现在定限物权之上。定限物权既然是物上的权利，物之所有权的转移，对他物权人不生影响。遵循"物上法律关系"的逻辑，若甲、乙之间因地役权或质权等定限物权的设定从而相互间具有一定的法律关系，则在所有人甲将其物之所有权让渡于丙时，丙须自动承继甲的法律地位，即，先前甲乙之间围绕标的物的权利义务关系，将在丙、乙之间继续存在。

其三，任何人对物权行使的不当妨害，都将构成对物权的侵害，物权人可以对其主张物上请求权或其他请求权。具体而言，如果物应该由物权人占有，则对于任何无权占有人，物权人均可向其主张占有回复请求权；物权人在物上的权利受到任何人的妨害，物权人均可向其主张排除妨害请求权；如物权有被任何人妨害之虞，则物权人均可向其主张妨害预防请求权；物受到任何人的毁损，物权人均可依侵权行为之规定向其主张损害赔偿请求权。在涉及物权的保护时，相关请求权当然需要指向具体的义务人，但该义务人的确定本身亦体现物权的对世性。例如，乙拾得甲遗失之物后据为己有，在甲向乙提出返还要求后，乙将该物赠与并交付于丙，此时，甲的请求权当然可针对无权占有人丙发生。

与物权的绝对性不同，债权仅具有相对性。债权仅在特定当事人之间具有法律意义，原则上债权人不得向特定的债务人以外的任何人主张其权利。[1] 特定物的买受人，基于买卖合同仅产生请求出卖人交付物并转移其所有权的权利，即使买卖标的物因第三人原因毁损灭失而导致买受人的交易目的落空，原则上也不存在买受人基于其债权地位而向第三人主张损害赔偿的问题。基于借用合同，尽管借用人可以占有、使用他人之物，但借用合同仅具有债权合同的意义，借用人的权利仅被视为相对特定出借人的权利，而非在借用物上的权利。

👉 第二节 物权的类型

一、物权法定主义[2]

（一）意义与内容

《民法典》第 116 条规定："物权的种类与内容，由法律规定"。该条在我国法上确立了物权法定原则。所谓物权法定，是指物权的类型应以法律规定为限，不允许当事人任意创设。

罗马法上缺乏抽象的"物权"概念，得到承认的仅是具体的物权类型，而且罗马法上的实体权利均须得到特定诉权的保障，而诉权的类型是有限的，在此意义上，罗马法实行的是典型的物权法定主义（*numerus clausus*）。随着抽象"物权"概念的出现，在逻辑上，物权可能不再是几种具体的对物支配之权利的简单集合，而成了可以根据

---

〔1〕 债的相对性，虽为学理普遍认可，但各国鲜有在立法中加以规定者。我国《民法典》针对合同之债这种典型的债之关系，明文规定了其效力的相对性。《民法典》第 465 条第 2 款规定："依法成立的合同，仅对当事人具有法律约束力，但是法律另有规定的除外。"

〔2〕 传统上，物权法教科书通常会在章节安排上单设"物权法的基本原则"，系统地阐述物权法定、公示与公信等原则。本书作者认为，抽象地探讨何者构成物权法的"基本原则"，不仅可能会陷入何为"基本"的无意义争论，而且还可能影响我们对所讨论问题的应用领域的判断。因此，本书在体例安排上不设"物权法的基本原则"，而是将各项原则置于其产生直接影响的各个部分予以阐述：将物权法定原则置于"物权的类型"部分讨论，将公示与公信原则置于"物权的变动"部分讨论，将物权客体特定原则置于"物权的客体"部分讨论。

抽象的性质及构成要件加以识别的开放式概念。正是由于学理上"物权"概念所具有的抽象性、一般性和类型的开放性，才突显出了立法上物权法定主义的特殊性及其重要性。

自 19 世纪欧陆国家法典化运动以来，物权法定主义为大陆法系各国或地区民法典所普遍采纳。日本、韩国和我国台湾地区皆在法典中明确规定物权法定，反映出法律继受的一个现象。德国、瑞士等欧陆国家在法典中虽无明文，但因循罗马法的传统，普遍认可物权法定原则。即使是在法律技术迥异的普通法系国家，亦有认为其法律秩序上实际遵循物权法定主义者。[1]《物权法》第 5 条将物权法定规定为该法的基本原则，《民法典》第 116 条承继了《物权法》第 5 条的规定。

《民法典》第 116 条中所称"法律"，应指狭义上的法律，即仅指由全国人大及其常委会通过的规范性法律文件。具体而言，规定物权类型的法律，不仅指《民法典》物权编，也包括其他单行法。例如，《中华人民共和国海域使用管理法》规定了海域使用权，这一权利的用益物权属性也得到了《民法典》第 328 条的承认。又如，《中华人民共和国海商法》在规定可以纳入民法典物权编的船舶抵押权和留置权的同时，还规定了具有物权效力的船舶优先权。

《民法典》第 116 条将物权法定表述为"种类与内容"的法定，分述如下：

（1）物权类型法定。奉行物权类型法定主义，这就意味着，在该法域内，凡称为物权的，必须由法律预先将此种权利承认为一种具有物权效力的权利类型；对于法律未规定的物权类型，当事人不得自由创设。例如，我国法律仅承认抵押权、动产质权、权利质权、留置权等几种担保物权，如果当事人自行创设所谓不动产质权（即约定以不动产的交付作为担保物权的设立方式），则该创设行为无效，在不动产上不产生质权。又如，在我国《民法典》确立居住权之前，对他人房屋所做的居住安排，其实都不可能是真正意义上的居住权。由此可见，所谓类型法定，更准确的表达或许是"类型强制"。

（2）物权内容法定。法律对各种物权类型作出规定时，会明确各种物权类型的基本要素，这些基本要素具有强制性，当事人不得创设与法定的物权内容相异的物权。物权内容法定实际上是类型法定所要求的，因为如果当事人可以在某个法定的物权类型下任意变更其内容，那么法定的物权类型可能会变得面目全非、名实不符，类型法定主义也就要名存实亡了。例如，根据《民法典》第 369 条，居住权不得转让、继承，若当事人通过居住权合同，拟创设可以自由转让、继承的居住权，则其设权行为因违反内容法定而无效。由此可见，内容法定也可表述为"类型固定"。类型固定，实际上是确立了各种物权的标准形态，唯有如此，才便于物权的公示，第三人也才能推知物权的内容，物权人也才能在物权标准形态所对应的权利内容意义上对抗第三人。

> 物权类型与内容法定的意义，并不限于定限物权的类型与权利内容的确定，它对于所有权也具有意义。《民法典》第 240 条将所有权定义为对物占

---

〔1〕　参见谢在全：《民法物权论》（上册），中国政法大学出版社 2011 年版，第 32 页。

有、使用、收益、处分的权利。据此，若当事人旨在通过法律行为创造一个不包括处分权能的"所有权"（例如，甲赠与房产于乙，同时约定，乙在 10 年内不得转让该房产），则该对所有权的限制不具有物权法上的效力，这就意味着，受让人仍能取得完整意义上的所有权，从而其在违反与前手约定对物进行处分时，其处分仍为有权处分。当然，物权类型与内容法定，仅是限制当事人创造非标准形态的所有权，它并不影响立法者创造出更多类型的"所有权"来满足社会经济的需求。例如，以住房保障为目标，我国立法和实践创造了诸多的房屋所有权类型，如经济适用房、廉租房、公租房、定向安置房、两限房、安居房、共有产权房等。由于政府主导这些政策性住房的建造、分配等，尽管其类型纷繁复杂，倒是基本能够通过不动产登记加以甄别，并保障交易的安全。

准确理解物权法定主义，需要强调以下两点认识，并避免望文生义式的错误：

第一，"物权法定"并不意味着物权的得丧变更效果是由法律直接规定的，与当事人的意志无关。物权法定指的并非物权发生效果的法定。从物权发生的角度看，绝大多数物权都是所谓意定物权，是由当事人通过法律行为创设。只有在少数情形下（如留置权）才由法律直接规定物权的发生条件，即在满足某种物权所有的构成要件的情形下，直接导致该种物权发生的效果。物权法定，恰恰是作用于当事人变动物权的法律行为之上的，如将其理解为法律直接规定的效果则会沦为无意义的表达。

第二，物权内容法定，仅意味着决定物权类型的关键要素的法定，它并非指物权内容的各方面均由法律规定。也就是说，内容法定并不绝对，当事人的意思自治在物权内容确定方面仍有一定的空间。例如，就所谓有期限物权而言，除可能对期限的最长限度作出规定外，法律通常并不直接规定该期限的具体长度，而由当事人自行来决定。又如，就地役权而言，法律只是规定了需役地权利人对供役地的利用，至于这种利用方式具体表现为何，则完全取决于当事人的自由设定。当然，由于物权具有对世性，这些可以由当事人具体约定的内容，也须利用不动产登记簿等进行公示，以使其他人能够知晓其存在。如果当事人特别约定的事项不具有登记簿上的登记能力，或者在能够登记的情况下未予登记，则物权人不得以此约定对第三人主张物权的效力。

（二）理由

私法的灵魂在于私人自治。如前所述，法律关于物权的规范属于私法的重要组成部分，因此自治原则也应该贯穿于物权法之中。尽管物权法上也随处可见体现私法自治的规范，但是，与债权合同意义上的契约自由理念相反，作为物权法基本原则的物权法定主义的基本功能恰恰在于限制私主体创设物权的自由。以私法自治这一信念为出发点，强行法对这种自治所作出的任何限制，均应有充分的理由。归纳而言，物权法定主义的立法理由包括以下几个方面：

（1）物权法定主义是由物权的绝对性所决定的。相对性的权利，如债权，仅在特定当事人间具有效力，而对第三人及交易秩序几乎不产生任何影响。相反，物权被预设了对世效力，权利人可以其权利对抗任何人。因此，如果允许当事人以合同或其他方式任意创设具有对抗性的物权类型，而第三人甚至根本无从知晓该"物权"的存在与其基本内容，那么势必会导致交易秩序的紊乱。因此，如果物权可以任意创设，那么法律固然保障了交易当事人之间的"自治"，但显然会陷未直接参与交易的第三人于"他治"。

（2）物权法定主义便于物权的公示，从而有助于确保交易的安全与迅捷。物权所具有的对抗不特定第三人的绝对性，是以物权的公示为其前提的，也就是说，只有在第三人能够方便地得知物权的存在与其具体内容之时，其受制于该种物权才具有合理的基础。因此，物权的公示始终是物权法需要考虑的一个重要因素。物权公示的目标在于使人人都有机会了解物权的存在、归属与具体内容。由于公示的手段有限，再加上有效的公示手段需要满足低成本的要求，因此，这一目标的达成并不容易。物权类型与内容的法定，大大降低了物权公示的难度，对于那些无法进行有效公示的权利类型，可以从物权类型中剔除出去。[1] 有效的物权公示制度的建立，一方面，使得不特定第三人在交易中能够了解相关物上的物权归属状况，从而使其不因物权的对抗性而受到损害，交易安全因此得以维护；另一方面，也使得交易当事人对于交易的对象，无须做进一步的调查，即可借助公示手段了解物上的权利状况，这大大节省了交易的成本，促进了交易的高效、安全。据此，本书认为，由物权绝对效力预设带来的公示要求，乃是物权法最基本的逻辑，物权法定仅是在为便利公示效用发挥的意义上才被法秩序规定。这或许也意味着，随着信息技术的发展，如果物权公示能够通过更有效率的方法达成，则物权法定的约束即可缓和乃至于消解。

（3）物权法定主义有助于构建合理的物权体系，从而提高物的利用效率。物权与社会经济具有密切关系，不合理的物权可能会影响物的经济效能的发挥，从而降低经济运行的效率。在他人之物上设立定限物权，如果设计合理，可以提高物的利用效率；但如果设计了不合理的定限物权，则可能会降低物的利用效率或者影响物的流通性。例如，对于他人不动产短暂的利用，通常并不期待其需要产生对抗第三人的效果，如果将该利用权设计为一项物权且提出必须登记等要求，则徒增成本获取冗余的权利实属不智。贯彻"三权分置"思想，《民法典》增设了"土地经营权"，并规定流转期限五年以上的土地经营权可以纳入登记。这一立法即体现了建构合理物权体系的思想。

（4）在特定历史和社会经济制度背景之下，物权法定主义也有维护特定意识形态及社会经济制度的功能。近代以来，欧陆各国民法的法典化运动正值封建体系被彻底摧毁之时。封建制的土地物权体系严重影响土地之流通，甚至影响人之基本自由，因此，物权法定主义的一项重要功能即在于将旧的封建制物权排除出去，避免其死灰复燃。如前所述，我国当前的物权制度也先决于我国实行的社会主义公有制。在此意义上，物权法定也为维护我国宪法所确立的基本经济制度所要求。

由以上分析可知，物权法定主义所体现的强制性，部分出于国家干预的政策考量

---

〔1〕　例如，我国法律之所以未规定动产上的用益物权，一个很重要的原因在于，用益物权人往往需要占有标的物，而对于仅能通过占有作为公示手段的动产而言，无法以占有的事实本身作为用益物权享有的公示手段，因为该占有事实会产生占有人享有所有权的权利外观。

（如维护公有制、保护耕地等），但主要还是基于物权绝对性效力预设的技术需要。如后文所述，物权法定并不影响当事人就物的利用作出仅约束双方当事人的债权式安排，因此并不真正限制当事人的自治，而且，随着公示技术的进步，此种纯粹为维护交易安全的制度设计也将逐渐失去存在价值。

（三）违反物权法定的效果

《民法典》第 116 条明确承认了物权法定主义，但未对违反物权法定的法律效果作出规定。[1] 如果当事人通过法律行为创设未为法律承认的物权类型，或者虽旨在创设某种法律认可的物权类型，但却在该种权利的内容设置上违反了法定的标准，那么当事人之间此种创设行为的效力将有可能呈现以下几种状态：

（1）对于当事人违反物权法定主义的创设物权行为，法律设有特别的效果规定时，从其规定。当事人的物权设定行为部分违反内容强制的规定，但如果除去该部分，其他部分仍可成立的，则仅违反禁止规定的部分无效，法律行为仍发生物权设定的效果。[2] 例如，《民法典》第 410 条对抵押权的实现方式做出了规定，可以认为，抵押权人的变价权也属于抵押权的法定内容。如果抵押权人在债务履行期限届满前，与抵押人约定债务人不履行到期债务时抵押财产归债权人所有的，根据《民法典》第 401 条，只能依法就抵押财产优先受偿，这也就意味着，当事人之间关于"流押"的约定因违反物权法定而不生效力，但抵押权仍在其标准形态上得以设立。

（2）对于违反物权法的物权设定行为，法律无特别规定时，则此法律行为因违反法律强制性规定而无效，不能发生预期的物权设定效果。例如，我国现行法未承认不动产质权，若当事人约定通过移转不动产的占有而由债权人在物上取得以优先受偿为内容的物权，则该约定因违反物权法定而无效。又如，在《民法典》引入居住权之前，如果当事人通过合同意在设立居住权，则该法律行为无效，不发生居住权创设的法律效果。在房屋上设立物权性的居住权，仅在《民法典》对该用益物权类型做出规定后才具有可能性。设定物权的行为因违反物权法定主义而无效的，其无效并非由于"不法"（伦理上的不妥当），而是出于法律技术上的考量，其理由类似于当事人之间有关诉讼时效的约定因时效规定的强行性而无效。[3]

（3）物权设定行为虽因违反物权法定主义而无效，但如果当事人的行为具备其他法律行为的要件，则该行为仍可发生该其他法律行为的效力。例如，传统民法上的永佃权具有永久性，依其性质，当事人在创设永佃权时，不得为其设置期限。如果当事人设置期限，则永佃权设定行为不发生效力。但是，如当事人在设置该"永佃权"时，除约定权利存续期限外，也对土地使用的方式、使用对价等作出了约定，则租赁合同

---

〔1〕 尽管公认《民法典》第 116 条确立了物权法定原则，但该条规定本身存在意义不清晰的问题，未揭示物权法定限制私主体意思的关键原理。如果立法上需要对物权法定作意义明确的规定，则以下立法例可资参考：《日本民法典》第 175 条规定，"物权，除依本法及其他法律规定外，不得创设"；我国台湾地区现行"民法"第 757 条规定，"物权除依法律或习惯外，不得创设。"

〔2〕 《民法典》第 156 条："民事法律行为部分无效，不影响其他部分效力的，其他部分仍然有效。"

〔3〕 《民法典》第 197 条第 1 款："诉讼时效的期间、计算方法以及中止、中断的事由由法律规定，当事人约定无效。"

的各个要件均已具备，因此，永佃权设定行为固然无效，但债权性的租赁合同可因当事人的行为而发生效力。违反物权法定主义之行为的这一层法律效果不应被忽视，因为，承认相关行为在当事人间仍可发生债权的效力，这就保障了私法自治的基本需要。尽管由于物权效力不发生而不设定对抗第三人的物权，但当事人之间的债权契约往往已经能够满足他们的基本交易需求。

在物权变动的模式选择方面，我国物权法理论与实践常采较为综合的方法。即便承认物权行为独立的学说，一般也认为，所谓物权合意是解释的结果，在当事人方面，往往并无债权合同与物权合意的清晰区分。在此种理解的基础上，在物权设立因违反物权法定而被判定为无效的情况下，透过承认相关法律行为在当事人之间产生债的拘束，可以兼顾尊重自治与保障交易安全的需求。质言之，在因秉持物权法定主义从而否定相关物权创设行为之物权效力的同时，应注意考察当事人的意思是否足以在特定当事人间成立围绕物之利用或权利限制的债之关系。

举例来说，假定我国实证法未规定地役权，其实也不影响两块土地的权利人间就物的某种利用方式达成债权合同，构建类似租赁的无名契约，以使一方据此取得对他方土地的利用权。自《物权法》始，我国现行法规定了地役权，但是，一方面，我国土地公有制之下的用益物权往往存在让渡性限制，地役权人通常不会面临需要以其权利对抗第三人（尤其是新所有权人）的情形，另一方面，根据我国实证法，地役权仅须当事人之间订立合同即可创设，登记仅系对抗要件。[1] 如此，当事人之间仅具债权效力的合同与具有物权属性的地役权其实差异不大。

另以前文已讨论的一个问题做延伸讨论。甲将动产 A 的所有权转让给乙，但双方特别约定，乙不得再向他人转让。当事人间处分限制的约定产生何种效力？物权法定意义上的所有权，应包括对物自由处分的权利。甲、乙之间关于限制处分的约定，无异于创设了一种新的物权类型，从而因违反物权法定而不生物权效力。因此，应认定乙取得了处分权不受限制的所有权。至于甲乙之间的约定，在探究当事人真意的基础上，尤其是在出卖人具有未来买回之意愿时，可解释为，乙据此对甲负担了不向第三人移转所有权的债务，并可能因此义务的违反向甲负违约责任。

如果能够确立当事人间存在围绕特定物的利用或权利行使限制的合同关系，则即便因物权法定无法建构对世性的物权，亦能部分满足人们对物利用的交易需求，物权法定主义对交易的制约作用因此也可以得到一定缓解。

---

[1]《民法典》第 374 条："地役权自地役权合同生效时设立。当事人要求登记的，可以向登记机构申请地役权登记；未经登记，不得对抗善意第三人。"

（四）物权法定主义的缓和及未来展望

首先，需要指出的是，物权法定主义并不意味着物权类型是一个固定的、封闭的体系。任何实行物权法定主义的国家都可以根据自己的历史传统与经济结构设计自己的物权体系，同时也可以根据社会经济的发展和实践的需要，在立法上不断承认新的物权类型。应该说，对于奉行物权法定的民事立法而言，立法者有合理设计、充分供给物权类型的职责。尤其是，物权立法本身就应该包含一些能够充分体现当事人自治的物权类型，如果一方面严格恪守物权法定，另一方面又不在立法上供给充分的物权类型，则此种物权法定主义立场不值赞同。[1]

尽管如此，必须承认，采物权法定主义有其固有的缺陷。人类智慧有其限度，在进行物权立法时，不可能预见未来社会的一切需要。即便一国拥有良好的立法机制，立法者能够迅速地根据实践需求通过立法程序确立新的物权类型，这种立法也必然滞后于实践需求。物权法毕竟是私法，私法给当事人留下的广大的意思自治空间本来应该能够解决这一问题，而物权法定主义恰恰堵上了当事人自治之门。由此可见，严格的物权法定主义确实有值得检讨的地方，物权法定主义需要得到缓和。

在坚持物权法定的基本框架下，为避免物权法定过于僵化而限制社会的发展，学者们提出了各种对其加以修正的学说，主要包括以下几种：①物权法定无视说。此学说主张应根本无视物权法定主义之规定，从根本上否认该原则存在的必要性。②习惯法包含说。此说主张，习惯法也是民法的渊源，所以物权法定主义中的"法"应不以成文法为限，物权之创设只要符合习惯法，就不构成对该原则的违反。[2] ③习惯法物权有限承认说。该学说认为，尽管物权法定主义所指之法律不包括习惯法在内，但是，如果依社会习惯所发生的物权，与物权体系之建立无碍，而且又无碍于公示时，那么物权法定主义就失去了其适用的基础，该种根据习惯法所成立的物权就应该予以承认。④物权法定缓和说。该种学说认为，应对物权法定主义从宽解释，新生的物权，只要不违反物权法定主义的立法宗旨，而且又有恰当的公示手段，并足以维护交易的安全，那么就应该予以承认。

以上各学说中，物权法定无视说根本否认该原则，未免走得太远。习惯法包含说与物权法定的立法宗旨相悖，这是因为，某些习惯法物权，如封建制物权，恰恰是物权法体系所要排除的。当然，如果时代发展已经彻底抹去了这些不良物权类型的习惯痕迹，而自发形成的新习惯恰恰符合社会经济发展的需要，则采用习惯法包含说亦可很好地缓和物权法定主义的僵化。习惯法物权有限承认说与物权法定缓和说的理由相

---

[1] 例如，在用益物权方面，《民法典》规定了不设具体内容要求的地役权，从而给地役权合同当事人以相当大的自治空间。不过，如后文所述，地役权终究不能脱离为需役地的效益服务这一目的，从而在这一点上极大地限制了地役权创设的可能。如果像德国民法典那样也同时规定"限制的人役权"等定限物权类型（此类权利同样不限制具体利用方式，留给了当事人极大的自治空间），则由地役权与人役权编织出的"法定"物权类型，即可满足人们对于他人不动产利用的各种需求。

[2] 我国台湾地区"民法"的一项修订充分体现了这一点。物权法定原则规定于该法的第757条。修订前，该条的表述是，"物权，除本法或其他法律有规定外，不得创设。"2009年，该条经修订后表述为"物权除依法律或习惯外，不得创设。"

类似，只不过后者不要求新的物权类型必须有习惯法的基础。物权法定缓和说从立法理由出发对物权法定主义进行解释，符合法律解释的方法，值得赞同。[1] 不过，"缓和"当然是以原则上承认物权法定主义为前提的，而且在解释及适用上，对"缓和"的标准及限度也应从严掌握，否则就可能动摇物权法定主义本身。

物权法定主义并不是物权法必须恪守的教条。物权法定的理由，在于将相关物权的形态标准化，使其能够方便地对外公示，从而使物权的对世效力不至于破坏他人的交易预期。如本书后文所述，真正能够有效发挥公示效用的是不动产登记，物权法定主要也表现为在不动产上创设物权类型的限制。至少就不动产而言，物权法定的问题即表现为不动产权利的登记能力问题。[2] 如果当事人尝试创设的一种物上权利根本无法记载于不动产登记簿，则此设权行为也就无从发生物权创设的效果。[3] 随着登记的电子化，不动产登记簿可以承载和低成本地传递更多的信息，通过附注、提示等方法也可披露当事人间相对特殊的交易安排，例如，在不动产共有的情形，可考虑将共有人之间分管契约的内容纳入登记簿，并赋予其物权效力，使其能够约束共有份额的受让人等第三人。另外，我国物权法上用益物权体系中的地役权本身相当具有弹性，可以包含广泛的土地利用方式，可以成为缓解物权法定的有效手段。

近年来，尤其是基于担保实践的需要，采用人的编成等登记手段，不仅使动产抵押权这种物权法明确规定的担保物权获得了物权公示的支撑，而且，《民法典》在合同编中也依托动产登记系统，将所有权保留买卖中出卖人的法律地位及融资租赁中出租人的法律地位实际上塑造成了类似担保物权人的地位，从而实质性扩张了担保物权的类型。除此之外，实践中蓬勃发展的让与担保等所谓非典型担保方式早已得到司法的承认，大有演化为典型担保之势。学说与司法实践中提出的期待权等理论，也赋予一些法律地位以物权的效力。

综上，一方面，从物权法定的立法理由出发，运用登记公示手段为赋予

---

[1] 我国《物权法》的立法进程也反映了人们在缓和物权法定主义严格效力方面的思考。在提交给全国人大常委会审议的第五和第六审议稿中，《物权法草案》将物权法定主义的条文表述如下："物权的种类和内容，由法律规定；法律未作规定的，符合物权性质的权利，视为物权。"当然，由于这种缓和物权法定主义的规定过于宽泛和笼统，进而威胁到了物权法定主义本身，最终通过的《物权法》未采纳此缓和方案。

[2] 《不动产登记暂行条例》第5条规定："下列不动产权利，依照本条例的规定办理登记：（一）集体土地使用权；（二）房屋等建筑物、构筑物所有权；（三）森林、林木所有权；（四）耕地、林地、草地等土地承包经营权；（五）建设用地使用权；（六）宅基地使用权；（七）海域使用权；（八）地役权；（九）抵押权；（十）法律规定需要登记的其他不动产权利。"该条表明，只有法律规定的不动产权利才具有登记能力，能够记载于不动产登记簿，并因此能够被当事人创设（在《民法典》增设居住权后，该条例需及时修正，增加居住权登记的规定）。可以说，透过对不动产权利登记能力的要求，物权法定原则得到了落实。

[3] 《担保制度解释》第63条体现了这一思想。列入"关于非典型担保"标题之下的该条规定："债权人与担保人订立担保合同，约定以法律、行政法规尚未规定可以担保的财产权利设立担保，当事人主张合同无效的，人民法院不予支持。当事人未在法定的登记机构依法进行登记，主张该担保具有物权效力的，人民法院不予支持。"

某些法律地位以物权的效力提供正当性，另一方面，在顾及交易安全的同时对诸多非典型物权地位加以有限承认，物权法定主义带来的问题可以得到缓和。

未来，随着信息技术的发展，物上权利的公示将会越来越便利，交易当事人的信息成本也将越来越低。财产法也应与时俱进，突破传统物债二分体系之下的物权法定与债权契约自由的藩篱，允许交易当事人自主决定构建经公示的物上法律地位或者相对性的对人关系。

二、物权的分类

在物权法定主义之下，一国法律上的物权类型可以通过列举的方法加以穷尽。根据不同的标准，可以将这些物权划分为不同的类型。

（一）所有权与定限物权

根据物权支配力范围的不同，可以将其区分为所有权与定限物权。

所有权，也称完全物权，它是对物的使用价值与交换价值为全面支配的物权。定限物权是指在特定范围内对标的物加以支配的物权。依逻辑，所有权以外的物权均为定限物权。定限物权通常成立于他人所有之物上，所以也被称作"他物权"，即对他人之物的物权。[1]

所有权与定限物权的区分是物权法上对物权所作的一个基本区分。从多数国家法典编纂的情况来看，它构成了物权法体系的基础。我国民法典物权编也不例外：在第一分编"通则"之后，物权编分别在第二、三、四分编规定了"所有权""用益物权"和"担保物权"。

定限物权依其物权的内容与经济功能的不同，可进一步区分为用益物权与担保物权。用益物权，是以对特定物的使用为内容的物权，着眼于物的使用价值。我国民法典上规定的用益物权皆以不动产为客体，包括土地承包经营权、建设用地使用权、宅基地使用权、居住权和地役权五种用益物权。担保物权，以对特定物的变价及优先受偿为其内容，着眼于物的交换价值。我国民法典规定了抵押权、质权、留置权三种担保物权的具体形态。

由于对物支配方式的不同，用益物权与担保物权的法律效力也有所不同。用益物权以物的使用为直接目的，因此，一物之上如果已经有一个用益物权存在，通常就不能再设定性质相同的用益物权，否则将发生利用上的冲突。担保物权系就标的物的交换价值为支配，仅就卖得价金优先受偿，因此，一物之上可以设定多个担保物权，而以成立之先后定其优先效力。由于用益物权和担保物权具有不同的支配方式，因此，

---

[1] 定限物权是否必然是"他物权"？这涉及是否允许所有权人在自己之物上为自己创设定限物权的问题。在法理上和比较法上，定限物权完全有可能存在于自己之物上，一律以"他物权"指称定限物权并不准确。另外，在我国土地公有制背景下，似不应突出土地承包经营权、建设用地使用权等权利的客体为"他人"不动产的特点。故此，本书后文一般均以"定限物权"指称所有权以外的物权类型。

一物之上可以同时并存用益物权与担保物权。

（二）不动产物权、动产物权与权利物权

依标的物种类的不同，可以将物权区分为不动产物权、动产物权与权利物权。

以不动产为标的物的物权为不动产物权，如不动产所有权、建设用地使用权、居住权、地役权、不动产抵押权等。以动产为标的物的物权为动产物权，如动产所有权、动产质权、动产抵押权、留置权等。

不动产物权与动产物权的区分具有重要意义。不动产物权与动产物权在公示方法和物权变动要件方面存在根本性差异。不动产以登记为公示方法，不动产所有权的移转与不动产上用益物权与担保物权的设定原则上遵循登记生效的规则。动产物权通常以占有为其权利外观，动产物权以交付为其变动要件。

不动产物权与动产物权的区分，与前述用益物权与担保物权的区分之间有着一定的对应关系：用益物权基本上均为不动产物权；而在担保物权中，不移转标的物占有的抵押权在传统上多以不动产为标的物，而移转占有的质权则以动产为标的物。

物权原则上以有体物为其标的物，但物权法也承认某些权利可以成为一项物权的客体，以权利为标的物的物权即为权利物权，如权利质权与权利抵押权。权利物权多为担保物权，盖因后者为价值权，其权利内容不表现于物之实体利用，而是着眼于以变价金额优先受偿，而具有交换价值可变价者显然不限于有体物，故债权、知识产权、股权等皆可成为担保物权的客体。

（三）意定物权与法定物权

依据物权发生原因的不同，可以将物权区分为意定物权与法定物权。

物权法定主义意义上的"法定"，指的是物权的种类与内容应符合法律的规定，而从物权的发生来看，存在当事人设定和法律直接规定两种情形。

意定物权，是指基于当事人的意思而发生的物权，凡由当事人依法律行为而设定的物权都属于意定物权。例如，根据《民法典》的规定，居住权可基于居住权合同创设，亦可通过遗嘱创设，无论何种情形，均系基于法律行为的意定物权。

法定物权，是指不问当事人之意思，直接由法律规定其发生的物权。在比较法上，存在法定地上权、法定地役权、法定抵押权、法定质权等多种法定物权形态，而我国《民法典》物权编仅规定了留置权这一种法定担保物权。

进行这种区分的法律意义在于：二者的成立要件和所适用的法律不同。在意定物权，物权是否发生关键取决于当事人所实施之法律行为的效力，另须考虑将登记或交付作为特别生效要件。在法定物权，物权是否发生不涉及法律行为的效力判断，而是取决于法律规定的各项构成要件是否全部充分。

（四）独立物权与非独立物权

以物权是否具有独立性为标准，可以将物权区分为独立物权与非独立物权。

可以独立存在，而无须从属于其他权利者，为独立物权，如所有权、土地承包经营权、建设用地使用权、居住权等。居住权等权利在设立上虽须依赖所有权人的意志，但一经被创设，即可独立享有，其为独立物权，而非从属于所有权的物权。

不具有独立性，而须从属于其他权利而存在者，为非独立物权。在我国法上，非独立物权包括地役权（从属于需役地的所有权等权利）与几种担保物权（从属于其所担保的债权）。非独立物权，相对于其所依附的权利，也称为从权利，而被非独立物权所依附的权利则称为主权利。[1]

区分二者的法律意义主要在于认识非独立物权的特殊性。非独立物权具有从属性，其得丧变更均追随其所依附的主权利，主要表现为：其一，发生上的从属性。例如，如被担保之债权因合同无效等原因而不发生，则担保物权也不发生。[2] 其二，移转上的从属性，即主权利转让的，从权利随着转让。[3] 其三，消灭上的从属性，即主权利消灭的，从权利也消灭。[4]

（五）登记物权与非登记物权

以物权之变动是否可纳入登记并通过登记公示影响变动之效力为标准，可以将物权区分为登记物权与非登记物权。

物权变动可纳入登记的，为登记物权；反之，则为非登记物权。

不动产物权为典型的登记物权。不动产登记，采物的编成主义，且遵循物权客体特定原则。根据我国法律规定，不动产物权之变动，非经登记者，或者不发生物权变动的效力（登记生效主义），或者不能对抗第三人（登记对抗主义）。

动产物权，原则上为非登记物权。动产物权变动，原则上以物之交付作为生效要件，但也有例外，如机动车、航空器和船舶虽为动产，却也有其独立的登记体系，其上的物权也属于登记物权。近年来，随着动产担保制度的发展，动产上设立的抵押权及所有权保留与融资租赁等非典型担保权，均有通过一定登记体系加以公示的需求，《民法典》针对这些动产担保，也都明文规定了"未经登记，不得对抗善意第三人"。为配合《民法典》的实施，完善动产与权利担保的公示，以中国人民银行征信中心为登记机构，基于互联网的、以人的编成为主的动产融资统一登记系统已经建立，[5] 据此，动产抵押权等也可归入登记物权的范畴。

权利物权，主要表现为权利质权与以可抵押的用益物权为客体的抵押权，根据《民法典》的规定，这些权利之上的担保物权均以登记作为其设立的要件，故也属于登记物权的范畴。

---

[1] 学说上常将此分类直接确定为"主物权与从物权"。实际上，只有从非独立物权出发，方可将其依附的物权称为主物权。主权利与从权利是一组相对应的概念，将一项没有其他权利依附的权利称为主权利，存在逻辑问题。

[2]《民法典》第388条第1款规定："设立担保物权，应当依照本法和其他法律的规定订立担保合同。担保合同包括抵押合同、质押合同和其他具有担保功能的合同。担保合同是主债权债务合同的从合同。主债权债务合同无效的，担保合同无效，但是法律另有规定的除外。"

[3]《民法典》第547条第2款特别强调了担保物权等从权利对主权利在移转时的依附性："债权人转让债权的，受让人取得与债权有关的从权利，但是该从权利专属于债权人自身的除外。受让人取得从权利不因该从权利未办理转移登记手续或者未转移占有而受到影响"。对于地役权，《民法典》也在第380条设有关于其移转上从属性的规定："地役权不得单独转让。土地承包经营权、建设用地使用权等转让的，地役权一并转让，但是合同另有约定的除外。"

[4]《民法典》第393条规定："有下列情形之一的，担保物权消灭：（一）主债权消灭；……"

[5] 2021年12月18日，中国人民银行发布了《动产和权利担保统一登记办法》，该办法自2022年2月1日起施行。

（六）有期限物权与无期限物权

以物权之存续有无期间限制为标准，可以将物权区分为有期限物权和无期限物权。

有期限物权，顾名思义，指有存续期间限制的物权，如居住权、抵押权、质权等。有期限物权不能永续存在。居住权为人役权，不得继承，最长不能超过居住权人终生。担保物权，虽然自身不设期限，但却受到其所担保之债权的存续及诉讼时效期间的影响，原则上应作为有期限物权加以对待。

无期限物权，指存续期间无限制，故能永久存续的物权。所有权是最典型的无期限物权，我国法律史上的永佃权，也属于无期限物权。有些物权类型，如地役权，当事人通常会设定存续期限，但法律并无最长存续期方面的限制，当事人可将其设置为无期限的物权。

这种区分的法律意义主要在于：物权法定，也包括对一些物权类型期限的强制，对于有法定期限限制的物权，当事人将其设置为无期限物权或者约定超过法定最长存续期的，关于期限的约定不生效力，应通过对于当事人意思的解释及登记情形等，做不发生物权设立效果或设立法定最长期限物权的判定；另一方面，对于无期限物权，当事人也不得附加期限，如不得约定转让三年的所有权或设置 20 年的永佃权。

在我国现行物权法体系上，主要受土地公有制的影响，物权的期限问题要比表面看起来复杂得多。所有权为典型的无期限物权，但有一种相当流行的说法，称我国的住宅权利人并不拥有真正意义上无期限的所有权，而仅享有"70 年的产权"。实际上，这一说法混淆了建设用地使用权与房屋所有权的概念，误将土地利用上的期限作为了房屋所有权的期限。不过，房屋所有权始终需要其占有土地的利用权作为支撑，这就产生了以有期限的土地权利支撑无期限的房屋所有权的问题。表面上看，建设用地使用权属于有期限物权，以出让方式设立的各种用途的建设用地使用权均有期限。但是，一方面，以划拨方式出让的土地并无期限的设置，另一方面，针对住宅建设用地使用权到期的问题，《民法典》第 359 条沿用《物权法》以第 149 条，规定"住宅建设用地使用权期间届满的，自动续期"，从而使此项权利实际上更像无期限的物权。

在以土地为客体的其他用益物权中，土地承包经营权虽形式上为有期限物权（《民法典》第 332 条第 1 款），但到期后权利人可继续承包（《民法典》第 332 条第 2 款），故实际上为无期限物权。集体土地之上的宅基地使用权，为集体经济组织成员的住宅所有权提供土地利用上的支持，实际上也属于无期限物权。在土地私有制度之下，定限物权原则上应有期限，以使所有权不致空虚化。土地承包经营权与宅基地使用权之所以无期限，其原因在于土地集体所有。依我国法律，农村土地归集体经济组织所有，而集体经济组织本身就由农户组成，所以，由农户取得的形式上具有用益物权性质的土地承包经营权和宅基地使用权，实质上是农户作为成员分享集体土地所有权的一种形式。由此视角，即可理解何以前述两种权利实质上均为无期限物权。

　　地役权在理论上可有期限，亦可无期限，取决于地役权合同的约定。但是，由于土地所有权归属于抽象的国家或集体，地役权合同通常在土地承包经营权人、建设用地使用权人、宅基地使用权人等土地的实际利用人间缔结，如此，地役权的存续就需要受制于后两种权利本身可能附有的期限。《民法典》第377条规定，"地役权的期限由当事人约定；但是，不得超过土地承包经营权、建设用地使用权等用益物权的剩余期限"。奇怪的是，如前所述，由于存在自动续期、继续承包等规定，土地承包经营权、建设用地使用权或许并不因为"剩余期限"的届满而消灭。

（七）民法上的物权与特别法上的物权

　　物权法定，意味着具体的物权类型需由法律加以规定，而法律显然并不限于《民法典》这样的民事法律规范。根据物权是否由民法典规定，可将其区分为民法上的物权与特别法上的物权。

　　民法上的物权，指由《民法典》所确立的物权类型。《民法典》物权编规定的物权类型包括所有权、土地承包经营权、建设用地使用权、宅基地使用权、居住权、地役权、抵押权、质权、留置权。同时，《民法典》合同编所规定的所有权保留买卖合同中出卖人对标的物的权利、融资租赁中出租人对租赁物的权利以及保理合同中保理人对于受让之应收账款的权利，也都具有类似担保物权的性质，可以归入广义的民法上物权的范畴。

　　特别法上的物权，指《民法典》以外的法律所确立的物权类型。在用益物权方面，《民法典》第328条提及的海域使用权，具体由《海域使用管理法》加以规定。《民法典》第329条提及的探矿权、采矿权由《中华人民共和国矿产资源法》及其实施细则具体规定。在担保物权方面，《中华人民共和国海商法》上设有船舶抵押权、优先权；《中华人民共和国民用航空法》也规定了航空器抵押权与优先权。

　　区分二者的意义在于：一方面，该区分强调了《民法典》外尚有物权类型存在的事实；另一方面，如《民法典》关于某种物权的一般规定与特别法上的规定不同，则原则上应优先适用特别法的规定。

（八）本权与占有

　　物权法体系不仅由各种具体物权类型构成，而且关于占有的规范也是其不可或缺的内容。我国《民法典》物权编主要规定各种物权（第二、三、四分编），并在各种物权之上设通则（第一分编），同时它也独立设有针对占有的规范（第五分编）。仅从此规范编排体例即可知，占有虽为物权法上重要制度，但其本身并不是物权。

　　在物权体系之外对占有单独加以规定，其目的在于赋予对标的物管领的法律事实一定法律上后果，尤其是赋予占有人（无论其是否为有权占有人）维护占有的救济手段。占有若依托一定的权利而为有权占有，则此权利即构成占有的本权。占有的本权可以是一项物权，如所有权、居住权、质权等，也可以是一项债权。

　　区分占有和本权，其意义在于识别占有是否有本权之存在，而确定保护方法：欠缺本权的占有人，虽也可主张《民法典》第462条的占有保护手段，但不能依权利的逻辑寻求保护，且不得对抗物权人的占有回复请求权；占有人享有本权的，则既可依占有寻求保护，也可主张权利之保护。

👉 第三节　物权的效力

🎯 导入性问题

1. 甲企业向乙银行贷款 100 万元，以其评估价值 200 万元的厂房为乙设立抵押权，并办理了抵押登记。后甲向丙银行贷款 80 万元，丙银行要求甲提供抵押担保。问：甲仍以该厂房为丙设立抵押权是否存在法律障碍？

2. 甲、乙分别是 A、B 两块土地的建设用地使用权人，甲与乙约定，为了 B 块土地的利益，在未来 20 年内甲不在 A 块土地上兴建高层建筑。后甲因向丙借款而以 A 块土地的使用权作为抵押财产，为丙设立抵押权。问：对于已设立了地役权的土地，权利人还能否为他人设立抵押权？如果可以，则如何解决地役权与抵押权可能存在的权利冲突？

物权，因其种类的不同，而有各自的效力。但是，作为对物的直接支配权，所有的物权类型都具有一些共同的效力。可以说，民法之所以需要"物权"这一抽象的概念，恰恰是因为各种具体的物权均具有一些共同效力，这些共同的效力构成了物权体系化的基础，它们对法典的编纂和法律思维均具有重要意义。

学理上对物权具有的效力有不同的表述。本节拟首先从排他效力、优先效力、追及效力等三个方面对物权的效力加以描述。实际上，物权人因其权利遭遇侵害而能够主张的物权请求权也属于物权的效力范畴，不过，由于其具有物权保护、救济的意义，本书将其单列，在下一节中专门讨论物权请求权。

一、排他效力

物权的排他效力，是指在同一标的物上不能同时成立两个或两个以上内容互不相容的物权。物权的排他效力是由物权所具有的对物的直接支配性所决定的，因为对物的直接支配本来就有在支配范围内排除其他一切人干预的效果：如果两个以上的人对同一标的物拥有内容相同的支配权，那么至少在这些权利人之间即会发生不可调和的权利冲突。如果物上的多个支配性权利相互之间不冲突，或者其潜在的冲突可通过优先效力加以解决，则此多个物权可同时并存于一物之上。

具体而言，物权的排他效力表现在：

（1）在同一标的物上，不能同时成立两个以上的所有权，即只能是所谓的"一物一权"。[1] 所有权是对物为全面支配的权利，因此它具有极强的排他性，同一标的物

---

[1]　实际上，学者们往往在两个意义上使用"一物一权"这一表述：①强调一物之上只能有一个所有权，这是在物权排他性的意义上使用这一表述；②强调一个物权必须以一个特定的物为客体，既不能在物的成分上成立物权，也不能在多个物上成立一个物权，这是在物权客体特定的意义上使用这一表述。

上不容许有多个所有权的存在。共有作为所有权的一个特殊形态，只是一个所有权在量上的分割，并非存在多个所有权。在特定物上取得具有特定利用内容的物权，并非分解他人的所有权或新创一个所有权，而仅是对他人所有之物取得一项定限物权。

（2）定限物权是在特定范围内对他人之物进行支配的物权，由于不同的权利类型有不同的支配范围，因此，只要物权内容并非不相容，一物之上可以存在数个不同的定限物权。而且，某些类型的物权本身不具有相斥性，因此一物之上甚至可以存在数个相同的定限物权。所以，定限物权的排他性仅表现在一物之上不能同时并存两个内容互不相容的定限物权。例如，由于权利内容不相容，一物之上不能同时存在两个土地承包经营权、建设用地使用权、宅基地使用权或居住权。如果甲已经为乙在 A 房屋上创设了一个居住权，则其为丙在同一房屋上再创设居住权的处分行为不能发生效力。

物权的排他效力，当然并不意味着一物之上不能同时存在两个以上的物权。事实上，以下情形都不违反物权的排他效力：①所有权与任何定限物权并存。定限物权系在他人之物上成立的物权，构成了对他人所有权的限制。所有权具有弹力性，物上一旦发生定限物权，所有权即自动受到限制，因此二者不会发生冲突。②用益物权与担保物权并存，二者分别指向物的使用价值和交换价值，因此可以并存。举例来说，同一块土地上，在设定地役权等用益物权后，仍可继续设定抵押权；抵押权的设定及为债权人享有，不以移转物之占有为必要，故在权利存续期间二者不发生冲突；如因债务人清偿债务等原因使得抵押权无需实现，则最终二者也不冲突；如涉及抵押权的实现，则依优先效力规则解决权利间的冲突。③数个用益物权内容不同或者即使内容相同但互不排斥，可以并存于一物之上。例如，数个具有不同内容的地役权（通行地役权、排水地役权等）并存，或者数个以不作为为内容的消极地役权的并存。④数个担保物权存在于一物之上。担保物权指向物的交换价值，而非以对物的现实占有、支配为权利内容。一个物上设定数个担保物权，只需要建立起效力的优先规则（如设立在先，效力优先），即可解决担保物价值不足以清偿所有被担保之债权所产生的问题。例如，一个物上能够设立多个抵押权，一个动产上能够并存抵押权与质权，在需要实现这些担保物权时仅需依《民法典》第 414 条或第 415 条确定优先顺位即可化解权利冲突。

在一物之上设立多个抵押权时，法律是否应要求抵押担保的债权总额不得超过抵押物的价值？举例而言，如果抵押物评估价值 100 万元，并已经为一个 60 万元的债权提供了担保，那么，在为第二个债权提供抵押担保时，是否应要求该债权总额不超过 40 万元？《担保法》的确设置了这样的要求，该法第 35 条规定："抵押人所担保的债权不得超出其抵押物的价值。财产抵押后，该财产的价值大于所担保债权的余额部分，可以再次抵押，但不得超出其余额部分。"而《担保法解释》第 51 条则规定："抵押人所担保的债权超出其抵押物价值的，超出的部分不具有优先受偿的效力"。这就意味着，即便担保的债权超出了抵押物的价值，抵押权仍可有效设立，只不过受限于物的变价金额而使债权不能完全得到清偿而已。《物权法》完全放弃了抵押物价值应不小于其所担保的债权总额的要求，《民法典》从之。

在法理上，要求抵押担保的债权额不高于抵押物的价值是没有道理的，其理由在于：①抵押权并非都需要加以实现，因此，在先设立的抵押权完全可能因债务人清偿等原因而消灭，从而使在后设立的抵押权获得充分保障（我国法实行顺位升进主义）。例如，甲以一价值100万元的抵押物为乙的80万元债权设立了抵押权后，又以同一物为丙的70万元债权设立了抵押，如果乙的债权到期后，债务人正常偿还了该80万元债务，则作为从权利的乙的抵押权也发生消灭，此时，丙的抵押权的受偿顺位上升，如果债务人到期不清偿丙的债权，则抵押物变价后可以使丙的债权得到完全的清偿。②由于抵押物的价值本来就是一种未必精确的评估，且存在变动的可能性，因此《担保法》第35条的规定实际上也不具有现实的可操作性，例如，甲有房屋，现值100万元；甲向乙借款50万元，并以该屋设立抵押作为担保；后甲又向丙借款30万元，仍以该屋设立抵押。两项借款到期后，甲均不能清偿债务。由于发生了金融危机，房价暴跌，甲的房屋在变价时，实际仅卖得了60万元。此时，仍可能发生抵押物价值不足以保障所有债权受清偿的情形（若房屋跌价到40万元，甚至连第一顺位抵押权人享有的债权都不能得到完全的清偿）。③抵押权是意定物权，是当事人通过自愿订立抵押合同而设定的，如果债权人愿意接受一个价值低于其债权额的抵押物，法律又有什么必要对此种私人自治予以干预呢？作为债权人，在其决定是否接受某物作为抵押物时，通常均会考虑抵押物可能的变现价额及自己的抵押权顺位。这是一个商业判断的问题，法律不应介入。④如果抵押权在设立之时就需要确保抵押物的价值大于其所担保的债权总额，那么确定抵押权之间的优先顺序也就失去了实际的意义——既然所有的债权都能够获得抵押物价值的充分保障，那么受偿顺序在先在后又有什么差异呢？

由此可见，一物之上能够设立多个抵押权，这是由抵押权的法律性质决定的。实际上，一物之上能够设立无数个抵押权，此时真正的问题在于确立这些抵押权之间的优先顺序，而无须考虑抵押物价值与其所担保之债权总额之间的关系。

与物权的排他效力不同，债权不具有排他性。债权的客体是给付，指向债务人的行为。即使给付的内容是交付某特定之物，在债之关系发生时，其也仅仅创设了债权人对债务人的一项请求权，或者说，债务人仅仅是负担了一项交付物的义务。针对同一标的物，可以成立两个以上内容完全相同的债权，如同一房屋可以先后出卖于两个买受人，而由该二人分别取得对出卖人要求交付标的物并移转标的物所有权的债权。债权的非排他性是由其请求权的性质所决定的。

二、优先效力

当一物之上存在两个以上的物权，或者同一物既是某物权的客体，同时又是债权给付的标的物，并且在权利行使方面，可能发生数个权利的冲突之时，需要有相应的规则来界定并存权利的效力等级。在物权法原理上，通常认为，物权的优先效力包括两个层面的规则：一为物权相互之间的优先效力规则，一为物权对于债权的优先效力规则。[1]

（一）物权相互之间的优先效力

根据物权的排他效力，内容互不相容的物权不能并存于同一标的物之上，当事人如果在同一标的物上设定两个内容互不相容的物权，则第二个物权设定行为无效。例如，如果某集体经济组织就某块耕地为甲农户设立了土地承包经营权后，又在同一地块上为乙农户设立土地承包经营权，则第二个设权行为无效，乙根本无从取得土地承包经营权。此种情形不发生优先性的问题，只需依物权的排他效力即可解决问题。另外，如果两个物权虽并存于同一物之上，但各有其支配范围，在任何情况下都不发生权利的冲突，那么也不发生权利的优先性问题（例如，甲在丙所有的土地上设定以通行为内容的地役权后，乙也在丙的土地上设置了以取水为内容的地役权）。因此，所谓物权相互之间的优先效力，所要解决的是并存于一物之上且潜在地发生权利冲突的若干个物权之间的优先性问题。

总体而言，物权相互间的优先效力遵循"时间在先，效力优先"的规则。在先的物权之所以具有优先性，主要是由于物权公示的功效：根据物权公示原则，就意定物权而言，一项物权的发生，除要求当事人就权利变动达成一致外，尚须具备一表现在外从而可为不特定第三人观察到的要件，即不动产的登记或动产的交付；正是由于预设在先发生的物权已可为在后的物权取得人所知晓，法律方可确定在先物权的优先性。

具体而言，物权相互之间的优先效力表现在：

（1）在所有权与定限物权之间，定限物权在其权利范围内优先于所有权。定限物权是在特定范围内对他人之物加以支配的权利，构成对所有权的限制和负担。当物上不存在他人的定限物权时，所有权表现为占有、使用、收益、处分的圆满权利状态，但一旦他人之物权存在于物上，则所有权人相应的对物支配需要让位于该他人的权利；只有在该定限物权消灭后，所有权才回复到先前的圆满状态。因此，在存续期间，定限物权在其权利范围内当然优先于所有权。例如，居住权人可以优先于房屋所有人使用房屋；在动产质权存续期间，动产为质权人直接占有，其所有人不得要求回复占有，且在质权条件成就时，质权人还可行使变价和优先受偿的权利。

（2）数个用益物权如果能够并存于一物之上且存在潜在冲突，则原则上应遵循"时间在先，效力优先"的优先性规则，确定用益物权人在物上的权利。《民法典》第378条规定："土地所有权人享有地役权或者负担地役权的，设立土地承包经营权、宅

---

〔1〕 有些著作仅在"物权优先于债权"的意义上表述物权的优先效力。与此相反，另有部分学者主张，所谓物权的优先效力，仅指物权相互之间的效力，而不包括物权相对于债权的效力，原因在于：债权并非存在于物上的权利，而是针对特定人要求给付的权利，因此物权和债权不可能发生权利冲突，从而也就无须优先效力的协调。本书作者认为，后一种观点不无道理，不过，"物权优先于债权"的说法对于理解特定情形下的物债关系亦有一定的功效，故本书仍按通说之观点，在两个层面表述物权的优先效力，但将重点讨论物权相互间的优先效力问题。

基地使用权等用益物权时，该用益物权人继续享有或者负担已经设立的地役权。"据此，如果某块土地之上首先设立了地役权，其后再设立土地承包经营权等权利，则地役权不受后续设权行为的影响，仍存在于供役地上，土地承包经营权人须继续负担该地役权。[1]

（3）数个担保物权并存于一物之上时，原则上，成立在先的担保物权顺位在先，其权利人可以优先于后成立的担保物权的权利人而受偿。但是，由于我国《民法典》在动产抵押权的设立上采"登记对抗主义"，该原则出现若干例外，或者说，"设立在先，效力优先"的规则可修正为"公示在先，效力优先"，即，当同一担保财产上存在数个同一类型或不同类型的担保物权时，经由登记或占有等公示手段展示在外的担保物权具有优先的效力。[2]

（4）用益物权与担保物权并存时，成立在先者，也具有优先效力。兹以一房产之上先后设立居住权与抵押权为例，[3] 分述如下：①不动产所有人在其不动产上设定抵押权后，可以再为他人在同一不动产上设立居住权。抵押权人无须占有标的物，故抵押权人和居住权人的权利尽管指向同一客体，但二者并不存在直接的冲突。先设立居住权后设立抵押权的，亦同。②如果因债务人清偿到期债务等原因导致抵押权消灭，或者，在抵押权实现前，由于居住权到期或居住权人死亡等原因，导致居住权消灭的，二者最终也不存在需要优先性规则加以化解的冲突。③如果在先设立的抵押权需要实现，而抵押物上尚存后设立的居住权，且居住权的存在将影响抵押权的实现，则根据优先性规则，抵押物变价时可要求除去在后设立的居住权，抵押物的受让人将会取得无居住权负担的抵押财产的所有权。[4] 在抵押权人能够要求除去居住权的情形，这一结果对居住权人并非不公平，因不动产抵押权和居住权均依登记而设，而在登记时，居住权人应知晓该房产之上已存在可能须实现的抵押权。④如果居住权设立在先，

---

〔1〕我国台湾地区"民法"第851-1条更加清晰地体现了这一优先规则，该条规定："同一不动产上有不动产役权与以使用收益为目的之物权同时存在者，其后设定物权之权利行使，不得妨害先设定之物权"。该条规范完全运用"时间在先，效力优先"的优先性规则处理一物之上并存地役权与其他用益物权的情形。反观《民法典》，第378条固然体现这一规则，但其第379条却走上了限制在后设立地役权的立法思路（将其系于在先取得权利的用益物权人的同意）。其实，比较合理的规则是：土地上设立土地承包经营权等权利之后，所有权人再为他人设立地役权的，地役权的行使不得影响土地承包经营权等权利。

〔2〕"公示在先，效力优先"的顺位规则不仅体现在《民法典》第414条（抵押权之间的优先顺位）、第415条（抵押权与质权之间的优先顺位）和第768条（就同一应收账款订立多个保理合同），而且也体现在《担保制度解释》第57条、第59条和第66条等处。

〔3〕关于抵押权设立后抵押人是否还能为他人设立居住权的问题，我国法律无明文规定。《民法典》施行前，类推原《物权法》第191条的逻辑（抵押期间抵押人转让抵押财产，须经抵押权人同意），或许可得出未经抵押权人同意抵押人不得再为他人设立居住权的结论。《民法典》第406条改采抵押物自由转让的立场，允许抵押人转让抵押财产，同时规定抵押权不受影响。举重以明轻，抵押人当可自由为他人设立居住权，不过，在先设立的抵押权不受居住权设立的影响。

〔4〕在抵押权实现时，如不除去居住权也不影响抵押物的变价，且变价款（尽管会低于无居住权负担时的金额）也足以使债权得以清偿的，则不应承认抵押权人除去在后设立之居住权的权利。例如，若甲向乙借款200万，借款期3年，甲以价值1000万的房产为乙设立了抵押；一年后，甲为丙在该房屋上设立了为期5年的居住权；借款到期，甲未清偿到期债务，乙欲行使抵押权；此时，丙的居住权尚有3年到期，而即便不除去丙的居住权，该项抵押资产至少能卖得900万元（丁愿意出价900万买下有居住权负担的房屋），则无论是否通过法院实现抵押权，均不应除去丙的居住权。其理由在于，在类似该例的情形，在后设立的居住权，并未损害在先的抵押权。

而在居住权存续情况下，在后设立的抵押权具备了行使条件，则抵押权人仍可就抵押物变价并对变价款优先受偿。不过，由于设立在先的居住权效力优先，此时，抵押权的实现不影响居住权的存续。这就意味着，抵押物的受让人必须承受居住权，如此，在抵押权实现时，可能发生无人愿意受让抵押物，或受让人仅愿在低于抵押物原有价值的价位上出价。此种情形对抵押权人当然不利，但同样不存在对其不公平之问题，因抵押权设立时，抵押权人应知晓抵押财产上已存在他人居住权（正常情况下，债权人应拒绝接受此财产作为抵押财产）。

　　不仅物权相互之间的优先性遵循"时间在先，效力优先"的基本规则，而且，在一项"物权化"的权利（如承租人基于租赁合同对租赁物享有的权利，以下简称"租赁权"）与一项物权之间亦可适用这一规则。就一物上先后发生租赁权与抵押权的情形，《物权法》第 190 条规定："订立抵押合同前抵押财产已出租的，原租赁关系不受该抵押权的影响。抵押权设立后抵押财产出租的，该租赁关系不得对抗已登记的抵押权。"该条即遵循了"时间在先，效力优先"的规则。《民法典》第 405 条仅对先出租后抵押的情形做出了规定，而未再涉及抵押后出租的情形。在解释上，如上文所述，在先设立的抵押权优先于居住权等用益物权，举重以明轻，在后的承租权当然不能对抗在先的抵押权。这也就意味着，若承租权的继续存在将会损害抵押权，则抵押权的实现将破除租赁关系。[1]

　　物权相互之间的优先效力与债权的平等性形成鲜明的对比。债权不具有排他性，而具有平等性。当数个债权均以某特定物为其给付对象时，无论其发生原因及发生时间先后顺序如何，原则上各债权均处在平等的地位，将由负担给付义务的债务人决定向何人履行债务。例如，甲将某动产出售于乙，在向后者交付前，又将该物出售于丙，也尚未交付；此时，作为买受人的乙和丙都取得了要求甲交付标的物并转移所有权的债权，而且，这两项债权完全平等，第一买受人乙并不处于优先地位。如果甲最终选择与丙履行买卖合同，则后买受人丙可获得标的物所有权，乙不得以其债权发生在先向丙提出主张，而仅能向出卖人甲主张违约责任。

（二）物权对债权的优先效力

　　债权的客体是给付，指向债务人之行为。物权的客体是物，权利人的权利直接作用于物上。在此意义上，物权和债权不会发生冲突，也就无所谓优先问题。不过，一方面，从债权视角看，诸如承租人基于租赁合同所取得的法律地位，固然可描述为承租人对出租人的对人请求权，但确也存在承租人基于对租赁物之占有而产生的"物上"

---

〔1〕 根据《最高人民法院关于审理城镇房屋租赁合同纠纷案件具体应用法律若干问题的解释》第 14 条之规定，房屋在出租前已设立抵押权，因抵押权人实现抵押权发生所有权变动的，承租人不得要求受让人继续履行租赁合同。其实，若保留承租人依《民法典》第 725 条之规定要求受让人继续履行原租赁合同的权利并不影响抵押权的实现的话（有人愿意在概括承受租赁合同的情况下受让抵押物），则也可继续适用"买卖不破租赁"的规则。

地位（毕竟"占有"本身在物权法上即具有重要意义）；另一方面，从物权视角看，当物权人对物的支配状态出现问题时，亦须通过物权请求权回复正常状态，此时的物权请求权就有可能与债权请求权产生冲突，从而需要优先性规则加以解决。

当物权和债权可能发生权利冲突时，无论成立之先后顺序如何，物权原则上具有优先于债权的效力。物权对债权的优先效力，可分两种情形描述如下：

（1）如果债权以某特定物为给付之标的物，而该物上又有他人物权之存在，则无论该物权取得是否先于债权的发生，该物权均具有优先于该债权的效力。具体而言，表现在以下几个方面：①所有权的优先性。在"一物二卖"的场合，所有权的优先性表现得十分突出。例如，甲将某动产先出卖于乙，尚未交付，后又出卖于丙，并立即交付了该标的物，丙通过受领交付成为标的物的所有人。依物权的优先性规则，乙不得以其债权发生在先为理由，而主张优先获得标的物；乙不得依其债权向丙提出任何权利主张，而只能向甲主张违约责任的承担。当然，此例结果亦可仅通过物权变动规则与债权相对性原理得出。另举一例，甲之物遗失，被乙拾得，乙据为己有并出售于丙，未及交付，甲发现遗失物在乙处；甲要求乙返还其物，丙也要求乙履行交付买卖标的物之义务。由于甲系所有权人，其返还请求权具有物权请求权之性质，而丙仅系依买卖合同而对乙享有债权请求权，根据物权优先于债权的规则，应优先支持甲的请求权。②用益物权的优先性。例如，甲将一幢房屋出卖于乙，在办理所有权移转登记之前，甲又在该房屋上为丙设立了居住权或地役权，并办理了登记，则丙的居住权或地役权具有优先于乙的债权的效力，也就是说，丙可以确保其对房屋享有居住权或地役权，而乙作为债权人只能向出卖人甲主张违约责任（权利瑕疵担保责任）。③担保物权的优先性。担保物权人在债权期限届满而未受清偿时，对其标的物有变价的权利，如果该担保物权的客体同时也构成一项债权给付的标的物（如因抵押人出租抵押物而需要向承租人交付），那么担保物权具有优先的效力，其行使可以不必考虑对该项债权的影响。另外，如甲对乙之物享有抵押权，则尽管乙的其他债权人也可申请法院对该物进行强制执行，但甲仍可对执行程序中拍卖、变卖之价款主张优先受偿，申请执行人仅能就超出抵押权所担保债权金额的部分要求受偿。

（2）物权优先于一般债权。物权对一般债权的优先性，在债务人破产的情形下表现得尤为明显。债务人被宣告破产后，其所有财产都应纳入破产财产，作为按比例清偿债务的责任财产。但例外的情形有：①如果破产人占有他人所有之物（如破产人因租赁关系而占有属于出租人所有的租赁物），那么该物的所有人可以要求取回该物，而无须参加破产还债程序，此为破产法上的取回权。[1] ②如果破产人所有的某物已经为特定债权人设定了抵押权，则该抵押权人在抵押人破产的情况下仍可以行使抵押权（破产法上的别除权），就该抵押物变价，并优先于一般债权人受偿。[2]

---

〔1〕《企业破产法》第38条规定："人民法院受理破产申请后，债务人占有的不属于债务人的财产，该财产的权利人可以通过管理人取回。但是，本法另有规定的除外。"

〔2〕《企业破产法》第109条规定："对破产人的特定财产享有担保权的权利人，对该特定财产享有优先受偿的权利。"

物权优先于债权的效力也有例外。出于立法政策上的考虑，法律可能例外地赋予某些债权以特殊的效力，使其在某些方面优先于在后发生的物权。这方面典型的例子就是"让与不破租赁"规则。我国《民法典》第725条规定："租赁物在承租人按照租赁合同占有期限内发生所有权变动的，不影响租赁合同的效力。"这就意味着，租赁物的买受人即使成了标的物的所有权人，仍然不得以其所有权对抗作为债权人的承租人，在此效力范围内，债权取得了优先于物权的特殊效力。另外，《民法典》第221条所确立的预告登记制度也表现了经特别登记之债权的优先性，此点将于后文讨论预告登记时阐明。

三、对抗效力

物权的对抗效力，也称追及效力，是指物权一经在特定物上发生，则无论标的物辗转于何人之手，物权人均可以其物权对抗他人。

物权，依其定义，乃权利人在物上的法律地位，描述人对物的支配关系，故对抗效力乃由物权的绝对权属性所决定。一般而言，仅需将一切物权均视为特定权利人在其权利客体（特定物）上的权利，所谓对抗或追及效力乃不言而喻的逻辑结果。或者说，在法秩序将一种法律地位称为物权时，即已赋予了其对抗一切人的效果。在此意义上，一个不具有充分对世性的权利，恐怕还不能算是一个完整意义上的物权。

对抗效力是物权的一项一般效力，不仅所有权具有该效力，而且它也是定限物权——尽管它往往产生于某特定交易关系中——所具有的效力。所谓物权的对抗效力，一般指"对抗第三人"的效力。如物处在所有人的正常支配状态之下，则所有人尚无须对任何特定之人主张权利，更谈不上什么对抗第三人的需要。如物权人享有的是某种用益物权或担保物权，则该"他物权"在发生之时即已预设了权利人与所有权人的关系，在此种情境之下（先有了物之所有人这个"相对人"），他物权人突破与为其创设他物权的特定所有权人之间的法律关系，径直以其物权对第三人主张权利或要求尊重，这才是"对抗性"真正要表达的意义。因此，对物权的对抗效力、追及效力的考察恰恰在用益物权与担保物权上才具有真正重要的意义。

（一）所有权的对抗效力

所有权是对物直接支配的权利，其对世性特征最为显著。如前所述，所有权本身不预设特定义务人，因此，欲谈所有权的对抗效力，须先设置出所有人面对特定人的情境，然后再讨论涉及第三人的问题。

如果所有权人对标的物的占有为某人不法侵夺，则所有人可以要求该侵占人回复占有，当无疑问。如该不法侵占人将该物的占有移转于第三人，而该第三人与物的所有人之间并不存在其他直接的法律关联，原则上，所有权人也同样可以追及物的所在，[1] 向该第三人要求物的返还，后者不得以无过错等理由对抗所有人的返还请求权。只要不发生第三人因时效取得等原因取得所有权或因其他原因成为有权占有人的

---

[1] "追及物之所在"这样的表达，主要系针对动产所做的形象生动的描述。对不动产而言，物之所在并不会改变，改变的是第三人取代先前占有人的事实等。因此，"对抗效力"的表达总体上比"追及效力"更准确。

事实，无论物辗转几手，所有人始终能够向物的现实占有人要求恢复占有。

（二）用益物权的对抗效力

用益物权是以对他人之物加以用益为内容的物权。对他人之物的利用需要，除在物上设定用益物权外，还可通过取得债权性的使用权利来实现。例如，通过订立租赁合同，取得对他人土地的利用权，以满足建造房屋的需要，此与建设用地使用权的设定具有类似的功能。但是，基于债权的相对性，债权性的利用权不足以对抗不特定的第三人，原则上权利人仅能对债务人主张其债权。相反，用益物权则具有对抗效力，其效力不仅作用于物的现时所有人（即许可用益物权人在限定范围内利用其物之特定人），而且也及于其他不特定之人。因此，在设定用益物权后，即使所有人出让所有权于第三人，该用益物权仍不受影响，用益物权人仍可依其权利内容继续对物加利用，新所有人不得以未经其同意为由拒绝用益物权人对其物的用益。例如，甲在自己的房屋上为乙设置了终身性的居住权，乙据此居住于该房屋；其后，无论是在因甲死亡房屋由丙继承的情形，还是在甲将房屋所有权让与丁的情形，居住权均继续存在于该房屋之上，乙仍可向新屋主丙或者丁主张继续居住。

> 对他人之物的利用，可以仅在借用、租赁这些债权合同的框架下进行，通常也能达成利用人经济上之目的。不过，如果仅以土地租赁关系为基础，在承租的土地之上建造并使用房屋，此等利用安排可能带来一些问题：即使法律对土地和房屋实行分别所有，仅以对他人土地债权性的租赁为基础，建造人能否取得房屋所有权？地上建筑物的所有权是否需要权利人一种"对地"的权利作为基础？土地所有权发生变动的，与原所有人（出租人）确定的利用安排是否总是能够对抗新所有人？法律对租赁期间往往设有最长限制，[1]如何在此等土地利用安排的期间限制之下对地上建筑物的永久所有权提供支持？
>
> 对以上问题的思考，让我们意识到，对于一个需要对他人之物加以长期且稳定利用之人而言，在该他人之物上建构一个对世（对物）的权利——而非仅仅依赖一个原则上仅拘束特定人的合同安排——实有不可替代的需要。这一点既揭示出了用益物权的经济功能，同时也表明，对抗效力应属于用益物权的基本效力。
>
> 但是，在我国实证法上，用益物权的对抗性问题却呈现出多重样貌：①就《民法典》新增的居住权而言，一方面，居住权设立于可以为私主体拥有的房屋之上，另一方面，居住权因登记而设立（《民法典》第368条），故居住权具有典型的对抗效力。②除居住权外，我国的用益物权均设立于土地之上，而归国家或集体经济组织所有的土地为非流通物。无论是权利人从国家取得建设用地使用权或海域使用权，还是从集体经济组织取得土地承包经营权或宅基地使用权，均不存在权利人需要以其取得的权利对抗后手所有人

---

〔1〕 我国现行法上为20年，参见《民法典》第705条。

之问题。这就意味着，对于上述这几种设立于公有土地之上的用益物权而言，基本不需要讨论对抗效力。正因为此，《民法典》甚至都未明确登记对于土地承包经营权与宅基地使用权的意义。③在我国法上，恰恰也因为土地公有的影响，地役权合同的当事人往往是对供役地和需役地享有建设用地使用权、土地承包经营权等权利的私主体，[1] 而且，建设用地使用权也可在私主体之间转让，因此，地役权人有可能面临向供役地的受让人——准确地说，是"供役地上建设用地使用权等权利的受让人"——主张地役权的问题。这就意味着，地役权的确涉及对抗性问题。但是，我国《民法典》承继《物权法》之规定，对地役权采取所谓"登记对抗主义"，从而在我国实证法上制造了一个介乎债权与典型物权的中间范畴：地役权合同生效，作为用益物权的地役权即设立，但是若未登记，则此种地役权不能对抗善意第三人。

（三）担保物权的对抗效力

担保物权以变价权和优先受偿权为其内容，该种类型的物权一经设定，即成为担保物权人对特定担保物的支配权，而不是仅仅针对抵押人、出质人等的相对权。如债权届期未受清偿，则担保物权人可以就担保物实现担保物权。担保物权具有的这种对抗性意味着，担保物权存续期间，无论是因担保人死亡而发生担保物的法定继承，还是因担保人通过法律行为处分担保物而使他人取得担保物的所有权，均不影响担保物权人就已归属于他人所有之物实现担保物权。

> 根据《物权法》第 191 条之规定，抵押物的转让需要抵押权人的同意，未经抵押权人同意抵押人不得转让抵押财产。这一规则预设，抵押人转让抵押财产后，抵押权将在抵押物上消灭，受让人将取得没有抵押权负担的所有权。该条规定无视担保物权的对世效力，不必要地限制抵押物的自由流通，因此受到广泛的批评。《民法典》第 406 条改变了《物权法》第 191 条的立场，承认了抵押权的对世效力，明确规定抵押人可自由转让抵押物，而抵押权人的权利不受影响。[2]

---

[1] 《民法典》第 380 条规定，"地役权不得单独转让。土地承包经营权、建设用地使用权等转让的，地役权一并转让，但是合同另有约定的除外。"该条表明，地役权所附属的主权利其实往往并非需役地的所有权，而是需役地上已经设立的土地承包经营权、建设用地使用权等权利。

[2] 《民法典》第 406 条第 1 款规定："抵押期间，抵押人可以转让抵押财产。当事人另有约定的，按照其约定。抵押财产转让的，抵押权不受影响。"

👉 第四节 物权请求权

一、物权请求权概述

（一）物权请求权的概念

有权利，即应有其救济。对物权的保护，包括公法上的保护与私法上的保护。公法上的保护主要体现在宪法、刑法和行政法对于私有财产的维护，如对国家征收、征用的限制和补偿，以及通过确定侵犯财产类罪行的刑罚来保护财产等。私法上的保护既包括债法上的保护手段（侵权行为损害赔偿请求权、不当得利请求权等），也包括物权法自身所提供的保护手段，即物权请求权。物权请求权是保护物权的手段，[1] 同时，物权请求权也以物权为基础，不能与物权相分离而为处分，因此，亦可将物权请求权视为物权所产生的效力。

物权请求权[2]，是指物权人于其物权被侵害或有被侵害之危险时，可以请求回复物权圆满状态或防止侵害的权利。

物权请求权是各种物权所具有的共同效力，也就是说，凡为物权，都能产生出物权请求权的效力，以作为该物权最直接的保护手段。物权的此项效力来自于其绝对权的法律属性，因为，物权既然是可以对抗不特定当事人的权利，那么它就应该具备排除来自任何人之干涉或侵害的效力。他人的行为只要对物权构成了妨害，无论该行为人主观上是否有过失，均不得对抗物权人要求其排除妨害的请求。在《物权法》出台以前，我国法律并未明确规定物上请求权，《民法通则》从责任的角度仅对违约责任和侵权责任作出了规定，从而在请求权基础上容易使人产生如下推断：在物权受到妨害或侵害时，只能根据侵权责任的有关规定，对遭受损失的物权人提供保护。然而，侵权责任的构成，要求行为人须具有主观上的过错，其行为须具有违法性等。如果物权人在其物权遭受侵害或妨害时仅能主张侵权请求权，则在许多情况下，由于侵权责任不成立会导致物权人无法得到救济（或者侵权责任法需要因此做大的体系调整，以广泛的无过错责任满足物权救济的需要）。由此可见，承认物权拥有自身的救济手段，即由物权直接产生的请求权，是很有必要的。

2007 年通过的《物权法》，在第 33 条、第 34 条确立了返还原物、排除妨害、消除危险的请求权，其性质属于物权请求权，对于此点学理上应无疑问。但是，根据 2009 年通过的《侵权责任法》第 15 条的规定，承担"侵权责任"

---

〔1〕《民法典》物权编设有"物权的保护"一章（第三章），该章将物权在私法上的保护手段均加以罗列，需要从中识别出"物权请求权"。

〔2〕 关于该请求权的名称，有学者认为，"物权请求权"等同于所谓的"物上请求权"；而另有学者认为，"物上请求权"除包括物权请求权（基于物权本权的请求权）外，还包括占有人的物上请求权。本书原则上视"物权请求权"与"物上请求权"为相同的概念，主要指基于一项物权所产生的请求权效力。涉及以占有为基础的请求权，由于占有并非权利，则偶尔会使用"物上请求权"这一表达。

的方式包括了停止侵害、排除妨害、消除危险、返还财产等。那么，当物权人请求他人排除物上的妨害、消除危险或返还物的占有时，其请求权基础究竟系"侵权"，还是物权？抑或是普遍性地构成请求权的竞合？请求权基础的思维方法系民法学的基本方法，前述《物权法》与《侵权责任法》的规范如何协调殊有疑问。《民法典》侵权责任编尽管仍保留了主要发挥绝对权请求权功能的第1167条，[1] 但总体上已使侵权责任回归损害赔偿之债的范畴，从而也使得物权请求权与侵权损害赔偿请求权在民法请求权体系上各司其职。

此外，支持物权请求权为物权一般效力的另一个强有力的理由是：既然法律普遍承认占有的法律事实都具有物上请求权的效力（如我国《民法典》第462条），那么，各种类型的物权，至少就那些物权人有权占有标的物的物权类型而言，当然也应该具有物上请求权的效力。

（二）物权请求权的规范模式

关于物权请求权，存在两种不同的规范模式。

第一种模式可称"所有权请求权类推适用模式"。在罗马法的发展过程中，虽然也发育出了"对物之诉"这样相对抽象的概念，但是诉权都是具体的，尤其是基于所有权的"所有物返还之诉"（*rei vindicatio*）最为重要。继受罗马法的欧陆诸国，尽管学理和判例大多承认物权请求权系物权的一般效力，但民法典很少以明文直接规定物权的请求权效力。由于所有权在物权体系中的重要性，各国民法典通常都详尽地规定基于所有权的各种物权请求权，对于各种定限物权的物权请求权效力，则视情形规定专门的请求权或类推适用法律关于所有权的物上请求权规定。

第二种模式则系在立法上直接采用学理上的"物权请求权"概念，可称"抽象的物权请求权模式"。我国《民法典》物权编第一分编"通则"中的第三章"物权的保护"部分，针对各种物权类型统一地规定各种保护方法，包括返还原物、排除妨害和消除危险几项请求权。我国物权法所采取的抽象模式符合民法体系化的要求，它表明各种物权类型均具有物上请求权的效力。

上述两种模式其实各有利弊。类推适用模式需要在个别判断的基础上考虑何时应将所有权请求权类推适用于具体的用益物权、担保物权类型之上，从而使法律适用变得相当复杂。而我国《民法典》采用的抽象规范模式貌似逻辑更加严密，但在相关规范的解释适用上可能面临更多的问题：显然并非所有的物权类型均具有《民法典》第235、236条规定的各项物上请求权的效力。举例而言，对于包含占有权能的物权类型（如居住权、动产质权）而言，物权人固然可以主张《民法典》第235条所规定的返还原物请求权，但是，对于权利人并不取得物之占有的抵押权来说，第235条规定的返还请求权就不包含在抵押权的效力范围以内。由此例可知，在《民法典》物权编的"通则"统一地规定物权请求权的情况下，法律适用者需要对哪些情况下应排除某种物

---

〔1〕《民法典》第1167条规定，"侵权行为危及他人人身、财产安全的，被侵权人有权请求侵权人承担停止侵害、排除妨害、消除危险等侵权责任。"

上请求权适用的问题作出个别判断，而此问题的复杂程度并不亚于前一模式下的类推适用。

（三）物权请求权的性质与法律适用

"物权请求权"这一概念的使用，其实已经表明，该请求权系民法请求权体系中的一个独立类型。[1] 物权请求权系产生自物权的独立的请求权，尽管其对物权有依附作用，但仍应与物权本身相区分。物权界定和描述权利人在物上的权利，常态下的物权体现为支配的自在状态，而物权请求权系物权的支配状态受到他人干扰而产生出的防御效力，以使物权回复先前的正常状态。就此点而言，物权是原权利，物权请求权是救济权，具有工具性。

物权是绝对权，而请求权皆针对具体的义务人，因此物权请求权也具有相对权的属性。不过，物权的对世性决定了物权请求权与债权请求权有着相当不同的构造。债权本身是相对权，无论是基于合同等意定的原因，还是基于侵权行为、不当得利等法定原因，债之关系自产生之日即针对特定义务人，债权人的请求权仅得向该特定义务人主张。相反，物权请求权由本身具有绝对权属性的物权源源不断地输送请求权的效力，且其目的也仅在于回复物权遭遇侵害或妨害之前的状态，因此，物权请求权也表现出动态性。举例来说，甲之 A 物被乙无权占有的，甲对乙享有请求权，有权要求乙回复甲对物的占有，此时二人之间的关系类似债之关系中债权人与债务人的特定关系，所请求的内容也可称为"给付"。但是，仅需考虑乙再将占有移转于丙的情形，物权请求权与债权请求权的差异即会清晰呈现：此时，甲的物权请求权也会自动转向丙，而不再占有物的乙也不再是物权请求权所针对的义务人（如甲乙之间存在的法律事实能够满足侵权、不当得利等债权发生要件，则甲可对乙主张相应的债权请求权）。物权请求权的这种特性恰恰体现了物权绝对权的性质，也是前文所述的物权对抗效力的逻辑结果。

物权请求权虽是独立类型的权利，但该请求权始终附属于权利人享有的物权，质言之，物权请求权总是由物权人享有，物权请求权不能与物权相分离而被单独让与（尽管物权人可以授权他人代为行使物权请求权），而仅能与产生该请求权效力的物权一并让与。例如，甲所有之物为乙无权占有，甲可将所有权以及对乙的返还原物请求权一并让与丙，后者在取得所有权的同时也取得了对乙的物权请求权；甲不能在保留所有权的情况下单独将对乙的物权请求权让与丙。[2] 另外，物权请求权对物权的依附性也意味着，物权人物权的丧失，也当然意味着其对他人享有的物权请求权的消灭。例如，所有人甲对无权占有人乙享有占有回复请求权，甲未及主张返还，标的物即在乙的手中毁损灭失，则甲对乙的物权请求权消灭；至于甲能否对乙要求损害赔偿之问题，须依乙是否善意等事实，依《民法典》第 461 条等规范而定；即便甲能对乙主张

---

[1] 如仅从物权保护的视角出发，或许会否认物权请求权之存在或至少认为其非为独立的权利，而将相关效力仅视为物权的作用。参见谢在全：《民法物权论》（上册），中国政法大学出版社 2011 年版，第 29 页，注 9。

[2] 其实，请求权不得单独让与的原理并不仅限于物权请求权。由债权所生的请求权，也不存在单独让与的问题。债权归属于某人而债权请求权归属于另一人，这在逻辑上同样是不能成立的。因此，民法上称"债权让与"，而不称"债权请求权让与"。请求权只有代为行使的问题，能够被让渡的是归属性的财产权。

赔偿，该请求权也不再是物权请求权。

物权与物权请求权的区分，在法学上已有相当的共识。但是，债权仍被普遍认为等同于债权请求权。"物权是支配权，债权是请求权"的说法仍流行于诸多的民法教科书中。本书认为，如同物权请求权是一个需与物权加以区分的概念，债权请求权也与其基础权利债权有所不同。请求仅是债权的效力之一，债权人对于债权还享有处分（免除债务、移转债权等）、保全、受领保持等效力。与物权一样，债权也是"归属于"债权人的一种财产权，债权人所享有的债权同样构成其责任财产。

在财产法领域，民法坚持物债二分，其间的基本逻辑必须理顺。债权的本体就是相对权，而物权的本体是绝对权。绝对权与相对权的概念区分，仅在描述本体权利时方具有意义。如果将其扩展到请求权这样的工具性权利之上，则所有的请求权注定是相对权。"物权是支配权，而物权请求权是相对权"这一说法固然不能说是错误的，但其不具有任何法律意义。物权请求权与债权请求权形式上具有相似性，如果再混淆请求权与其背后的本体权利，则可能产生"具有相对性的物权请求权，其性质属于债权"的奇特结论。

物权请求权不属于债的范畴，不能直接适用债的规范。不过，民法往往针对债之关系设有比较完备的规范，而对物权请求权则一般仅有最基本的请求权规范。民法理论一般认为，考虑到物权请求权有类似债权请求权的权利内容，有关债权之规范，在与物权请求权的性质不相冲突之时，可以准用于物权请求权。例如，物权人向义务人提出物权请求权，而后者不履行占有回复、排除妨害等义务的，债法上关于债务不履行（给付不能、给付迟延等）的相关规范即有准用的余地。具体的一个事例是：《民法典》第590条第2款规定，"当事人迟延履行后发生不可抗力的，不免除其违约责任"，设所有人甲向无权占有人乙请求返还原物，乙因未及时返还而陷入迟延，在迟延期间因不可抗力标的物发生毁损灭失，则准用第590条第2款，甲仍可要求乙承担赔偿责任。

（四）物权请求权的样态

《民法典》第235条和第236条规定了"返还原物""排除妨害"和"消除危险"三种请求权，此三种请求权性质上皆为物权请求权，当无疑义。对于使物权回复圆满状态的目的而言，以上三种请求权已满足了所有救济需要，应认为除这几种请求权外，别无其他类型物权请求权。

《民法典》物权编第三章在"物权的保护"这一标题之下，将各种物权保护的手段汇集在一起，突出体现了保护物权的立法宗旨。但是，将物权请求权与债权请求权不加区分地排列在一起，反而人为地制造了法律适用上的问题。以《民法典》第 235 条和第 238 条[1]两个条文为例：第 235 条规定的请求权属于物权请求权，且该条法律规范属于完全规范，已给出了请求权的全部构成要件与法律效果；相反，第 238 条规定几乎没有任何意义，因为，侵害物权是否发生损害赔偿义务，绝不能仅以该条作为请求权基础，而是必须将《民法典》第 1165 条作为请求权基础规范，考虑损害、过错、因果关系等侵权行为之债的构成要件是否已被充分。如果法官在确定侵害物权的损害赔偿义务时，仅以《民法典》第 238 条作为规范基础，则原本应加以考虑的过错等要件都会被忽视，从而造成严重的法律适用错误。相对于《物权法》第 37 条，《民法典》第 238 条在表述上增加了两处"依法"（第 235 条和第 236 条中未见"依法"），明确了该规范具有引致性规范的属性，表明立法者不将其作为独立的请求权规范的立场。

关于《民法典》第 237 条[2]规定的"修理、重作、更换或者恢复原状"请求权，由于其在形式上具有一定"回复圆满状态"的特征，常被误认为物权请求权。实际上，"重作"与"更换"典型地属于承揽合同、买卖合同等的救济手段，属于债权请求权范畴应无疑问。"恢复原状"的意义本身不够清晰，如以其指称妨害的排除，则当然具有物权请求权的属性；不过，既然排除妨害已由第 236 条加以规定，且第 237 条中包含"毁损"的事实构成，故该条中的"恢复原状"应与"修理"具有相似的意义，都属于广义的"损害赔偿"范畴，其请求权基础或者在于合同，或者在于侵权行为，而在后者显然需要以行为人的过错为前提。相对于《物权法》第 36 条，《民法典》第 237 条中也添加"依法"一词，指示了其非独立之物权请求权规范的属性。

另外，在"物权的保护"一章中，《民法典》第 234 条[3]还规定了所谓"确权请求权"。该条所称请求，应指在有物权归属争议的当事人间通过民事诉讼确定物权的归属。此类诉讼的性质属于"确认之诉"，根本不属于给付之诉的范畴。姑且不论此种诉讼有无单独规定的必要，"请求确认权利"的权利在任何意义上都不属于物权请求权。

二、占有回复请求权

（一）占有回复请求权的概念

占有回复请求权，指所有权人以及有权占有标的物的定限物权人对于无权占有人请求回复物之占有的权利。关于占有回复请求权，我国《民法典》第 235 条设有如下规定："无权占有不动产或者动产的，权利人可以请求返还原物"。

---

[1]《民法典》第 238 条规定："侵害物权，造成权利人损害的，权利人可以依法请求损害赔偿，也可以依法请求承担其他民事责任。"

[2]《民法典》第 237 条规定："造成不动产或者动产毁损的，权利人可以依法请求修理、重作、更换或者恢复原状。"

[3]《民法典》第 234 条规定："因物权的归属、内容发生争议的，利害关系人可以请求确认权利。"

《民法典》第 235 条在措辞上采用"权利人可以请求返还原物"的表述。"返还原物"这一表达指明了返还的对象系物权所针对的特定物，且具有通俗易懂的好处。但是，"返还原物"这一表述本身包含两种可能的含义：物权人请求返还丧失的占有；权利人请求返还丧失的物权。在前者，权利人在行使此项请求权时，对请求返还之物仍享有物权，故其先前丧失且借助该请求权要求返还的，仅仅是对物的实际管领意义上的占有而已。例如，因物之遗失，所有权人可向拾得人要求物的占有的返还。相反，在后者，物权人已经由于特定的法律事实而丧失了物权，因此，其在要求"返还原物"时，实际上要求返还的是先前丧失的物权。例如，在不当得利法上，无法律上原因导致物权丧失者，可向因此取得物权者主张不当得利的返还。鉴于不当得利请求权的债权请求权属性，此处所称返还原物，当指所有权的回复，使权利人重获之前丧失的所有权。依逻辑，物权人在丧失物权后，其所获得的法律救济已不属于物权请求权的范畴，故以物权的回复为标的的请求权在性质上属于债权请求权（如不当得利请求权）。《民法典》第 235 条所使用的"返还原物"，显然指的是占有的回复（就所有权而言，使用"所有物返还请求权"即可精准表达其意义）。另外，"返还原物"有时甚至不以占有丧失为前提，例如，作为间接占有人的出借人依合同上的请求权向借用人要求"返还原物"。因此，本书认为，若坚持请求权基础思维，学理上使用"占有回复请求权"指称《民法典》第 235 条规定的请求权更为准确。

（二）占有回复请求权的构成

1. 请求权的主体

占有回复请求权的主体为动产或不动产的所有权人及其他拥有占有权能的用益物权人或担保物权人。作为物权请求权，《民法典》第 235 条规定的"权利人"显然仅限于物权人，不享有物权者（如基于债权合同占有他人之物者），即便非基于自己意思丧失了占有，也不得主张此项请求权。

对于物权请求权，《民法典》采概括、抽象的方式加以规定，故该项请求权的主体也包括所有权人之外的他物权人。[1] 关于占有回复请求权的主体，具体可分述如下：

（1）不动产或动产的所有权人对其物享有占有权能，其物被他人无权占有时，势必会影响所有权的圆满性，所有权人可借助该请求权回复物之占有。

（2）在他人之物上享有的用益物权，通常以占有为前提（如居住权、土地承包经营权、宅基地使用权、建设用地使用权等），因此，物被他人无权占有时，用益物权人

---

[1] 抽象的物权请求权立法模式，将所有权保护与其他物权保护归于一个规范之下，给相关问题的讨论带来了很大难度。应对之道，或者将问题分解，将物权保护问题分解到每一种物权之下（例如，谢在全前揭书《民法物权论》），或者舍弃其他物权径直以基于所有权的请求权作为讨论对象。本书不采用分解的讨论方法，但为方便讨论，相关事例主要以所有权为例进行。

一般均可作为权利主体享有该请求权。不过,地役权人能否主张占有回复存在疑问。本书认为,诸多类型地役权(尤其是所谓消极地役权)不以占有为前提,权利人对供役地并不拥有占有的权能,因此也不能享有占有回复请求权。另外,在供役地为他人无权占有时,只要该无权占有人并不实施妨害地役权行使的行为,则地役权人无须救济;若无权占有人实施了妨害地役权的行为,则地役权人也总是能够通过主张第236条的排除妨害请求权获得救济,故不必赋予地役权人回复占有请求权。

(3)在担保物权中,抵押权的设立不以转移占有为必要,正常状态下抵押权人并不占有抵押物,故在他人无权占有时,仍由作为所有权人的抵押人行使占有回复请求权,抵押权人不享有该请求权。不过,在抵押权实现阶段,应根据抵押权实现的具体情形,于必要时承认抵押权人对无权占有人享有占有回复请求权。质权存续期间,质权人有权占有质物,故在质物为他人无权占有时,质权人亦可主张占有回复。留置权人也有权占有留置物,也应如质权人一般享有占有回复请求权。[1]

2. 请求权的相对人

占有回复请求权的相对人须系物之现在占有人,且其占有为无权占有。分述如下:

(1)相对人为物之现在占有人。物权人向占有人主张占有回复,意味着以下两点:①请求权人已经丧失了对物的占有。如物权人尚保持着对物的占有,而仅是其占有受到侵扰,则物权人应主张的是排除妨害请求权,而非占有回复请求权。如果所有权人因物之出借、寄存或出租等原因而要求物之返还,则因所有权人仍系物之间接占有人,且合同关系构成一种特别关系,故该请求权应属于基于合同关系的债权请求权。学理上有认为此时构成基于合同的债权请求权与占有回复请求权的竞合,亦有观点认为,此时应排除物权请求权的适用。[2] ②请求权所针对的相对人系物的现时占有人。该请求权旨在回复请求权人先前丧失的占有,故仅能向物之现在占有人主张,若某人曾经是物的无权占有人,但后来又丧失了占有,则该请求权不得向其主张。举例来说,甲遗失其物,乙拾得并据为己有;甲欲向乙主张遗失物返还之际,后者将该物赠与并交付于丙;此时,甲之回复占有请求权应向丙而非乙提出,因此时丙为物之占有人,而乙已非占有人[3](虽不能向乙提出占有回复请求,但在乙的行为满足侵权行为构成要件时,甲可向其主张侵权损害赔偿)。

丧失占有与因占有媒介关系之存在而保留间接占有人地位有所不同,占

---

[1] 留置权人是否享有占有回复请求权,尚需结合《民法典》第457条加以解释。对此问题,可参看本书在留置权部分的讨论。

[2] 在因合同关系结束而导致占有人丧失占有权之情形,所有人能否向占有人主张物权请求权性质的占有回复请求权?就此问题,鲍尔、施蒂尔纳认为,此时应仅成立契约上的请求,因为,即使契约关系已经结束,其返还清算仍应受契约法的调整。参见〔德〕鲍尔、施蒂尔纳:《德国物权法》,张双根译,法律出版社2004年版,第201页。

[3] 对此问题,涉及民事程序法的衔接问题。所有权人提起回复占有之诉时,应以起诉时物之占有人为被告。法院受理案件后,在诉讼期间内,如被告无权占有人放弃占有而由他人继受取得占有,则民事诉讼法应有对应的措施。诉讼系属后,如原告的诉讼成立,则仍应判决被告负回复占有之责,而该判决的既判力应及于讼争物的占有继受人。我国民事诉讼法尚未有类似之规定,可考虑在有关追加被执行人的规范中增设此规定。

有回复请求权对于无权的间接占有人也可主张。例如，甲遗失其物，乙拾得后将其出租于丙；此种情形下，乙并未因出租而放弃占有，其仍具有间接占有人的地位，甲可向其主张占有回复。如向间接占有人主张占有回复，则回复占有的方式可以是间接占有地位的让渡，即，使无权的间接占有人向所有权人移转间接占有。

受他人指示而为占有之人，系占有辅助人，不是占有人，故不能成为占有回复请求权的相对人。例如，乙因甲欠债不还而强占甲的车辆，交给其司机丙驾驶，甲的占有回复请求权仅能向乙主张，而不能向丙主张。

（2）相对人为无权占有人。《民法典》第235条明确规定了占有回复请求权的相对人是无权占有不动产或动产之人。占有人对物的占有有正当权源的，为有权占有，反之，为无权占有。占有回复请求权仅能向无权占有人主张，而不得向有权占有人主张，因为有权占有人得依其占有权源继续占有。

占有人之占有构成有权占有从而使回复占有请求权不成立的情形有：①占有人对物享有居住权、质权、留置权等物权，此种情形，因占有的本权本身是一项物上具有对抗性的权利，故占有人不仅得依其占有对抗其权利取得时之所有权人，而且也得对抗所有权的继受者。例如，甲在其房屋上为乙设立居住权，乙因此占有该房屋，后甲将该房屋出让于丙并做了所有权转移登记，乙仍可以其居住权对抗丙，丙不得以所有人身份向乙主张房屋占有的回复。②占有人因与所有权人之间的债权合同关系（如买卖、租赁等）而占有物的，占有人基于债权的占有也可以构成有权占有，并导致占有回复请求权的不成立。例如，在租赁期间，出租人不得要求承租人回复占有；房屋出卖人即使尚未通过登记将房屋所有权转让于买受人，也不得向已经接受房屋交付的买受人要求回复占有。③如果有权占有人有为他人创设直接占有的权限，则该直接占有人相对于所有权人也构成有权占有，[1] 从而也导致所有权人对直接占有人的占有回复请求权不成立。例如，如果依居住权合同的约定，居住权人可以将房屋出租于他人，则所有权人对于房屋承租人不得要求返还；如果出租人甲事先同意承租人乙可以转租，而乙据此经房屋转租于丙，则甲不得向次承租人丙要求返还租赁物。

相对人的占有为有权抑或是无权，此点究竟应为占有回复请求权的构成要件，还是应设计为被请求者的抗辩（占有者可因有权占有拒绝回复占有的请求），值得探讨。在立法例上，《德国民法典》第985、986条采用了抗辩的设计，[2] 但学理上多有将无权占有作为所有物占有回复请求权构成要件者。[3] 实际上，将占有人有无占有权源作为请求权构成要件或者被请求人的

---

[1] 学理上将此种情形称为"占有连锁"，可参见王泽鉴：《民法物权》，北京大学出版社2009年版，第124页。

[2] 《德国民法典》第985条规定："所有人得请求占有人返还其所有物。"第986条规定："占有人对于所有人有占有权利者，得拒绝返还其所有物……"。

[3] 参见〔德〕鲍尔、施蒂尔纳：《德国物权法》（上册），张双根译，法律出版社2004年版，第196页。

抗辩，其实质差异主要在于，法院应主动审查作为被告的占有人有无占有的本权，抑或是将此问题交由被告做有权占有的抗辩，并在后者不为此抗辩时判决原告的返还请求权成立。相对而言，将无权占有作为占有回复请求权的构成要件，这样的请求权构造更为合理，故《民法典》第235条在此点上的处理值得赞同。

不过，将"无权占有"作为占有回复请求权的要件，并不意味着请求权人须就占有人之占有为无权负举证责任。就《民法典》第235条的举证责任分配而言，请求人应就其对标的物享有一项包含占有权能的物权及被告占有标的物负举证责任，如占有人对请求人的物权享有并无异议而仅以有权占有加以抗辩的，应由占有人就其对物的占有为有权占有负举证责任。

（三）占有回复请求权的内容

该请求权的行使，旨在使请求权人回复对物的占有。对不动产而言，无权占有人须撤出不动产，使其处于随时可被请求权人占有的状态。对动产而言，无权占有人须交出动产，使其处于请求权人随时可受领的状态。如果请求权的相对人是间接占有人，则仅能要求间接占有地位的让与。

《民法典》第235条规定了物权人的占有回复请求权，而与该请求权之行使密不可分的所谓"回复请求权人—占有人关系"规范却被规定在物权编第五分编"占有"之中。实际上，有权占有与无权占有的区分，无权占有再划分为善意占有与恶意占有（旨在贯彻优待善意占有人的法律政策），其目的并不在于占有保护，而是为占有回复请求权提供完整的规范。本书认为，《民法典》第458—461条应置于第235条之下加以观察：第458条旨在说明，第459—461条之规定不适用于当事人间有合同关系的情形，因为此等情形所有人向占有人要求物之返还的请求权基础不是第235条规定的占有回复请求权；第459条旨在规定，所有人主张占有回复时，对于恶意占有人可以进一步要求用益赔偿，而对于善意占有人则只能要求依物的现状返还；第460条旨在规定，面对所有人的占有回复请求权，善意占有人可主张必要费用的偿还[1]；第461条旨在说明，如果物权人本可主张占有回复请求权而物在占有人处毁损，则须区分占有人的善意与恶意界定损害赔偿责任。学理上，面对物之返还要求，之所以需要严格区分物权请求权性质的占有回复请求权与其他请求权，一个重要原因即在于：在费用偿还、损害赔偿等方面对善意占有人的优待，须以物权人对无权占有人主张占有回复请求权为前提，如果请求

---

〔1〕 此规范本应紧跟在第235条之后，作为占有回复请求权的从属规范处理。由于立法技术上的原因，第460条在体系上脱离了第235条后产生了疏漏——该条规定，"不动产或者动产被占有人占有的，权利人可以要求返还原物及其孳息……"。对比第235条，第460条第一句不仅有重叠之嫌，而且丢失了极其重要的"无权占有"的要求。在占有为有权占有时，占有人完全可以拒绝返还，此时其也不能向所有权人主张费用的偿还。

权规范基础不是第 235 条，则不适用第 459-461 条之规定。

（四）占有回复请求权的诉讼时效

在《民法典》立法之前，关于占有回复请求权是否适用诉讼时效期间的问题，学理上有很大争议。一种典型观点认为，与排除妨害、消除危险一样，作为物权请求权的"返还原物"请求权也不应适用诉讼时效期间。但是，根据《民法典》第 196 条第 2 项之规定，仅不动产物权人和登记的动产物权人请求"返还财产"不适用诉讼时效的规定，若对该项采反面解释，则一般动产物权人依据第 235 条要求返还原物，应适用诉讼时效期间。[1]

> 《民法典》第 196 条的前述规定是否合理存有一定疑问：比较法上，常见所有物返还请求权不适用诉讼时效的规定（仅适用取得时效的规定），此其一；比较法上，确有规定占有回复请求权适用诉讼时效期间者，但一般均确立较长的诉讼时效期间（如十年甚至三十年），且与取得时效之间有呼应关系，此其二；若承认一般动产所有人的回复占有请求权适用三年普通诉讼时效期间，则若一般动产所有人未在诉讼时效期间内及时向无权占有人主张占有回复，其请求权将遭遇永久性抗辩，但所有人并不因此丧失所有权，而我国实证法上未规定取得时效制度，这可能造成所有人永远不能由占有人处回复占有，而后者亦永远不能取得所有权的奇特现象，此其三。故此，对《民法典》第 196 条第 2 项是否必须做反面解释，仍有探讨空间。本书认为，至少在立法论层面上，法律确立一般动产的占有回复请求权也不适用诉讼时效期间的规则更为合理。

三、排除妨害请求权

（一）排除妨害请求权的概念

所谓妨害，指的是以侵夺占有以外的方法不法地妨害或侵害物权人对物的支配。排除妨害请求，即指物权人请求妨害人除去此种物上妨害的请求。《民法典》第 236 条规定，"妨害物权或者可能妨害物权的，权利人可以请求排除妨害或者消除危险。"排除妨害请求权与妨害防止请求权（"消除危险请求权"）合称为"保全请求权"，旨在排除已存在的妨害并防止未来妨害的发生。

"妨害"意义宽泛，几乎可以囊括占有剥夺之外所有形态的对物权的侵扰，因此，排除妨害请求权对于物权之维护具有重要的意义。对动产而言，他人之侵扰一般都表

---

〔1〕 自 2017 年《民法总则》生效后，我国法院基本上都以第 196 条为依据判定动产的返还原物请求权需适用诉讼时效期间。在一宗颇受关注的案件中，周作人的后人起诉绍兴鲁迅纪念馆，要求后者返还鲁迅先生写给周作人的信件十七封，法院以动产的返还请求权需适用诉讼时效且时效期间已届满为由，驳回了原告方的诉讼请求，参见浙江省绍兴市中级人民法院（2018）浙 06 民终 709 号民事判决书。

现为对占有的剥夺，相应的物权救济手段为占有回复请求权。相对而言，动产上的妨害较为少见[1]。妨害更多见于不动产。对不动产的妨害既可能由妨害人的行为直接引起，例如停车于他人车位或设置障碍物影响他人使用停车位，在他人建筑外墙设置广告牌，在他人土地上倾倒建筑垃圾等；也可能是由自然力引发的某种事实状态，如树木因狂风倒伏于他人土地，或高地之土因暴雨以泥水形态倾注于低地等。

需注意区分"妨害"与"损害"。因邻居树木倾倒而影响院落使用的，权利人可要求排除妨害，使邻居负责清理倒伏的树木。如因树木倒伏砸坏了围墙，则修复围墙的请求不属于"排除妨害"，而应属于损害赔偿的范畴，从而须适用侵权法的相关规则。

（二）排除妨害请求权的构成要件

物权人主张排除妨害须具备以下要件：

（1）请求权人为对标的物享有所有权或其他定限物权之人。只要构成对物权的妨害，即使不占有标的物的抵押权人等也可行使此项请求权。例如，对于消极地役权（如不得营建筑物的地役权）而言，一旦供役地权利人实施了不得为的行为，地役权人即可要求排除妨害。

（2）物权受到妨害且妨害状态继续存在。如物权的妨害状态已经消失（如倒伏于他人草地上的树木未被清理，数年后完全腐烂化为泥），则排除妨害请求权当然也不复存在。

（3）妨害须由相对人的行为引起或者妨害之状态可归因于相对人。在妨害因人的行为引发时，引发对他人物权妨害之人就有义务排除此妨害。对于自然力引起的妨害，如果某人对于避免妨害之发生具有法律上或交易惯例上的职责，则其也应负排除妨害之责。例如，一栋百年木屋的主人在继承后，任其闲置，该木屋遭蚁害倒塌后对邻居造成妨害，由于屋主对木屋负有维护责任，故邻居可要求其排除妨害。

（4）妨害须具有客观上的不法性。排除妨害请求权的成立，无须妨害人主观上具有过错，但妨害仍须具有不法性。对他人物权造成妨害，由于不具有不法性从而无须负排除妨害之责的情形，主要指物权人依法有容忍义务的情形。对于公法施加于物权之上的义务，物权人不得要求"排除妨害"。在私法上，物权人的容忍义务主要产生于不动产相邻关系。例如，相邻土地权利人依《民法典》第 291 条利用某人土地通行时，该人不得要求排除妨害，而仅能要求对方弥补因通行造成的损失。同理，如相邻不动产上排放的气体、声响等显著轻微且符合法律规定，则不得要求停止排放。

依《民法典》第 196 条之规定，排除妨害请求权，无论针对不动产还是动产的妨害，均不适用诉讼时效期间的规定。

四、消除危险请求权

《民法典》第 236 条除规定排除妨害请求权外，还规定了"消除危险"请求权。依文义，消除危险请求权指物权人在其物权面临被妨害或侵害之现实危险时，得请求危

---

[1] 例如，设置于户外的自用垃圾桶总是被邻居填满，或者街头摆放的共享单车被他人随意粘贴广告。

险状态之消除。例如，甲所有的祖传老宅年久失修，随时有坍塌的危险，而一旦坍塌，其邻居乙的住宅必将受损，在此情况下，乙可以请求甲加固或拆除房屋，以消除存在的危险，从而保全自己的住宅。

消除危险请求权的构成，需要满足以下要件：请求权人为物权人；须有使物权受到妨害或损害的现实危险；相对人是对可能发生的妨害或损害具有管控力之人；危险状态可能引发的损害或妨害具有不法性。

消除危险请求权既可以表现为要求相对人为一定积极行为，如积极地清除危险源从而消除危险状态，也可以表现为要求相对人未来不得实施将给请求权人带来妨害或损害的行为，例如，对于他人在自己土地上倾倒垃圾的行为，权利人可以要求清理（排除妨害），而在有迹象表明该他人未来仍将不断倾倒垃圾时，权利人可以请求法院作出禁止被告倾倒垃圾的判决。

依《民法典》第196条之规定，消除危险请求权不适用诉讼时效期间的规定。

> 我国民法未使用"妨害预防"的表达，而是采用了"消除危险"的措辞。在文义上，消除危险多指清除自然物或人为设施上所具有的潜在致害危险（如清除老树枯枝或加固有倒塌可能的构筑物），语义不如"妨害预防"丰富。妨害预防请求权，主要表现为一种不作为请求权，即请求相对人不实施将带来损害或妨害物权的行为。《民法典》第236条虽使用了"消除危险"的表述，但该条使用的"妨害物权或者可能妨害物权的"表达，也使在"妨害预防"的意义上解释"消除危险"成为可能，而预防妨害的发生当然不仅指消除物上的潜在危险，也包括限制相对人未来实施特定带来损害或妨害的行为。如果张三总是占用李四的车位，并在李四交涉后就将车开走，此时李四甚至无法提出排除妨害之诉，但他应该能够要求法院作出禁止张三再占用李四车位的判决（并通过违反此判决的民事制裁措施乃至于刑事责任威慑被告）。为了契合"消除危险"，可认为张三有继续实施妨害行为的"危险"，故可通过禁止判决消除之。

第四章

物权变动

✉ 本章提要

本章讨论物权变动，将阐明物权变动的公示原则与公信原则，探讨物权变动的模式，并区分不动产物权变动与动产物权变动讨论登记与交付的意义。本章也将对颇具争议的物权行为理论作出介绍与评论。

☞ 第一节　物权变动概述

一、物权变动的意义

物权的变动，是指物权的发生、变更与消灭。就权利人而言，物权变动意味着物权的取得、内容变更与丧失。我国《民法典》物权编未使用"物权变动"这一较抽象的术语，而是采用了"物权的设立、变更、转让和消灭"（物权编第二章章名）这样具体的表述。

（一）物权的发生

物权的发生，是指物权与特定主体的结合。所谓"物权的设立"，通常指的是在他人之物上设立定限物权，因此这一表达指的是定限物权的发生。物权的发生，自特定的物权人方面观察，为物权的取得。物权的取得，可分为原始取得与继受取得。

1. 物权的原始取得

原始取得，又称固有取得，是指非依据他人既存的权利而取得物权。具体而言，原始取得大致又包括两种情形：

（1）物上先前不存在任何物权，因此物权的取得当然不受制于任何既存的权利。无主物，无论其自始即为不属于任何人所有之物，还是被他人抛弃而成为无主物，均依法律规定的先占方式而归属于先占人所有。天然孳息，系由原物产生的新物，也存在定分止争的需要。原物所有人依法取得孳息所有权，也属于原始取得的方式。

（2）物上本存在他人的物权，正常情况下，物权取得人取得物权须以原权利为基础并由原权利人的意志决定，但是在特殊情况下，为追求交易安全或维持交易秩序等目标，法律也直接规定某些法定的物权取得方式，从而使物权的取得不受既存物权的影响。例如，依法律关于取得时效、添附及善意取得的规定而取得所有权，均不以原所有人的同意为必要，这些所有权取得的方式应归入原始取得的范畴。

2. 物权的继受取得

继受取得，又称传来取得，是指基于他人既存的权利而取得物权。继受取得，又可分为移转型继受取得和创设型继受取得。狭义的继受取得，通常指移转型继受取得，是指就他人的物权依其原状而取得，例如，基于买卖、赠与等原因而受让他人的所有权，或者支付一定代价，从建设用地使用权人手中受让该建设用地使用权等。广义的继受取得，尚包括所谓创设型继受取得，特指以法律行为在他人之物上设定用益物权或者担保物权等定限物权。定限物权的设定，一方面，须以所有权为基础，其本身就构成所有人对其所有权的处分，故属于继受取得；另一方面，所有人并不因定限物权的设定而丧失其所有权，实际上，所有人只是将所有权的部分权能暂时地让渡于定限物权人。

区分物权的原始取得与继受取得，其法律意义在于：①从取得原因上看，物权原始取得多基于法律的直接规定，也就是说，法律直接规定物权取得的各项构成要件和权利取得的效果。从权利取得人的角度观察，其对物权的取得，多基于一定的事实行为（法律直接赋予该事实行为以物权取得的法律效果），如对无主物先行占有的事实。而物权的继受取得，除少数情形外（如基于法定继承原因而概括地取得物权），大多基于法律行为。因此，在通常情况下，判断物权是否发生，在原始取得与继受取得之间有很大的不同：在前者，应考虑法律直接规定的各项取得要件是否充分；在后者，则首先应就法律行为的有效性（行为人是否具有相应行为能力、是否存在意思表示的瑕疵、是否违反强制性规范或违背公序良俗等）作判断。②既然原始取得并非基于他人既存权利而取得物权，则物权取得人也无须承受先前权利上存在的负担，这些负担因物权的原始取得而消灭。例如，甲因向乙借款而将其玉石质押于乙，后者将玉石寄存在丙处，丙以市价将玉石出卖并交付于不知情的丁；此时，丁可依据《民法典》关于善意取得的规定取得玉石的所有权，甲因此将丧失玉石的所有权；因为善意取得属于原始取得方式，故该玉石先前存在的乙的质权也消灭，也就是说，丁取得的是一个完整的、没有他人权利负担的所有权（可参考《民法典》第 313 条）。[1] 相反，在继受取得情形，物权系继受而来，而原权利人当然不能将大于其所有之权利让与他人，因此，在标的物上的一切负担，均继续存在于物上，取得人须承受这些负担。例如，如果甲的房屋上存在乙的抵押权，而甲将房屋出卖于丙，并为丙办理了所有权转移登记，则受让人丙能够取得房屋所有权；但由于乙的抵押权具有对抗性，房屋所有权变动的事实并不影响抵押权，故丙所取得的房屋所有权上仍存在乙的抵押权（可参考《民法典》第 406 条）。

（二）物权的变更

物权的变更，有广义和狭义之分。广义而言，物权的变更是指物权诸要素的变更，包括主体变更、客体变更和内容变更。其中，主体的变更，实际表现为物权的取得和丧失，因此，一般所谓物权变更系指狭义上的物权变更，即物权的客体变更和内容

---

〔1〕 关于善意取得的性质，通说认为属于原始取得，此处遵循通说。关于其性质的不同思考，可参见本书善意取得部分的讨论。

变更。

物权的客体变更，是指物权标的物在量上发生的增减。例如，当动产（如瓷砖）附合于房屋时，房屋所有权的标的物因添附而有所增加。但是，在法律上和观念上，这一事实并未导致房屋之上原所有权的消灭与新所有权的发生，也就是说，在客体变更的情况下，所有权仍保持了其同一性。当然，对因附合而成为房屋构成成分的动产而言，其因丧失了独立性而发生了所有权的消灭。

物权的内容变更，是指在不改变物权性质和标的物的情况下，其内容有所改变。例如，当事人在设立地役权的合同中，约定地役权存续期间为 10 年，后又通过合意将其变更为 20 年。又如，不动产抵押权设立后，抵押人和抵押权人可以约定变更抵押权的顺位与被担保债权的数额（《民法典》第 409 条）。

（三）物权的消灭

物权的消灭，是指物权与主体的分离，就物权人方面而言，为物权的丧失。物权的丧失可分为绝对丧失与相对丧失。物权的绝对丧失，是指物权本身终局地归于消灭，例如，物权标的物发生灭失，致使权利客观地发生消灭，或者，因所担保之债权得到清偿，抵押权发生消灭。物权的相对丧失，仅指对特定的主体发生权利的丧失，也就是说，物权仅与原权利主体分离，但其权利本身并未发生消灭，而是归属于其他的权利主体。可见，物权的相对丧失，对于原权利人而言，固然属于权利的消灭，而对于新权利人而言，则属于权利的继受取得；对于物权本身而言，则属于权利的主体变更。通常所说的具有独立意义的物权丧失，仅指物权的绝对丧失。

物权的消灭是物权变动的样态之一，不同的物权有各自的消灭原因，如担保物权因其所担保的债权得到清偿而消灭、居住权因居住权人死亡而消灭等。除其他原因外，导致物权消灭的一般原因包括混同和抛弃。

1. 混同

民法上所谓混同，指两种无并存必要的法律地位因一定法律事实而归于同一人。混同在债法上与物权法上皆具有意义。就债之关系而言，如债权债务归于一人，则原则上债权发生消灭。[1] 就物权而言，混同主要指所有权与物上的定限物权同归于一人的事实。如果甲对乙所有之物享有一项定限物权（居住权、抵押权等），而其后甲——或者基于法定继承等非基于法律行为的原因，或者基于法律行为——取得了该物的所有权，或者乙取得了该物上的定限物权，则会发生所有权与定限物权同归于一人的事实。一般认为，既然所有权与定限物权同归于一人，定限物权会被所有权所吸收，故有混同系物权消灭原因之说。

我国现行法未规定混同对物权的影响。[2] 台湾地区"民法"第 762 条的规定可资参考："同一物之所有权及其他物权，归属于一人者，其他物权因混同而消灭。但其他

[1]《民法典》第 576 条规定："债权和债务同归于一人的，债权债务终止，但是损害第三人利益的除外。"
[2]《担保法解释》于 2021 年 1 月 1 日被废止，取而代之的《担保制度解释》未涉及混同对物权效力的影响。在《担保法解释》第 77 条曾设有一条涉及物权混同的规则："同一财产向两个以上债权人抵押的，顺序在先的抵押权与该财产的所有权归属一人时，该财产的所有权人可以以其抵押权对抗顺序在后的抵押权。"

物权之存续，于所有人或第三人有法律上之利益者，不在此限。"根据该条规定，原则上定限物权会因为混同而消灭，但其存续对所有人或第三人有法律上利益的，为保持此种利益的存续，定限物权不发生消灭。法律之所以需要对混同设有不消灭定限物权的例外规定，主要是为了顾及权利人在物上的优先顺位利益。兹举两例说明：①甲出借100万于乙，丙以A房产提供抵押担保（甲因此在A房产上享有抵押权）；随后丙又因向丁借款80万而以该房产为后者设立抵押权；其后，甲取得了A房产的所有权。两笔债务到期后，债务人乙和丙均未偿还债务，而房产A仅能卖得120万。此种情形，如果认为甲在取得A房产所有权时其抵押权就发生消灭，则由于我国法实行抵押权顺位升进主义，丁即能从A房产的变价款中得到全部债权清偿。如果使甲的抵押权继续存续于已归其所有之A房产上，则甲可以享有第一顺位的抵押权，并从变价款中优先受偿。②甲在价值100万的B房产上为其子乙设立10年的居住权，其后，甲又将该房产抵押给丙，担保其朋友丁对丙的100万借款（因房产上已设立居住权，该抵押财产价值大幅下降，抵押财产的价值其实显著不足）；后甲死亡，其子乙取得了B房产的所有权；丁未清偿到期债务，丙主张实现抵押权。在此情形，如认为乙在B房产上的居住权于其因继承取得该房产的所有权时即告消灭，则丙能够通过抵押权的实现得到远超预期的利益。而对乙而言，继承不仅未为其带来利益，反而使其丢了居住权。为乙的利益计，其在B房产上的居住权不应因混同而消灭。如此，根据物权优先性规则，乙在先取得的居住权优先于丙的抵押权，其享有的居住权不因抵押权的实现而受影响。

传统理论一般认为，所有权与定限物权同属于一人的，较小的定限物权已被所有权所包容，故定限物权已无存在的必要，从而应自动消灭，除非所有权人或第三人对于定限物权的存续具有法律利益。本书认为，这一物权法上的混同规则实际上未必是合理和必要的。如采静态的视角，在一个时间点上，所有权人同时享有定限物权，似乎确无必要。但是，如果采动态的视角，则容许所有权人同时享有定限物权其实更符合物尽其用、物畅其流的物权法立法宗旨。例如，如果房屋所有人认为有必要，法律应允许其在房屋上为自己创设居住权，如此，其再将该房屋转让或为他人设立抵押的，不影响其向受让人或抵押权人主张居住权。又如，设甲同时拥有邻近的两处不动产A及B，其欲转让A但同时想为B地之利益在A地上创设一项地役权，则法律应允许其在仍同时拥有A地及B地时，在自己所有的土地A上为自己的另一块土地B之利益创设一项地役权，如此，A地转让后，甲可在地役权的范围内继续为B地之利益而利用A地。

如此看来，定限物权与所有权归属于同一人，这或许恰恰是所有权人积极行使其所有权的后果，法律上似乎并没有必要将此作为异常现象处置。若甲为其子乙设立居住权，而后甲死亡时，乙取得房屋所有权，即使房屋之上无第三人的权利，如果不设混同规则，其实也没有任何问题：其同时享有房屋的所有权与居住权，并不会导致权利冲突；如其想转让因继承而获得的房屋所有权，同时继续保留居住权，则居住权不因混同而消灭恰恰容易使其达成此目的；如其不想转让房屋所有权而希望居住权消灭，则可向不动产登记机构表示抛弃居住权并申请涂销登记。基于以上分析，本书认为，物权法其实不必将混同作为物权消灭的原因加以规定。

2. 抛弃

物权的抛弃，是指物权人依单方的意思表示而使物权归于消灭。物权为财产权，原则上应允许权利人自由抛弃。不过，如果物权之存续关乎他人利益，则未经该他人同意，物权人所做的抛弃意思，应不生物权消灭的效力。

抛弃系单方法律行为，须以意思表示为之，要求行为人必须具有行为能力。另外，抛弃物权实际上也属于以法律行为变动物权的一种情形，故也应满足物权变动的公示要求。对于动产，如抛弃的是所有权，则除须为抛弃的意思表示（无相对人的意思表示）外，还须放弃对该动产的占有；如抛弃的是他物权，则抛弃为有相对人的意思表示，须向因抛弃而直接受益者（如出质人、留置物的所有人等）作出意思表示，并将动产返还于后者。对于不动产，如抛弃所有权，除须作出意思表示外，还须向不动产登记机关申请所有权涂销登记；如抛弃他物权，须向因抛弃而直接受有利益者作出意思表示，并向不动产登记机关作涂销登记，才能发生物权消灭的效力。

二、引起物权变动的法律事实

在民法上，导致法律关系发生、变更或消灭的因素被称为法律事实。物权的变动也系由一定的法律事实引起，其中包括法律行为与法律行为以外的事实。

（一）因法律行为发生物权变动

法律行为是指行为人欲发生一定私法上的法律效果，而将其意思表示于外部的行为。在因法律行为而发生的物权变动中，当事人有意识地追求特定物权发生、变更或消灭的法律效果，并将此效果意思表示出来。如该法律行为不存在效力瑕疵，法秩序即承认依当事人所追求的效果意思发生物权变动。例如，当事人通过合意移转标的物的所有权，或者通过抛弃所有权的意思而使所有权归于消灭，又或者是通过订立抵押合同旨在特定物上设定抵押权等。

在所有权人抛弃所有权的事例中，导致所有权消灭的具体法律行为清晰可见，即当事人抛弃所有权的意思表示。然而，在因买卖、赠与等原因转移标的物所有权的情形，识别究竟是何法律行为引起了物权变动的法律效果却并不容易。本书将在有关物权变动模式及物权行为理论的部分讨论这一问题。

由法律行为引起的物权变动是最为常见、也是最为重要的原因。实际上，所谓物权变动的模式、物权变动的无因性、物权变动的公示要求等，仅针对因法律行为而引起的物权变动，而不适用于非因法律行为而引起的物权变动。

（二）法律行为以外的事实引起物权变动

所谓法律行为以外的事实，既包括人的行为中的事实行为，也包括行为以外的法律事实，如事件和状态。此处的事实行为，是指行为人无须作出某种意思表示，而仅须有符合法律规定的一定行为，即可直接发生一定物权变动效果的情形，例如，因对无主物的先占而依法取得其所有权；因建造的房屋完工而取得其所有权等。没有人的意志参与的客观现象，如标的物的自然灭失，或天然孳息的产生与分离，也可能引起物权的变动。事实行为和人之行为以外的事实所引起的物权变动，均系直接基于法律的规定而发生的。

我国《民法典》物权编实际上遵循了以上区分。该编第二章"物权的设立、变更、转让和消灭"系关于物权变动的基本规范，而该章第一节"不动产登记"与第二节"动产交付"实际上规范的是因法律行为而发生的物权变动，第三节"其他规定"则主要是对几种因法律行为以外的原因（裁判、继承、事实行为）而发生的物权变动进行规范。正是因为登记或交付系对旨在引起物权变动效果的法律行为所要求的特别生效要件，在第三节所规定的几种情形，物权变动结果的出现无须以登记或交付为必要。

第二节　物权变动的公示原则与公信原则

物权是对标的物为直接支配的权利，具有对世性和排他效力。物权的变动，尤其是由法律行为引起的物权变动，体现了当事人的意思自治。但是，正因为物权乃对世性权力，其变动效果不仅直接关乎交易当事人之利益，而且还潜在地对所有民事主体产生影响，因此，法律必须将一定的公示方法规定为物权变动效果发生的要件，从而使第三人能够从外部认识到物权变动的法律现象，并以此外在的法律现象为基础，安排其法律生活。基于物权的绝对性，近现代民法为维护交易的安全，将"公示原则"与"公信原则"确立为物权变动的两项基本原则。

一、物权变动的公示原则

（一）公示原则的必要性

公示原则，是指在物权变动之时，必须以一定的公示方法表现权利的变动，才能发生物权设立、移转等法律效果的原则。

物权的绝对效力，要求其具有外在的可识别性，因此物权的变动必须具有恰当的公示方法。如果变动物权的相关行为欠缺一定的公示方法，那么第三人根本无从知晓物权变动的事实，此时，如果仍然赋予相关行为以物权变动的完整法律效果，则依物权的对抗效力，物权取得人就可以其物权对抗完全不知情的第三人，交易的安全就无法得到维护。举例而言，甲和乙约定，在甲所有的房屋 A 上为乙设定居住权或抵押权，但除此约定外，双方并未将居住权或抵押权设定的事实以任何方式予以公示；其后，甲又以市场价格将该房屋的所有权转让给丙；如果法律允许甲与乙之间关于设定居住权或抵押权的约定本身就可以产生物权设定的法律效果，那么根据物权的对抗效力，乙就可以向房屋受让人丙主张居住权或抵押权；这一结果将会极大地危害丙的利益，因为他已经按房屋的市场价格支付了买价，而在进行交易时，他根本无从知晓甲、乙之间秘而不宣的居住权或抵押权安排。在此情形，法律固然可以规定由上当受骗的丙（因为甲隐瞒了房屋设定居住权或抵押权的事实）向甲主张权利，如允许买受人丙解除买卖合同，要求返还价金并要求损害赔偿等，但此类请求权的性质系债权性的请求权，只有在甲尚具有清偿能力的情况下，该债权请求权才有可能实现（试想，如果甲在出售房屋后就携款消失得无影无踪，那么丙要求返还价款并赔偿损失的请求权又如何能够实现呢？）。如果法律允许前手的交易当事人任意创设无须公示且在对抗性上不打折扣的定限物权，则对该物的后手交易当事人而言（以该物的买受人为例），其势必需要展开调查，努力搞清楚该物在之前的交易环节中当事人是否通过合约在物上设定了相关限制。可以想象，当事人将会为此信息搜寻付出很高的交易成本。在很多情形，即便付出极高的交易成本，也无从查清前手交易的具体交易条件。相反，如果法律以不允许当事人以特约改变的强制性的规范要求物权的变动必须具有法定的公示方法，如规定居住权或抵押权的设定须经登记方可发生物权效力，则在该法定公示方法欠缺的情况下，物上即不存在居住权或抵押权，从而，在丙通过购买行为而受让房屋时，就可以取得无负担的所有权，乙不得对丙提出任何权利主张，交易安全因此可以得到维护。

由上述分析可知，物权的绝对性使得法律必须特别着重对交易安全的维护，这正是物权变动须实行公示原则的根本原因。相对于之前我国法律在这方面较为零散的规定，《民法典》对物权公示制度作出了更为完整的规定。我国《民法典》强调物权变动的公示原则，不仅在物权编第一章"一般规定"之下设有体现公示原则的第 208 条，[1] 而且该法典还分别于第 209 条与第 224 条重申了不动产登记及动产交付对于物权变动的重要意义。另外，在物权编之外，为了消灭动产上的隐蔽担保，配合统一的动产与权利担保登记平台的构建，《民法典》合同编还针对所有权保留交易中的出卖人地位及融资租赁交易中的出租人地位设有登记对抗的规定。[2]

需要指出的是，物权变动需要践行相应公示手段，仅限于当事人依法律行为而追求物权变动结果发生的情形，也就是说，公示要求是附着在法律行为上的特别生效要件。对于非因法律行为而导致物权变动的情形，法律无须将公示作为物权变动效果发生的条件。《民法典》第 229、230 条和第 231 条分别针对司法裁判与政府征收、继承以及合法建造、拆除等情形作出了物权直接发生变动而无须公示的规定。不过，即便在这些情形下，公示也并非完全没有意义。根据《民法典》第 232 条的规定，[3] 如果在前述情形权利取得人取得的是需要登记的不动产，那么，为能够对其已取得的这些权利进行处分，权利人应完成不动产的宣示登记，否则就无法顺利实施后续的处分行为。

（二）公示方法的确定

公示的方法由公示的目的决定，而公示的目的在于使不特定之人能够方便地知晓物权享有和变动的事实。因此，恰当的公示方法须满足以下几方面的要求：①须针对一切不特定人，因为任何人都是潜在的交易当事人，都是物权人可以对抗之人；②须

---

〔1〕　该条规定："不动产物权的设立、变更、转让和消灭，应当依照法律规定登记。动产物权的设立和转让，应当依照法律规定交付。"

〔2〕　参见《民法典》第 641 条第 2 款、第 745 条。

〔3〕　《民法典》第 232 条规定："处分依本节规定享有的不动产物权，依照法律规定需要办理登记的，未经登记，不发生物权效力。"

简便易行、低成本，否则将会给交易制造障碍；③无论采取何种公示方法，均须遵循物权客体特定原则，相应的公示手段须能有助于了解物权存在于哪个具体之物上；④尽管公示出来的权利外观与实际的权利状态有可能会发生不一致的情形，但恰当的公示方法应该尽量使二者相吻合。

具体而言，因动产与不动产的物理属性上的差异，可以分别针对二者采取不同的公示方法，即不动产以登记为其物权变动的公示方法，而动产原则上以交付为其物权变动的公示方法。

以土地为核心的不动产稳定地附着于地球的表面，具有位置上的固定性。不动产的这一特征使得将登记作为不动产物权享有和变动的公示手段成为可能：一方面，不动产占据地表的不同区域，每一个不动产都是独一无二、不可替代的，因此也是可以被明确标识的；另一方面，不动产位置上的固定性，使得属地的登记制度成为可能。不动产依其所在地理方位，经法定登记机构进行权属登记后，任何相关当事人都能够方便地查阅不动产的权属状况。不动产登记，采取典型的"物的编成主义"，在登记技术上，先确定每一个不动产登记单元，围绕该登记单元记载一切具有登记能力的物权信息。通过文字描述、图表展示，不动产登记簿不仅能描述特定不动产的自然状况，而且也能充分地展现特定不动产上一切相关物权信息，包括所有权归属、是否有定限物权及该等权利的归属及权利内容等，通过附注乃至于粘贴基础交易的合同等特殊方法，不动产登记簿也有能力准确呈现内容极其宽泛的地役权的具体内容，以及特殊情况下当事人对物权所做的处分限制等。基于前述讨论，可以看出，不动产登记具有最为充分的公示功能。

按照通常的说法，法律将交付作为动产物权变动的要件，其理由与不动产登记一样，也在于公示，即通过占有的移转将可能的动产物权变动表现出来。但是，动态的交付与静态的占有，只能表现对物的实际控制，由于缺乏类似不动产登记簿这种直接以文字描述物上权利状态的工具，动产的占有与交付实际上没有多少公示功能。动产占有人在满足相关条件的情况下可以被推定为所有权人，但这仅是基于经验的推测，相关规则的法律意义仅在于分配举证责任，占有本身其实并未公示任何权利。间接占有、占有辅助人这些法律范畴的存在，进一步削弱了占有的权利外观。尽管传统学说仍将动产物权变动中交付的必要性解释为公示的要求，但在本书作者看来，在动产所有权移转和动产质权设立的情形，强调权利取得人对物的实际控制，从而使其占有意思与权利归属保持同一，这才是法律规定动产物权变动须交付的主要原因。如果一定要赋予占有物权公示的功能，则其发挥的主要是消极公示功能（不占有动产者，可能对动产不享有所有权，或者他人可能对该动产享有质权或承租权等权利），而非像不动产登记簿那样发挥积极的权利公示功能。如果甲已经将其所有的一台设备质押并交付给乙，其后甲又想以该设备抵押给丙，则甲不直接占有设备的事实应能对丙产生警示，促使丙进一步调查设备上的权利状态，如果丙无法开展调查或调查后对设备上的权利仍有疑问的（该调查显然不像查询不动产登记簿那样简单），其可能因此放弃担保交易。如果丙在甲并不直接占有抵押物的情况下仍选择与甲订立抵押合同，则由于前述理由，法律有理由将丙对该设备的抵押权的优先顺位规定为落后于乙的质权。[1]

既然动产占有和交付不能起到很好的公示功能，那么，能否比照不动产登记，构建动产的权利登记体系呢？实际上，截至目前，我国已经建立起两个动产的权利登记系统：①作为交通运载工具，船舶、航空器、机动车属于典型的动产，但依托发动机号编码、号牌配置、船舶命名等技术，可以实现与不动产登记类似的"物的编成主义"的登记制度，并切实发挥公示效果。[2] ②针对以机动车等交通工具以外的动产（主要指企业的生产设备、原材料、产品）抵押的情形，我国法律先前规定在工商行政管理部门做抵押登记。2021年1月1日起，与《民法典》的实施同步，《国务院关于实施动产和权利担保统一登记的决定》开始实施，动产抵押（以及所有权保留和融资租赁等）当事人通过中国人民银行征信中心动产融资统一登记公示系统自主办理登记。该系统采用"人的编成主义"，主要通过检索担保人名称的方法查询可能存在的动产与权利担保信息。

（三）物权公示的效力

如前所述，物权的变动须有外在的公示手段，即不动产的登记与动产的交付。就公示与物权变动的法律效果之间的关系而言，存在两种不同的立法例：①公示生效主义。依此种立法模式，当事人之间以物权变动为目的的法律行为，如果欠缺相应的公示，即动产未经交付或不动产未经登记，则法律行为根本不发生任何物权变动的效果，也就是说，该法律行为即使在当事人之间也不发生物权变动的效果，对抗第三人的效力当然就更谈不上了。②公示对抗主义。在此立法例下，当事人之间以物权变动为目的之法律行为，虽未经登记或交付，但在当事人之间仍可发生物权变动的效力，只不过此物权变动的效果不得对抗不特定的第三人，只有进行了交付或登记，物权变动才发生完整的效力，产生对抗所有不特定第三人的效果。

对上述两种立法例，可以作以下几点观察和评价：①公示生效主义更符合罗马法以来欧陆法律的传统。无论是古老的罗马法和日耳曼法，还是欧洲中世纪的共同法，在缺乏不动产登记制度的情况下，都坚持将交付作为所有权变动的要件。公示对抗主义与后文所谓物权变动模式中的意思主义相配套，为1804年《法国民法典》所采，具有明显的张扬个人意志、反对封建传统的时代印迹，但其不得对抗第三人的效力安排与物权的绝对性之间不能很好地协调，从而在法律适用时增加了解释上的困难。②表

---

〔1〕《民法典》第415条规定："同一财产既设立抵押权又设立质权的，拍卖、变卖该财产所得的价款按照登记、交付的时间先后确定清偿顺序。"

〔2〕 可参见《民用航空器权利登记条例》《船舶登记条例》《机动车登记规定》等。

面上看，公示生效主义与公示对抗主义存在极其显著的对立，但二者的实际差异并没有初看起来那样明显，因为，一方面，取得不具有对抗性的物权对当事人的意义有限，另一方面，如前所述，因未进行公示而导致物权未设立的，并不意味着交易当事人之间的债权合同也不发生效力。③在对物权和债权进行严格区分的情况下，公示生效主义似乎更加符合逻辑的要求，因为，公示对抗主义势必会造成普遍存在不具有对抗性的物权的情形，从而与物权的对世性产生矛盾。

自1986年《民法通则》起，我国民法即在原则上采取了公示生效主义。[1]《民法典》沿用《物权法》的立法规定，明确了登记或交付对于物权变动的要件主义，这一点清晰地体现在《民法典》第209条和第224条。但是，《民法典》本身也例外地规定了公示对抗主义的公示效力，主要包括：①船舶、航空器和机动车可适用登记，但该登记仅具有对抗效力（第225条）。②土地承包经营权自土地承包经营权合同生效时即设立（第333条）。土地承包经营权互换、转让的，当事人可以向登记机构申请登记；未经登记，不得对抗善意第三人（第335条）。③地役权自地役权合同生效时设立。当事人要求登记的，可以向登记机构申请地役权登记；未经登记，不得对抗善意第三人（第374条）。④以动产抵押的，抵押权自抵押合同生效时设立；未经登记，不得对抗善意第三人（第403条）。

二、物权变动的公信原则

（一）公信原则的意义

以占有或登记等公示方法所表现的物权，即使不存在或者与真实的权利状态有所差异，但为信赖此项公示方法所表现的物权并以此为基础进行交易之人的利益计，法律仍承认其具有与真实物权存在相同的法律效果，此原则即为物权变动的公信原则。

举例来说，甲是某房屋的所有权人，但由于某种原因（如登记机关工作人员的失误），该房屋被登记在乙的名下。乙知晓这一登记错误后，恶意地出售该房屋。丙行事谨慎，在与乙订立房屋买卖合同前，到不动产登记部门查阅了该房屋的登记资料，得知乙确实是不动产登记簿上的所有人，遂放心缔约、付款，并与乙办理了所有权移转手续。由于乙自始未取得该房屋所有权，故其对房屋实施的处分行为应为无权处分。如果法律不承认不动产登记的公信力，则除非甲予以追认或者乙事后取得所有权，否则处分行为不能发生效力，受让人丙也就不能取得所有权。在此例中，丙显然具有应受法律保护的利益，其基于对国家机构所设置的不动产登记簿的信赖而进行的交易应获得法律保护。根据公信原则，乙虽在法律上欠缺处分权，但基于不动产登记的公信力，丙仍可依善意确定地取得该不动产的所有权。

（二）实行公信原则的理由

物权对于公示的要求，其目的在于使他人能够从外部观察到物权的表象，并以此作为其行动的基础。问题是，事物的表征与其内在实际情况并不总是能够相吻合：一

---

[1]《民法通则》第72条第2款规定："按照合同或者其他合法方式取得财产的，财产所有权从财产交付时起转移，法律另有规定或者当事人另有约定的除外。"

方面，动产由非物权人占有乃常有之事；另一方面，由于各方面原因，不动产登记簿记载的权利人并不总是与真实权利人相一致。在权利的表征与其实际情形存在差异的情况下，不能苛求第三人必须掌握权利的真实状态。物权的公示，可以被理解为一套节约交易成本、保障交易安全的制度安排。如果某人信赖他人物权的公示外观，而其交易仍会受到该人不可能获知的与公示状态不相吻合的权利归属的影响，则此种法律规则势必会严重影响人们的交易意愿；在必须实施相关交易时，人们为规避相关交易风险，不得不额外付出交易成本去调查是否存在实际的物权归属与公示状况不相一致的特别风险，如此，法律建构不动产登记簿等物权公示制度的意义也将荡然无存。公信原则的确立，赋予了公示的物权表征以公信力，重新分配了交易风险，使当事人可以放心地利用简便易得的公示信息，并确保以此为基础的交易得到预期的法律效果。显然，公信原则对于维护交易安全具有重要的意义。

早在罗马法上就有"任何人不得以大于自己所有之权利让与他人"的法律谚语。同样，根据现代民法，处分行为须以处分人具有处分权为必要。从法律效果上来看，公信原则构成了前述规则的例外。将处分权之享有作为处分行为有效的要件，其目的在于保护真实权利人的利益，保护静态的财产安全。而公信原则在现代民法上的确立，则表明立法者在静态财产安全之维护与动态交易安全之维护的价值衡量中，选择了优先保护后者。

（三）公信原则的体现及效力范围

依据民法学上的一般认知，公信原则在不动产和动产的物权变动规则中都有所体现。一方面，动产善意取得为各国民法所承认。如果某人善意信赖动产的占有人为所有权人，并据此进行交易且已获得物的占有，那么，即便让与人实际上并无处分权，受让人亦可因此而取得标的物的所有权，原所有人则因此丧失所有权。另一方面，相对于占有而言，登记本身更能准确地反映物权之归属，而且不动产登记往往在国家行政机构或司法机构进行，具有更强的公信力。因此，善意信赖登记簿之记载而进行交易者，更应受不动产登记之公信力的保护。依登记之公信力而取得不动产的所有权，这也是许多国家民法承认的一种重要的所有权取得方式。

我国《民法典》针对动产与不动产设置了统一的善意取得制度。应该说，善意取得制度背后的立法理由主要就是承认公示方法所具有的公信力。关于此善意取得制度，我们将在"所有权"一章中予以讨论。

公信原则的适用，可能对享有处分权的原所有人造成不利的后果，此乃立法者有意识的价值选择的结果。当然，原所有人的利益保护也应在法律考量的范围之内。为避免真实权利人的权利受过度的剥夺，可以采取一些预防性或补救性的措施。例如，可以完善不动产登记制度，对不动产登记申请实行更严格的审查，尽量避免登记与实际情形不符的情况发生；可以确立异议登记制度，在当事人对登记内容有异议又不能及时更正时，可进行异议登记，以排除不动产登记的公信力；建立、健全国家赔偿制度，对于真实权利人因登记机关的错误而遭到的损害给予国家赔偿等。另外，民法体系本身的规则也会给原所有人以相应的救济。在前例中，乙的处分行为使善意的丙取得了原属于甲之物，甲固然不能否认善意受让人丙取得所有权的效果，但显然可根据侵权行为、不当得利等规定向乙主张所有权丧失的损害赔偿或不当得利的返还等。

需强调指出的是，公信原则的基础在于动产占有或不动产登记的公示状态对不特定第三人所形成的物权表征，援用公信原理的总是信赖公示外观的第三人。在实际物权归属与公示外观不一致的情形，占有人或名义登记人当然不能援引公信原则来与真实权利人争权夺利。无论是占有还是登记，都只是物权的公示手段，是物权的外观，而不是物权本身，它们虽具有权利推定的效力，但物权之享有与否须依法律自身的逻辑加以判断，公示手段的推定效力当然能够为反证所推翻。只有在涉及第三人的交易安全利益维护之时，占有和登记所制造的权利表征才被法律拟制为真实的权利，公信原则才有适用的余地。

第三节　物权变动的立法模式与物权行为

导入性问题

甲将 A 物（不动产或者动产）出售给乙，问：①从时间点上考虑，A 物所有权何时发生移转？②从效力来源上看，所有权因何发生转移——因买卖合同，还是因在履行买卖环节上的其他意思表示抑或是事实行为？③如果买卖合同无效，那么所有权变动的结果是否一概不发生？

一、三种立法模式

法律为物权所赋予的对世效力使得对物权归属及变动问题的判断显得尤为重要。在引起物权变动的法律事实中，最重要的是法律行为。此类法律行为中包含了当事人变动物权的效果意思，但是，一方面，效果意思往往并不清晰（如在当事人的意思中往往难以区分发生债权的意思和直接变动物权的意思），需要在逻辑层面上进行客观解释；另一方面，物权变动的效果具有涉他性，当事人的意思自治应受到若干限制。物权如何因法律行为而发生变动，乃立法政策上的一个重大问题。

就各国立法例加以分析，物权变动的立法模式主要有意思主义、物权形式主义与债权形式主义三种。

（一）意思主义

所谓意思主义，是指仅须当事人的意思表示（合意），即足以产生物权变动的法律效力，而无须以登记或交付为其成立或生效要件的立法主义。此种物权变动的立法例为《法国民法典》所采，日本、意大利等国从之。

意思主义的立法例，有以下几方面的特点：

第一，不区分债权发生的意思表示和物权变动的意思表示。例如，作为债权发生原因的买卖合同，不仅在合同当事人之间产生债的法律关系（出卖人有权要求买受人支付价金；买受人有权要求出卖人交付标的物等），而且也直接产生标的物所有权移转的物权变动效果。

第二，使物权发生变动的法律行为，如买卖合同，仅须当事人的合意即可产生物权变动的效果，公示原则所要求的交付或者登记只是物权变动的对抗要件，而非成立或者生效要件。因此，买卖合同一经成立，即使动产尚未交付，不动产尚未登记，在当事人之间也立刻产生所有权移转的法律效果。

第三，既然不存在独立的、旨在变动物权的法律行为，而买卖、赠与等法律行为构成了物权变动在法律上的直接原因，因此不存在所谓无因性的问题，物权变动的效果当然受其原因关系即债权行为的影响。也就是说，如果买卖、赠与等合同无效，则物权变动的法律效果当然不发生。

第四，意思主义强调当事人意志的作用力，但它并非完全置交易安全于不顾，而是使欠缺公示的物权变动丧失对抗第三人的效力，将物权变动的效力相对化，即仅在法律行为的直接当事人之间发生效力。

（二）物权形式主义

所谓物权形式主义，是指物权因法律行为而变动时，除债权合同外，须另有物权变动的合意，并以不动产登记或者动产交付为其法定形式（生效要件）的立法主义。物权形式主义以《德国民法典》为典范，我国台湾地区"民法"也采形式主义的立法例。

物权形式主义的立法例，有以下几个特点：

第一，区分债权行为与物权行为。债权合同（如买卖合同）仅在特定当事人之间发生以请求一定给付（如交付标的物并移转标的物所有权）为内容的债权关系；为发生物权变动的效果，需要在当事人之间另行达成一个旨在直接变动物权的合意，即物权合意。在解释上，物权合意并不包含在债权合意之中，而是独立存在的法律行为。

第二，物权合意虽直接指向物权的变动，但其本身仍不足以产生物权变动的法律效果，还需要履行登记或者交付之法定形式。也就是说，在物权形式主义立法例下，公示原则所要求的物权公示方法是物权变动的生效要件（即动产非经交付，不动产非经登记，不发生物权变动的效力），而不是意思主义之下的对抗要件。

第三，在债权行为与物权行为并存的情况下，尽管债权行为是物权行为的原因（如为履行买卖合同而进行标的物所有权移转的合意），但形式主义立法例坚持物权行为的无因性，即物权行为独立地发生物权变动的效果，债权行为有效与否不影响物权行为的效力。

依物权形式主义立法例，要想使买卖合同标的物的所有权发生移转，在买卖合同这一债权行为之外，还需要当事人作成一个独立的移转标的物所有权的物权合意，并须由出卖人将动产交付于买受人，或者办理不动产所有权移转的登记。在法律逻辑上，所有权移转的法律效果是物权行为独立产生的，因此，即使买卖合同不存在、无效或被撤销，物权行为所产生的所有权移转的效果仍不受影响，出卖人不得以所有权未发生移转为由主张具有物权请求权性质的占有回复请求权，而只能依不当得利之规定，主张债法上的请求权，请求所有权之返还。

物权形式主义的核心问题是物权行为理论。鉴于该问题的重要性，本书将在后文专门予以讨论。

（三）债权形式主义

债权形式主义，也称"折中主义"。意思主义与物权形式主义之间存在显著差异，而所谓债权形式主义则介乎二者之间：一方面，意思主义强调单纯意志的作用力，物权变动不以交付或者登记为生效要件，而债权形式主义则和物权形式主义一样，将登记或者交付设置为物权变动的生效要件；另一方面，物权形式主义强调物权行为对于债权行为的独立性和无因性，而债权形式主义或者不承认有独立的物权行为之存在，从而规定由债权行为与登记或者交付相结合共同产生物权变动的效果，或者至少不承认物权行为的无因性，而将债权行为的有效作为物权行为发生效力的要件。《奥地利民法典》采债权形式主义，《瑞士民法典》的规定虽不清晰，但在解释上，通说认为其实行的也是债权形式主义。

债权形式主义的立法例有以下两方面的特点：

第一，实行公示生效主义，以不动产登记或者动产交付作为物权变动的生效要件。

第二，实行物权变动的要因主义。作为物权变动原因的债权行为必须有效，才能引起物权变动的效力。

以买卖合同与标的物所有权移转的法律效果之间的逻辑关系为例，在意思主义之下，前者是后者的充分必要条件：只要存在有效的买卖合同，就能发生所有权转移的物权变动效果；同时，如果买卖合同无效，所有权转移的效果当然不能发生。在物权形式主义之下，前者不是后者的充分条件，甚至也不是后者的必要条件：仅有买卖合同而无转移所有权的物权合意，不能发生所有权转移的效果；同时，即便买卖合同无效，只要存在有效的物权合意，仍可发生所有权转移的效果。在债权形式主义之下，前者是后者的必要条件，但不是充分条件：所有权转移的效果，不仅要求存在有效的买卖合同，而且还要求有动产的交付或者不动产的登记；如果买卖合同被撤销，则即便进行了交付或者登记，物权变动的效果也溯及既往地不发生，出卖人可以向买受人或者第三人主张物上返还请求权，除非第三人已依善意取得之规定取得了物之所有权。

（四）我国的物权变动立法模式

尽管我国已经颁布了《民法典》，但法典的规范本身并未直接回答我国法上的物权变动模式究竟属于何种立法模式，需要学理上加以解释澄清。

可以明确的一点是，我国法所确立的物权变动基本立法模式并非意思主义的模式。《民法典》第208条、第209条、第224条，都明确要求物权变动须完成法定的公示形式，即不动产的登记或动产的交付。[1]不过，基于一些特殊的考量，《民法典》在若干情形下不再将公示作为物权设立的要件（如关于土地承包经营权的设立、地役权的设立），故也有观点认为我国民法在采形式主义立场的同时，也体现了意思主义的立法思

---

〔1〕　在我国民事立法进程中，关于交付或者登记的必要性，实际上是不断被强化。无论是《民法通则》第72条，还是《合同法》第133条，均在规定交付作为所有权转移之必要条件的同时，承认"当事人另有约定的除外"，从而将交付的必要性规则设置为了任意性规范。相反，《物权法》第6、9条及第23条均未加入"当事人另有约定的除外"这一表述，而是仅承认了"法律另有规定的除外"这种例外情形。《民法典》完全沿用了《物权法》的规定。据此，我们可以得出如下结论：关于登记对于不动产物权变动的必要性，交付对于动产物权变动的必要性，相关规范的性质属于强行性规范，不允许当事人以特别约定排除其适用。

想。本书认为，物权变动的立法模式选择问题旨在描述一国立法者对物权变动做出的基本安排，并揭示其背后的基本逻辑和价值判断，故不应将基于土地公有制等特殊考量所作的例外规定也界定为一种并行的立法模式。

但是，对于我国法律所确立的物权变动模式究竟属于前述物权形式主义立法模式还是债权形式主义立法模式的问题，我们却无法从法律条文本身得出解答。《民法典》在规定物权变动须加以公示时，使用的是"不动产物权的设立、变更、转让和消灭"（第 209 条）、"动产物权的设立和转让"（第 224 条）这样的措辞，而这样的表达究竟指的是直接导致动产或者不动产物权变动的物权行为，还是仅仅指向债权行为，存在解释上的空间。

关于我国民法上物权变动模式的立法选择和解释的问题，本书有以下几点见解：①各国物权变动的立法模式虽有为法律明确规定者，但也有许多物权变动的基本规范是经过长期学术争论和司法活动才得到较为确定的解释。例如，瑞士民法中的物权变动立法模式属于所谓的债权形式主义，这一点就是学说和判例经由法律解释的方法逐渐确立的。从《民法通则》到《物权法》，再到《民法典》，有关物权变动的相关规定本身都存在较大的解释空间，需要依赖学理和判例从体系出发对其不断作出澄清，最终得出一个被广为接受的"通说"。②如后文关于物权行为的讨论所指出的那样，物权形式主义立法例尽管更为抽象，但它对于若干具体规则具有更强的解释力。至少在逻辑和说理的层面上，物权形式主义立法例似乎是更优的立法模式。③债权形式主义具有结构简单、清晰易懂的特点，尽管不排除物权形式主义在未来逐渐被确定为我国民法上物权变动基本模式的可能性，但就我国目前司法实践和学理解释的一般情形而言，认为我国民法上物权变动模式属于债权形式主义的观点明显占据着上风。

自 20 世纪 90 年代初以来，由德国民法学说创造且为我国台湾地区"民法"继受的物权行为理论在大陆逐渐受到重视。围绕着分离原则与抽象原则，物权行为理论发展出了一套相当精致的规则，可以说是民法学高度发展的一个标志，故下文拟对该理论体系做出专门的讨论。

二、物权行为理论

（一）物权行为的意义

对于物权行为的概念，学说上有两种基本的定义方法：第一种方法从物权行为的内容或者目的上对其进行定义，称物权行为是以物权的得丧变更为直接内容的法律行为；第二种方法从物权行为的构成或者方式上对其加以定义，称物权行为是由物权的意思表示与外部的变动特征（交付或者登记）相互结合而成的法律行为。

关于物权行为的构成，一个在学说上存在争议的问题是：登记或者交付的公示手段究竟是物权行为的成立要件，还是其生效要件？若认为其为成立要件，则物权行为除包含意思表示要素外，尚须具备登记或者公示的要素；相反，若认为其为生效要件，则物权行为仅指物权的意思表示（单方意思表示或者物权契约）。其实这种争论主要仅具有理论意义，而不具有多少实践价值。相对而言，生效要件的学说较为合理，因为不动产登记是由登记机构实施的公法上的行为，将其作为私法上法律行为的构成要素并不合理。

由物权行为的概念可知：

（1）物权行为属法律行为之一种，以意思表示为其构成要素，体现意思自治。因此，民法总则有关法律行为的规定，如行为能力、意思表示、附条件或附期限、代理等，原则上对物权行为均有适用的余地。

（2）物权行为属于处分行为。处分行为是指直接使某种财产权发生、变更或者消灭的法律行为，它与负担行为相对，包括物权行为和准物权行为。物权行为不为当事人设置任何负担，而是直接引起物权的发生、变更或者消灭；准物权行为则是指以债权或者无体财产权作为标的的处分行为，如债权让与、债务免除等。物权行为属处分行为，因此须行为人具有处分权，物权行为才能发生效力。

　　我国民法学是否需要接受负担行为与处分行为的区分，乃至于是否需要使用这两个法律术语？对这一问题的回答或许会受支持或反对物权行为理论之立场的影响。本书认为，即使我们不完全认可物权行为的独立性和无因性理论，在我国法上区分负担行为与处分行为也是非常有必要的。负担行为的效果意思，在解释上仅指向债权债务效果的发生，例如，作为负担行为（债权合同）的买卖合同，仅在买卖双方当事人之间发生互负给付义务的效果，而不产生物权变动的结果，故买卖合同的有效性，不以出卖人对标的物享有处分权为必要。而在处分行为，当事人在意思表示中的效果意思在于直接影响物权的变动，故处分人须对标的物享有处分权。即使对物权变动模式采债权形式主义的解释，也必须承认，债权行为的效力应与物权变动的效力相区分，后者不仅须以不动产登记或动产交付为要件，而且还要求处分人享有处分权。

　　在实证法层面上，我国的民事立法实际上承认仅引起债之关系发生的负担行为与直接引起物权变动的处分行为。就前者而言，无论是《民法典》第215条，还是第597条，无须满足登记或具备处分权的要件即可发生效力的，显然仅是买卖合同等负担行为。就后者而言，《物权编解释（一）》第4条在对《民法典》第221条所称"处分"作解释时，清晰地将处分行为指向了"转让不动产所有权等物权，或者设立建设用地使用权、居住权、地役权、抵押权等其他物权"。另外，处分行为需要满足处分权要件方可发生效力，这一点在我国法上至少通过以下规定得以清晰呈现：其一，《民法典》第597条有关"因出卖人未取得处分权致使标的物所有权不能转移的"规定表明，只有在出卖人具备处分权时，标的物所有权才能发生转移；其二，根据《民法典》第311条，无处分权人转让物的，不发生物权变动，所有权人有权追回，除非受让人善意取得所有权；其三，《民法典》第395条、第440条在对可抵押的财产、可质押的权利作出规定时，都作了"有权处分"的要求，由于抵押权和质权的设立属于处分行为，抵押人或出质人对抵押财产或质押财产需享有处分权。

（二）物权行为的类型

1. 单方物权行为与双方物权行为

物权行为，依其是否由行为人一方的意思表示构成，可以划分为单方物权行为和双方物权行为。

单方物权行为，是指由行为人一方的意思表示构成的物权行为，其最典型者为物权的抛弃。单方物权行为中，有意义的一个法律问题是，意思表示是否为需要受领的意思表示。原则上抛弃所有权的意思表示无须受领，而抛弃他物权的意思表示须向因抛弃而直接受益的当事人作出。如下文所述，是否存在独立的物权合意（双方物权行为）可能存在争议，但抛弃所有权等单方物权行为的存在是不容置疑的。不过，下文重点探讨的物权行为独立性与无因性问题并不适用于单方物权行为，所以，通过单方物权行为的存在来支持物权行为理论是行不通的。

双方物权行为，又称物权合同，是指通过双方意思表示一致而成立的物权行为。当事人之间转让物权、设定他物权等行为原则上均须通过物权合同进行。物权合同属于合同的一个类型，在其成立等方面，可以适用《民法典》合同编关于合同的一般规定。我国现行立法上并未使用"物权合同"这一术语，但是，《民法典》物权编中明确规定了抵押合同、质押合同、地役权合同、居住权合同、土地承包经营权合同等旨在设定他物权的合同。另外，《民法典》合同编尽管以规范债权合同为其主要任务，但该法典第464条并未将"合同"仅定义为产生"债权债务关系"的合同，而是定义为主体间设立、变更、终止"民事法律关系"的协议，这就为物权合同适用合同编相关规则提供了可能性，例如有关要约、承诺的合同订立规则对于抵押合同等也有适用的余地。

2. 不动产物权行为与动产物权行为

依物权行为所指向的标的物为动产或者不动产，可以将物权行为区分为不动产物权行为与动产物权行为。

不动产物权行为，是指以变动不动产物权为目的的法律行为。变动不动产物权的意思表示欲发生预期的法律效力，除须满足法律行为的一般生效要件，并以处分人具有处分权为必要外，尚须完成相应的登记。因此，不动产物权行为系以物权变动的意思表示与登记相结合的法律行为。作为物权行为生效要件的不动产登记，指的是将不动产物权变动的事项，依有关法律或者登记规则，完成登记程序。不动产物权变动登记虽由实施物权行为的当事人提出登记申请，但物权变动事项之记入登记簿，系主管不动产登记之公共机构的职责，因此登记行为本身并非私法上的行为，而是公法上的行为。不动产物权行为还具有要式性的特点，考虑到不动产物权变动的重要性，法律往往要求当事人的变动物权的意思表示须采取书面、公证等特定形式。

动产物权行为，是指以变动动产物权为目的的法律行为。作为处分行为，动产物权行为同样要求处分人具有处分权，而且还须以标的物的交付作为特别生效要件。所谓交付，系指让与人促成受让人取得占有而言。为顾及交易之便利，法律同时规定可以占有改定等无须现实移转占有的方式（所谓"观念交付"）替代交付。动产物权行为通常是不要式法律行为，法律对意思表示的形式并无特别的要求。

（三）物权行为的独立性与无因性理论

物权行为的真正问题，在于物权行为的"独立性"与"无因性"问题。实际上，如果不是为了说明物权行为的这两种特性，民法理论完全没有必要在与债权行为相区分的意义上提出"物权行为"这一抽象概念。

1. 理论渊源

物权行为的理论是 19 世纪德国法学的重要贡献。1896 年的《德国民法典》明确接受了这一理论，该理论也借助该法典的影响力，对包括我国在内的许多国家的民事立法与学说产生了深远的影响。

《德国民法典》制定以前，尤其是在德国统一之前，在德意志各邦所实行的所谓"共同法"以罗马法为其基本要素，这是早些世纪在德国发生的罗马法继受运动的结果。19 世纪的德国法学正是在对罗马法进行系统、精细分析的基础上，逐渐提出并完善了所谓物权行为的理论。

导出近代物权行为理论的古老的罗马法规则主要包括以下两个方面：

（1）在罗马法上，所有权的移转以实施特定的要式行为[1]或交付为必要，买卖契约仅在当事人之间发生债的效力，并不能直接引起物权的变动，这就引起了学者们对交付的法律性质的讨论。物权行为理论的奠基者萨维尼在其 1840 年出版的《当代罗马法体系》中写道："私法契约最复杂常见。所有法律制度中都可以产生契约，而且它们是最重要的法的形式。首先是在债法中，确而言之，首先是债的设定，还包括债的消灭。此外，在物权法中，它们也同样广泛应用着。因而，交付是一项真正的契约……比如一幢房屋买卖，人们习惯上想到它是债法买卖，这当然是对的；但人们却忘记了，随后而来的交付也是一项契约，而且是一项与任何买卖完全不同的契约……"[2] 在此，萨维尼已经明确提出了一个与债权契约相分离的物权契约的概念。

（2）罗马法上的不当得利制度也是物权行为理论的重要基础。在罗马法上，不当得利诉权（condictio）是典型的对人诉权，它与所有物返还之诉（rei vindicatio）的对物之诉的性质显著不同。从现代民法的请求权类型来看，不当得利诉权系债权的请求权，而所有物返还之诉则属于物上请求权。根据罗马法的法源，在非债清偿的情形（如甲误认为对乙负债而向后者给付金钱或其他物），清偿人在实际不负债的情况下做出清偿行为后，不得提起对物性的所有物返还之诉，而只能提起对人性的不当得利之诉。从实体权利的角度来观察，这就意味着，尽管并不存在有效的移转所有权的原因，但清偿本身已经导致了所有权的移转。物权行为的无因性理论由此而生。

---

〔1〕 罗马法上，土地等要式移转物的所有权变动，必须通过"要式买卖"、"拟诉弃权"等特定仪式化行为（有明显的宗教痕迹）完成。用现代观念来看，这就是最典型的抽象法律行为：所有权的移转，系这些要式行为引起的后果，而非当事人间买卖、赠与等的合意所致；要式行为有瑕疵的，所有权移转效果不发生，而交易层面的买卖合同等的瑕疵，不影响要式行为引起的所有权移转效果。

〔2〕 参见田士永：《物权行为理论研究》，中国政法大学出版社 2002 年版，第 59-60 页。

尽管许多学者都从物权行为的功能角度来解释《德国民法典》采纳物权行为理论的理由并进而对其合理性予以评价,[1] 但本书认为,德国法对于物权行为理论的接受,主要是基于法律逻辑而非功能方面的考量。

2. 物权行为的独立性

物权行为的独立性,也称分离原则,是指物权的变动须有一个独立于买卖、赠与等债权行为以外,而以物权变动为内容的法律行为,从而在体系上,物权行为独立于债权行为而存在。

根据该理论,举例来说,在通过买卖所实现的标的物与金钱的交换关系中,共包含三个法律行为:①在特定当事人之间发生对待给付义务的债权合同(买卖合同);②移转标的物所有权的物权合同;③移转价金所有权的物权合同。作为债权合同,买卖合同并不产生所有权变动的法律效果,而是仅在买卖当事人之间产生以请求对方当事人为特定行为为内容的债权债务关系,即出卖人有权要求买受人支付价金,而买受人有权请求出卖人交付标的物并移转标的物的所有权。所有权移转的法律效果被认为由专门以物权变动为内容的物权合同所产生。物权合同与债权合同相互独立,并不存在一个既产生债权效果又产生物权变动效果的统一的法律行为。

应该说,物权行为的独立性理论与普通人的认知往往并不相符,这尤其体现在"一手交钱一手交货"的即时清结交易之中。就此,德国学者鲍尔和施蒂尔纳曾举例加以说明:"顾客在书店买一本书,通常是当场付款并当场取走书。此时若一法律人告诉他,他的行为在法律上涉及一项买卖契约与两项(金钱与书)所有权让与行为,他肯定认为,这纯属脱离生活之谈。"[2] 实际上,关于物权行为理论脱离生活和难以为普通人所理解的批评,一直以来都是该理论所承受的最主要的批评之一。

然而,这种从经验出发看似合理的批评实际上是相当肤浅的。首先,在非即时清结的买卖关系中,即便是法律的外行人也能感觉到负有交付的义务(债之效果的发生)与最终通过履行行为所实现的所有权让与(物权变动的效果)之间的差异。其次,也是更重要的一点,"脱离生活"之类的批评似乎将有关物权行为独立性方面的规范视为了行为人必须遵行的行为规范,该批评的逻辑似乎是这样的:行为人只有充分地理解了法律规范,并了解其行为的法律意义,才能有意识地通过实施法律行为创造出某种特定的法律效果。而实际的情形是,民法规范更多地——即便不是全部地——表现为裁判规范,是指引法官将特定案件事实赋予某种特定的法律效果,从而"客观地"对个案作出公正判决的法律工具。因此,一方面,从规范层面讲,行为人完全不需要具备任何专门的法律知识,也能通过实施在司法者眼中具有法律意义的行为而使某种特定的法律效果发生;另一方面,从事实层面看,在许多情形下,行为人意思表示中的效果意思绝非是清晰的。行为人往往是根据自己了解的一般社会经验而非根据具有技

〔1〕 典型的观点是,物权行为是为保护交易安全之目的而创设的。从而,支持者的论证进路为:交易安全应获得保护,故有利于维护交易安全的制度应获得支持。相反,反对者的论证逻辑是:即便法律应维护交易安全,此项功能也可由善意取得等制度完成,故没有必要叠床架屋地另行承认什么物权行为理论。

〔2〕 [德]鲍尔、施蒂尔纳:《德国物权法》(上册),张双根译,法律出版社2004年版,第91页。

术性的法律规范行事。如果我们说，某人实施了一项法律行为，这并不意味着该行为人知道自己作出了一个"意思表示"，而他对自己意思表示中的"效果意思"则可能就更加茫然不知了。就在书店买书的例子而言，如反对物权行为理论的批评者所指出的那样，普通人的确难以理解在该交易中有独立的物权行为的存在。然而，问题是，当事人是否能够意识到债权行为（或者债权效果与物权效果一体发生的法律行为）的存在？事实上，考虑到法律概念的技术性，大多数人甚至并不知道这是在"订立一个合同"，但这当然不影响交易的完成以及相应法律效果的发生。显然，在这样一个交易中，所有权因何及在何时移转这样的问题并不会困扰买卖关系中的当事人。[1] 否认物权行为独立性并不能产生"简化交易"的效果，因为交易原本就没有因为采物权行为独立性而变得更复杂。否认物权行为独立性，简化的是本来就有专业化要求的法律人的思维逻辑，而其代价恰恰是使相关逻辑含混不清。

在一个非即时清结的交易中，区分产生债务负担的意思与发生物权变动意思不仅可能，而且甚至在解释上还是必要的。设甲收藏有某知名画家多幅画作，其与乙达成了如下交易：甲出售任一画作于乙，乙支付价款10万元。此买卖合同自成立时发生效力，但其引起的是种类之债的效果，给付标的尚待特定化，故买卖合同不可能包括物权变动的合意。其后，甲从其收藏之画作中挑出一幅并交付于乙，而后者接受，双方此时在此幅画作的物权变动上存在合意。房屋买卖情形下两种行为的分离，则更加显著。房屋买卖合同于成立时生效，其效力仍然是债的效力；欲发生房屋所有权移转的效果，尚需完成登记。《不动产登记暂行条例》第14条规定："因买卖、设定抵押权等申请不动产登记的，应由当事人双方共同申请。"在此共同申请中，明显可解释出当事人双方移转房屋所有权或创设抵押权的合意。正是该直接变动物权的合意，在获得登记后，发生了物权变动的效力。

与不区分债权行为与物权行为的"一体原则"相比，分离原则的逻辑建构更加严密、精确，它不仅与财产权利体系中的债权与物权的区分相吻合，而且对于许多具体的法律规则也有着更好的阐明价值。例如，在买卖关系中，如果出卖人希望在交付标的物于买受人后继续保留标的物所有权直至其价金债权受到清偿，那么他可以和买受人达成一个保留所有权的特别约定，将价金的清偿作为所有权移转的条件，从而在买受人不按约定履行价金支付义务时仍可以所有权人的身份主张物的返还。此时，如果不区分债权行为与物权行为，就会给法律推理造成一定困难：如果价金的清偿被作为一个延缓条件附加在买卖这样一个完整的法律行为之上，那么在该条件成就前，买卖这个法律行为的效力——无论是其债权效力还是物权效力——就应处在停止的状态；结果是，出卖人反而无权向买受人请求价金的支付。相反，在分离原则之下，这一问题可以很轻易地得到解决：延缓条件乃附加在所有权让与的物权合同之上，而非附加在产生债权效果的买卖合同之上，因此，出卖人当然享有在清偿期届至后向买受人请

[1] 如果不能很好地理解这一点，我们或许真的会对实施分离主义立法例国家的国民充满同情地说："你们真可怜，你们需要懂得一个引起钱物交换的买卖中有三个法律行为才能够进行交易！"一言以蔽之，依普通人的一般法感觉作为批评物权行为独立性的理由是完全站不住脚的。

求支付价金的债权，所有权保留的条件附加仅影响物权合同，而不影响债权合同。

我国《民法典》虽未明确承认物权行为的独立性，但该法第 215 条的下述规定对在学理上作出分离主义的解释提供了空间："当事人之间订立有关设立、变更、转让和消灭不动产物权的合同，除法律另有规定或者当事人另有约定外，自合同成立时生效；未办理物权登记的，不影响合同效力。"以房屋的买卖为例，根据该条的规定，当事人之间的房屋买卖合同自合同成立时立刻发生效力，而该效力当然只能是债的效力，因为所有权移转的效果须自完成过户登记时始能发生。由于《民法典》本身并未将物权变动的基础归之于一个物权行为——它只是规定了登记和交付的必要性，而未回答在当事人之间是否存在一个物权合意（合同）的问题——因此，还不能直接从上述条文中得出存在独立的物权行为的结论。但该条文至少澄清了这样一条规则：买卖等债权行为仅发生债的效力，债权发生的效力可以与物权变动的效力区分开来。如此，若仍拒绝承认存在一个独立于买卖合同的物权合同，而继续坚持债权发生的意思与物权变动的意思均体现于一个浑然一体的买卖合同中的观点，则反而会引发这样的疑问：既然买卖合同于成立时已经发生效力，且效力仅限于在当事人之间发生债权债务关系，那么，物权变动的效力又是如何发生的？如果当事人在仅存的一项法律行为中既有发生债之关系的意思表示，同时又包含了物权变动的意思，则何以前者立刻生效，而后者却因等待其他条件（如登记或交付）的完备而引而不发？显然，一旦承认在债权合同之外尚存在一个旨在直接引起物权变动的物权合同，则前述问题即可迎刃而解。

《民法典》第 597 条第 1 款规定："因出卖人未取得处分权致使标的物所有权不能转移的，买受人可以解除合同并请求出卖人承担违约责任。"该条规定基本承继了 2012 年《最高人民法院关于审理买卖合同纠纷案件适用法律问题的解释》第 3 条之规定，[1] 在我国实证法上确立了"负担行为的有效不以处分权为必要"的规则。依该条，出卖他人之物的合同为确定有效的合同。该条进一步确认了买卖合同作为负担行为的属性，并进而承认了负担行为的效力不建立在处分权基础之上。处分权是物权行为的特别生效要件，而非债权行为的生效要件。如果拒绝承认债权合同之外尚有独立的物权合同，而坚持认为仅有一个集债之发生与物权变动为一身的法律行为（如买卖合同），则如何安放处分权将会是一个难题：如果坚持处分权是物权变动的要件（显应如此），则这个浑然一体的法律行为势必需以处分权为其生效要件，如此，出卖他人之物的合同将以出卖人处分权的缺失而不能发生效力，这就与《民法典》第 597 条等的

---

〔1〕 该条规定："当事人一方以出卖人在缔约时对标的物没有所有权或者处分权为由主张合同无效的，人民法院不予支持。出卖人因未取得所有权或者处分权致使标的物所有权不能转移，买受人要求出卖人承担违约责任或者要求解除合同并主张损害赔偿的，人民法院应予支持。"由于《民法典》第 597 条已将该规则纳入，2020 年底最高人民法院在修订《买卖合同司法解释》时，删去了该条规定。

规定相背离。[1] 相反，如采负担行为与处分行为相分离的物权行为理论，则这一问题又将迎刃而解：买卖合同的有效仅产生债的效力；物权变动须另有物权合同，且处分人必须有处分权，并经交付或登记。

本书认为，我国民法应承认物权行为独立性。我国民法既然抽象出了"民事法律行为"这样一个高度技术性的概念，而且也坚持物债的二分，将具有绝对性、支配性的物权与具有相对性、请求性的债权相区隔，则物权行为的独立性基本已成为逻辑上的基本要求。就法律行为系实践私人自治的工具这一点而言，物权行为独立性理论，能够使法律主体精准界定其效果意思，从而可使自治的理念得到更充分的发挥。

3. 物权行为的无因性

🎯 导入性问题

甲书店将一套本应按 250 元出售的《民法典释义》错标为 25 元，乙购买该套图书时，甲书店的店员未发现标价错误，收取乙 25 元后将图书交付于乙。甲书店在知晓该错误后，依法撤销了该图书买卖合同。问：该图书所有权的移转情形如何？甲能否要求该套图书的返还？其可依何种请求权请求图书的返还？

物权行为的独立性旨在说明，在债权行为之外，尚有独立的物权行为存在。关于二者在法律效力方面是否具有牵连关系的问题，则涉及物权行为的有因性或者无因性的问题。

所谓物权行为的无因性，是指物权行为的效力不受其原因行为（债权行为）的影响，债权行为即使不成立、无效或者被撤销，物权行为也并不因此而受影响，仍能独立地发生物权变动的法律效果。"无因"系约定俗成的惯常表达，实际上，"不要因"更为准确。[2]

根据物权行为的无因性理论，物权行为不仅作为意思表示于存在形态上独立于原因行为，而且在效力上也具有独立性。判断物权行为是否有效，根本无须考虑其原因行为的法律效力，而仅需对物权行为本身作判断。举例来说，甲基于错误的意思表示与乙缔结了一项买卖合同，随后二者就标的物所有权的移转达成合意，并完成了交付。事后甲发现了该错误，并依《民法典》第 147 条撤销了买卖合同；此时，在法律上产生了这样的问题，即撤销权行使的效力是否也同时及于移转标的物所有权的物权合同？

---

〔1〕《民法典》第 597 条第 1 款常被指称为"无权处分合同"或"无权处分行为"，例如，在黄薇主编的《民法典》释义书中，第 597 条的条文主旨被确定为"出卖人无权处分行为的法律后果"，参见黄薇主编：《中华人民共和国民法典合同编解读》（上册），中国法制出版社 2020 年版，第 536 页。实际上，从买卖合同的负担行为属性出发，以"无权处分"指称出卖人对标的物不享有处分权的买卖合同并不妥当。如果"无权处分合同"指向的是物权合同，则认为《民法典》第 597 条将无权处分合同确定为有效合同的观点当然是错误的，因为确定有效的是作为负担行为的买卖合同，而用作为"处分行为"下位概念的"无权处分行为"去指称作为"负担行为"的买卖合同，这只会带来思维的混乱。

〔2〕若按字面意思，"无因"，会让人得出"没有原因"的理解。实际上，无论是在事实层面（心理或动机层面），还是在法律层面，物权的变动都有其"原因"，如为了从他人处得到一笔金钱对价，而移转自己之物的所有权于他人。采用"不要因"的表达，更贴合这里欲揭示的原理，即，对于物权行为的效力而言，原因层面的因素不具有相关性，其具体情形如何不重要。

在承认物权行为无因性的立法例下，该问题的答案是否定的，也就是说，买卖合同虽因错误而被撤销，当事人之间关于移转标的物所有权的意思表示却不存在错误，物权合同因满足其自身的成立和生效要件仍能够发生效力，标的物所有权移转的法律效果不因买卖合同的被撤销而受影响。

当然，物权行为的无因性并不表明当事人必须忍受无原因的物权变动的结果。在原因关系不存在、被撤销或者无效的情况下，受让人尽管已经因物权行为的独立效力而得到了物权，但是，其无法律上原因而获得利益并造成处分人损失，这一事实已经充分了不当得利之债的构成要件，因此，处分人可以向受让人主张不当得利的返还，即受让人负有将其获得的所有权转回让与人的义务。

仍以通过买卖实现所有权让渡，且买卖合同事后被认定为无效或被撤销为例，可以对无因性规则与要因性规则的实际差异说明如下：在无因性规则下，出卖人仅能依不当得利之规定向买受人主张标的物（如果该标的物还在买受人的手中）或者替代利益（如买受人因向第三人出让标的物而获得的价金）的返还；而在要因性规则下，由于买卖合同被确认无效或者被撤销具有溯及既往的效力，出卖人被视为从未丧失所有权，故仍保有所有权人的身份，并可向买受人或者标的物的其他无权占有人主张物权请求权性质的占有回复请求权。

将此两种法律机制相比较，可以看出，无因主义立法例对出卖人的保护较为不利（因为债权请求权的效力弱于物上请求权），这一点也是物权行为无因性理论反对者对该理论的一项主要批评。然而，如果考虑到在买卖合同无效或者被撤销后，买受人要求返还价金的请求权的性质，或许可以说，无因性理论的这一效力结果恰恰能更好地平衡双方当事人的利益：毕竟，买受人对于价金的返还，只能主张债权性的返还请求权，而不能主张物上请求权。更何况，类似"将物上请求权人为地降格为债权请求权"的批评实际上也犯了先入为主的错误——有什么理由认为，此种情形下的请求权"原本"就应该是物上请求权呢？

物权行为无因性规则对于维护交易的安全具有重要的意义。只要物权行为自身不存在导致效力瑕疵的情形，债权行为的效力缺陷并不影响物权变动的效果。据此，在出让人行使不当得利返还请求权之前，受让人作为物权的取得人可以有效地将标的物转让给第三人，其针对第三人实施的处分行为为有权处分，不会受到前一个交易环节债权行为被认定为无效或被撤销的影响。如此，在交易频繁的现代商业社会，由一项债权行为的效力瑕疵所产生的异常法律效果就被局限在该行为的当事人之间，后续交易的法律效力不受前手交易的效力瑕疵的影响，交易的安全因此得到了切实的维护。

善意取得制度也具有类似的维护交易安全的功能，这一点也成为反对物权行为无因性规则的主要理由之一。前文已经述及，物权行为理论并非为维护交易安全的目的而刻意创造，故存在功能上类似制度从而无须承认的批评应不成立。另外，在要因主义的物权变动规则之下，前一手交易出现的问题仍会被带入下一个交易环节，然后才试图用善意取得制度截断前一手交易瑕疵对后续交易的冲击。在适用善意取得规范时，"善意"与否的判断并非总是容易的，我国实证法上的善意取得还要求以合理的价格转让等其他要件。而且，在民法体系上，善意取得始终是作为一种例外情形（"无权处分行为效力待定"这一规则的例外）而存在的，如果因善意取得制度的存在而主张排斥在功能上具有相似性的物权行为无因性理论，则无异于将普遍存在的对交易安全维护的需要以一种只有在例外情形下才能发生作用的制度来加以实现，这种选择或许并不明智。

我国民法已进入民法典时代，但迄今为止，与前文所述物权行为的独立性（分离原则）的情形不同，物权行为无因性理论在我国实证法不易找到直接的规范支撑。在学理层面，虽有一些学者主张我国法应确立物权行为无因性规则，且认为现行法规范可容纳物权行为无因性的解释，但是，占优势的观点认为我国法上的物权变动模式乃债权形式主义，不承认物权行为的无因性。在司法实践的层面，法院一般均采债权合同无效影响物权变动的观点，难以见到真正体现物权行为无因性的裁判。

我国现行民事规范体系中，有一条规范似乎比较清晰地体现了物权变动的要因主义立场。《物权编解释（一）》第20条规定，"具有下列情形之一，受让人主张依据民法典第三百一十一条规定取得所有权的，不予支持：（一）转让合同被认定为无效；（二）转让合同被撤销。"该条中所称"转让合同"，应指无权处分人与受让人之间订立的买卖合同等债权合同。根据该条，即便受让人满足《民法典》第311条第1款规定的三项要件，如果转让合同自身被认定为无效或被撤销，则善意取得的效果不发生。由该条所确定的立场出发，可认为，在有权处分的场合，如果买卖合同等负担行为不发生效力，则物权变动的效果同样不能发生。显然，此推论体现的是物权变动的要因立场。

不过，以上推理并非无懈可击。善意取得，系民法关于自无处分权人处取得所有权的特别规范。我国《民法典》第311条将"以合理的价格转让"也作为善意取得的要件，其意在使善意取得者终局性地取得所有权（相反，在不设此要件的立法例中，无偿受让人依善意亦可取得所有权，不过，须对原所有人负不当得利返还之责），既如此，其当然也不会采债权合同效力瑕疵不影响善意取得的立场，否则，善意取得者终局性取得的效果即不能得到维持。在有权处分的法律构造中，不存在善意取得制度所确立的维持善意受让人终局取得的法律政策目标。在有权处分的情形，无论是否采无因规则，在债权合同无效时，转让人均可或者依物权请求权或者依不当得利之规定请求受让人返还。因此，以前述司法解释的规定推断有权处分情形的要因立场，其逻辑未必站得住脚。

另外，讨论物权行为无因性的取舍，还涉及一个问题，即，既然"物权行为理论"通常包含独立性与无因性两个层面，那么承认独立性是否意味着必须同时承认无因性？本书认为，独立性与无因性并不存在逻辑体系上的一致性要求，承认独立性但排斥无因性并不存在逻辑上的问题。

综上所述，关于物权变动的模式与物权行为理论，本书的观点可总结如下：①关于物权变动，存在多种立法模式，只要能够在体系上相互协调，任何一种立法模式都具有可行性，因此这是一个立法选择和学理解释的问题，不存在必须采取哪一种模式的问题。②物权行为独立性与无因性理论结构复杂、不易掌握，但恰恰是它所具有的精致、严谨的特性使得该理论具有极强的逻辑性与说明价值。如果我们追求一种精致的法学与精准的法律适用，采物权行为理论应该是我国民法一个很好的选择。③从我国现行立法出发，并不能清晰地识别出物权变动的立法模式。现行的相关规则在解释上能够对物权行为的独立性提供很好的支持，但要因或无因的问题尚待澄清。就当前司法实践与学理的状况而言，采物权行为的独立性但同时坚持物权变动的要因性，或许更符合我国民法的实际情况。

　　另需指出的是，关于物权行为的独立性与无因性问题，既有学说基本仅关注不动产或动产的所有权移转与其基础关系这个层面。其实，在居住权、地役权这些定限物权的创设方面，同样存在是否需要区分物权设立的合意与借用、租赁等债权合同关系（原因关系）的问题。若支持物权变动的区分原则，则没有理由不区分定限物权设立中的物权行为与其基础关系。本书将在用益物权部分继续讨论这一问题。

👉 第四节　不动产物权变动与不动产登记

一、不动产物权变动的要件

（一）非依法律行为发生不动产物权变动

不动产物权变动，可能因法律行为以外的原因而发生。此种情形，与依法律行为而发生物权变动者，存在显著区别。既然法律效果并非当事人透过意思表示所追求的，在非依法律行为变动不动产物权的各种情形，即便涉及民事主体的行为，也不要求行为人具备相应行为能力。更为重要的是，非依法律行为发生物权变动，其变动物权效果的发生并不以登记或交付为必要。因此，所谓物权变动的公示要求，仅针对依法律行为引起的物权变动而言，非依法律行为发生物权变动的，不需要满足公示的要求。

我国《民法典》在物权编第二章第三节"其他规定"中，对非依法律行为发生物权变动的几种情形做出了规定，以下分述之。

1. 裁判、征收

《民法典》第229条规定，"因人民法院、仲裁机构的法律文书或者人民政府的征收决定等，导致物权设立、变更、转让或者消灭的，自法律文书或者征收决定等生效时发生效力。"

《民法典》第229条之规定，可进一步区分为以下三种情形：

（1）依法院的判决或仲裁机构的裁决发生物权变动。法院判决，可分为给付判决、确认判决与形成判决等几个类型。给付判决，如判决房屋出卖人须向买受人交付房屋并协助办理移转登记的，系根据当事人间变动不动产物权的合意做出，当然应自依判决文书办理相关不动产登记时才能发生物权变动的效果。对于确认判决（如法院确认某不动产归某人所有的判决），有观点认为属于第229条所称"法律文书"。但既然是确认判决，其仅具有确认先前不动产归属的意义而已，此类判决并未引起物权变动，故不应属于第229条规定的裁判类型。形成判决，直接产生了改变不动产物权归属的效力，属于第229条所称法律文书的范畴。能够直接引起物权变动的法院判决，最典型地表现为分割共有物的形成判决。[1] 例如，在离婚诉讼中，法院判决夫妻共有的房产归一方所有；该判决将属于双方共同共有的不动产判归一方所有，直接改变了不动产的物权归属；该判决书生效时，尽管尚未进行不动产登记簿上的变更登记，但被判决确定享有所有权的一方即已成为该房产的法律上的单一所有人。除分割共有物情形外，人民法院因债权人行使撤销权而做出的撤销判决也应包含在第229条所规定的法律文书的范围之内。债务人实施诈害债权人的行为，将不动产或动产转让给第三人，债权人依《民法典》第538或第539条关于债权人撤销权之规定向法院提起撤销之诉，法院作出撤销债务人处分行为的判决。该判决生效时，先前移转登记于第三人的不动产，其所有权自动回复到债务人手中。

（2）依强制执行发生物权变动。在强制执行程序中，对被执行人的不动产进行拍卖、变卖成交的，法院将制作拍卖、变卖裁定书，此裁定书具有直接改变拍卖、变卖之不动产的物权归属的效力。另外，根据司法解释的规定，执行程序中当事人达成执行和解，做出以物抵债安排，且经执行法院制发以物抵债裁定的，该裁定书亦属于第229条直接引起物权变动的法律文书。[2]

（3）征收决定。征收民事主体所享有的不动产，须为公共利益的需要，且依法定的权限和程序做出征收决定。征收决定生效的，被征收的不动产即归国家所有，被征收人对不动产的权利消灭。

2. 继承

《民法典》第230条规定："因继承取得物权的，自继承开始时发生效力。"严格来讲，因继承取得物权并不都属于非依法律行为发生物权变动的情形。在我国民法上，因继承取得遗产的方式既包括无遗嘱的法定继承，也包括依遗嘱的效力取得遗产，以下分述之。

（1）因法定继承而取得遗产，属于非依法律行为发生物权变动，于继承开始即被

---

[1] 《物权编解释（一）》第7条仅举了分割共有不动产或动产一个事例。姚瑞光先生也认为："关于因形成判决而取得不动产物权者，似仅有分割共有物判决一种。"参见姚瑞光：《民法物权论》，中国政法大学出版社2011年版，第19页。

[2] 《物权编解释（一）》第7条规定："人民法院、仲裁机构在分割共有不动产或者动产等案件中作出并依法生效的改变原有物权关系的判决书、裁决书、调解书，以及人民法院在执行程序中作出的拍卖成交裁定书、变卖成交裁定书、以物抵债裁定书，应当认定为民法典第二百二十九条所称导致物权设立、变更、转让或者消灭的人民法院、仲裁机构的法律文书。"

继承人死亡之时，法定继承人取得遗产的所有权。对于遗产中的不动产，依法定继承方式取得遗产时，继承人取得的效力并不以登记为前提，而动产所有权的取得也不以继承人获得占有为前提。

（2）依遗嘱的效力取得遗产。在我国法上，依遗嘱的效力取得遗产既包括遗嘱继承，也包括遗赠。遗嘱虽系法律行为，但属于死因行为，由其引起的物权变动应适用特别规则。在我国法上，无论是作为遗嘱继承人还是作为受遗赠人，在被继承人死亡时，均直接取得相应遗产，而无须先完成不动产登记或动产交付。

> 《物权法》第 29 条规定，"因继承或者受遗赠取得物权的，自继承或者受遗赠开始时发生效力。"对照《民法典》第 230 条可知，后者删去了前者有关受遗赠的规定。在遗嘱继承（即遗嘱指定法定继承人中的一人或数人继承）的情形，遗嘱继承人于被继承人死亡之时，直接取得遗产，而无须完成不动产登记或动产交付。在受遗赠的情形（即遗嘱将遗产留给法定继承人以外之人或组织），比较法上常见将遗赠的效力确定为债的效力的立法例——遗产由法定继承人概括继承，全部遗产在被继承人死亡时均归属于法定继承人；同时，根据遗嘱中遗赠的表示，法定继承人负有向受遗赠人给付特定财产的债务，如此，受遗赠人当然不存在因被继承人死亡而直接取得遗产的可能。《民法典》第 230 条删去"受遗赠"的规定，容易让人得出我国法上受遗赠人不在被继承人死亡时取得物权的推理。不过，考察《民法典》继承编，可以看出，我国继承法并未对遗赠采债权效力。《民法典》第 230 条之所以删去"受遗赠"，在于第 1124 条第 2 款之规定（"受遗赠人应当在知道受遗赠后六十日内，作出接受或者放弃受遗赠的表示；到期没有表示的，视为放弃受遗赠"）。有观点认为，遗赠本质上是赠与合同，在受遗赠人接受遗赠时，赠与法律关系才成立。[1] 这一观点有待商榷。无论采取何种解释，比较正确的观点应该是：一旦受遗赠人接受遗赠，其取得遗产的效力仍溯及继承开始时而发生。因此，在解释上，应认为第 230 条所称"因继承"也包括"因受遗赠"在内，只要未发生第 1124 条规定的放弃受遗赠的情形[2]，受遗赠人也于继承开始时取得遗赠财产。[3]

---

〔1〕　黄薇主编：《中华人民共和国民法典物权编解读》，中国法制出版社 2020 年版，第 62 页。

〔2〕　若发生了受遗赠人的放弃，则遗赠所涉及部分的遗产由法定继承人在继承开始时取得所有权。

〔3〕　本书认为，我国继承法并未很好地体现概括继承的基本要求，且存在积极遗产取得与遗产债务清偿规则脱节的现象，带来不少法律适用上的困难。至少在学理层面，应考虑不再按照个别继承的逻辑，而是按照概括继承的原理，利用遗产共同共有的概念，确立以下解释规则：所有获得遗产之人，包括根据遗嘱获得具体财产（如一套房屋、一辆汽车）的遗嘱继承人与受遗赠人，在继承开始时，对全部遗产成立共同共有关系（据此，根据遗嘱可以获得一套房屋的受遗赠人，并不在继承开始时获得该房屋的所有权）；其后，通过具有物权变动意义的遗产分割（如同离婚时将共有财产分割到个人），将遗嘱的具体规定也作为分割的一个重要标准，最终由遗嘱继承人、受遗赠人及其他法定继承人各自取得具体遗产物的单一所有权。

3. 事实行为

事实行为也可导致物权变动结果的发生。事实行为，系与法律行为相对的概念，依事实行为发生物权变动，其规则当然与依法律行为发生物权变动的规则不同。

《民法典》第 231 条规定："因合法建造、拆除房屋等事实行为设立或者消灭物权的，自事实行为成就时发生效力。"建造房屋，系在土地之上利用建筑材料构筑一个新的不动产。无论是自行建造，还是由他人承揽建造，权利人在建造完成时取得房屋的所有权系基于合法建造事实本身，这也是法律需要明确新物归属的基本要求。房屋建成后，依建筑行政管理相关规范，须办理验收及不动产初始登记，但此登记并不具有创造房屋所有权的效果，房屋所有权的取得仍发生于建造完成之时。[1] 房屋被拆除的，由于物权的客体不复存在，即便不动产权利的注销登记尚未完成，但物权显然已经消灭。

在前述几种非依法律行为变动物权的情形，权利人取得不动产物权无须完成登记。据此取得物权的权利人，可依据其物权内容享有对物的支配，并受物权请求权及侵权法的保护。[2] 但是，如权利人之权利不载入不动产登记簿，则无法通过法律行为处分其取得的物权。[3] 为达能够自由处分之目的，权利人需在不动产登记机关完成初始登记、继承登记等。此种情形下的不动产登记不是设权登记，而仅具有宣示登记的意义，此乃《民法典》第 232 条的规范意旨。[4]

（二）依法律行为发生不动产物权变动

前文对物权变动模式、物权行为等的讨论，已经涉及依法律行为发生不动产物权变动的问题。下文将在前文基础上，简要讨论不动产物权变动的要件。

《民法典》第 209 条第 1 款规定，"不动产物权的设立、变更、转让和消灭，经依法登记，发生效力；未经登记，不发生效力，但是法律另有规定的除外。"以该条作为主要的规范依据，可对变动不动产物权的法律行为的要件做如下分析：

1. 行为人对不动产须享有处分权

不动产所有权的移转或定限物权的设立，其性质属于处分行为，处分人对标的物不享有处分权的，处分行为不生效力。无权处分行为的效力待定，在征得处分权人同意或处分人事后取得处分权后，可发生效力；如果得不到效力补正，不动产处分行为

---

〔1〕 第 231 条特别强调"合法建造"，大致体现了我国法对违法建筑的基本立场：对建造完成但违反土地利用、建筑规划等法律的违法建筑，尽管学理上有主张仍可取得所有权或类似所有权之权利者，但实证法倾向于拒绝承认此类违法建筑上存在受法律保护的民事权利。本书认为，尽管违法建筑的保有人不得对抗依法拆除等行政或司法措施，在实证法上也很难承认违法建造者对建筑物享有所有权或其他民事权利，但仍应承认违法建筑的保有人可以获得《民法典》第 462 条提供的占有保护。

〔2〕《物权编解释（一）》第 8 条规定："依据民法典第二百二十九条至第二百三十一条规定享有物权，但尚未完成动产交付或者不动产登记的权利人，依据民法典第二百三十五条至第二百三十八条的规定，请求保护其物权的，应予支持。"

〔3〕《民法典》第 232 条规定，"处分依照本节规定享有的不动产物权，依照法律规定需要办理登记的，未经登记，不发生物权效力。"

〔4〕 针对非依法律行为引起物权变动的情形，我国台湾地区"民法"特别强调了此宣示登记的重要性。"民法"第 759 条规定："因继承、强制执行、征收、法院之判决或其他非因法律行为，于登记前已取得不动产物权者，应经登记，始得处分其物权。"

不能引起物权变动的结果。

不动产所有权人原则上享有处分权，即便所有权人已在物上为他人设定了定限物权，其处分权也不受影响，仍可将其所有权让渡给他人或为他人设定其他定限物权。但是，不动产因诉讼保全等原因被查封的，其所有权人的处分权即应受到限制。根据《民法典》第221条之规定，所有权人为不动产的买受人等办理预告登记的，其处分权即受到限制，未征得预告登记权利人同意，所有权人实施的处分行为不发生物权效力。

《民法典》第399条规定，"所有权、使用权不明或者有争议的财产"及"依法被查封、扣押、监管的财产"不得抵押，但未明确以这些财产设立抵押权的抵押行为的效力。设立抵押权属于处分行为，抵押人须对抵押物享有处分权才能发生抵押权设立的效力。《担保制度解释》第37条规定，"当事人以所有权、使用权不明或者有争议的财产抵押，经审查构成无权处分的，人民法院应当依照民法典第三百一十一条的规定处理。当事人以依法被查封或者扣押的财产抵押，抵押权人请求行使抵押权，经审查查封或者扣押措施已经解除的，人民法院应予支持。抵押人以抵押权设立时财产被查封或者扣押为由主张抵押合同无效的，人民法院不予支持。"该条表明，抵押人无处分权而设立抵押权的，不能发生抵押权设立的效力，但是：①事后取得或恢复处分权的，可补正抵押权设立的效力；②如能满足抵押权善意取得的要件，则债权人可善意取得抵押权。

2. 须有变动不动产物权的意思表示

依法律行为发生不动产物权变动，当然需要行为人作出变动物权的意思表示。在通过双方法律行为移转不动产所有权或创设不动产定限物权的情形，在前述不同物权变动模式之下，对意思表示有不同的解释：物权形式主义承认独立的物权意思表示，引起物权变动的意思表示并不包含在订立买卖合同等债权合同的表示之中；而在债权形式主义模式之下，一般认为，变动不动产物权的意思包含在不动产买卖等合同之中。如前所述，本书认为，将物权行为与债权行为相区分，从而将物权变动的基础建立在独立的物权表示之上，这种解释更具合理性。

3. 变动不动产物权，原则上需经登记

旨在引起物权变动的法律行为即便发生在特定当事人间，但其旨在引起的所有权移转或定限物权设立的效果却具有对世的效力，因此必须通过登记的公示手段表现出来。根据《民法典》第209条第1款的规定，不动产物权的设立、变更、转让与消灭，经依法登记发生效力；未经登记，不发生物权变动的效力。不过，该条同时也设有"但是法律另有规定的除外"的例外规定。例外之存在，主要是因为我国土地公有制下若干用益物权的权利构造所决定的。

不动产登记是不动产物权制度的重要组成部分，下文对不动产登记相关问题做较全面的讨论。

二、不动产登记

(一) 登记规范及登记机构

《物权法》出台前，我国在不动产登记方面，基本上按照行政管理职能划分，实行依不动产的类型分别确定不同登记部门的做法。这种做法时常会导致重复登记甚至权属冲突、登记资料分散、查询困难、增加当事人负担等问题。在《物权法》立法过程中，立法机关经过研究，认为应该通过统一登记制度，解决上述分散登记的弊端。于是，该法第 10 条规定："不动产登记，由不动产所在地的登记机构办理。国家对不动产实行统一登记制度。统一登记的范围、登记机构和登记办法，由法律、行政法规规定。"《民法典》第 210 条沿用了该规定。

根据《物权法》第 10 条的授权，《不动产登记暂行条例》于 2014 年 12 月由国务院发布，并于 2015 年 3 月 1 日施行。该条例落实了物权法提出的不动产统一登记要求，规定由国务院国土资源主管部门负责指导、监督全国不动产登记工作，县级以上人民政府确定一个部门作为本行政区域的不动产登记机构。

(二) 不动产登记簿

根据《不动产登记暂行条例》第 8 条第 3 款的规定，不动产登记簿记载以下事项：①不动产的坐落、界址、空间界限、面积、用途等自然状况；②不动产权利的主体、类型、内容、来源、期限、权利变化等权属状况；③涉及不动产权利限制、提示的事项；④其他相关事项。

1. 不动产登记单元

不动产以不动产单元为基本单位进行登记。所谓不动产单元，指权属界线封闭且具有独立使用价值的空间。不动产登记簿以宗地或者宗海为单位编成，一宗地或者一宗海范围内的全部不动产单元编入一个不动产登记簿。此种登记簿的编制技术被称为"物的编成主义"，它能够满足物权客体特定原则的要求，且便于查询任一不动产之上的权利记载，能够切实满足物权公示的要求。

2. 能够登记的不动产物权类型

现行《不动产登记暂行条例》第 5 条规定："下列不动产权利，依照本条例的规定办理登记：（一）集体土地所有权；（二）房屋等建筑物、构筑物所有权；（三）森林、林木所有权；（四）耕地、林地、草地等土地承包经营权；（五）建设用地使用权；（六）宅基地使用权；（七）海域使用权；（八）地役权；（九）抵押权；（十）法律规定需要登记的其他不动产权利。"

所谓登记能力，指一项权利可纳入不动产登记簿记载的可能性。如前文所述，在物权法定原则之下，一种不动产上的权利安排是否构成物权取决于法律是否将其规定为物权，同时，凡属不动产物权，原则上均能够且应当纳入登记簿。《民法典》增设了居住权这种不动产用益物权，并在土地承包经营权中析分出土地经营权，这两种不动产物权当然也应具有登记能力。

广义的登记能力问题，并不仅指权利能否记载于登记簿，而应包括与不动产权利相关的其他信息能否记载于不动产登记簿并发挥对抗效力的问题。例如，关于抵押期间抵押人是否享有抵押物处分权之问题，《民法典》第406条改变《物权法》第191条之立场，规定抵押人可转让抵押财产，但该条同时规定"当事人另有约定的，按照其约定"。如果抵押人与债权人在抵押合同中约定，抵押人未经抵押权人同意不得转让抵押财产，那么该合同约定本身是否能够改变"抵押期间，抵押人可以转让抵押财产"的规则呢？如果抵押权本身通过登记得到了公示，但关于抵押人不得转让抵押财产的约定却未予登记或根本没有登记之可能，则对于抵押财产的受让人而言，其根本无从知晓抵押人和抵押权人间关于抵押财产不得转让之约定，如此，若因抵押合同的特别约定即排除受让人取得抵押物所有权（抵押权仍存在于该抵押财产之上），则有违物权公示的一般原理。有鉴于此，《担保制度解释》第43条区分了禁止或限制转让约定是否登记的情形，规定仅在该约定也做了登记公示时，抵押权人才能主张抵押财产的转让不发生物权效力。[1] 显然，这一解释规则需要满足一个前提，即关于限制抵押财产转让的约定能够记入登记簿。根据《不动产登记暂行条例》第8条，不动产登记簿可以记载"涉及不动产权利限制、提示的事项"。因此，此项关于限制抵押人转让抵押财产的约定具备登记能力，经登记后，产生对抗第三人的效力。

3. 不动产权属证书

除在不动产登记机构管理的登记簿上作出登记公示外，我国在不动产登记管理的实践中，还普遍存在向权利人发放权属证书的做法。在交易中，人们往往通过查看权属证书来了解不动产的归属及其内容。应该说，用权属证书来标明权利人及权利的内容，这是一种简便易行且符合我国传统习惯（如"地契"）的做法。但是，与不动产登记簿的记载相比，权属证书具有以下两方面的缺陷：①权属证书尽管也是由不动产登记机构制作发放，但是它为权利人所持有，而并非可公开查阅的资料，因而不宜作为公示的手段；②权属证书由私人所持有，其真实性可能会存在问题（有伪造、变造的可能），相反，由不动产登记机构直接管理的不动产登记簿通常不会存在此类问题，更值得信赖。

有鉴于此，《民法典》第217条规定："不动产权属证书是权利人享有该不动产物权的证明。不动产权属证书记载的事项，应当与不动产登记簿一致；记载不一致的，除有证据证明不动产登记簿确有错误外，以不动产登记簿为准。"这就意味着，在法律

---

〔1〕《担保制度解释》第43条规定："当事人约定禁止或者限制转让抵押财产但是未将约定登记，抵押人违反约定转让抵押财产，抵押权人请求确认转让合同无效的，人民法院不予支持；抵押财产已经交付或者登记，抵押权人请求确认转让不发生物权效力的，人民法院不予支持，但是抵押权人有证据证明受让人知道的除外；抵押权人请求抵押人承担违约责任的，人民法院依法予以支持。当事人约定禁止或者限制转让抵押财产且已经将约定登记，抵押人违反约定转让抵押财产，抵押权人请求确认转让合同无效的，人民法院不予支持；抵押财产已经交付或者登记，抵押权人主张转让不发生物权效力的，人民法院应予支持，但是因受让人代替债务人清偿债务导致抵押权消灭的除外。"

上真正可以信赖的是不动产登记簿的记载，而非当事人所持有的权属证书。例如，要主张依《民法典》第311条的规定善意取得不动产的所有权，仅信赖对方当事人持有的权属证书的不实记载是不足以成立善意的，而信赖不动产登记簿的（错误）记载可以成立善意。

4. 登记簿的查询

不动产登记是不动产物权的公示手段。将不动产物权记载于登记簿，并不会自动产生公示效果。只有使与权利公示相关的信息处于可供查询的状态之下，且相关民事主体无查询的障碍，登记方可发生公示的效力。

《民法典》第218条规定："权利人、利害关系人可以申请查询、复制不动产登记资料，登记机构应当提供。"该条一方面规定登记资料可供查询、复制，从而肯定了登记的公示功能；另一方面，却将可以申请查询、复制的主体限定为"权利人"和"利害关系人"，似有限制查询主体之意。支持对查询主体作出限定者，多以登记信息涉及隐私等作为理由。但实际上，登记信息中关于不动产的权利归属、权利内容、不动产本身的描述等不应该构成隐私的内容。在查询操作中，仅需限制查询方式（如仅允许从特定不动产出发查询其上权利状况，而不允许从特定人出发查询其是否拥有不动产及具体的坐落等信息）及将可查询事项限于交易上必要者，则开放不动产登记查询基本不会产生隐私泄露等问题。不动产的权利人本身了解不动产的状况，因此通常不需要查询登记信息。而从不动产交易的角度观察，规定"利害关系人"才能够查询则可能会导致如下悖论：如果某人对某不动产产生购买的愿望，在决定进行购买之前，基于交易上的谨慎，他希望通过查询登记簿来了解该不动产的状况，然而，由于此时尚未与出卖人订立不动产买卖合同，故难以证明自己是"利害关系人"；如果只有在订立买卖合同并因此成为"利害关系人"之后才能查询，则此时的查询基本已经失去了交易保障的意义。本书认为，法律可以规定查询不动产登记簿须说明查询目的，只要表明的目的合理，即应提供查询。在《民法典》第218条及相关查询规范的解释上，应放宽"利害关系人"的认定标准，如查询申请人仅需表明有交易的意愿即可认定为利害关系人。

（三）不动产登记的功能

在我国，统一的不动产登记制度的建立与不动产法律制度本身的变革相伴随，不动产登记具有多重的功能与使命，也因此具有多层次的效力。

1. 权利确认功能

改革开放以来，我国城乡的不动产制度经历了重大变革。在农村集体土地之上，通过分产到户，农户取得了农业用途土地的承包经营权以及用于建筑住宅的宅基地使用权。在城市国有土地之上，通过划拨和出让的方式，民事主体取得了建设用地使用权。存量住宅等房屋的产权改革也基本完成，先前国家所有的房屋开始归属于私主体。

在此背景下，我国的不动产登记制度具有了一项特别的功能，即先确定每一个不动产登记单元，从无到有地创建不动产登记簿，首先确认先前通过行政程序、集体协商分配等方式在特定不动产之上确立的集体土地所有权、土地承包经营权、宅基地使用权等物权，并完成这些既有权利的首次登记。此种登记具有行政程序的属性，[1] 它对于构建完整的不动产登记体系具有极其重要的意义。

2. 权利创设功能

根据《民法典》第 209 条之规定，变动不动产物权的，自登记时发生效力，此即为不动产登记的设权效力。在法律规定登记具有设权效力的情形，当事人未依法登记的，不发生物权变动的效力。依《民法典》及相关法律规定，以下情形的物权变动登记均具有设权效力：房屋所有权移转；建设用地使用权设立或移转；海域使用权设立或移转；居住权设立；不动产抵押权设立。

3. 权利宣示功能

在不动产物权变动效果不依赖登记而发生的情形，不动产登记虽不具有设权功能，但也具有权利宣示的功能，并借助此宣示登记产生后续处分效力或对抗效力。在因形成判决、继承、合法建造等情形，物权变动的结果因判决书的生效、继承的开始或事实行为的完成而发生，但仅在将此非依法律行为发生变动的物权纳入登记，权利取得人才能在后续处分中为后手完成设权登记。在我国法上，地役权设立的效力自地役权合同生效时即发生，但仅在将此地役权纳入供役地的不动产登记簿时，该地役权才具备完成的对抗效力。

4. 权利推定功能

记载于不动产登记簿上的物权，法律推定权利人享有该物权，此即为不动产登记的权利推定效力。《民法典》第 216 条第 1 款规定："不动产登记簿是物权归属和内容的根据。"由此可见，我国法律强调依不动产登记簿确定物权归属，登记簿记载具有很强的权利推定效力。另外，不动产登记簿的记载有公信力，对于善意第三人而言，其可以基于对不动产登记簿的信赖及其权利已载入登记簿为由，主张不动产权利的善意取得。

　　《民法典》第 217 条将不动产权利证书称为不动产物权的"证明"，而第 216 条将不动产登记簿的记载确定为不动产物权归属与内容的"根据"，那么是否可以认为，有关不动产物权的归属与内容，一律以登记簿的记载为准？本书认为，答案应该是否定的。实际上，该条所称"根据"，仅表明登记簿的记载是认定物权归属与内容的表面证据，即在无相反证据存在的情况下，应认定不动产登记簿上记载的权利人是物权人；质言之，不动产登记簿的记载具有权利推定的效力。登记簿的记载并非物权归属的"标准"，这一点在以下两种情形表现得尤为明显：①《民法典》第 220 条规定了更正登记，这表明，登记簿的记载的确可能存在错误。如果说，登记簿的记载是确认物权归属的

---

〔1〕《不动产登记暂行条例实施细则》第 25 条体现了此种行政确权登记。该条规定："市、县人民政府可以根据情况对本行政区域内未登记的不动产，组织开展集体土地所有权、宅基地使用权、集体建设用地使用权、土地承包经营权的首次登记。依照前款规定办理首次登记所需的权属来源、调查等登记材料，由人民政府有关部门组织获取。"

唯一标准的话，在逻辑上，就不会存在登记错误的问题了。可见，一定还存在着登记簿记载以外的确定物权归属的方法。②《民法典》物权编第二章第三节中规定了一些无需经过登记即可发生物权变动的情形，例如，甲生前拥有的房屋，在其死亡的那一刻，其所有权就立刻转移至其继承人手中。而在变更登记之前，已死亡的甲仍然会是登记簿上记载的权利人。显然，此时登记簿上记载的权利人已经不可能再是真正的房屋所有权人了。

有鉴于此，《物权编解释（一）》第2条明确规定："当事人有证据证明不动产登记簿的记载与真实权利状态不符、其为该不动产物权的真实权利人，请求确认其享有物权的，应予支持。"

（四）不动产登记的类型[1]

1. 首次登记（初始登记）

不动产首次登记，指不动产权利的第一次登记。在我国法上，以下两种情形下的首次登记尤其重要：其一，在针对农村土地构建不动产登记簿之前，集体土地所有权、土地承包经营权、宅基地使用权、集体建设用地使用权及集体土地之上建筑物的所有权等权利已经依法得到分配与确认。在构建农村集体土地的不动产登记簿时，需要用首次登记的方法将上述既存权利纳入登记。其二，依法建造建筑物，系从无到有地创造一个新的不动产，需通过首次登记确认其所有权。

未办理不动产首次登记的，不得办理其他不动产登记。

2. 设立登记

在不动产上创设定限物权的，由当事人共同申请，在不动产登记簿上做设立登记，包括：建设用地使用权设立登记；土地承包经营权设立登记；海域使用权设立登记；地役权设立登记；居住权设立登记；抵押权设立登记。

3. 转移登记

并非所有的不动产物权均可转让，例如，《民法典》第369条明文规定居住权不得转让。对于可转移的不动产权利而言，无论是依法律行为而移转，还是非依法律行为而移转，不动产权利移转登记皆有其法律意义。不动产转移登记的类型主要有：集体土地所有权因互换等特殊情形而转移；建设用地使用权转移登记；因继承、分家析产等引起的宅基地使用权转移登记；房屋等地上建筑物所有权转移登记；因互换、转让等引起的土地承包经营权的转移登记；海域使用权转移登记；因需役地转让引起的地役权转移登记；因被担保债权转让引起的抵押权转移登记等。

4. 变更登记

变更登记，指首次登记、设立登记、移转登记、注销登记以外针对不动产登记事

---

[1]《不动产登记暂行条例》第3条规定，"不动产首次登记、变更登记、转移登记、注销登记、更正登记、异议登记、预告登记、查封登记等，适用本条例"。该条例未专门针对抵押权、居住权、地役权等定限物权的设立确立"设立登记"的登记类型，而是将它们均归入"首次登记"之中。将设立定限物权登记归入首次登记，其实并不妥当，故本书另设"设立登记"的登记类型。

项变动的登记，主要包括：权利人姓名、名称变更；不动产界址、用途等状况变更；不动产权利期限变更；同一权利人分割或合并不动产；抵押权和最高额抵押权所担保债权的范围、金额及顺位变更等；地役权利用目的、方法等的变更；居住权期限的变更等。

5. 注销登记

注销登记，指因不动产灭失、权利人放弃权利或其他原因导致不动产权利绝对消灭时而在不动产登记簿上所做的记载。

6. 查封登记

查封登记，指应人民法院的执行保全要求而在登记簿上所做的限制权利人处分不动产权利的登记。查封登记存续期间，不动产权利人不得处分不动产。

7. 更正登记

《民法典》第 220 条第 1 款规定："权利人、利害关系人认为不动产登记簿记载的事项错误的，可以申请更正登记。不动产登记簿记载的权利人书面同意更正或者有证据证明登记确有错误的，登记机构应当予以更正。"

根据该条规定，并结合目前有关不动产登记的规范，可知：①登记权利人发现登记簿记载错误，并在申请更正登记时提供证据加以证实的，不动产登记机构应予以更正；②如系登记簿记载的权利人以外的利害关系人（例如，主张自己是不动产真正所有权人之人）提出更正登记，则只有在不动产登记簿记载的权利人书面同意之时，登记机构才能予以更正。法律之所以作出如此规定，其理由在于：如果登记簿记载的权利人不同意更正，则说明在当事人之间存在有关不动产权利归属的争议，而此争议属于司法管辖的范围；登记机构并非司法机关，不宜直接对争议作出裁决从而自行决定是否进行更正。

8. 异议登记

《民法典》第 220 条第 2 款规定："不动产登记簿记载的权利人不同意更正的，利害关系人可以申请异议登记。登记机构予以异议登记，申请人自异议登记之日起十五日内不提起诉讼的，异议登记失效。异议登记不当，造成权利人损害的，权利人可以向申请人请求损害赔偿。"依该条规定，异议登记发生于利害关系人要求对登记簿进行更正登记而登记簿上记载的权利人不予同意的情形。

所谓异议登记，是指登记机构将利害关系人对不动产登记簿登记事项的异议记载在登记簿上的行为。异议记载于登记簿上，并不意味着登记簿的记载一定有问题，它仅仅表明，有人认为登记簿的记载存在错误，从而通过此种登记公示提醒他人注意可能存在的法律风险。

《民法典》第 220 条并未明确规定异议登记的效力。依法理，异议登记将使记载于登记簿上的物权失去公信力，从而使第三人无从主张根据登记的公信力善意取得不动产物权。例如，甲生前留有遗嘱，表明要将其所有的房屋 A 留给自己的幼子乙；甲死亡，其长子丙伪造遗嘱，并骗取了不动产登记，成了房屋登记簿上记载的权利人；乙知道情况后提出更正登记，遭到丙的拒绝；于是，乙提出异议登记申请，登记机关将此项异议载入登记簿；其后，在乙、丙进行诉讼期间，丙将房屋出售于丁；丁在查阅不动产登记簿时未留意乙的异议登记；后乙在诉讼中胜诉，法院判决争讼房屋根据甲的有效遗嘱应归乙所有；于是，登记簿上记载的名义权利人丙实际上对房屋并无处分权，其与第三人丁之间处分房屋的行为构成无权处分行为；而对于丁而言，在此情形下，并不能主张根据《民法典》第 311 条关于善意取得的规定取得房屋的所有权，因为异议登记的存在使其不能主张善意的存在。根据《物权编解释（一）》第 15 条的规定，不动产登记簿上存在有效的异议登记的，应认定受让人知道转让人无处分权。

关于不动产异议登记是否影响登记簿记载的权利人处分不动产的问题，我国有关不动产登记的规定曾采异议登记期间暂停办理不动产登记的规则。[1] 异议登记因异议人单方面申请即可载入登记簿，故不宜赋予异议登记限制处分的效力。尽管登记簿上存在异议登记，但如果名义权利人与受让人仍提出转移登记或设立登记，登记机构仍应为当事人办理登记，只不过，在事后证明出让人无处分权时，受让人不得因此主张善意取得，之前所做不动产登记应作涂销处理。[2]

异议登记是一种临时性保护措施。登记机构在进行异议登记之后，申请人应在异议登记之日起 15 日内向人民法院提起诉讼，要求确认自己在不动产上的物权。逾期不起诉的，异议登记失去效力。如异议登记申请人在此期间内提起了诉讼，则异议登记继续保持其效力，直至法院作出生效的判决；如果异议申请人败诉，则申请人或登记簿记载的权利人可申请注销异议登记，权利人因此遭受损失的（如因异议登记丧失了交易机会），可以向异议申请人要求损害赔偿；如果异议申请人胜诉，即法院判决申请人是真正的不动产权利人，则登记机构可根据生效的司法文书或协助执行通知书等进行更正登记，异议登记同样失去效力。

9. 预告登记

《民法典》第 221 条规定："当事人签订买卖房屋的协议或者签订其他不动产物权的协议，为保障将来实现物权，按照约定可以向登记机构申请预告登记。预告登记后，未经预告登记的权利人同意，处分该不动产的，不发生物权效力。预告登记后，债权消灭或者自能够进行不动产登记之日起九十日内未申请登记的，预告登记失效。"

严格来讲，预告登记不属于不动产登记的类型。预告登记的对象不是不动产物权，该登记既不创设任何物权，也不宣示一项物权的存在。在我国，因预购商品房而寻求预告登记是该种登记相对最典型的运用情形。由于买卖标的物尚未竣工，未进行首次登记，买受人无从要求出卖人立刻为其办理所有权转移登记。预告登记的功能在于：通过不动产登记簿上的预告登记，使一项旨在引起不动产物权变动的债权请求权获得某些物权的效力（所谓"债权物权化"），权利人能够以经过预告登记的债权对抗不

---

〔1〕 2008 年 7 月 1 日施行的《房屋登记办法》（已废止）第 78 条规定："异议登记期间，房屋登记簿记载的权利人处分房屋申请登记的，房屋登记机构应当暂缓办理。权利人处分房屋申请登记，房屋登记机构受理登记申请但尚未将申请登记事项记载于房屋登记簿之前，第三人申请异议登记的，房屋登记机构应当中止办理原登记申请，并书面通知申请人。"

〔2〕 《不动产登记暂行条例实施细则》第 84 条规定："异议登记期间，不动产登记簿上记载的权利人以及第三人因处分权利申请登记的，不动产登记机构应当书面告知申请人该权利已经存在异议登记的有关事项。申请人申请继续办理的，应当予以办理，但申请人应当提供知悉异议登记存在并自担风险的书面承诺。"

特定第三人，从而保障债权的实现。

预告登记的必要性产生于债权的非排他性与平等性。如甲将自己的房屋出售于乙，则买受人乙有权请求出卖人甲交付房屋并通过转移登记移转该房屋所有权；根据不动产物权变动的规则，在办理转移登记之前，甲仍然保有房屋的所有权；此时，甲若将该房屋再次出卖于丙，并为丙办理了登记，则房屋所有权为丙所获取；乙的购买行为尽管发生在先，但其债权并不足以对抗丙，而仅能向出卖人甲要求承担违约责任。为保障获得所购买房屋的所有权，乙可在买卖合同中与甲约定就其购置的房屋办理所有权预告登记。进行预告登记后，根据《民法典》第221条的规定，若不经乙的同意，所有权人甲另行处分该房屋的行为将不能发生物权变动的效力，乙因订立买卖合同而产生的债权因此得到了保全。

《民法典》第221条规定，预告登记后，未经预告登记权利人同意，处分不动产的，不发生物权效力。此处所称"处分"，系指以发生物权变动为目的的处分行为，根据《物权编解释（一）》第4条的界定，具体包括转让不动产所有权以及设立建设用地使用权、居住权、地役权、抵押权等定限物权的法律行为。根据《民法典》第215条和第597条的立法精神，预告登记虽影响债务人对其不动产的处分，但其与第三人缔结的买卖合同等债权合同的效力不受影响。

对预告登记的效力，《民法典》第221条采完全限制处分的立场。依有关不动产登记规则，不动产登记簿上存在预告登记的，发生"登记冻结"效力，即，对于后续因处分而产生的登记申请，登记机关将拒绝办理登记。[1] 我国的预告登记制度尽管也是在对域外法继受过程中确立的，但也因我国不动产实践的一些需求而有其自身的特点。在比较法上，预告登记通常不会产生"冻结登记簿"的效力，例如，根据《德国民法典》的规定，不动产权利人仍可以与其他受让人完成不动产物权变动登记，只不过，该后续处分对预告登记权利人不生效力（相对无效，对其他人皆可发生效力)[2]。在我国，预告登记制度以商品房预售交易形式中的所有权取得预告登记为原型构建。为保护购房者的利益，买受人的债权获得预告登记后，开发商在建成房屋并进行首次登记后，无从再为他人办理所有权移转登记或抵押权登记。

但是，预告登记其实并不限于适用于商品房预售情形下的所有权取得。一般情形下的不动产转让、不动产的抵押权设立、以预购的房屋设立抵押权等均可进行预告登记。如果当事人进行的预告登记是抵押权预告登记，则其目的主要是保存抵押权的顺位，在此种情形，规定所有权人（抵押人）不得

---

〔1〕《不动产登记暂行条例实施细则》第85条第2款规定："预告登记生效期间，未经预告登记的权利人书面同意，处分该不动产权利申请登记的，不动产登记机构应当不予办理。"

〔2〕参见《德国民法典》第883条第2款。我国《民法典》在法律行为的效力问题上未设"相对无效"的规定，这或许也是第221条规定处分不动产"不发生物权效力"的原因之一。从法理上看，在多种可能的效力方案中，相对无效的效力设计最佳。

再处分其不动产是完全没有道理的。因为，即便不动产上已经有了抵押权本登记，抵押人仍可转让抵押财产或再为第三人设立抵押权或居住权等用益物权。在抵押预告登记的情形，法律仅需明确，在抵押权预告登记转化为抵押权本登记后，该抵押权按照抵押权预告登记的时间确定抵押权的顺位即可。《担保制度解释》第 52 条对抵押预告登记做出了规定，并明确了抵押权自预告登记之日起设立的规则。[1]

根据《民法典》第 221 条第 2 款的规定，预告登记因两方面原因而失效：①债权本身消灭，如出卖人因房屋买受人未依合同约定及时付款而行使了合同解除权。②自能够进行不动产登记之日起 90 日内未申请登记，例如，因预售的商品房竣工能够进行首次登记而未及时申请不动产所有权转移登记。此种情形，买受人向出卖人请求转移不动产所有权的债权不受影响，但是由于保全此请求权的预告登记失去效力，如果出卖人将标的物处分给他人，则该处分行为有效，买受人仅能向债务人要求损害赔偿。由此项预告登记失效的规定亦可看出，我国的预告登记制度基本上系针对商品房预售设计。

第五节 动产物权变动与交付

一、动产物权变动的意义与要件

（一）动产物权变动的意义

在我国民法上，基于物权法定主义，所谓动产物权系指动产所有权以及动产抵押权、质权与留置权。动产物权变动，指特定动产上这些物权的设立、变更、转移和消灭。其中，"设立"主要指动产抵押权或动产质权的设立。留置权为法定担保物权，不存在设立之问题。变更，指动产物权内容的变更，如动产质权所担保之债权金额的增减等。转移，主要指动产所有权转移，广义上亦包括动产担保物权随其所担保之债权一并转移。消灭，指动产所有权因客体灭失或权利人抛弃等原因而消灭，以及动产担保物权因债权被清偿等原因而消灭。

与不动产物权变动一样，动产物权变动的原因也可归于法律行为和法律行为以外的原因。动产因法律行为以外的原因发生物权变动的，各依其情形，在满足法律规定的要件时产生物权变动的结果，例如：对无主动产因先行据为己有而取得所有权；依添附规则取得附合物、混合物或加工物的所有权；因天然孳息的收取而取得其所有权。非依法律行为取得动产物权，未必需要以取得动产占有为要件。例如，因继承而取得

---

〔1〕《担保制度解释》第 52 条第 1 款规定："当事人办理抵押预告登记后，预告登记权利人请求就抵押财产优先受偿，经审查存在尚未办理建筑物所有权首次登记、预告登记的财产与办理建筑物所有权首次登记时的财产不一致、抵押预告登记已经失效等情形，导致不具备办理抵押登记条件的，人民法院不予支持；经审查已经办理建筑物所有权首次登记，且不存在预告登记失效等情形的，人民法院应予支持，并应当认定抵押权自预告登记之日起设立。"

作为遗产的动产所有权，自被继承人死亡时即发生，即便继承人尚未取得该动产的占有甚至尚不知晓有该动产的存在，也不影响此权利取得的效果。

（二）依法律行为发生动产物权变动的要件

如前文所述，我国民法典物权编以抽象的方式规范物权变动的要件。《民法典》第224条规定，"动产物权的设立与转让，自交付时发生效力，但是法律另有规定的除外"。该条所称"动产物权的设立与转让"，应仅指以法律行为发生物权变动而言，具体来说，指动产质权的设立与动产所有权的转让。

> 《民法典》第224条规范的重点是"自交付时发生效力"。动产上虽亦能设立抵押权，但抵押为不转移占有的担保方式，抵押权的设立无须满足交付的要求。根据《民法典》第403条之规定，动产抵押权自抵押合同生效时设立。有观点据此称动产抵押权的设立采"意思主义"，其实，动产抵押权的设立之所以不要求物之交付，乃是因为抵押的非占有型担保属性所决定的，并非立法者刻意要采什么意思主义。另外，动产质权也可能随其所担保的债权而移转，但其自身不具独立转让性，且在随债权转移时亦无须满足质物交付的要件，[1] 因此，在解释第224条时，尤其是在关注该条所规定的交付要件时，可以不考虑上述两种情形，或者将其归入"法律另有规定"的情形。

依法律行为发生动产物权变动，须满足以下几方面要件：

1. 行为人对动产须享有处分权

物权的设立、转让、抛弃，均属所谓"处分行为"。行为人通过实施法律行为追求直接引起动产物权变动效果的，必须对该动产享有处分权。以他人之动产作为买卖标的物，作为负担行为的买卖固然有效，但出让人显然无从转让自己所不享有的权利。在不享有处分权的动产上为他人设立抵押权或质权，也不能产生担保物权设立的效果。抛弃他人之物，显然不能使权利人的物权发生消灭。

行为人无处分权而实施处分行为的，属效力待定行为，如处分权人追认或处分人事后取得处分权，则处分行为可发生效力。如果满足了《民法典》第311条规定的善意取得的要件，则受让人仍可取得所有权，不过该取得的效果并非由法律行为本身引起。

2. 须有变动动产物权的意思表示

依法律行为旨在引起物权变动的，当然需要有相应的意思表示。抛弃与遗失之所以产生完全不同的法律后果，乃是因为前者有放弃所有权的意思，而后者无此意思。在通过买卖、赠与等转移动产所有权的情形，双方当事人须有物权变动的合意。如前所述，如在物权变动模式问题上采物权形式主义，则引起动产物权变动的不是买卖、赠与等债权合同，而是出让人与受让人之间独立存在的物权合意；如采债权形式主义，则将买卖、赠与等合同直接作为引起物权变动的法律行为。

---

[1] 参见《民法典》第547条第2款。

3. 须有动产的交付或满足交付替代要求

除法律另有规定外，动产物权的变动须有动产的交付始生效力。依法律行为转移动产所有权的，自交付时发生所有权转移的效果。动产质权的设立，除出质人与债权人订立质押合同外，尚需质物的交付，质权于交付时设立。一般认为，交付是动产物权变动的公示手段，动产物权变动需要完成交付乃物权变动公示原则所要求。

依传统学说，交付可区分为现实交付与观念交付，后者包括简易交付、返还请求权让与和占有改定三种情形。民法传统上之所以会将"观念交付"作为交付的特殊形态对待，其原因在于自罗马法以来的私法长期将交付（*traditio*，也翻作"让渡"）本身作为市民法上变动物权的基本方式，而为了将实际无须交付的几种特殊情形包含在内，故创造了"短手交付"（*traditio brevi manu*）、"长手交付"（*traditio longa manu*）等概念。现代民法重构了物权变动的法律框架，以变动物权的法律行为为核心，将交付和占有改定等作为动产物权法律行为的特别生效要件。故此，没必要再将所谓观念交付的几种情形视同为交付，并被迫使用"现实交付"概念表达一般意义上的交付。所谓观念交付不是交付的亚类型，而是交付的替代手段。也就是说，动产物权变动的效力或者因交付而发生，或者因存在占有改定等替代交付的情形而发生。据此，下文分别阐明"交付"与"交付替代"，而不采用多数教科书采用的"现实交付"和"观念交付"的二分法。[1]

二、交付的界定

"交付"并非一个容易界定的法律概念。欲说明何为交付，应从"占有"这一概念谈起。民法学上对交付所做的最简明的定义为"交付，即移转占有"。[2] 占有是对物管领的法律事实，而"移转"通常指通过法律行为让渡权利。通说认为，交付不属于法律行为，交付本身不是意思表示。据此，宜将交付界定为：物之前占有人（让与人）放弃对物的占有，并依其意愿使他人（受让人）取得占有的事实。

依上述定义，可将引起动产物权变动的交付的构成要件做如下分析：

（1）让与人依其意志放弃物的占有。交付须以让与人丧失对物的占有为前提，而且其占有的丧失系让与人自主决定的结果。如果让与人并无放弃占有的主观意思，而系意外丧失占有，则即便受让人随后取得该物的占有，亦不构成交付。

（2）受让人取得占有。交付的完成，往往以受让人取得对物的占有为标志。受让人取得占有，通常指将标的物纳入自己的直接管领控制，但也可以是其他占有取得形式，例如，出卖人将其出卖的车辆交给买受人的司机，因后者是买受人的占有辅助人，故应认定买受人取得了该车辆的占有；又如，出质人将质物交给债权人委托的仓储人，

---

〔1〕 关于交付的构成、交付之于动产物权变动的法律意义以及所谓"观念交付"概念所存在的问题等，本书作者认为，传统理论存在缺陷。对此，作者曾撰文做较深入的讨论，可资参考。参见刘家安："论动产所有权移转中的交付——若干重要概念及观念的澄清与重构"，载《法学》2019年第1期。

〔2〕 参见崔建远：《物权：规范与学说——以中国物权法的解释论为中心》上册，清华大学出版社2011年版，第225页。我国台湾地区学者郑冠宇亦认为，"交付乃占有之移转"，参见郑冠宇：《物权法》，新学林出版股份有限公司2010年版，第78页。

或者在出质人以仓储中的货物出质的情形，债权人直接委托仓储人为其占有质物的，应认定质权人已经通过直接占有人取得了对质物的间接占有。[1]

（3）受让人取得占有系由让与人的意愿促成。同时具备让与人放弃占有和受让人取得占有两项要素的事实未必能构成交付。例如，在所有权人抛弃其动产后，他人以据为己有的意思先行取得占有的，该他人虽能因先占取得该物的所有权，但此非交付所促成。实际上，前手的放弃占有与后手的取得占有必须体现双方的共同意愿，或者说让与人放弃占有的目的就是使受让人取得对物的占有。

满足前述要件的，构成"交付"。该交付事实与行为人变动动产物权的意思以及处分权相结合，可以产生动产所有权移转、动产质权设立等物权变动的效果。

三、交付替代

根据《民法典》物权编的规定，动产物权变动除依交付发生效力外（第224条），尚可依简易交付、返还请求权让与和占有改定几种替代交付的情形发生效力。

（一）简易交付

所谓简易交付，是指在当事人作出物权变动合意前，受让人已经占有动产的，物权变动自当事人达成物权合意时发生效力。在当事人达成所有权转移或质权设立等物权变动合意时，由于受让人[2]已经占有动产，故不再需要着眼于受让人取得占有的交付的发生。由此可见，"简易交付"实际上表达的是一种无须进行交付的情形。

简易交付的规范见于《民法典》第226条的以下规定："动产物权设立和转让前，权利人已经占有该动产的，物权自民事法律行为生效时发生效力。"《民法典》第226条承继原《物权法》第25条之规定，但将后者关于"权利人已经依法占有该动产的"中"依法"的要求删去，此一立法修正是正确的。受让人对动产的占有，可以是以下任一情形：①受让人为直接占有人，而出让人为间接占有人。例如，甲将图书《物权法论》出借于乙，借用期间，乙向甲提出愿以十元价格买下，甲表示同意。②受让人为间接占有人亦可。例如，甲将挖掘机一台出租于乙，经甲同意，乙将该挖掘机转租于丙；后甲、乙之间达成以十万元买卖该挖掘机的合同，此时，乙因间接占有标的物，可依第226条取得所有权。③受让人为无权占有人，而让与人先前已丧失占有。例如，甲拾得乙的画作，甚是喜欢，遂据为己有；乙找上门来索要，甲表达了对乙画作的欣赏，乙视为知己，当即决定以该画相赠。

《民法典》第226条关于"物权自民事法律行为生效时发生效力"的规

---

[1] 可参考《担保制度解释》第55条关于债权人通过监管人取得质物占有的规定。

[2] 如前所述，我国《民法典》物权编采用抽象条款的方式在通则中对物权变动方式加以规定，这也导致了指称相关当事人的困难。《民法典》采用语义模糊的"权利人"的表达，其实难以令人满意。若针对动产所有权移转直接确定规范，即可将所涉及的双方指称为"让与人""受让人"；若针对动产质权设立，则可将双方当事人指称为"出质人""债权人"。考虑到动产质权的创设其实也属于继受取得，可以视为系从出质人（所有权人）处受让所有权的部分权能，故本书统一采用"受让人"来指称动产物权的取得者。

定，不仅存在表达不佳的问题，[1] 而且，该处所称"法律行为生效"究竟何指亦待澄清。在前举借用人与出借人就借用物订立买卖合同的事例中，一般认为，"民事法律行为"即指该买卖合同而言，此在前述所谓债权形式主义的物权变动解释路径上似乎也是不二的选择。但是，恰恰是在此简易交付的特殊情形，不承认物权合同存在的解释弊端会显露出来。当事人就特定之物订立买卖合同时，通常情形下，出卖人占有标的物，并因买卖合同的缔结而负有向买受人交付的义务，同时，买受人也负担支付价款的对待给付义务。在此情形，如出卖人不愿承受交付标的物后买受人不支付价款的风险，仅需不在合同中约定自己有先行给付的义务，即可享受《民法典》第525条规定的同时履行抗辩权的保护，也能确保标的物所有权保留在自己手中。相反，在买受人于买卖合同生效前已占有标的物的情形，如认为在买卖合同成立并生效时即可发生所有权移转的效果，则无异于剥夺了出卖人的同时履行抗辩权，且使其将面临标的物已归买受人所有但其价款请求权尚待实现的不利局面。如能采物权行为的解释路径，则完全可以将第226条所称"民事法律行为"解释为当事人间转移动产所有权的合意（而非买卖合同）；与买受人做成该物权合意系出卖人依买卖合同所负担的给付义务，可纳入同时履行抗辩权范畴，即，如买受人不支付价款，出卖人即可不做出所有权转移的表示，从而确保在价款债权实现之前不至于丧失标的物的所有权。上述解释其实并非仅根据既有的（在我国学理上接受度并不高的）物权行为独立性原理推出，毋宁说，它也更符合此种交易形态中当事人的真实意思。在前举借用人乙向出借人甲求购之事例中，完全可以想象甲在允诺出售时的意愿：我同意将先前借给你的图书以10元钱出售给你，我可没同意，这书现在就是你的了；得在你向我支付10元价款时，我才同意将该书所有权转移给你。

(二) 返还请求权让与

所谓返还请求权让与，指让与动产物权，而该动产由第三人占有的，当事人可以通过达成返还请求权让与合意，以替代交付的情形。例如，甲将一辆运动自行车出借于乙使用；借用期间，丙向甲提出以2000元价格购买该自行车，甲表示同意；甲进而表示，由于自行车在乙手中，为避免麻烦，由丙直接向乙要求返还自行车；丙若不愿意与乙打交道，可以拒绝甲的此项提议，要求甲自行向乙索回后交付于己；但如果丙表示同意接受，则因双方实际达成了返还请求权让与的合意，乙手中自行车的所有权因此移转于丙。

《民法典》第227条规定："动产物权设立和转让前，第三人占有该动产的，负有交付义务的人可以通过转让请求第三人返还原物的权利代替交付。"该条即为我国法上通过返还请求权让与方式变动动产物权的规定。

以返还请求权让与方式移转动产所有权的，仍须满足让与人有处分权及双方有移

---

[1] "物权……发生效力"不匹配，发生效力的应是所有权移转、质权设立等法律行为。

转所有权的合意的要件。《民法典》第 227 条 "负有交付义务的人可以……" 的表述容易使人做出如下理解：动产出卖人可以单方面决定通过此方式移转标的物所有权于买受人。[1] "转让请求返还原物的权利" 本身应该是一个双方法律行为，要由让与人与受让人达成合意。此返还请求权让与合意背后，有双方即时移转动产所有权的意思，正是此移转动产所有权的合意，再加上替代交付的返还请求权让与，才引起了动产所有权移转的效果。

关于 "返还原物的权利" 的类型，学理上有较大争议，有认为仅包括债权性的返还请求权者，亦有认为也包括物上返还请求权者。[2] 对此问题，可做如下分析：

（1）让与人对第三人享有债权性返还请求权的（如寄存人对保管人享有的返还请求权），第三人为直接占有人，让与人为间接占有人。让与人将此返还请求权转让给受让人的，实际上让与的是间接占有的法律地位。在让与当事人就此返还请求权让与达成一致时，如动产变动的其他要件同时具备（让与人有处分权、存在动产物权变动的合意），则受让人取得该动产的物权。关于物权变动的效力是否系于对第三人之通知的问题，《民法典》第 227 条并未涉及，但第 546 条有关债权让与的规范中有 "未通知债务人的，该转让对债务人不发生效力"。本书认为，应根据所有权转让与质权设立这两种情形分别确立是否需要通知物之直接占有人的规则：①在以返还请求权让与移转动产所有权的情形，动产所有权转让的效果因返还请求权让与合意的达成直接发生效力，未通知第三人的，不影响该所有权移转的效力。第三人因未接到通知，而仍向让与人履行了返还义务的，其所负债务消灭。于此情形，由于受让人已是物之所有权人，其可向让与人主张物上返还请求权。②在以返还请求权让与方式设立质权的情形（例如，甲以存放于乙所开设仓库中的货物为丙设立质权，甲将对乙的返还请求权让与丙以代交付），应以债权让与通知到达直接占有人时认定质权的设立。质权的设立，强调质权人对质物的实际控制力。如果动产的直接占有人未接到返还请求权转让（间接占有移转）的通知或质权设定的通知，则出质人随时可要求直接占有人返还其物，应认定债权人对质物尚未取得质权。[3]

（2）如果让与人与物之占有人间不存在占有媒介关系，让与人对占有动

---

〔1〕 我国民法著作多以 "指示交付" 指称以返还请求权转让方式移转动产所有权的情形。"指示交付" 之谓，极具误导性。实际上，无论是从出卖人所负给付义务之履行的债的视角看，还是从动产所有权移转的机制看，都不存在出卖人（让与人）单方面指示的问题。因此，本书不采 "指示交付" 的用法。

〔2〕 参见史尚宽：《物权法论》，中国政法大学出版社 2000 年版，第 40、41 页；谢在全：《民法物权论（上册）》，中国政法大学出版社 2011 年版，第 92、93 页。

〔3〕 可参考《德国民法典》第 1205 条第 2 款之规定（"所有人间接占有动产者，得让与其间接占有于质权人，并将质权之设定通知占有人，以代交付。"）。该法典于第 931 条和第 1205 条第 2 款分别规定以返还请求权让与方式移转动产所有权及设立质权。在前者，未设通知之要求；而在后者，则明确要求质权的设立须以通知占有人为必要。

产的第三人仅享有物权请求权性质的返还请求权，则能否以转让此类型返还请求权的方式变动动产物权，学理上存在很大分歧。设乙拾得甲遗失的相机，据为己有，并赠予丙；在向丙索回相机前，甲将该相机出卖给丁，甲能否以将对丙的返还请求权让与丁以代交付？甲因遗失而丧失对相机的占有，可依《民法典》第 235 条向丙要求返还相机，此返还请求权系基于所有权的物权请求权。民法通说认为，物上请求权不得与物权分离单独为让与，因此，将此类返还请求权纳入第 227 条确有解释上的一定困难。不过，第 227 条恰恰是在规范以返还请求权让与的方式移转动产的所有权，所以，让与人并非系将返还请求权单独让与受让人，而是与所有权一并让与。一般而言，在标的物为他人无权占有时，所有人出卖该物的，买受人为避免与该第三人之间的纠缠（第三人完全可能不愿意交出其物，此种情形与第三人本身对让与人负有债法上的返还义务时存在显著区别），通常不会同意以受让具有物上请求权性质的返还请求权的方式替代从出卖人手中获得物的交付（出卖人须首先从无权占有人手中索回物）。但如果受让人明确同意一并受让对第三人的返还请求权（如其作为受赠人则极可能接受此等安排），则无理由反对所有权因此即时被受让人取得。据此，本书认为，第 227 条所称"请求第三人返还原物的权利"也包括《民法典》第 235 条规定的物上返还请求权在内。[1] 而且，由于第三人的意志以及是否接到转让通知等在所不问，该第三人是否为让与当事人所知晓其实并不重要。这也就意味着，以下述方式可以实现动产所有权的转移：甲遗失手机，不知所踪；甲向乙表示赠与，并称将针对无权占有人的返还请求权一并让与乙（"一旦知晓手机为何人拾得，你可径直向其索回"），而乙接受；此时，乙直接成为该手机的所有权人，尽管其甚至完全不知该物是否会重见天日。

（三）占有改定

所谓占有改定，指让与动产所有权，而由出让人与受让人约定占有媒介关系，从而使受让人取得间接占有，以替代交付的情形。例如，甲将其拖拉机出售于乙，乙支付价款并请求交付，甲因还需要使用该拖拉机耕地，遂向乙提出，愿以每日 50 元价格承租该拖拉机 10 日，乙表示同意。此时，因甲乙之间租赁合同的缔结，甲虽继续占有拖拉机，但乙也通过占有媒介关系取得了对该拖拉机的间接占有，从而通过占有改定的方式取得了拖拉机的所有权。

《民法典》第 228 条规定，"动产物权转让时，当事人又约定由出让人继续占有该动产的，物权自该约定生效时发生效力。"尽管表述并不算严谨，但该条确系我国法上有关占有改定的立法规范。值得注意的是，《民法典》第 226 条及第 227 条关于简易交

---

　　[1]　本书作者曾就此问题撰文认为，以返还请求权让与的方式转让动产所有权的，能够被让与的返还请求权仅限于债权请求权，而不包括物权请求权在内，参见刘家安："论通过返还请求权让与方式实现动产所有权移转"，载《比较法研究》2017 年第 4 期。本书修正这一观点。

付和返还请求权让与的规定，均同时针对"动产物权设立与转让"，而第 228 条仅针对"动产物权转让"，这实际上意味着，不能通过占有改定的方式设立动产质权。以占有改定方式移转动产所有权的，除须由受让人通过占有媒介关系取得间接占有外，[1] 还须满足让与当事人间存在移转动产所有权的合意及让与人对动产享有处分权的要件。

尽管《民法典》第 228 条有限制占有改定适用范围的立法意图，但不宜得出占有改定仅能运用于因买卖等原因真正移转动产所有权之情形的结论。在动产担保领域，尽管动产质权不能采取占有改定的方式设立，但是至少在以下两种情形，可通过占有改定的方式在形式上移转所有权以达成担保之目的：①在以动产作为让与担保对象的情形，担保人与债权人约定，将动产所有权让与债权人以担保后者的债权的，双方往往通过占有改定方式使担保人能够继续直接占有标的物，从而使此种担保安排不影响物的正常使用。②在所谓"售后回租型"的融资租赁，[2] 占有改定是实现此种融资担保交易的最常见手段。例如，甲企业有价值 100 万的设备一台，为取得乙银行的借款，双方达成如下协议：甲企业将设备以 50 万价格"出售"给乙银行，后者支付价款 50 万（实际为借款），甲企业以承租人名义继续使用该设备，并按月向乙支付租金（实际为支付借款本息）；租期结束，甲企业支付完租金的，设备所有权重新回到甲企业手中。可以看出，在此种交易模式中，占有改定发挥了不可替代的作用。

四、特殊动产的物权变动

《民法典》第 225 条规定："船舶、航空器和机动车等的物权的设立、变更、转让和消灭，未经登记，不得对抗善意第三人。"该条规定所涉及的船舶、航空器和机动车虽属于动产，但此类动产具有一个特殊性，即在此类物上可构建类似不动产的登记制度。因为具备可登记的特性，机动车等也被称为"特殊动产"。

以机动车为例，就其物理属性与经济功能而言，它应属典型的动产。不过，尽管机动车属于典型批量制造的工业品，但是通过给发动机与机身编号的方式，每一辆车都被赋予了一个唯一的登记编号。另外，通过号牌中的行政区划信息，人们也能够了解一辆车的登记机构，并可据此查询相关登记信息。须特别说明的是，随着动产担保公示体系的发展，以一般动产设立抵押权的，也可以在动产与权利担保统一登记平台上进行登记，但此类登记系采

---

[1] 有关间接占有和占有媒介关系，请参看本书占有部分的讨论。

[2]《最高人民法院关于审理融资租赁合同纠纷案件适用法律问题的解释》第 2 条规定："承租人将其自有物出卖给出租人，再通过融资租赁合同将租赁物从出租人处租回的，人民法院不应仅以承租人和出卖人系同一人为由认定不构成融资租赁法律关系。"

所谓人的编成主义，实际上并不能针对特定动产达成公示的目的。相反，机动车等特殊动产的登记采物的编成主义，不仅在所有权转移等方面可发挥登记公示的效果，而且在抵押权的设立方面也可实现物的编成的登记。

《民法典》第 225 条仍以抽象的方式对机动车等的物权变动做出规定，欲理解其真实内涵，须加以具体化。

1. 特殊动产所有权的转移

特殊动产的所有人依法律行为移转所有权，这正是《民法典》第 225 条真正重要的适用情形。该条虽未明确交付的意义，但考虑到特殊动产的动产属性，仍应先有第 224 条的适用，即在依法律行为变动物权的情形，机动车等特殊动产的所有权自交付时发生移转。因交付（或交付替代手段），特殊动产的受让人即可取得所有权，不过，如未做所有权移转登记，受让人不得向善意第三人主张因受领交付已取得所有权。例如，甲将二手机动车出售并交付于乙，乙支付了价款，但双方未办理机动车所有权移转登记；因机动车存在质量问题，乙将车交还甲修理；甲将该车再次出售给丙，交付车辆并为丙办理了所有权移转登记。此例中的丙为典型的善意第三人，所谓"不得对抗善意第三人"，可解释为，对于善意第三人丙而言，乙因交易及受领交付而取得所有权的事实视为未发生。也就是说，甲向丙的再次转让，仍可被视为有权处分。[1]

需特别注意的是，特殊动产因交付而转移所有权，这仍是此类动产物权变动的基本方式。特殊动产因交付而转移所有权的，虽未登记，但移转所有权的效果通常不会受到影响。在解释《民法典》第 225 条时，应严格限定"善意第三人"的范围。如前例所示，此处所指善意第三人，应仅指信赖特殊动产的占有及登记状况的交易中的第三人，而不应包含让与人的一般债权人等。关于此点，《物权编解释（一）》第 6 条的如下规定值得赞同："转让人转让船舶、航空器和机动车等所有权，受让人已经支付合理价款并取得占有，虽未经登记，但转让人的债权人主张其为民法典第二百二十五条所称的'善意第三人'的，不予支持，法律另有规定的除外。"

关于机动车等特殊动产的所谓"登记对抗主义"尚有一个问题需加以讨论。特殊动产，未经交付但完成所有权转移登记的，是否引起所有权的变动？有观点认为，如果未交付特殊动产，即便完成了登记，受让人也不能取得所有权。[2] 相反的观点认为，登记的效力强于交付，登记的对抗效力不以交付

---

[1] 另一种可能的解释是，乙取得所有权，甲的转让构成无权处分，但善意第三人丙可善意取得机动车所有权。这一解释乃利用《民法典》第 311 条规定的善意取得规则，对善意受让人提供一般性保护，从而实际上是架空了第 225 条"未经登记，不得对抗善意第三人"之规定。另外，第 311 条规定的善意取得，除要求受让人的善意外，还要求满足标的物以合理的价格转让等其他要件。在解释上，没有理由为第 225 条也附加善意之外的其他要件。因此，本书认为，应采用法律拟制的方法，将让与人的后续处分视为有权处分，并按照自有权处分人处受让所有权的逻辑界定丙之所有权取得效果。

[2] 参见崔建远："机动车物权的变动辨析"，载《环球法律评论》2014 年第 2 期。

为前提。[1] 本书认为，在特殊动产所有权移转方面，应坚持交付转移所有权的一元规则，特殊动产所有权移转登记仅具有宣示登记的意义。一般情形下，特殊动产所有权的移转登记，或者与交付相伴随，或者在交付之后再行办理，并不存在与交付规则的冲突。如果特殊动产的让与人为受让人办理了所有权转移登记，则双方之间已具有清晰的所有权转移合意，如果让与人仍保留特殊动产的占有，则此种情形应解释为占有改定，即让与人以他主占有的意思直接占有特殊动产，而受让人已取得了间接占有，并依《民法典》第 228 条之规定取得了特殊动产的所有权。

2. 特殊动产物权变动的其他情形

除移转所有权外，动产物权变动的其他形态还包括动产质权设立与动产抵押权设立两种情形。《民法典》第 225 条对此二种情形实际上无适用余地：①以机动车等特殊动产设立质权的，质权于交付时设立，不存在动产质押登记的需要，也不存在质权人不得以其质权对抗"善意第三人"的情形；②以机动车等特殊动产设立抵押权的，由于抵押权属于不移转占有的担保物权，抵押权自抵押合同生效时设立，而《民法典》第 403 条专门设有有关动产抵押权设立的特别规范，且《担保制度解释》第 54 条有专门针对《民法典》第 403 条"善意第三人"范围的解释，故此种情形也不适用第 225 条。质言之，关于动产抵押权设立中的登记对抗问题，显然应适用第 403 条的特别规范，而不应适用第 225 条的一般规范。

由是观之，《民法典》物权编对于动产物权变动的立法技术确实存在一定问题，其以相当抽象的语言规定了实际非常有限的适用情形。在解释上，需要致力于将这些规范具体化，并根据所有权转移、质权设立等的不同情形赋予这些规范以实际意义。

📧 本章拓展

物权变动的意义探寻

物权法明确物权变动的规则，当然具有重要的法律意义。就不动产或动产所有权移转而言，按照前述物权变动规则，一旦判定发生了所有权移转，则特定不动产或动产的所有权移转于受让人，而这一效果原则上具有对世的效力。这至少在以下三个方面具有重要的法律意义：①受让人成为所有权人后，既可主张占有回复、排除妨害、消除危险等物权请求权，同时，在第三人对物实施加害行为导致损害时，亦可明确由受让人（而非作为原所有权人的让与人）主张侵权法上的请求权。②所有权移转时点的明确，决定了处分权有无的判断。自所有权移转效果发生之时，让与人丧失物的处分权，而受让人取得物的处分权。这一点对于判断当事人后续实施处分行为的效力至关重要。例如，当事人间通过占有改定方式移转动产所有权的，如直接占有人后续再行处分其占有之物，由于占有改定已产生移转所有权的效果，先前享有所有权的直接

---

[1] 参见孙宪忠、朱广新主编：《民法典评注：物权编1》，崔文星执笔，中国法制出版社 2020 年版，第 164 页。

占有人已丧失物之处分权，其再实施处分行为将构成无权处分。③标的物脱离让与人的责任财产，而成为受让人的责任财产，原则上，自特定物所有权移转效果发生之时起，让与人的债权人不得再对该物主张强制执行，而受让人的债权人则可主张就该物强制执行。

不过，需注意的是，不能脱离特定当事人之间的交易关系孤立地看待物权变动。以通过买卖合同移转不动产所有权为例，即便买受人尚未依移转登记取得所有权，从而仅能将其法律地位界定为针对出卖人产生给付请求权的债权人，但是，针对其购买的不动产，买受人仍可享有以下法律地位：其一，买受人可以期待成为所有权人，因其与出卖人之间的买卖合同关系已经对出卖人产生了一种无法随意摆脱的债法上的约束力，出卖人有义务配合买受人完成不动产登记；其二，如果买受人完成预告登记，则根据《民法典》第221条的规定，其法律地位还将限制出卖人的处分权，基本可确保未来取得所有权，而且，根据司法解释的规定，预告登记权利人还可借助预告登记产生排除执行的效力；[1] 其三，如果买受人已自出卖人处取得不动产的占有，则一方面，买受人实际上已经取得对物的占有、使用、收益的权利，出卖人有继续履行合同、通过配合完成登记从而使买受人取得所有权的义务，而无依抽象的所有权归属要求买受人回复占有的权利；另一方面，面对第三人，买受人可主张依《民法典》第462条受占有的保护；其四，再从责任财产的视角观察，在满足一定要件的情形，买受人可排除出卖人的债权人对其所买受之不动产强制执行的权利。[2]

---

〔1〕《最高人民法院关于人民法院办理执行异议和复议案件若干问题的规定》第30条规定："金钱债权执行中，对被查封的办理了受让物权预告登记的不动产，受让人提出停止处分异议的，人民法院应予支持；符合物权登记条件，受让人提出排除执行异议的，应予支持。"

〔2〕《最高人民法院关于人民法院办理执行异议和复议案件若干问题的规定》第28条规定："金钱债权执行中，买受人对登记在被执行人名下的不动产提出异议，符合下列情形且其权利能够排除执行的，人民法院应予支持：（一）在人民法院查封之前已签订合法有效的书面买卖合同；（二）在人民法院查封之前已合法占有该不动产；（三）已支付全部价款，或者已按照合同约定支付部分款项且将剩余价款按照人民法院的要求交付执行；（四）非因买受人自身原因未办理过户登记。"

第五章

所有权

✉ **本章提要**

本章探讨在物权体系中居于核心地位的所有权的相关问题。所有权系完全物权，具有弹力性、恒久性等特点。我国法上的所有权概念，强调国家所有权、集体所有权等特殊范畴，体现土地公有制的重要影响。在不动产所有权方面，本章将阐述建筑物区分所有权及不动产相邻关系两项制度。本章还将以《民法典》物权编第八章为基础，阐明共有的概念、类型、效力等。

关于依当事人的法律行为而发生的所有权变动，《民法典》选择在物权编通则部分统一规范。本章将在"所有权取得"一节中探讨先占、添附、善意取得、拾得遗失物等特殊的所有权取得方式。

👉 **第一节　所有权概述**

🎯 **导入性问题**

所有权是"完全物权"，所有人对其物拥有最全面的支配权，那么，为什么在物上为他人设立定限物权后，所有权仍不改变其性质？

一、所有权的意义

所有权，乃关乎人类生活的基础范畴。在人文学科中，所有权不仅是法学的研究对象，也为政治哲学、经济学等学科所关注。不同学科领域的学术研究，关注所有权制度的不同层面。即便在法学内部，私法上的所有权概念与宪法上讨论的所有权亦有所区分。

所有权乃私法上最为重要的概念之一，这一点尤其体现在继受罗马法传统且注重形式逻辑的民法法系国家的私法体系。在此类法律体系中，所有权是贯穿整个财产法制度的中心线索：一方面，物权以所有权为其原型，并以其为核心构建——各种"他物权"均为设立于他人所有物之上的物权；另一方面，债法规范也时常需借助所有权概念加以表达，而且至少就财产权利移转型债务关系而言，所有权的移转时常构成债权发生的目的。

如果说在原始公有制下还不太可能发育出所有权观念的话，那么，自从人类历史上出现了私有财产制度，所有权的观念也就随之建立起来。历史地看，确立所有权的目的在于定分止争。因此，从一开始，所有权就表现出了权利人支配标的物并排除他人干预的法律上的力量。[1]

"所有权"有着深厚的社会、历史背景，并非一个简单的逻辑概念，因此抽象地给它下一个定义并不容易。事实上，大陆法系国家的法典或者学理通常用两种方法来定义所有权：其一，抽象概括式的界定方法，强调所有权是对物全面支配的权利，只要不违反法律，所有人可以对其物加以所有可能的利用与处分，并排除他人干预。其二，权能列举式的界定方法，注重揭示所有权的具体权利内容构成。我国《民法典》第240条规定："所有权人对自己的不动产或者动产，依法享有占有、使用、收益和处分的权利。"可见，我国民事立法对于"所有权"采用的是权能列举式的定义方法。

本书认为，就所有权的界定而言，以"全面支配""自由处分"等文字加以表达的抽象概括式定义方法要优于列举式的定义方法。所有权是权利人对特定物享有的最全面的支配权，所有人依其意志自由地对其物加以利用与处分，仅在法律明确限制的领域，所有权人的自由才受到限制。采用权能列举的方法不仅不能全面涵盖所有权的权利内容，同时各项权能之间在逻辑上往往也会存在一些问题（例如，将"使用"与"收益"并列，实际上使用本身即可获得利益），更重要的是，权能列举法容易导致对所有权的一种误解：所有权的内容系由法律明确规定，未为法律规定者，不在所有权人的权利范围内。此种错误的观念严重背离所有权的自由价值，容易导致公权力对所有权的不当侵入。因此，在学理上，采用概括式的方法，可为所有权给出如下定义：所有权，是在法律限制的范围内，对物为全面支配、处分，并排除他人干预的权利。

"所有权"是民法学上的一个基础范畴，但其内涵与意义并非不辩自明。自私有制出现，动产归个体所有，且绝对地受所有人支配，此乃各种文明的共生现象。但是，古代财产法制的中心并不在动产，而在土地。在古代罗马，尽管实际的土地占有和归属情况极其复杂（尤其考虑到伴随罗马征服而来的行省、殖民地等土地的归属利用情况），但总体而言，罗马法上发展出了一个个人主义基础上的体现绝对归属和排他的所有权观念。相反，古代日耳曼村社的土地法制，则强调团体主义基础上的具体利用，确立了成员间相互协作和限制的"总有"，此种土地法制缺乏将土地归属于个体完全支配控制的观念。欧洲中世纪兴起的封建主义，以土地的层层分封为手段，构建了一种鲜明的政治经济制度。在此种法律制度中，缺乏绝对归属、自由处分的所有权观念。近代资产阶级革命后，罗马法式的抽象、绝对所有权在西方各国得以重新确立，并成为18世纪以来西方国家民法典编纂的基础法律范畴。

---

〔1〕 英国法学家威廉·布莱克斯通爵士在其名著《英国法释义》一书中指出："没有任何事物像所有权一样，如此普遍地激发想象力而又触动人的情怀；也没有任何事物像所有权一样，让一个人对世界中外在之物得为主张与行使独且专断的支配，并完全排除其他个人的权利。"see William Blackstone, *Commentaries on tha laws of England*, Bk, II, ch.1, p.2 (1775-69).

我国古代的土地制度也处在不断变迁中。井田制中公有的色彩浓厚，自秦废除井田制后，土地私有制基本得以确立。但是，为解决土地兼并带来的社会问题，各王朝时有限田、均田、授田等制度的实施，这也表明，我国历史上的土地制度并非一种一成不变的绝对私有制，我国固有法上的土地所有权制度也非西方罗马法或日耳曼法的所有权观念所能描述。清末变法，引进西方法制，在民国的法律体系中确立了抽象的土地所有权制度。但是，现代法上对土地所有权的各种法律限制从一开始就构成了此种所有权制度的重要方面。

中华人民共和国建立后，宪法确立了生产资料的社会主义公有制，尤其是土地的绝对公有制。但是，此种公有制在法律上又被表达为"国家所有"和"集体所有"，《民法典》物权编第五章更是将国家所有权、集体所有权与私人所有权相并列。如果说，我国法上的私人所有权属于罗马法式的抽象、绝对所有权的话，所谓国家所有权、集体所有权则与一般的所有权概念有着显著的差异。一方面，民法上一般所有权的概念，系以私人所有权为原型构建，不能直接以此种所有权观念解释国家所有权与集体所有权，例如，即使某集体的全部成员均同意，集体土地也不得被转让给他人，因此，集体土地所有权人其实欠缺转让所有物之权能，而按照所有权的一般定义及性质，欠缺处分权能的权利不能称之为所有权。另一方面，《民法典》物权编仍遵循他物权的逻辑，按照公有私用的思想，规定了建设用地使用权、土地承包经营权、宅基地使用权等国家或集体土地之上的用益物权，这些用益物权与比较法上在土地私有制之下发展出来的地上权、永佃权等权利存在着相当大的构造差异。举例来说，土地承包经营权与其说是一种建构在集体这个"他人"所有权之上的用益物权，不如说其实质是集体经济组织的成员实现集体所有权的一种方式。由此可见，我国实行的土地公有制，不仅决定了所有权的类型和特殊范畴，而且还深刻地影响了用益物权制度，使得后者具有了鲜明的中国特色。某种意义上讲，既有的土地承包经营权、建设用地使用权等制度本身就是因积极探索公有制实现方式而实现变革的结果，而为回应经济社会的发展，这些制度存在着二次变革的强烈需求。

因此，在我国法上，应以一般民事主体（私主体）享有的房屋等不动产所有权或动产所有权为原型来理解"所有权"这一概念。对于"国家所有权""集体所有权"乃至于以它们为基础的土地承包经营权等"他物权"均不能以通常之所有权概念加以阐释。

另外，还需指出的是，为适应担保实践的发展，《民法典》在具有他物权性质的抵押权、质权之外，还引入了所有权型的物上担保权。在保留所有权买卖交易中，形式上看，在买受人付清价款前，标的物所有权尚保留在出卖人手中。但是，实际上，出卖人享有的其实是一种类似动产抵押权的担保权利。在描述已经占有标的物的买受人的法律地位时，与其将其界定为一种具有物权效力的期待权，不如径直认为，真正意义上的所有权已经移转于买受人，而出卖人在物上享有的是担保权。融资租赁中出租人和承租人的法律地位也应做相同的解释，即应将出租人在物上的权利解释为一种担保权，而以承租人为真正意义上的所有权人。至于非典型担保中的让与担保，虽未见于《民法典》，但已在实践中被广为运用且已为《担保制度解释》所规定。在为担保目的而让与形式上的所有权之情形，应认为，法律上的所有权并非被让与债权人，后者取得的仍是标的物上的一种担保权益。[1]

二、所有权的特性

作为物权体系中处于核心地位的一种权利，所有权具有以下特性：

（一）全面性

所有权是对物的全面的支配。所有权人可以自由运用自己的意志，对物进行其所希望的各种支配、利用和处置。实际上，这种对物的支配达到了如此全面的程度，以至于我们根本无法真正穷尽所有权人对物的实际支配方式。例如，只要不对他人造成损害，原则上，所有权人并不负有"妥善地"或者"经济地"利用自己所有之物的义务，他当然可以闲置其物、放任其发生损耗，甚至主动毁损其物。

与所有权的全面性不同，其他类型的物上权利不可能是对物为全面支配的权利，这些物权人仅能依法律的规定或者所有权人的意志在某些特定的方面对标的物产生支配权。例如，地役权人仅能根据地役权合同的约定，为需役地的特定利益而对供役地加以一定的利用；抵押权人对于抵押物则仅取得一种潜在的变价权。

全面支配性是所有权的法律属性，但这并不意味着物之所有人在任何时刻都能现实地对物为全面的支配。事实上，恰恰基于所有权人的意志，其物之上可能存在他人的权利，无论该他人之权利为一项定限物权，抑或仅系基于合同关系的利用权（如承租人使用租赁物的权利），所有权都会因此暂时受到其他权利的限制。如前文所述，当一物之上同时并存所有权和定限物权时，后者在其具体的支配范围内有优先于所有权的效力。然而这一点并未改变所有权为全面支配物之权利的特性。因为，作为一种法律上的力量（而非现实的力量），此时的所有权具有一种面向未来的全面的支配力——物上的其他权利一旦消灭，所有权会立刻恢复其全面支配物的形态。作为所有权救济手段的回复占有等请求权，其效力的基础也在于此。

（二）整体性

所有权的整体性，是指所有权是一个浑然一体的权利，它并不是由数种权能简单相加而得出的一种权利。即便所有权的内容可以被具体描述为占有、使用、收益和处分等方面，但判断某人对某物是否享有所有权，并非通过观测其在该物上是否具备以上各种支配可能而得出。例如，甲在自己的房屋上为乙无偿设立终身性居住权，则可能在相当长的一段时间内，甲将无法占有、使用其房屋，也无法从该房屋中获取收益，其所有权呈现出一种空虚化现象，但是，法律上仍以甲为房屋所有权人。质言之，甲

---

[1] 参见《担保制度解释》第68条。

的所有权并未因居住权的设定而异化成另一种物权形态。

所有权不能在内容上加以分割。在所有物上为他人设立用益物权或者担保物权，并非是出让所有权的一部分从而使原所有权人与新的权利人共享所有权，相反，它是在保持所有权人法律地位的情况下，创设一个新的定限物权。

所有权也不能在时间上加以分割。不存在"此时段为我所有"而"彼时段为你所有"的所有权，共有人分时段利用共有物，这一点并不改变他们在整个共有期间共有标的物的事实。在我国法律框架内，所谓"分时度假"不动产上的权利性质，仍需以共有或定限物权加以解释。另外，即使买受人以分期付款的方式购买不动产或动产，也不存在其依付款进度获得部分所有权的逻辑，买卖标的物的所有权仍以全有或全无的方式，在交付或登记时瞬间发生移转。

（三）弹力性

所有权的弹力性，也称为所有权的回归力。可以将所有权想象成一个弹簧，当它受到外力压迫时会收缩，但其物理性状并不改变；在此种外力压迫被释放时，弹簧会自动恢复到伸展的状态。所有权的弹力性，描述的是所有权所具有的这样一种特性：所有权具有整体性，因此其内容可自由伸缩；在所有物上设定定限物权，并不改变所有权的属性；尽管在定限物权存在期间，所有权中与该定限物权相对应的权能处于被压制的状态，但是，一旦该定限物权消灭（如有期限的用益物权到期，或抵押权所担保的债权得到清偿），则所有权会立刻且自动地恢复到其圆满的状态，所有权人可以重新对物加以全面的现实支配。所有权的这种伸缩自如的特性，对于理解物权体系至关重要。

（四）恒久性

所有权属于典型的无期限物权，其法律属性决定了此种权利不得被附加存续期限。在法律上，不存在因期限届满而导致所有权消灭的可能性。即便是在附买回条款的买卖中（如"我将该物以 8000 元卖给你，3 年后我有权以 1 万元的价格买回"），所有权本身也未被附加期限，当事人移转的仍然是永久性的所有权，只不过，在出卖人选择买回时，买受人有义务将其取得的所有权再转回出卖人。

所有权的恒久性当然并不意味着所有权不会发生消灭。实际上，作为权利客体的物的毁损将导致所有权的绝对消灭，而他人的继受取得、时效取得或者善意取得等也都将导致所有权的相对消灭。不过，这些情况下所有权的消灭均非因期限的届满而导致。

很大程度上，坚持所有权的恒久性系逻辑的需要。就有期限的定限物权而言，其因期限届满而消灭后，基于所有权的弹力性，该物权原先的权能将自动回归于所有权人。如果所有权本身也具有期限，那势必会产生一个问题：所有权因期限届满而消灭后，其标的物将成为无主物，而成为他人竞相争夺的对象。

三、所有权的类型

（一）不动产所有权与动产所有权

根据所有权客体的不同，可将其分为不动产所有权与动产所有权。顾名思义，所有权凡以不动产为客体的，为不动产所有权；以动产为客体的，则为动产所有权。

由于不动产与动产性质上的差异，上述两种所有权在权利的得丧变更以及内容等方面存在诸多差异。例如，先占、拾得遗失物等原始取得方式仅适用于动产。在继受取得之情形，动产所有权以动产之交付为要件，而不动产所有权则以登记为要件。此外，不动产所有权还涉及相邻关系以及建筑物区分所有权等问题。另外，我国实行土地公有制，土地之上的国家所有权与集体所有权与一般意义上的私人所有权存在显著差异。

（二）单一所有权与多数人所有权

根据所有权人数量的不同，可将所有权分为单一所有权与多数人所有权。所有权人为单一法律主体的，无论其为自然人抑或为法人，所有权为单一所有权。所有权人为两个或者两个以上法律主体共享的，该所有权为多数人所有权。

单一所有权是通常意义上的所有权，它也是所有权的原型，也就是说，如无特别指明，法律中关于所有权的规定均系针对单一所有权而设。

多数人所有权主要指的是共有，在我国法上包括共同共有和按份共有两种形态。另外，建筑物区分所有权也是一种特殊类型的多数人所有权。相对于单一所有权而言，多数人所有权的规则较为复杂，它需要明确多数人所有权的内部效力和外部效力等问题。

（三）国家所有权、集体所有权和私人所有权

根据生产资料所有制的不同形式，可将所有权分为国家所有权、集体所有权与私人所有权。尽管民法理念强调所有权的平等，但这种根据生产资料所有制的不同而对所有权所作的区分在我国法上仍具有重要的意义。在《物权法》立法时，对于是否需要作此区分以及是否需因所有制的不同而采取差异化的保护问题，曾有过激烈的争论，立法最终坚持了这一区分，但同时也表明了平等保护的立场。《民法典》遵循了《物权法》的这一立法处理。

1. 国家所有权

我国宪法确立了以公有制为主体的经济制度，而公有制的法律形态即为国家所有权和集体所有权。国家是一个政治组织，但它也可以作为民事主体参与民事活动。所谓国家所有权，指的就是国家以民事主体的身份对依法归其所有之物所享有的所有权。

作为抽象的民事主体，国家所享有的所有权具有两个基本特点：①国家本身并非终极的利益主体，国家所有权所体现的是全体国民的利益，因此国家应以有利于全民的方式行使其所有权；②作为一个抽象的法律构造物，国家须借助具体的组织机构来行使其所有权。根据《民法典》的规定，除法律另有规定外，国有财产由国务院代表国家行使所有权。由于需要为全民负责，代行国家所有权的机构及其人员对于所有物并无意志的自由，其行为应同时受公法的约束。

国家所有权在民法上的一个重要意义在于，它明确了某些财产的国家专属性。《民法典》第242条明确规定："法律规定专属于国家所有的不动产和动产，任何组织或者个人不能取得所有权。"例如，根据《民法典》的规定，城市土地属于国家专有，任何个人、集体、组织都不可能拥有城市土地的所有权。另外，该法还确立了国家对矿藏、

水流、海域、无居民海岛、野生动植物资源等的专属权。

国家专属的特性实际上意味着流通的禁止。例如，规定城市土地归国家所有，这就意味着，一般法律主体，无论其为自然人抑或是法人，均不得通过任何形式取得城市土地的所有权；如果需要在国有的土地之上确立私主体的权利，则只能通过创设建设用地使用权等方式加以实现。

2. 集体所有权

集体所有权是公有制的另一种法律形态。"集体"是一个很难从民法上加以定义的概念。尽管《民法典》第 100 条规定农村集体经济组织依法取得法人资格，但集体所有权很难归入法人所有权的范畴。

作为体现公有制的一种特殊的所有权形态，集体所有权具有下列基本特征：①集体所有权很难被解释为法人所有权，但集体所有又不能完全等同于全体集体成员的共有。《民法典》第 261 条第 1 款规定："农民集体所有的不动产和动产，属于本集体成员集体所有。"但这一规定显然不能简单地被解释为"集体所有就是集体成员的共有"。集体由具体的自然人（或者农户）组成，如果集体所有就是成员的共有，那么集体所有的概念也就失去了独立的意义。②由新中国成立后农村土地改革以来的历史所决定，具体享有土地所有权的"集体所有"，包括村农民集体所有、村内部分农民集体所有及乡镇农民集体所有三种情形所有权（所谓"三级所有，队为基础"）。

根据我国法律的规定，农村土地原则上属于农村集体所有。作为集体组织成员的个人并不享有土地的所有权，因此，无论是基于农业目的的土地承包经营权，还是基于建筑目的的宅基地使用权，均是建立在集体所有权基础之上的"他物权"。

3. 私人所有权

私人所有权指的是非表现为国家所有或者集体所有等公有形态的自然人、法人所享有的所有权。私人所有权是民法上所有权的常态，作为私主体的所有权人可自由运用自己的意志行使所有权。

《民法典》第 266 条规定："私人对其合法的收入、房屋、生活用品、生产工具、原材料等不动产和动产享有所有权。"实际上，法律完全没有必要也不可能具体列举私人能够拥有什么，除法律规定专属于国家或者集体所有的财产外，私人对其他一切有体物均可享有所有权。

👉 第二节　所有权的权能与限制

一、所有权的权能

在法律限定的范围内，所有权人对其标的物可以"为所欲为"。对于这种抽象的自由，可以通过权能列示的方法说明其具体内容。《民法典》依循《民法通则》和《物权法》的传统，在关于所有权的定义中列出了占有、使用、收益和处分四种积极权能。另外，所有权当然还具有排除他人干涉的消极权能。

"所有权的权能"，为民法学上常见的一种表达，学理上对于所有权的解释基本都以权能列举的方式进行。不过，对于何为"权能"，民法著作基本都未作出解释，似乎该概念乃不辩自明的范畴。本书认为，"权能"之谓，体现了权利乃法律上之力的思想。所有权乃支配权，所有权人得自由支配其物，并享用之。所有权的权能，描述了所有权蕴含的法律上之力，权能既表达了利益的归属，也表达了意志之自由，并成为所有权被侵害或妨害时法律救济的源泉。占有权能，并非仅描述所有权人占有其物的事实状态，其主要意义在于揭示以下道理：如非基于所有人的意志，或基于法律的特别规定，物应由其所有人占有。在他人无权占有的情形，所有权中蕴含的占有权能将产生一种回归的力量，在此意义上，占有回复请求权也属于所有权的效力。使用和收益权能，并非仅描述所有人有权使用自己之物并从中获取利益，其主要意义在于揭示以下道理：如非基于所有人的意志，或基于法律的特别规定，他人对物的使用和因此的获利不具有正当性，构成对所有权的侵害，该他人须依不当得利或侵权行为等规定对所有人负责。处分权能，不仅说明了所有人不必因物之事实毁损等而对他人负责，而且还引出了处分权的概念，从而可将所有人移转所有权及为他人设立定限物权的法律行为归入有权处分，可以说，正是蕴含在所有权之中的这种能量，才是他人取得相应权利的源泉。

所有权系"完全物权"，所有人对其物原则上可为所欲为，故占有、使用、收益、处分等权能的列举，仅具有描述和例示功能，并不能穷尽所有权的内容。

（一）占有权能

占有权能，是指所有权人对标的物有现实管领和支配的权利。无论标的物为动产还是不动产，所有权人均有权占有其标的物。占有是表现所有权的直接方法，同时它也是所有权人对标的物进行使用、收益的必要前提。

所有权人的这种占有权能是一种法律上的力量，而非单纯的管领物的事实。作为所有权或其他物权权能的占有，与物权编第五分编规定的作为法律事实的占有存在显著的不同：前者属于权利的范畴，所有权人丧失物的占有的，可依《民法典》第235条要求无权占有人回复物的占有；后者属于对物实际管领支配的法律事实，占有人即便不享有占有的权利，仍不影响其占有人的法律地位。

（二）使用权能

使用本身是一个相当宽泛的概念，可以容纳所有权人对物的各种利用方式。为与处分权能（事实上的处分）相区分，所谓使用权能，应指所有权人对其物在不造成毁损或者变更性质的前提下，以满足其需求的方式加以利用的权利。由于所有权的权能中另有"收益"权能，为与其进行区分，"使用"一般指不收取天然孳息的利用。

人们通常不以"使用"的观念来看待对某些类型之物的利用行为。例如，就金钱、食品、燃料等消耗物而言，通常的利用本身也就意味着其实体的耗尽、灭失或者移转，而耗尽实体的利用已属于事实上处分的范畴。因此，使用权能仅对于不可消耗物具有意义。当然，具体的使用方式终归处于所有权人的自由意志支配之下，所以对于消耗物也有发挥其使用权能的可能性，例如，紧急情况下可将粮食装袋用于构筑防御工事。同样，对于通常的不可消耗物也可以消耗的方式加以事实上的处分，如以书本烧火取暖。这一点再次表明，权能分析仅具有一定的描述功能，且传统的四种权能并列的方法在逻辑上并不周延。

原则上，所有权人可依其意志任意使用其物，所有权人并不负有依物的通常用法"合理"使用其物的法律义务（即便对于一本图文并茂、质量上乘且装帧精美的书，其主人仍可决定将其用于垫桌脚，或者用于压盖泡面桶）。但这种使用自由也非毫无限制，具体表现在以下三个方面：①基于特定的公共利益，法律可能限制所有权人对物的利用方式，例如，基于城市规划或环境保护的原因，法律可能对土地所有权人对土地的利用方式加以严格限制；②特定的使用方式如果必然造成他人的损害，则法律可能要求所有权人限制自己的使用方式，如在相邻关系上对所有权人的诸多限制；③无论如何，对物的使用不得专以损害他人为目的，否则将构成权利的滥用。

（三）收益权能

与使用相并列的收益权能，指的是收取所有物天然孳息或者法定孳息的权能。其实，使用本身就是一项利益，使用利益也应属于广义的"收益"范围。因此，这里所说的收益权能指的应该是狭义的孳息收取权能。

物依其自然规律产生天然孳息的，原则上由原物的所有权人取得孳息。在将物出租而产生租金等法定孳息的情形，所有权的收益权能也指明了相关利益的归属。例如，甲出租其屋而从乙处获得租金若干，此租金归属于甲自不待言。如果房屋借用人甲未经所有权人乙的许可，暗自将房屋出租于丙，并从后者处收取了租金若干，则在此情形，根据所有权的收益权能，此笔租金应由乙取得；据此，乙可依据不当得利的规定向甲主张其所获租金的返还。

（四）处分权能

处分有事实上的处分与法律上的处分之别。前者指的是事实上毁损、消灭标的物或者使其性质改变，如拆毁房屋、吃掉苹果或者将石料雕刻成雕塑。后者指的是通过实施法律行为使所有权发生法律上的变动，如出让标的物于他人、将动产出质或者抛弃所有权等。

处分是事实上或者法律上改变所有物命运的重大举动，处分权能的具备充分体现了所有权人对物所拥有的自由意志，从而成为享有所有权的根本标志。房屋所有权人甲为乙设立居住权的，在居住权存续期间，乙有权占有、使用该房屋，在有特别约定时可享有租金收益的权利。但是，即便不从物权变动的过程界定甲的所有权与乙的居住权地位，仅就处分权能归属于甲的事实而言，仍可将甲的法律地位界定为所有权——即便该所有权已出现"空虚化"——而将不拥有处分权能的乙的法律地位界定为一种定限物权。也正是因为所有权具有处分权能，所有权人才能够通过法律行为移转其所有权或为他人创设定限物权。

所有权人通常都享有处分权能，但是，在所有权人被宣告破产或标的物被采取保全措施等情形，所有权的处分权能将丧失或临时受限。

（五）排除他人干预的权能

排除他人干预的权能是所有权的消极权能。所有权是对物为全面支配的权利，而所有权人在行使占有、使用、收益和处分权能时，均有可能受到来自他人的不当侵扰。为贯彻上述积极权能，需要所有权产生出排斥他人不当干预的力量。这种排除他人干预的权能，只是在出现所有权行使的妨害时才表现出来，正常情况下则隐含于所有权之中，因此我们称其为消极权能。

所有权所具有的排除他人不法干预的权能，有两种表现方式：①在合理限度内，所有权人可以自力救济，直接排除他人的侵扰行为。例如，土地所有权人可以自行割除伸展至自己土地上的他人树木的枝条；他人无权利而在自己土地上任意穿行的，土地所有权人可设置栅栏等。②行使物上请求权，要求回复占有、排除妨害或消除危险等。

二、对所有权的限制

（一）所有权的社会化与权利限制

在世界范围内，19世纪的民法，充盈着所有权绝对、所有权自由的气息。至20世纪，人们开始意识到，以纯粹个人主义为基础的所有权不受限制的观念是有问题的。于是，人们开始检讨所有权绝对化带来的政治、经济与社会问题，开始寻求从社会利益的角度对私人所有权作出各种限制，这一现象被称为"所有权的社会化"，它不仅反映在各国民法中，而且通常还以宪法规范的方式出现。

在社会化的观念之下，所有权受到了来自公法、私法等各方面的限制：

（1）公法上的限制。公法对于所有权的限制，其目的在于保护社会公共利益，以使私人所有权的行使不以牺牲社会公众的利益为代价。例如，城市建筑规划方面的法规对土地所有权人利用土地的自由构成了极大的限制；公用事业、环境保护、动物保护、文物保护等方面的立法也都涉及对私人所有权的限制。

（2）私法上的限制。私法本身也对所有权构成一定的限制。例如，禁止权利滥用原则在民法上的发展就构成了对所有权行使的一种限制，即不得以损害他人之目的而行使所有权。另外，有关相邻关系、建筑物区分所有等私法规范都构成了对所有权的限制。

（二）对所有权限制的限制

所有权曾被描述为绝对的、不受限制的权利，所有权的神圣也曾被认为与契约自由和过失责任共同构成了19世纪民法的三大原则。但晚近以来人们开始谈论所有权的社会化问题，认为所有权负有社会义务，所有权人不得为所欲为，而应受到诸多限制。

所有权自由与所有权的限制之间存在紧张关系，限制越多，自由空间就越小。那么，在现代社会中，应如何在自由与限制之间恰当地规制所有权呢？本书认为，体现权利人意志的所有权自由无论如何都应该处于所有权观念的核心地位，对所有权的限制仅仅是从消极的方面划定所有权自由的边界。这就意味着，法律不能从正面以穷尽权能的方式规定所有权的内容，然后将这些权利内容以外的领域都宣告为所有权人行动的禁区。相反，正确的规制方式应该是：除禁止权利滥用这种一般性工具外，立法者对每一种具体限制所有权的措施均应给予正当性的证明，并在此基础上明确所有的限制情形，而这些具体限制情形之外的广大领域仍是所有权人得自由支配的空间。简而言之，这里所适用的仍然是法治的一般规则：法不禁止即自由。

实际上，在一个法治社会中，仅仅强调对所有权的限制必须以法的形式表现仍然是不够的。立法者在制定法律时（尤其是对私权加以强行限制时），不应该是完全自由的。质言之，在私法自治的理念之下，立法者对于私人关系的强行介入应有充分的立法理由支持。对私人所有权的保障，不仅关系权利人的财产利益，而且与其个人自由的保障也休戚相关。[1] 所有权的保护和必要限制的问题，当然不是一个单纯的民事财产法问题，而是一个关乎人的自由与发展的宪法问题。

（三）征收、征用问题

国家对私人或集体财产的征收或征用，构成法律对于所有权作出限制的典型事例之一。

所谓征收，是指国家基于公共利益方面的需要强行将他人之物征为国有。征收的对象主要是不动产。我国《民法典》第117条规定："为了公共利益的需要，依照法律规定的权限和程序征收、征用不动产或者动产的，应当给予公平、合理的补偿。"《民法典》第243条、第327条、第338条等也都针对征收及补偿问题作出规定。不动产征收、征用行为是一种以公共权力为基础的公法行为，无论被征收人是否同意，征收的结果都将导致被征收者丧失其物的所有权，因此征收是对所有权的直接强制。

实际上，宪法上确立的私有财产保护原则，其主要的立法目的恰恰在于限制公权力对私人所有权的不当限制和剥夺。因此，征收其实主要不是一个民法问题，而是一个界定公共权力与私人权利之界限的宪法问题。

如前引法条所要求的那样，强制性的征收必须是"为了公共利益的需要"。也就是说，在发生征收之时，必须有一种赋予剥夺所有权的行为以正当性的强大的"公共利益"需求。我国现行《宪法》和《民法典》等法律尚未对此"公共利益"的具体类型作出相应界定。本书认为，立法和司法实践应尽可能对"公共利益"作出严格的界定，将其局限于国防、公共安全、重大社会利益等相对狭窄的范围之内，而不应任意扩张其范围。如果不进行严格的界定，"公共利益"就会成为一个幌子，例如，进行旧城改造，即便完全是为了商业开发的目的，也能被描述为"改善城市景观""改善居民居住条件"的公益事业。

征收之所以是一种强制手段，是因为所有权人的意志要受到强制——无论其是否同意，其所有权都将转为国有。此种意志强制并不一定意味着对私人利益的实质性剥夺。许多国家的法律都要求，在实施征收行为时，政府应给予被征收人以充分、及时的补偿。在给予充分补偿的情况下，征收实际上并不意味着对私人利益的牺牲。为了

---

[1] 德国联邦宪法法院关于所有权保障的一段判决要旨深具启发。该判决称："所有权是一种根本性的基本权，与个人自由的保障具有内在关联性。在基本权的整体结构中，所有权负有双重任务：确保权利人在财产法领域中的自由空间，并因此使其得自我负责地形成其生活。将所有权作为法之建制，有助于确保此项基本权。个人的基本权系以'所有权'此一法律制度作为前提。若立法者以名实不符的'所有权'取代私有财产，则个人基本权将无法获得有效的保障。"参见王泽鉴：《民法物权》，北京大学出版社2009年版，第117页。

所谓公共利益而可以强行要求某个私人做出个人利益的牺牲，这一规则是否具有正当性是值得怀疑的。在给予充分补偿的情况下实行强制征收，其真正强制的是所有权人的意志自由，因为后者原本完全可以拒绝高额的对价而拒绝出让其所有权。与先前的法律相比，《民法典》显著强化了征收补偿的规定，尤其是其第117条明确了应对被征收人给予公平、合理的补偿。

与征收构成对所有权的剥夺不同，征用仅仅涉及被征用物的强行使用问题，而并不改变标的物的所有权归属。依所有权自由原则，物的使用原本也应由所有权人控制。但是，如果出现公共利益方面的急迫需求，国家也能够不经所有权人同意而对其动产与不动产加以必要的利用。《民法典》第245条对征用做出了如下规定："因抢险救灾、疫情防控等紧急需要，依照法律规定的权限和程序可以征用组织、个人的不动产或者动产。被征用的不动产或者动产使用后，应当返还被征用人。组织、个人的不动产或者动产被征用或者征用后毁损、灭失的，应当给予补偿。"

👉 第三节　建筑物区分所有权

【问题】

何为"区分所有"？区分的对象是什么？在物权客体特定原则之下，如何理解建筑物区分所有权？

一、概述

《民法典》物权编第二分编"所有权"之下设"业主的建筑物区分所有权"一章（第六章），对区分所有权作出规定。区分所有权，系所有权的特殊形态。

（一）建筑物区分所有权的意义

所谓建筑物区分所有，是指数人区分一建筑物而各有其一部分的情形。对于区分出的各专用部分，各区分所有权人享有单独的所有权，建筑物的公共部分则由各区分所有权人共有并共同加以管理。区分所有权的权利主体，可称"区分所有权人"。基于通俗易懂的考虑，《民法典》将建筑物区分所有权的主体称为"业主"。

一幢建筑物区分出多个专有部门而由多个区分所有权人各自拥有，此种区分，可以是横向的区分（如将三层小楼的每一层均作为一个专有部分），可以是纵向的区分（如将一平排房屋区分出数个专有部分，所谓"联排别墅"即属此种情形），更常见的则是同时存在横向和纵向的区分（如多楼层、多单元的住宅）。以上各种形态的建筑物，都属于区分所有权的客体。

基于物权客体特定的原则，所有权的客体应为特定的一物。就不动产而言，土地是典型的可分物，对土地可任意分割、划界、编号而确立各个所有权。对地上建筑物，传统上以每一独立存在的建筑物为一个物权客体，例如，各地的传统民居多以独立建筑的形态出现。

随着城市化的进程和建筑技术的发展，多高层住宅大量涌现，在一栋建筑内分隔出多个居住单元，并容纳众多家庭居住。此时，如果仍以整栋建筑作为一个所有权的对象，则势必仅能利用共有和应有部分分管协议等方式界定多个权利人之间的关系。这不仅会导致建筑物利用的不便和协调成本的增加，而且也会阻滞建筑物的自由流通。为解决该问题，需要重新界定此类建筑物作为所有权客体的属性：将整栋建筑物区分为若干个可供权利人独立支配的部分，并使其每一部分都成为一个独立的所有权对象。

不动产所有权须满足公示的需要，而在建筑物上区分专属部分并予以分别登记，这在技术上并不存在困难。因此，建筑物区分所有的制度设计能够满足物权法上客体特定、公示等基本要求。

（二）建筑物区分所有权的内容

建筑物区分所有权并非一种单一的所有权形态。从我国《民法典》的相关规定看，建筑物区分所有权包括三个层次的内容：

（1）对专有部分的所有权。在区分所有权关系中，一个建筑物被区分为许多属于不同所有权人所有的部分，这些部分归各区分所有权人单独享有，具有与通常的单独所有权完全相同的性质。也就是说，对于专有部分，所有权人能够自由地加以支配并排除任何人的不法干预。

（2）对共有部分的共有。建筑物中除可区分出属于各区分所有权人所有的专有部分外，还存在一些共用的部分，如电梯、走廊、屋顶、外墙、地基等。另外，我国商品房开发采取小区制，故区分所有权的对象实际上并不仅限于单个的建筑物，它也包括绿地、道路、物业服务设施等。这些共用部分，在法律上属于各区分所有权人共有。共有部分的范围多大，共有人如何对其加以管理，这些问题都相当复杂。共有部分是建筑物区分所有的核心问题。

（3）基于区分所有权人之间共有关系的共同体。区分所有权可能涉及众多的业主，对于区分所有权中的共有部分，很难依关于共有的一般规定加以规范。为改变"各人自扫门前雪，不管他人瓦上霜"的传统观念，有效地对共有部分加以管理，需要建立以各区分所有权人为成员的共同体，并借助此共同体的组织方式实现对共有部分以及其他公共事务的管理。就此，我国《民法典》对业主大会与业主委员会作出了原则性的规定。

二、专有部分

《民法典》第 272 条规定："业主对其建筑物专有部分享有占有、使用、收益和处分的权利。业主行使权利不得危及建筑物的安全，不得损害其他业主的合法权益。"

建筑物专有部分可为所有权人直接支配并享有其利益，因此须在构造上和利用上均具有独立性。所谓构造上的独立性，是指专有部分在建筑构造上须与建筑物的其他部分相隔离，如通过墙体、地板、天花板等与他人的专有部分及公共部分相隔离，形成一个可区分、可识别的独立空间。所谓利用上的独立性，是指专有部分须满足排他利用及具有独立经济效用的要求。一方面，在一套住宅内的一间房屋往往不能成为一个独立所有权的对象（专有部分），因为它不具有使用上的独立性，仅系该住宅的成分；另一方面，不能被独立区分和排他利用的单元门厅等公共部分也不可能成为专有部分。

专有部分所具有的独立性还表现在它可成为独立的登记对象。区分所有权人对专有部分的所有权须满足物权法上一般的公示要求，而只有在具备构造上和利用上的独立性后才能成为独立的登记对象。《最高人民法院关于审理建筑物区分所有权纠纷案件适用法律若干问题的解释》（以下简称《区分所有权解释》）第2条即将构造上的独立性、利用上的独立性以及能够登记为特定业主所有权的客体作为专有部分的判定标准。除建筑规划内的房屋外，特定空间，如地下或地上的车位、摊位等，只要也能满足前述标准，可认定为独立的专有部分。同时，规划上专属于特定房屋，且建设单位销售时已经根据规划列入该特定房屋买卖合同中的露台等，应认定为该特定房屋的成分。

对于专有部分，所有权人得行使占有、使用、收益、处分等权能，而为全面的支配。但是，专有部分毕竟是从一个建筑整体中区隔出来的，对此部分的利用、处置有可能影响到建筑物的其他部分，例如，对建筑物专有部分任意改变结构可能会危及整个建筑的安全。因此，区分所有权人在对专有部分行使权利时，不得危及建筑物的安全，不得损害其他区分所有权人的合法权益。

三、共有部分

（一）共有部分的范围

区分所有的建筑物，除归属各区分所有权人单独所有的专有部分外，还存在共有部分。就单体建筑而言，这些共有部分包括：建筑物的基础、承重结构、外墙、屋顶等基本结构部分，通道、楼梯、大堂等公共通行部分，消防、公共照明等附属设施、设备，避难层、设备层或者设备间等结构部分。[1] 这些建筑物的结构部分、通行部分在建筑物整体中发挥着功效，它们自身不能作为独立的物，因此其上不存在单一的所有权，而仅能作为共有部分与可以成为独立物的专有部分一同构成区分所有权的客体。

我国商品房开发实行宗地开发（所谓"小区制"），一个建筑区划（一宗地）内往往存在多栋建筑。因此，区分所有权的共有部分还包括以下部分：①建筑区划内的物业服务用房。此类用房往往具有构造上的独立性和利用上的排他性，本可以成为专有部分，但根据规划确定为物业管理用房后，即成为业主共有的对象；②建筑区划内规划用于停放的车位、车库虽符合专有部分的要求，可成为单一业主专有的对象，但仍可通过约定成为业主共有的部分，而占用业主共有的道路或者其他场地用于停放汽车的车位，则只能属于业主共有；[2] ③建筑区划内不属于市政所有的其他公用设施。

除以上建筑物或设施属于业主共有部分外，《民法典》还将建筑区划内不属于市政

---

[1] 参见《区分所有权解释》第3条。
[2] 《民法典》第275条规定："建筑区划内，规划用于停放汽车的车位、车库的归属，由当事人通过出售、附赠或者出租等方式约定。占用业主共有的道路或者其他场地用于停放汽车的车位，属于业主共有。"

所有的公共道路、建筑区划内既不属于业主专有也不属于市政公共所有的绿地以及其他公共空间都规定为属于业主共有。实际上，对于公共道路、绿地等不属于建筑物范畴的部分，不宜作为建筑物区分所有权的共有部分看待。建筑区划内的土地，无论是建筑物所占用的基地，还是公共道路等，其上的权利属于建设用地使用权。除归属于某业主单独享有（如独栋别墅的情形）或属于法律上规定的市政道路或公共绿地等情形外，应由建筑区划内所有业主共同享有此建设用地使用权。由于此共同享有的对象是建设用地使用权而非所有权，业主共享的权利在性质上属于"准共有"。不过，就《民法典》的规定而言，此类业主共享的土地使用权也包含在广义的建筑物区分所有权的共有部分概念之中。

建筑物区分所有权所涉及的共有部分，可做进一步区分。

首先，可将共有部分区分为"必要共有部分"和"约定共有部分"。必要共有部分，是指建筑物中不具有独立性，不能成为专有部分而仅能作为共有部分存在的建筑物成分。《区分所有权解释》第 3 条列明的建筑物基础承重结构、外墙、屋顶等基本结构部分和公共通行部分、消防及公共照明等附属设施即属于此类必要共有部分。约定共有部分，是指在性质上可成为专有部分，但依建筑规划、业主规约或开发商与业主的约定等而被作为共有部分对待的部分。例如，车位、车库等实际能够满足专有部分所要求的构造独立性和利用排他性等要求，且能作为一个不动产登记单元进行登记，故可作为专有部分，但是，基于管理规约或当事人之间的约定，其亦可作为共有部分归业主共享。又如，"物业管理用房"通常也具备能够登记为专有部分的条件，但是，一旦将其用途确定为物业管理，则应认定为共有部分。实务中，对于前述必要共有部分通常不产生争议，而对于约定共有部分则常有争议的发生。对此，《民法典》及相关司法解释并不周延，应通过完善区分所有权的物权登记等措施进一步明确专有部分和共有部分的问题。

其次，依实际享有共有部分的主体范围的不同，可区分出全体共有部分与一部共有部分。全体共有部分（俗称"大公"），指供全体业主共同使用的部分。在依小区建制确定业主范围的情形，属于全体业主共有的部分包括小区内的公共道路、绿地、物业管理用房及其他配套公共设施。一部共有部分（俗称"小公"），指仅由部分业主共同使用的部分。一部共有部分，其供部分业主使用的范围还有区分，例如，某住宅楼的外墙、楼顶等归居住在该幢住宅内的业主共有；某单元的门厅、电梯间等归居住在该单元的业主共有；某楼层的公共通道归居住在该楼层的业主共有。此种区分不仅界定了何人能够共享共有部分，而且对于相关部分的修缮费用负担等也有法律意义。《民法典》第 279 条规定，"业主不得违反法律、法规以及管理规约，将住宅改变为经营性用房。业主将住宅改变为经营性用房的，除遵守法律、法规以及管理规约外，应当经有利害关系的业主一致同意。"；而根据《区分所有权解释》第 11 条，"有利害关系的业主"指的是"本栋建筑物内的其他业主"。

此项法律规定体现了一部共有的理念。

（二）共有的性质

对于建筑物专有部分以外的共有部分，《民法典》将业主的权利表述为"共有和共同管理的权利"（第271条）；对共有的部分，业主"享有权利，承担义务；不得以放弃权利为由不履行义务"（第273条）。

《民法典》前述规定未明确指明区分所有权人对共有部分之共有的法律属性，但是，该法第278条在规定业主大会的表决权行使时，将专有部分占比作为表决的计算标准，而第283条也将专有部分占比作为建筑物及其附属设施的费用分摊、收益分配的标准。在比较法上，也有些立法例将区分所有权中的共有直接规定为按份共有，[1]故此似可将建筑物区分所有权人对共有部分的共有的性质认定为按份共有。不过，严格来说，建筑物区分所有权意义上的"共有"，与一般意义上的共有存在明显不同：后者是对一个独立之物由数人享有共有权，而在前者，作为共有对象的所谓"共有部分"通常并非独立之物，不能成为独立的物权对象，也不存在共有部分分割的问题。建筑物区分所有权人对共有部分的权利实际上附着在其对专有部分的所有权之上，并随着专有部分权利的移转而移转。本书认为，区分所有权人对共有部分的权利，不能也无必要以通常的按份共有或共同共有加以界定。

四、管理组织

如前所述，就建筑物区分所有权的法律内涵而言，除包括各区分所有权人对其专有部分的单独所有权以及对共有部分的共有权外，还涉及对建筑物、附属设施及其他共有部分加以管理的组织形式。建筑物区分所有权属于民事权利，因此与其有关的管理组织应采用区分所有权人自治的原则，以期能够保障各区分所有权人的权益并保障团体的利益。

建筑物区分所有权的管理组织不仅是区分所有权人对共有部分行使共有权的组织，而且也是现代居住条件下邻里关系法律化的一种形式。管理组织可以通过制定管理规约等方式，调整和约束住户的行为，以此营造安宁、祥和的居住环境。

实行业主自治的基本组织是业主大会。业主大会由全体业主组成，有权就下列事项作出决定：①制定和修改业主大会议事规则；②制定和修改管理规约；③选举业主委员会或者更换业主委员会成员；④选聘和解聘物业服务企业或者其他管理人；⑤使用建筑物及其附属设施的维修资金；⑥筹集建筑物及其附属设施的维修资金；⑦改建、重建建筑物及其附属设施；⑧改变共有部分的用途或者利用共有部分从事经营活动；⑨有关共有和共同管理权利的其他重大事项。前述事项与每一位业主的利益休戚相关，为确保业主大会的决议具有广泛代表性，《民法典》第278条要求在作出决议时，应当

---

〔1〕 例如，《日本建筑物区分所有权法》第14条第1款规定，各共有人的应有份，依其专有部分的使用面积比例而定。我国台湾地区"公寓大厦管理条例"第3条也有"……并就其共享部分按其应有部分有所有权"的规定。

由专有部分面积占比 2/3 以上的业主且人数占比 2/3 以上的业主参与表决。决定前述第六项至第八项规定的事项，应当经参与表决专有部分面积 3/4 以上的业主且参与表决人数 3/4 以上的业主同意。决定其他事项，应当经参与表决专有部分面积过半数的业主且参与表决人数过半数的业主同意。

业主委员会是经业主大会选举而组成的管理社区事务的组织，可视为业主大会的常设性执行机构。《民法典》未明确界定业主委员会的职责和成立的条件及程序，而是授权其他法律、法规加以规定（第 277 条）。

业主大会或者业主委员会的决定，对业主具有约束力。业主大会或者业主委员会作出的决定侵害业主合法权益的，受侵害的业主可以请求人民法院予以撤销（《民法典》第 280 条）。该规定实际上承认了业主大会和业主委员会可以成为民事诉讼的被告。

另外，《民法典》第 286 条还授权业主大会和业主委员会代表全体业主行使权利。根据该条的规定，对任意弃置垃圾、排放污染物或者噪声、违反规定饲养动物、违章搭建、侵占通道、拒付物业费等损害他人合法权益的行为，业主大会或业主委员会有权依照法律、法规以及管理规约，要求行为人停止侵害、消除危险、排除妨害、赔偿损失。该条规定意味着，业主大会或业主委员会可以成为民事诉讼的原告。

业主大会和业主委员会明显具有团体法上的特征。关于业主大会与业主委员会的法律性质，学界多有将业主大会认定为非营利法人或非法人组织同时将业主委员会作为其执行机构的主张。本书认为，将业主大会作为法人或非法人组织的主张值得商榷。首先，如果存在一个社团法人的话，该社团法人应为全体业主构成的共同体，而业主大会仅系该共同体的组织机构（如同股东大会系公司法人的意思机关）。我国《民法典》上不存在"业主共同体"的概念，以业主大会径直作为法人团体不符合法理。其次，业主大会不具有独立的财产，也无法纳入法人或非法人组织的登记。另外，业主大会与业主委员会具有业主内部自治管理组织的特性，除在有限情形代表业主进行诉讼外，不具有以自己名义对外从事民事活动的能力。

关于业主大会或业主委员会的诉讼能力问题，《民法典》及其他法律、司法解释均未给出一般性的规定，在实务中也有较大争议。如前所述，在《民法典》第 286 条规定的涉及业主共同利益的情形，应承认业主委员会的原告资格；对于未成立业主委员会的，司法实践也支持业主大会代表业主进行诉讼。[1] 至于应诉的资格，由于业主大会不具有独立的财产，不应成为给付之诉的被告，原则上仅能成为确认之诉或形成之诉（如撤销决议）的被告。

---

[1] 参见"最高人民法院关于春雨花园业主委员会是否具有民事诉讼主体资格的复函"（〔2005〕民立他字第 8 号），及最高人民法院指导性案例第 65 号（〔2016 年〕上海市虹口区久乐大厦小区业主大会诉上海环亚实业总公司业主共有权纠纷案）。

第四节　不动产相邻关系

一、不动产相邻关系的意义与规范方式

（一）相邻关系的意义

所谓不动产相邻关系，指的是法律为调和相邻不动产的利用，而在其所有人或者其他权利人之间所设定的权利义务关系。

多个不动产，由于其位置上的毗邻，经常会产生相互影响的问题。土地，以人为划界的方式确定其上的所有权，此种划界并不总是以让每一地块独立发挥最大效用的方式进行。在特殊情形下，划界甚至会使一块土地失去与公共道路之间的通路，故非经他人土地而不得进入。地上建筑物，无论是住宅还是商用建筑，无论是独立建筑还是存在区分所有权的建筑，均可能发生采光、通行、排水、噪声污染、建筑或园林植物枝条越界等诸多问题。在此类情形，如果各不动产的权利人均主张依其权利内容自由地支配其物，并排除他人干预，则可能会在多个不动产权利人之间发生利用上的冲突。对于化解此类冲突而言，单纯依赖当事人之间的妥协、忍让、和解是不足够的。如果此类冲突问题不由法律加以解决，则不动产难以得到充分的利用，相关权利人的权利无法得到实现，由于物不能尽其用，社会利益也可能因此遭受损失。

因此，有必要由法律在相邻不动产的权利人之间设定法定的权利义务。一方面使某些权利人的权利得到必要的扩张，以实现其权利的内容；另一方面则限制某些权利人依法本可享有的权利，以避免对邻人的权利造成严重损害。同时，法律确定相邻不动产利用上的法定权利或义务，这也有利于相关当事人以此为基础进行磋商并达成利用上的协议。

《民法典》物权编将"相邻关系"置于"所有权"分编加以规定，由此似可得出相邻关系乃相邻不动产所有权人之间关系的认识。不过，相邻关系规范的均为不动产实际利用方面的权利义务，而在实行土地公有制的我国，土地的实际利用人往往并不是作为所有权人的"国家"或"集体"，而是土地承包经营权人、宅基地使用权人、建设用地使用权人等用益物权人。基于此种考量，《民法典》在相邻关系一章使用了"不动产权利人"的宽泛表达。"不动产权利人"，依具体的相邻关系而有不同的范围，不仅包括不动产所有权人，也包括土地承包经营权人、宅基地使用权人、建设用地使用权人、居住权人、地役权人，必要时也应扩张至土地承租人等基于债权合同而对不动产取得利用权的当事人。

（二）相邻关系的规范方式

相邻关系规范存在的目的在于实现相邻不动产权利人之间的利益平衡，并充分发挥物的效用。与域外法相比，我国现行民法对相邻关系的规定较为简单，其对相邻不动产权利人之间的权利义务关系的调整，主要通过以下方式进行：

（1）规定不动产权利人不得为一定行为，或者在为一定行为时应避免对相邻不动产造成危害。不动产权利人在其不动产上本可自由利用其物，并实施相应的行为，但

如果相关行为可能对相邻土地权利人造成过度的不利影响，则该类行为即可被法律所禁止。《民法典》第 294 条规定："不动产权利人不得违反国家规定弃置固体废物，排放大气污染物、水污染物、土壤污染物、噪声、光辐射、电磁辐射等有害物质。"第 293 条规定："建造建筑物，不得违反国家有关工程建设标准，不得妨碍相邻建筑物的通风、采光和日照。"法律虽允许不动产权利人在其权利范围内实施相关行为，但其行为方式应避免给相邻不动产造成危害。《民法典》第 295 条规定："不动产权利人挖掘土地、建造建筑物、铺设管线以及安装设备等，不得危及相邻不动产的安全。"此类相邻关系规范均采用"不得"的表述，性质上属于行为禁止规范。在相邻关系中负担此类义务之人违反此类规范的，其行为即具有不法性，受到不利影响的不动产权利人可依据其物权主张排除妨害或消除危险的请求权，亦可依据侵权请求权主张损害赔偿。

（2）规定不动产权利人可在用水、排水、通行、铺设管线等方面利用相邻不动产。《民法典》第 291 条、第 292 条对邻地利用的权利作出了规定。与前述行为禁止规范不同，此类相邻关系规范直接调整物权的内容，赋予不动产权利人对他人不动产的法定利用权，具有特别重要的意义。

取决于观察的视角，相邻关系的内容可以权利加以表达，也可以义务加以表达。《民法典》第 290 条以下有关相邻关系的规范均从义务角度加以规定（均使用"不得"或"应当"的行为规范表达）。需注意的是，相邻关系上所产生的义务，通常多表现为容忍义务，以不作为为其表现（如无此法律规定，权利人本可依其物权内容在其不动产自由地实施相关行为）。一般而言，相邻关系并不使特定不动产权利人承受向邻地权利人负有积极作为的义务。例如，就以邻地通行行为内容的相邻关系而言，它仅意味着邻地权利人不得以所有权的保护为由阻止对方在自己的土地上通行，而不包括采取积极行动为对方创造通行条件（如修建道路等）的义务。就此点而言，《民法典》第 291 条、第 292 条中有关"应当提供必要的便利"的表述应解释为允许和容忍他方的通行、管线铺设等。

二、相邻关系的法律性质、原则

（一）法律性质

相邻关系涉及相邻不动产权利人之间的权利义务关系。尽管在学理上常常使用"相邻权"来指称因不动产相邻而对邻人不动产拥有的权利，但是，相邻关系中不仅包含义务的内容（《民法典》"相邻关系"一章均从义务角度加以规定），而且，相邻关系中包含的权利也并非一种独立的不动产权利，而仅是不动产所有权或用益物权的效力扩张。

物权法上，与相邻关系在内容上看似十分接近的一项权利是地役权。后者通常也涉及两块土地之间的利用关系，但相邻关系与地役权之间仍存在着本质的区别：其一，在发生机制上，地役权是当事人之间通过订立地役权合同，以意定的方式设定，充分体现了当事人双方的意思自治；而相邻关系则由法律直接规定，无须以当事人的合意为基础。其二，相邻关系规范调整的相邻土地的利用，是一种为满足正常使用所需的最低限度的利用，例如，相邻关系上的邻地通行权，只有在别无他法可通达公共道路时方可发生；而作为地役权的通行权则可根据当事人的意志确定具体通行方案。其三，地役权本身构成一项供役地上的用益物权，且只有经过登记，才能产生对抗第三人的效力；而相邻关系并非独立的权利，当然也不存在登记的问题，由于并非依特定当事人之间的合同而生，因此也不存在所谓对抗第三人的问题。

关于相邻关系方面的规范究竟是强制性规范还是任意规范的问题，民法理论上有一定的讨论。[1] 强制性规范说认为，不动产相邻关系的规范目的，不仅在于协调具体个人之间的利害关系，而且还反映促进物之利用的社会整体利益，因此，不能由当事人任意以特别约定加以排除。本书认为，相邻关系尽管具有促进物尽其用的立法目的，但其实际调整的不动产利用关系原则上仍局限于特定的私人之间，因此，私主体的意思自治在此领域内仍应获得承认。例如，按照相邻关系的规则，营造新建筑物，不得影响相邻建筑物的通风、采光和日照等方面的利益，但是，如果营造人与受影响之人达成合意，由前者给予后者以充分的经济补偿，并因此取得后者的同意，则没有理由仍不允许当事人从事营造行为。当然，如果限制系来自于不得以当事人之间特约改变的公法性规范，则另当别论。事实上，在相邻关系规定"不得"的情形，不动产权利人间往往都可以通过地役权合同设定地役权。在涉及"袋地通行"的情形，一方面，正因为法律规定了此种通行权利，不动产权利人间往往更容易就具体的通行安排达成合意，从而使此种法定权利也获得法律行为的支持；另一方面，如享有法定通行权的不动产权利人预先或嗣后通过合同放弃此通行权，则通常意味着其已有其他替代方案（如寻求周边其他土地的通行），除非当事人之间的合同违背公序良俗，否则自无判定其无效的理由。故此，尽管相邻关系规范属于法定规范，但其确立的权利义务仍属私主体可自由处置的对象，相邻关系规范仍具有民事规范的一般属性，即任意性规范的属性。

当然，如果某不动产相邻关系同时也构成了公法调整的对象，则写在《民法典》上的一条相邻关系规范，可能也兼具公法规范的意义，此时它也具有强制性规范的特性。例如，《民法典》第294条系有关相邻关系上禁止违法弃置、排放污染物的规定，而有关大气污染、水污染等方面的环保法规具有公法的色彩，不得以特定当事人之间的约定完全排除其适用。这或许是因为，污染物的排放，其实际影响范围并不限于邻近的不动产（温室气体的排放甚至会引起全球变暖，影响世界上的每一个人），故不得由特定当事人以特别约定排除此类公法的适用。在此意义上，当代的相邻关系同时受到公法与私法的双重塑造。

---

[1] 富有启发性的讨论见于苏永钦："法定相邻权可否预先排除"，载苏永钦主编：《民法物权争议问题研究》，清华大学出版社2004年版，107页以下。

(二) 相邻关系的原则

如前所述，相邻关系由法律直接界定调整，而非由当事人通过法律行为自行设计。相邻关系涉及不动产的具体利用，为兼顾私权的保护与"物尽其用"的立法精神，其法律规制十分复杂。例如，不动产权利人不应任意制造噪音而影响邻人的利益，但是，当这种噪音被控制在合理范围内时（如初学提琴者于上午10时在家中练习），邻人有容忍的义务。这就产生了一个法律问题，即邻人容忍的限度应如何认定。对此类问题不太可能通过由法律一一作出明确规定的方式加以解决，更为可行的做法是，确定一些调整相邻关系的基本原则，然后在个案中由法官据此作出裁判。

此外，因不动产邻近而在权利人之间可能产生各种各样的冲突，如果民事立法以尽可能全面调整的立法态度纳入众多的相邻关系具体规范，则相关纠纷的处理即可不必特别依赖抽象的一般原则；相反，如果民事立法无意全面规范各种相邻关系，而是仅择其要者做概要性的规定，则相关纠纷的解决，就不仅要更多地依赖习惯这种法律渊源，而且也需要由立法确立一般性的原则，以便法院围绕这些原则来行使裁量权。我国《民法典》选择了后一种立法模式，[1] 并专门针对相邻关系的处理作出了原则性规定。《民法典》第288条规定："不动产的相邻权利人应当按照有利生产、方便生活、团结互助、公平合理的原则，正确处理相邻关系。"总体而言，相邻关系规范在坚持物尽其用的同时，致力于营造邻人间和睦相处的局面。据此，相邻关系的处理应遵循以下几方面的基本原则：

(1) 有利生产。土地具有生产力，处理相邻关系应注重土地效用的发挥，尽量做到物尽其用，避免因协调不当导致土地无法被利用等情形。有关邻地通行、用水排水等相邻关系上的具体规范都体现了有利生产、物尽其用的精神。

(2) 方便生活。生活的便利是不动产权利人的重要利益，因此，不动产权利人不应以行使自己的权利为由，给邻人造成过度的不便。例如，根据相邻关系的规范，建造建筑物不得违反国家有关工程建设标准，妨碍相邻建筑物的通风、采光和日照，从而保障邻近建筑物权利人基本的居住条件。

(3) 团结互助。不动产相邻关系实际调整的是相邻不动产权利人之间的关系，该种关系深受传统伦理的影响。我国传统文化历来主张邻里和睦，因此，处理相邻关系应尽量倡导团结互助的精神。这就意味着，在涉及不动产相邻关系的司法实践中，司法机构应着重运用调解等手段，尽可能通过当事人之间的协商、忍让等化解在不动产利用上的冲突。[2]

(4) 公平合理。在权利的保护和限制方面应寻求平衡，只有这样，才能达致公平的结果。例如，由于土地坐落的自然情况，某土地的权利人甲只有穿过乙的土地才能进入自己的土地（所谓"袋地"），此时，乙应允许甲通行，否则后者根本无法利用自己的土地。但是，甲毕竟是依法律的特别许可而通行于他人之土地，其通行应尽量

---

〔1〕《民法通则》仅对相邻关系做了一条原则性规定（第83条）。《物权法》虽以一章专门规定相邻关系，但也仅设有9个条文。《民法典》基本沿用了《物权法》的规定。

〔2〕 这一原则的确立，也佐证了前文关于相邻关系规范应属于任意性规范的判断。

避免造成对乙的损害，如果势必要造成一定的损害，则应以造成损害最小的方式进行；而且，如果乙因甲的这种通行而遭受损害，则甲应使乙获得必要的补偿。

另外，考虑到相邻关系的复杂性及前述立法态度，还需要在不完整的具体立法规定与过于抽象的一般原则之外，确立习惯在处理相邻关系方面的重要法律渊源地位。《民法典》第10条一般性确立了习惯在处理民事纠纷方面的法源地位，而其第289条则进一步规定："法律、法规对处理相邻关系有规定的，依照其规定；法律、法规没有规定的，可以按照当地习惯。"我国国土辽阔，各地地理条件、气候、生产生活方式差异显著，在不动产利用方面长期形成的习惯也存在显著的地域差异，故该条特别强调了"当地习惯"。

三、相邻关系的具体类型

不动产相邻关系涉及诸多的方面。如前所述，《民法典》中的相邻关系规范并未以尽可能全面覆盖为其立法宗旨。结合《民法典》的规定、比较法经验与司法实践，不动产相邻关系主要包括以下基本类型：

（一）邻地的利用

根据相邻关系的内容，权利人依法可对相邻的土地加以积极地利用，具体表现为：

（1）邻地通行。《民法典》第291条规定："不动产权利人对相邻权利人因通行等必须利用其土地的，应当提供必要的便利。"该条所称"因通行等必须利用"指的应该是这样一种情形：由于土地的坐落状况，其四周不通公共道路（民法理论形象地将此类土地称为"袋地"），或者存在虽可通过公共道路进入但对不动产权利人极为不便的情形（"准袋地"）。进入土地是对其加以利用的基本前提，因此，在前述情形，需通行之土地的权利人取得对相邻土地的法定通行权，被通行土地的权利人应提供必要的便利，不得以排除妨害为由禁止通行。如果并不存在"袋地"或者"准袋地"的情形，而仅仅是为了方便（如穿行邻地能大大缩短进入自己不动产的时间），则不能成立相邻关系意义上法定的"通行权"。如欲取得通行的权利，须取得被通行土地之权利人的许可，或者与其订立以通行为内容的地役权合同。

（2）管线铺设。《民法典》第292条规定："不动产权利人因建造、修缮建筑物以及铺设电线、电缆、水管、暖气和燃气管线等必须利用相邻土地、建筑物的，该土地、建筑物的权利人应当提供必要的便利。"此条所指的"必须"应作如下解释：如不通过邻地，则根本无从铺设管线或者所需的花费将过巨以至于无法承受。在此种情形，需要铺设管线的不动产权利人享有在他人不动产上铺设管线的法定权利。如不属于此种必要情形，则当事人可通过设定有关管线铺设的地役权等方式满足相关利用需要。

（3）因建造原因的利用。因营造和修缮建筑物，有时需要对相邻土地加以一定利用，例如，因空间局促需利用相邻土地或建筑物临时堆放建筑材料、设置脚手架等。《民法典》第292条肯定了因此目的而对邻地加以利用的权利。

> 所有人或土地承包经营权人、建设用地使用权人等用益物权人对不动产
> 享有支配性权利。法律确认特定民事主体在特定不动产上的权利，即赋予了

其独占且排他的物上法律地位。原则上，在不动产权利的范围内，权利人对不动产不仅有专断的意志，而且也享有对物的支配利益。许可或不许可他人利用自己的不动产，并以要求对方支付令自己满意的对价作为许可的条件，这原本应是不动产支配权的基本表现。通行、铺设管线等邻地利用权，径直将一种无须许可即可利用的权利分配给邻地权利人，此系法律基于物尽其用的宗旨与降低磋商成本的考量而作出的一种特殊安排。此类法定利用权，实际上构成对被利用之不动产的权利限制，必须有正当理由，其权利行使不能过度侵蚀不动产权利人之权利，而且法律还需考虑不动产权利人因他人利用而遭受损失的补偿问题。

《民法典》第 291 条、第 292 条规定中的"必须利用"需采严格解释，已如前述。关于邻地利用权的行使，《民法典》第 296 条设有如下规定："不动产权利人因用水、排水、通行、铺设管线等利用相邻不动产的，应当尽量避免对相邻的不动产权利人造成损害。"对邻地的利用，通常都会给邻地权利人带来损害或造成妨害，因此，该条关于尽量避免造成损害的规定应解释为，对邻地的利用，应以对邻地损害最小的处所与方式进行。例如，农地的通行，应尽可能利用非耕作地段；管线的布设，应尽可能以埋设于地下且施工量最小的方式进行。关于因邻地利用造成损害而产生的赔偿或补偿问题，原《物权法》第 92 条设有专门的规定。[1]《民法典》第 296 条删去了"造成损害的，应当给予赔偿"的规定。有观点认为，删去赔偿相关规定并非表明造成损害无须赔偿，而是因为如果造成损害，可以依据侵权责任法的规定请求损害赔偿。[2] 本书认为，因法定通行权等的行使造成损害而生的损害赔偿，其请求权基础并非侵权责任。对邻地的利用既然系法律所规定的权利，则其行使即便造成损害，其行为也不具有违法性。对因不动产被他人利用而遭受损害者而言，其损害赔偿请求权当然也无须以利用人有主观上的故意或过失为必要。法律确定因邻地利用所生损害的补偿义务，其目的在于使利用者负担相关代价，以平衡利用人与被利用人的利益，避免出现损人利己的情形。此种损害补偿义务，具有牺牲补偿的意义，其性质应属于一种单独类型的法定之债，理应由立法明确加以规定。《民法典》第 296 条删去《物权法》第 92 条关于损害赔偿的规定，反而制造了一项法律漏洞。该独立的请求权规定虽已不存，但损害填补的请求权基础仍不宜确定为侵权责任。

（二）排水及用水关系

《民法典》第 290 条规定："不动产权利人应当为相邻权利人用水、排水提供必要的便利。对自然流水的利用，应当在不动产的相邻权利人之间合理分配。对自然流水

〔1〕 原《物权法》第 92 条规定："不动产权利人因用水、排水、通行、铺设管线等利用相邻不动产的，应当尽量避免对相邻的不动产权利人造成损害；造成损害的，应当给予赔偿。"

〔2〕 参见黄薇主编：《中华人民共和国民法典物权编解读》，中国法制出版社 2020 年版，第 313 页。

的排放，应当尊重自然流向。"具体而言，此类型相邻关系应包括以下内容：

（1）自然排水。自然排水须尊重水流的自然流向，由高地自然流向低地的水流，低地权利人不得加以妨碍，如不得设堰阻挡等。如系自然淤塞，低地权利人虽不负有积极疏通的义务，但其应允许高地权利人以自己的费用予以疏通。

（2）人工排水。对于自然排水，邻地权利人有承受的义务，但对以人工方式排水的，邻地权利人并不负有承受义务。例如，雨水本属自然之水，其依地势自然流向邻地的，邻地权利人有承受的义务。但是，如果土地权利人设置屋檐或者其他工作物而使雨水滴落或者注入邻地的，邻地权利人无承受的义务，而有权要求予以禁止。如为不动产利用的必要而不得不利用邻地进行人工排水的，则必须以对邻地损害最小的方式进行，并对邻地权利人所受的损害做出补偿。

（3）用水关系。自然流水，应当在相邻不动产的权利人之间合理分配。水源地、井、沟渠或者其他水流地的权利人，可以自由使用其土地上的水，但有特别习惯的，应遵从该习惯。由高地自然流向低地之水，如确为低地权利人所需，则高地权利人不得将水流截断。另外，如土地上无水源，或者虽有水源但其量不足时，应允许其取用邻地多余之水，但邻地权利人有权请求支付补偿金。

（三）建筑相邻关系

《民法典》第293条规定："建造建筑物，不得违反国家有关工程建设标准，不得妨碍相邻建筑物的通风、采光和日照。"就建筑物所有人而言，获得适当的通风、光线和日照是其在不动产上的重要利益。如果邻近的土地权利人因建筑等原因严重影响其建筑物的通风、采光和日照，则其有权要求予以禁止。建筑物所有人的权利原本应仅局限于其所有的建筑物及其占用的土地之上，而该条规定的获得适当通风、采光和日照的权利将使其产生对邻近不动产权利人的约束，从而体现了所有权的扩张。

保障建筑物获得一定的通风、采光和日照条件，主要以保持建筑物之间的间距来实现。以日照为例，我国疆域辽阔、各地区气候差异大，建筑物权利人在获得日照方面的需求依气候的冷暖而有所不同。为此，我国有关部门根据不同的气候分区制定了住宅建筑日照标准，要求建筑物与邻近建筑物的间距需满足相关最低日照标准。[1] 因此，任何不动产权利人在建造建筑物时，均须遵循国家有关的工程建设标准。如建筑未达此标准，则相邻不动产权利人有权主张停止建造、拆除或者经济补偿。当然，为充分利用稀缺的土地资源，建筑物所有人获得通风、采光和日照的权利也仅仅被局限在必要的限度内。如建筑物所有人需要获得更佳的居住条件，可以与邻近不动产权利人订立地役权合同，设立以通风、采光或者日照等为内容的地役权。

（四）固体污染物、气响等侵入的防止

《民法典》第294条规定："不动产权利人不得违反国家规定弃置固体废物，排放大气污染物、水污染物、土壤污染物、噪声、光辐射、电磁辐射等有害物质。"在比较法上，相邻关系上禁止侵入的对象一般均限于无形的气体、响动等所谓"不可量物"，

---

[1] 参见2018年住宅与城乡建设部发布的《城市居住区规划设计标准》第4.0.9条"住宅建筑日照标准"。根据该标准，以北京地区为例，建筑物之间的间距必须确保在大寒日底层窗台面获得不少于2小时的日照。

而不包括固体废物、污水等。这是因为，禁止他人在自己不动产上弃置固体废物或排放污水，这本身即为物权所具有的排除妨害请求权的效力，而且物权人对此类妨害无容忍义务。《民法典》第294条未从相邻不动产权利人为自身利益禁止或容忍他人排放的角度，而是从一般行为禁止的角度作出规定。正是由于未从救济角度着手，因此该条规范未区分可量物及不可量物的侵入禁止。

从权利救济的角度看，对于固体或液体废物的侵入，不动产权利人一律可依据《民法典》第236条之规定，要求排除妨害、消除危险。而对于噪声、光、电磁波等不可量物的侵入，则应考虑侵入的程度及不动产的坐落情况等，并结合习惯，决定不动产权利人是否有禁止的权利。

如果不可量物的侵入轻微，则不动产权利人有容忍的义务。例如邻居在白天演奏乐器发出声响，不得要求禁止。如果特定不动产基于其坐落情况显然应承受更多不可量物侵入的，权利人也需有更高的容忍度。典型的事例是，不动产位于高速公路之旁，其权利人不得不容忍一定的噪声、废气等（通常其也能够以较低廉的价格购置此不动产）。

（五）邻地损害的防免

《民法典》第295条规定："不动产权利人挖掘土地、建造建筑物、铺设管线以及安装设备等，不得危及相邻不动产的安全。"在自己土地上施工，也可能会对相邻的不动产造成损害，例如，挖掘土地可能会造成邻近建筑物地基的动摇，从而危及其安全。不动产权利人在施工时，应注意避免对相邻不动产造成损害。因施工造成相邻不动产损害的，相邻不动产的权利人可请求施工人停止施工。

如前所述，我国《民法典》上的相邻关系规范并未覆盖因不动产相邻而可能产生的所有冲突类型。例如，树木枝蔓越界，邻地权利人是否可自行刈除？果实自落于邻地，邻地权利人可否取得所有权？建筑越界占用他人土地，该他人可否要求拆除或仅得要求越界人赎买其建筑占用的基地？此类问题，需依《民法典》第288条、第289条之规定，尽可能查明有无可遵循的当地习惯，并按照有利生产、方便生活、公平合理的原则处理。

☞ 第五节　共有

一、概说

（一）共有的概念与特征

共有，指两个以上的法律主体共同享有一物所有权的状态。

一人单独享有归其所有之物的所有权，此乃所有权在法律上的基本形态。在单独所有的情形，所有人可根据其意志自由地支配其物，不受其所处之各种团体的约束，体现了法律对个体独立人格的肯认。与多人共享一物的权利安排相比，单独所有也能够避免权利人之间在物之利用和处分上的纷争，有利于物的利用和流通。不过，或者是基于当事人的合作意愿，或者是由于法律调整社会生活的需要，仍有必要承认两个以上的人对同一个物享有所有权情形的普遍存在。

共有,具有如下法律特征:

第一,共有是所有权的特殊形态,仍需满足物权客体特定原则的要求,即共有物仍为特定的一物。共有既不成立于一物的成分之上,也不成立于物的集合之上。此界定至少具有三层意义:①建筑物中门厅、外墙等"共有部分"并不具有独立物的特性,故不能简单地将业主对共有部分的权利归入一般意义上共有的范畴,应将其作为共有以外多数主体共享物的特别法律制度对待。②按份共有,并非指共有人各有物的一部分,共有系对所有权的分割,而非对所有物的分割。③共同共有,往往涉及婚姻财产、家庭财产、遗产及合伙财产等集合财产,需要特别强调共有仍指向集合财产中的每一个物,由此也才能理解共同共有不区分份额这一点。

第二,共有物归两个以上法律主体所享有。共有物涉及两个以上的共有人,这并不违反物权的排他性,因为所有权仍只有一个,只不过在多数主体之间共享而已。需特别注意的是,当多个自然人因特定目的结合在一起而构成一具有独立法律人格的团体时,所涉财产属于法人单一所有,而非构成法人的成员共有。例如,有限责任公司作为法人拥有由股东出资和企业经营所形成的不动产及动产的所有权,股东享有的权利是具有成员权性质的股权,在股东之间并不存在着对公司财产的共有问题。相反,若数人之间仅订有合伙合同,未成立具有法律主体资格的社团,则所谓合伙财产实际上是全体合伙人共有的财产,需要用共有界定合伙人的权利。

关于合伙财产的归属问题,应区分合伙企业与合伙合同分别加以界定。《民法典》将合伙企业确定为"非法人组织"的一个类型,肯认了其与法人一样享有民事主体地位。《合伙企业法》第20条也规定:"合伙人的出资、以合伙企业名义取得的收益和依法取得的其他财产,均为合伙企业的财产。"因此,就合伙企业的情形,可直接将合伙企业作为合伙财产的单一所有权人,合伙人对合伙企业的财产并不享有直接的权利。如果合伙未经商事登记,未采用合伙企业的形式,则合伙人基于合伙合同履行出资义务等形成的合伙财产,只能以数合伙人共有来加以界定。

第三,共有是对所有权量上的分割,而非质的分割。各共有人仍如单独所有人一样,对共有物有占有、使用、收益、处分的权能,只不过受到其他共有人权利的影响和制约而已。共有与所谓"总有"不同。对于后者(如日耳曼村落共同体的所有),所有权归属于特定共同体,但存在所有权权能上质的分割,即共同体成员享有占有、使用、收益权能,而处分权能则归属于共同体。

(二)共有的类型

各国民法关于共有类型的立法虽有所不同,但一般以各共有人分别享有共有份额的共有为共有的基本形态,同时兼顾建立在共同关系基础之上的共同共有等类型。依《民法典》第297条之规定,共有包括按份共有与共同共有两个基本类型。

1. 按份共有

按份共有，指共有人按照其份额对不动产或动产享有所有权的共有形态。按份共有虽然也涉及复数共有人在对物利用上的关系，但由于共有份额具有独立性，共有人能够自由处分，且共有人对于共有物原则上也可随时请求分割以结束共有，故此种共有具有强烈的个人主义色彩。

2. 共同共有

共同共有，指共有人基于一定共同关系不分份额地对不动产或动产享有所有权的共有形态。共同共有，建立在共有人之间所具有的一定共同关系之上。此种共同关系或为基于婚姻家庭的共同生活关系，或为对未分割遗产有所主张的共同继承关系，或为基于合伙合同的共同经营关系，其存在已使各共有人之间具有密切的关联，在此基础上的共同共有体现较浓厚的团体色彩。

《民法典》第 308 条规定，"共有人对共有的不动产或者动产没有约定为按份共有或者共同共有，或者约定不明确的，除共有人具有家庭关系等外，视为按份共有。"由此可知，我国民法也将按份共有作为共有的一般形态。《民法典》物权编的共有制度应着重对按份共有加以规范还有一个重要原因，即，凡属共同共有的情形，基本上均有专门的法律调整（如婚姻家庭编调整夫妻财产共有，合同编设合伙合同规范合伙财产的共有），相关纠纷的解决，一般无须援引物权编的共有规范。

（三）准共有

共有，指所有权归两个以上民事主体共享的情形而言，而所有权以外的财产权原则上也都可以归数人共享。民法学理将两人以上共享一项所有权以外财产权的情形称为"准共有"。对此，《民法典》物权编共有一章第 310 条设有如下规定："两个以上组织、个人共同享有用益物权、担保物权的，参照适用本章的有关规定。"该条将准共有的类型限定为用益物权与担保物权。实际上，除定限物权外，两人以上共享知识产权、债权等皆可纳入准共有的范畴。依据准用的规则，准共有也可区分为准按份共有和准共同共有，其识别标准也遵循共有类型的识别标准，即准共有人间存在共同关系的，为准共同共有，否则为准按份共有。原则上，一切财产权皆可准共有，其中，比较重要的准共有类型包括：

（1）用益物权的准共有。用益物权原则上均可由两个以上的共有人共享。例如，甲、乙共同享有某建设用地使用权，并有权在其上建造建筑物的，除可依共有或区分所有享有地上建筑物的所有权外，还对该建设用地使用权享有共有的权利。

（2）担保物权的准共有。抵押权可发生准共有。例如，甲借款于乙，后者以某房产为甲设定抵押权；后甲将债权部分让与丙，丙在取得受让债权的同时，也取得抵押权；于是，甲、丙二人间成立抵押权的准共有。[1]

（3）知识产权的准共有。著作权、商标权、专利权可由两个以上的主体享有。例

---

[1]《担保制度解释》第 39 条第 1 款规定："主债权被分割或者部分转让，各债权人主张就其享有的债权份额行使担保物权的，人民法院应予支持，但是法律另有规定或者当事人另有约定的除外。"

如，根据《中华人民共和国著作权法》第 14 条[1]之规定，著作权可由合作作者共同享有，该条第 2 款还对该共有权的行使作出了特别规定。著作权法对合作作品的著作权行使等未做特别规定的，可参照适用民法典关于共有的相关规定。

（4）股权的准共有。两人以上共享一项股权的，为股权的准共有。以涉及夫妻享有股权为例，即使股权仅以一方名义持有，该股权仍应作为夫妻共同财产对待。

（5）债权的准共有。理论上，债权也可归两个以上债权人共有。例如，共同继承人在分割遗产前，将属于遗产的某物出卖给他人，从而取得的针对买受人的债权也应属于数继承人共同共有。即便债权标的为可分的给付，此共同共有的债权也不应被作为按份债权对待。理论上，这一继承人共有的债权在性质上与连带债权也有所不同，应按照不可分债权处理。不过，由共有引起的对第三人的债权享有与行使的问题，《民法典》并未以准共有的观念对待，而是直接由第 307 条界定为连带债权，此点将于后文阐明。

二、按份共有

（一）按份共有的意义

所谓按份共有，也称分别共有，是指数人依其份额享有所有权的共有形态。《民法典》第 298 条对按份共有给出的界定是：按份共有人对共有的不动产或者动产按照其份额享有所有权。

按份共有，就主体而言，须为多数，即为两个以上的自然人或组织；就客体而言，须为特定的一物，即作为按份共有对象的共有物也须满足物权客体特定原则；就权利的内容而言，为按照份额对物享有所有权。

按份共有不仅表现出所有权主体的多数性及客体的同一性，而且其最显著的特征是各共有人按照其份额享有所有权。按份共有人对其份额有独立处分的能力，因此，尽管多数共有人之间因共有的事实而存在一定法律关系，但相对于体现团体性的共同共有而言，按份共有这种共有形态具有强烈的个人主义色彩。

按份共有的发生，依民法上一般的认识，主要基于两种原因：①基于当事人的意思，通过实施法律行为发生按份共有。如数人共同出资购买某房产，而按出资比例共享房屋的所有权。依当事人之间的法律行为发生共有，此乃按份共有发生的主要原因。②非基于当事人的法律行为，而是基于法律的直接规定发生按份共有。如在动产附合的情形，多数国家的法律均规定，附合物由附合前各动产所有人按其物的价值比例按份共有。

我国现行法实际上几乎未明确规定任何数人直接依照法律规定按份共有

---

[1] 《著作权法》第 14 条："两人以上合作创作的作品，著作权由合作作者共同享有。没有参加创作的人，不能成为合作作者。合作作品的著作权由合作作者通过协商一致行使；不能协商一致，又无正当理由的，任何一方不得阻止他方行使除转让、许可他人专有使用、出质以外的其他权利，但是所得收益应当合理分配给所有合作作者。合作作品可以分割使用的，作者对各自创作的部分可以单独享有著作权，但行使著作权时不得侵犯合作作品整体的著作权。"

一物的情形。如果法律将添附规则以更明确的方式加以规定（如规定动产附合时，各动产所有人按其动产附合时的价值，按份共有附合物），则在动产附合、加工等情形，本可以看到按份共有依法律规定产生的情形，但《民法典》第 322 条对添附规则的模糊处理使得按份共有并未明确出现在该条中。另外，比较法上常见的因埋藏物发现而产生按份共有等其他情形，也未见于我国法。因此，在我国法上按份共有主要依当事人之间的法律行为而发生。就此而言，尚有一重要问题值得讨论。我国《民法典》合同编增设了合伙合同的规定，其第 967 条将将合伙合同界定为"两个以上合伙人为了共同的事业目的，订立的共享利益、共担风险的协议"，如此，在数人共同出资购买不动产或动产的情形，是否可认定当事人之间存在合伙合同关系？如不将比较单纯的因共同购置等原因而发生的共有本身视为合伙，则按份共有可因此而发生；如将约定有共同目的的共有关系作为合伙对待，[1] 则关于此种共有性质上是否属于按份共有的问题，取决于合伙人对于合伙财产的共有究竟为按份共有抑或是共同共有的学理判定。关于此问题将在下文关于共同共有的部分加以讨论。

（二）共有份额

1. 份额的意义

共有份额，也称应有部分，是指各共有人对其所有权在量上应享有的部分。份额的对象是所有权而非实物，也就是说，份额抽象地存在于共有物的所有部分，而非具体特定于其某个部分。例如，甲、乙二人对一套两居室房屋各拥有 50% 的份额，其意义在于，二人各享有该房屋所有权的 50%，而非指二人各自拥有其中的一间。如前所述，共有份额是对所有权在量上的分割，而非质的分割。因此，按份共有人依其份额对共有物享有占有、使用、收益、处分等全面的权能。除非当事人间对物之管理达成相关协议，按份共有并不指向权能的分割（如由共有人甲享有占有、使用的权能，而由乙享有收益的权能等）。

2. 份额的确定

各共有人在按份共有中所享有的份额比例，依该共有关系发生的原因而定。基于当事人意思发生的按份共有，各共有人的共有份额依当事人的意思而定。基于法律规定而直接发生的按份共有，则依法定的标准确定各共有人的应有份额，如在动产附合的情形，由各共有人以其先前享有之物在附合物中的价值比例确定共有份额。如依上述方法仍无法确定份额的，应推定各共有人均等地享有份额。[2]

---

[1] 我国台湾学者常以共同购置作为基于当事人意思发生按份共有的事例，可参见王泽鉴：《民法物权》，北京大学出版社 2009 年版，第 217 页。而在德国学者梅迪库斯看来，"基于法律行为约定的共同关系，一般都相应地约定有目的，因此成为合伙，同样构成共同共有关系（或者构成一种具有部分权利能力的产物）"。参见 ［德］迪特尔·梅迪库斯：《德国债法分论》，杜景林、卢谌译，法律出版社 2007 年版，第 399 页。

[2] 《民法典》第 309 条规定："按份共有人对共有的不动产或者动产享有的份额，没有约定或者约定不明确的，按照出资额确定；不能确定出资额的，视为等额享有。"

3. 共有人对份额的处分

按份共有人所享有的共有份额，属于共有人独立支配的财产权，其性质与单一所有权并无分别。根据《民法典》第 305 条的规定，按份共有人可以转让其享有的共有物的份额，这也就意味着，按份共有人对其享有的份额有自由处分的权利，其对份额的处分无须征得其他共有人的同意。

按份共有人有权转让其份额，自然也就有权在其共有份额上创设定限物权和针对其份额实施负担行为。关于按份共有人对共有份额的处分，尚需做以下几点说明：

（1）所谓处分，应仅限于法律上的处分，而不包括事实上的处分。其原因在于，共有人的权利及于共有物整体，而并非存在于共有物对应的部分，因此不存在共有人可以独立决定毁损其物的应有部分这样的问题。对共有物的整体或部分实施事实上的处分，均须在全体共有人同意的前提下为之。

（2）共有人可以在其共有份额上设立抵押权或质权。共有份额具有财产价值，且具有可转让性，可以成为担保物权的客体。共有份额之上担保物权的实现，即表现为针对共有份额的拍卖、变卖、折价，共有人既有自由转让份额的权能，当然也应有权就份额设立担保物权。[1]

（3）关于共有人能否在其份额上设立用益物权的问题，应采否定的见解。我国民法未规定纯以受益权为内容的用益物权类型，既有的土地承包经营权、居住权等用益物权均表现为对土地或房屋的直接占有、利用，故无从在抽象的权利份额上创设用益物权。在甲、乙各按 50% 份额拥有一套两居室的例子中，即使甲、乙二人就各占一间达成了分管协议，共有人也不得在其分管之部分上为他人创设居住权。[2]

（4）就共有份额的处分而言，共有人固然有处分权能，但处分的效果应如何发生？本书认为，应区分不动产共有与动产共有，并准用不动产物权变动与动产物权变动的规则。按份共有人转让不动产共有份额的，应参照《民法典》第 209 条之规定，自完成份额转移登记时发生共有份额转让的效果。[3] 按份共有人转让动产共有份额的，也需要向受让人移转物的占有，使后者与其他共有人共同占有共有物。至于在共有情形下如何使受让人取得共同占有的问题，应根据具体情形并在必要时依赖观念化的占有实现。例如，

---

〔1〕《民法典》并未就共有份额的抵押等作出规定，但是，《担保制度解释》实际承认了在共有份额之上的抵押权。该解释第 41 条第 3 款规定："抵押权依法设立后，抵押人与第三人因添附成为添附物的共有人，抵押权人主张抵押权的效力及于抵押人对共有物享有的份额的，人民法院应予支持。"既然可以因抵押物发生添附而产生共有份额上的抵押权，那么就没有理由否认共有人就其共有份额设定抵押的权利。

〔2〕共有份额上虽不能创设用益物权，但应可将共有份额作为信托财产。《信托法》仅将禁止流通的财产排除出信托财产（第 14 条第 3 款），共有份额具有流通性，委托人可以将共有份额设立信托。

〔3〕2016 年 1 月 1 日生效的《不动产登记暂行条例实施条例》第 10 条第 2 款规定："按份共有人转让其享有的不动产份额，应当与受让人共同申请转移登记。"

若在转让份额时，根据共有人之间的管理约定，共有物处在其他共有人的实际控制之下，则应认定该共有人乃是为全体共有人占有该物，即物实际上归全体共有人共同占有，此时，份额的转让人需向受让人表示转移此共同占有地位，并通知其他共有人。以不动产共有份额抵押的，也须参照《民法典》第402条，在完成抵押登记时发生抵押权设定的效果。以动产共有份额设立质押的，也须在债权人取得共有物的共同占有时发生质权设立的效果。

（5）按份共有人间如果达成限制转让份额的约定，如约定共有人转让份额需经其他共有人同意，则共有人需受此约定的限制。但是，此类约定应仅具有债法上的拘束力，如共有人违反此约定向第三人转让共有份额，则受让人仍可取得共有份额，除非其他共有人主张优先购买权。

4. 份额转让时，其他共有人的优先购买权

按份共有人有权转让其份额，而无须征得其他共有人的同意，已如前述。不过，其他共有人享有同等条件下优先购买的权利。《民法典》第305条规定："按份共有人可以转让其享有的共有的不动产或者动产份额。其他共有人在同等条件下享有优先购买的权利。"

法律设置共有人的优先购买权，其目的在于简化共有关系。在共有人之一对外转让共有份额时，若其他共有人行使此项权利，则可消灭或简化共有关系，将共有转化成单一所有（共有人为二人时），或者减少共有人的数目，从而减少因共有物的利用而可能引起的纷争。就各共有人依法律行为创设按份共有的情形而言，优先购买权的行使，还可将其他人排除在共有关系之外，以确保共有人之间的合作关系不因外部陌生人的加入受到破坏。

根据《民法典》及《物权编解释（一）》的规定，按份共有人转让份额时，其他共有人行使优先购买权，应遵循以下规则：

（1）仅在共有人对外转让共有份额时，其他共有人才享有优先购买权。共有人之间转让共有份额的，除非当事人间另有约定，其他共有人不享有优先购买权。

（2）仅在共有人以有偿的方式对外转让共有份额时，其他共有人才享有优先购买权。除非当事人另有约定，因继承、受遗赠、接受赠与等发生份额移转的，其他共有人不享有优先购买权。

（3）共有人行使优先购买权的，需以份额转让人对外转让份额的同等条件购买，而"同等条件"不仅指转让价格，还需综合考虑价款履行方式（如是否分期付款）、期限等。

（4）按份共有人对外转让份额，应当将转让条件及时通知其他共有人。为避免转让人与第三人间份额转让的结果长时间处于不确定状态，其他共有人应当在合理期间内行使优先购买权。共有人间约定优先购买权的行使期间的，依其约定确定。未约定或约定不明的，优先购买权行使期间依下列规则确定：转让人向其他按份共有人发出的包含同等条件内容的通知中载明行使期间的，以该期间为准；通知中未载明行使期间，或者载明的期间短于通知送达之日起15日的，为15日；转让人未通知的，为其他

按份共有人知道或者应当知道最终确定的同等条件之日起 15 日；转让人未通知，且无法确定其他按份共有人知道或者应当知道最终确定的同等条件的，为共有份额权属转移之日起 6 个月。[1]

（5）两个以上其他共有人主张行使优先购买权的，协商确定各自的购买比例；协商不成的，按照转让时各自的共有份额比例行使优先购买权。

如果因份额的让与人未履行通知义务等原因，导致其他共有人未行使优先购买权，则让与人与受让人间份额的转让行为是否有效？在让与人与受让人间已完成份额权属转移的情形下，其他共有人是否仍能主张优先购买？以上问题，主要涉及的是按份共有人优先购买权性质和效力的问题。

民法上的优先购买权，就效力而言，可区分为仅具有债权效力的优先购买权与具有物权效力的优先购买权。权利人享有一项具有债权效力的优先购买权，意味着，在权利人主张优先购买时，相对人负有以其对第三人的交易条件与权利人缔结合同的义务；相对人若违反此义务，须对权利人负损害赔偿之责，但相对人与第三人间所实施处分行为的效力不受影响。在我国法上，承租人的优先购买权属于仅具有债权效力的优先购买权。[2] 相反，对于具有物权效力的优先购买权而言，权利人可以之对抗第三人，这就意味着，只要优先购买权人行使此项权利，则第三人受让相关权利的法效果将会被排除，以确保优先购买权人最终取得的效果发生。根据我国公司法及相关司法解释，有限责任公司股东在其他股东转让出资时所享有的优先购买权，即属于此种具有物权效力的优先购买权。[3]

关于按份共有人的优先购买权，比较法上有采债权效力说者（如我国台湾地区民法），但本书认为，在我国民法上该优先购买权具有物权的效力。自法理层面看，一方面，既然通说均认可确立此优先购买权的目的是简化共有关系，减少共有摩擦，那么物权效力说更有利于达成这一立法目的；另一方面，就受让人方面而言，既然受让的是共有份额，其应当知晓其他共有人享有优先购买权，由此即可在交易上寻求自我保护手段，从而使物权效力的设置不至于过度损害受让人的利益。在规范层面上，尽管《民法典》本身并未明确共有人优先购买权的效力，但是，由《物权编解释（一）》的两处规定可以看出最高人民法院对此类型优先购买权采物权效力说：其一，根据该解释第 11 条，份额转让人未通知，且无法确定其他共有人知道或者应当知道最终确定的同等条件的，其他共有人在共有份额权属转移之日起 6 个月内仍可

---

[1] 参见《物权编解释（一）》第 11 条。

[2]《民法典》第 728 条规定："出租人未通知承租人或者有其他妨害承租人行使优先购买权情形的，承租人可以请求出租人承担赔偿责任。但是，出租人与第三人订立的房屋买卖合同的效力不受影响。"

[3] 参见《公司法司法解释（四）》第 21 条。2019 年 11 月 8 日最高人民法院印发的《全国法院民商事审判工作会议纪要》（"《九民纪要》"）之 9 关于"侵犯优先购买权的股权转让合同的效力"更清晰地体现了此种优先购买权的物权效力立场。

以主张优先购买权。既然在"共有份额权属转移"之后仍能行使优先购买权，该优先购买权的效力显然不限于向转让人要求损害赔偿的债权效力。其二，根据该解释第 12 条，共有人以其优先购买权受到侵害为由，仅请求撤销共有份额转让合同或者认定该合同无效的，法院不予支持。对该条规定做反面解释，如果优先购买权人一并提出以同等条件优先购买，则法院应予支持，并将影响份额对外转让的效果。[1]

共有人行使优先购买权的法律构造问题比较复杂。本书认为，优先购买权行使的完整法律构造应包括以下几个方面：

第一，优先购买权人向让与人表示以同等条件购买的，可导致份额买卖合同在当事人之间以转让人和第三人之间达成的交易条件成立。关于优先购买权，学说上多认为其性质属于形成权，在共有人单方面向让与人作出行使优先购买权的表示时，即发生合同成立的效果。另有观点认为，优先购买权在性质上属于请求权，不过，一旦共有人向让与人作出行使优先购买权的意思表示，让与人即有义务承诺出卖，也就是说，优先购买权的行使产生了强制缔约的效力。两相比较，形成权说简明扼要且逻辑清晰，逐渐成为通说。

第二，关于份额的转让，应坚持负担效力与处分效力区分的原则，区分份额买卖合同产生的债之效力与共有份额移转的物权效力。如此，让与人与第三人达成份额买卖合同的，无论其他共有人是否主张优先购买，该份额买卖合同的效力均不受影响。而且，该份额买卖合同的成立并产生拘束力，也是其他共有人行使优先购买权的前提条件，这是因为，优先购买权行使时所需依托的"同等条件"恰恰是让与人与第三人间的合同所确定的。其他共有人若放弃优先购买权的行使，则让与人与第三人之间的份额买卖合同及其履行不发生特别问题。若其他共有人向让与人表示优先购买的，如前所述，份额买卖合同在行使优先购买权的共有人和转让人之间产生效力。不过，此合同也仅产生债法上的效力，即让与人负有移转共有份额于优先购买权人，而后者负有依让与人与第三人之间的交易条件履行价款支付的义务。此种情形，产生了类似针对同一特定物订立多重买卖合同的效果，两个份额买卖合同均有效，让与人对两个买受人均负有移转共有份额的债务。

第三，关于份额转让的物权效果，应区分以下情形：①如果在其他共有人主张优先购买权时，让与人尚未将共有份额的权属移转于受让人（如尚未完成不动产份额的转移登记），则应支持优先购买权人优先取得转让之份额的主张，如此，在让与人与优先购买权人完成份额权属转让所需之行为时（不动产共有份额的转移登记，或者针对动产份额转让使受让人取得共同占有，

---

[1] 《物权编解释（一）》第 12 条关于其他共有人"以其优先购买权受到侵害为由，仅请求撤销共有份额转让合同或者认定该合同无效"不予支持的规定，意义不甚清晰。《公司法解释（四）》第 21 条第 2 款针对有限责任公司股东出资的优先购买权也有类似的规定，而该条款采取了"前款规定的其他股东仅提出确认股权转让合同及股权变动效力等请求，未同时主张按照同等条件购买转让股权的，人民法院不予支持……"的表述。本书作者认为，最高人民法院对此两种优先购买权的效力采用了相似的规范表述，对二者均应做权效力的理解。

已如前述），发生优先购买权人取得让与人转让之份额的效果。②如果在其他共有人依法主张优先购买权时，让与人已经将共有份额的权属通过移转登记等方式移转于第三人，则基于前文关于优先购买权具有物权效力的论证，优先购买权人可主张该转让无效。此法律行为的无效，应界定为民法理论上的"相对无效"，即让与人与第三人之间份额转让的物权效力，仅针对优先购买权人且仅在其主张优先购买权时才不发生。另外，有观点认为，在让与人对第三人转让共有份额而未通知其他共有人的情形，如果受让人善意不知让与人侵害了其他共有人的优先购买权，可依善意取得的规定取得受让的份额。[1] 本书认为，一方面，共有人对于其享有的份额享有处分权，即便未通知其他共有人，其向第三人转让份额也不构成无权处分，而无权处分是善意取得的前提；另一方面，当事人之间转让的是共有份额，不存在受让人不知其受让的是共有物的份额及不知其他共有人享有优先购买权之问题。因此，只要其他共有人依法行使优先购买权的，均可主张第三人不取得其受让的份额，原则上不发生后者善意取得之问题。

第四，共有人优先购买权物权效力的设置，对主张优先购买权的共有人提供了充分的保护，不过，此种保护不能以完全无视共有人之外受让人的利益为代价。按份共有人优先购买权的法理架构，需平衡保护优先购买权人及受让人。如前所述，其他共有人优先购买权的行使，并不影响让与人与受让人之间份额买卖合同的效力，故让与人负有使受让人取得受让份额的债务。受让人因其他共有人行使优先购买权而无法获得受让份额的，可以根据违约责任的相关规定要求转让人承担损害赔偿责任。不过，如果让与人与受让人间在订立份额买卖合同时，明示或默示地以优先购买权人不行使优先购买权为合同生效条件的，则在其他共有人行使优先购买权时，当事人间的份额买卖合同因条件不成就而不生效力，让与人因此无须对受让人负损害赔偿之责。另外，通过设计优先购买权的行使程序，也可对受让人提供保护，使其对于受让共有份额的预期更容易达成。就此点而言，《民法典》第727条关于租赁物以拍卖方式出卖的规定可资借鉴。[2]

（三）按份共有的内部效力

导入性问题

甲、乙兄弟二人分别以70%与30%的份额共有两居室房屋一套。两人约定，经济条件较好的甲使用小卧室，而乙使用主卧。共有期间，甲将其份额转让于丙，丙要求依共有份额使用共有物，而乙要求继续根据与甲的协议使用共有物，形成纠纷，应如

---

〔1〕 王胜明主编：《物权法学习问答》，中国民主法制出版社2007年版，第203页。相同的观点也见于崔建远：《物权：规范与学说——以中国物权法的解释论为中心》（上册），清华大学出版社2011年版，第473页。

〔2〕 《民法典》第727条：出租人委托拍卖人拍卖租赁房屋的，应当在拍卖五日前通知承租人。承租人未参加拍卖的，视为放弃优先购买权。

何解决?

1. 按份共有人之间法律关系的性质

按份共有的内部关系，指共有人彼此间所具有的权利义务关系，涉及共有物的使用收益、共有物的管理、共有物的处分及费用负担等。按份共有人之间，虽不具有共同共有人间那样密切的共同关系，但是，一方面，如承认按份共有可依当事人之间的法律行为而发生，则共有人之间即可依此种法律行为发生权利义务关系，此种关系可归入意定的债务关系；另一方面，如按份共有系因法律规定直接产生，则共有人对于共有物的按份共有这一事实本身，即足以在当事人之间构成法定的债权债务关系。因此，应将按份共有人之间的权利义务关系作为一种特殊的债之关系加以对待。

《德国民法典》在其债编"各种之债"一章单设"共同关系"（Gemeinschaft）一节，就包括按份共有之内的数人共同享有一权利的情形，作为一种独立的债务关系加以规定。德国教科书常将此种债务关系与合伙置于"协力债务关系"之下加以讨论，深具启发性。[1] 在我国《民法典》上，尽管按份共有人之间的关系仅在物权编共有一章中有所规定，但根据第118条第2款对债权的界定，完全可将按份共有人之间围绕共有物的利用、孳息归属、费用负担、分割请求等形成的权利义务关系归入因"其他规定"而产生的债之关系。

将按份共有人间的法律关系界定为一种独立的债之关系，可以为按份共有的内部效力问题提供以请求权为中心的视角。这不仅将有助于此种内部效力的清晰描述，而且，更重要的是，在请求权基础思维之下，各共有人之间基于共有而在相互间产生的给付请求，不必再寻求其他的请求权基础，而是可以直接将相关请求权建立在共有人之间已经存在的债务关系之上。例如，共有人之一收取共有物孳息的，其他共有人可直接依据共有关系向其提出与其份额相当部分孳息的返还，而不必诉诸不当得利。又如，在共有人之间请求分割共有物之问题上，由共有人之间本身就存在债之关系的视角，更容易将分割请求权界定为一种请求权，而非形成权（如后文所述，形成权说实际值得商榷）。再如，在共有人之间，不宜认可《民法典》第235条占有回复请求权的适用，因各共有人均享有占有的权利；如共有人之一拒绝他共有人对共有物的占有、使用的，后者应根据共有关系向前者主张债权性质的请求权。

另外，尽管在所有权之下讨论共有，但共有其实与用益物权、担保物权具有一个方面的共性，即，与一般意义上的所有权（单一所有权）不同，共有与定限物权均直接涉及人与人之间的关系。定限物权相关立法尽管着重界定定限物权人在特定物上的权利，但不可避免地要涉及定限物权人与所有权人之间的关系，同理，共有当然也须涉及共有人之间的关系。这类物权法上

---

[1] 参见 [德] 迪特尔·梅迪库斯：《德国债法分论》，杜景林、卢谌译，法律出版社2007年版，第377页之下。

的"人际关系"天生具有跨界性，其所涉及的债可称"物上之债"，而此类物权则可称"关系物权"。以这里讨论的按份共有内部效力为例，或可认为，至少就意定的按份共有关系而言，共有人之间的关系完全可以由他们在成立共有关系的法律行为中实现充分的自治，但是，在发生共有份额转让的情形，起初并未参与合意的受让人会自动加入到这一共有人关系中。如此，即需要回答该受让人是否需要遵循共有协议约定这样一个问题（后文会针对共有物分管协议展开讨论）。在此意义上，凡属此种"物上之债"的情形，以类似物权法定的思想，由法律直接规定因物产生法律上结合之人之间的权利义务，以此确立一种标准的物上关系的形态，并适当限制契约自治，或至少以有效的公示手段将偏离前述法定标准形态的约定予以公示，如此方能满足交易上的需要。

2. 各共有人对共有物的收益和使用

关于共有人对共有物的使用与收益，尽管《民法典》并未明文加以具体规定，但可从第 298 条关于"按照其份额享有所有权"的规定中推导出相关规则。

共有为所有权的特殊形态，而所有人对其物的基本权利表现为使用和收益，故各共有人均有权对共有物加以使用、收益。共有人对共有物的使用，及于共有物的整体。在不妨碍其他共有人使用的限度内，各共有人均可使用共有物。各共有人均欲利用共有物，而其利用会发生冲突的，应以共有份额为基础，按照共有物一般管理的规则而定（见后文）。对于共有物所生孳息，除非共有人间另有约定，各共有人有权享有与其份额相当的部分。

3. 共有物的费用分担

共有人有权共享共有物的用益，也应分担共有物的费用和其他负担。《民法典》第302 条规定："共有人对共有物的管理费用以及其他负担，有约定的，按照其约定；没有约定或者约定不明确的，按份共有人按照其份额负担，共同共有人共同负担。"该条所称"管理费用"，是指为共有物的保存或者改良等所支出的费用，如因更换共有房屋破损的窗户玻璃或保养共有车辆而支出的费用。其他负担，是指共有物应负担的税费或者因共有物致他人损害所产生的损害赔偿等。此类费用如何分担，首先依当事人之间的合意确定。如当事人之间未达成此类合意，则各按份共有人应依其份额予以分担。在相关费用已由共有人之一偿付的情形，该共有人可依该条规定向其他共有人求偿。

4. 共有物的处分、重大修缮、变更性质或用途

依《民法典》第 301 条之规定，处分共有的不动产或者动产以及对共有的不动产或者动产作重大修缮、变更性质或用途的，应当经占份额 2/3 以上的按份共有人或者全体共同共有人同意，但共有人之间另有约定的除外。

共有物的处分及重大修缮等，超出一般共有物管理的范畴，关乎每个共有人的根本利益，因此需在共有人之间进行协调。在比较法上，对共有物的处分等，无论共有

的类型系按份共有还是共同共有，立法通常要求共有人的全体同意。[1]《民法典》第301条针对按份共有规定经占份额2/3以上的按份共有人同意（而非全体同意），即可决定共有物的处分及重大修缮等，其立法目的应该是基于提高物的利用效益方面的考量。[2]不过，在法律已认可各按份共有人对其份额均可自由处分，且原则上可随时请求分割共有物的情况下，是否需要以2/3多数决的方式压制少数共有人的不同意见，值得商榷。无论如何，在对《民法典》第301条进行解释适用时，应注重少数份额享有者的利益保护问题。自共有人之间关系的视角，持有2/3以上份额的共有人在作出处分或重大修缮等决定时，仍需以其决定符合全体共有人利益为前提，质言之，各共有人基于其份额对共有物所应享有的利益，非经其同意，不得以其他共有人的多数决等形式加以侵害。

根据《民法典》第301条的规定，处分共有的不动产或动产，应经占份额2/3以上按份共有人同意。比较法上常见的全体同意规则，简便易行，无论在共有人内部，还是在共有的对外效力方面，都不会滋生特别的问题。相反，《民法典》第301条所确立的2/3多数决规则，虽貌似理念先进，但在解释适用时，会遭遇一系列问题。因此，对该条所确立的"处分"，应做如下几点分析：

第一，此处"处分"应仅限于法律上的处分，而不包括事实上处分在内。事实上之处分，如毁损共有物等，若经全体共有人一致同意固然能够为之，而在有共有人反对的情形，没有理由根据多数决由部分共有人实施。若部分共有人实施导致共有物毁损灭失的行为，则该事项已经占份额2/3以上共有人同意的事实，并不改变该行为的不法性，持异议的共有人可主张侵权损害赔偿。

第二，共有人对共有物进行法律上的处分，应指转让共有物的所有权、在共有物上为他人设定用益物权或担保物权等处分行为而言。在不能获得全体按份共有人同意而根据多数决对共有物实施法律上处分之时，考虑到处分仍需符合全体共有人利益的前提，在解释上，此处的处分应仅限于可由第三人处获得合理对价的处分行为，如以合理价格转让共有物或针对共有物有偿创设地役权、居住权等。如共有人单独或合计对共有物享有2/3以上份额，即不顾其他共有人反对，将共有物无偿赠与他人或为他人在共有物上无偿设立居住权等，则不仅违反共有人之间互负的尊重他共有人共有利益的义务，而且部分共有人针对共有物以无偿方式实施的处分行为的效力也不应获得认可。

第三，以上分析意味着，应对《民法典》第301条中的"处分"做限缩

---

〔1〕 例如，《德国民法典》第747条规定，"对于共同关系标的之全部，仅得由共同关系人共同处分之"；我国台湾地区"民法"第819条第2项规定："共有物之处分、变更及设定负担，应得共有人全体之同意。"

〔2〕 参见黄薇主编：《中华人民共和国民法典物权编解读》，中国法制出版社2020年版，第326-327页。

解释，将其限于通常不损害其他共有人实质利益的有偿转让等情形。在此类情形，共有物的处分经占 2/3 以上份额共有人同意的，即产生以下两层效力：①在共有人内部关系上，持反对意见的少数共有人须服从多数决定，并且不能主张多数决定侵害其共有权，除非其能证明多数决定实质性地损害了其共有利益；②在对外效力上，持 2/3 以上份额的共有人对共有物享有处分权，相应的处分行为构成有权处分，相对人可据此取得共有物相应的物权。

根据第 301 条之规定，对共有物的重大修缮、变更性质或用途，尽管超出了通常对物管理的范畴，也无须获得全体按份共有人的同意，占 2/3 以上份额共有人可决定。共有物的重大修缮、变更性质或用途，既打破了共有人在形成共有关系时的预期，又可能使各共有人产生修缮费用的负担等，因此，在此种情形，仍应考虑持异议的少数份额享有者的保护问题。如少数共有人对于共有物的重大修缮等持异议，应允许其根据《民法典》第 303 条提出共有物的分割。即使按份共有人间之前存在不得分割共有物的约定，其他共有人依多数决欲做重大修缮或改变共有物的性质或用途的事实，也将构成第 303 条所规定的"重大理由"，从而不影响异议共有人分割请求权的行使。

5. 共有物的通常管理

《民法典》第 301 条针对共有物的处分及超出通常管理范畴的重大修缮、变更性质或用途等作出了多数决的规定，但是，对于符合共有物性质与用途的通常管理与利用，该法典却未给出明确规定。

根据《民法典》第 300 条的规定，共有人按照约定管理共有的不动产或者动产，没有约定或者约定不明确的，各共有人都有管理的权利和义务。问题是，在共有物的利用与管理方面，如不能获得共有人的一致意见，而其利用或管理本身存在冲突的情形，应如何加以协调？此时，显然不应要求必须获得全体共有人的同意方可确定共有物的管理与利用规则。这是因为，既然《民法典》第 301 条已就共有物的处分及超出常规的管理确立了经 2/3 以上共有人同意的规则，举重以明轻，对共有物的通常管理与利用不应要求超过 2/3 以上份额共有人的同意。本书认为，《民法典》对此问题存在一定的法律漏洞，应通过以下方式加以解决：①未来立法应参酌比较法，增设有关对共有物的通常管理须经占共有份额半数共有人同意的规定；②对于无法获致合意或多数决的情形，以及由于情势变更等有必要对先前达成的管理协议作出变更的情形，应允许共有人就基于公平衡量而符合全体共有人利益的管理方案请求法院裁决；③对于简易修缮及其他保存共有物所必须采取的管理行为，如更换共有房屋破损的窗户玻璃或疏通堵塞的下水管道等，各共有人均可不经其他共有人同意而为之，并有权要求其他共有人依《民法典》第 302 条分担费用。

【专题】共有人之间分管协议等的第三人效力，并由此展望物权法的未来发展

如前所述，按份共有即便系因法律的规定而产生，共有人之间也具有债法意义上的权利义务关系。依私法自治之精神，按份共有人间当然还可通过协议的方式对共有物的使用、管理、处分或分割限制等事项作出约束各共有人的约定。相对于法律的任意性规范（如各共有人按照份额享有权利承担义务），共有人之间的约定具有优先适用的效力。共有人之间的此类约定有时对于共有物的管理具有重要的意义，其典型者如所谓共有物的"分管协议"，即各共有人依约定各自使用、管理共有物的一部分。此种情形并不同于共有物的分割，共有关系并未终结，各共有人的份额仍指向整个共有物。不过，共有人各自利用的安排能够有效减少共有人之间的摩擦，通常有利于共有物利用效率的提升。

问题是，当事人能否以此类约定对抗取得共有份额的新共有人？一般而言，共有人之间关于共有物管理等方面的约定，仅应具有约束缔约当事人的债法上的效力，而不具有对抗第三人的物权效力。因此，此类约定对于共有份额的继承人固然具有效力（因继承人在继承共有份额的同时，也须承继此类管理协议上的法律地位），但原则上不能对抗受让共有份额的第三人。在分管协议的情形，份额的受让人可以主张不受分管协议的约束，而要求按其享有的共有份额对共有物使用、收益和管理。

就物权法发展的视角观察，严格恪守物权法定主义，一概不承认分管协议等合同的物权效力的立场值得检讨。一项基于合同所产生的调整物之利用关系的权利，如能具备有效的公示方法，从而使第三人能够知晓他人在物上的法律地位，法律即可认可此权利安排的对世效力。对于不动产共有人之间通过协议等方式在共有不动产的利用、管理、分割限制等方面所确立的权利义务，应许可当事人在做共有份额登记时，也将前述内容载入不动产登记簿，并因此产生对抗效力，即共有份额的受让人也应受登记内容的约束。对于动产共有人之间在共有物利用、管理等方面的安排，不存在便利有效的公示方法，但受让人仍有可能在受让份额时获知此类信息，在此种情形，法律可明确，受让人也须受先前共有人约定的约束。为使受让人能够有更多机会知晓，自共有人之间法律关系的视角看，也可基于诚实信用原则，使共有人之间相互负有在转让份额时将共有人间的特别约定告知受让人的义务。如受让人善意不知共有物上的特别约定，则此类约定不得对抗受让人，其他共有人不得主张份额受让人受特别约定的约束，但是，于此种情形，其他共有人可向份额让与人主张损害赔偿。此种责任一经确立，也可促使让与人积极向受让人披露相关信息，从而在受让人知晓的情况下使相关约定最终能够对抗份额受让人。[1]

一旦认可不动产共有人间关于共有物分管等协议可通过登记公示产生对世的效力，则该项制度甚至可能成为改变物权法定主义僵硬性的突破口。在传统的物权权利体系中，数人共有一不动产，与不动产所有人为他人在其物上设定用益物权或担保物权，

---

〔1〕 关于此问题，比较法上的经验可资借鉴。《德国民法典》第1010条设有如下规定："土地共有人对土地之管理及利用，曾有所协议，或对于请求废弃共有关系之权利，曾制定永久或于一定期间予以排除，或定有预告终止期间者，此项协议或制定，非视同应有部分之负担，而登记于土地登记簿者，不得对抗共有人之特定继受人。"台湾地区"民法"于2009年修订物权编时，在第826条之下增订一条规定（第826-1条），其第1项规定如下："不动产共有人间关于共有物使用、管理、分割或禁止分割之约定或依第八百二十条第一项规定所为之决定，于登记后，对于应有部分之受让人或确定物权之人，具有效力。其由法院裁定所定之管理，经登记后，亦同。"该条第2项规定："动产共有人间就共有物为前项之约定、决定或法院所为之裁定，对于应有部分之受让人或取得物权之人，以受让或取得时知悉其情事或可得而知者为限，亦具有效力"。

可谓是泾渭分明。但是，在经济意义上，二者其实都属于多数人分享不动产的情形。一旦不动产登记制度允许不动产登记簿灵活地载入共有人在物之利用方面的安排，则此种安排就不应仅限于各人分管共有物部分的"量"上的分割；各共有人也可对各人享有的物上权利做"质"的分割，如约定由一人占有使用不动产，而他人享有收益（包括从前者处获得使用对价）的权利，而此类权利安排均可自由附加期限。如此，在不动产所有权人欲在其物上为他人创设具有对世性的权利，而此种权利又因未为法律所规定而受困于物权法定之时，即可通过附加特别约定的共有架构来实现交易的目的。例如，《民法典》不承认可转让的居住权类型（第369条），但房屋所有权人甲可将有居住需要之乙登记为共有人，并同时登记如下"共有"安排：在十年间，乙排他地使用房屋，但需每年向甲支付十万元；十年间，双方不得要求分割共有物，但乙可自由转让其在物上的共有权（共有份额）；十年期满，共有关系自动结束，双方同意，共有物归甲所有，且甲无须向乙偿付对价。

本书认为，不动产法在未来的发展，应充分发挥信息时代不动产登记的便利性，使不动产登记平台不仅继续发挥信息平台的作用，而且，也成为不动产的交易平台，并最终打破物权法定主义的限制。

（四）按份共有的对外效力

按份共有的外部效力，指的是按份共有人基于对共有物的共有而产生的对第三人的效力，包括对第三人的物上请求权、对第三人享有的债权以及对第三人所负债务几个层面。

1. 对第三人的物上请求权

《民法典》在"共有"一章中未明确规定各共有人对第三人如何主张物上请求权。依法理，共有是所有权的形态，共有人应与单一所有权的所有人受同样的保护。

各共有人都有权针对第三人行使本于所有权的物上请求权，而且，共有人均可单独地行使权利，而无须考虑其他共有人的意愿。对于《民法典》第236条规定的排除妨害与消除危险请求权，因不涉及对被请求人给付的受领，且妨害排除和危险消除的后果也完全符合其他共有人的利益，故任一共有人均可单独提出，且无须特别表明为全体共有人之利益。共有人主张《民法典》第235条的占有回复请求权的，固然仍可由共有人之一单独提出主张，但共有物原本应处于全体共有人的共同占有之下，无权占有人所负的返还义务在性质上应属于不可分给付，若无权占有人应单一共有人请求将占有回复于该共有人，而其他共有人不能恢复对共有物的占有，则不仅与占有回复请求权的目的不符，且容易滋生共有人之间的争端。因此，依法理并参酌比较法上的经验，[1] 共有人向无权占有人请求返还共有物的，应请求返还于共有人全体，而不得

---

〔1〕《德国民法典》第1011条规定："各共有人均得以基于所有权而生的请求权，就共有物全部对抗第三人，但关于返还请求权，仅得依第四百三十二条规定行使之。"《德国民法典》第432条系有关不可分债权的规定，根据该条，在数人得请求不可分给付的情形，债务人仅能向债权人全体为给付，而各债权人也仅能请求向债权人全体为给付。我国台湾地区"民法"第821条规定："各共有人对于第三人，得就共有物之全部为本于所有权之请求，但回复共有物之请求，仅得为共有人全体利益为之。"遗憾的是，我国《民法典》合同编虽丰富了连带之债的规则（第518条至第521条），但并未对不可分债权作出规定。

主张仅向自己返还。

2. 对第三人享有的债权

共有人因共有物所产生的债权，既可能是基于合同产生的意定债权，如出卖共有物对买受人享有的价款债权、出租共有物而对承租人享有的租金债权等，也可能是因共有物遭受损害而由共有人对加害人享有的侵权债权，以及由共有物而生的不当得利等其他法定债权。如前所述，即便是按份共有，共有人之间也存在法定的共有关系，多少具有一定团体性色彩。同时，按份共有人对共有物又享有相应的份额，且所谓因共有物所产生的债权，既可能涉及当事人运用意思自治自行决定效力的意定债权，也可能涉及需由法律直接确定具体效力的法定债权，其给付既可能可分，也可能不可分。因此，此种债权实际上具有非常复杂的结构，在理论上，存在共同债权、债权的准共有、不可分债权与可分债权、按份债权与连带债权等多种可能的解释框架。不过，《民法典》第307条对该问题采取了简化处理。对于因共有物产生的债权，该条明确了以下三条具体规则：①数共有人对债务人享有连带债权，根据《民法典》第518条，这就意味着，各共有人均可要求债务人履行全部的给付；②法律另有规定，或第三人知道共有人不具有连带债权关系的除外；③结合《民法典》第521条第2款，实际受领债务人给付的共有人，应依照共有份额向其他共有人返还超过其应受领部分的利益。

> 《民法典》第307条不区分按份共有与共同共有，且不区分多数人的债权为可分或不可分，将共有人因共有物所产生的债权均规定为连带债权。如果第307条对于共有人所享有债权未做专门规定，则在此债权为可分债权时（如表现为金钱债权的价款债权、租金债权、损害赔偿金债权等），根据《民法典》第517条、第518条之规定，应认定各共有人依其共有份额享有按份债权。如果债权为不可分债权，则依债法理论，债权人仅能要求债务人向全体债权人为给付。第307条将共有人享有的债权一律规定为连带债权，对债务人比较有利，因为，债务人不仅可以减少向债权人全体为给付或逐一按份额向债权人为给付的麻烦，而且，债务人未必了解共有物上存在多个共有人（如在行为人因故意或过失毁损某一共有人占有之动产的情形），连带债权之规定能够确保债务人对任一共有人的给付即可构成全部债务的清偿。自债权人（共有人）角度观察，连带债权之规定，使得任一债权人均有权单独向债务人主张（包括通过诉讼的方式）全部的给付，如此，未提出债权主张的共有人将不得不向受领人请求移转其享有的债权利益，并承受后者不为给付的风险。因此，将共有人对外享有的债权均界定为连带债权，其是否具备足够的妥当性值得怀疑。
>
> 根据第307条，在法律针对特定按份共有情形另有规定时（尽管不太容易找到此类特殊规定），或者在"第三人知道共有人不具有连带债权债务关系"时，共有人对外享有的债权也可以被设置成连带债权之外的效力形态。该条中关于"第三人知道共有人不具有连带债权债务关系"的表述令人费解。连带债权债务关系本身就是法律规定的结果，而并非一项脱离法律规定可以

独立知晓的事实，如果其指的是多数人之债的当事人之间的特别约定，则作为债务人的"第三人"本身就应该是该约定的当事人，不存在其知与不知的问题。另外，该项但书也未指明，若不成立连带债权，则共有人与债务人间将成立何种多数人之债关系。本书认为，依该条的立法宗旨，第三人单纯知晓共有人之间具有按份共有关系，并不能成为否认连带债权的理由。对此项但书只能解释为：如各共有人与债务人约定，债权为按份债权或需由债务人向债权人全体履行的共同债权的，则从其约定。

3. 对第三人所负的债务

共有人因共有物而对他人负担给付义务，既可能系因共有物的维修、保管等而对他人负担的意定金钱之债，也可能是因出卖共有物于他人而负有的给付不可分的意定之债，还可能是因共有物致人损害而发生的法定之债。依《民法典》第307条，共有人因共有物而对他人负担债务的，原则上各共有人对债权人均负连带债务，除非法律另有规定或债权人知道共有人之间不具有连带债务关系。这一连带债务的规定显然是为保护债权人利益而设，各共有人对债权人均负有履行全部给付的义务。当然，在按份共有人内部，偿还债务超过自己份额的共有人可以向其他共有人追偿。

（五）共有物的分割

1. 分割自由与分割请求权

按份共有不以共有人之间具有某种稳定的共同关系为基础，而且，多人共有一物时常会导致共有人在对物的利用、管理、处分等方面的意见分歧，从而导致物的利用、流通受到不利影响。因此，民法对按份共有采分割自由的原则，即各共有人均有权随时要求终止共有关系，并分割共有物。

与单一所有相比，共有更容易引发物之利用上的纷争，从而影响物的经济效用。法律认可按份共有人的分割自由，可使共有人自由进出共有关系，自由主张分割也可以成为化解共有人之间冲突和矛盾的有效手段。《民法典》第303条规定，按份共有人间未约定不得分割共有物的，各共有人可随时要求分割，这一规定体现了自由分割的精神，值得赞同。不过，该条还附带如下规定："因分割造成其他共有人损害的，应当给予赔偿。"既然分割请求是共有人的一项权利，且具体分割方法也须遵循第304条之规定妥善确定，在何种意义上要让主张分割的共有人对其他共有人负赔偿之责，令人费解。本书认为，在解释上，可将此项关于赔偿的规定限于以下情形：共有人之间有关于在一定期间内不得分割之约定，其他共有人信赖此约定，而共有人之一基于个人重大理由（如自己或家人患病需通过分割共有物，获得金钱以支付医疗费）提出分割共有物的，需赔偿其他共有人因共有物提前分割而遭到的损失。

当然，根据契约自由的原则，各共有人也可以约定不对共有物进行分割，从而维护共有关系。不过，即便在此情形下，根据《民法典》第 303 条的规定，在具有重大理由时，共有人仍有权要求分割。此条中所称"重大理由"，应指继续维持共有状态可能会对共有人之一造成严重后果的情形，例如，共有人之间在共有物的管理、利用方法方面产生了重大分歧无法作出公平合理的决定等。为贯彻分割自由原则，关于按份共有人间限制分割约定的效力，比较法上通常还设有如下规则加以限制：其一，为避免当事人约定过长的不可分割期限从而影响物的经济效用，对于共有的不动产或动产，法律可设限制分割约定的最长时间限制，当事人约定超过此法定最长期限者，缩短为该期限；其二，关于限制分割的约定是否能够对抗份额受让人的问题，法律可明确，不动产不得分割之约定，非经登记不得对抗份额受让人；动产不得分割之约定，不得对抗善意的份额受让人。

关于共有物分割请求权的性质，学说上主要有请求权说与形成权说两说，而以形成权为通说。形成权说对于说明分割请求不受诉讼时效的限制，具有积极的意义，且能充分体现分割自由的原则。不过，本书认为，从共有人之间的共有关系出发，将请求分割的权利界定为请求权更符合法理。共有人之一向其他共有人表示分割共有物的，并不会立刻导致共有关系的结束，即便共有的对象是可分的动产，也须在各共有人之间确定具体分割方案且将物分出归各共有人占有时，始能发生终结共有的效力。在此之前，共有人之间围绕共有物的关系（如依共有比例负担共有物的相关费用，或对共有物所致他人损害负连带赔偿责任等）并不会因分割请求的提出而受影响。共有人请求分割共有物，实际上是请求其他共有人履行分割共有所需的行为，故该权利的对象仍属于给付的范畴。这一点进一步佐证了前文的一个观点，即应将按份共有本身视为一个法定的债之关系。

> 如详加斟酌，共有人分割请求权性质这一问题，恐怕还需与这一请求权行使的方式结合讨论，认识上的分歧恐怕也与未做此必要区分有关。如下文所述，共有物的分割，可分为协议分割与裁判分割。就协议分割的情形而言，所谓分割请求，似仅应解读为就达成分割协议提出磋商，或提出具体分割方案的要约。基于按份共有人间的共有关系，在一方提出分割时，其他共有人应有义务与请求分割者认真磋商，并依诚信原则的要求尽可能达成具体可行的分割协议。在这一意义上，共有人的分割请求具有请求权的意义。此种情形下，分割请求不具有形成的效力。若共有人间无法达成分割协议，则主张分割的共有人仅能请求法院裁判。如果所谓分割请求指的是向法院提出的裁判分割请求，则由于法院有义务根据《民法典》第 304 条之规定通过裁判支持请求人的分割请求，而无须征得其他共有人同意，则此分割请求具有形成诉权的特点。

2. 共有物的分割方法

《民法典》第 304 条第 1 款规定："共有人可以协商确定分割方式。达不成协议，共有的不动产或者动产可以分割并且不会因分割减损价值的，应当对实物予以分割；

割。"依据该条，共有物的分割首先表现为协议分割，而在无法达成协议时，应如何实现分割，该条并未加以明确。依法理，在无法实现协议分割时，共有人应向法院请求裁判分割。

共有人采用协议方法分割共有物的，需在全体共有人间达成分割协议。共有人间分割共有物的协议为不要式法律行为，自成立时发生对共有人的拘束力。就分割协议的内容，法律无干预的必要，故无论共有物为可分物或不可分物，共有人均可自由决定采实物分割或价值分割等具体方法。若当事人共有的对象为两个以上的物，共有协议自然也可约定合并分割。共有物分割协议仅具有债的效力，各共有人负有依协议内容为给付的义务。协议分割欲产生物权变动的效力，如共有人各自取得可分物的一部分或某共有人依约定取得单独所有权等，也须满足依法律行为变动物权的一般规则，这就意味着：就可分动产而言，如当事人约定按比例取得相应的部分，则只有在取得分割后各部分之占有时，各前共有人才取得各部分的单一所有权；就不动产而言，只有在依分割协议办理相应的不动产登记后，才由共有人取得分割后不动产的单一所有权。

如果共有人间无法就具体的分割方案达成一致协议，则分割仅能通过法院进行，是为裁判分割。《民法典》第304条针对不能达成分割协议情形所确立的分割规则，应解释为对法院确定具体分割方案的指引：如共有物为可分物的，应采取实物分割的方式；如共有物为不可分物，则应当首先就共有物进行折价或者拍卖、变卖，然后对所取得的价款予以分割。对按份共有而言，无论是实物分割还是价值分割，均应依各共有人的份额比例进行。

3. 分割的效力

共有人以协议方式分割共有物的，可归入依法律行为引起物权变动的情形。分割协议本身仅具有债的效力，不足以引起物权变动。共有人根据分割协议，完成不动产登记或动产交付时，发生分割的效力。如此，一方面，当事人之间的共有关系终结，另一方面，各共有人取得其分得之物的单一所有权。

共有人通过法院裁判方式分割共有物的，可归入非依法律行为引起物权变动的情形，应适用《民法典》第229条。因此，法院关于分割共有物的判决具有形成的效力：在判决书生效时，共有关系终结，同时，不动产无须登记，动产无须交付，各共有人根据判决书取得分得之物的单一所有权。

共有人通过分割取得不动产或动产所有权，实际上相当于共有人之间的相互交换，因此，对于共有物分割所引起的取得结果，共有人间相互负瑕疵担保责任。《民法典》第304条第2款规定："共有人分割所得的不动产或者动产有瑕疵的，其他共有人应当分担损失。"共有人所负的瑕疵担保责任，包括权利瑕疵担保与物的瑕疵担保。所谓权利瑕疵担保责任，指的是共有人应担保第三人就其他共有人分得之物不得主张任何权利。例如，甲、乙二人各出资10万元购买一件明代家具，各享有50%的份额；后二人协议分割共有物，由甲单独取得所有权，甲给乙15万元的金钱补偿（因该家具市价上涨）；不久发现该家具属于盗赃物，其所有人丙向甲提出了原物返还请求权并追回了家具；此时，乙应负权利瑕疵担保责任，分担甲的损失，将其在分割共有物时所受的15万元补偿金返还于甲。所谓物的瑕疵担保责任，是指共有人应担保其他共有人所分得的共有物的部分在分割之前不存在隐蔽的瑕疵。其他共有人所分得之物上存在隐蔽瑕疵而因此受有损失的，共有人应按其先前所享有的共有份额分担此损失。

三、共同共有

（一）共同共有的意义与特征

共同共有，是指数人不分份额地共同享有一物所有权的共有形态。我国台湾地区"民法"将其称为"公同共有"。我国《民法典》第299条对共同共有的基本界定是：共同共有人对共有的不动产或者动产共同享有所有权。

共同共有具有如下主要特征：

（1）就主体而言，与按份共有相同，共同共有的共有人也须为两人或者两人以上。构成共同共有关系的数人之间有紧密的关系，体现一定的团体性。但一旦数人的联合形式构成具有独立法律人格的社团法人，则由出资等形成的财产即归属于法人所有。因此，在逻辑上，共同共有也应与法人或非法人组织的单一所有严格区分。

（2）共同共有的发生，以共有人之间存在共同关系为其基础。所谓共同关系，是指构成共同共有基础的法律关系，如婚姻关系、家庭共同生活关系、共同继承关系等。共同关系的存在与否，也是判断共有关系究竟为按份共有还是共同共有的一个标准。《民法典》第308条规定："共有人对共有的不动产或者动产没有约定为按份共有或者共同共有，或者约定不明确的，除共有人具有家庭关系等外，视为按份共有。"可见，家庭关系等共同关系的存在是认定共同共有的一个标准。如果共有人之间不存在婚姻关系、家庭关系、共同继承关系等关系，则其共有形态应判定为按份共有，而非共同共有。

（3）就客体而言，由于共同共有人间存在稳定的共同关系，因此其共有的财产往往指向一个集合财产，如夫妻婚后所得财产、未分割的遗产、合伙财产等，而且，该集合财产也不仅限于不动产或动产，也包括共同享有的定限物权、股权、知识产权及债权（后者属于准共有的范畴）。不过，基于物权客体特定原则，仍应认定共同共有存在于每一个不动产或动产之上。例如，甲、乙二人作为第一顺序继承人共同继承了其父丙的1所住房、1辆汽车、1件古董，则共同共有关系并非存在于此未分割的遗产集合之上，而是存在于构成遗产的每一个物之上。

（4）共同共有人的共有不区分份额。与按份共有不同，共同共有并不在共有人之间区分份额，各共同共有人不分份额地、平等地对共有物享有权利并承担相应义务。在共同关系中，人们仍然可能会产生对共有物享有应有份额的观念，如夫妻双方认为对婚姻财产各有一半；未分割遗产的继承人认为自己享有法律规定的应继承份额；合伙人认为自己对合伙财产享有与出资比例相对应的份额。但是，此种份额的观念与按份共有中存在的独立份额有着本质的不同，主要表现在以下两个方面：①这种份额只是潜在的，只有在共同关系结束并需要对共有物加以分割时（如离婚时、合伙关系结束时）才会显现出来，而在共有期间各共有人并不据此享有权利；②这一份额并不存在于每一个共有物之上，而仅仅是潜在地存在于与共同关系有关的集合财产之上。在分割共同共有物时，此种集合财产上的潜在份额可以成为分割的标准，同时，由于份额本来就指向集合财产，故共同共有的分割通常采合并分割，而不针对每一个共有物单独为分割。

（二）共同共有的类型

构成共同共有基础的共同关系主要包括婚姻关系、家庭共同生活关系、共同继承关系和合伙关系等，因此，共同共有也主要包括以下这些类型：

（1）夫妻共同共有。因婚姻关系而产生的婚姻共同财产制，是包括我国民法在内的许多国家法律承认的制度。根据《民法典》第 1062 条的规定，在婚姻关系存续期间，除非另有约定，夫妻双方或者一方的劳动所得、接受继承或者遗赠的财产以及其他并非依法归一方所有的财产，均归夫妻双方共同所有。婚姻关系存续期间，对于夫妻共有的财产，夫妻双方平等地享有权利。

（2）家庭共同共有。依我国传统，子女即便在成年而获得独立收入来源之后，仍有可能与父母及其他家庭成员居住在一起。基于此家庭共同生活关系，有必要确认一定范围内的家庭财产归家庭成员共同所有。对于家庭共有财产，享有共有权的家庭成员应平等地加以利用。在分家析产时，家庭共有关系终结，家庭成员可要求对共有财产进行分割。

（3）遗产的共同共有。根据我国继承法，继承开始后，遗产立刻归继承人所有。如果同一顺序的继承人为数人，则应由该数人共同继承遗产。继承开始时，遗产以集合财产的形式发生此种权利变动，在多个继承人分割遗产之前，并不能确定各个继承人所继承的具体财产是哪些。遗产的共有，一方面，可能因继承人不提出分割而持续保持共同状态，另一方面，在遗产债务得到清偿前，保持共有的状态并由遗产管理人从共有的遗产中清偿遗产债务也是比较妥当的安排。因此，在遗产继承开始之后遗产分割之前，各继承人共同享有遗产的所有权。这种共有形态也是一种典型的共同共有。

（4）合伙共同共有。因合伙合同的缔结，在合伙人之间产生合伙关系。合伙合同不产生独立人格，其财产由全体合伙人共同共有。

在学理上，关于共同共有存在哪些具体形态的问题，存在一定争议。尤其是，以合伙合同为基础所形成的共有类型，尽管比较法上多以其为共同共有，但在我国法上不乏主张其为按份共有者，也有学者主张合伙共有属于兼有按份共有与共同共有属性的混合共有。对此问题，立法机关也表示值得研究。[1] 主张合伙共有为按份共有者，其理由基本就在于合伙人对于合伙财产享有合伙份额，按照份额享有合伙收益，并可转让该份额。本书认为，应将合伙合同基础上的共有认定为共同共有，理由如下：其一，合伙合同是两个以上合伙人为了共同的事业目的而订立的协议，合伙人之间具有共同关系。根据《民法典》第 969 条，合伙合同终止前，合伙人不得请求分割合伙财产。

---

〔1〕 参见黄薇主编：《中华人民共和国民法典物权编解读》，中国法制出版社 2020 年版，第 322 页。

其二，合伙财产由合伙人的出资以及因合伙事务取得的收益等构成，属于集合财产，符合共同共有的客体特征。其三，合伙人对于合伙财产的份额，与按份共有人对共有物的份额具有不同的属性，前者系针对合伙财产集合，性质上类似股权，而且，合伙人对外转让份额须经其他合伙人一致同意[1]，此点也显著区别于按份共有人对份额的自由处分。

界定共有的形态，其目的在于法律适用。就此点而言，也应将合伙共有界定为共同共有。前文述及，按份共有是共有的基本形态，物权编设共有一章对共有加以规定，主要是为按份共有提供关于共有份额转让等基本规范。共有一章其实无须对共同共有做全面规范，其原因不仅在于共同共有是共有形态的例外，更在于，共同共有既然建立在共同关系之上，而法律通常均在对此类共同关系作出规定时将共有物的管理、分割等内容包含在其中，因而无须再适用物权编提供的共有规范。例如，关于夫妻财产共有，其实已由婚姻家庭编提供了完整的规范（包括第 1060 条确立的家事代理等特殊规范），完全无须适用物权编共有一章的规定。合伙财产的共有亦是如此。《民法典》合同编将合伙合同列入典型合同，对合伙财产的管理、合伙份额的转让、合伙财产的分割等作出了具体规定，基本排除了就合伙共有关系适用物权编共有一章的必要。在此情形，若将合伙共有界定为按份共有，除引起混乱外，实无法律适用上的任何意义。

关于共同共有的类型识别，还有一个问题值得讨论。根据《民法典》第 308 条的规定，共有究竟是按份共有还是共同共有，首先可以由当事人加以约定。这一规定看似符合私法自治的精神，但其实未必妥当。共有的形态其实基本不取决于当事人的约定。如前所述，共同共有都以共有人间具有共同关系为基础，而且法律往往都对此类共同关系另设详尽规定。若共有人间根本不存在家庭、合伙等共同关系，而将共有约定为共同共有，则其意义可能仅在于：共有人希望在共有物的处分、分割等方面适用共同共有的规定，如处分须经全体同意、不得随时请求分割等。本书认为，此种情形仍应解释为按份共有，不过当事人对于共有物的处分及分割等有特别约定。质言之，共同共有不能基于共有人间单纯的约定而发生。

（三）共同共有的效力

在具体的共同共有形态，法律往往对效力问题作出专门的具体规定，如《民法典》婚姻家庭编对夫妻财产共有的规定等，因此，物权编共有一章关于共同共有效力的规定，仅在没有其他法律规定时才有适用的余地。

关于共同共有的效力，在共有物的一般管理等方面，可适用与按份共有相同的规则。共同共有的特别效力主要表现在：

（1）除共有人之间另有约定外，对共有物的处分、重大修缮及改变性质或用途，

---

[1] 参见《民法典》第 974 条。

须经全体共有人的同意。部分共有人未经其他共有人同意擅自处分共有物的，其处分行为效力待定，只有在获得其他共有人的追认后才能发生效力。不过，共有物的受让人善意不知部分共有人无权处分的，可依善意取得之规定取得所有权。

（2）由于不存在独立的份额，因此各共有人不得向他人转让共有权，更不存在其他共有人优先购买的问题。对于共有人在共有集合财产上的潜在份额，除法律另有规定外，共有人也不得在共有物分割前予以处分。共同共有人的债权人也不得要求强制执行共有人在共有财产中的潜在份额或要求代位行使共有权，而仅能就共有人对共有财产的利益分配请求权提出主张。[1]

（3）在共同关系结束前，各共有人原则上不得要求分割共有物。不过，对于有些类型的共同共有，法律实际上承认共有人随时可提出结束共同关系，如共同继承及不定期的合伙。另外，根据《民法典》第303条，在有重大理由时，共同共有人也可以在共同关系结束前，请求分割共有物。《民法典》第1066条的规定既属于特别规定，同时该条规定的两种情形也可理解为第303条所称"重大理由"。

👉 第六节　所有权的原始取得方式

一、概述

所有权的享有和救济以所有权的取得为前提。本书第三章已全面地阐述了以所有权为代表的各种物权所具有的效力，尤其是作为物权救济手段的物上请求权效力。从法律适用角度来看，只有首先确立权利主张者的所有权人地位，才能支持其以所有权为基础的权利主张。因此，从物权变动的角度探究所有权的取得也就成了一个至关重要的问题。

所谓所有权的取得，是指所有权因一定的法律事实而与特定主体的结合。以权利取得是否须以前权利人的所有权为前提作为标准，所有权的取得可分为原始取得和继受取得。继受取得主要是基于法律行为的取得，也就是说，所有权取得的效果系由前所有权人实施法律行为所产生的。关于此类基于法律行为所导致的所有权取得，我们在前文关于物权变动部分已作出了相关讨论。另外，所有权也可因法定继承的原因而发生继受取得，此时所有权的取得问题适用《民法典》第230条及继承编的相关规则。

本节所述及的所有权取得方式仅限于原始取得方式，实际上，《民法典》物权编第九章"所有权取得的特别规定"就是对所有权原始取得的几种方式的规定。该章中关于从物随主物移转及孳息收取的问题，已在第二章加以讨论。另外，我国民法虽未对先占取得及时效取得作出规定，但先占取得实际上已获得习惯法的支持，而取得时效是比较法上的普遍承认的制度且我国未来立法也还有加以规定的可能，故本节对此两种所有权取得方式也略加论述。

---

[1]《民法典》第975条规定："合伙人的债权人不得代位行使合伙人按照本章规定和合伙合同享有的权利，但是合伙人享有的利益分配请求权除外。"

二、先占

（一）先占的意义和性质

先占，是指以据为己有的意思，占有无主的动产，而取得该动产所有权的法律事实。自然界中的无主之物，当其进入人类生活而为人的利益服务时，就需要在法律上确立其权利的归属，以起到定分止争的作用。此时，依自然理性，相对于其他人而言，将对其先行占有且有据为己有意思者确认为所有权人最为合理。[1]

在人类社会的早期，尤其是在农业出现之前的采集与狩猎社会中，先占取得是人类获得物质手段的基本方式。随着人类社会的发展，先占取得逐渐失去了其先前所具有的重要意义，但它仍然是所有权取得的一种方式。而且，在所有权起源的理论中，先占理论也具有重要的地位。

关于先占的法律性质，有法律行为说、准法律行为说与事实行为说等多种理论。通说认为，先占属于一种事实行为。如后文所述，先占尽管要求先占人有所有的意思，但此意思并非包含效果意思的"意思表示"，而仅指行为人事实上所具有的将物据为己有的主观目的而已。

或许是基于野生动植物保护等方面的考虑，我国《民法典》未对先占取得作出规定。但是，一方面，基于保护思想不允许私主体先占取得的自然物终究有限（对于有保护需要，从而不允许先占取得的无主物，仅须排除出先占取得制度即可，没有理由成为否认先占取得制度的理由），另一方面，允许私主体对因他人抛弃而成为无主物的动产先占取得也势在必行。本书认为，通过先行占有无主动产并据为己有取得其所有权，构成《民法典》第10条意义上的"习惯"，因此，先占取得也是我国民法所承认的一种动产原始取得方式。

（二）先占的要件

通过先占取得所有权，需满足法律要求的构成要件。先占取得的法律要件包括以下几方面：

（1）标的物须为动产。依我国法律之规定，中国境内的土地，无论其位于何方，其所有权或者归国家所有，或者归集体所有，不发生无主的问题。土地之上的建筑物等附着物归属于土地所有人或者拥有土地使用权之人，建筑物所有人通过申请注销所有权登记的方式抛弃所有权的情形很少发生，而且，对于所有人抛弃的不动产，法律可确定其归国家所有。因此，不动产不存在先占取得的问题。

（2）须为无主物。所谓无主物，是指发生先占时不属于任何人所有之物，包括自始无主之物和被前所有权人抛弃之物。自始无主之物，典型者如野生动物，传统上可实行先占取得。我国《民法典》第251条规定："法律规定属于国家所有的野生动植物资源，属于国家所有。"而根据《野生动物保护法》的界定，归国家所有的野生动物，指的是珍贵、濒危的野生陆生、水生动物，因此，对于保护名录以外的野生动物仍可

---

[1] 古罗马法学家盖尤斯曾写道："不属于任何人之物，根据自然理性，归先占者所有"（D. 41, 1, 3, pr）。

认定为"无主物"，并可依先占取得取得其所有权。物是否无主，应依客观的标准判断，而不以先占人的主观认识为准，例如，将他人遗失之物误认为抛弃物而先占的，不能因此取得所有权。

（3）以所有的意思为占有。先占人不仅应事实上占有无主物，而且还须在主观上具有将其归己所有的意思。对无主物的先占，也可通过占有辅助人取得，例如，雇佣他人采摘野生蘑菇者，可在受雇人取得占有时，取得蘑菇的所有权。仅仅是在客观上占有无主物而主观上缺乏据为己有之意思的，不取得对该物的所有权，如为救治的目的占有野生动物。

（4）无法律上禁止性规定或者他人享有先占权的情形。由于公共政策方面的原因，法律可能禁止人们通过先占取得某些物的所有权，如濒危野生动物不得通过先占取得。在特定情形下，法律可能赋予特定主体对无主物的独占性的先占权，此种情形也将排除他人的先占取得。例如，在公海上捕鱼，是典型的先占取得；但是，对特定水域取得排他性的渔业权者，对该水域内之水产拥有独占的捕捞权，可排除一般人的先占取得。

（三）法律效果

具备上述诸要件的，发生先占取得的效果，即先占人取得其先占之无主物的所有权。该所有权取得的效果系基于法律的直接规定，而非基于他人既存的权利，故为原始取得。

> 依何种标准判断先行占有无主物的事实，并非总是清晰的。例如，甲射伤野兔，野兔带伤奔走，甲循迹在后追击；野兔力竭而亡，恰为守株待兔的乙所获；甲赶到后，双方就野兔归属产生争执。此时，应赋予占有的意志因素以更强的效力，判定击伤猎物并持续追击者为先占人。正如对"占有"的判断一样，是否构成"先占"亦需借助一般社会观念。
>
> 先占不仅是所有权取得的重要方式，而且也应成为对"公共物"取得使用权利的基本规则。借助先占，可解释教室资源紧张情况下的"占座"，可解释有限停车位的获取规则。在先占停车位的例子中，也存在类似追捕猎物的情形：甲在某停车场转圈寻觅车位，终于发现一空位；甲按驾驶常规，驶过车位后换倒挡欲倒入车位，跟随在甲后的乙径直将车开进车位，引发纠纷。与前举猎人追击事例相同，本例中，也应认定驾驶人开始停车操作时，即构成了对车位的先占。

三、拾得遗失物

无人认领的遗失物，归拾得人所有，这是各国民法普遍认可的动产所有权取得方式之一。由于强调"拾金不昧"的道德标准，以及社会主义意识形态的一般要求，我国《民法典》并未认可拾得人取得无人认领遗失物的所有权，而是规定了无人认领的遗失物归国家所有。因此，根据我国现行法，无人认领之遗失物的法定归属实际上仅是国家取得所有权的一种特别方式。国家以外的法律主体其实并无可能通过拾得遗失物而取得其所有权。《民法典》物权编第九章有关拾得遗失物的规定，与其说是"所有权取得的特别规定"，不如说主要是就拾得遗失物所产生的法定债权债务关系的规范。

（一）拾得遗失物的认定

遗失物，是指非基于占有人的意思而丧失占有，现无人占有且非无主物的动产。遗失物须具备以下几方面的要件：①须为动产，因不动产不可能发生遗失的问题。②须为有主物，如为无主物，也不发生遗失的问题，且应适用先占的规则。③须占有人丧失占有。占有人是否丧失占有须依一般的社会观念判断，例如，学生在自习室自习期间短暂离开而将书本留在桌上，此种情形未构成占有的丧失，而其他人对此也应有清晰的认知。若在此种情形下，他人拿取书本而主张拾得，则该主张不应获得支持，其行为实际上构成侵占。④占有的丧失须非基于占有人的意思。如系基于占有人的意思而故意放弃动产的占用，在占有人为所有人的情形，其行为构成所有权的抛弃，该物因此成为无主物而非遗失物。若占有人并非所有权人，该物也不应被作为遗失物加以对待，在此种情形，放弃占有者不能向拾得人要求返还其物，而物上的权利人对于拾得人也应依物上请求权（而非拾得遗失物）的规范要求返还。⑤以拾得人拾得的时点判断，该物处于无人占有的状态。若客人将物品遗落在主人家中，即使主人尚不知晓该物之存在，此种情形也不构成遗失。当然，如果将物遗落在人来人往的地铁站的椅子上，不能认为地铁公司对该物自动取得占有，故仍应将此种情形下遗落之物认定为遗失物。在误将他人之物认为自己之物而取用的情形，他人占有的丧失固然非基于其意志，但由于取用人立刻取得了占有，因此，该物也不构成遗失物。

所谓拾得遗失物，是指发现他人遗失之物并对其加以占有的事实。拾得包含发现与占有两个环节：发现是认识到物的所在，占有是将物纳入自己的管领和支配之下。经发现并行占有之物，必须是不处于他人占有之下的物，否则将构成侵占，而非拾得。至于拾得人占有遗失物的动机，应不影响拾得遗失物事实的判断，质言之，无论是以为他人管理事务的目的占有遗失物，还是为了据为己有的目的占有，均构成遗失物的拾得。

拾得遗失物，性质上属于事实行为，而非法律行为，因此不以行为人具有行为能力为必要，无行为能力人、限制行为能力人均可为拾得人。

（二）拾得遗失物的效力

根据我国《民法典》的规定，因遗失物的拾得，在拾得人、失主和有关部门之间形成以下权利义务关系。

1. 拾得人的义务

根据《民法典》的规定，拾得人在拾得遗失物之后，负有如下法律义务：

（1）拾得人应将遗失物返还给权利人，在知晓权利人情况下，应及时通知权利人领取。拾得人也可将其拾得的遗失物送交公安等有关部门，以免除自己对遗失物的后续义务。

（2）返还权利人或者送交有关部门之前，拾得人对遗失物负有妥善保管的义务。或许是为了与拾得人无报酬请求权相配合，《民法典》弱化了拾得人的保管义务，规定仅在因故意或者重大过失致遗失物毁损、灭失时，拾得人应负损害赔偿之责。

《民法典》第314条规定，"拾得遗失物，应当返还权利人"。该条规定看似简单，但其实有以下两个问题值得讨论：其一，自请求权的角度出发，"权利人"向拾得人要求返还的请求权基础何在？该条规定本身是否构成独立的请求权基础，抑或是需以有关物权请求权或无因管理的规范作为请求权基础？其二，就该条所确立的返还义务而言，义务人为拾得人自不待言，但该条所称"权利人"何指？

关于在拾得人拒不返还时权利人可依何种请求权要求返还之问题，最高人民法院《关于贯彻执行〈中华人民共和国民法通则〉若干问题的意见（试行）》（已废止）第94条曾规定，"拾得人将拾得物据为己有，拒不返还而引起诉讼的，按照侵权之诉处理"。如失主主张因拾得人侵占而造成损害的赔偿，则当然可以主张侵权损害赔偿请求权。但如请求的内容仅为遗失物的返还，则以侵权作为请求权基础显然是不妥当的。

如果将第314条视为参引性规范，且将"权利人"理解为遗失物的物权人，则应将《民法典》第235条作为请求遗失物返还的基础规范。另外，考虑到拾得人往往被预设有为失主管理的意思，因此，也有可能将遗失物拾得所产生的权利义务关系纳入无因管理的范畴，从而使拾得人负无因管理人的管理利益移交义务（《民法典》第983条）。不过，本书认为，应将《民法典》有关拾得遗失物的规范视为调整拾得人与失主之间法定权利义务的独立规范，质言之，因遗失物的拾得，在拾得人和失主之间发生法定债权债务关系。应在此法定之债的范畴内，界定失主对拾得人的返还请求权以及后者对前者的必要费用求偿权等法效果。因此，第314条本身可以作为独立的请求权基础规范，即，基于拾得遗失物的事实，"权利人"即可向拾得人要求遗失物的返还。一方面，如果认为失主必须依据第235条才能要求返还，不仅会导致非物权人的遗失人（如借用人遗失借用物）无从要求返还，同时也会增加拾得人须为无权占有人这一要件。在拾得人无侵占的意图，且因花费必要费用而留置遗失物的情形，其占有并非无权占有。另一方面，既然《民法典》针对拾得遗失物的事实直接规定了返还遗失物、保管及费用求偿等法效果，就没有必要再取向无因管理的一般规范寻找请求权基础，即便拾得人有为失主管理的意思，也应将第314条之下的规范作为特别规范优先适用。

将拾得遗失物产生的法效果界定为法定之债的发生，也有利于解释第314条中的"权利人"。就拾得人返还遗失物的给付义务而言，受领权人不应仅限于遗失物的所有权人或质权人等定限物权人，还应包括对物不享有权利的遗失人。举例来说，乙从甲处窃取其物后不慎遗失，被丙拾得，乙证明其为遗失人后向丙提出返还请求，丙遂将该物返还于乙，后该物在乙的手中毁损；甲知其事，指称丙将物返还于窃贼不当，要求丙赔偿其损失。甲的请求显然不应得到支持。前文对遗失物所做的界定表明，遗失物返还规则所要解决的是动产占有人非基于其意志而丧失占有的问题，因此，一个简单的结论是，遗失人可要求拾得人返还遗失物，而不论遗失人之前的占有是否为有权占有。在他人以失主名义向拾得人要求返还之时，后者应以善良管理人的注意审查对方是否为物主或遗失人，只要尽到了审查义务，纵然对方实际并无受领的权利，也应通过将受领人解释为表见债权人，从而认定拾得人的返还构成其债务的清偿，并因此免除其对真正权利人的返还义务。

2. 有关部门的义务

有关部门收到拾得人送交的遗失物后，如知道遗失物之权利人的，应当及时通知其领取；不知道的，应当及时发布招领公告。在遗失物被失主领取前，该部门也负有妥善保管的义务。

3. 拾得人的权利

在多数国家的民法上，遗失物的拾得人拥有两项主要的权利：①在受领权人认领遗失物时，拾得人可要求其支付一定的报酬；②在法定期间内无法找到失主，且拾得人已经尽到积极寻找之义务的（包括通过公共机构的招领等），拾得人可直接获得遗失物的所有权。正是在后一种法律效果的意义上，民法将"拾得遗失物"作为了所有权原始取得的一种方式。

我国《民法典》未确认拾得人的上述两项权利，而只是规定了其对所支出的保管费等必要费用的求偿权（第317条）。费用与报酬不同，它是拾得人为保管、管理遗失物以及寻找失主等实际支出的成本，如保管费、饲养走失动物所支出的饲料费等。可以看出，《民法典》关于遗失物的法律规则明显以"路不拾遗""拾金不昧"这样的伦理规范为基础。考虑到法律和道德对人的行为标准要求的差异，现行法确立的拾得人的行为标准有过高的嫌疑，而且可能会因未提供足够的激励从而影响拾得人积极查找失主并归还的意愿。

如果遗失人通过寻物启事等方式发布寻找遗失物的悬赏广告的，依据该悬赏广告的效力，拾得人在完成悬赏广告中指定的事项（即送还遗失物）之后，有权向广告发布人要求其所承诺的报酬。不过，此报酬请求权并非拾得遗失物本身所产生的效力，而是悬赏广告这一法律行为所产生的效力。

根据《民法典》第317条，拾得人侵占遗失物的，无权主张前述必要费用和基于悬赏广告的报酬。

4. 无人认领遗失物的归属

在比较法上，无人认领的遗失物，一般归拾得人所有。我国《民法典》第318条明确，自招领公告发布起一年内无人认领的，遗失物归国家所有。

（三）遗失物规则对漂流物、埋藏物或者隐藏物的准用

漂浮于水上或顺水漂流之物，若系因暴雨引发的水流裹挟等原因而导致物之占有人丧失占有，实际上与遗失物并无二致。埋藏物，多指埋藏于地下且所有人不明之物。隐藏物，多指埋藏之外隐藏于他物之中且所有人不明之物，如隐藏于房屋墙体或书桌暗格中的金银珠宝。在比较法上，拾得漂流物一般均准用拾得遗失物的规则，而对

于所有人不明的埋藏物或隐藏物的发现，最常见的处理规则是，由发现人和埋藏或隐藏该物的不动产或动产的所有权人各得一半。

《民法典》第 319 条规定："拾得漂流物、发现埋藏物或者隐藏物的，参照适用拾得遗失物的有关规定。法律另有规定的，依照其规定。"这就意味着，对于漂流物、埋藏物或者隐藏物，能够确定其所有权人的，应向其返还，后者应支付保管费等必要费用；而对于无法查明所有权的，均归国家所有。

四、添附

（一）概述

1. 添附的意义

添附，系对附合、混合及加工的总称。[1] 其中，附合与混合涉及两个以上分属不同人所有之物相互结合而成为一个新物的情形，加工则涉及原材料与一定劳动的结合，即原材料经过加工后成为一个新物。法律之所以需要对添附作出规定，正是因为因添附的法律事实出现了新物，从而需要在法律上明确该新物在法律上的归属。

在附合的情形，分属于不同之人的两个以上的物相互结合。这种结合是一种紧密的结合，发生结合后的物不能再通过简单分离回复到结合前的状态，或者要实现分离需花费不菲的费用。如果物的结合是松散的、临时的，则不发生所有权变动的问题——各所有人均可向占有人要求自己之物的返还。[2] 例如，甲将乙所有的轮胎安装在自己的汽车上，此时，不发生添附的问题，乙对轮胎的所有权并不因此而丧失，可向甲要求返还。这就意味着，要构成民法上的附合，两个以上的物或者是因结合而形成了一个独立存在的新物，从而使原先分属于不同人的物均因此而丧失了各自的独立性，从而成了新物的重要成分；或者是其中一个物失去了其独立性而成为另外一物的重要成分，并因此不能再还原到结合前的独立状态。对于混合而言，分属不同人之两个以上动产混成一物，难以再识别先前之物，也须对混合物的所有权重新加以界定。加工的情形也相类似，经加工后的物，按照一般的交易观念已成为一个新物，不能简单地回复到加工之前的状况，于是需要对其确立所有权的归属。

2. 确定所有权归属的立法政策

法律之所以需要确定添附情形下的所有权归属，首先是基于新物产生的事实以及对物之经济效用维持的考量。无论是附合、混合，还是加工，如果不承认所有权的法定变动，而维持当事人先前的所有权归属状态，则意味着各权利人均能要求回复原状，而强行回复原状即便不是完全不可能，至少在经济上也是极其不合理的。例如，甲为

---

〔1〕 我国《民法典》并未使用"添附"一词，而是在第 322 条直接使用了未加界定的加工、附合、混合三个概念。《担保制度解释》第 41 条对抵押财产设立后发生的添附对抵押权效力的影响作出了规定，该条第 2 款明确，"本条所称添附，包括附合、混合与加工"。

〔2〕 《民法典》未界定何为附合，但相关司法解释实际上还是坚持了是否可分离这一标准。《最高人民法院关于审理城镇房屋租赁合同纠纷案件具体应用法律若干问题的解释》第 7 条至第 11 条在对承租人装饰装修所引起的法律后果作出规定时，对装修装饰物区分了"已形成附合"与"未形成附合"两种情形，并确立了在未形成附合情形下由承租人拆除的规则。

建房，盗窃乙的木料，并将其作为房屋的支柱；如在房屋建成后，仍承认乙对其木料的所有权而允许其从房屋中分离木料，则一方面，分离过程可能需要耗费不菲的成本，且分离出的木料可能已面目全非，不再具备先前的品质，另一方面，强行分离已构成房屋重要成分的木料极可能构成对房屋的永久性损害，甚至会导致房屋完全坍塌毁损。当然，维持物之效用的原则也并非处理添附问题的唯一标准。在特定情形下，综合考虑恢复原状所付出的代价及当事人的善意、恶意等主观因素，也应承认一方当事人有请求分离的权利。例如，乙未经同意在甲的果园中播撒草种，准备数月后收获蓄草。草长出后，甲可以影响果树生长为由，要求乙自行负担费用立刻除去，并有权就地力损失等要求乙承担侵权损害赔偿责任。又如，甲经销墙面砖发生销售困难，未经乙许可擅自在乙之住宅外墙铺设墙砖，并主张墙砖附合于乙的住宅，从而要求乙按墙砖的价值返还不当得利。在此种情形，乙当然可以拒绝甲的强行加利，其可拒绝承认添附，从而要求甲负担费用对墙面恢复原状，即便这意味着这些墙砖将在分离过程中发生毁损。

由法律合理地确定添附物的归属，既有利于定分止争，同时也有利于当事人之间在权属确定基础上合理交易的达成。添附的发生，均不在当事人的计划范围之内，尤其容易引起纷争。尽管在多数情形，通过当事人之间的磋商或法院的调解达成具有和解性质的协议，当事人也能针对添附物的归属及相应的利益补偿实现自治，但是，由于以下两方面的原因，由法律直接规定明确的添附规则仍是非常必要的：其一，如果缺乏法律对于添附物归属的明确规定，当事人可能恰恰会利用物之归属的模糊性以及对方所处局势的窘迫提出不合理的交易条件，从而导致当事人之间无法和平解决争端，或者产生极其不公平的结果，例如，在前举盗窃木料建房的事例中，木料所有人可能要求房主以建材市价的十倍补偿，否则要从房中强行拆出木料；其二，添附事实发生后，相关当事人即有对添附物加以利用乃至交易的需要，此时即应有清晰的法律规则明确物的归属，从而既能使当事人建立起明确的预期，也能使相关行为的效力得到界定。例如，在他人材料上加工生产新物的情形，加工人后续对物的处分构成有权处分或无权处分，取决于添附的规则将加工物的所有权分配于加工人抑或是材料所有权人。因此，民法上的添附规则应尽可能清晰地配置所有权的归属。

分属不同所有人的两个以上之物相结合，或者一物与他人的劳动相结合，一种简单的处理规则是：按照各人在合成物或者新物中的贡献，确定物归各人按份共有。但在立法政策上，这一看似简单且公平的解决方案往往并不合理，而且也确未获得各国立法者的青睐。这是因为，一般而言，相对于多人共有的所有权状态，单一所有权更有利于物的利用和处分。尤其是，如果物的结合本身并非基于各所有权人的自愿而发生，则共有的解决方案更无法在各共有人之间促成合作，反而会滋生出许多矛盾和冲突。因此，在因添附而发生所有权重定的必要时，只要具备一定的合理性基础，即应尽量在立法上确定添附物归一人独有。

需要特别指出的是，有关添附物归属的规则，纯粹属于技术性规范，其目的在于明确物的归属本身，并贯彻维持物的经济效用的立法原则。法律在配置添附物的归属时，主要是基于维持物的效用的考量，而非直接通过所有权的配置体现公平正义。就添附所引起的法律后果而言，应将所有权配置规范与旨在恢复当事人间利益平衡的债法上请求权相配合，尤其是，在贯彻前述所有权单一化立法政策时，更需运用不当得利、侵权等债法上手段为未获得所有权分配的一方提供充分的救济。由添附规范配置所有权时，原则上不考虑当事人主观上的善意与恶意，[1] 也不考虑当事人在法律上须受保护的程度，这些因素及利益获取的伦理正当性等均在债法请求权层面上加以考虑。仍以盗窃木料盖房为例，即使房屋所有人以盗窃手段获得木料占有，一旦发生添附，在所有权归属层面，仍应由房屋所有人取得附合物所有权，而木料所有人可向房屋所有人主张侵权损害赔偿或不当得利返还。

3. 添附取得的法律性质

如前所述，发生添附时，原有的所有权归属状态需要被打破，而确立新的所有权归属。这一导致所有权变化的效果是由法律直接规定，而非由当事人设定的，因此，对于因添附而取得所有权之人而言，其所有权的取得为原始取得，而非继受取得。

作为原始取得的方式，添附取得并非依体现当事人意志的交易安排而取得。这就意味着，当事人之间通过合同安排寻求物与物的结合或者物与劳动结合的，不适用有关添附的规则。例如，在定作人提供材料的承揽合同中，定作人提供的材料与承揽人的劳动亦发生结合，不过，依据合同的性质，加工物的所有权一律归定作人，而由定作人依约定向承揽人支付报酬。

作为原始取得的方式，添附取得还意味着，如果某动产上先前存在着第三人的权利，而该动产所有权因添附而消灭的，应参照《民法典》第313条的规定，认定该动产上的第三人权利也消灭。不过，依《担保制度解释》第41条之规定，如果抵押物因添附而被他人取得，抵押权的效力及于他人支付的补偿金；在抵押人取得添附物所有权之情形，抵押权继续存在于添附物上；在抵押人对于添附物按份共有之情形，抵押权及于其享有的份额。

4.《民法典》添附规则简评

尽管之前的物权法征求意见稿曾有一条有关添附的规定，但是，2007年最终出台的《物权法》未见有关添附的规则。《民法典》第322条又重新采用了《物权法》立法过程中设计的有关添附的规范，该条规定："因加工、附合、混合而产生的物的归属，有约定的，按照约定；没有约定或者约定不明确的，依照法律规定；法律没有规定的，按照充分发挥物的效用以及保护无过错当事人的原则确定。因一方当事人的过错或者确定物的归属造成另一方当事人损害的，应当给予赔偿或者补偿。"本书认为，有关添附的规范，应给出附合、混合、加工情形下所有权归属的具体方案，如明确在动产附合于不动产时由不动产权利人取得附合物所有权等。该条规定，存在以下问题：

（1）该条首先提出，涉及加工、附合或混合时物之归属的，"有约定的，按照约

---

[1] 在德国、我国台湾地区等立法上，添附物的归属不考虑添附的原因及当事人主观的善意与恶意，学说上通常也认为，在确定添附物归属时，添附的发生系基于自然力或人之行为，当事人的善意或恶意等，均在所不问，参见王泽鉴：《民法物权》，北京大学出版社2009年版，第199页；郑冠宇：《民法物权》，新学林出版股份公司2018年版，第143页。

定"。但是，如系在事先约定的交易框架内发生加工等，则根本不属于添附制度所需要界定的问题。

（2）该条称，"没有约定或约定不明确的，依照法律规定"。问题是，为加工、附合及混合等提供基本规范，这本就应该是《民法典》的基本使命。很难想象，在《民法典》保持沉默的情形，还有哪部法律会对添附物的归属作出具体规定。

（3）根据该条，在既不存在当事人的约定，又无法律规定时，物的归属应"按照充分发挥物的效用以及保护无过错当事人的原则确定"。首先，这里确定的两项原则过于宽泛，很难从中直接推导出合理的物的归属。其次，这两项原则实际上提出的是指引法院作出裁判的考量因素，在法院作出具体的归属判决前，仍无法确切判断物的具体归属，从而影响物的利用、处分，并引起纷争。其实，发挥物的效用这样的理念应作为立法理念，引导立法者作出有关添附物归属的具体规则，而不应该成为法院依个案酌定的标准。最后，作为判断物之归属原则的"保护无过错当事人的原则"是否应成为确定添附物归属的一般标准，不无疑问。在前举盗窃木料盖房的例子中，即便不动产一方存在恶意，且木料被窃的一方显然属于应受保护的一方，但无论如何不应根据"保护无过错当事人的原则"判定添附物归动产一方所有，或者允许其强行分离木料。

综上，《民法典》第322条关于添附的规则明显存在规范供给不足的问题，其关于添附物归属的模糊立场也给其他规则的解释适用制造了难题。例如，《担保制度解释》第41条确立了抵押物发生添附对于抵押权效力影响的规则，但由于添附物的归属本身不明确，导致该条款缺乏必要的适用前提。本书认为，诸如动产附合于不动产时由不动产一方取得所有权，动产附合时采用按份共有的方式界定所有权，以及加工增值不超过材料价值时应由材料所有人取得加工物所有权等解决方案，已构成民法学上的通说，可以此配合第322条的解释适用。有鉴于此，以下参酌比较法上一般规定及学说上的通说，对附合、混合与加工的基本规则作出简要讨论。

（二）附合

所谓附合，指的是两个以上的物相互结合，而形成社会经济观念上一个"新物"的法律事实。发生结合的物可能是动产，也可能是不动产。不动产与不动产的结合（如因河流淤积而使河岸边的土地有所增加）较少发生，而且，我国的土地公有制也使得不动产与不动产附合的规则变得简单：由国家或者集体取得所有权。因此法律主要应明确动产附合于不动产以及动产相互之间附合两种情形的所有权归属规则。

1. 动产与不动产的附合

动产与不动产的附合，是指动产与他人不动产相结合，而成为后者的重要成分的法律事实。所谓成为不动产的重要成分，是指动产与不动产密切结合，非经毁损或者变更物的性质而不能分离的情形。例如，甲用乙所有的一根木料作为支柱搭盖房屋，该木料成了房屋的重要成分，如将其拆除，会导致房屋的倒塌。此时，基于物的经济效用的考虑，法律不应允许乙继续享有木料的所有权从而向占有人甲提出所有物的返还之诉，而是应该在承认房屋整体为不可分的一物的前提下，重新确定其所有权。

动产与不动产发生附合的，应由不动产所有人取得添附物的所有权，而无须考虑导致附合的原因。动产因丧失了其独立存在，其先前的所有权发生消灭。当然，这一规则并非最终将经济上的损害分配给动产所有人。因附合规则的适用而丧失动产所有权之人可以依据不当得利、侵权行为等规定向不动产所有人要求所获利益的返还或所受损害的赔偿，从而使其不至于因发生附合而蒙受损失。

2. 动产与动产的附合

动产与动产的附合，是指分属不同人的两个以上的动产相互结合，非经毁损不能分离或者分离需花费过巨的法律事实。例如，甲使用乙的油漆涂刷自己的家具，油漆与家具相互结合而不能分离，此种情形即构成了动产之间的附合。相反，将他人轮胎装在自己的汽车上或者将他人的坠饰挂在自己的项链上等，均不构成动产之间的附合，因为这些情形下两物的结合是松散的、临时的，这种结合状态极易分离，而重新分离之后的物可仍归属于其各自的所有人，没有必要重新确立所有权。

因动产附合而形成的附合物，原则上应按照各动产所有人在附合时的价值比例而共有。各动产所有人先前对其物的所有权均告消灭，在附合物上形成一个以按份共有为表现形态的所有权。

如果在附合的动产中，有明显的主次之分，其中一物在价值、效用或者性质等方面居于明显的主导地位，则根据所有权单一化的立法政策，应使该物的所有人获得附合物的所有权，而不成立共有。例如，在以油漆涂刷家具的事例中，家具显然居于主导地位，故附合物（涂刷油漆之后的家具）的所有权应归家具所有人。在此情形下，丧失所有权的一方有权依不当得利等规定向取得附合物所有权的一方要求利益的返还或损害赔偿。

（三）混合

所谓混合，指的是分属不同人的两个以上的动产相互混合，以至于不能识别或者识别需花费过巨的法律事实。混合有可能在两个以上的固体之间发生，如两块金属在熔炉中溶化后形成的合金块。混合也可能是在两种以上液体之间发生，如牛奶被加入咖啡之中。气体之间也可能发生这种混合。另外，不同物理形态的动产之间也可能发生混合，如方糖溶解于咖啡。既然混合导致了对原有成分的识别困难，分离并各归其主也就更谈不上了，因此对混合物也应像附合物那样重新确定其所有权归属。

各国民法一般都规定，对于混合可准用动产附合的规定。也就是说，原则上混合物归各所有人按照混合时的价值比例确定按份共有，如果混合的各物之间在数量、功能等方面有明显的主次之分，则发挥主导作用之物的所有人可获得混合物的所有权。例如，咖啡与糖混合，咖啡居于主导地位，故混合物应归咖啡所有人所有。其余规则亦与动产附合的规则相同。

（四）加工

所谓加工，是指在他人动产上劳作，使其成为新物的法律事实。加工的法律要件有四：①加工的对象须为动产，在他人不动产上劳作的，不构成加工，不改变不动产的归属，劳作人可依无因管理、不当得利等规定要求利益返还。②加工的动产须为他人所有，对自己之物进行加工，自然不发生所有权的变动问题。③加工须形成新物，而是否形成新物，应依一般的交易观念加以确定，如将布料制成衣服，或者将玉石雕刻成工艺品等都应属于加工，在他人画布上作画等亦同。④不属于当事人之间通过订立承揽合同等已经明确所有权归属的情形。

关于加工物的所有权归属，有两种主要的立法例：

（1）材料主义，即规定加工物所有权归属于原材料所有权人。不过，此种立法例通常还设有例外条款，规定当加工增值部分超过原材料价值的，加工物归加工人所有。法国、日本和我国台湾地区采此立法例。

（2）生产主义，即规定加工物归从事加工之人所有。德国民法采此种生产主义的立法例。不过，根据德国法的规定，加工人取得所有权的前提是劳动的价值不明显少于材料的价值。

两种立法例均贯彻了所有权单一化的政策，未采用材料所有人与加工人按份共有的方案。实际上，通过"原则"和"例外"技术的运用，两种看似相互对立的立法例之间并不存在明显差异：劳动带来的增值大于材料价值的，加工物归加工人所有；材料价值大于加工增值的，加工物归材料所有人所有。

无论由加工人取得所有权，还是由材料所有人取得所有权，都存在通过债法上的手段寻求利益平衡的问题——受损的一方可依不当得利等规定寻求利益补偿。

五、善意取得

🎯 **导入性问题**

1. 甲将其收藏的玉石出借于乙鉴赏，后者答应一周后归还。丙在乙处看见玉石，提出以 10 万元购买，乙未告知玉石非己所有。双方成交后，丙向乙支付 10 万元并取走了玉石。甲知晓后，向丙主张返还，其请求是否应得到支持？

2. 甲、乙婚后购得一处房产 A，登记在甲之名下。后乙提起诉讼，并要求分割婚后共有财产，法院生效判决将 A 房产判归乙所有。在乙办理登记前，甲将 A 房产出售于不知情的丙，并为丙办理了所有权转移登记。问，A 房产应归谁所有？

（一）概说

所谓善意取得，是指出让人与受让人间，以转移标的物所有权为目的而为不动产的移转登记或者动产的交付，即便出让人对标的物无处分权，在受让人为善意且满足法律规定的其他要件时，仍可由其取得标的物所有权的制度。

非依自己的意思，所有权不发生移转，此乃所有权保护的基本要求。这一观念转化为具体的法律规则，即为无权处分的效力规则。任何人都不应处分他人之物，即便为此处分，处分行为也不能依意思表示的内容发生效力。在欠缺处分权的情形，处分行为的效力待定，只有在事后获得处分权人的追认或者由处分人取得处分权，处分行为才能发生效力。通过将处分效力纳入所有人的意志控制，法律保护了所有权的静态安全。但是，随着商品交换的日益频繁，法律也越来越有必要维护通过市场所进行的正常交换结果。尤其是，当让与人具有处分权人的权利外观时，受让人在信赖此权利外观基础上进行交易的结果，更值得法律维护。如果不动产的让与人被不动产登记簿登记为所有人，或者动产的让与人占有其出让的动产，但让与人实际上并非物之所有人，且其处分未经授权，则对于受让人而言，其仍然有足够理由信赖让与人具有处分权，且正常交易情形下所要求的不动产转移登记与动产交付也不存在障碍。若此种情形下发生的交易已经完结，即受让人已经获得不动产移转登记或受领了动产的交付，则法律有必要认可受让人取得物之所有权，即便对这一交易结果的维护意味着对原所有人所有权的强制剥夺。

在现实生活中，两种以上均应获得保护的价值发生冲突乃是常有之事。民法并非单一地保护某种价值，而是要妥善地进行利益平衡。在无权处分的情形，法律需要平衡静态的所有权保护与动态的交易安全维护两项价值。如果过度强调维护所有权的静态保护，则交易安全无法得到保障，人们将不敢放手进行交易，或者须在交易之前为权属调查等付出大量交易成本；相反，如果过度强调对交易结果的维持，则所有权保护这一基本价值会被严重损害。民法需要在此两项相冲突的价值中寻求一种平衡方法，使其能够合理地兼顾。善意取得制度正是为此目的而创设的。该制度通过构造善意取得的构成要件，考虑不动产登记的公信力、受让人的善意以及风险控制因素等，寻求对所有人与受让人的均衡保护。

我国民法上的善意取得制度，以《民法典》第 311 条为中心构建。该条第 1 款规定："无处分权人将不动产或者动产转让给受让人的，所有权人有权追回；除法律另有规定外，符合下列情形的，受让人取得该不动产或者动产的所有权：（一）受让人受让该不动产或者动产时是善意；（二）以合理的价格转让；（三）转让的不动产或者动产依照法律规定应当登记的已经登记，不需要登记的已经交付给受让人。"

> 罗马法上虽有短期取得时效制度，但并不存在基于善意自无所有权人处取得所有权的制度。受让人自非所有人处取得占有，无论辗转几手，除非占有人因完成取得时效取得所有权，所有人均可对占有人提起所有物返还之诉（*rei vindicatio*）。日耳曼法上无罗马法式的受绝对保护的所有权观念，其特有的 Gewere 概念兼具所有与占有的意义，并在此基础上发展出了动产所有权保护的"以手护手"（*Hand muss Hand wahren*）原则，即，自愿将物交付他人者，仅能向该相对人要求返还，如相对人将物让与第三人，则后者取得受保护的占有（*Gewere*），所有人不得向其主张返还。应指出的是，日耳曼法上的"以手护手"，还不能等同于动产的善意取得制度，因为前者实际上仅是限制了所有人对受让人的回复请求权，而并未明确受让人取得所有权的效果。随着罗马法的继受，德意志普通法也开始承认所有权的无限追及效力，但日耳曼法上的"以手护手"理念仍成为后世善意取得制度的重要基础。
>
> 在现代商业社会的背景下，主要以维护交易安全为旨趣的善意取得制度在各国获得普遍承认。但是，各国的善意取得制度，一般都区分动产与不动产分别加以构造。通常所称的善意取得，一般指动产的善意取得。无论依托"以手护手"，还是"占有即名义"，动产的善意取得都强调受让人对让与人占有外观的信赖，以及受让人以自主占有的意思取得动产占有的事实。不动产

登记簿，以国家信用为支撑，其权利记载具有高度的公信力。在不动产登记错误或不准确之情形，受让人依不动产登记的公信力取得不动产权利，固然也能因受让人善意信赖登记簿归入广义的善意取得，但动产善意取得与不动产依登记的公信力取得实际上还是存在着法律构造上比较显著的差别，因此，民事立法上通常都分别处理。例如，《德国民法典》在第 932 条之下规定自无权利人处善意取得动产所有权，而其第 892 条则采用将土地登记簿的内容视为正确的立法技术，确立了依土地登记簿之公信力取得土地权利的制度。[1] 我国台湾地区"民法"先前仅设有动产善意取得的规范（第 801 条、第 948 条），不动产的善意取得需依其"土地法"第 43 条确定。通过 2009 年进行的一次"民法"修正，台湾地区才在"民法"中增设了不动产善意取得的规范。[2]

《民法典》第 311 条将不动产善意取得与动产善意取得纳入统一的规范，以受让人的善意为中心构造善意取得的要件，此种立法简明扼要，不失为规范善意取得制度的一种范式。不过，在分析善意取得的构成要件和法律效果时，仍有必要区分不动产与动产分别讨论。另外，不从不动产登记簿记载的公信力角度构造不动产善意取得，也导致了该制度在功能方面的一些缺失。对于不动产登记簿记载的权利，即使并不存在，但受让人予以积极信赖的，可依第 311 条的规定善意取得该权利。但是，如果一项不动产权利（如抵押权或居住权）原本应记载于不动产登记簿，但被错误涂销，则受让人能否取得无负担的所有权？若依不动产登记簿的公信力构造善意取得，则受让人可根据其对登记簿的消极信赖，依登记簿记载的权利状态取得无负担的所有权。相比之下，《民法典》第 311 条仅针对无权处分行为规定所有权或其他物权的善意取得，无法直接将其作为消极信赖保护的规范工具。

（二）构成要件

善意取得，系依法律规定自无处分权人处取得所有权的特殊情形。只有具备法律所规定的各项构成要件，受让人才能依善意取得之规定获得标的物所有权。这些构成要件包括：让与人与受让人通过实施法律行为转让所有权；让与人无处分权；受让人为善意；不动产完成移转登记，动产完成交付；以合理的价格转让。

1. 让与人与受让人通过实施法律行为转让所有权

《民法典》第 311 条将善意取得制度的适用限定为"无处分权人将不动产或者动产转让给受让人"的情形，由此可见，善意取得针对的是当事人通过交易行为转让所有

---

[1] 依不动产登记簿的公信力取得，尽管有时也被概称为"善意取得"，但在理论构造上可以与动产善意取得显著不同。在发生不动产登记簿权属记载错误时，名义权利人实施的处分行为仍应视为有权处分，受让人基于对登记簿的信赖而取得不动产所有权的，其取得应按继受取得解释（即对登记簿的信赖弥补了处分权的缺失，从而使法律行为确定地生效），受让人从而也须承受不动产上已有的权利负担。

[2] 台湾地区"民法"增设第 759 条之 1 条，其第 2 项规定如下"因信赖不动产登记之善意第三人，已依法律行为为物权变动之登记者，其变动之效力，不因原登记物权之不实而受影响。"

权的情形。由于让与人无处分权，处分行为本身效力待定，受让人是否取得所有权，通常需要视处分权人是否追认或让与人是否事后取得所有权而定。在学理上，可以将善意取得制度解释为以受让人的善意取代缺失的处分权，从而使处分行为能够直接发生效力。如果不存在旨在引起所有权移转的交易行为，则无善意取得之问题。例如，甲长期借用乙之古玩在家中陈列，甲死亡，其继承人误认为该古玩为甲生前所有，尽管继承人已通过遗产分割分得该古玩，但此时并不发生善意取得的问题。另外，如果当事人之间的处分行为除欠缺处分权外，还存在其他导致效力瑕疵的因素，如行为人欠缺行为能力或存在导致无效的意思瑕疵，则受让人即便善意不知处分人无处分权，也不能补正处分行为的效力，受让人也不能因此取得处分权。

> 善意取得系依法律行为自无处分权人处取得所有权的特别法律制度，其法律构造与本书前文讨论的物权变动模式问题密不可分。如前文所述，我国民法典已明确承认出卖他人之物的买卖合同的有效性，故善意取得并不是对买卖合同这一负担行为的效力补正，而只能是对旨在直接引起物权变动的处分行为的效力补正。
>
> 问题是，善意取得是否要求买卖合同等负担行为具有效力？或者说，出卖他人之物的买卖合同本身若存在无效或被撤销的事由，是否影响受让人的善意取得？在承认物权行为独立性与无因性的立法体系中，尽管也有学者基于善意取得的制度价值主张原因行为须有效，但是，基于物权行为的无因性而主张善意取得不必以原因行为有效为要件，应为更符合此种立法例的学说。[1] 若认可物权行为无因性规则亦可作用于所有权的善意取得，则在原因行为不存在、无效或被撤销的情形，善意取得所有权的受让人须依不当得利之规定负返还的义务。我国民法通说未认可物权行为无因性，已如前述，而且，《民法典》第311条关于以合理价格转让的要件要求也表明，我国民法善意取得规范的立法宗旨在于使善意取得者终局性地取得所有权，因此，应以无处分权人与受让人之间的原因行为有效为善意取得的构成要件。
>
> 《物权编解释（一）》第20条规定："具有下列情形之一，受让人主张依据民法典第三百一十一条规定取得所有权的，不予支持：（一）转让合同被认定无效；（二）转让合同被撤销。"该条所称"转让合同"，应指无权处分人与受让人之间订立的买卖合同等债权合同。根据该条，让与人与受让人之间买卖合同的无效或被撤销，将导致善意取得效果的不发生。

2. 让与人无处分权

不动产或动产的所有人或其他有处分权之人处分其物的，不发生受让人善意信赖

---

〔1〕　台湾地区民法通说承认物权行为独立性与无因性，但史尚宽先生认为，善意取得需以原因行为有效为要件，参见史尚宽：《物权法论》，中国政法大学出版社2000年版，第559页。王泽鉴先生则认为，善意取得不必以原因行为有效为要件，参见王泽鉴：《民法物权》，北京大学出版社2009年版，第464页。

之问题。仅在处分人对物欠缺处分权限时，才涉及善意取得的问题。对物享有处分权之人，通常指物的所有权人。但是，一方面，非所有权人有时也有处分权，如经授权对标的物进行处分的代理人、行纪人等；另一方面，在特定情形下，所有权人也可能暂时丧失处分权，例如，当债务人的财产被法院查封后，债务人即失去了对被查封财产的自由处分权。在共有的情形，未经其他共有人同意而对共有物进行处分的，也构成无权处分，但实施处分行为的按份共有人享有的份额超过 2/3 的除外。

在动产连续交易的情形，相关处分是否构成无权处分，也须借助物权变动的一般规则加以判断。例如，所有人甲先将 A 物出卖于乙，若甲、乙之间未完成交付，且未有关于占有改定的安排，则甲再将此物出卖于丙并完成交付时，甲的处分为有权处分，丙依有效的处分行为取得所有权。相反，若甲已通过占有改定方式将 A 物所有权抽象地移转于乙，则甲就此物再向丙为处分并交付时，甲的处分为无权处分，丙仅能主张善意取得。另外，处分人并不总是能够知晓其所为的处分为无权处分。[1] 若无行为能力人甲将 B 物出卖并交付于乙，对此不知情的乙再行转让该物于丙，则由于乙并未取得所有权，其对丙的处分构成无权处分。

就不动产而言，其处分权如何判断？有观点认为，凡被不动产登记簿记载为所有人者，其所为的处分皆为有权处分。这一观点值得商榷。在前述根据不动产登记簿记载的公信力取得不动产所有权的立法模式中，登记簿记载的权利被视为正确，登记权利人的处分可解释为有权处分，抑或说，判定其为有权处分或无权处分意义不大。但是，我国民法典将不动产的善意取得也纳入第 311 条调整，因此，它也以无权处分为前提，同时又以登记簿的记载作为善意信赖的基础，这就意味着，不动产善意取得仅发生在不动产登记簿记载的权利人与实际权利人不一致的情形。在此类情形，登记簿上记载的权利人实际上对不动产没有处分权，如其对不动产进行处分，受让人仅能根据善意取得的规定取得所有权。不动产实际所有人与登记权利人的不符，有诸多的原因。如夫妻婚后所得的不动产，即便仅登记在一方名下，也应认定为夫妻共同共有，一方未经对方同意擅自处分的，构成无权处分。[2] 又如，根据《民法典》第 229 条，分割不动产的法院判决具有直接改变不动产归属的形成效力，在登记簿做相应宣示变更前，若登记簿上记载的权利人处分不动产，其处分也将构成无权处分。再如，在房屋连续交易且均办理了过户登记

---

[1] 这一点值得强调。在对善意取得制度背后的各方利益做考量时，人们总是会习惯性地对无权处分人贴上"行为不当"，乃至"坏人"的标签。其实，"无权处分"是一个不自带价值评判的纯技术性表达。行为人的无权处分，并不一定意味着其实施了伦理上不当的行为。举例来说，乙拾得甲遗失之物后将其转让于丙，乙的行为固然明显不当，但在善意的丙再行将该物转让于丁时，丙的无权处分行为在道德上没有任何的瑕疵。

[2] 《最高人民法院关于适用〈中华人民共和国民法典〉婚姻家庭编的解释（一）》第 28 条第 1 款规定："一方未经另一方同意出卖夫妻共同所有的房屋，第三人善意购买、支付合理对价并已办理不动产登记，另一方主张追回该房屋的，人民法院不予支持。"

的情形，若前手交易事后被法院判定为无效，往往会发生原始出卖人向房屋现登记所有人（再受让人）要求返还占有的请求，此种情形法院经常适用善意取得规则确认后者取得所有权。[1]

3. 受让人为善意

所有权的善意取得，须以受让人的"善意"为要件，以受让人的善意弥补让与人处分权的欠缺。受让人的善意，是善意取得的核心构成要件，也是法律对受让人加以保护的根本原因。

《民法典》第311条仅规定受让人受让时须为善意，而未对善意的认定标准作出界定。在德国法上，依不动产登记簿的记载取得不动产物权的，受让人不知登记簿记载错误即构成善意，而不问其对此不知是否有主观上的过失；对于动产的善意取得，德国民法则明确，受让人明知或因重大过失而不知动产不属于让与人所有者，为非善意。[2] 最高人民法院在《物权编解释（一）》中，对善意的判断标准给出了若干规则。结合该司法解释规定，对善意的判定标准阐明如下：

（1）受让人受让不动产或者动产时，不知道转让人无处分权，且无重大过失的，应当认定受让人为善意（第14条）。该规定意味着，无论是动产还是不动产，受让人明知或因重大过失而不知转让人无处分权的，应认定为非善意。

（2）在具体判断受让人是否善意时，仍应区分不动产与动产分别加以考察。就不动产而言，受让人善意的基础是不动产登记簿的记载。原则上，不动产受让人善意与否均依登记簿记载本身为判断：登记簿记载转让人为所有人且无疑义的，应认定受让人为善意，除非真实权利人能够证明受让人明知登记簿的错误；登记簿未记载转让人为所有人，或虽记载转让人为所有人，但登记簿上存在异议登记、预告登记或限制转让的查封登记等情形，应认定受让人为非善意（第15条）。就动产而言，受让人善意信赖的基础是让与人对标的物的占有。但是，转让人占有标的物的事实本身尚不足以推断出受让人的善意，对转让人是否是动产的所有人这一点，受让人须尽一定注意义务加以审查。在特定交易背景下，如果一个理性的受让人略尽注意义务即会对转让人的处分权产生明显的怀疑，则在此情境下的特定受让人无从主张善意：即便其确实不知转让人无处分权，他也将会被认定为对此不知有重大过失。[3]

（3）受让人的善意是善意取得的核心构成要件，而只有全面满足善意取得的一切要件，所有权的归属才会发生改变，就此点而言，似应由受让人对善意取得的所有法

---

〔1〕　如在最高人民法院公报案例"连成贤诉臧树林排除妨碍纠纷案"中，法院确认，尽管前一手交易无效，但受让人连成贤因完成登记善意取得了讼争房屋的所有权。不过，上海一中院以臧树林的占有为有权占有为由，驳回了连成贤的诉讼请求（对这一判决结果，引发了不少学术上的讨论）。参见《最高人民法院公报》2015年第10期。

〔2〕　根据《德国民法典》第892条，因法律行为取得土地上权利，为取得人之利益，土地登记簿之内容视为正确，除非土地登记簿上有异议登记，或其不正确性为取得人所明知。根据该法典第932条第2款，受让人明知或因重大过失而不知动产不属于让与人之所有者，即非善意。

〔3〕　《物权编解释（一）》第16条体现了这一规则，该条规定："受让人受让动产时，交易的对象、场所或者时机等不符合交易习惯的，应当认定受让人具有重大过失。"

律构成要件负举证责任。但是，考虑到不动产登记簿的记载及动产的占有均具有权利推定的效力，因此，只要受让人系自登记簿记载的权利人处受让不动产，或者系自动产占有人处受让动产，则应推定转让人为有权处分人。同理，在登记权利人或占有人实际并非所有人的情形，也应推定受让人善意不知权利外观的偏差。因此，要否定受让人取得所有权的效果，真实权利人不仅要举证证明转让人无处分权（如举证不能，则转让行为将被认定为有权处分行为），而且还需举证证明受让人非善意，即明知或因重大过失而不知转让人无处分权。[1]

（4）关于善意的判断时点，第 311 条第 1 款第 1 项将其表述为"受让人受让不动产或动产时"，而《物权编解释（一）》将其进一步明确为"依法完成不动产物权转移登记或者动产交付之时"（第 17 条）。对不动产善意取得而言，受让人只有在完成所有权转移登记时，仍然保持善意的状态，才能主张善意取得。就动产善意取得，可依情形确定善意的判断时点：让与人向受让人交付动产的，为受让人取得动产占有之时；在当事人依《民法典》第 226 条规定的简易交付方式旨在实现所有权移转的情形，为双方就动产所有权移转达成一致时；在当事人依《民法典》第 227 条规定的返还请求权让与方式实现所有权移转的情形，为双方就返还请求权让与达成的协议生效之时。

4. 不动产完成所有权移转登记，动产已交付

不动产所有权的移转，须以登记为要件，未登记的，不发生所有权变动的效果。有权处分尚且要求登记，无权处分要发生物权变动的效果，即便以善意弥补无处分权的缺陷，移转登记当然也不可或缺。如前所述，就不动产而言，善意的判断时点是完成不动产登记之时。在完成登记前，如真实权利人发现转让人的无权处分行为，并提出交涉，则受让人即使在达成交易时善意信赖登记簿的记载，也会因此转化为非善意，从而无法再通过后续的移转登记成为所有权人。

根据《民法典》第 311 条第 1 款第 3 项，动产所有权的善意取得，以转让人已将动产交付于受让人为要件。此处所称"交付"，包括移转物之实际控制的现实交付，当无疑义。至于简易交付、返还请求权让与及占有改定等观念交付是否可包括在内，分析如下：

（1）如果无权处分人与受让人之间通过《民法典》第 226 条规定的简易交付方式进行交易，则当事人间达成移转所有权合意时，交付的要件视为已被满足。例如，甲出借其电脑于乙，乙转借于丙；乙以合理价格将电脑转让给丙，此时，若丙为善意，则可依简易交付取得所有权。

（2）如果无权处分人系动产的间接占有人，其以《民法典》第 227 条规定的返还请求权让与方式向受让人转移所有权，则在双方达成返还请求权让与协议时，交付的要件视为已被满足。例如，甲自无行为能力人乙处购得自行车一辆，出借于丙；借用期间，甲以市价将该车出卖给丁，并与丁达成协议，将对丙的返还请求权转让给丁；若在此协议达成时为善意，则丁善意取得该自行车的所有权。

---

[1] 关于此点，《物权编解释（一）》第 14 条第 2 款有明文规定："真实权利人主张受让人不构成善意的，应当承担举证证明责任"。

（3）最有疑问的是，能否通过占有改定的方式实现对动产的善意取得。兹举一例加以分析。甲将户外装备出借于乙，乙以市价擅自将其卖于善意的丙；乙称自己该月还有两次户外运动安排需继续使用该装备，提出借用一个月，丙同意，该装备遂留在了乙手中；数日后，甲要求乙归还装备，乙左右为难，最终选择将装备返还于甲；丙主张善意取得，并向甲提出返还请求。在该例中，若承认丙通过占有改定的方式善意取得，并支持其要求甲返还的权利，这一结论会给人奇怪的感觉：甲出借装备于乙，后从乙的手中索回，结果装备莫名其妙地成了他人之物；对于丙而言，尽管其与乙通过借用这种占有媒介关系的构建，取得了对装备的间接占有，但相对乙，其与甲同处于出借人的法律地位，所有人甲尚未完全丧失对物的占有（间接占有），丙并无占有上的优势。因此，本书认为，不宜承认受让人通过占有改定的方式取得动产所有权，只有在受让人现实地自转让人手中获得占有，且在彼时仍保持善意，受让人方可善意取得。[1]

另外，《民法典》第 311 条第 1 款第 3 项所作"转让的不动产或者动产依照法律规定应当登记的已经登记，不需要登记的已经交付给受让人"之规定也还有进一步解释澄清之必要。所谓"依照法律规定应当登记"，应解释为，在有权处分的情形，所有权转移需以办理登记为要件，其所指的实际上就是不动产所有权的移转。就机动车等也能纳入登记的特殊动产而言，由于登记并非发生物权变动的要件，故其善意取得应适用"不需要登记的已经交付给受让人"之规定。这一点也得到了司法解释的支持。[2]当然，由于机动车等特殊动产存在登记信息可供查询，且有关机关也向所有权人发放记载权属的机动车证书、船舶证书等，因此，在特殊动产占有人无权处分之情形，若受让人仅单纯接受交付而未做基本的查询，则应认定其对于转让人无权处分事实的不知有重大过失，从而构成非善意。

5. 以合理的价格转让

在比较法上，善意取得一般不要求以有偿性为其要件。只要受让人为善意，即便转让完全无偿，受让人也能取得标的物所有权。不过，受让人无偿取得而导致原所有人丧失所有权的，在二者之间会产生利益失衡状态，原所有人可根据不当得利的规定要求受让人返还利益。这也就意味着，在此种立法例下，对于无偿的善意取得人而言，其取得可能不具有终局性，一旦原所有人根据不当得利之规定要求其返还利得，则其

---

〔1〕 对能否通过占有改定方式善意取得动产所有权之问题，《德国民法典》第 933 条设有明文，持否定立场。其他立法少见直接规定者，这也引起了学理解释上的分歧。在我国台湾地区学者中，持赞成说的有史尚宽等，而王泽鉴、谢在全等持否定说。《物权编解释（一）》第 17 条在确定动产善意取得的判断时点时，仅就简易交付和返还请求权两种情形作出了规定，似有否定以占有改定方式实现善意取得之意。不过，其起草者又以该处理仅是因为在占有改定情形下难以确定善意的判断时点加以解释，从而似采肯定说（参见杜万华主编：《最高人民法院物权法解释（一）司法解释理解与适用》，人民法院出版社 2016 年版，第 418 页以下）。本书作者先前持肯定说（参见刘家安：《物权法论》，中国政法大学 2015 年版，第 106 页），现修正之，改采否定说。在我国司法实践中已经有法院以占有改定缺乏必要的公示效力为由，否认以占有改定的方式发生善意取得的效果，参见山东省济南市中级人民法院（2018）鲁 01 民终 1277 号民事判决书。

〔2〕 《物权编解释（一）》第 19 条规定："转让人将民法典第二百二十五条规定的船舶、航空器和机动车等交付给受让人的，应当认定符合民法典第三百一十一条第一款第三项规定的善意取得的条件。"

应将取得的所有权再转回原所有人。如果无偿的善意取得人已经将物转让于第三人，则该转让构成有权处分，第三人可正常取得所有权，而原所有人可向取得人要求返还因向第三人转让而获得的价款。

《民法典》第311条第1款第2项将"以合理的价格转让"列为善意取得的要件。这就意味着，在受让人因受赠而取得动产的占有或者不动产的登记时，即便受让人为善意，也不发生善意取得的效果，原权利人可依其所有权直接要求受让人返还原物，或者要求涂销已完成的不动产所有权移转登记。转让所确定的价格不合理时，亦同。由此要件的设置可知，依我国民法上的善意取得规定取得不动产或动产所有权的，其取得构成一种终局性取得，原权利人对善意取得人不享有任何回复请求权。

关于"以合理的价格转让"这一要件的解释适用，还需作以下几点说明：①第311条采用的是"以合理的价格转让"的措辞，而未使用类似"受让人已支付合理价款"的表述，故该要件的满足，仅需当事人约定合理的价款即可，受让人无须已实际向转让人支付。②合理价格的要求表明，善意取得的基础交易关系主要是买卖合同，不过，在解释上，应将对"以合理价格转让"的基础关系解释为包括互易、以物抵债、以动产或不动产出资等存在对价的交易。③是否属于"合理的价格"，应当根据转让标的物的性质、数量以及付款方式等具体情况，参考转让时交易地市场价格以及交易习惯等因素综合认定（《物权编解释（一）》第18条）。

除前述五项要件外，对于动产而言，实际上还要求其为占有委托物，即无处分权人对标的物的占有乃是基于真实所有权人的意思而发生，也就是说，系真实权利人自己的行为制造了无处分权人的权利外观，或者说，所有权人通过自愿将动产交由他人占有，从而自愿承受了其物被他人善意取得的法律风险。善意取得制度需平衡所有权的保护与交易安全。只有在无处分权人对动产占有的权利外观可归因于其所有人时，法律对受让人信赖保护的需求强度才会超过其对所有人的保护，从而受让人才会取代原权利人而成为新的物主。如将无权处分视为一种风险，由自愿将物托付他人占有者来承受此风险也更符合公平配置风险的思想。如果无权处分人处分的是遗失物等占有脱离物，则受让人不得主张依《民法典》第311条善意取得。关于此点，后文将围绕《民法典》第312条阐明。

（三）善意取得的法律效果

无权处分行为符合前述构成要件的，发生善意取得的效果。具体而言，在我国民法上，善意取得的法律效果包括以下几个方面：

1. 受让人取得标的物所有权

无论是转让不动产，还是转让动产，即使转让人无处分权，但在满足了《民法典》第311条的要件之后，受让人均取得所有权。所有权具有排他性，受让人依善意取得之规定取得所有权的，原所有人的所有权自动丧失。如前所述，我国民法将以合理价格受让规定为善意取得的构成要件，而且依法律规定善意取得也构成了财产取得的法律根据，因此，受让人取得标的物所有权具有终局性，原所有人不仅不享有物上请求权，而且也不得向其主张不当得利的返还。

2. 受让人善意取得动产所有权的，标的物上原有的权利原则上发生消灭

《民法典》第 313 条规定："善意受让人取得动产后，该动产上的原有权利消灭，但善意受让人在受让时知道或者应当知道该权利的除外。"该条所称"该动产上的原有权利"，指的是在无权处分动产前，在标的物上已经存在的所有权以外的定限物权，如质权、留置权等。

依继受取得的一般原理，后手不能取得比前手更大的权利，故依继受取得方式取得所有权者，也应承受所有权上的负担。通说认为，动产的善意取得在性质上属于原始取得，而原始取得是一种无负担的取得，因该所有权取得的效果，不仅原所有人的所有权消灭，而且他人在物上的其他权利也消灭。举例来说，甲因向乙借款，将字画一幅出质于乙，乙将其交丙保管，而后者将字画出售给善意的丁，并完成了交付；此时丁可依善意取得之规定取得字画所有权，前所有人甲的所有权消灭；同时，由于丁不知质权的存在，因此乙的质权也消灭。

当然，基于与善意取得所有权相同的立法政策考虑，如果受让人在受让时知道或者应当知道标的物上存在他人权利的，则该权利不发生消灭。这就意味着，该他物权人仍可在现已归善意受让人所有的标的物上继续享有自己的物权。

善意取得为原始取得，这一通说观点其实并非没有疑问。如前所述，善意取得以当事人之间实施旨在转移所有权的处分行为为前提，而且，我国法还要求买卖合同等负担行为不能存在效力瑕疵，这就使得善意取得的法律构造显著区别于先占取得、时效取得及添附取得等典型的原始取得方式。本书认为，学说上对善意取得的性质存在争议，很大程度上是由于善意取得与原始取得的区分标准不清晰所致。将善意取得的性质确定为原始取得，容易为《民法典》第 313 条的规定提供一种理论解释，但是，将善意取得界定为继受取得，也并不影响对第 313 条的解释：如同作为自无处分权人处取得所有权的善意取得制度本身，动产上其他权利消灭的法律效果也是法律基于交易安全保护的目的而特别设置。根据第 313 条的但书，在受让人知道或应当知道动产上存在其他权利时，该权利不因善意取得而消灭，原始取得说对此法律效果也无法提供合理的解释。

《民法典》第 313 条仅针对善意取得动产所有权规定了权利负担消灭的效果，而未对不动产善意取得的相关效果作出规定。由于不动产上的定限物权原则上也均登记于不动产登记簿，因此，受让人因信赖登记簿上所有权记载而善意取得不动产时，登记簿上记载的其他权利应不受影响，继续存在于现归属于受让人的不动产上。例如，甲生前拥有一套房产的所有权，甲因向乙借款而将该房屋抵押给乙，并办理了抵押登记；后甲死亡，根据甲所立遗嘱，该房屋由其幼子丙继承；甲之长子丁篡改遗嘱，并在办理继承公证后将房屋过户到自己名下；后丁将该房屋出售于善意的戊，并办理了过户登记。对于该例，可作如下分析：①在丁处分该房屋时，尽管登记簿上记载其为所有人，但此为其篡改遗嘱骗取登记的结果，真实的权利人应为丙，故丁的行为构成

无权处分；②戊为善意，可依据《民法典》第311条的规定取得房屋的所有权；③乙的抵押权已经明确地记载在房屋登记簿上，戊没有理由主张自己"善意不知"，依《民法典》第406条之规定，该抵押权应继续存在于房屋之上，如果乙的债权未得到清偿，则乙仍可对该房屋行使抵押权。以上分析表明，不动产善意取得的继受取得特征更加显著，善意的受让人在取得所有权的同时，也须承受登记在不动产登记簿上的权利负担。[1]

3. 因受让人的善意取得而丧失权利的原所有人可以向让与人主张权利

善意受让人取得所有权，必然意味着原所有人丧失所有权。法律因维护交易安全之需要，选择优先保护受让人，但这并不意味着原所有人需要承受丧失所有权的损失。因所有权的丧失系由无权处分人的转让行为所致，故原所有人可以向无权处分人主张权利。对此，《民法典》第311条第2款设有如下规定："受让人依据前款规定取得不动产或者动产的所有权的，原所有权人有权向无处分权人请求损害赔偿。"

根据情形的不同，原所有人可以向让与人主张的权利包括：①如在双方当事人之间存在合同关系，如借用、保管等合同关系，则因让与人的无权处分导致受让人取得所有权，从而也就使合同债务人陷入履行不能（如借用人无法返还借用物），此时原所有人可向对方主张违约的损害赔偿。②让与人的无权处分侵害了原所有人的所有权，如让与人有过错，则原所有人可向其主张侵权损害赔偿。③让与人的无权处分尽管客观上对原所有人造成了损害，但处分人主观上未必有故意或过失（如继承人误认被继承人生前向他人借用之物为遗产而将其出卖）。如让与人无过错，原权利人对其并无损害赔偿请求权，但是，让与人转让他人之物，因此获得的利益缺乏法律上的根据，受损害的原所有人可依不当得利之规定请求返还。

（四）遗失物的善意取得

遗失物的拾得人不因拾得而获得遗失物的处分权，其未经失主同意而转让遗失物的行为，属于典型的无权处分。不过，与所有人自愿将其动产出借、出租于他人等情形不同，失主并非依据自己的意愿而将其标的物的占有转移给无权处分人，也就是说，失主并未因其不慎重的所托非人制造无权处分人的权利外观，在此情形，法律不可仅因维护交易安全的需要强行剥夺失主的所有权。在比较法上，遗失物或者完全不适用善意取得制度（如德国民法），或者在适用善意取得的同时特别设置对原权利人的保护措施（如法国、瑞士、日本及我国台湾地区民法）。

我国《民法典》并未完全排除遗失物的善意取得，但基于平衡保护所有权的立场，对遗失物善意取得作出了特别规定。《民法典》第312条规定："所有权人或者其他权利人有权追回遗失物。该遗失物通过转让被他人占有的，权利人有权向无处分权人请求损害赔偿，或者自知道或者应当知道受让人之日起二年内向受让人请求返还原物；但是，受让人通过拍卖或者向具有经营资格的经营者购得该遗失物的，权利人请求返

---

〔1〕　如前所述，若对自无处分人处取得不动产所有权采依不动产登记的公信力取得的立法，并在学说上以有权处分（登记簿记载的权利人，视为真实权利人）加以解释，则受让人的取得当然属于继受取得。

还原物时应当支付受让人所付的费用。权利人向受让人支付所付费用后，有权向无处分权人追偿。"该条规定于第 311 条善意取得规定之后，构成针对遗失物的动产善意取得的特别规范。对该条规定，可做如下解读：

（1）动产遗失后，如果拾得人未将其转让，或者拾得人虽然转让遗失物但受让人不符合《民法典》第 311 条规定的善意取得要件的，所有人或其他权利人可以根据《民法典》第 314 条或第 235 条的规定要求遗失物的返还。此种情形，与善意取得制度实际并无关联。

（2）如遗失物被拾得人转让，且受让人符合第 311 条善意取得的构成要件，则须适用第 312 条调整原所有人和善意取得人之间的关系。根据该条，受让人即便符合善意取得的构成要件，权利人仍有权自知道或者应当知道受让人之日起 2 年内向受让人请求返还原物，也就是说，遗失物的善意受让人仅在此 2 年期间届满而权利人未提出遗失物返还时，才确定地、终局性地取得所有权。

　　关于权利人在提出请求返还原物之前物的归属问题，以及该 2 年期间的法律属性问题，理论上有澄清的必要。关于权利人提出返还前遗失物的归属，历来存在原权利人归属说与受让人归属说两种学说。前说认为，在 2 年期间届满前，受让人尚未取得所有权，遗失物仍归失主所有；只有在 2 年期间届满而权利人未请求返还原物，善意受让人才最终取得所有权。这一看似简单的理论解释最大的问题是，它将受让人取得所有权的效果系于一段时间的经过，其原理类似取得时效，而我国民法上并无取得时效的一般规定。

　　本书认为，拾得人转让遗失物的，如受让人满足了《民法典》第 311 条所规定的动产善意取得的要件，即可取得其受让之遗失物的所有权。受让之物为遗失物的事实，不应影响法律基于交易安全对受让人的保护。承认受让人依其善意取得物之所有权，可以使其在面对第三人时获得充分保护，如在遗失物原权利人提出返还之前，第三人无权占有该物的，受让人可依《民法典》第 235 条主张基于所有权的返还原物请求权。不过，遗失物善意取得的效果不具有终局性，即受让人的所有权可能因原权利人主张权利而得而复失。在知道或者应当知道受让人之日起 2 年内，一旦遗失物的原权利人向受让人提出返还原物，受让人善意取得所有权的效果即溯及既往地发生消灭，原权利人对遗失物的权利立刻恢复，视为未曾丧失所有权。[1] 依此种解释，遗失物的善意受让人已经取得所有权，原权利人如不行使向受让人请求返还的权利，则后者确定地取得所有权，而前者"有权向无处分权人请求损害赔偿"。原权利人如选择在知道或应当知道受让人之日起 2 年内向善意受让人要求返

[1]　台湾地区"民法"第 949 条规定："占有物如系盗赃、遗失物或其他非基于原占有人之意思而丧失其占有者，原占有人自丧失占有之时起二年内，得向善意受让之现占有人请求回复其物。"2010 年，台湾地区在对"民法"修正时，在第 949 条之下增加一项，规定"依前项规定回复其物者，自丧失其占有时起，回复其原来之权利。"该项立法修正明确采善意受让人归属说，同时明确了原权利人要求回复的权利能够产生溯及的效力，可资参考。

还原物，则此权利主张实际上应该有两层意义：①原权利人对受让人拥有一项回复所有权的权利，此权利具有形成权的性质，原权利人主张返还的意思表示到达受让人时，遗失物的所有权立刻回复到原权利人手中。因涉及形成权的行使，《民法典》第312条规定的2年期间，其性质属于除斥期间，不发生中止、中断，而且在期间届满原权利人未行使时，该回复所有权的权利消灭。值得注意的是，在与第312条采类似规定的立法例中，一般均将原权利人行使权利的法定期间的起算点确定为其丧失占有之日，从而不论原权利人是否知晓遗失物的下落，在除斥期间届满后，其均丧失回复所有权的权利。《民法典》第312条将其规定的2年期间的起算点确定为"知道或应当知道受让人之日"，这一规定对原权利人提供了充分的保护（试想原权利人在物遗失十余年后才知道善意受让人的情形），却可能使善意取得人的法律地位长期不稳定，是否妥当，尚值商榷。②原权利人在前述2年期间内向善意受让人主张权利的，所有权回复至原权利人手中，但物仍为受让人占有，此时的"返还原物"即具有《民法典》第235条所规定的物权请求权的性质。在原权利人请求受让人返还之前，后者对物的占有为善意占有，而在原权利人作出请求之后，受让人的占有将转化为恶意占有。

若在遗失物原权利人主张返还之前，善意受让人又将该物转让给第三人，则该第三人的法律地位如何？若依前述原所有人归属说，受让人并未取得所有权，因此其向第三人转让标的物，仍属无权处分，而且占有脱离物的属性并未改变，故原权利人仍可在法定期间内向第三受让人主张返还。但依本书支持的受让人归属说，受让人已依善意取得之规定取得遗失物所有权，其再向第三人转让时，该转让应为有权处分，后者可依继受取得之方式取得所有权。不过，在此问题上，学说仍存在分歧。若特别秉持原所有人保护的立场，可认为，原所有人仍可在知道或应当知道第三受让人的二年期间内，向其要求返还。受让人的再处分构成有权处分，逻辑上并不影响这一结论的得出：依前述要求返还之权利的形成权性质，原权利人一旦提出返还，所有权即溯及既往地回复到原权利人手中；因此溯及效力的作用，受让人对第三人的转让也就沦为了无权处分。不过，本书认为，现代交易社会，财物流转频繁，一味维护遗失人的无限追索权，有违善意取得制度维护交易安全的立法初衷。欲维持所有权保护与交易安全的平衡，在解释上，应认为原权利人仅能向第一次购买遗失物的受让人要求物之回复，如果善意受让人已经将物以有偿方式再转让于第三人，则后者依继受取得的方式终局性地取得所有权。

（3）如果受让人系通过拍卖或者向具有经营资格的经营者购得遗失物，则此类情形下受让人应受法律保护的强度更高。如果一味地维护遗失物所有人的利益而允许其无条件地向受让人要求返还其物，则受让人仅能向转让人主张权利，并将在无法找到转让人或其无支付能力时蒙受损失。为保护交易安全和人们对市场的信心，法律有必要为通过公开市场进行交易的人们建立一个基本的预期，即善意地在公开市场上购置商品者，不应遭受钱财两空的结果。有鉴于此，《民法典》第 312 条针对此种情形强化了对受让人的特别保护——在原权利人提出返还请求时，善意受让人尽管仍负有返还之义务，但受让人有权请求权利人偿付其在受让标的物时所支付的费用。若遗失物原权利人不向受让人主张物之返还，受让人可保有其受让之物，自然也不存在向原权利人主张偿付其支付的买价之问题。关于遗失物原权利人请求物之返还与受让人买价偿还请求权之关系，理论上存在多种解释。本书认为，遗失物原权利人在 2 年内向通过公开市场善意购买的受让人主张返还的，若其不同时提出对后者所享有的价金债权的给付，则不发生所有权回复的效果；对于原权利人回复占有的请求，受让人也可以为确保此项价金偿付请求权的实现而对标的物主张留置。

关于盗赃物是否以及如何适用善意取得的问题，《民法典》未予以明确。对此，立法机关的解释是，对被盗、被抢的财物，所有权人主要通过司法机关依照刑法、刑事诉讼法、治安管理处罚法等有关法律的规定追缴后退回。[1] 盗赃物与遗失物均为占有脱离物，在善意取得方面，各国民法一般均对盗赃物与遗失物适用相同的规则。在涉及盗赃物转让的情形，司法机关往往介入追赃，但并不意味着，刑事法律应取代民事法律成为界定盗赃物权利归属的法律依据。在盗赃物被转让时，与其他任何无权处分的情形相同，受让人完全可能不知晓转让人无处分权，其善意也应受法律保护。失窃的原所有人及善意受让人的平衡保护，以及被出卖之盗赃物的所有权归属问题，应由民事法律而非刑事法律加以调整。实际上，我国目前诸多涉及盗赃物追缴、发还等的刑事规则已经承认受让人对盗赃物的善意取得。[2] 如果不将盗赃物与遗失物做相同的处理，反而会产生一个令人难以接受的法律适用结果，即有关司法机关仅依据《民法典》第 311 条的规定作为判断盗赃物是否为受让人终局取得的标准，反而使得失窃物的所有人丧失了 2 年内向受让人主张回复的权利。考虑到《民法典》第 312 条对遗失物善意取得的特殊规定已经给予原权利人以较为充分的保护，故在盗赃物善意取得问题上，应类推适用遗失物善意取得的规则。

---

〔1〕　黄薇主编：《中华人民共和国民法典物权编解读》，中国法制出版社 2020 年版，第 362 页。

〔2〕　例如，1998 年 5 月 8 日最高人民法院、最高人民检察院、公安部、国家工商行政管理局颁布的《关于依法查处盗窃、抢劫机动车案件的规定》第 12 条规定："对明知是赃车而购买的，应将车辆无偿追缴；对违反国家规定购买车辆，经查证是赃车的，公安机关可以根据《刑事诉讼法》第 110 条和第 114 条规定进行追缴和扣押。对不明知是赃车而购买的，结案后予以退还买主。"该解释中关于"退还买主"的规定实际上承认了善意取得。又如，最高人民法院、最高人民检察院 2011 年《关于审理诈骗案件具体应用法律若干问题的解释》第 10 条规定："行为人已将诈骗财物用于清偿债务或者转让给他人，具有下列情形之一的，应当依法追缴：①对方明知是诈骗财物而收取的；②对方无偿取得诈骗财物的；③对方以明显低于市场的价格取得诈骗财物的；④对方取得诈骗财物系源于非法债务或者违法犯罪活动的。他人善意取得诈骗财物的，不予追缴。"再如，2014 年《最高人民法院关于刑事裁判涉财产部分执行的若干规定》第 11 条也规定："……第三人善意取得涉案财物的，执行程序中不予追缴。作为原所有人的被害人对给付涉案财物主张权利的，人民法院应当告知其通过诉讼程序处理"。此处的"诉讼程序"显然指的是民事诉讼程序，如此，有关刑事规则实际上又将物之归属问题推回给了民事规范。

（五）善意取得的扩张

所谓善意取得，指不动产或动产受让人自无处分权人处善意取得所有权而言。物权上的处分行为，除让渡所有权外，还包括用益物权或担保物权等定限物权的创设。在特定物上为他人创设定限物权者，也须对该物享有处分权，否则处分行为也不能发生效力，定限物权不能通过创设行为有效地被创设。不过，基于善意取得所有权的相同法理，如相对人不知道且不应当知道设权人欠缺处分权的事实，则相对人也可能依据此种善意取得定限物权。对于物的真实权利人而言，受让人善意取得所有权的，将使其完全丧失物的所有权，而善意取得人在其物上取得定限物权，尽管也非所有人之所愿，但所有人毕竟还保留所有人之地位，其所受冲击明显小于善意取得所有权的情形。因此，依据善意取得所有权的规范与原理，发生善意取得定限物权的效果，可以说也是举重以明轻的结果。

《民法典》第 311 条第 3 款规定："当事人善意取得其他物权的，参照适用前两款规定。""其他物权"，包括担保物权与用益物权的具体形态。

1. 担保物权的善意取得

善意取得所有权以外的定限物权，其典型事例为善意取得动产质权。动产质权的设立，若出质人欠缺对质物的处分权，原本不应发生质权设立的效果。但如果受领质物占有的债权人不知且不应知道出质人无处分权的事实，则债权人仍可取得质权。举例来说，甲将价值 30 万元的挖掘机出租于乙；乙向丙借款 20 万元，并声称挖掘机为其所有，与丙订立质押合同并交付了挖掘机。此种情形，应认定债权人依善意取得了质权，这就意味着，在债务人乙不清偿到期债务时，债权人丙可就甲之挖掘机变价并优先受偿。

不动产抵押权也可能发生善意取得。根据《民法典》第 402 条，不动产抵押权自登记时设立。若不动产权属登记有误，而名义权利人将该不动产抵押给他人，以担保该人所享有的债权，则在抵押权记载于不动产登记簿时，善意的债权人取得该不动产抵押权。我国司法实践基本都承认不动产抵押权的善意取得。[1] 至于动产抵押权是否存在善意取得，存在一定疑问。动产抵押权的设立，无须移转占有，若仅依抵押人在订立抵押合同时占有标的物的事实即判定债权人为善意，且因抵押合同的订立而取得抵押权，未免对被准用的第 311 条第 1 款的要件偏离过多。动产抵押即使经过登记，除机动车等采物的编成登记的特殊动产外，一般动产的抵押登记实际上也不能精准地发挥公示的效果。因此，依本书见解，原则上应不承认动产抵押权的善意取得。

根据第 311 条第 3 款，善意取得担保物权的，需参照第 1 款所规定的构成要件。但是，对于动产质权或不动产抵押权的善意取得而言，显然无法直接适用"以合理的价格转让"这一要件。债权人在为他人提供信贷等情形，往往将有效的担保作为其向债

---

〔1〕 例如，北京市第三中级人民法院（2018）京 03 民终 11583 号民事判决书确认，尽管前手的房屋买卖交易被之前生效的判决确认为无效，且受让人取得的《房屋所有权证书》也被撤销，但是，受让人在获得房屋所有权登记前将房产抵押给善意债权人并办理抵押登记的，债权人可善意取得抵押权。房屋真实所有人提出，债权人因未查看房屋状况而非善意，法院未予支持。

务人提供贷款的决策因素，故有效债权的存在即可视同为"以合理的价格转让"。

《民法典》第447条将留置权的客体描述为"债务人的动产"，由此引发了关于留置权善意取得的讨论。本书认为，作为法定担保物权，留置权的发生不依托处分行为，故不存在善意取得的问题。

2. 用益物权的善意取得

在我国法上，用益物权适用善意取得制度的空间相对较小。针对《民法典》确立的用益物权体系，简要分析各种权利适用善意取得制度的可能如下：

（1）建设用地使用权、海域使用权在国有的土地和海域上设立，不存在无权处分可能，故该两种权利不能因善意取得而发生。不过，由于该两种权利可以让渡，在其转让过程中则可能发生善意取得，如归属于甲的某地块建设用地使用权错误登记于乙名下，乙以合理价格将建设用地使用权转让于不知登记错误的丙，并完成移转登记，则后者可善意取得建设用地使用权。

（2）土地承包经营权由集体经济组织作为发包人，且承包人需具备集体经济组织成员的身份，故不存在通过订立土地承包经营合同善意取得土地承包经营权的可能性。现行法律框架下土地承包经营权的互换、转让仅能在本集体经济组织内部进行，也基本不发生转让中的善意取得问题。在集体土地上设立宅基地使用权的，同样不存在善意取得的问题。

（3）居住权由房屋所有人为特定人设定，且在登记时设立，如存在房屋所有权错误登记的情形，似有善意取得居住权的可能。不过，《民法典》确立了居住权无偿设立的原则，而第311条第1款有关"以合理的价格转让"要件也须类推适用于善意取得用益物权的情形，故仅于当事人以有偿方式设立居住权，且满足居住权人为善意、居住权已登记等要件时，才有善意取得居住权效果的发生。根据《民法典》之规定，居住权不得转让，故不存在转让中善意取得居住权之问题。

（4）地役权的设立，存在适用善意取得制度的可能。供役地权利如发生登记错误，需役地权利人信赖登记簿记载，通过与供役地的名义权利人订立地役权合同，并约定支付合理对价的，在供役地上取得地役权。

六、时效取得概说

所谓时效，指的是一定事实状态在持续一定期间后即可发生一定法律效果的制度。在民法上，时效可分为消灭时效和取得时效。消灭时效，也称"诉讼时效"，为我国民法所承认。所谓取得时效，也称"占有时效"，是指以所有的意思占有他人之物持续达法定期间而取得所有权的制度。依占有时效而取得他人之物的所有权，此项制度为各国法律所普遍承认，而我国法律迄今未对此种所有权取得方式作出规定。

各国法律之所以普遍规定时效制度，其基本的理由是：一定的事实关系，即便与法律上的权利归属状况不符，如因长期存在而形成一种秩序，并已引起社会公众或者相关利害关系人的信赖，则强行打破此种长期形成的秩序而回归抽象的权利归属，恐怕会造成不安与混乱。就取得时效而言，占有他人之物的事实固然不能直接改变所有权的归属状况，但如果此种占有状态长期持续，而所有权人的确也长期消极地不行使权利从而来打断此种占有，则不仅社会公众或者相关交易当事人可能会对占有人享有所有权这一点产生信赖，而且甚至连占有人本人——即便他是恶意的占有人——也会因为这一占有状态的长期持续而产生原所有人已默许自己成为所有人的心理。另外，取得时效还有一项重要的功能，即其能够终结所有权归属的长期不确定状态。例如，拾得他人遗失物而据为己有者，当然不能因此获得所有权，但很难想象，一百年后失主的继承人能够向拾得人的继承人要求物之返还。如前文所述，即便一般动产的占有回复请求权也适用诉讼时效期间，但义务人所作的时效期间届满的抗辩仅能起到阻止请求权的效力，如此，占有人相对所有人有权拒绝返还，但取得时效制度的缺失，将使其在法律上永远不可能取得其占有之物的所有权。

本书作者认为，我国社会主义公有制等特殊国情并不足以成为立法上拒绝承认取得时效的理由。《民法典》未规定取得时效，会导致体系上的法律漏洞，而且，取得时效规范属于典型的实证法规范，只有在法律有明确规定时，方有适用的可能，不存在由习惯或学理作为法律渊源的问题。因此，我国未来立法仍应认真考虑构建取得时效制度的可能。

我国法上没有取得时效制度，故本书仅根据比较法的一般经验，对取得时效的构成简要介绍如下：

（1）标的物为他人所有的动产或者未登记的不动产。动产和不动产均可成为时效取得的对象。不过，已登记的不动产原则上不可因长期占有而取得所有权，因为此种不动产秩序应依登记状况加以识别。时效取得是占有人取得所有权的方法，因此当然要求标的物原本应属于他人所有。

（2）须为以所有的意思为占有。占有他人之物乃十分常见的情形，用益物权人、承租人、借用人等都直接占有他人之物，但在多数情形下，所有人以外的占有人的占有并非自主占有，而是他主占有，占有人有为他人占有的意思。他主占有以承认他人为所有人为前提，故无论占有时间多长均不会创造出一种不同于权利归属的秩序。因此时效取得要求占有人必须有所有的意思。非所有人以所有的意思占有他人之物，存在两种情形：占有人可能明知自己并非所有人，也可能善意地相信自己享有所有权。前者为恶意的占有，而后者为善意的占有。相对而言，善意占有更值得保护。但考虑到取得时效制度的主要功能并非对善意的占有人加以保护，而是要维护一种长期形成的秩序，因此许多国家的立法都规定，即便是恶意占有也可适用时效取得，因为恶意占有人的长期占有也可形成一种稳定的秩序。不过，依恶意占有取得所有权往往要求比善意占有更长的占有期间。

（3）须为和平占有。所谓和平占有，是指占有人非以强暴、胁迫的方式取得占有或者维持占有。以暴力维持的占有，并非一种"自生秩序"，其占有状态即便长期持续，也不应获得法律的保护，故作为时效取得基础的占有须为和平占有。通过暴力方式取得占有的，如对占有的维持系以和平方式进行的，则自暴力结束之时起，为和平占有。相反，取得占有为和平而维持此占有采取暴力手段的，和平占有即转化为暴力占有，不适用时效取得。

（4）须为公然占有。所谓公然占有，是指占有人非以秘密的方法为占有。占有是否为公然，须依一般的社会观念来加以认定。一般而言，只要不存在故意使他人不知晓自己占有事实的情形，均属公然占有。例如，在拾得珠宝后公开佩戴即为公然占有，而将其藏入保险柜则为非公然占有。时效取得系对一种长期形成的公开秩序的确认，如果对他人之物的占有本身处在隐秘的状态，则当然不符合时效取得的要件，占有人即便占有达法定期间仍不能取得占有物的所有权。

（5）须占有持续法定的期间。占有状态须持续达相当时间后，才能产生时效取得的效果。一般而言，不动产的取得时效期间要比动产的取得时效期间要长。例如，依据我国台湾地区"民法"的规定，动产的取得时效期间为 10 年，若占有之始善意并无过失者，取得时效期间为 5 年；而在不动产，取得时效期间通常为 20 年，占有之始为善意并无过失的，和平、公然、继续占有他人未登记之不动产满 10 年者，得请求登记为所有人。

取得时效完成后，占有人即取得标的物的所有权。该所有权取得的效果不具有溯及力，不溯及至取得占有之时发生。在性质上，时效取得为原始取得，原存在于该物上的权利均归于消灭。

第六章

用益物权

✉ 本章提要

　　本章讨论我国民法上的用益物权体系。第一节是用益物权的概说，探讨我国土地公有制背景下用益物权的意义、类型以及特征等。以下几节分别对《民法典》所规定的土地承包经营权、建设用地使用权、宅基地使用权、居住权以及地役权作出讨论分析。

🎯 导入性问题

　　1. 我国实行土地公有制，土地只能归国家或者集体所有，那么，私主体应如何对公有的土地加以利用？与土地私有制国家相比，我国的用益物权制度具有怎样的特点？

　　2. 用益物权系在他人之物上以使用、收益为内容的财产权，那么，承租人对租赁物利用的权利是否属于用益物权？

　　3. 我国《民法典》新增了居住权这种用益物权类型。居住权系对他人房屋居住使用的权利，那么，是否一切对他人房屋居住使用的权利都是居住权？我国民法典上的居住权具有怎样的社会、经济功能？

　　4. 我国《民法典》在所有权部分既已规定了不动产相邻关系，为什么又在用益物权部分规定地役权？这是否有叠床架屋的嫌疑？如何理解地役权的权利内容？

👉 ## 第一节　用益物权概述

一、用益物权的意义

(一) 合法利用他人之物的法律框架

　　动产或不动产，除可由其所有人自由利用外，也可由所有人以外之人加以利用。利用他人之物乃社会经济生活的常态，如此可以扩张物的效用，增进人们的福利。

　　对他人之物合法地加以利用，存在以下两种典型的方式：

　　(1) 债权式的利用，即利用人通过与所有人订立债权合同，取得所有人的许可后对其物依约定的方式加以利用。以有偿的方式取得他人之物利用的，利用人与所有人之间的关系典型地表现为租赁合同关系。以无偿的方式取得他人之物利用的，利用人与所有人之间的关系典型地表现为借用合同关系。

　　(2) 物权式的利用，即由利用人基于一项被界定为物权的权利对他人之物上加以利用。权利人基于相邻关系而对邻近不动产的利用，也属于此种物权式的利用，但基于相邻关系对邻近不动产的利用本身尚不构成一项独立的物权，已如前述。若对他人之物的使用、收益系基于一项所有权以外的定限物权而进行，则此项物权即为用益物权。

（二）用益物权的概念

所谓用益物权，指的是在他人之物上享有的以占有、使用和收益为其权利内容的定限物权。《民法典》第 323 条给出了用益物权的立法定义："用益物权人对他人所有的不动产或者动产，依法享有占有、使用和收益的权利。"

在人类法律制度史上，用益物权出现得很早，几乎与土地所有权相伴而生。这一点表明，对他人之物加以利用以满足自己的某种需要，此乃人类社会生活固有的需求。随着社会经济的发展，尤其是由于资源（特别是土地资源）的稀缺性日渐显现，这种需要变得愈加迫切，于是，以稳定地利用他人之物为内容的用益物权制度也就愈加发达。

用益物权具有两项主要的社会功能：①增进物尽其用的经济效用，即，使非所有人获得物之具体利用，而所有权人通常则可因此获得收益（他人利用之对价）。也就是说，他人可支付一定代价获得物之利用，而不必取得物之所有权。于是，用益物权具有调剂"所有"与"利用"的功能，而由重"归属"到重"利用"已成为现代财产制度的重心。②使物的利用关系物权化，巩固利用人的法律地位，使其具备对抗第三人的效力，从而稳定利用关系。如此，用益物权人一方面不受所有权人出让所有物的影响，另一方面也可直接对抗对其权利行使造成妨害的第三人。具有对抗第三人的效力，这是用益物权在法律结构上异于债权性利用权的基本特点。

二、用益物权的种类与特征

（一）用益物权的种类

基于物权法定主义，某种权利之成为物权，须首先在一国法域内在立法上获得认可，当事人不得创设未为法律认可的物权类型。因此，就某一特定法域而言，其在某个时期的用益物权类型完全可依其法律予以穷尽列举。

用益物权的类型设计，与各国与地区固有的历史传统以及其经济体制与社会发展密切相关。如果对大陆法系的民法略作考察，我们会发现，尽管这些国家或地区总体上继受的是罗马法的传统，且各国法律在债法等领域有相当高的相似度，但其物权制度尤其是在用益物权的类型方面存在着十分明显的差异。例如，德国民法上的用益物权可分为地上权、役权和物上负担（Reallast），其中役权又包括地役权、限制的人役权、用益权等。日本民法上的用益物权则包括地上权、永小作权、地役权及入会权等四种。我国台湾地区"民法"在继受欧陆法上的地上权、地役权制度的同时，也根据我国的固有传统规定了典权。此外，我国台湾地区还通过近期的民法典物权编修改，将先前法典上规定的永佃权删除，并以农育权取代之，体现了时代发展的新需要。

我国《宪法》确立了严格的土地公有制，土地只能归属于国家和集体所有。由于用益物权一般仅能设立于不动产（尤其是土地）之上，而无论是国家，还是所谓"集体"，都不是一般意义上以自由的私人意志作为行动基础的民事主体，因此，无论是在权利类型上，还是在权利的具体内容及其行使方式上，我国现行法上的用益物权都与土地私有制之下的用益物权体系存在相当大的差异。

我国《民法典》物权编"用益物权"分编之下分别就土地承包经营权、建设用地使用权、宅基地使用权、居住权和地役权等五种权利作出规定。土地承包经营权是设置在农村集体土地之上的、以农业生产为内容的用益物权。建设用地使用权与宅基地使用权都是为了营造建筑物、构筑物等而创设的用益物权，其中，前者原则上设立于国有土地之上，后者设立于集体土地之上且仅限于为集体经济组织成员营建住宅之用。居住权是对他人住宅加以居住使用的权利。地役权则是为了便利自己不动产的利用而对他人不动产进行利用的权利。

《民法典》第328条还对海域使用权作出了规定。[1] 有关该项权利的具体规定见于《海域使用管理法》，且《不动产登记条例》第5条明确了海域使用权在不动产登记簿上的登记能力，故海域使用权属于特别法上规定的用益物权。本书后文不专节讨论海域使用权，故在此简要概述其内容如下：①海域，指中华人民共和国内水、领海的水面、水体、海床与底土。海域属于国家所有，由国务院代表国家行使海域所有权。海域使用权，是指为海水养殖、盐业生产、交通建设或旅游娱乐等目的而对国家所有的海域加以利用的权利。②海域使用权依用海人的申请和国家有关部门批准的方式设立，也可通过招标或拍卖方式取得。有关部门应对海域使用权登记造册，并向权利人颁发海域使用权证书，海域使用权自权利人领取证书之日起设立。③国家施行有偿用海制度，海域使用权人原则上应支付海域使用金。④依用海的具体目的不同，海域使用权的最高期限为15年到50年不等，到期可申请续期。⑤海域使用权可转让、可继承。总体上看，法律关于海域使用权的规定与国有建设用地使用权的规定相类似。

此外，《民法典》第329条还设有如下规定："依法取得的探矿权、采矿权、取水权和使用水域、滩涂从事养殖、捕捞的权利受法律保护。"该条规定的探矿权等权利是否用益物权？民法通说认为，探矿权、采矿权、取水权、捕捞权等权利的客体不确定，且权利多经由行政许可而产生，故其性质不是物权，但其在权利效力等方面与物权相似，可准用物权的相关规定，故可称为准物权。采矿权、捕捞权等权利行使的目的是为了获得矿石、渔获等具有经济价值的动产的所有权，故该类权利也被称为物权取得权。

（二）用益物权的特征

我国《民法典》所确立的几种用益物权有其各自的权利内容，但作为用益物权，它们具有以下共同的特征：

（1）就《民法典》规定的用益物权而言，其标的物仅以不动产为限。尽管《民法典》第323条关于用益物权的定义中提及了"动产"，但是，土地承包经营权、建设用地使用权、宅基地使用权、居住权和地役权显然都仅以不动产为其客体。以不动产为其权利客体，此乃用益物权的权利性质所决定。用益物权以权利人占有、使用权利客

---

〔1〕《民法典》第328条："依法取得的海域使用权受法律保护。"

体为前提，在这种情形下要实现物权的公示就必须借助登记（而非占有），而以登记作为公示手段原则上仅适用于不动产。在比较法上，用益物权的客体也基本上都指向不动产，如我国台湾地区"民法"上也不存在以动产为客体的用益物权。在欧陆国家，作为继受罗马法上人役权制度的结果，用益权等权利可以以动产为其客体。

（2）用益物权以物的利用为内容，原则上同一标的物上不能同时设定多个同类型用益物权（如两个土地承包经营权，两个建设用地使用权等），但如两个或者两个以上用益物权的内容不相排斥，则它们可以并存于一个标的物上。在我国民法上，用益物权并存的情形尤其体现在地役权与土地承包经营权、建设用地使用权等的并存。我国实行土地公有制，土地所有权属于国家或者集体。在传统民法上，地役权关系典型地存在于不同土地（所谓"供役地"与"需役地"）所有权人之间，而在我国则典型地存在于土地承包经营权人或者建设用地使用权人等之间。至于地役权本身，由于其权利内容的宽泛性，两项以上的地役权完全可以和谐地并存于同一土地之上。另外，根据《民法典》的规定，建设用地使用权可以分别设立于土地的地表、地上和地下，也就是说，针对同一块土地可按空间关系设立数个建设用地使用权，只要它们之间不发生冲突即可。

（3）用益物权的设定、移转等通常都涉及登记问题。用益物权设定于不动产之上，其变动须遵循不动产物权变动的一般规则，即其物权创设的效力应自登记时发生（《民法典》第209条）。不过，主要是由于实行土地公有制的原因，在登记对不动产用益物权设立的效力影响方面，我国《民法典》同时采用了登记生效主义（建设用地使用权、居住权）与登记对抗主义（地役权），而对于宅基地使用权，则未明确登记的法律意义。

（4）用益物权的设定有的为无偿，有的为有偿，依当事人约定或者设定的目的而定。例如，根据法律有关土地用途的相关规定，可以依无偿划拨的方式设立建设用地使用权；而通常情况下为商业、住宅建设等目的设定建设用地使用权，均为有偿，建设用地使用权人须缴纳出让金。地役权的设定是否为有偿，由当事人决定。居住权原则上无偿设立，但当事人另有约定的除外。至于土地承包经营权与宅基地使用权，由于其具有以集体经济组织成员身份参与分配的性质，因此其权利取得总体上呈现出无偿的特点。

在《民法典》规定的用益物权中，除居住权系创设于可以为私主体所有的房屋之上外，其余用益物权均在土地之上创设。我国实行的土地公有制，对用益物权体系产生了重要的影响，从而使我国法上的用益物权制度具有了鲜明的特色，不可不察。本书认为，土地公有制对用益物权体系的影响主要表现在以下三个方面：

（1）在土地私有制之下，无论是为农业用途而利用，还是为建筑或其他目的利用土地，利用人通常即为土地所有人。在土地公有制之下，历史已经表明，如不建构一般民事主体在土地之上稳定的、以个人利益为依归的私人利用权，而由国家的雇员或集体经济组织成员为抽象的国家或集体利益而利用土地，则激励机制的缺乏会导致土地利用的低效。肇始于20世纪70年代末的土地制度改革，其基本思想就在于，在维持国家所有或集体所有的前提下，在国家仍能利用土地公有而便利地实施有关国土规划、关系国计民生的基础设施建设及环境保护等公共政策的背景下，将土地交由私主体为其自己之利益而利用，并赋予其在土地之上能够对抗一切人（包括作为所有权人的国家或集体）的一项用益物权。由此观之，因"公有私用"的制度安排，土地之上存在用益物权成为一种普遍现象，或者说，在我国，利用人普遍依一项用益物权对土地进行利用：对于集体所有的农用地，普遍存在农户的土地承包经营权；对于集体所有的住宅用地，普遍存在宅基地使用权；对于国有的建设用地，普遍存在建设用地使用权。

（2）在土地私有制条件下，所有权人与用益物权人一样，都是拥有独立意志与私人利益的私主体，于是，在用益物权的设立方面，民法上的意思自治原则有充分的适用余地，相关权利创设行为也是典型的法律行为。相反，土地公有制条件下，建设用地使用权、宅基地使用权、土地承包经营权等用益物权的创设行为极具特殊性，它们或者涉及行政机关作出的公法行为，或者说，相关权利的创设更像是共有人共同体依决议进行的共有物分管安排，例如，无论是土地承包经营权，还是宅基地使用权，都更多地带有以集体成员身份为前提的"分配"色彩，获得土地利用分配的成员所行使的权利，尽管名义上是在"他人"之土地上成立的用益物权，但由于其自身就是该团体的成员，故此类权利与共有物分管协议之下共有人的法律地位非常接近，可将其作为"准所有权"或"类所有权"加以对待。建设用地使用权的取得虽不对取得人的身份进行限制，而且也可采用市场化的手段，但是，毫无疑问，代表国家行使土地权利的出让方（行政机构）并不能像一个私人那样自由行动，而是要按照依法行政的要求行事，于是相关法律要求土地出让合同必须采用拍卖、招标、挂牌等公开竞争方式订立也就可以理解了。实际上，土地出让方的行为同时也构成一项行政行为，而不单纯是民事行为。

（3）在土地私有制条件下，土地所有权可自由流转，因此，具有对抗效力的用益物权显得尤为重要——在许多情况下，用益物权人之所以需要将自己的权利设定为一种物权，其目的主要就是用来对抗新的所有权人，因为仅仅基于债权的利用关系将不得对抗从原所有人处继受所有权的受让人。相反，在土地公有制条件下，所有权本身原则上不发生基于法律行为的转移（国家征收集体土地乃是基于行政行为，构成国家对被征收土地的原始取得），因此，用益物权本身具有对抗性的实际意义也就相对有限。或许正因为如此，《民法典》对宅基地使用权、土地承包经营权以及地役权的设立均未采取登记生效主义。另外，尤其是在承包经营权、宅基地使用权等本身不能自由流转的情况下，抽象地争论该权利究竟是一项物权还是基于承包合同的一项债权，其本身也没有多少实际意义，因为此种权利原本就没有多少对抗第三人的机会，而就承包经营权人对发包人享有的权利（包括要求发包人不得提前收回承包地等），则仅需根据债权合同的拘束力即可主张。

三、用益物权的得丧变更

我国《民法典》所规定的五种用益物权均为意定物权。因此，用益物权原则上应由相关当事人通过订立合同的方式取得。此种基于法律行为的物权取得，其或为创设型取得（如订立承包经营合同取得土地承包经营权；订立居住权合同取得居住权；订立地役权合同取得地役权等），或为移转型取得（如通过订立转让合同从他人处受让建设用地使用权）。此两种取得方式均为继受取得方式，而且，如前所述，由于用益物权的客体均为不动产，故应适用《民法典》第209条的规定，原则上以登记作为用益物权设立的特别要件。不过，考虑到土地承包经营权、宅基地使用权系在集体土地之上设立以及我国农村不动产登记体系尚不健全的事实，《民法典》弱化了登记在用益物权设立中的作用：在五种用益物权中，真正实行登记生效的实际上只有建设用地使用权和居住权；地役权的设立实行的是登记对抗主义；而土地承包经营权和宅基地使用权的设立也均无须以登记为必要。另外，除依法律行为取得外，当事人还可依继承的原因取得用益物权。

用益物权消灭的原因，因具体权利类型的不同而有所不同，此点容后文再述。用益物权共同的消灭原因包括：①标的物的灭失，如土地承包经营权因土地灭失而消灭；②标的物被征收，集体土地被征为国有的，原有土地之上的土地承包经营权、宅基地使用权或者地役权等用益物权也发生消灭。房屋被征收的，居住权也发生消灭。用益物权因征收而消灭的，权利人有权要求获得征收补偿。用益物权经登记的，在其消灭时，应及时办理注销登记。

用益物权存续期间，也可能发生权利内容方面的变动（如建设用地使用权改变其用途、地役权延长其存续期间等）。用益物权的变更，除须当事人达成合意外，原则上还须办理变更登记，否则不能生效或者不能对抗善意第三人。

【拓展】作为一种"关系物权"的用益物权

民法上关于物权与债权的区分，是在法律效力层面上所作的一种抽象区分。如前所述，对他人之物的合法利用，其权利基础可能是一项债权，也可能是一项物权。以债权为基础的对他人之物的利用，在外观上与用益物权相当接近，如房屋承租人的权利和居住权都表现为他人房屋进行居住使用的权利。尽管学说上对此种区分有反思或批评的意见，但在坚持物债二分体系的传统之下，通说仍认为，有必要将用益物权与债权性利用权相区分。

一项对他人之物的利用权利，其性质究竟属于用益物权还是债权，可依以下两个标准加以识别：

（1）从形式上讲，物权法实行物权法定主义，只有法律明确规定的物权类型，才能为当事人所创设。用益物权的创设均涉及不动产的登记问题，只有法律承认的用益物权才具有登记能力。债权则实行类型自由主义，可以由当事人通过合同（有名合同或者无名合同）任意设立。因此，一项以合法利用他人之物为内容的财产权，如果不属于物权法规定的物权类型，其性质即应属于债权，此类债权性利用权不具备登记能力，无法被记载在不动产登记簿中。

（2）从权利效力上讲，物权系权利人在物上所享有的法律地位，具有对世的效力。即便用益物权系由当事人通过双方间的合同设立，但一经有效设立，原则上该权利就具有了对世效力，也就是说，该权利不再是针对合同对方当事人的权利，而是成了一项指向特定物的绝对权，可以向不特定之人（如继受所有权之人）主张对物利用的权利。在权利保护方面，用益物权人可向一切妨害其权利行使之人主张排除妨害，可向一切有妨害其权利行使可能之人主张消除危险（妨害预防），拥有占有权利的用益物权人可以向无权占有人主张占有回复。相反，因单纯的债权关系而取得对他人之物的使用与收益的，该权利仍被视为系针对债务人（如出租人、出借人）的权利，权利人原则上仅能向特定债务人主张权利。这就意味着，在此债权性使用权存续期间，一旦物之所有权发生转移，该债权人并不能以其对原所有权人的债权对抗新所有权人。假定甲答应将其房屋出借给好友乙居住 1 年，而在此期间，甲又将该房屋出售给丙并办理了所有权转移登记，则乙不得以其与甲之间的借用关系来对抗丙的返还请求权。用益物权的对抗性实际上意味着一种极其稳定的对他人之物的利用关系，这一点往往是债权式的利用所不能达到的。

两人之间关于物之使用的安排，并不总是需要以一方取得另一方所有之物的用益物权的方式实现。就物的使用达成约束双方的债权安排，不涉及物权法定问题，能够灵活地满足具体的交易需求。若某人仅需在相当短的时间内取得对他人之物利用的权利（如骑行共享单车十分钟，或在酒店房间逗留一晚），显然无需在物上构建一个对世性的物权，而且其也无需关心交易相对人是否对物享有处分权这样的问题。通过租赁合同等债权合同的缔结，该人即可预期其合同目的能够得以实现，若因对方原因遭遇权利障碍，则可依据违约责任的规定寻求救济。若对他人之物的利用需求有较长的时间周期，且难以承受自己的利用权会因物之所有权转移等因素而受影响的风险，则利用人需要以在物上构建用益物权的方式确立稳定的利用关系。在物上构建用益物权的意愿需受制于物权法定原则，即当事人仅能在物上构建法律确认的用益物权类型。举例来说，在《民法典》确立居住权这一用益物权新类型之前，即使对他人房屋有稳定居住需求之人能够和房屋所有人达成合意，也无从在房屋上建构物权性的居住权。当然，这一点并不妨碍有居住需求之人通过与房屋所有人之间订立房屋借用或租赁合同，而取得对房屋加以利用的债权性质的权利。

就所谓"承租权"（承租人在租赁合同中的权利）而言，《民法典》第 725 条确立了所谓"买卖不破租赁"的规则（"租赁物在承租人按照租赁合同占有期间发生所有权变动的，不影响租赁合同的效力"），从而使承租权具有了一定的对抗效力，学理上将这一现象称之为"债权的物权化"。"债权的物权化"这一表述恰恰表明，承租权实际上仍然属于租赁合同这一债权合同所产生的效力，承租权只是因为强化承租人保护的法律政策而被赋予了一定物权效力，但该权利尚未成为一项用益物权。不过，如果再将承租人受占有保护的因素考虑在内——承租人可依其对租赁物的占有而主张《民法典》第 462 条规定的请求权——则承租人的法律地位与一项物权性权利的效力也就相去不远了。[1]

另需指出的是，即使一项对他人之物加以利用的权利已经被明确界定为用益物权，也并不意味着债之关系的视角在法律上失去了意义。用益物权虽然被作为特定物上的权利加以构造，且与所有权一同构成抽象的"物权"的具体类型，但是与所有权人对自己之物的独立支配不同，用益物权自成立之日起，就处在"所有人—用益物权人关系"之中。在此意义上，用益物权可以说是一种"关系物权"。自物权变动的角度观察，所有权的移转往往以买卖、赠与等一时性债权合同为其原因，物权变动效果的发生恰恰是债务清偿的结果，即作为交换工具的债之关系因交换目的之达成而功成身退。而就用益物权而言，所有权人也通过合同为他人创设用益物权。若对物权变动采债权行为与物权行为分离的解释，则可将创设用益物权的合意与当事人间的债之关系相区分，如此，可通过物权效果界定用益物权的对世效力（对物的特定支配），同时以继续性债之关系界定所有权人与用益物权人之间的关系，尤其是存在于当事人间的给付义务更无法从物权效力上加以说明。例如，在供役地人以有偿方式为需役地人设立地役权的情形，地役权人在取得对供役地特定利用权利的同时，也需对供役地权利人负担对价支付的义务；又如，即使对于无偿设立的居住权，也存在依法律规定或居住权合同的约定负担房屋维修费用或不动产税负的问题。如果用益物权人依约定需向所有权人定期给付用益的对价，则二人之间实际上存在租赁或类似租赁的合同关系。由此可见，用益物权与租赁等合同关系并不存在互斥关系。基于物权法定的限制以及当事人的选择，利用他人之物的权利可能仅在租赁等合同关系中得以确立，也可能在租赁等合同关系基础上以一项用益物权的形式呈现。

既然用益物权通常系设立于他人之物上的权利，有关用益物权的规范不太可能不涉及用益物权人与物之所有人之间的关系。该问题的复杂性在于，尽管用益物权由特定人之间的合同所创设，而该合同也可以就二者之间在物的利用上的诸多层面的问题作出约定，[2] 但是，在用益物权存续期间，一旦该用益物权发生移转（如地役权因需役地权利的转让而由受让人取得），或者物之所有权发生移转（如设有居住权之住宅的所有人转让住宅所有权），则由此产生的新的"所有人—用益物权人"关系并不在先前意定的合同框架之下。由此，会产生一系列棘手的问题。例如，甲乙在设立居住权的合同中特别约定，乙不仅可以无偿居住甲的房屋，而且连物业费、日常维修费用皆由所有人甲负担，那么，甲向丙出卖房屋后，乙能否要求丙继续负担前述费用？对于丙而言，其在获得住宅所有权后，因居住权之存在根本无法就该住宅进行利用，在此种情形，强令其负担物业费等费用是否合理？又如，乙在自己土地上为甲创设了期限为

---

〔1〕 德国学者鲍尔、施蒂尔纳认为，"相对权权利人拥有的直接占有，会导致相对权权利人地位的增强，从而在某些方面赋予他'物权性''绝对性的'权利人之权能"，参见［德］鲍尔、施蒂尔纳：《德国物权法》（上册），张双根译，法律出版社 2004 年版，第 13 页。不过，具有一定对世效力的承租人的权利终究与真正的物权存在效力上的差异。二者之间的效力差异主要表现在两个方面：其一，针对第三人，承租人尽管受《民法典》第 462 条的保护，但其并不能主张第 235 条、第 236 条规定的物权请求权，已如前述；其二，善意取得制度不适用于债权，若承租人从非权利人处取得租赁物的占有，即使其为善意，也不得主张租赁权的善意取得。

〔2〕 例如，《民法典》第 367 条、第 373 条分别针对居住权合同与地役权合同的内容做了示范性的规定。

20 年的地役权，并约定甲须每年支付对价 10 000 元，则涉及以下两种情形应如何处理的问题：其一，丙从甲的手中受让需役地后，是否有义务继续向乙支付？其是否有权以抛弃地役权为代价消灭此项支付义务；其二，若甲一次性向乙付清了地役权 20 年的对价，次年，乙将供役地转让给丙，丙查阅登记簿，知晓甲之地役权的存在，也知道乙应每年支付对价，但因甲已一次性支付所有对价的相关事实未记载于登记簿，丙因不知此事实而在交易时预期，自己成为供役地权利人后，虽须受制于他人的地役权，但可以每年收取 10 000 元，则丙是否还有权要求甲向其支付对价？

对用益物权的内容及与其相伴生的债之关系，本书作者有以下两点思考：

（1）关于用益物权的法律规范，不仅应界定用益物权人在物上的具体权利，还应对"所有人—用益物权人关系"提供一个法定的框架。物权性规范对该层关系的调整，并不限于初始权利人间（即用益物权创设合同当事人间）的合同关系，而是能够适用于用益物权消灭前所有可能的权利继受人之间的关系。例如，若有关居住权的规范明确，居住权存续期间住宅的一般维护费用及公法上的税负（如按年计缴的房产税）均应由居住权人负担，则该规范的意义显然并不仅限于订立居住权合同的当事人之间，住宅所有权发生变动时，受让人仍可依法主张由居住权人负担。同理，若物权性规范明确，地役权人为达对供役地的利用目的，可以在供役地上设置工作物（如架设电线杆以输电），但必须承担此工作物的维护义务（如更换腐朽的木质电线杆，或为保持美观在生锈的铁质电线杆上刷漆），则无论供役地、需役地如何转让，需役地人负担维护义务这一点不会改变。相反，若立法者认为，此类问题均无须物权法明确规定，可以完全交由当事人在设立物权的合同中具体约定，则不仅在当事人未在合同中约定时会形成法律漏洞，而且，即便当事人做了相关约定，由于这些约定出自特定人之间，其如何能够满足物权的对世性要求，殊有疑问。因此，用益物权规范本身应包含调整物之所有权人与用益物权人之间关系的法定的债之关系，因用益物权的发生，此种法定债之关系就存在于（各时的）物之所有权人与（各时的）用益物权人间，据此，即便供役地与需役地权利均已转移，由于需役地人须负担工作物的维护义务本身就是法定的、"对物"的，则供役地受让人可以请求需役地受让人（地役权人）及时对工作物作出维护，尽管此时二人均非地役权合同的当事人。

（2）尽管物权法定的观念中包含了"内容法定"的意义，但不能因此认为，前述"所有人—用益物权人关系"只能由物权性规范整齐划一地加以规定。毫无疑问，在创设用益物权的合同中，当事人对于该用益物权及其伴生的关系有相当程度的自治空间，某些内容也仅能由当事人约定，例如地役权的设定是否有偿，在有偿情形下对价多少及支付方式如何等，均不可能由法律直接规定。另外，即便是在法律对相关费用负担、维护义务的配置等给出明确规定的情况下，也不应排斥当事人自治的可能，例如，即便法律规定应由居住权人承受居住权存续期间住宅的日常维护费用，也不应影响当事人在居住权合同中约定该费用由住宅所有权人负担的效力。只不过，所有这些不由物权性规范直接界定的内容，或者因当事人的约定偏离了标准形态的内容，欲产生对抗第三人的效力，均应记载于不动产登记簿，未登记的，不得对抗善意第三人。例如，有偿设立地役权的，应在进行地役权登记时，同时登记需役地权利人须向供役地人支付的对价。[1] 不动产登记簿甚至也应显示对价的具体支付方式和是否支付完毕的信息，否则，不得对抗善意第三人。[2] 在前例中，居住权合同中有关由住宅所有权人承受通常应由居住权人承受的日常维护费用的约定，固然可以拘束居住权合同的当事人，但如果此项非常之约定未随居住权登记明确记载于不动产登记簿，则住宅的受让人仍可要求居住权人依法负担此类费用。

对某种用益物权而言，若物权性规范准确界定用益物权人在他人之物上可为的具体权利，并且对"所有人—用益物权人关系"作出基于合理性考量的一般规定，则因此标准形态的用益物权的构建，不仅可以大大节约用益物权设立环节的磋商成本，而且，在所有权发生转让时，受让人也知晓自己须承受一种标准形态的用益物权负担，这也将大大降低交易环节的信息成本。这一点即使对于不动产登记的技术细节也深具意义：对于那些法定且当事人未做特别约定的权利内容，登记簿无须特别记载（仅需载明物上存在何种用益物权即可）；相反，不动产登记簿欲承载交易服务之功能，需具有对特别约定事项的登记能力。

综上所述，物权性规范提供标准的用益物权内容（包括"所有人—用益物权人关系"上的各种权利义务），而未被物权性规范包含的当事人之间的自治安排，要想跻身"物权"的内容从而对未参与用益物权设立的第三人产生效力，须记载于不动产登记簿，以满足物权公示原则的要求。[3] 若此等自治约定未记载于登记簿，则仅在设权双方当事人之间具有债的拘束力。

第二节 土地承包经营权

导入性问题

在农地深化改革过程中，为什么会出现"三权分置"的改革思想？《民法典》规定的土地经营权具有何种性质？

一、土地承包经营权的意义与法律渊源

（一）土地承包经营权的概念与特征

土地承包经营权，是指农业经营者通过签订承包经营合同，占有、使用农民集体

---

[1] 如何登记才能发挥更佳的公示效力，值得研究。根据 2016 版《不动产登记操作规范（试行）》第 13.1.4 项的规定，地役权首次登记时，不动产登记机构应当将登记事项分别记载于需役地和供役地不动产登记簿。据此，在需役地的不动产登记簿记载时，不仅应记载作为从权利的地役权，而且也应记载需役地权利人需负担的地役权费用。若认真落实此类技术性规范，则该项记载即可产生类似《德国民法典》所规定的物上负担（Real-last）的效果！

[2] 我国台湾地区"民法"第 836-1 条规定，"土地所有权让与时，已预付之地租，非经登记，不得对抗第三人。"

[3] 呼应前文关于物权法定僵化性应对的讨论，若能充分发挥不动产登记簿的功效，各类物权的"内容法定"在诸多方面均可被突破，从而在物权法领域也更能凸显私法自治的力量。

所有或者国家所有由农民集体使用的农用地，从事种植业、林业、畜牧业等农业生产并获得收益的权利。

根据我国法律的规定，土地承包经营权具有如下重要特征：

（1）承包经营权的客体为农用地。所谓农用地，是指直接用于农业生产的土地，包括耕地、林地、草地、农田水利用地、养殖水面等。在我国，农用地主要归农村集体经济组织所有，但由于历史原因，也有部分农用地属于国家所有。国有的农用地有些直接交由农民集体使用，从而与集体所有的农地一样，成为土地承包经营权的对象。另外一些国有农地（如新疆生产建设兵团的农场），虽未交由农民集体使用，但也由农场职工等承包经营，根据《民法典》第343条之规定，此类国有农地的承包经营，参照适用土地承包经营权的规定。

（2）权利主体的限定性。在我国，集体土地所有权由集体经济组织或者村民委员会行使，因此法律将集体经济组织或者村民委员会等确定为发包人，承包人则被限定于作为集体经济组织成员的农户，也就是说，土地承包经营权的取得需以具备集体经济组织成员身份为前提。集体经济组织成员以外之人，不仅不能通过与集体经济组织订立承包合同的方式取得承包经营权，而且也不具备从土地承包经营权人手中受让土地承包经营权的资格。集体经济组织成员以外之人仅能依法取得土地经营权。

（3）权利的内容为在集体或者国家所有的农用地上从事种植业、林业、畜牧业等农业生产，包括对土地的占有、使用，并取得收益的权利。土地承包经营权人不得改变土地的农业用途，其收益方式主要表现为收获土地产出的孳息。

（4）承包经营权的取得，具有无偿分配性。农村集体经济组织内的农户，享有集体经济组织成员的身份，其取得本集体经济组织所有土地的承包经营权实际上是此种成员权的体现。与土地私有制条件下永佃权等权利的设定不同，承包经营权人并非是从另一个完全独立的利益主体处获得权利。对于农户而言，土地承包经营权具有无偿获取、公平分配的性质。

（5）有期限性。根据《民法典》第332条的规定，土地承包经营权均设有期限。其中，耕地的承包期为30年；草地的承包期为30年至50年；林地的承包期为30年至70年。不过，此种权利期限届满，并不意味着承包经营权人即丧失承包经营权。承包期届满的，由土地承包经营权人依照农村土地承包的有关规定继续承包。

（二）法律渊源

农村土地承包经营制度是改革开放以来逐渐确立的一项关系国计民生的重大制度，它界定了我国农地的基本权利，是我国农业发展、乡村治理的基本制度安排。因此，改革开放以来，有诸多的法律、法规都对农村承包经营制度作出了规范。除《民法典》物权编第十一章外，现行有效的重要规范还包括：

（1）《土地管理法》。1986年通过的这部法律，于2019年8月做出了第三次修正。该法是我国土地管理的基本法，不仅奠定了农村土地承包制度的基础（如集体土地所有制、土地用途管制等），而且一些条文还直接勾勒了土地承包经营权的基本框架（第13条）。

（2）《农村土地承包法》。2002年通过的这部法律，于2018年12月做出了第二次修正。该法对农村土地承包经营制度作出了全面的规定，共设总则、家庭承包、其他方式的承包、争议的解决和法律责任、附则等共 5 章 70 个条文。该法对土地承包经营权的设立、当事人的权利义务等比《民法典》的规定更为详尽，构成了对《民法典》物权编关于土地承包经营权规定的重要补充。

（3）《最高人民法院关于审理涉及农村土地承包纠纷案件适用法律问题的解释》（以下简称"《农村土地承包纠纷解释》"）。该司法解释于 2005 年 9 月 1 日施行，2020 年 12 月 23 日修正。

二、土地承包经营权的设立

（一）承包经营合同的订立

土地承包经营权由发包人和承包人通过订立承包经营合同的方式设立。《民法典》未对土地承包经营权的订立作出具体规定，相关规定体现于《农村土地承包法》之中，其要点包括：

（1）土地承包经营合同的双方当事人分别为发包人与承包人。土地归村农民集体所有的，由村集体经济组织或村民委员会作为发包人；土地归村内两个以上集体经济组织的农民集体所有的，由各集体经济组织或村民小组作为发包人。承包人为本集体经济组织的农户，即《民法典》第 55 条规定的农村承包经营户。

（2）土地承包方案依民主协商、公平合理的原则，由村民会议选举产生的工作小组确定，并经村民会议 2/3 以上成员或者 2/3 以上村民代表的同意。在公开组织实施承包方案时，发包人与各农户签订土地承包合同。

（二）土地承包经营权的登记

《民法典》第 333 条第 1 款规定："土地承包经营权自土地承包经营权合同生效时设立。"《农村土地承包法》第 23 条也作了类似的规定。由此可见，尽管土地承包经营权被明确规定为一种用益物权，且其客体是不动产，但是，法律并未遵循不动产公示的要求将土地承包经营权设立的效力系于设立登记，而是规定物权变动的效力自承包经营合同生效时发生。法律对于土地承包经营权不采登记设立主义，符合我国农村土地利用与管理的实际情况，应该主要是基于以下两方面的原因：①登记本身不是目的，而是为了起到公示的效果。我国的乡村社会是一个熟人社会，土地承包经营权在集体经济组织内部通过集体协商和分配的方式进行，且无对外转让的可能，故基本没有通过登记加以公示的需求。②农村土地长期以来没有确立完善的登记体系，如果规定承包经营权仅在登记时才能设立，可能会无谓地增加权利取得的障碍。

关于土地承包经营权的登记，《民法典》第 333 条第 2 款设有如下规定：登记机构应当向土地承包经营权人发放土地承包经营权证、林权证等证书，并登记造册，确认土地承包经营权。对该规定可作如下理解：其一，登记机构对承包经营权的登记造册，其目的首先是确认土地承包经营权，即对于集体经济组织通过自治的方式所作出的土地承包安排予以法律上的确认。土地承包方案是集体经济组织成员自治的结果，政府登记机关的登记造册、发证，具有对承包经营权的设立做合法性确认的意义。在土地集体所有制之下，这一登记造册的功能超越了不动产登记所具有的一般权利公示功能。

其二，尽管我国农村土地承包的实践已有超过40年的历史，但很多地区一直未建立起完备的土地账册，这一规定有促成农村土地登记体系建立的目的。只有登记的基础制度得以完备，现行法上规定的土地经营权登记及土地承包经营权流转登记等才有现实可能，未来的法律也才有可能真正建立起更加注重登记公示的农地物权变动制度。其三，就效力而言，该规定并未确立所谓"登记对抗主义"规则，这就意味着，因土地承包经营合同的生效，承包人稳定地取得土地承包经营权，而不存在不得对抗第三人的问题。这主要是因为，土地承包经营权的设立有严格的身份要求与合法程序的保障，如果某农户已经通过严格的程序与发包人订立了土地承包合同，并因此取得了土地承包经营权，则其他人不可能再与发包人订立承包合同取得承包经营权，也就不存在善意第三人保护的问题。[1]

三、土地承包经营权的内容

取得土地承包经营权后，土地承包经营权人享有以下权利：

（1）占有、使用权。土地承包经营权人有权占有承包地，并依土地的自然属性（耕地、林地、草地等）自主地对土地加以农业上的利用，即利用其进行耕作、放牧、养殖等。土地承包经营权人在利用土地时，不得将农地用于非农业的用途，也不得对土地造成永久性的损害。

（2）收益权。土地承包经营权人有权获得其所承包土地的天然孳息与法定孳息。天然孳息指在承包土地上耕作、放牧、种植树木、养殖等所获得的收益。法定孳息指土地承包经营权人通过转包、出租等方式流转土地而获得的转包费、租金等收益。承包人应得的承包收益，可依照继承法的规定继承。[2]

（3）互换和转让土地承包经营权的权利。根据《民法典》第334条的规定，土地承包经营权人有权依照相关法律规定将土地承包权互换、转让。该条规定给人以土地承包经营权人可自由处分该权利的印象，而实际上土地承包经营权的取得以承包经营权人具备集体经济组织成员身份为前提，而且，土地承包经营权仍承载着一定的社会保障功能，因此，土地承包经营权实际上并不能自由流通，土地承包经营权人对该权利本身的处分受到法律的严格限制。根据《农村土地承包法》的相关规定，为方便耕作等原因，土地承包经营权人可就属于同一集体经济组织的土地进行承包经营权的互换，并向发包方备案。而土地承包经营权的转让，则受更严格的限制：不仅受让人仅

---

〔1〕《民法典》第333条第2款的规定与该法典第374条有关地役权设立登记的措辞显著不同，后者明确规定，"……未经登记，不得对抗善意第三人"。地役权的设立之所以规定登记对抗，是因为地役权人往往不占有供役地，若无登记则缺乏基本的权利外观，更重要的是，供役地权利人可以是一个自由行事的私主体，有可能再与不知情的第三人订立内容相斥的地役权合同，故存在依登记对抗第三人的问题。

〔2〕由于土地承包经营权以具有农村集体经济组织成员身份的农户为权利主体，故原则上，该权利不成为遗产。农户的家庭成员死亡的，土地承包经营权由其他家庭成员继续享有，不发生继承的问题。若家庭成员均死亡或不再具备集体经济组织成员身份，则承包地应由集体收回。不过，或许是基于收益的长期性，《农村土地承包法》特别规定，林地的承包人死亡的，其继承人可以在承包期内继续承包（第32条）。

限于本集体经济组织的其他成员，而且转让本身也需要发包人同意，[1] 受让人需与发包人确立新的承包关系。根据《民法典》第 335 条，土地承包经营权转让、互换的，可以向登记机构申请登记；未经登记，不得对抗善意第三人。由于受让人限于同一集体经济组织的成员，且转让需经集体经济组织同意方可发生效力，原则上不会出现善意第三人，故该"登记对抗"规定的实际意义有限。

（4）流转土地经营权的权利。土地承包经营权人虽不能自由地将土地承包经营权转让给他人，却可以将土地经营的权利从土地承包经营权之中析出，并通过出租、入股等方式使他人取得土地经营权，或者以土地经营权向金融机构担保融资。

四、土地经营权

（一）土地经营权与三权分置

土地承包经营权是农户基于特定集体经济组织成员身份，通过分配的方式取得的对特定集体土地的权利。由于具有集体经济组织成员身份的要求，该种权利本身的让渡受到极大的限制，已如前述。不过，土地承包经营权转让的限制，并不意味着其权利的行使也必须由权利人亲力亲为。在农村土地制度改革进程中，承包经营权人通过转包、出租等方式将土地交由他人经营，这种做法很早就为政策与法律所允许。近年来，为满足农业集约化经营的需要，进一步促进农地流转，稳定农地经营的权利，便利以农地经营相关权利融资，农村集体土地"三权分置"的改革思想逐渐酝酿成熟。[2] 所谓"三权分置"，其基本思路在于：在保持农村土地集体所有的基础上，以集体组织成员身份为基础，确认农户对土地的承包经营权；农户可以自行经营土地，也可以从承包经营权中分化出土地经营权，并为他人设立土地经营权，或者利用土地经营权担保融资；土地经营权人不限于土地所属的集体经济组织的成员（尽管该集体经济组织的成员在同等条件下有优先取得土地经营权的权利），且可以转让土地经营权或者以土地经营权抵押融资。

（二）土地经营权的设立

根据《民法典》与《农村土地承包法》的规定，土地经营权存在两种设立方式：

（1）对于不宜采取家庭承包方式的荒山、荒沟、荒丘、荒滩等农村土地，通过招标、拍卖、公开协商等方式承包的，发包人与承包人订立承包合同，由承包人取得土地经营权。在 2018 年《农村土地承包法》修改之前，"四荒地"的承包仍以承包人取

---

〔1〕《农村土地承包纠纷解释》第 13 条规定："承包方未经发包方同意，转让其土地承包经营权的，转让合同无效。但发包方无法定理由不同意或者拖延表态的除外。"

〔2〕在 2013 年中央农村工作会议上，习近平总书记指出，顺应农民保留土地承包权、流转土地经营权的意愿，将农民土地承包经营权分为承包权和经营权，实现承包权和经营权分置并行，这是我国农村改革的又一次重大创新。其后，中共中央、国务院多次印发有关三权分置的文件，如 2016 年 10 月，《中共中央办公厅、国务院办公厅关于完善农村土地所有权承包经营权分置办法的意见》指出：改革开放之初，在农村实行家庭联产承包责任制，将土地所有权和承包经营权分设，所有权归集体，承包经营权归农户，极大地调动了亿万农民积极性，有效解决了温饱问题，农村改革取得重大成果。现阶段深化农村土地制度改革，顺应农民保留土地承包权、流转土地经营权的意愿，将土地承包经营权分为承包权和经营权，实行所有权、承包权、经营权"三权"分置并行，着力推进农业现代化，是继家庭联产责任制后农村改革又一重大制度创新。

得土地承包经营权的方式进行，不过此种类型的土地承包经营权与家庭承包所产生的土地承包经营权存在承包人的身份、是否可转让等方面的显著差异。作为三权分置改革的一部分，《农村土地承包法》修改时，将此种类型的土地承包直接以不严格限制承包人身份[1]且具有自由流通性的土地经营权加以界定。

（2）取得土地承包经营权的农户为他人设立土地经营权，这是更为重要的一种土地经营权设立方式，也是三权分置改革的重心。《民法典》第 339 条规定，"土地承包经营权人可以自主决定依法采取出租、入股或者其他方式向他人流转土地经营权。"第 341 条进一步规定，"流转期限为五年以上的土地经营权，自流转合同生效时设立。当事人可以向登记机构申请土地经营权登记；未经登记，不得对抗善意第三人。"对前述规定，可做以下理解：①土地经营权由土地承包经营权人与他人通过合同的方式设立，当事人之间的基础关系可以是租赁、出资入股或其他交易。②当事人间的流转合同生效时，即发生土地经营权设立的效果，土地经营权人取得土地经营权。③当事人约定的存续期 5 年以上的土地经营权，具有在不动产登记簿上的登记能力，当事人可选择进行土地经营权的设立登记。某些类型的农地利用（如蔬菜大棚等设施农业或观光农业等）需要较大的前期投入，利用人须有稳定的权利预期，土地经营权人可订五年以上流转合同，并申请土地经营权登记。如果当事人未进行土地经营权登记，尽管不影响土地经营权人相对承包人取得经营权的效果，但土地经营权人不得以其权利对抗善意第三人。例如，土地承包经营权人甲与 A 公司订立 10 年的土地经营权流转合同后，双方未办理土地经营权登记，其后，甲又将该承包地流转于不知情的 B 公司，并办理了土地经营权登记，此时 A 公司不得以缔约在先为由对抗 B 公司。

（三）土地经营权的内容

《民法典》第 340 条规定，"土地经营权人有权在合同约定的期限内占有农村土地，自主开展农业生产经营并取得收益"。由此可知，土地经营权人对作为权利客体的农村土地享有排他性占有的权利，可在农业用途范围内自主决定土地利用，并获取农地经营的收益。

关于土地经营权人可否通过转让或抵押独立处分土地经营权的问题，《民法典》未做规定。对此，《农村土地承包法》设有两项规定如下：①在征得承包方书面同意，并报农村集体经济组织备案后，土地经营权人可以转让土地经营权（第 46 条）；②经承包方书面同意并向发包方备案，土地经营权人可以土地经营权向金融机构融资担保；金融机构的担保物权自担保合同生效时设立，但未经登记不得对抗善意第三人（第 47 条）。

《民法典》和《农村土地承包法》中有关土地经营权的规定是"三权分置"改革在立法上的体现。该制度系在面向农地流通改革的实践中逐渐形成，

---

[1] 根据《农村土地承包法》第 51、52 条的规定，同等条件下，本集体经济组织的成员有权优先承包；发包方将农村土地发包给本集体经济组织以外的单位或者个人承包，应当事先经本集体经济组织成员的村民会议 2/3 以上成员或者 2/3 以上村民代表的同意，并报乡（镇）人民政府批准。

因此理论上存在一些认识的分歧。关于从土地承包经营权中分化出的土地经营权的法律性质，有租赁债权说、用益物权说等不同观点。对此问题，本书有以下几点分析：

（1）考虑到土地经营权的实践面向，立法并未根据其权利性质的定位做体系性的设计，因此，至少在解释论上抽象地讨论土地经营权属于一项独立的用益物权抑或仅是一项基于合同的债权，缺乏足够的判定标准及界定意义。

（2）对于约定期限在5年以下不登记的土地经营权，将其解释为单纯基于租赁关系等产生的合同权利较为妥当。

（3）对于约定期限在5年以上的土地经营权，如果当事人进行了土地经营权登记，则可将其作为一项用益物权加以对待。尽管土地经营权系土地承包经营权人在土地承包经营权基础上创设，但与我国法上的地役权相似，在理论上完全没有必要将其解释为系构建在权利之上的权利，而仍应将其权利客体界定为农用地本身。在不动产登记簿上同时记载土地承包经营权和土地经营权的情形，后者当然具有优先效力。

（4）在立法论上，至少就能够被界定为独立用益物权的土地经营权而言，有必要强化其法律地位和登记公示的效力。现行法规定，土地经营权人转让该权利或以其担保融资的，需经承包方同意，这一规定相当于否定了土地经营权人的处分权，未来立法应考虑赋予土地经营权人自由转让、抵押的权利。随着农地登记体系的完善，未来立法可以明确，仅在办理登记的情形，土地经营权才具有用益物权的效力。就以土地经营权担保融资而言，一方面，没有必要强调向金融机构融资担保，而应承认土地经营权作为一般抵押财产的属性。另一方面，应考虑将以土地经营权担保整体纳入不动产抵押，统一适用《民法典》关于不动产抵押的规则。

五、土地承包经营权的终止

土地承包经营权因下列原因终止：

（1）承包地的收回或者交回。承包期内，发包人原则上不得收回承包地，法律另有规定的除外。承包方可自愿交回承包地，放弃承包经营权。发包方依法收回承包地或承包方交回承包地的，土地承包经营权消灭。

（2）土地征收。承包地被征收的，不仅集体的土地所有权消灭，而且承包地上的土地承包经营权也因此消灭。承包地被征收的，土地承包经营权人有权获得征收补偿。

（3）土地的灭失。由于自然灾害等原因，承包的土地可能发生灭失，如河岸边土地因崩岸而丧失。土地灭失的，土地所有权消灭，该土地之上的承包经营权当然也发生消灭。不过，因此种情形丧失承包经营权的，承包人可以依据法律规定或承包合同的约定，要求承包地的调整。

（4）承包期届满。《民法典》第332条第1款规定了承包各种农地的具体期限，该条第2款进一步规定，"前款规定的承包期届满，由土地承包经营权人依照农村土地承包的法律规定继续承包"。这就意味着，承包人对特定土地的承包经营权虽因期限届满而消灭，但只要仍具备集体经济组织成员身份，则可通过新一轮的土地承包程序获得新的土地承包经营权。

第三节 建设用地使用权

导入性问题

在我国法上，以建造并保有建筑物、构筑物为目的而利用土地的用益物权存在哪些形态？导致这些形态区分的原因何在？

一、建设用地使用权的概念与类型

在土地上建造建筑物或其他构筑物，以供人居住、使用，这是人们对土地的一种基本利用方式。在实行土地私有制的国家，土地所有者通常在自己的土地上建造并保有建造物的所有权，但利用他人土地建造建筑物或其他构筑物，也有强烈的需求。在许多国家，此种在他人土地上营造的权利被称为"地上权"。我国实行土地公有制，任何自然人和一般法人均不得拥有土地的所有权，而在土地之上营造建筑物又需要获得对土地的使用权。对于从事建造并因此拥有建筑物所有权的自然人或者法人而言，其在土地之上的权利必然是设定于"他人"（国家或者集体）土地之上，而该权利又以对土地的使用作为其权利内容，建设用地使用权因此被纳入民法用益物权的范畴。

根据《民法典》第 344 条的界定，建设用地使用权是指权利人为建造建筑物、构筑物及其附属设施（为行文方便，以下简称"建筑物"），而依法对国有土地加以占有、使用和收益的权利。

《民法典》第 344 条及其下的规定将建设用地使用权的客体指向国有土地，这是我国建设用地改革进程中受土地管理体制约束形成的结果。在国有建设用地使用权之外，实际上还存在着集体建设用地使用权。自法律渊源的视角观察，调整建设用地使用权的规范，除《民法典》物权编第十二章外，还包括《土地管理法》《不动产登记暂行条例》《不动产登记暂行条例实施细则》及《城镇国有土地使用权出让和转让暂行条例》等。在实体规范和不动产登记方面，国有土地建设用地使用权与集体土地建设用地使用权实际上被作为两种不同的用益物权加以对待。《民法典》物权编第十二章将国有土地之上的建设用地使用权作为建设用地使用权的标准形态，其关于建设用地使用权的设立、效力等规范均针对国有土地之上的建设用地使用权。关于集体土地之上的建设用地使用权，《民法典》仅于第 361 条设有如下规定："集体所有的土地作为建设用地的，应当依照土地管理的法律规定办理。"

如前所述，城乡土地的二元归属及严格的用途管制是我国土地制度的两大基石。城市的国有土地，主要用于建造各种建筑物与构筑物，而乡村土地则存在农业用地和建设用地两种主要形态。我国法律将农业用地之上的用益物权构造为土地承包经营权，同时将农村村民为建造房屋而取得的土地利用权构造为宅基地使用权。[1] 农村的非农土地，除用于村民建造居所外，当然还存在服务于农村集体和村民的其他建设用途，如兴办乡镇企业或用于乡村公共设施、公益事业。在此目的范围内，乡镇企业等在办理相关批准手续后，可以获得集体建设用地使用权。改革开放以来，此种非市场化的集体建设用地使用权得到了法律的认可。此类型的集体建设用地使用权不仅在取得资格和程序方面有别于国有土地之上的建设用地使用权，而且原则上也不得转让。在深化农村集体建设用地市场化改革之前，如果集体经济组织以外的自然人或法人组织需要利用属于集体的建设用地，则需由国家先依法定程序将集体土地征收为国有，再通过国有土地的出让程序取得建设用地使用权。

近年来，随着土地制度改革的深化，农村集体土地使用权的市场化被提上日程，出现了集体土地与国有土地平等入市的政策导向，2019年《土地管理法》也因此相应修改。根据修订后的《土地管理法》，对于土地利用总体规划、城乡规划确定为工业、商业等经营性用途，并经依法登记的集体经营性建设用地，土地所有权人可以在经本集体经济组织成员的村民会议2/3以上成员或者2/3以上村民代表的同意后，通过出让、出租等方式交由单位或者个人使用。通过出让等方式取得的集体经营性建设用地使用权可以转让、互换、出资、赠与或者抵押，集体建设用地使用权的出让及其最高年限、转让、互换、出资、赠与、抵押等，参照同类用途的国有建设用地执行。[2] 考虑到集体建设用地市场化改革仍处在探索阶段，《民法典》未尝试打破国有土地与集体土地的界限构建统一的建设用地使用权，而是仍沿用了《物权法》的做法，仅针对国有土地之上的建设用地使用权作出规定。本书下文的讨论也仅针对国有土地之上的建设用地使用权展开。

另外，建设用地使用权与传统民法上的地上权的关系也值得讨论。地上权，是在他人土地上以建造建筑物或其他构筑物为目的而利用土地的权利。[3] 自权利内容上看，建设用地使用权与地上权非常接近。不过，两种权利之间实际上存在很大的差异。地上权制度建立在土地私有制的基础之上，系一个私主体对另一个私主体的土地加以利用的物权性安排；而我国的建设用地使用权系建立在土地公有制基础之上，系对国有的土地加以利用的权利。

---

[1] 在逻辑上，宅基地使用权当然也应属于广义"建设用地使用权"的范畴，《土地管理法》即从土地用途的角度，将农村村民建造房屋用地一并在"建设用地"一章加以规定（第五章）。但是，宅基地使用权的取得要求权利人具备集体经济组织成员的身份，具有按需分配的特性，且在权利的流通等方面存在诸多限制。因此，将村民建造房屋所产生的对集体土地的使用权设置为一项单独的用益物权，并将其从"建设用地使用权"的范畴中分离出来，可以说，这样的立法处理是我国现行土地制度的基本要求。

[2] 参见《土地管理法》第63条。

[3] 我国台湾地区"民法"第832条规定，"称普通地上权者，谓以在他人土地之上下有建筑物或其他工作物为目的而使用其土地之权。"

二者的差异在以下几个方面表现得尤为显著：①在设立方面，地上权充分体现私主体的自治，是否有偿等均由当事人决定。而建设用地使用权的设立，事关国有土地的合理配置，故原则上不仅应以有偿出让方式设立，而且还须以拍卖、招标等竞争性方式确定具体的用地人。②由于土地所有人在设立地上权后仍可自由出让土地的所有权，故地上权的物权属性可以确保地上权人对土地的新主继续主张利用的权利。就建设用地使用权而言，不发生土地所有权移转的问题，至少在这个层面，该权利是否被塑造为物权并不重要。③在土地私有制下，若私主体想永久性保有地上建筑物，则以获得土地所有权并在自有土地上建造为宜。地上权的存续或消灭，关乎作为私主体的土地所有者的利益，故当事人通常会在地上权契约中约定地上权期限，法律也会对地上权最长存续期作出限定。原则上，地上权因到期而消灭，同时也涉及土地所有权人就地上建筑物以合理的时价补偿地上权人或酌情延长地上权的问题。[1] 在我国土地公有制的法律框架下，私主体要想在国有土地之上保有建筑物所有权，唯一能够依托的就是建设用地使用权，而法律却将建设用地使用权设计为有期限的物权，这就产生了以一个有期限的土地利用权支撑无期限之建筑物所有权的问题，而在建设用地使用权到期后一律由国家无偿收回或按时价赎买地上建筑物显然不具有可行性，这就产生了一个建设用地使用权到期后需自动续期的特殊制度安排。

二、建设用地使用权的设立

（一）出让与划拨

《民法典》规定了两种建设用地使用权的设定方式，即出让和划拨。尽管建设用地使用权具有民事权利的属性，但对国有土地利用权的配置实际上涉及公共利益，至少就代表国家行使所有权的有关部门而言，不存在依其自由意志为他人任意创设权利的可能。为契合公益，法律规定建设用地使用权原则上应采用有偿出让的方式设定，仅在法律规定的特定情形，方可以无偿划拨方式设立。[2] 划拨应属于典型的行政程序，但这一点并不妨碍符合条件的用地人因此取得建设用地使用权。

所谓出让，指国家以土地所有者的身份将建设用地使用权在一定年限内让与使用权人，并由后者向国家支付土地出让金，其中代表国家的出让方为市、县的自然资源主管部门。工业、商业、旅游、娱乐和商品住宅等经营性用地以及同一土地有两个以上意向用地者的，应当采取招标、拍卖等公开竞价的方式出让。通过招标、拍卖、协议等出让方式设立建设用地使用权的，当事人应当采用书面形式订立建设用地使用权

---

〔1〕 可参见我国台湾地区"民法"第 840 条。

〔2〕《民法典》第 347 条第 3 款规定："严格限制以划拨方式设立建设用地使用权"。根据《土地管理法》第 54 条的规定，可以划拨方式设立建设用地使用权的情形主要包括：国家机关用地与军事用地；城市基础设施用地和公益事业用地；国家重点扶持的能源、交通、水利等基础设施用地。

出让合同。建设用地使用权出让合同应对土地界址、建筑物所占用空间、土地用途及规划条件、建设用地使用权期限、出让金等费用及其支付方式等作出约定。

（二）建设用地使用权登记

对于建设用地使用权的设立，《民法典》采登记设立主义。该法第 349 条规定："设立建设用地使用权的，应当向登记机构申请建设用地使用权登记。建设用地使用权自登记时设立。登记机构应当向建设用地使用权人发放权属证书。"据此规定，无论采用出让还是划拨方式设立建设用地使用权，物权变动的效果均自办理建设用地使用权登记时发生。

三、建设用地使用权的内容

经登记设立后，建设用地使用权人享有以下权利：

（1）利用土地从事建造的权利。建设用地使用权人有权占有土地并在土地上建造建筑物、构筑物及其附属设施。建设用地使用权人在利用土地时，不得擅自改变土地的规划用途。需要改变土地用途的，应当依法经有关行政主管部门批准。

> 建设用地使用权人对土地的利用，不仅要在土地的平面界址内进行，而且还需受纵向的空间制约。随着建筑技术的发展，人们能够互不干扰地对地表及地上或地下空间加以利用。土地资源具有稀缺性和不可再生性，为满足对土地立体开发利用的需要，有些国家民法上创设了空间地上权等权利类型。根据《民法典》第 345 条的规定，建设用地使用权可以在土地的地表、地上或者地下分别设立。这就意味着，对于特定土地而言，国家可以为不同民事主体分别创设针对地表、地上或地下空间利用的建设用地使用权。例如，通过设定建筑物的高度、密度（容积率）等，国家可将利用土地表层进行建设的建设用地使用权赋予某个民事主体，同时还可以为其他人创设利用地下空间（如修建地下停车设施、地下商场）或者地上空间（如建设高架桥）。我国法上的不动产登记单元概念本身就包含着空间维度，能够满足地面、地上或地下等多层建设用地使用权及相关建筑物的登记需要。在土地上创设多层次建设用地使用权的情形，各权利人仅对各自空间享有利用权，同时可在相互关系上准用相邻关系的规定。

（2）依法获得所营造之建筑物的所有权。依《民法典》第 352 条的规定，除有相反证据证明外，建设用地使用权人建造的建筑物、构筑物及其附属设施的所有权属于建设用地使用权人。我国的不动产法律确立了"房地分离"（土地所有权与地上建筑物所有权分离）的原则，从而在维持土地国有或集体所有的前提下，使得私主体可享有建筑物的所有权。但是，对建筑物所有权的享有终究需要土地权利的支撑。因此，在制度设计上应最大限度地确保建筑物所有权人与土地之上的建设用地使用权人相一致。建设用地使用权人取得其合法建造的建筑物的所有权，这也与《民法典》第 231 条的规定相符。当然，基于法律特别规定或当事人的约定，建筑物所有权也可以归属于国家。例如，在我国房地产开发实践中，作为获得建设用地使用权的代价的一部分，有时开发商需要依约定为政府建造配套的公租房等，这部分建筑的所有权不属于建设用地使用权人。

（3）处分权。与集体土地之上的土地承包经营权、宅基地使用权等受权利人身份限制的权利不同，国有土地之上的建设用地使用权不具有取得及享有的身份限制，这就意味着，该权利不仅可以由权利人通过出让程序从国家处获得并享有，而且，作为一种具有独立支配性的财产权，该权利还可以被自由让渡。建设用地使用权人有权通过出卖、赠与、互换或者出资等方式转让建设用地使用权，也可在其上设立抵押权。《民法典》第 355 条规定："建设用地使用权转让、互换、出资或者赠与的，应当向登记机构申请变更登记。"对该条所称"变更登记"，应作"转移登记"的理解。该条也未明确登记的效力，结合《民法典》第 209 条、第 349 条，以采登记生效主义为宜，即当事人间对建设用地使用权的转让，自办理登记时发生物权变动的效果。另外，根据《民法典》第 356 条、第 357 条的规定，建设用地使用权转让、互换、出资或者赠与的，附着于该土地上的建筑物、构筑物及其附属设施一并处分；建筑物、构筑物及其附属设施转让、互换、出资或者赠与的，该建筑物、构筑物及其附属设施占用范围内的建设用地使用权一并处分。

四、建设用地使用权的消灭

根据《民法典》及相关法律法规的规定，建设用地使用权因下列原因而发生消灭：

（1）建设用地使用权期间届满前，因公共利益需要提前收回该土地。根据《民法典》第 358 条的规定，在以此种方式终止建设用地使用权时，应当依照有关征收的规定对该土地上的房屋及其他不动产给予补偿，并退还相应的出让金。

（2）因土地灭失而消灭。作为建设用地使用权客体的土地因河道侵夺、塌陷等灭失的，其上的建设用地使用权也发生消灭。如地上建筑物因坍塌等灭失的，建设用地使用权不发生消灭，权利人可在履行相关行政手续后复建。

（3）关于建设用地使用权期间届满的问题。我国法律对建设用地使用权设有最高期限的规定，如居住用地为 70 年、工业用地为 50 年、商业用地为 40 年。依法理，对于有期限的物权而言，期限届满的，权利应发生消灭。但是，在我国土地公有制之下，不动产制度有着特殊的理论构造及实践需求。尤其是对于以国有建设用地使用权为基础的私人住宅而言，在建设用地使用权到期后，无论是由私人继续享有房屋所有权但失去建设用地使用权的依托，还是由国家向房屋所有人支付偿金取得房屋所有权，均非可行的制度选择。该问题的特殊性在于，在土地公有性质不可改变的前提下，如何以有期限的建设用地使用权承载永久性的房屋所有权？从实践的角度看，保留住宅所有人的所有权，并延长建设用地使用权的存续期，似乎是一个可行的选择。在面对这一难题时，2007 年的《物权法》立法就选择了"自动续期"的方案。《民法典》沿用了这一做法，其第 359 条第 1 款规定："住宅建设用地使用权期限届满的，自动续期。

续期费用的缴纳或者减免，依照法律、行政法规的规定办理。"[1] 所谓自动续期，是指住宅建设用地使用权到期后，无须由权利人提出申请及办理续期手续，建设用地使用权自动延长存续期。关于建设用地使用权人在权利续期后是否须缴纳新的土地使用费的问题，由于关涉民众基本利益，且可纳入未来土地制度改革的总体规划（包括不动产税的开征等），再加上自20世纪90年代开始设立的存续期为70年的住宅建设用地使用权基本还未面临即将到期的急迫局面，故《民法典》暂未对此问题作出规定，而是留待未来的立法提供解决方案。

第四节　宅基地使用权

一、宅基地使用权的概念与法律特征

宅基地使用权，是指权利人依法在集体所有的土地上建造住宅及其附属设施的权利。作为我国广大农村村民建造房屋居住的一种基本用地权利，宅基地使用权在《土地管理法》中得到确认，并被《物权法》明确规定为一项用益物权，《民法典》承继了《物权法》的规定。《民法典》第362条规定："宅基地使用权人依法对集体所有的土地享有占有和使用的权利，有权依法利用该土地建造住宅及其附属设施。"

尽管《民法典》将宅基地使用权作为一项用益物权加以规定，但是，考虑到宅基地使用权的特殊性和未来改革的需要，《民法典》物权编第十三章仅设4个条文，并未完整就宅基地使用权的设立、效力等作出规定。依《民法典》第363条，宅基地使用权的取得、行使和转让，适用土地管理的法律和国家有关规定。该条将宅基地使用权相关法源指向《土地管理法》等其他有关土地管理的法律以及"国家有关规定"，体现了此种权利尚不具备成熟的法律构造，这样的立法处理既关照了现实，也便利该权利未来的立法变革。

在农村土地归集体所有的制度前提之下，宅基地使用权与土地承包经营权一同构成了我国广大农村村民生产、生活的最基本民事权利，是实现农村村民住有所居的基本手段，其重要性不言而喻，《民法典》也明确将宅基地使用权规定为一种用益物权。但从权利的内在构成来看，宅基地使用权实际上并不具备一项财产权应有的完整效力。在现行土地管理的法律框架下，宅基地使用权的功能基本仅限于静态地对农村集体经济组织成员自行建造并拥有的住宅提供土地权利的支持。在现行体制之下，宅基地使用权的取得和享有须以集体经济组织成员的身份为前提，这就导致该种权利（以及与该种权利为不可分的农村住宅所有权）几乎丧失了市场让渡的可能。《民法典》将一项

---

[1]　至于非住宅建设用地使用权期限届满后的续期及其上建筑物的归属问题，《民法典》第359条第2款也仅作出了"依照法律规定""依照法律、行政法规的规定"的处理，从而实际上还是搁置了该问题，将其留待未来的法律系统解决。

对物利用的权利确立为物权，原本应赋予其对世效力，并通过物权人的自由处分权达到"物尽其用，货畅其流"之目的。同为以建造为目的的土地利用权，国有土地之上的建设用地使用权已完成了真正意义上的物权化（建设用地使用权人原则上可自由让渡该权利），但是，宅基地使用权仍停留在"可以自享，但不可让渡"的利益状态，体现了生存保障的思想，从而导致宅基地使用权难以与真正意义上的"物权性财产权"相匹配。近年来，为盘活农村住宅及宅基地资产，增加农民的财产性收入，针对宅基地使用权也进行了一些改革尝试，提出了一些政策主张，如运用与土地承包经营权"三权分置"相似的思想，在保留集体土地所有权与以农户身份为基础的资格权的前提下，分置出一个不需要享有资格限制的使用权。[1] 不过，在本书看来，宅基地使用权的基本功能是承载地上的永久性住宅，其与土地承包经营权的农业用途存在显著差异，简单套用土地承包经营权的三权分置法律框架恐怕并不妥当。随着经济社会的发展，未来可能在真正打破城乡二元格局之后将宅基地使用权整合进建设用地使用权的范畴。

根据《民法典》及《土地管理法》等的规定，我国的宅基地使用权呈现出如下法律特征：

（1）宅基地使用权的客体为集体的建设用地。事实上，我国法律过去也承认城镇私有住宅所有者的宅基地使用权，不过，随着城市住宅不断纳入商品房开发，城市住宅所涉及的土地权利被国有土地之上的建设用地使用权所覆盖。在法律的发展变迁中，"宅基地使用权"逐渐演化为专指在农村集体土地之上建筑村民住宅的权利。

（2）宅基地使用权的主体为农村集体经济组织的成员。宅基地使用权设立于集体土地之上，实际上是农村村民以集体经济组织成员的资格获得的对集体所有的一块土地的利用，因此，仅有本集体经济组织的成员才有资格依其建筑房屋的需要获得宅基地使用权。

（3）宅基地使用权依分配的方式为权利人无偿获取。与在国有土地上设立建设用地使用权的市场化路径不同，当前我国在农村地区实行的宅基地使用权仍具有生存保障的功能，以按需无偿分配为原则。近些年来，许多地方开始对宅基地的使用收取一定的费用，但是，这并不意味着宅基地使用权的市场化，收取一定费用主要是为了覆盖相关行政成本等目的，绝不构成宅基地使用权的对价。

（4）宅基地使用权的内容是为依法建造、保有私人住宅之目的而对土地加以占有和使用。对土地的利用，不能逾越这一目的。

二、宅基地使用权的取得

如前所述，尽管宅基地使用权被《民法典》规定为一种用益物权，属于在"他人"之物上取得的物权，但是，实际上，作为土地所有权人的"集体"与其成员并非

---

[1]　参见 2018 年中央一号文件《中共中央、国务院关于实施乡村振兴战略的意见》。

两个独立的利益主体，宅基地使用权的取得也并不表现为两个私主体之间基于意思自治而实施的法律行为。宅基地使用权的取得，主要涉及对使用权人实际需求的评估以及分配公平性的考量。另外，基于土地用途管制尤其是耕地保护的公共政策，宅基地使用权的获取和分配，也并非集体经济组织团体内部自治的问题，而是由政府的行政权力在其中扮演关键的角色。

根据《土地管理法》及相关规定，宅基地使用权的设立须遵循以下几方面的规则：

（1）须经法定程序。宅基地使用申请人须为宅基地所在地集体经济组织的成员，并以户为单位进行申请；申请人首先须向集体经济组织提出用地申请，经集体经济组织同意后，须报乡（镇）人民政府核准。

（2）应确有为建造住宅而使用土地的需要。根据《土地管理法》的规定，农村村民一户只能拥有一处宅基地，其宅基地的面积不得超过省、自治区、直辖市规定的标准。农村村民出卖、出租住房后，再申请宅基地的，不予批准。

（3）应当符合乡镇土地利用总体规划，不得占用永久性农田，并尽量使用原有的宅基地和村内空闲地。

经乡（镇）人民政府核准后，申请人取得宅基地使用权。依法取得宅基地使用权的，可以单独申请宅基地使用权登记。依法利用宅基地建造住房及其附属设施的，可以申请宅基地使用权及房屋所有权登记。

三、宅基地使用权的内容

宅基地使用权人享有以下主要权利：

（1）为建造住房之目的使用宅基地。宅基地使用权人有权在土地之上营造住宅及其附属设施，权利人不得擅自变更土地用途。

（2）保有所建造住宅的所有权。享有宅基地使用权是获得在其上所建造住宅之所有权的基础，宅基地使用权人因合法的建造行为而直接取得房屋的所有权（《民法典》第231条）。

（3）有限处分权。根据我国目前的法律，宅基地使用权不得单独让与，不得单独抵押。在转让建造在宅基地之上的住宅时，该宅基地的使用权一并转让；以建造在宅基地之上的住宅抵押的，在实现抵押权时，宅基地使用权一并转让。不过，正是因为宅基地使用权的让渡限制，现行法对于农村住宅所有权的转让也设置了严格限制（原则上只能转让于本集体经济组织成员），这就进一步压缩了宅基地使用权人的处分权。

四、宅基地使用权的终止

《民法典》第364条规定："宅基地因自然灾害等原因灭失的，宅基地使用权消灭。对失去宅基地的村民，应当重新分配宅基地。"

该条系对宅基地使用权因客体灭失而发生消灭之效果的规定。实际上，因土地灭失而丧失宅基地使用权的情形并不多见，宅基地使用权还可因国家征收集体土地、权利人自愿有偿退出宅基地等原因而消灭。

第五节　居住权

导入性问题

1. 张三老年丧偶，后与老太李某共同生活，并居住于张三所有的一套住宅之中。张三身体不好，李某照顾有加。临终前，张三欲立遗嘱处置房产，其基本设想是：价值不菲的房产要留给儿子张小三，且应在家族内代代传承，但李某可在该房屋内居住度过余生。问：张三的愿望可通过怎样的权利设计加以实现？

2. 甲、乙夫妻膝下无子，退休后二人居住在唯一住所中，主要依赖甲的退休金生活。年近八旬，甲、乙想"以房养老"。二人可以接受远低于市价的房屋出售价格，但条件是，二人需继续居住在该房屋中，直至二人均去世。问：何种交易安排和权利设计可以满足他们的愿望？

一、居住权的概念、历史与功能

作为一种用益物权的居住权，未见于《物权法》，而系《民法典》新增的物权类型。[1]《民法典》第366条规定，"居住权人有权按照合同约定，对他人的住宅享有占有、使用的用益物权，以满足生活居住的需要。"据此，可以将居住权作如下的界定：是权利人对他人住宅居住使用的用益物权。不过，这一定义并不能真正揭示居住权的特质。对他人房屋居住使用的权利，可以呈现出很多形态（例如承租人单纯基于房屋租赁合同使用出租人的房屋），"居住权"只是其中之一。这也意味着，不能将一切对他人房屋居住使用的权利均视为居住权。对居住权的准确理解，需结合居住权的历史、立法预设的功能及其设立规则等进行。

居住权制度滥觞于罗马法。罗马法分役权为地役权和人役权两种，前者为特定土地之利益而设，而后者为特定人的利益而设。罗马法上的人役权主要表现为用益权、使用权及居住权。人役权，通常为没有继承权的妻子等人群而设，使她们能够生有所靠、老有所养，同时又无须改变物的所有权归属。包括居住权在内的人役权，均具有无偿设立以及不得转让、不得继承的特征。后世欧陆国家民法基本都继受了罗马法的人役权制度，对居住权的规定见诸民法典之中，在继受的同时也因应时代发展有所创新。以德国为例，《德国民法典》物权编于"役权"一章设"限制的人役权"一节，并在该节之下规定了"居住权"（第1093条）。该种人役权性质的居住权以特定权利人个人使用他人住宅为其内容，不得转让、不得继承，其主要目的是以无偿方式为需要照料之人提供居所。同时，在民法典之外，德国制定的《住宅所有权及长期居住权法》还创造了另一种形态的居住权：长期居住权。长期居住权通常以合同方式设立，可以转让、继承，与具有限制人役权属性的居住权存在显著差异。自19世纪开始，在继受

---

〔1〕《物权法》立法时也曾考虑规定居住权，2005年向全民征求意见的物权法草案包含居住权一章，后因争议较大而删除。

欧陆民法的过程中，或许是感到与民族习惯中的供养、照料制度不相契合，日本、韩国及我国等东亚国家基本都摒弃了人役权制度，未对物权性的居住权作出立法规定。由此可见，《民法典》将居住权规定为一项用益物权，在立法上具有一定的创造性，而对法律解释而言，需要首先探知我国民法典预设的居住权形态。

尽管《民法典》未涉及"人役权"这一概念，未在人役权的概念框架内界定居住权，但是，本书认为，在立法选择上，《民法典》总体上是按照人役权的法律属性对居住权做了规定。《民法典》第 369 条确立了居住权绝对不得转让、不得继承的规则，同时第 368 条也将无偿设立作为居住权设立的基本原则。由是观之，立法者实际要建构的居住权并非是以市场交换法则为基础的财产权，而是以社会性的无偿帮扶、解决特定人基本居住需求为主旨的制度。以举例的方式，可就居住权典型的适用场景列示如下：父母将唯一住宅的所有权赠与子女，并通过与子女订立居住权合同，保障自己终身居住的权利；老年婚姻当事人一方立遗嘱，其自有房产由其子女继承，同时由其老年伴侣取得终身居住的权利；某甲年老多病，保姆乙悉心照顾，甲立遗嘱，其房产由子女继承，但乙可无偿居住 10 年。

《民法典》出台前后，学界对于居住权的功能定位多有讨论，其中不乏尽量拓展居住权功能从而使其能够满足各种交易需求的主张。本书认为，《民法典》对居住权立法模式的选择基本排斥了市场化的居住权，也就是说，很难一般性地将以支付合理价格取得的他人住宅利用的权利构造成《民法典》上规定的居住权。《民法典》第 369 条规定居住权不得转让、不得继承，且未设诸如"但当事人另有约定除外"这样的但书。如果甲向住宅所有人乙一次性支付一笔金钱，约定甲在乙的住宅上取得为期 10 年的居住权，则甲不仅不得转让此居住权，不得以该居住权抵押融资，甚至，在甲死亡时，因居住权不得继承，该权利也会立刻发生消灭。如此看来，以单纯的租赁合同关系界定甲对住宅使用的权利反而更加便利。理论上，以住宅租赁作为基础关系，在住宅之上再构建一个依登记而设立的居住权，这种做法是可能的，但是，这一操作貌似不仅无实质意义，而且还会徒增居住权因权利人死亡而需要注销登记等问题。其他以市场交换法则确立的对住宅的使用权利也都有类似的问题，例如，若将对特定住宅的分时度假权利构造成居住权，反而会导致此类财产权不能转让、不能继承的问题。因此，《民法典》所确立的居住权形态，除能契合特定的"以房养老"商业模式（依一定的定价规则，住宅所有人将住房所有权转让给持牌住房金融企业，同时为自己保留房屋的居住权）外，恐怕难以担负起界定投资性、商业性居住权利的使命。

二、居住权的法律特征

我国《民法典》确立的居住权，具有以下法律特征：

（1）居住权在性质上属于用益物权。居住权设立后，居住权人对作为权利客体的住宅享有占有、使用的权利。作为一种物权，居住权具有对世性，权利人居住的权利不因住宅所有权的变动而受影响。例如，通过订立居住权合同，乙自甲处取得 A 住宅的居住权；在居住权存续期间，无论是因甲的死亡而发生住宅所有权的法定移转，还是因甲以赠与、买卖等方式将所有权让渡给第三人，乙在该住宅上的居住权都不受影响，继承人或受让人需继续承受此居住权负担。在他人无权占有住宅时，居住权人可依《民法典》第 235 条主张占有回复。在受到妨害或有妨害之虞时，居住权人可依《民法典》第 236 条主张排除妨害、消除危险。在他人因过错侵害居住权造成损害时，居住权人可向侵权人主张侵权损害赔偿。

（2）居住权的权利客体是他人的住宅。居住权人对他人房屋的利用，仅限于居住，故其权利对象也仅限于能够满足居住功能的住宅。其他房屋，如商铺、厂房、办公场所等，固然可以通过租赁等方式由非所有权人取得利用的权利，但它们不能成为居住权的客体。此外，《民法典》第 366 条所称"他人的住宅"，应不限于其他自然人的住宅，也应包含归属于法人、非法人组织所有的住宅。[1]

> 关于居住权的客体，是否可为住宅一部分的问题，《民法典》未加以明确，《不动产登记暂行条例》及其实施细则等也因尚未修订而未涉及。若固守物权客体特定原则，则似乎应以作为不动产登记单元的完整住宅整体（一栋别墅、一套公寓）作为设立居住权的客体。但是，考虑到居住权的供养、照料功能，承认其在住宅的一部分上发生有着实践的需要。[2] 例如，尽管一栋别墅系不动产登记簿上的一个登记单元，但若居住权仅能在整栋别墅上设立，未免与其基本居住保障的功能预设不相吻合。因此，应允许就一个住宅内的相对独立房间设立居住权。居住权以住宅的一部分为客体的，居住权人仅取得对住宅的该部分（及与其他共同居住人共享的部分和设施）居住使用的权利，但是，居住权的设立登记仍应在作为不动产登记单元的整个住宅上通过标注具体的建筑物部分等方式作出，因此，自不动产登记的视角看，居住权仍存在于该住宅之上。[3]

> 居住权的客体为他人住宅，所有权人本就有居住自己房屋的权利从而没必要为自己设立居住权，这一点似乎不言而喻。但是，为便利以设立居住权的方式实现"以房养老"等功能，法律应许可所有权人为自己设立居住权。例如，甲想将自有住宅出售但同时希望能继续稳定地在该住宅中居住 10 年，则可以首先在该住宅上为自己设立为期 10 年的居住权，然后再将该住宅出售，此种情形，买受人知晓其将购买的房产上有甲的居住权，并可因此决定

---

〔1〕《民法典》第 367 条第 2 款列示了居住权合同的一般条款，其第 1 项表述为"当事人的姓名或者名称和住所"。由于居住权的人役权属性，居住权人必然是自然人，而设立居住权的房屋所有权人则可以是非自然人形态的其他主体，这也是该条采当事人的"名称"表述的原因。

〔2〕 根据《德国民法典》第 1093 条的规定，居住权可以在建筑物的一部分上设立。居住权仅及于建筑物一部的，权利人对于为居住人全体共同使用而设之工作物及装备，得为共同之利用。

〔3〕 其道理正如，即使通行地役权仅能及于供役地上一条狭窄的通道，但地役权登记仍及于整块供役地。

自己的出价。若甲在设立居住权后，无意再出售房产或无法成交，则可随时撤销居住权登记。

（3）居住权为特定人的利益而设。与地役权服务于特定土地（需役地）的利用需求不同，具有人役权性质的居住权是为特定人的利益而设，这一点是理解居住权制度的关键。居住权的存在，将排除所有权人对其住宅的居住利用，而且居住权通常无偿设立，所有权人亦无从自居住权人处获取金钱收益。为避免所有权长期处于空虚化状态，有必要将居住权界定为仅归属于特定人专享的权利。即便约定的居住权存续期间未满，只要居住权人死亡，则居住权消灭，不发生居住权人的继承人继承居住权的问题。居住权虽为独立支配住宅的权利，但由于主体的限定性，居住权人不得转让居住权于他人。作为居住权客体的住宅，原则上仅能供居住权人本人及其家庭成员居住，非经特别约定，居住权人不得出租住宅。

三、居住权的设立

《民法典》确立了以居住权合同和遗嘱这两种设立居住权的方式。

（一）以合同创设居住权

《民法典》第 367 条第 1 款规定："设立居住权，当事人应当采用书面形式订立居住权合同。"居住权合同，以房屋所有权人为一方，居住权人为另一方，以书面形式缔结。合同除明确一方为另一方设立居住权的意思外，还可对居住权的期限、居住的条件与要求等作出约定。

居住权原则上无偿设立，不过，即便居住权人无需为享有居住权支付对价，合同仍可明确约定由其承担住宅的物业费、日常维修的费用及可能的税负。为适当拓展居住权的适用范围，《民法典》第 368 条规定，在当事人另有约定时，居住权合同也可以是有偿合同。在所有权人出售住宅但保留居住权的交易类型中，居住权实际上为有偿取得——尽管表面上居住权人无须向新所有权人（受让人）支付，但其取得居住权的对价其实已经在出卖住宅的价款减让中得以体现。

《民法典》对居住权采登记设立主义，居住权自登记时设立。当事人间订立居住权合同的，即使住宅所有人已使他方取得了住宅的占有，后者仍未取得居住权，仅在双方办理居住权登记时，居住权设立的效果始发生。

　　《民法典》所称"居住权合同"，并不总是需要表现为当事人之间签署的以"《居住权合同》"为名称的书面文本。只要当事人之间有设立居住权的书面合意，即可认定居住权合同的存在。例如，在前述出售房产并保留居住权的交易中，当事人订立的一揽子合同中即已包含了设立居住权的合意；又如，在离婚分割财产的协议中，双方可约定房产由一方所有，而另一方享有 10 年的居住权。如果当事人在以"房产借用合同"等体现基础关系的合同中表达了设立居住权的意思，则也有所谓居住权合同的存在。

　　《民法典》第 215 条区分了不动产物权变动的效力与以不动产物权变动为

目的的债权合同的效力，已如前述。问题是，在居住权设立的情形，有无必要作此区分？在法理层面，是否有必要探讨"居住权设立的基础关系"？本书认为，在居住权设立问题上，将前文探讨的物权变动理论一以贯之仍有必要。在逻辑上，有必要区分居住权合同的生效与居住权的设立。居住权合同自成立时起，即应发生效力。此种效力区分，至少在以下两方面具有意义：①如果当事人依合同已经取得房屋的占有，但未办理居住权登记，物权性的居住权固然未设立，但居住人依合同取得的对住宅的占有、使用的权利使其能够对抗住宅的所有权人，后者不得以居住权未设立为由要求回复对房屋的占有，除非居住权合同的效力另有设置。当然，由于居住权尚未设立，居住人不得以基于合同的权利对抗第三人。例如，甲与乙订立居住权合同，约定由乙取得对某住宅10年的居住权；合同订立后，甲将住宅交付乙使用，但双方未办理居住权登记；不久，甲将该住宅以市价出售于丙，并为丙办理了所有权移转登记。此种情形，应认定丙取得无居住权负担的所有权，并可向乙主张回复占有。②居住权的登记，须双方共同向登记机关申请。居住权合同生效后，原则上应认可居住人对于所有权人享有配合登记的请求权，即因居住权合同的缔结，住宅所有权人不仅负有向对方交付房屋的给付义务，而且也负有配合完成居住权登记的给付义务。[1]

（二）以遗嘱创设居住权

根据《民法典》的规定，居住权除以合同方式设立外，还可以遗嘱方式设立。[2]以合同方式和遗嘱的方式设立居住权，都属于依法律行为方式变动物权，体现了居住权的意定性。就纯粹无偿帮助性质的居住权而言，通过双方订立居住权合同使居住一方取得用益物权性质的居住权，此种情形可能并不常见，因为住宅所有人在没有任何对价预期的情况下通常仅需同意他人居住即可，居住人通常也会满足于在一个长期借用合同关系中使用他人住宅。相反，以遗嘱这种单方死因行为设立居住权却有着清晰的逻辑和实践的需求：立遗嘱人生前可能自己需要居住，身故后住宅具备供他人使用

---

〔1〕 不过，该问题也受当事人之间基础关系的影响。在居住权人有偿取得居住权（如前述"以房养老"情形）或其他并非完全无偿（如以一方取得所有权他方取得居住权的方式分割共有财产）的情形，可类推房屋买卖合同的效力规定，认定所有权人有配合居住人办理居住权登记的义务。但是，在完全无偿订立居住权合同的情形，《民法典》第658条有关赠与人任意撤销权的规定应有类推适用的余地，即在居住权登记之前，所有权人可以撤销合同。不过，若居住权合同的订立符合第658条第2款的情形（设立居住权的具体情境，可能会落入该款规定的扶贫、助残等道德义务性质的范畴），则所有权人不得任意撤销带有赠与性质的居住权合同，而负有促成居住权设立的义务。

〔2〕《民法典》第371条规定："以遗嘱方式设立居住权的，参照适用本章的有关规定。"该条之所以运用"参照适用"的立法技术，或许是因为，《民法典》第366条在居住权的定义中包含了"按照合同约定"的内容，从而使以合同方式设立的居住权成了居住权的标准形态。实际上，以合同还是遗嘱的方式设立居住权，仅涉及设立方式的差异。无论以何种方式设立，居住权的内容、效力并无差异。对于以遗嘱方式设立居住权而言，《民法典》物权编第十四章中关于居住权合同（第367条）以及以合同方式设立居住权的登记设立规则（第368条）无参照适用可能，而第369条、第370条关于居住权不得转让、继承以及居住权消灭的规则，当然可以直接适用于以遗嘱方式设立的居住权。

的条件；遗嘱可以同时确定住宅所有权的归属和居住权的创设，依其意愿分配作为遗产的住宅上的权利；遗嘱确立居住权，可以确保立遗嘱人身故后，居住权人对住宅取得对世性的物权，可以之对抗取得住宅所有权的继承人及住宅的受让人。

以遗嘱设立居住权的，居住权何时设立，其登记事项如何？《民法典》并无明确规定，需结合《民法典》继承编相关规定及该法典第 230 条等加以确定。对此，本书有以下几点分析见解：①尽管《民法典》第 371 条规定了"参照适用"，但对于以遗嘱设立居住权的，不应参照第 368 条适用自登记时设立的规则。②自继承的视角看，以遗嘱设立居住权的，仍需区分遗嘱继承和受遗赠。若遗嘱为法定继承人设立居住权（如根据遗嘱，住宅由被继承人子女取得，而被继承人晚年再婚的配偶取得居住权），则应适用《民法典》第 230 条，居住权自继承开始时设立。若遗嘱为法定继承人以外之人设立居住权，则属于遗赠，居住权的设立效果需受《民法典》第 1124 条第 2 款的影响。不过，只要受遗赠人未放弃受遗赠，也应认定其居住权自继承开始时发生设立的效果。[1] ③居住权的设立登记，应与住宅所有权因继承而发生的所有权转移登记一并办理。由于物权变动的效果自继承开始时即已产生，该两种登记均仅具有权利宣示的效果。如果遗嘱生效后，仅做了住宅所有权的移转登记，而未将居住权登记于不动产登记簿，则尽管居住权人的权利通常并不受影响，但是，一旦该住宅所有权被转让，而受让人善意信赖登记簿的记载（未记载居住权），则受让人可取得无负担的住宅所有权。

除以居住权合同和遗嘱设立居住权外，是否还存在居住权的其他设立方式？本书认为，居住权还可以依法院裁判文书设立。《民法典》第 1090 条规定："离婚时，如果一方生活困难，有负担能力的另一方应当给予适当帮助。具体办法由双方协议；协议不成的，由人民法院判决。"该条来自《婚姻法》第 42 条，而最高人民法院在婚姻法的司法解释中以该条为根据，规定一方可以房屋居住权的形式对生活困难的另一方给予帮助。[2] 该条解释规则虽未出现在《最高人民法院关于适用〈中华人民共和国民法典〉婚姻家庭编的解释（一）》之中，但在《民法典》明确规定了居住权的情况下，由法院判决离婚时一方在他方的住宅上取得居住权，以解决其离婚后基本居住需要，这完全符合第 1090 条的立法宗旨。法院根据《民法典》第 1090 条或在分割共有房屋等诉讼中作出创设居住权判决的，应适用《民法典》第 229 条之规定，居住权自法律文书生效时设立。

---

〔1〕　参见本书第四章第四节对由继承引起物权变动问题的分析。

〔2〕　《最高人民法院关于适用〈中华人民共和国婚姻法〉若干问题的解释（一）》第 27 条，该条规定："婚姻法第四十二条所称'一方生活困难'，是指依靠个人财产和离婚时分得的财产无法维持当地基本生活水平。一方离婚后没有住处的，属于生活困难。离婚时，一方以个人财产中的住房对生活困难者进行帮助的形式，可以是房屋的居住权或者房屋的所有权。"

四、居住权的内容和效力

理解居住权的权利内容和效力，可以从以下两方面着手：

其一，作为用益物权，居住权人对作为权利客体的特定住宅有支配性的居住利用权。居住权存续期间，住宅所有权人的占有、使用的权利被居住权所排斥。因交易或继承等原因，住宅所有权发生移转的，居住权不受影响，新所有人仍须承受居住权上的负担。居住权人不仅可主张物上请求权，而且也受侵权法的保护。

其二，居住权人对住宅的权利仅限于为满足生活所需的居住使用。居住权人仅能为自己及家庭成员的生活需要使用住宅及其附属设施。居住权人不得许可不相干之人共同居住使用，不得将住宅出借于他人。未经所有权人同意，居住权人不得将住宅出租。居住权人不得转让居住权，不得以居住权担保融资。居住权人死亡，即便约定的居住权存续期未满，居住权也发生消灭，不存在继承的问题。

探讨居住权的效力，还应涉及因住宅使用而产生的相关费用负担的问题。关于此问题，《民法典》未予以明确规定。《民法典》第367条关于居住权合同的内容示范中有关于"居住的条件与要求"，立法似有将费用负担问题交由当事人自治之意。但是，姑且不论合同或遗嘱中通常会忽略此问题，即使居住权合同予以了明确，如约定物业费和日常修缮费用也由住宅所有人承担，仍会产生一个特别的问题：在居住权存续期间，住宅所有权被转让于第三人，那么受让人是否需要承受此负担？由此可见，法律需明确费用负担的一般规则，使其成为居住权的一般效力。关于相关费用支出的负担，比较合理的规则是：居住权人应负担住宅的日常维护费用和物业管理费用，而住宅的重大维修费用则由所有权人负担。如果当事人在合同中作出了不同的费用负担约定，则仅在该约定内容记载于不动产登记簿时，才能对抗第三人。

五、居住权的消灭

《民法典》第370条规定，居住权期限届满或者居住权人死亡的，居住权消灭。居住权的存在，直接排斥了住宅所有权人对其物的利用，因此，在确无继续存在理由时，应认定居住权发生消灭，所有权可回复圆满状态。实际上，居住权消灭的原因应不限于《民法典》第370条规定的两种情形。对居住权的消灭原因，分析如下：

（1）因居住权期限届满而消灭。无论以何种方式设立居住权，均可为其确定存续期限。居住权设有期限的，该期限也应登记于不动产登记簿。如果居住权合同或遗嘱明确居住权人终身享有居住权，则不存在居住权因期限届满而消灭的问题。

问题是，居住权合同、遗嘱未确定居住权期限的，应如何认定居住权的存续及消灭？关于此问题，《民法典》未设规定。[1] 一种可能的解释是，只要未设期限，即为终身性居住权，居住权直至权利人死亡时才发生消灭。这一解释造成了对所有权的过度负担，并不妥当。本书认为，对于未定期限的居住权，应根据所有权人设定居住权的目的，通过意思表示解释的方法确定居住权的存续与消灭。例如，离婚时，一方无住所，另一方为帮助其解决基本居住需求，而在自己住宅上为其创设（或者由法院裁判文书创设）不定期限居住权的，如果居住权人再婚且再婚对象具备居住条件的，应认定设定居住权的目的已达成，居住权应发生消灭。

（2）因居住权人死亡而消灭。作为人役权，居住权仅能由特定人享有。居住权人死亡的，即使居住权期限未满，也不发生继承人承继剩余期限使用利益的问题。

（3）因所附的解除条件成就而消灭。居住权合同或遗嘱附加解除条件的，则在解除条件成就时，居住权消灭。例如，若居住权合同约定，在居住权人再婚且另有居所时，居住权终止，则即使对于确定期限的居住权，在此条件成就时，居住权消灭。

（4）因住宅灭失或被征收而消灭。居住权设立于特定住宅之上，若住宅灭失，居住权也发生消灭。若住宅灭失系由他人实施侵权行为所致，居住权人有权主张损害赔偿。住宅被征收的，居住权也消灭，居住权人有权依《民法典》第 327 条的规定获得相应补偿。

（5）其他消灭原因。居住权人抛弃居住权的，应向住宅所有权人作出放弃权利的表示，并向不动产登记部门申请注销登记，居住权自注销登记时消灭。

除前述原因外，居住权是否还有其他消灭原因？本书认为，自所有权人与居住权人之间关系的视角上，还应承认住宅所有权人在特定情形下撤销居住权的权利。此种权利至少有以下两方面的发生基础：①《民法典》对居住权人行使权利做了相关限制，包括仅限于满足个人及其家庭成员生活居住而使用、除非特别约定不得出租等，但若居住权人违反此类使用限制，甚至不按照住宅的通常使用方法而给住宅造成损害，其法律后果为何却缺乏明确规定。居住权人超出权利范围行使权利的，可视为对所有权的妨害，所有权人首先可以依据《民法典》第 236 条之规定，要求排除妨害。若居住权人仍不遵守权利行使的基本规则，则可类推适用《民法典》第 384 条有关地役权人滥用地役权的规定，赋予住宅所有权人消灭居住权的权利。②若住宅所有权人无偿为居住权人设立居住权，则双方之间的法律关系可参照适用合同编关于赠与合同的规定。设甲将其住宅赠与于乙后，乙严重侵害甲或其近亲属的

---

[1] 2005 年 7 月，向社会公开征求意见的《中华人民共和国物权法（草案）》中设有居住权一章，其内容较之《民法典》物权编第十四章更加详尽。该草案第 186 条规定："居住权的期限根据遗嘱、遗赠或者合同确定；无法确定的，成年居住权人的居住期限至其死亡时止，未成年人居住权人的居住期限至其独立生活时止"，可资参考。

合法权益，则甲可依据《民法典》第663条撤销对乙的赠与。如果甲无偿为乙设立居住权，则在发生《民法典》第663条规定情形时，举重以明轻，也应认可甲有权撤销乙的居住权。

第六节　地役权

一、地役权的历史、概念、功能

（一）地役权的历史

地役权是一种古老的法律制度，产生于古代罗马法。随着土地私有制的确立，不同地块有了各自的主人，各所有人支配自己的土地并排除他人的干涉。但是，在农业生产中，邻近的土地之间经常有相互利用的必要，如通行、汲水、排水等。于是，土地所有者为自己土地的利益通过合意的方式取得对其他土地特定利用的权利。此种权利在罗马法上称为"乡村地役权"，其出现的年代相当久远，几乎可追溯到土地所有权获得承认之时。后来，随着城市的发展，建筑密集程度不断提升，从而也就产生了建筑物相互之间在支撑、伸出、采光、通风、眺望等方面的利用需要，于是，罗马法又承认了所谓"城市地役权"（建筑地役权）。另外，在罗马法上，除了为特定土地利益服务的地役权外，还有为特定人之利益而在他人之物上创设的"人役权"制度。地役权与人役权合称为"役权"。

近代以来，欧陆国家的各国民法典基本都继受了源自罗马法的地役权制度。继受欧陆国家民法的东亚国家民法典（包括我国在民国时期的民法典）尽管未承认人役权制度，但都在其民法典中对地役权制度作出规定。中华人民共和国成立后，旧有的土地法律制度被废止，土地公有制得以确立。1986年的《民法通则》未对地役权制度作出规范。2007年通过的《物权法》首次在我国物权体系中确立了地役权制度。《民法典》基本承继了《物权法》关于地役权的规定。

（二）地役权的概念

《民法典》第372条第1款规定："地役权人有权按照合同约定，利用他人的不动产，以提高自己的不动产的效益。"所谓地役权，指的是为自己土地之利益而使用他人土地的权利。其中，为自己土地提供便利的他人土地称为"供役地"，而利用他人土地获得便利的土地称为"需役地"。地役权具有相当复杂的权利构造，不易理解。对其概念，首先做如下几点说明：

（1）地役权存在于"他人土地"之上。地役权的设定，涉及两块土地，即供役地和需役地。地役权存在于供役地之上，而对于地役权人（即需役地的权利人）而言，该供役地系属于"他人"的土地。我国《民法典》第372条对地役权的定义使用了"不动产"的概念，而该条第2款又使用了"供役地"与"需役地"的概念。在我国法上，地上建筑物可以与土地相分离，成为独立的物权客体。地役权单独在地上建筑物之间（尤其是同一土地之上的建筑物区分所有权人之间）设定，在法理上是成立的。

因此，准确地说，地役权应为"不动产役权"，供役地与需役地应为"供役不动产"与"需役不动产"。[1] 另外，《民法典》未承认自己不动产上的地役权，地役权均在他人不动产上设立。在同属于一个权利人享有的两个不动产之间创设地役权，确立起两个不动产之间稳定的利用关系，然后权利人可出让供役地，并使其在转归他人所有后继续服务于需役地，此为实践所需要，未来立法可参酌相关立法例，允许在自己不动产上设立地役权。[2]

（2）所谓"自己""他人"，均不限于土地的所有权人。在土地私有制之下，地役权合同原则上由供役地所有人与需役地所有人订立。在我国土地公有制之下，尽管作为土地所有权人的国家和集体也可能直接成为地役权关系的主体（如将分属于两个集体经济组织的土地作为供役地和需役地，在该两集体经济组织间订立地役权合同），《民法典》第378条、第379条也都明确承认所有权人作为地役权设立人。但是，考虑到地役权系对土地实际利用的权利安排，我国的地役权恰恰主要发生在作为用益物权人的土地实际利用人之间，如土地承包经营权人之间、建设用地使用权人之间、宅基地使用权人之间等。《民法典》第380条即表明，地役权所依附的主权利是土地承包经营权、建设用地使用权等。[3]

（3）设定地役权的目的在于提高需役地的效益。对供役地的利用，其目的在于使需役地获得利益，这种利益既可以是经济、财产上的利益（如通行、取水等），也可以是精神、审美上的利益（如采光、眺望）。土地承包经营权人、宅基地使用权人、建设用地使用权人等用益物权人占有作为权利客体的土地，并享有类似所有权人的权利（尽管受设定的用途制约），而地役权人通常对供役地仅享有十分有限的、特定的权利，且必须服务于需役地，如通过供役地进入需役地，自供役地取水用于需役地的灌溉，通过限制供役地人加高建筑以保障需役不动产拥有良好的视野等。不过，自物权法定的视角看，法律并未严格限定地役权的权利内容，只要不违反强行法的规定，不违背公序良俗，地役权合同当事人可以充分发挥私人自治，就各种可能的土地利用方式作出约定。

（4）地役权服务于特定的需役地。为特定人利益而设的用益物权，在性质上属于人役权，《民法典》规定的居住权即具有人役权的属性。自罗马法时代起，地役权即具有服务于特定需役地的特性，体现了两块土地之间稳定的利用关系。地役权的这一功能定位与特性，具有以下两方面的重要意义：其一，尽管地役权系由特定的供役地权利人为他人设立，但经登记后的地役权即成为该供役地上的负担，即使供役地的所有权发生移转，地役权仍稳定地存在于该土地之上，供役地的受让人须继续承受此权利负担；其二，地役权稳定地服务于特定需役地，该需役地因继承或法律行为发生权利

---

〔1〕　我国台湾地区"民法"2010年修正时，将"地役权"改称"不动产役权"，将"供役地""需役地"改称"供役不动产"与"需役不动产"。

〔2〕　我国台湾地区"民法"2010年修订时，增设第859-4条如下："不动产役权，亦得就自己之不动产设定之。"

〔3〕　《民法典》第380条规定："地役权不得单独转让。土地承包经营权、建设用地使用权等转让的，地役权一并转让，但是合同另有约定的除外。"

变动的，受让人也同时取得在供役地上的地役权。

地役权必须为特定需役地利益而设，在供役地上设定地役权时，必须指明其服务的需役地。这一点对于界定地役权尤为重要。举例来说，如果甲和乙订立合同，约定甲在其拥有承包经营权的高海拔的 A 草场（夏牧场）上的羊群，可以在冬季时在乙承包经营的低海拔的 B 草场（冬牧场）上吃草越冬，则可以在 B 草场上设立为 A 草场利用服务的地役权。[1] 如果丙和丁约定，每年冬季，丙有权最多在丁的草场上牧养 100 只羊，则除非丙在周边有自己的草场且通过意思解释可以将该草场作为需役地，否则不能以该约定为基础创设地役权。由于未将此对草场利用的权利与特定需役地相关联，该种权利安排无法以地役权加以界定。在人役权制度比较完备的国家，后一种利用安排可以被界定为人役权。[2] 由于我国现行法未承认居住权以外的人役权，该种权利安排仅能以纯粹的合同权利界定之。

能否在无需役地情况下设立地役权？这样的问题具有很强的现实性。关于地役权的具体形态，现行相关规范性文件提及可以因架设铁塔、基站和广告牌而在他人土地上设立地役权[3]。架设输电铁塔、电信基站实际属于在土地之上建造构筑物，似应归入建设用地使用权的范畴。但是，在一条输电走廊上，需要建设众多的铁塔，且输电线路可能要穿越属于不同经济组织所有的众多集体土地，如果只能以建设用地使用权来界定此种土地利用权，则在现行土地制度之下，需首先进行所有沿线土地的征收，再以出让的方式使输电设施的运营方取得建设用地使用权。采用地役权方式界定架设铁塔的权利，可以在无须实施任何土地征收和不改变集体土地所有权及土地承包经营权等

---

〔1〕 该例体现了地役权制度重要的经济功能（为凸显地役权权利内容的多元可能，该例刻意避开常见的通行、管线铺设等利用形态），而对此经济功能的了解也构成了理解地役权制度的关键，为强化例示效果，再做延伸说明如下。对于游牧的传统而言，草场具有公共属性，其上一般不建构严格意义上的私人物权。对草场的使用以及畜群在不同季节的转场，往往依习惯界定。随着定居牧业生产方式的出现，尤其是在照搬种植业的土地利用产权安排在草场上也建构土地承包经营权后，如果缺乏牲畜冬季越冬的可信赖的权利安排，则即使季节性高山牧场具有极其优越放牧条件，但仅在其上确立土地承包经营权甚至不能满足最基本的畜牧业要求。如此，要么一个牧民家庭要同时获得山上、山下两块草场，要么，如本例所示，可以通过地役权解决该难题。在牧区，如果在确定草场的承包经营方案时，即配合地役权的安排，则可以构建起两块草场之间密切的合作关系。就该例而言，其实 A、B 两块草场的土地承包经营权人可以互设地役权，B 草场的权利人也可以根据地役权安排，于夏季时在 A 草场放牧。相关地役权安排获得登记后，两块草场间稳定的利用安排也有助于实现"三权分置"：正是因为预期冬季时可以在 B 草场上蓄养牲畜，A 草场的土地经营权人才可以放心地接受该草场的土地经营权流转。

〔2〕 例如，在德国，可以"限制的人役权"界定此权利安排。《德国民法典》第 1090 条将限制人役权界定如下："称限制人役权者，谓就土地设定负担，使因该负担而受利益之人，得按个别关系，利用其土地，或享有得以构成地役权内容之其他权利。"由此可见，德国民法上的役权制度具有体系性和互补性，对特定土地的特定利用安排，如因不存在需役地而无法建构地役权的，皆可界定为限制的人役权。由罗马法所创造的役权体系，有其内在构成上的合理性。我国法律仅继受了地役权，缺乏人役权的一般制度，且忠实地恪守地役权的从属性，从而不易满足无需役地存在时对他人土地特定利用的需求。

〔3〕 2016 年 5 月 30 日，原国土资源部印发《不动产登记操作规范（试行）》（国土资规〔2016〕6 号）。根据该规范第 13.1.1 第 3 项，"因架设铁塔、基站、广告牌等利用他人不动产的"，可以申请地役权首次登记。

权利归属的情况下，通过输电设施运营方与集体经济组织等订立地役权合同，取得对土地特定利用的权利。不过，以地役权界定架设铁塔的权利，需要"寻找"到需役地。本书认为，为满足地役权登记的需要，可以将发电站或变电站（哪怕它们在千里之外）所在的土地作为需役地[1]。相反，在他人不动产上架设商业广告牌的情形，通常不存在任何意义上的需役地，而且此种商业行为通常也不要求长期的稳定性，因此无须也不能以地役权界定之，仅需由广告人与相应不动产权利人通过债权合同调整利用关系即可。[2] 自地役权登记视角看，根据我国现行相关地役权登记的技术规范，在做地役权登记时，除在供役地上登记地役权负担外，在需役地上也做相应的地役权登记（从权利登记)[3]，因此，地役权的确无法脱离需役地而存在。

（5）地役权的设定可为有偿，也可为无偿。供役地人同意在自己的土地上为他人创设地役权，通常会寻求经济上的补偿，《民法典》第373条也将"费用及其支付方式"列为地役权合同的一般条款。尽管如此，需役地人取得对供役地特定利用的权利是否需要支付代价，这完全取决于双方当事人在地役权合同中的约定，当事人当然可以创设无偿的地役权[4]。地役权的设定为有偿时，地役权人须依约定向供役地人支付费用。

（三）地役权与相邻关系

在权利对象和内容方面，地役权与基于相邻关系而对邻地使用的权利非常相似，如二者均涉及两个不动产之间的利用问题，且均涉及通行、汲水、排水、管线铺设、采光等利用内容。但是，我国《民法典》清晰地将二者分别作出规定，即不动产相邻关系被作为所有权的内容加以规定，而地役权则成为用益物权的一个类型。地役权与相邻关系的差异，主要表现在以下几个方面：

（1）相邻关系具有法定性，其内容直接由法律规定，相关权利义务不以相邻不动产当事人之间的合意为前提。地役权属于意定物权，以供役地人与需役地人之间订立地役权合同为权利发生的基础。

（2）相邻关系体现权利人对邻地的最低限度的利用需求。法定的相邻关系，可以

---

〔1〕 架设铁塔的目的是为了实现电线在空中穿越，因此，此种地役权实际上与在地下埋设输水管道、电信线缆等通过性地役权并无实质分别。若做此种理解，则可以实现通过目的而设置工作物来解释架设铁塔，从而完全归入常规的地役权类型范畴。

〔2〕 在某些情形，架设广告牌的地役权是可以存在的。例如，温泉酒店经营者甲和乙约定，甲在乙位于某路口旁的土地上常年设置一醒目广告牌，上书"由此往东一公里，秘谷中的天然温泉，欢迎光临"。此例中，不仅明确指向了需役地，而且，若甲特别依赖此广告牌的指引功能，他可能希望以地役权的方式加以固定架设广告牌的权利。若甲与乙间仅订立约束双方的债权合同，则甲会担心，一旦乙将此土地转让给他人，而该人不再允许其架设指引牌，则自己可能会失去众多的潜在客人。

〔3〕《不动产登记操作规范（试行）》第13.1.4规定，"……地役权首次登记，不动产登记机构应当将登记事项分别记载于需役地和供役地不动产登记簿。"

〔4〕 比较法上一般都承认地役权的时效取得，依时效取得方式取得的地役权基本都是无偿的。我国民法上不承认取得时效，故无此问题。

不必顾及被利用土地之权利人的意愿，且有侵蚀后者权利的嫌疑，其合理性完全建立在"舍此别无他法"的必要性上，如所谓"袋地通行"，已如前述。地役权既然以当事人自愿订立的合同为基础，需役地人对供役地的利用当然可以远超必要性的要求。例如，自必要性出发，很难想象将拥有良好视野的需求作为相邻关系的法定内容，但是，当事人当然可以通过地役权合同创设所谓"眺望地役权"。

（3）同样是基于必要性的要求，相邻关系所调整的不动产利用，以不动产相互毗邻为前提。即便不要求紧密相邻，至少也要求在空间位置上的邻近。地役权所涉及的供役地与需役地，尽管通常也具有邻近的特点，但是，法律并不严格要求此种空间位置上的邻近性，前举输电铁塔及牧场的事例已充分说明了此点。

地役权和相邻关系之间的关联，还体现在以下这一点上，即地役权可以具体落实相邻关系规范或者构成对法定相邻关系的修正。例如，在法定的相邻关系上，房屋所有权人甲不得设置工作物，使该房屋承接的雨水直接注入邻居乙的土地；但是，甲可以通过向乙支付商定的偿金，通过地役权合同，在乙的土地上创设容忍甲通过工作物倾注雨水的地役权。

（四）地役权的社会、经济功能

地役权赋予土地（需役地）权利人对特定土地（供役地）按约定方式加以利用的权利。除地役权外，此种利用似乎也能够通过相关权利人缔结不动产租赁、借用或其他非典型债权合同的方式加以实现。但是，依债权合同所产生的对他人不动产的利用权，受合同相对性的制约，并不能满足稳定的利用需求。首先，自被利用的不动产方面看，如果此种利用安排未表现为该不动产之上的一种物权性负担，而仅仅是特定权利人依合同所负担的债务，则即使合同当事人做了长期的规划，一旦发生该不动产权利人让渡其权利于第三人的情形，利用权人恐难以依据与不动产前手权利人之间的合同安排向受让人继续主张利用的权利。[1] 在前举夏牧场权利人需要稳定地利用冬牧场的事例中，如果仅依托约束冬牧场现在主人的债权合同构建此种利用安排，则一旦冬牧场权利易主，而新主并不同意缔结具有相似内容的合同，则夏牧场主人将面临无法在冬季安置其牲畜的窘境。其次，自需要利用的不动产方面看，如果其某时的权利人精心谋划并付出代价，通过与其他不动产权利人订立债权合同，在对方不动产上取得了使自己不动产获得极大效益的利用权，则一旦该权利人向第三人转让不动产，由于受让人并非前述利用合同的当事人，因此并不能当然继受此种利用权。如受让人希望继续利用，则只有通过合同债权债务概括承受的方法，在获得合同对方当事人同意后

---

〔1〕 在当事人之间缔结许可一方对他方不动产加以利用的债权合同的情形，能否运用《民法典》第725条所确立的所谓"买卖不破租赁"的规则，使利用人的权利不受被利用不动产归属变化的影响？本书认为，就以支付出让金为对价获取的建设用地使用权及有偿设立的居住权而言，将物权设立的基础关系界定为租赁是符合法理的。但是，地役权即便是有偿获取（无偿取得地役权更无法与租赁扯上关系），也难以将地役权合同当事人之间的关系界定为租赁关系。地役权人对供役地的利用方式，不以排他性占有、使用的方式呈现。地役权人通常不占有供役地，既缺乏占有人的控制力，多数情况下也无权利存在的外观。《民法典》第703条将租赁界定为"出租人将租赁物交付承租人使用"的合同，第725条也要求"在承租人按照租赁合同占有期限内"发生租赁物所有权变动。因此，在地役权的情形，不仅不能直接适用第725条，甚至连类推适用的余地也没有。

方可实现继续利用；而转让人在让渡了自己的不动产后，已无须再对他人不动产加以利用。这就意味着，之前的利用筹划皆付诸东流，丧失了意义。

通过将不动产权利人之间的利用关系物权化，地役权将对供役地利用的权利界定为了一种附着在该不动产之上的一种对世权利。地役权存在于供役地之上，该土地不论辗转于何人之手，在不动产登记簿上记载的地役权均可向其权利人主张行使。地役权一经设立，即可被视为构成了需役地权利的一部分。这一稳定的权利构造，再加上其权利内容的广泛可能，使得地役权可以满足诸多的社会经济目标，其制度潜力巨大。[1]

二、地役权的类型和内容

根据不同的标准，可以对地役权作出不同的分类。例如，根据标的物的不同，可区分为土地之上的地役权与建筑物之上的地役权。根据地役权的作用方式，可将其区分为积极地役权与消极地役权，前者指以地役权人得于供役地上为一定积极行为为内容的地役权，如通行、取水、汲水等地役权均属此类；后者也称为"不作为地役权"，是指以供役地权利人不得在供役地上为一定行为为内容的地役权，如眺望、禁止气响干扰等地役权即属此类。[2]

依地役权的内容及对供役地的利用方式，地役权主要存在以下几种类型：

1. 积极利用供役地的地役权

如前所述，通过地役权的设定，地役权人能够为需役地的便宜而取得对供役地各种利用的可能，如通行、导水、铺设管线、取土、架设铁塔等。

考虑到地役权服务于需役地的功能预设及其在用益物权体系中的定位，地役权人并不取得对供役地排他性占有及全面利用的权利。据此，要在他人土地上建造并保有住宅，不应以创设地役权方式进行，而应构建地上权（在我国法上表现为建设用地使用权或宅基地使用权）；要取得他人土地的占有并为全面的农业利用和收益，不应以创设地役权方式进行，而应构建永佃权、农用权、土地承包经营权等权利；要占据他人房屋并居住使用，不应构建地役权，而应构建居住权、长期居住权等权利。

为实现对供役地的利用，地役权人可以在供役地上设置必要的工作物，并实施相

---

〔1〕 除前举牧场、铁塔架设及最常见的通行、管线铺设、眺望等事例外，为展示地役权在经济、社会中能够发挥的功能，兹再举数例说明：①甲欲在自己土地上营造造型别致的住宅，其中三楼的突出部分会越过其与邻居乙的土地边界。甲与乙订立合同，在乙的土地之上设置了许可甲之建筑在空中伸出的地役权。为确保这一安排也能约束从乙的手中受让不动产的第三人，甲申请了地役权登记。②在拥挤的老城区，甲准备开设一高档民宿，遂与周边数建筑所有人订立地役权合同，约定这些建筑的所有人不得在露台上晾晒衣物及摆放有碍观瞻的杂物。为确保这些建筑的受让人也受此项利用限制的约束，甲申请了地役权登记。③某高档别墅区业主为维持景观，除业主规约的相关规定外，全体业主还订立合同，约定各别墅所有人不得擅自改变私家花园的用途，尤其是不得用于种菜。该项花园利用限制被登记在各不动产的登记簿中。④某国家级自然保护区保护珍稀鸟类（如朱鹮），作为对各种公法保护措施的补充，保护区管委会、某自然保护基金会与保护区外围某集体经济组织数十个农户订立地役权合同，约定在这些农户承包经营的水田中不得施用化肥和农药。

〔2〕 另外，如法律承认地役权的时效取得，尚需区分继续地役权与非继续地役权、表见地役权与非表见地役权，以便取得时效的适用（可参见我国台湾地区"民法"第852条）。我国大陆现行法未规定时效取得制度，故原则上可不必有此类区分。

关附随行为。例如，通行地役权人可以在供役地上修筑道路以利通行，导水地役权人可以在地面或地下布设水管，在供役地上空架设输电线路的地役权人可以架设铁塔。地役权人在供役地上设置工作物的，应负担其维护费用。供役地权利人在不影响地役权人权利行使前提下，也可利用该工作物，在此情形，其也应分担工作物的维护费用。

地役权人积极利用不动产的，势必对供役地权利人产生不利的影响，故应限于以设定的利用方式加以利用。在对具体的利用方式缺乏设定的情况下，地役权人应以对供役地影响最小的方式进行，尽可能维护供役地权利人之利益。例如，对于排水地役权，对具体方式未做设定时，只要具备通过阴沟或管道排水的条件，即不应主张在地面上通过明沟排水。对此，《民法典》第 376 条设有如下规定："地役权人应当按照合同约定的利用目的和方法利用供役地，尽量减少对供役地权利人物权的限制。"

2. 限制供役地人对其不动产为特定利用的地役权

地役权不必总表现为对供役地的积极利用。供役地权利人本可依其权利的内容，对其不动产进行利用。只要不构成权利的滥用，其合法行使权利的行为当然构成违法性阻却事由，即便给他人造成了不利后果，后者也不得主张限制前者权利行使的自由，不得主张损害赔偿。欲改变此种权利格局，当事人之间可订立地役权合同，在供役地上设定限制其权利人权利行使的地役权。此类地役权属于消极地役权，需役地权利人可从供役地权利人所承受的消极不作为义务中获得利益。自供役地权利人方面看，其放弃本可行使的权利，系基于其自由意志的选择，当然，通常其会为此寻求从地役权人处取得一定对价。[1]

此类地役权设定后，如供役地权利人违反设定的不作为义务仍对其不动产加以利用的，地役权人可根据《民法典》第 236 条的规定，请求排除妨害、消除危险（提起不作为之诉）。

3. 排除供役地人物权请求权的地役权

此类地役权性质上也属于消极地役权，不过，其作用方式并非直接限制供役地人对其不动产的利用，而是要求供役地人容忍地役权人在对其不动产利用过程中对自己造成的妨害或损害，不得向后者主张其原本可主张的排除妨害、消除危险或损害赔偿的请求权。例如，甲为确保持续经营自己的餐馆，预先与可能受餐馆排放油烟影响的几个住户订立地役权合同，支付一定对价，要求后者未来不得就餐馆排放的适量油烟提出禁止排放的主张。

总体而言，地役权均赋予需役地权利人对供役地按设定的方式加以利用的权利。无论是积极地役权，还是消极地役权，自供役地视角看，都构成供役地的权利负担。因地役权的设定，供役地权利人负有容忍和不作为义务：

---

〔1〕　此类消极地役权是地役权中非常重要的形态，其用途相当广泛。除前举不得晾晒衣物、不得施用化肥等事例外，此类型地役权甚至可用于满足适当限制竞争的经济目的。例如，甲公司开发一条街上的商铺，因商业地产行情不振，销售困难；乙购买其中最大一间商铺用于开设便利店，并提出附加要求：甲公司尚未实现销售的商铺均不得用于开设便利店；甲公司为把握此次销售机会，同意乙的要求，并在其他商铺上均做了不得用于便利店经营的地役权登记。

或者容忍地役权人对自己不动产的积极利用（通行等）；或者对自己的供役地原本可以自由行使的权利不再能够继续行使；或者容忍来自需役地上不可量物的侵入，根据法定相邻关系规范原本可以向对方主张的权利不能再主张。

地役权能否以设定供役地权利人对需役地权利人的积极作为义务为其基本内容？例如，甲与乙约定，甲将 A 地经营权转让给乙，乙则需代甲耕种甲的 B 地，并将 B 地的收成全部交给甲，该项约定是否构成地役权？地役权是需役地权利人利用供役地的物权，前述约定已构成对他人劳作的使用，不符合地役权"利用他人的不动产"的权利内容，不应作为地役权约定看待。西方法谚云："作为不构成地役权的对象（*servitus in faciendo consistere nequit*）。"近现代民法上的地役权不得以供役地人的作为义务为对象，这不仅是地役权的物权属性决定的，而且另一个重要的原因在于担心封建时代与土地制度相关联的劳役与徭役死灰复燃，这也是物权法定主义所具有的整理旧物权之功能的体现。在我国民法上，由于缺乏一般性的人役权和土地负担等用益物权形态，存在适当扩张地役权适用范围的实践需要，不过，尽管如此，仍应坚持地役权不得以供役地人的积极给付为主要内容。当然，根据地役权设定的具体情况，供役地人在容忍地役权人之利用的同时，也可能附带性地负担一定的作为义务。例如，若某人以自己拥有的一面墙体为他人设置悬挂指示牌的地役权，该人固然不负有在墙体上打孔、设置挂钩等义务，但其应负有维持这面墙屹立不倒的义务。又如，因利用之需要，地役权人在供役地上设置工作物的，其维护义务应由地役权人负担，但若供役地人也使用该工作物的，可根据约定负担一部分维持费用。

三、地役权的法律特性

（一）地役权的从属性

地役权的从属性，指地役权从属于权利人对需役地享有的所有权或者承包经营权、建设用地使用权等权利，并在发生、移转、消灭等方面与该依附的权利共命运。地役权系在供役地上创设的权利，但该权利与权利人对需役地享有的权利须臾不可离，在二者的相互关系上，后者系主权利，地役权系从权利。地役权的从属性，表现在以下三个方面：

（1）在地役权的发生上，地役权需服务于特定需役地，若无法确定其依附的需役地，则相关利用安排不具有界定为地役权的可能。若地役权合同指向特定需役地，但欲取得地役权的一方当事人并不享有需役地权利的，地役权也无从创设。

（2）地役权不得单独移转，仅得与其依附的主权利一并移转，地役权亦不能单独成为其他定限物权的客体，而仅能与其所依附的主权利一并作为其他权利的客体。作为主权利的需役地权利转让的，地役权自动随之转让，不存在让与人保留地役权而转让需役地权利的可能。若当事人约定地役权不随需役地权利转让，则应解释为地役权因抛弃而消灭。若以需役地权利（如建设用地使用权）作抵押，而抵押人享有附属于该权利的地役权的，则抵押的效力及于地役权。[1]

（3）消灭上的从属性。地役权依附于权利人对需役地的权利，若该主权利绝对消灭，则地役权也应随之消灭。如果需役地发生灭失，则其上的权利消灭，此时即便地役权未到期也发生消灭。若主权利本身为有期限物权，则无论地役权如何设置期限，在前者因期限届满而消灭时，地役权也消灭[2]。

（二）不可分性

地役权的不可分性，指的是地役权取得、享有或消灭的效力原则上应及于需役地和供役地的全部，且不因不动产的共有或分割而受影响。地役权存在的目的，一方面，在于为需役地提供便利，故应及于需役地的全部；另一方面，地役权对于供役地构成一项负担，而该负担在地役权设定的目的范围内也应及于供役地的全部。在地役权的设定上，其不可分性也是由物权客体特定原则所决定的：无论地役权的具体作用方式为何（如在一块土地的中央地带或边缘地带通行），作为一个不动产登记单元的供役地整体构成地役权的客体；无论作为一个不动产登记单元的需役地是单独所有，还是共有（且有分管协议），地役权均从属于需役地整体。地役权的不可分性意味着：

（1）如地役权所从属的主权利为多人所享有，则共有人之一不得仅为自己享有之份额取得地役权，也不得按其应有的部分使已存在的地役权消灭。例如，甲、乙按各50%的份额享有一块土地的建设用地使用权，则甲或者乙无从仅为自己之权利份额而针对丙的土地（供役地）设定地役权。如果甲、乙已在丙享有建设用地使用权的土地上设定了地役权，则甲或者乙不得按其权利之应有份额抛弃地役权，而使地役权消灭1/2。

（2）需役地如经分割，则地役权原则上为分割后各部分之利益继续存在。例如，甲公司拥有 A 地块的建设用地使用权，其上有两栋建筑；为该土地之利益，甲公司与附近 B 地块的建设用地使用权人乙公司订立了管道排水的地役权；后甲公司将其中一栋建筑转让给丙公司，并办理了不动产登记，A 地块也被分割登记为 A1 和 A2 两块地，甲公司继续享有 A1 地块建设用地使用权，而 A2 地块的建设用地使用权归属于丙公司；此时，基于地役权的不可分性，利用管道排水的地役权同时从属于 A1 和 A2 地块的建设用地使用权。[3] 当然，需役地分割而地役权归属于两个以上地役权人时，地役权的行使不应加重供役地权利人的负担和不便。另外，依法理并参酌比较法上之规定，[4]若地役权的利益原本就仅使部分需役地受益，则在需役地分割时，其余部分土地权利

---

〔1〕 我国《民法典》明确了地役权的从属性。该法第 380 条规定："地役权不得单独转让。土地承包经营权、建设用地使用权等转让的，地役权一并转让，但合同另有约定的除外。"第 381 条规定："地役权不得单独抵押。土地承包经营权、建设用地使用权等抵押的，在实现抵押权时，地役权一并转让。"

〔2〕《民法典》第 377 条规定："地役权期限由当事人约定；但是，不得超过土地承包经营权、建设用地使用权等用益物权的剩余期限。"

〔3〕 对此意义上的地役权不可分性，《民法典》第 382 条设有规定如下："需役地以及需役地上的土地承包经营权、建设用地使用权等部分转让时，转让部分涉及地役权的，受让人同时享有地役权。"

〔4〕 例如，《德国民法典》第 1025 条规定："……地役权之利益仅及于一部分者，其余部分即归消灭。"我国台湾地区"民法"第 856 条规定，"需役不动产经分割者，其不动产役权为各部分之利益仍为存续。但不动产役权之行使，依其性质只关于需役不动产之一部分者，仅就该部分仍为存续"。

人的地役权消灭。

（3）供役地如经分割，则地役权原则上仍继续存在于分割后的各部分之上。在前举夏牧场权利人利用冬牧场蓄养牲畜越冬的事例中，若作为供役地的冬牧场被分割为两块，并被确定了不同的土地承包经营权人，则地役权继续在该两块草地上存在。[1]依法理并参酌比较法上之规定，[2]若地役权的行使仅限于供役地部分，在供役地未分割时，地役权仍被认为设立于整块供役地上，但一旦该供役地被分割，则对于地役权行使范围以外的部分，应免除地役权负担。例如，为通达需役地而设的地役权，实际仅及于供役地边缘一条狭窄的区域，在供役地分割后，需役地人仍可在该通道上通行，从而包括该通行区域的土地仍构成供役地，而其他部分上的地役权消灭。

四、地役权的取得

地役权，除通过地役权合同加以创设外，也存在其他取得可能。在确立取得时效的立法例中，权利人为自己土地之利益而对他人土地长期使用的事实，在满足相关要件时，可发生地役权的时效取得。[3]我国法律不承认取得时效制度，不存在因对他人土地利用的事实取得地役权的可能。在发生机制上，我国民法仅就通过缔结地役权合同创设地役权这一种方式作出了规定。[4]

（一）地役权合同的订立

根据《民法典》第 373 条的规定，设立地役权，当事人应当以书面形式订立地役权合同。

地役权合同成立于供役地权利人与需役地权利人之间。地役权的设立，属于对供役地的处分，以设立人对供役地享有处分权为前提，因此，一般仅有供役地所有权人方可为他人设定地役权。但是，如前所述，在我国土地公有制的背景之下，作为土地所有权人的国家或集体直接作为地役权合同当事人，即便法理上是可能的，但却是少见之情形。在以地上建筑物作为供役或需役的对象时，建筑物所有人间可订立地役权合同。而在以土地为利用对象时，往往是供役地与需役地上的土地承包经营权人、宅

---

〔1〕 对此意义上的地役权不可分性，《民法典》第383条设有规定如下："供役地以及供役地上的土地承包经营权、建设用地使用权等部分转让时，转让部分涉及地役权的，地役权对受让人具有法律约束力。"《民法典》按地役权不可分性原理设计了该条文，但该条文存在明显法律漏洞。该条不仅涉及不可分性的问题，实际上还涉及地役权的对抗性问题。如后文所述，我国民法对地役权采登记对抗主义。如地役权未获登记，则在供役地分割并有受让人的情形，若受让人善意不知地役权之存在，其并不需要承受地役权负担。故此，对第383条的解释适用需结合第374条进行。

〔2〕 例如，《德国民法典》第1026条规定："供役地经分割，而地役权之行使限于供役地特定之部分时，对于其行使范围以外之部分，免除其地役权之负担。"我国台湾地区"民法"第857条规定："供役不动产经分割者，不动产役权就其各部分仍为存续。但不动产役权之行使，依其性质只关于供役不动产之一部分者，仅对于该部分仍为存续。"

〔3〕 例如，我国台湾地区"民法"第852条第1项规定："不动产役权因时效而取得者，以继续并表见者为限。"所谓继续地役权与非继续地役权、表见地役权与非表见地役权的分类，乃为适用地役权的时效取得制度所需，若不承认地役权时效取得，这些类型区分基本无意义。

〔4〕 根据《民法典》第371条，居住权可以遗嘱方式设定。居住权的存在，对所有权构成重大的限制，而地役权并不独占供役地，对供役地权利的影响较小。因此，似无理由排除以遗嘱设定地役权的可能性。供役地权利人以遗嘱为他人设定地役权的，可依《民法典》第230条之规定，认定地役权自继承开始时设定。

基地使用权人或建设用地使用权人作为地役权合同当事人，盖因他们是有实际利用需求的私主体，且因其享有的前述权利具有准所有权的色彩，并因而具备在土地之上设定地役权负担的权能。

关于不动产承租人能否作为地役权合同当事人的问题，应分别供役地与需役地讨论。供役地的承租人对供役地不享有处分权，若其就自己租赁的土地为他人设立地役权，构成无权处分，非经处分权人同意，不生效力。至于特定不动产的承租人能否为承租不动产之利益而取得地役权，有立法例明确给予肯定的回答，[1] 学说也有认为肯定立场乃通说者。[2] 考虑到我国法上的地役权依生效的地役权合同即可设立，本书基本上也持肯定立场，认为需役地承租人可为租赁物利用的便利在供役地上创设地役权。不过，需指出的是，在我国法上，不动产承租权不具有登记能力，而根据我国不动产登记相关规则，地役权的设立登记，须同时于需役地和供役地上作地役权记载，故由承租人创设的地役权无获得地役权登记的可能，因此也无从对抗善意第三人。此外，承租人享有的地役权，也应因租赁关系的消灭而消灭。

在内容方面，当事人之间订立的地役权合同须具备以下内容：

（1）确定供役地与需役地。地役权确立于供役地，故须首先明确供役地。地役权当可设定在供役地的一部分之上，不过在登记时仍表现为该不动产登记单元上的权利负担，故此种设定方法并不违背物权客体特定原则。如前所述，地役权需服务于特定需役地，因此，如当事人在合同中不关联特定需役地，而仅约定特定人对他人土地的利用，则该合同不应界定为地役权合同，而应以租赁合同或其他无名合同加以对待。

（2）对供役地的利用方法。地役权合同必须包含对供役地具体利用方法的约定。关于地役权的内容，当事人有广泛的自治空间，原则上只要能以某种方式提高需役不动产的效益，均可设定为地役权的内容，已如前述。当然，地役权合同的约定不得违反法律的强制性规定，不得违背公序良俗，否则，应以无效论。例如，以下的地役权设定应认定为无效：约定以可能危害公共安全的方式对供役不动产加以使用的；约定地役权人独占供役地，不允许供役地权利人对其不动产加以任何形式的利用；违反公法上的禁止性规定设定容忍不可量物排放义务等。

地役权合同通常还涉及地役权的期限。若地役权由供役地的土地承包经营权人、建设用地使用权人等创设，则由于此类权利本身存在存续期间，故地役权期限不应超出此类用益物权的剩余期限（《民法典》第377条）。若设

---

[1]　我国台湾地区"民法"第859-3条规定："基于以使用收益为目的之物权或租赁关系而使用需役不动产者，亦得为该不动产设定不动产役权"。

[2]　参见孙宪忠、朱广新主编：《民法典评注·物权编（第三卷）》，中国法制出版社2020年版，第265页。

立地役权的是供役房屋的所有权人，则当然不存在前述限制，考虑到需役地可能长期需要供役地的服务，应许可当事人设定永久性的地役权。若当事人未约定地役权期限，则应如何确定地役权的存续期？对此，《民法典》未设规定。本书认为，可在当事人意思解释的基础上，结合地役权登记的情况，依以下规则确定：①如当事人不设存续期系意在设定永久性地役权，则可解释为永久性地役权。永久性地役权，对供役地构成沉重的负担，应允许供役地权利人在需役地事实上已不再需要供役地的服务等情形主张地役权的终结。例如，为特定住宅观景需要而在供役地上设定眺望地役权的，若需役地上的住宅被拆除，其土地转为绿化用地，则供役地上的永久地役权应消灭。②如地役权设定本身具有特定目的性，则地役权应存续至该特定目的达成之时。例如，创设通行地役权的目的系为了向需役地上一项工期较长的建设工程运送建筑材料，则在此工程竣工时，应认定地役权消灭。③在其他情形，可准用《民法典》第563条第2款的规定，将地役权合同作为"以继续履行的债务为内容的不定期合同"对待，允许双方在合理期限之前通知对方解除地役权合同。[1]

需役地人是否需支付对价，这也是地役权合同及地役权无法回避的一个问题。如前文所述，地役权有可能有偿取得，也可能无偿取得，取决于设定地役权时当事人在地役权合同中的具体约定。地役权有偿取得的，对价具有租金的属性，问题是，如前文分析所示，此种对价支付义务属于所谓"物上之债"，在供役地或需役地转让时，地役权对价的支付义务及收取权利无从再依据地役权合同双方当事人为判断。在解释上，应将需役地权利人所负担的对价支付义务视为地役权内容的一部分，一体适用《民法典》第374条之规定，即有关地役权的对价支付约定，未随地役权登记而在不动产登记簿上记载的，不得对抗善意第三人。

(二) 地役权的登记对抗

《民法典》第374条规定："地役权自地役权合同生效时设立。当事人要求登记的，可以向登记机构申请地役权登记；未经登记，不得对抗善意第三人。"尽管地役权属于典型的不动产物权，但该条并未采登记设立主义，而是确立了登记对抗的规则。根据该条规定，有关地役权的设立及其效力，可分述如下：

(1) 地役权合同在当事人间发生效力之时，需役地人立刻依约定的内容取得对供役地的地役权。地役权人据此可立刻取得对供役地积极或消极的利用权，而供役地上

---

〔1〕《民法典》第563条的解除权规定系针对债权合同而设，能否直接适用于地役权合同，殊有疑问。对于地役权的设立，《民法典》持所谓"登记对抗主义"，导致物权变动与其基础关系的区分愈发困难。严格来讲，尤其对于登记的地役权而言，由于供役地权利与需役地权利均可能发生转让，地役权人与供役地权利人可能均已不再是地役权合同当事人，能否以合同的视角规范一项物权的效力，确有疑问。通过第374条、第384条等条文，可以看出，《民法典》立法者并未针对地役权区分地役权的基础关系与地役权的物权效力，故在解释论上，应可准用第563条第2款的规定，作为此类不约定存续期的地役权的终结方式。

也立刻产生了地役权的负担，供役地权利人须容忍地役权人的利用。

（2）地役权合同生效后，当事人可以选择进行地役权登记。当事人双方共同向不动产登记机构申请地役权设立登记的，登记机构应将登记事项分别记载于需役地及供役地登记簿（《不动产登记暂行条例实施细则》第 64 条）。有疑问的是，地役权合同订立后，需役地权利人是否有权请求供役地权利人配合完成地役权登记？本书认为，如当事人确有通过合同创设地役权之意思，应认可需役地一方有登记请求权，从而使需役地权利人通过登记获得效力更为完备的地役权。

（3）未经登记的，地役权人不得对抗善意第三人。尽管于地役权合同生效时，即发生设立的效果，但未经登记的地役权不具有完整的对世效力。如前所述，地役权的作用方式主要表现为供役地权利人的容忍义务。对于作为地役权合同当事人一方的特定供役地权利人而言，其受合同的拘束，与其受地役权的物权效力拘束，并无实质差异。但是，一旦供役地权利发生转让，自合同的视角看，一方面，让与人（原供役地权利人）自然不再受地役权合同的约束，另一方面，除非依《民法典》第 555 条发生合同的概括承受，受让供役地权利的第三人当然也不受地役权合同的拘束。自地役权的物权属性视角看，既然物权系物上的法律地位，其本应具有对抗一切人的效力，但是，《民法典》第 374 条的规定制造了一个未经登记而具备不完全物权效力的地役权。在供役地权利发生转让时，如果地役权未经登记，受让人无从自登记簿上知晓其受让的土地之上存在他人的地役权，应推定其善意不知需役地人在其受让的供役地上享有地役权，从而也就不受地役权的约束。这也就意味着，需役地权利人虽因地役权合同的生效而享有地役权，但一旦出现其不能对抗的供役地受让人，其在供役地上的地役权实际上会归于消灭。当然，若地役权人能够证明供役地受让人知晓其依地役权合同享有对供役地的地役权（此在所谓表见地役权较为可能），则地役权人仍可主张地役权继续存在于归属于受让人的供役地之上。另外，在不涉及第三人交易利益保护的其他情形，不登记的地役权仍具有一项物权应有的效力。例如，第三人的行为构成对地役权的妨害的，地役权人可依据《民法典》第 236 条之规定主张排除妨害。

若从立法论的视角分析，对于地役权应采登记设立的规则，《民法典》沿用《物权法》的规定，采登记对抗主义实无任何道理！我国民法承认物债二分，且《民法典》第 208 条也确立了不动产物权变动的登记生效原则，却在地役权这种重要的用益物权的设立上采合同创设的规则，从而完全偏离了物权法的基本原理，制造了法律适用上的困难。在《民法典》所确立的用益物权体系中，真正由私主体通过法律行为创设的用益物权实际仅有居住权与地役权两种，而立法对居住权采登记设立主义，此差异化处理的理由何在，亦不得而知。对于地役权何以无须登记即可创设，一种可能的解释是，建立在土地公有制基础之上的供役地权利往往具有可转让性方面的限制，且针对农村集体土地的登记体系尚不完备。对此问题，立法相关意见认为，地役权无须登记即可设立，这样可以避免登记的麻烦，方便群众，减少成本。[1]

随着统一的不动产登记体系的建立健全，以及"三权分置"等改善土地权利流转性举措的推出，地役权的登记不再有技术障碍，且由于供役地权利与需役地权利均有可能发生让渡，真正意义上的地役权将反映两块土地之间稳定的利用关系。能够满足此稳定利用需求且符合物权一般对世性效力的，唯有地役权登记，当事人间不登记的土地相互利用安排，根本不应以地役权加以对待。或许有人担心，如果地役权采登记设立主义，则在当事人未做地役权登记时，由于地役权不发生，将影响土地的利用。此种担心完全是多余的。本书前文多次指出，对物的利用安排，除用益物权外，当然还存在着表现为借用合同、租赁合同等债权式的利用，允许他人通行、排水等，甚至完全不必涉及法律行为与民事权利，而仅以好意施惠的方式在社会交往中实现（允许关系友好的邻居由自家后院进出）。为自己不动产的利益，而利用他人的不动产，当事人可以有意识地选择订立纯粹的债权合同，使对方向己方负担给付义务（主要表现为容忍型的不作为义务），此时，当事人之间的利用安排与地役权无涉。若利用方意识到，一旦被利用的不动产易主，其与转让人之间的债权合同将无法约束被利用不动产的受让人，则其就可能寻求与被利用不动产的现在权利人达成地役权合意，并在完成设立登记后取得对供役地的地役权。在具体的交易情境中，应允许私主体自行选择以何种方式实现对他人不动产的利用。实际上，考虑到土地间相互利用关系的多种可能，如果不以当事人申请地役权登记作为判断标准，又该何种标准将当事人之间的合同界定为"地役权合同"呢？如果不以登记为设立要件而主要着眼于当事人之间的合同约定，为什么还要强调地役权的从属性？

民事立法只有坚持地役权的登记设立主义，才能准确界定当事人在利用关系中的法律地位，也才能满足物权公示原则的一般要求，不至于人为制造不具有对世性的物权形态。其实，偏离不动产物权变动的登记生效（设立）主义的法律政策，几乎得不到任何理论与实践理由的支持，这就是对现行立法采取地役权公示对抗规则的一个最简单但也最有力的反驳。

---

[1] 2007年《物权法》出台后，由全国人大常委会法制工作委员会民法室编写的物权法释义书对该法第158条（即《民法典》第374条）给出的立法理由是："考虑到我国农村，地役权80%至90%都是不登记的，为了方便群众，减少成本，物权法对地役权实行登记对抗主义"。参见全国人大常委会法制工作委员会民法室编：《中华人民共和国物权法：条文说明、立法理由及相关规定》，北京大学出版社2007年版。《民法典》出台后，同样由法工委民法室组织编写的物权编释义书简单重复了前述理由，参见黄薇主编：《中华人民共和国民法典物权编解读》，中国法制出版社2020年版，第566页。在《物权法》出台前，我国法上根本没有地役权这个物权类型，其实也不存在"地役权合同"的认知。即便将有关通行、排水等具备实质地役权安排的合同算作地役权合同，也根本不存在地役权登记这个登记类型，何以有"地役权80%至90%都是不登记"这一说法，令人费解。至于这个"方便群众、减少成本"的解释，更属无稽之谈。依此逻辑，一切不动产登记均应取消。

五、地役权的效力

作为一种用益物权，地役权人一旦取得地役权，其效力主要表现在其具有为自己需役地的利益而按设定的内容使用供役地。同时，至少就经登记从而具有完全物权效力的地役权而言，权利人所享有的权利并非基于合同的权利，而是物上的权利，由此也产生了供役地权利人与需役地权利人之间的物权关系。[1] 正是在此"法律关系"的意义上，"地役权的效力"不仅涉及地役权人对供役地本身享有的支配效力，而且也涉及地役权人须向供役地权利人承受的义务。关于供役地权利人的权利义务，不必单独讨论，而可自地役权人的权利义务中推知或附带说明。

（一）地役权人的权利

（1）依地役权设立的目的及范围使用供役地。地役权人可依据地役权合同的设定，对供役地加以必要的利用。例如，地役权合同设定道路通行权的，地役权人可以开设道路通行；设定眺望地役权的，可以请求供役地权利人不得加高建筑。如前所述，地役权人的利用，意味着供役地权利人负有相应的容忍义务。地役权人对供役地的使用，不构成排他性的使用。关于地役权人的利用权与供役地权利人自己对其土地的利用，在存有疑义时，不应任意扩大地役权的范围，而应以地役权的行使不造成对供役地的过度负担为原则。关于此点，《民法典》第 376 条设有规定如下："地役权人应当按照合同约定的利用目的和方法利用供役地，尽量减少对供役地权利人物权的限制。"尽量维持供役地权利人权利的完整性，仅在地役权设定的特定范围内利用供役地，这也构成对地役权行使的法律约束。

（2）地役权人有权实施附随的必要行为。为行使地役权之目的，应许可地役权人在供役地上实施为实现利用目的所需的辅助行为。例如，道路通行权人可以自己的费用在供役地上铺设道路，导水地役权人可在供役地上布设水管。地役权人在实施此类辅助行为时，应选择于供役地损害最小的处所及方法为之。例如，在行使导水地役权时，如能布设埋于地下的暗管，则不得选择在地面挖设明沟。

（3）地役权人的物上请求权。在地役权的效力中，还包含作为权利救济手段的物上请求权。地役权存续期间，他人妨害地役权行使的，无论该他人系供役地权利人，抑或是其他第三人，地役权人皆可依《民法典》第 236 条之规定要求排除妨害。他人之作为或不作为，有妨害地役权之虞的，地役权人可要求消除危险。

（二）地役权人的义务

因地役权的取得，地役权人也须负担一定义务，具体表现为：

（1）地役权之取得为有偿的，地役权人有义务向供役地权利人支付约定的费用。

---

[1] 如前所述，本书强调定限物权所塑造的"物权关系"观念，地役权也不例外。地役权尽管由地役权合同所创设，开始时也规制作为缔约当事人的特定供役地权利人与需役地权利人的关系，但是，在地役权存续期间，任何一块土地的权利发生转让的，地役权的效力都会自动存在于新的权利人之间。正是在此意义上，地役权与为特定人之利益而设的人役权，分别为民法上不同的物权类型。质言之，地役权的效力，涉及的是供役地与需役地"各时"权利人之间的权利义务关系。当然，我国现行法错误地对地役权采取的登记对抗设计，导致前述的分析未必完全适用。为避免夹杂不清，本部分对地役权效力的讨论，围绕已完成设立登记的地役权展开。

此项费用为利用他人不动产的代价，具有租金的性质。在因需役地权利转让而由受让人取得地役权时，仅在此项费用记载于登记簿时，供役地权利人方可向需役地受让人继续收取。

（2）地役权人有义务维护其在供役地上设置的设施，如导水的管线、通行的高架桥等。地役权人之所以负有此项义务，其目的在于避免供役地权利人因这些设施的毁损等原因遭受损害。在不影响地役权人使用的前提下，供役地权利人对于设置在自己土地上的工作物也可加以利用，在此情形，供役地权利人应合理分担部分维护费用。

六、地役权的消灭

（一）地役权的消灭原因

地役权因下列原因归于消灭：

1. 不动产的灭失或被征收

地役权涉及供役不动产与需役不动产。供役不动产灭失或被征收的，地役权消灭。需役不动产灭失的，因地役权服务目标的不复存在，地役权也应消灭。需役不动产被征收的，应视被征收的不动产是否仍需利用供役地的具体情况，决定是否发生地役权的消灭。

2. 期限届满或约定的消灭事由发生

地役权设有存续期间的，期间届满，地役权归于消灭。地役权在土地承包经营权人、居住权人等用益物权人间创设的，即使未约定期限，在供役地权利或需役地权利因自身存续期届满而消灭的，原则上地役权也应消灭。

地役权约定有特定消灭事由的，无论地役权是否设有期限，在此约定事由发生时，地役权均归于消灭。

3. 供役地权利人解除地役权合同

根据《民法典》第384条规定，地役权人有以下两种情形之一的，供役地权利人有权解除地役权合同，并使地役权归于消灭：

（1）违反法律规定或者合同约定，滥用地役权。地役权人对供役地的利用，不应超越地役权合同设定的利用方式和目的，而且须遵循《民法典》第376条的规定，尽量减少对供役地权利人物权的限制。若地役权人以行使地役权之名，逾越前述必要性与最小影响原则，对供役地权利造成妨害的，供役地权利人可要求地役权人改正权利行使方式，若地役权人不改正的，应认定其构成地役权的滥用，供役地权利人可据此解除地役权合同，消灭地役权。

（2）有偿利用供役地，约定的付款期间届满后在合理期限内经两次催告未支付费用。地役权有偿设立时，地役权的基础关系类似租赁，地役权人负有支付对价（租金）的义务。地役权具有物权属性，有更高的稳定需求，故仅在地役权人经两次催告仍不支付对价时，供役地权利人才可解除地役权合同，消灭地役权。

根据《民法典》第384条，出现该条规定的两种情形时，地役权人可以通过解除地役权合同，消灭地役权。这一规定再次混淆了用益物权与其基础合同的效力，有欠妥当。可以看出，立法者系以地役权关系稳定地存在于地役权合同当事人之间的理解做出前述规定的。但是，至少就经登记从而具有完整效力的地役权而言，一旦发生供役地权利或（与）需役地权利的转让，地役权关系的当事人将不再是当初的地役权合同当事人。此种情形，在需要终结地役权时，不应规定地役权合同的解除，而应规定供役地权利人有权终止地役权，该终止权向地役权人以意思表示为之。

此外，作为物权的一个类型，地役权也因物权的一般消灭原因而消灭。例如，地役权人取得供役不动产所有权或建设用地使用权等权利（供役地权利）的，地役权因物权的混同而消灭。地役权还可因权利的抛弃而消灭。地役权无偿设立的，地役权人可随时抛弃地役权。地役权有偿设立时，由于地役权人负有对价支付义务，不应认可其通过任意抛弃地役权规避其对价支付义务。[1]

（二）地役权消灭的效果

地役权消灭后，需役地权利人自然失去利用供役地的权利。地役权经登记的，供役地权利人可申请注销登记。

地役权消灭的，地役权人有权取回其在供役地上设置的工作物，同时也负有对供役地回复原状的义务。

---

〔1〕 若地役权为长期性甚至永久性地役权，且有对价之约定，在地役权人确无利用需要时，一概不允许地役权人终结地役权关系可能有失公允。我国台湾地区"民法"就有偿设立且定有期限的地上权，允许地上权人在支付未到期的3年地租后抛弃其权利（第835条），而这一规定可准用于不动产役权。

第七章

担保物权

✉ **本章提要**

　　本章主要围绕《民法典》物权编第四分编的规定，讨论担保物权体系。本章第一节讨论担保物权的概念、特征、类型等涉及担保物权的一般性问题，简要阐明非典型担保的概念与类型，并就共同担保问题做出讨论。随后三节分别针对《民法典》物权编担保物权分编规定的抵押权、质权与留置权展开讨论。

☞ 第一节　担保物权概述

🎯 **导入性问题**

　　1. 担保物权如何能够发挥担保债权实现的功能？担保物权的担保功能对其法律属性有何影响？

　　2. 如何认识我国民法上的担保体系？何为"非典型担保"？

　　3. 若同一项债权得到两个以上担保权利的担保，则债权人应如何实现担保权益？数个担保人之间如何承担担保责任？

一、物上担保的一般原理

　　对于一个债务关系中的债务人而言，其对特定的债权人负有给付的义务，如其不履行到期债务，则债权人可诉请其实际履行或者要求其承担损害赔偿责任。对任何一项债务，债务人均须以其全部责任财产负清偿之责。正是在此意义上，债务人的责任财产构成其债务的一般担保。不过，即便面对的是一个诚实的债务人，债权人也未必能够实现其债权，因为债务人的责任财产可能不足。此外，任何一个债之关系中的债权人皆可预期以下事实：债务人除对其负债外，完全可能对其他人也负有债务；即便债务人可用于偿债的财产可覆盖某特定债权的金额，但并不足以用以偿付其负担的全部债务。由此，法定或意定的特定担保即有了用武之地。

　　强化债权实现的一种担保手段是一般性地扩张保障债权的责任财产的范围。民法主要以两种方式扩张债权的一般保障：其一，由法律直接规定其他民事主体对他人债务负连带或补充性清偿责任，从而将债权的实现建立在多个责任财产基础之上，合伙人对合伙企业的债务负清偿之责即属此例；其二，由第三人与被担保之债的债权人订立保证合同，该第三人（保证人）自愿以其全部财产为债务履行提供担保。保证，属于典型的"人的担保"方式，保证人以其信用（全部财产）为特定债权提供担保，被担保之债权因此得到了强化。不过，若保证人也发生责任财产不足的问题，债权仍面临不能实现的风险。

物上担保，其基本思想是：在属于债务人或第三人的特定财产上确立特定债权人的优先受偿权，即对于担保财产变价的金钱，物上担保人有优先于担保人的其他债权人优先受偿的权利。此种在特定财产上的优先受偿权，可以基于法律规定直接发生，也可经由法律行为创设。在前者，既可以表现为法定担保物权，如留置权，也可以表现为其他法定优先权，如《民法典》第807条规定的建设工程承包人的优先受偿权。在后者，既可以表现为当事人在特定物上设定抵押权、质权等定限物权的方式，也可以表现为债权人以担保为目的享有特定财产所有权或其他财产权的交易形态（即下文所谓非典型担保）。在物上担保由债务人提供时，即便该债务人因资不抵债而难以偿付全部债务，享有担保权利的债权人也可在债务人有限的资产中，针对担保物取得优先受偿的特权。在物上担保由第三人提供时，债权人不仅可将其债权的实现基础扩张至债务人以外之人的财产，而且其针对该担保财产同样享有优先于担保提供者的债权人优先受偿的权利。与人的担保方式相比，以优先受偿效力发挥担保效能的物上担保手段更具稳定性，更能促成债权实现的目的，其在经济社会中的重要性也日渐凸显。

二、担保物权的概念

担保物权，是指以确保债务清偿为目的，在债务人或者第三人所有之物或者权利上所设定的以变价权和优先受偿权为内容的定限物权。[1]

由此定义出发，可对担保物权的意义作如下解析：

1. 担保物权以确保债务之清偿为其目的

对我国现行法上所规定的各种担保物权而言，其发生均为保障被担保债权清偿之目的，并从属于该被担保之债权。《民法典》关于抵押权（第394条）、质权（第425条）的定义均突出了"为担保债务的履行"的前提，而留置权的发生也以债务人不履行到期债务为条件。

2. 担保物权系于债务人或者第三人之物或者权利上所成立的权利

担保物权系他物权，须以他人之财产为权利客体，债权人原则上不得在自己所有之物上为自己创设担保物权。至于系在债务人财产上创设担保物权，抑或是创设于第三人财产之上，则均无不可，而依担保人和债权人的意思而定。不过，对于债权人而言，建立在第三人财产之上的担保物权，其担保的效能更为显著。

---

[1]　如后文所述，由于"非典型担保"观念和制度的兴起，"担保物权"的概念也应作狭义和广义的区分。狭义的担保物权，仅指《民法典》物权编所规定的抵押权、质权与留置权三种权利，而广义的担保物权则包括采所有权构造的所有权保留、融资租赁、让与担保等担保形式。为保持逻辑的一贯性，本书对"担保物权"这一概念的使用，如无特别指明，一般指狭义的、典型意义上的担保物权。

与债务人自己向债权人提供的物上担保相比，设立于第三人财产之上的担保物权具有以下几个特点：①第三人虽对被担保之债权无清偿义务，但在担保物权实现条件具备时，仍须以担保财产承担责任（即担保物权人有权就担保物变价受偿），属于"无债务，有责任"的典型情形。正因为第三物上担保人并非债务人，故若担保财产变价金额不足以清偿全部债务的，债权人仅能向债务人要求继续清偿，而不得要求担保人负清偿之责（《民法典》第413条、第438条、第455条）。②债务人以自己财产提供担保的，担保物权的实现具有以该担保财产抵偿或相当于对该担保财产强制执行的效果，而债权人对第三人提供之担保财产实现担保物权，相当于第三人以其财产代债务人偿还债务，因此，在后者，法律应赋予第三担保人在承担了担保责任后向债务人追偿的权利（《民法典》第392条最后一句）。③第三人提供担保的，该第三人可以要求债务人为其提供反担保（《民法典》第387条第2款）。④第三人为他人债务提供担保的，相对于债务人以自己财产提供担保而言，法律设有一系列保护第三担保人的规定，如《民法典》第391条之规定。[1] ⑤债务人提供担保的财产，原本就属于为债权提供一般保障的责任财产，即便未创设担保物权，债权人仍可根据强制执行的规定，就其物取偿（当然，在其他债权人也有相同主张时，担保债权人有优先受偿权），也就是说，此种担保并未扩张责任财产。第三人提供的物上担保，实际上构成了保障债权实现的责任财产的扩张。这一点尤其体现在，当第三人提供的物上担保因可归责于其的原因未能发生担保物权设立效果时，债权人可以要求其就担保物的价值承担类似保证人的责任。[2] 需要指出的是，即使担保物权原本系在债务人之物上设立，一旦债务人转让担保物的所有权于第三人，担保物权也会呈现出以第三人之物为其客体的形态。

与其他物权类型一样，担保物权的客体通常为物，包括不动产和动产。但是，担保物权的基本功能并不在于对有体之物加以实际利用，而是利用财产的交换价值为债权提供保障。因此，除有体物外，其他具有流通性的财产权，如建设用地使用权、债权、知识产权、股权等也皆可成为担保物权的客体。具体而言，根据《民法典》的规定，抵押权的客体，除不动产与动产外，还包括建设用地使用权、海域使用权这样的不动产用益物权；质权的客体，除动产外，还可包括票据权利、股权、知识产权、应收账款债权等；留置权则仅以动产为其客体。

担保物权的客体，原则上也须遵循物权客体特定原则，这就意味着，抵押权、质

---

〔1〕《民法典》对第三担保人的保护性规定突出体现在该法典对于保证人的规定，如第695条、第696条、第700条、第701条、第702条等。依法理，对同样为他人债务提供担保的第三物上担保人，法律也应一体保护。《担保制度解释》第20条对此加以了明确，该条规定："人民法院在审理第三人提供的物的担保纠纷案件时，可以适用民法典第六百九十五条第一款、第六百九十六条第一款、第六百九十七条第二款、第六百九十九条、第七百条、第七百零一条、第七百零二条等关于保证合同的规定。"

〔2〕可参考《担保制度解释》第46条第3款。

权、留置权,乃至于所有权保留、融资租赁、让与担保等非典型担保权,均须以特定的物或权利为其客体。不过,考虑到担保物权仅在债务人不履行到期债务时才需要被实现,在其设立时,其客体仅需满足"可得特定"的要求即可。据此,我国法律不仅承认权利客体呈现出集合性和动态性的浮动抵押,而且在动产抵押和权利担保的情形,也承认通过概括描述的方法确定担保物权的客体。[1]

3. 担保物权以变价与优先受偿为其权利内容

担保物权为价值权,以优先支配标的物的交换价值为其内容。债权人的到期债权得不到清偿时,债权人可以依约定或法定的方式,以拍卖、变卖或折价等方式,实现担保财产的变价。担保财产经变价成为可用于清偿债务的金钱形态后,担保物权人可根据顺位规则主张优先受偿。

三、担保物权的形态

我国民法上的担保物权制度,主要系继受大陆法系国家相关制度的产物,这一点尤其体现在以定限物权为其法律构造的抵押权、质权与留置权。同时,《美国统一商法典》《联合国国际贸易委员会担保交易示范法》《欧洲示范民法典草案》等确立的、被认为更符合当代商业与金融体系的担保制度也对我国担保法律制度产生了重要的影响,尤其是在动产担保交易方面。

总体来看,《民法典》就担保物权的规定仍采取所谓形式主义的立场,即根据担保财产为不动产、动产抑或是权利,以及公示方法的不同要求,确立抵押权、质权、留置权等类型的担保物权,并将所有权保留买卖、融资租赁、保理等具有担保功能的合同规定在合同编中,从而在形式上实现担保类型的区分。同时,受《美国统一商法典》等自担保功能出发构建统一担保权益立法模式的影响,《民法典》及《担保制度解释》也吸收了所谓"功能主义"立法的经验,确立了适用于动产及权利担保的统一登记制度及实体法规则。由于存在前述立法背景,再加上担保实践及担保纠纷审判实践的发展,在我国民法上存在典型担保与非典型担保的区分。

(一)典型担保物权

《民法典》物权编第四分编"担保物权"分别规定了抵押权、质权、留置权三种具体的担保物权。其中,抵押权为不转移抵押财产的占有而供债权担保的担保物权,立法上分别对一般抵押权与最高额抵押权作出规定,而从抵押权客体的角度,则可区分出不动产抵押权(含不动产权利抵押)与动产抵押权。质权,包括动产质权与权利质权,前者以移转动产占有的方式设立,而后者则设立于以有价证券所表彰的权利以及股权、知识产权、应收账款债权等可转让的财产权利之上。留置权,为法定担保物权,在满足法定构成要件时,债权人在特定动产上取得留置权。

至少在形式意义上,《民法典》所称"担保物权"指的就是抵押权、质权与留置权这三种具体的担保物权形态,本书也主要围绕这三种权利阐明担保物权制度,仅在特别说明时,"担保物权"的概念才可能包含以下讨论的"非典型担保"。

---

[1] 参见《担保制度解释》第53条。

（二）非典型担保

基于物权法定主义，担保物权本应以法律明确规定的类型为限，在此意义上，所有类型的担保物权都应该是"典型"的担保物权。但是，一方面，规定担保物权的"法律"不应仅限于《民法典》担保物权编，《民法典》其他编以及其他民事立法中也可就具有担保功能的物上权利作出规定；另一方面，当代物权法上的物权法定主义本身也呈持续缓和的态势，诸如让与担保这样的担保方式，几乎已具备"习惯法物权"的特质，其担保功能在司法实践中得到普遍承认。

"非典型担保"系指抵押权、质权、留置权之外的具有担保功能的担保手段，这一概念本身并无确切的内涵与外延。《民法典》物权编对抵押权、质权、留置权之外的非典型担保，实际上持开放的态度，其第388条规定"担保合同包括抵押合同、质押合同和其他具有担保功能的合同"。该条所谓"具有担保功能的合同"，指融资租赁、保理、所有权保留等非典型担保合同。[1] 司法实践中，非典型担保的类型并不限于规定于《民法典》合同编中的所有权保留、融资租赁与保理。最高人民法院《担保制度解释》在"非典型担保"的标题之下，不仅规范了所有权保留买卖、融资租赁及保理的相关法律适用问题，而且还对让与担保、保证金账户担保作出了规定。[2] 而在学理讨论中，具有担保功能的"非典型担保"所涉及的形态则更为丰富。[3] 本书后文不拟专设讨论非典型担保的章节，故在此简要地概述几种非典型担保方式。

1. 所有权保留买卖

根据动产物权变动的一般规则，在出卖人将标的物交付给买受人时，标的物所有权发生移转，若此时买受人尚未支付价款，则出卖人可能会面临钱货两空的结局。《民法典》第641条规定，当事人在买卖合同中可以约定买受人未履行支付价款或其他义务的，标的物所有权属于出卖人。通过所有权保留约定，出卖人在买受人支付价款前，仍保有其交付的动产标的物的所有权，其价款债权因此得到了保障。需特别指出的是，出卖人为担保价款债权而在标的物上保留的"所有权"，并非完整意义上的所有权，而是一种所有权构造的担保权利，类似动产上的抵押权。正是基于这样一种定位，《民法典》第641条第2款规定"出卖人对标的物保留的所有权，未经登记，不得对抗善意第三人"，而且，在买受人经催告仍不履行价款支付义务的情形，出卖人也并非简单地

---

[1] 参见全国人民代表大会常务委员会副委员长王晨于2020年5月22日在第十三届全国人民代表大会第三次会议上所做《关于〈中华人民共和国民法典〉（草案）的说明》。《担保制度解释》第1条的规定也体现了最高人民法院对此"具有担保功能的合同"的理解（"因抵押、质押、留置、保证等担保发生的纠纷，适用本解释。所有权保留买卖、融资租赁、保理等涉及担保功能发生的纠纷，适用本解释的有关规定"）。

[2] 在规范用语上，《民法典》及《担保制度解释》等一般都小心翼翼地不将非典型担保手段直接称为"担保物权"，仅以后者指称抵押权、质权、留置权这三种规定于物权编的定限物权，从而维持狭义的担保物权与非典型担保之间的界分。《担保制度解释》第56条第2款则构成了一项例外。在界定"正常经营买受人"规则时，为将《民法典》针对动产抵押权所做的规定（第404条）扩张适用于所有权保留与融资租赁，该款称"前款所称担保物权人，是指已经办理登记的抵押权人、所有权保留买卖的出卖人、融资租赁合同的出租人"。

[3] 例如，我国台湾地区学者谢在全认为，非典型担保除包括所有权保留买卖、信托占有、融资租赁及让与担保等外，还包括抵销、代理受领、备偿专户、代物清偿之预约及买回、典权等。参见谢在全：《民法物权论》（下册），新学林出版社2020年版，第124、125页。

请求返还其物，而是依取回、回赎、变价受偿的方式实现其担保权益[1]。

关于出卖人与买受人间达成的保留所有权约定，传统上，系将其作为移转所有权的法律行为的附款加以解释，即，以买受人付清价款，作为标的物所有权自出卖人移转至买受人的条件。在《民法典》第641条至第643条的规范模式之下，不应再坚持前述解释。买卖合同当事人间达成所有权保留约定的，可将该约定从买卖合同中抽离出来，作为一项从属于买卖合同的担保约定加以对待。依该约定，出卖人对其出卖并交付之物享有一项担保权利。实际上，自担保功能的角度看，以所有权保留这种非典型方式设置担保与以下这种通过抵押权设立方式提供的典型担保并无二致：买卖合同当事人另行订立抵押合同，由买受人以其自出卖人处取得的买卖标的物为抵押财产，为出卖人设立一项动产抵押权，以担保其价款债权。随着《国务院关于实施动产和权利担保统一登记的决定》的施行，我国已构建了包括所有权保留、融资租赁及动产抵押在内的统一动产担保登记平台，《担保制度解释》也基于功能主义的立场，将《民法典》针对动产抵押权所作的效力规定（第403条、第404条、第416条等）适用于了出卖人在所有权保留买卖中保留的"所有权"法律地位。[2]

2. 融资租赁

融资租赁合同系《民法典》所规定的典型合同之一。在《民法典》第735条所界定的融资租赁关系中，出租人根据承租人对出卖人、租赁物的选择，向出卖人购买租赁物，提供给承租人使用，承租人支付租金。所谓"出租人"，实际上是为标的物的价款提供资金融通的金融企业。若采传统的资金借贷模式，则贷出资金的债权人即便在合同中指定贷款资金的特定用途，如用于支付借款方购置特定设备的价款，该特定设备也并不因此自动成为借款债权的担保物，在借款人缺乏偿付能力时，贷款人将面临本息不能收回的风险。采融资租赁交易模式后，资金提供者以出租人的名义出现，成为购置物的所有权人，从而在承租人不能支付租金（实际上是分期偿付的融资款本息）时，可通过所有权人的法律地位实现对融资租赁物的优先受偿。

具有更显著担保功能的是所谓售后回租型的融资租赁。在此种交易模式中，一方将其物出售给他方，通过占有改定的方式移转所有权，获取价款（实际为融资款），再以承租的名义对标的物继续使用，并通过偿付租金的名义归还融资款本息。究其实质，此种融资租赁与不转移担保物占有的动产抵押在功能上完全一致，只不过在形式上债权人系以对融资租赁物享有所有权的方式获得担保而已。

《民法典》第745条规定："出租人对租赁物享有的所有权，未经登记，不得对抗

---

[1] 参见《民法典》第642条、第643条。《担保制度解释》第64条进一步将出卖人行使担保权利的方式统一到依民事诉讼法"实现担保物权案件"拍卖、变卖的规定之上。

[2] 参见《担保制度解释》第56条、第57条、第67条等。

善意第三人。"该条与《民法典》第 403 条针对动产抵押权效力所确立的登记对抗主义具有相似的构造,实际上已经将融资租赁出租人的法律地位界定为了担保权。《担保制度解释》同样也将《民法典》针对动产抵押权效力所作的相关规定扩张适用于融资租赁中出租人的法律地位。

3. 保理

保理合同为《民法典》新规定的典型合同之一。保理虽具有多种形态,但都以应收账款债权人将其现有或将有的应收账款债权转让给保理人为手段。其中,以保理人提供资金融通为目的的有追索权保理,具有鲜明的担保特征。在此种交易模式中,作为金融机构的保理人向资金需求方提供资金融通,而后者则将对第三人的应收账款债权转让给保理人。保理人可以向应收账款债权人主张返还保理融资款本息或者回购应收账款债权(并以其受让的应收账款债权作为担保),也可以向应收账款债务人直接主张应收账款债权。

在担保功能上,保理与属于权利质权的应收账款质押具有相似性。在担保形式上,其所采取的权利移转型的担保形式,又具有让与担保的特征。

4. 让与担保

让与担保,是指债务人或第三人以担保为目的将不动产、动产的所有权或其他可转让的财产权移转于债权人,在债务人不履行到期债务时,担保权人(债权人)可以就该担保财产受偿的非典型担保方式。例如,甲公司为担保其对乙公司的 500 万元欠款,将其持有的 A 公司 10%的股权转让于乙公司,双方约定:甲公司到期清偿债务后,乙公司应将该股权转回甲公司;若甲公司到期不清偿债务,则乙公司有权就该股权变价受偿;若股权变价金额超过债权金额的,超过部分归属于甲公司,若变价金额不足的,则由甲公司继续清偿。

《民法典》及先前的法律并未对让与担保做出规定,但是,实践中,此种担保方式却有着广泛的应用。根据担保理论,并总结司法审判经验,《担保制度解释》第 68 条对让与担保作出了规定,但该条规定也并未全面涵盖让与担保各个层面的效力。迄今为止,我国学理尚未对让与担保形成通说,可以确定的规则是:让与担保如具备了公示的要求,在债务人不履行到期债务时,债权人得就其受让的财产权优先受偿;尽管债权人形式上享有受让的权利,但其实际上仅在担保目的范围内享有权利;无论采取何种担保权的实现方式,债权人均负有清算义务。

对于让与担保这种非典型担保方式,本书拟作如下进一步的阐释:

(1)在形式上,正如"让与担保"这一术语所示,此种担保未采用定限物权的方式,而是以权利让与(移转)作为担保手段。让与担保也属于意定的担保方式,需要担保人与债权人以合意的方式设定。尽管在形式上担保人将所有权、债权、股权等财产权转让给了债权人,但该权利让与仅系为担保特定债务的履行而为。因此,在让与担保当事人内部,需根据此担保目的配置当事人对让与之权利的实际享有。

(2)既然是以让与权利作为担保手段,让与担保当事人间不仅需要达成让与担保的合意，而且也须实施移转相关权利必要的行为。在以不动产权利（所有权及建设用地使用权等）作为让与担保对象时，须将不动产权利移转登记于债权人名下。[1] 以动产作为让与担保对象的，通常担保人有继续占有使用的需要（否则即可设立动产质权），故动产所有权可依占有改定的方式发生移转（由此可克服动产质权不得依占有改定设立的问题）。在以知识产权、股权等财产权作为让与担保客体时，也须依此等权利的移转规则完成权利变动所需的登记等手续。让与担保配合了相关权利的公示方式后，在实现让与担保的权利时，担保权人可主张参照抵押权等担保物权实现的有关规定优先受偿。[2] 如果当事人仅约定就某特定财产权作为让与担保的对象，但并未践行移转权利相关要求，则应认为尚不发生可比拟担保物权的让与担保的效力。若让与担保合同系由第三人与债权人订立，则即使并未办理相关财产权移转手续，也应承认此约定产生如下担保的效力，即在债务人不履行债务时，债权人仍有权就此第三人的财产权受偿。不过，债权人享有的此项担保权利不具有优先效力，其实际意义相当于第三人就其享有的该项财产权的交换价值为限向债权人承担保证责任。

（3）就让与担保的内部效力而言，以移转不动产或动产所有权以供担保为例，不应仅着重形式上的所有权移转效果，而更应强调担保人与债权人之间的合同关系。[3] 担保人其实仅是为了提供担保的意思而转移了所有权于债权人。因此，债权人对于形式上归其所有之物，原则上仅享有类似担保物权人对担保物享有的定限物权。这也就意味着，债权人不仅于债权实现时负有将所有权转回担保人的义务，而且，在担保期间，除非担保合同另有约定，担保物的占有、使用、收益等仍由担保人所享有。债权人虽在形式上享有所有权，但在实现其担保权时，仍负有清算义务，在担保物变价的金额超过其债权时，应将超出的部分返还于担保人。

（4）让与担保的外部效力问题是真正的麻烦，相关规则也最模糊。让与担保仅以提供担保为目的，债权人显然取得了比其实际所需为多的权利。因此，相关规则应以保护担保人不受过度压榨为其宗旨。但是，担保人自己也

---

〔1〕 迄今为止，我国不动产登记相关规范尚未承认以担保为目的和原因的移转登记（参见《不动产登记暂行条例实施细则》第27条），从而也给以让与担保为目的的登记制造了困难（如以交易的名义办理登记会涉及税收等问题，而且债权人以交易的名义受让所有权，这也会给让与人带来极大的法律风险）。随着让与担保实践的普及，不动产登记机构应承认以担保为目的的不动产权利移转登记，并通过在登记簿中加注"让与担保"的信息，更好地发挥不动产登记的公示效果。另外，以让与担保为目的的物权变动，其法律构造仍与前文所讨论的物权变动模式相关：若采区分原则，则解释上存在独立的物权变动合意，而提供担保的合意则成为物权变动的原因行为；相反，若不采区分原则，则以同时包含物权变动意思的让与担保合同作为唯一的法律行为，并依公示的要求办理不动产登记。

〔2〕 参见《担保制度解释》第68条。

〔3〕 让与担保最早可上溯至罗马法上的信托（*fiducia*）。罗马法上的信托与后世法律中的信托有很大的差异，其基本功能恰恰在于通过转移所有权的方式提供实物担保（债权人在实现债权后负有转回的义务），相当于今日所谓让与担保。我国现行法上信托合同的意义与此相去甚远，在解释上很难将信托作为让与担保的基础关系。

应意识到其以让与财产权方式提供担保，有可能要承受债权人不诚信的风险。以不动产所有权的让与担保为例，自让与担保合同关系的内部视角看，债权人即便被登记为担保物的所有权人，也对担保人负有不对标的物进行处分的义务，因此，可认为被登记为所有权人的债权人实际上并不享有处分权。但是，若第三人信赖债权人享有权利的外观，而与后者实施法律行为，则基于交易安全的需要，应优先保护善意第三人的利益。在我国法上，可将此问题归入《民法典》第 311 条的调整，即若第三人善意信赖登记簿记载[1]而以合理价格受让且已完成移转登记，则可善意取得所有权。

此外，让与担保的外部效力还与强制执行问题相关。对担保人而言，其面临的另一个风险是，一旦其为担保目的将财产权让与债权人，后者的债权人可能对此权利申请强制执行。例如，接前例，甲公司将其对 A 公司的股权以担保为目的转让给乙公司后，若丙公司对乙公司取得胜诉判决，可能对登记于乙公司名下的股权申请法院强制执行，此时，甲公司能否提出执行异议？本书认为，让与担保的标的权利，即便名义上归债权人享有，也并不构成其责任财产，故担保人对执行标的拥有可排除执行的民事权利。

四、担保物权的分类

如前所述，《民法典》物权编规定了抵押权、质权和留置权三种担保物权。此外，还存在具有担保物权属性的建设工程承包人的法定优先权，以及非典型担保的诸多形态。这些担保权利有着不同的发生方式和担保机制，采用分类的方法，可以更好地揭示它们的法律原理。以三种典型的担保物权为中心，兼顾其他担保形态，可做以下分类：

（一）意定担保物权与法定担保物权

以担保物权的发生原因为标准，可以将其区分为意定担保物权与法定担保物权。

意定担保物权，是指基于当事人设定担保物权的意思（合同）而发生的担保物权。《民法典》物权编所规定的抵押权与质权均属此类担保物权，而基于所有权保留约定和融资租赁所产生的担保权也属于意定的担保方式。法定担保物权，是指基于法律规定而发生的担保物权，如留置权。《民法典》第 807 条所规定的建设工程承包人的优先受偿权也具有法定担保物权的属性，可以将其解释为法定抵押权。法定担保物权一般不具有融资功能，而是因债权人对担保标的物支出一定费用而发生。

此分类对于判断担保物权是否发生具有重要意义：意定担保物权的效力基础在于当事人之间的合意，所以需要对当事人的行为能力、意思表示的真实性、处分权等要素作出判断，而且登记、交付等公示要求也仅针对意定担保物权。法定担保物权的基础在于法律的直接规定，因此需要从构成要件角度出发判断是否发生担保物权。另外，

---

[1] 如前所述，若不动产登记簿本身可记载和表彰所有权系以让与担保为原因而取得，则受让人应知晓此"所有权人"并不享有处分权，从而不发生善意取得问题。

在法定担保物权和意定担保物权并存于一个担保财产上时，由于法定担保物权的目的是为了保障债权人所支出费用的收回，故其比意定担保物权具有更优先的效力。

（二）不动产担保物权、动产担保物权与权利担保物权

以担保物权之标的为标准，可以将其区分为不动产担保物权、动产担保物权与权利担保物权。

抵押权之标的既可为不动产（建设用地使用权、海域使用权应视为不动产），也可为动产。质权，因标的类型的不同，分为动产质权与权利质权，我国法不承认不动产质权。留置权的标的物，只能是动产。此外，《民法典》关于所有权保留买卖与融资租赁的规范虽未将不动产排除在外，但这两种非典型担保方式一般均被作为动产担保交易方式对待，故以其标的仅限于动产的解释为宜。[1] 保理的标的为应收账款债权，故属于权利担保的范畴。

担保物权的客体不同，其设立要件通常也会存在差异。抵押权以不动产为客体的，《民法典》采登记生效主义，不登记不发生抵押权设立的效果；抵押权以动产为客体的，由于抵押权不转移标的物的占有，不能以占有为其公示手段，故仅能以在采"人的编成"的登记系统的登记作为公示手段，且确立登记对抗的规则。动产质权，以质物的交付为设立要件。以可转让的财产权作为担保对象的，若该权利为有价证券所表彰，则以有价证券的交付设立之；若为其他权利，则主要以登记的方式设立。

（三）留置性担保物权与非留置性担保物权

以担保物权的主要效力为标准，可以将其区分为留置性担保物权与非留置性担保物权。

留置性担保物权，以担保物权人占有、控制担保标的为特征，仅在债务人清偿债务后，担保人方可要求担保物占有的回复。留置权是典型的留置性担保物权。在满足留置权法定要件时，占有留置物的债权人可以留置标的物，即拒绝留置物所有人的返还请求。留置物的价值往往显著高于其所担保的债权，如此，留置物所有人有足够的动因去清偿债务，从而消灭债权人的留置权，以实现对自己之物的占有、使用。除留置权外，动产质权与以有价证券为标的的权利质权也有通过留置担保财产以担保债权的特征，故也属于留置性担保物权。

与留置性担保物权不同，非留置性担保物权的担保机能，并不表现为对担保财产的实际控制以及利用此种控制达成促使债务人履行债务的目的。非留置性担保物权，其效力主要表现为对担保财产的变价以及优先受偿。抵押权以不转移抵押物占有的方式设立，抵押期间，抵押物仍由抵押人占有，故不存在抵押权人留置之问题。除抵押权外，非典型担保中的所有权保留、融资租赁以及让与担保[2]也均属于非留置性担保权利，因债权人均不实际控制担保财产。

---

〔1〕《最高人民法院关于审理买卖合同纠纷案件适用法律问题的解释》第25条规定："买卖合同当事人主张民法典第六百四十一条关于标的物所有权保留的规定适用于不动产的，人民法院不予支持。"

〔2〕 动产的让与担保，几乎均以占有改定的方式实现动产所有权形式上的转让，债权人并不实际控制担保物。

识别和区分担保物权是否为留置性担保物权具有重要的法律意义：①二者的担保机能不同，留置性担保物权的担保效能往往更强。就留置性担保物权而言，担保物权人可以通过留置的方式，促使债务人履行义务。同时，在债务人不履行到期债务时，此类担保物权人也享有就担保财产变价与优先受偿的权利。非留置性担保物权人缺乏第一种制约手段。②二者的发生条件不同。对留置性担保物权而言，其担保机能的发挥以实际控制担保财产为必要，是故动产质权的设立须有质押财产的交付，留置权的发生须有债权人对留置物的合法占有。而在非留置性担保物权，担保物权人并不占有担保财产，其物权的对世性所要求的公示仅能以登记为手段，是故抵押权以及非典型担保中的所有权保留、融资租赁等均以登记作为设立要件或对抗要件。③二者的担保物权实现机制有所不同。留置性担保物权的实现，涉及担保财产变价时，担保物权人可能自助实现。非留置性担保物权的实现，由于担保物权人并不实际控制担保财产，除非取得担保人的配合，否则担保物权的实现需要通过法院进行。④留置性担保物权，其权利的存续与行使，不受其所担保的主债权时效期间届满的影响。对于非留置性担保物权，若其所担保的主债权时效期间届满，则债权人无法再行使担保物权。[1]

五、担保物权的特性

担保物权系具有债权担保功能的定限物权，除具有物权的一般属性外，担保物权还具有以下特性：

（一）从属性

担保债权实现的功能决定了担保物权的从属性，即担保物权不能脱离一项被担保的主权利（债权）而独立存在，而仅能作为前者的从权利为债权人所享有。担保物权的从属性表现在：

（1）担保物权的发生，以存在一项被担保的债权为前提；若拟被担保的债权因相关法律行为无效等原因而不发生，则担保物权亦不发生。

（2）在所担保之债权发生移转时，担保物权自动随之转移。担保物权的创设需要践行登记或交付等公示方法，而其在伴随主权利移转时，一方面，无须当事人就作为从权利的担保物权的移转达成专门的合意，另一方面，抵押权无须办理移转登记，质权无须经由质物的转交，从属于债权的担保物权自动发生移转。[2]

（3）被担保的债权因债务人清偿等原因消灭的，担保物权亦消灭。一旦被担保的债权消灭，从属于该债权的担保权利也同步消灭。因所担保之债权消灭，债权人负有配合涂销登记（相对于抵押权）或返还担保物（相对于质权、留置权）的义务。如果债权本身不消灭，而仅仅是发生了给付内容的法定变化，则担保物权存续，继续担保

---

〔1〕　参见《担保制度解释》第44条。

〔2〕　《民法典》第547条第2款规定，"受让人取得从权利不因该从权利未办理转移登记手续或者未转移占有而受到影响"。法律设此规定的原因在于，若债权已发生移转而抵押权、质权尚需办理登记手续或移转占有，则会发生债权与担保物权的临时分离，从而违反担保物权的从属性。

具有新的给付内容的债权。[1]

关于担保物权的从属性，尚有两点值得指出：

其一，在各国立法例上，并非所有担保物权均遵循从属性，德国民法上的土地债务即为不以债权存在为前提的担保物权的典型。[2]《民法典》明确规定了最高额抵押与最高额质押。最高额担保可为未来发生的债权而设，未来债权即便不发生也不影响最高额担保权之存在。而且，在最高额担保所担保的债权确定之前，债权人转让某项债权的，最高额抵押并不随之转让。[3]因此，至少就最高额担保而言，从属性规则并未被严格遵循。

其二，《民法典》对于担保物权从属性的表达体现在第388条（"担保合同是主债权债务合同的从合同。主债权债务合同无效的，担保合同无效，但是法律另有规定的除外"），《担保制度解释》第2条进一步排除了在此问题上当事人自治的可能。[4] 本书认为，担保物权的从属性，宜由主权利、从权利的视角加以规制，自所谓主合同、从合同的角度加以规定未必合理。若一项交易的双方当事人对于其合同的有效性没有把握，从而在为此项交易设置担保时特别约定，担保人对于合同被判定无效（或被撤销）后的恢复原状、损害赔偿等后果仍负担保责任，则在法理层面似无足够理由否定该约定的效力。此种情形，由于主合同被判定无效后仍会产生可界定为不当得利、缔约过失责任等法定之债的后果，作为从权利的担保权仍可附着于相应的债权。因此，前述法律规定是否合理，有商榷余地。

（二）不可分性

在所担保的债权未受全部清偿前，担保物权人可以就担保物的全部行使权利，这就是担保物权的不可分性。也就是说，担保的债权即便发生部分清偿或部分转让，担保物权仍为担保所有各部分债权或者余存的债权而存在。例如，若甲交付A、B两物于乙，为其对后者所负10万元借款债务提供质押担保，则即使甲偿付了全部本金而仅留存利息未付时，也不得要求乙至少先返还一件质物，因为此时后者仍就全部质押财产享有质权。当然，在为实现担保物权而需拍卖、变卖时，若担保财产为可分物，则债权人仅可就其尚未得到清偿的债权金额相当的担保财产实现变价。另外，就留置权这种法定担保物权而言，在判定留置权成立时，即应考虑为债权担保之必要，而限定其

---

〔1〕　合同解除后，合同的原给付义务消灭，但可能发生恢复原状、损害赔偿等次给付义务。《民法典》第566条第3款规定，"主合同解除后，担保人对债务人应当承担的民事责任仍应当承担担保责任，但是担保合同另有约定的除外"。

〔2〕　参见《德国民法典》第1192条。

〔3〕　参见《民法典》第421条。

〔4〕　《担保制度解释》第2条第1款规定："当事人在担保合同中约定担保合同的效力独立于主合同，或者约定担保人对主合同无效的法律后果承担担保责任，该有关担保独立性的约定无效。主合同有效的，有关担保独立性的约定无效不影响担保合同的效力；主合同无效的，人民法院应当认定担保合同无效，但是法律另有规定的除外。"

权利客体的范围。[1]

担保物权的不可分性，有时还指涉以下这层意思：担保物权存续期间，即便担保物被分割或者部分灭失，分割后的各部分或者余存的部分仍为担保全部债权而存在。[2]

（三）物上代位性

担保物权以特定物为其权利客体，依物权法的一般原理，作为物权客体的特定物灭失的，物权也应消灭。但是，担保物权具有价值权的属性，若有价值替代物存在，即便担保物毁损、灭失，债权人仍可就此价值替代物主张优先受偿。此即为担保物权的物上代位性。

《民法典》就担保物权的物上代位效力设有明文规定，其第390条规定："担保期间，担保财产毁损、灭失或者被征收等，担保物权人可以就获得的保险金、赔偿金或者补偿金等优先受偿。被担保债权的履行期限未届满的，也可以提存该保险金、赔偿金或者补偿金等。"据此，物上代位效力成为抵押权、质权与留置权等各种担保物权均具有的一般效力。担保期间，若抵押物、质物或留置物发生毁损、灭失，则在担保物所有人因此受有保险金、赔偿金时，担保物权的效力可及于此保险金、赔偿金（第三人导致担保物毁损、灭失的行为，若满足侵害担保物权的构成要件，担保物权人也可直接请求其承担侵权损害赔偿责任）；担保期间，如担保财产被征收，则担保物权的效力及于征收补偿金。

依《民法典》第390条，担保物权具有物上代位的效力，应无疑义。但是，此种物上代位的效力如何实现却有疑问。该条直接将担保财产的"代位物"确定为保险金、赔偿金与补偿金。但是，由于金钱的特性，一旦给付义务人（保险人、侵权人、征收人等）向担保物所有人支付了保险金、赔偿金或补偿金，除非有特别的特定化安排（如通过保全措施冻结银行账户中该笔资金），这些资金将混入担保人的其他财产，而担保物权人当然无从就担保物所有人全部财产主张优先受偿。有鉴于此，学说以法定债权质的效力来界定担保物权的物上代位效力。依该理论，物上代位的对象不是金钱形态的保险金等，而是担保物所有人对第三人享有的保险金债权、赔偿金债权与补偿金债权；在担保物毁损、灭失或被征收的情形，担保物所有人对第三人产生以

---

[1]《民法典》第450条规定："留置财产为可分物的，留置财产的价值应当相当于债务的金额。"该条的实际意思应为，债权人仅得留置与债务金额相当的财产，其余部分应返还于债务人。

[2]《担保制度解释》全面地规定了担保物权的不可分性。该解释第38条规定："主债权未受全部清偿，担保物权人主张就担保财产的全部行使担保物权的，人民法院应予支持，但是留置权人行使留置权的，应当依照民法典第四百五十条的规定处理。担保财产被分割或者部分转让，担保物权人主张就分割或者转让后的担保财产行使担保物权的，人民法院应予支持，但是法律或者司法解释另有规定的除外。"第39条第2款规定："主债务被分割或者部分转移，债务人自己提供物的担保，债权人请求以该担保财产担保全部债务履行的，人民法院应予支持……"

金钱支付为内容的债权，而担保物权人立刻取得以此债权为客体的权利质权。[1]《担保制度解释》似有采法定债权质来解释第390条的意思。该解释第42条第2款规定："给付义务人已经向抵押人给付了保险金、赔偿金或者补偿金，抵押权人请求给付义务人向其给付保险金、赔偿金或者补偿金的，人民法院不予支持，但是给付义务人接到抵押权人要求向其给付的通知后仍然向抵押人给付的除外。"依据该规定，抵押权人有权直接向给付义务人要求向其给付，而接到通知后的给付义务人即不得再向抵押人清偿债务。不过，一方面，《民法典》第390条并未明确法定债权质的效果，前述司法解释其实也语焉不详；另一方面，《民法典》也未一般性地就债权质作出规定（而仅规定了表现为有价证券性质的债权质押以及应收账款质押）。因此，我国法上的担保物权物上代位性规则仍有待未来立法加以完善。

六、多重担保

所谓多重担保，指同一项债权同时存在两项以上担保权利之保障的情形。[2] 针对多重担保，《民法典》于第392条针对人保与物保构成的混合担保设有规定，同时于第699条规定了存在两个以上保证人的多重保证。考虑到后者与担保物权无关（尽管在担保原理方面存在共性），下文不做专门讨论。多重担保也完全可能由两个以上的担保物权构成，此两个以上的担保物权，既可以是同种类型的（如同一债权得到两项抵押权或质权的担保），也可以是两个以上不同类型担保物权的组合（如同一债权既有抵押权的担保，又有质权的担保）。《民法典》虽未就此由两项以上担保物权构成的多重担保类型作出专门规定，但债权人实现担保权利的基本规则与第392条所涉及的混合担保情形实际并无差异。另外，对多重担保问题的讨论，不仅应关注债权人如何实现数项担保权利之问题，而且也应明确数个第三担保人之间能否基于分担担保责任的逻辑相互追偿之问题。

（一）债权人对担保权利的实现

一项债权同时受到多个从属性担保权担保的，在因债务人不履行到期债务而具备实现担保权利条件时，涉及债权人如何实现其数个担保权利的问题。就此问题，《民法典》第392条针对共同担保由人的担保（即第三人的保证）及物的担保（抵押权、动产质权、权利质权等）构成之情形，设有如下规范：

---

[1]　我国台湾地区"民法"即明确采用此法定债权质效力解释物上代位规则。"民法"第881条规定："抵押权除法律另有规定外，因抵押物灭失而消灭。但抵押人因灭失得受赔偿或其他利益者，不在此限。抵押权人对于前项抵押人所得行使之赔偿或其他请求权有权利质权，其次序与原抵押权同。给付义务人因故意或重大过失向抵押人为给付者，对于抵押权人不生效力。抵押物因毁损而得受之赔偿或其他利益，准用前三项之规定。"该法第899条针对动产质权设有类似规定。

[2]　学理上一般以"共同担保"指称同一债权受两个以上担保物权担保的情形（以"混合共同担保"总结《民法典》第392条的规范意旨）。不过，严格意义上的"共同担保"应指多方共同实施的担保设立行为，而不包括债权人就同一债权各自与每个担保人分别实施担保设立行为的情形。既然这里讨论的是多个担保权利并存的法律效果，而无论这种并存是否基于共同行为，则"多重担保"的表达应该是一种更无歧义的表达。

（1）数担保人可以与债权人就后者如何实现担保权达成协议，如各担保人可以与债权人共同约定，每个担保人仅就主债务的一部分负担保责任，或者，各担保人均对全部债务负担保责任，但债权人须首先向其中一个担保人主张担保权，然后就其仍不能实现的债权再向其他担保人主张担保权利等。存在此类协议的，法律没有理由不尊重当事人的自治，债权人应当按照约定实现担保权利。

（2）若不存在前述协议，且债务人以自己之财产向债权人提供了担保（设立抵押权、质权或权利质权等）的，则债权人应先实现设定于债务人财产上的担保物权；若行使此担保物权仍不能使债权全部实现的，则债权人对未实现的债权金额可以继续要求保证人在保证范围内承担保证责任。保证合同，均由债务人以外的第三人与债权人缔结，债务人自己不能成为保证人。相反，担保物权虽也可创设于第三人之担保财产上，但债务人以自己之财产向债权人提供担保乃最常见的情形。若债权人在债务人的特定财产上享有以优先受偿为内容的担保物权，且当事人间没有特别约定，则没有理由允许债权人不行使该担保物权而直接要求第三人承担保证责任。当然，保证人毕竟负有保证债务，若债权人直接向保证人主张保证责任的承担，而保证人并未提出债权人应首先实现债务人物上担保权的抗辩，而是直接履行了保证债务，则债权人亦可保有保证人所做给付的利益；于此情形，保证人可根据《民法典》第700条之规定，在承担保证责任的范围内向债务人追偿，并享有债权人对债务人的权利，即债权人享有的债务人物上的担保物权法定移转于行使追偿权的保证人。[1]

（3）若不存在前述协议，且担保物权也系由债务人以外之第三人提供，则债权人对于其享有的担保物权和保证债权，可以自由决定其行使，而不受行使顺序的约束。相对于提供物的担保的第三人，提供信用担保的保证人并无获得特殊保护的法理基础。反之亦然。债权人据此主张实现担保物权或主张保证债权的，相对人不得以还存在其他担保人为由要求承担按份的担保责任或要求债权人一并向其他担保人共同提出权利主张。

综上，《民法典》第392条确立的关键规则是：在无特别约定情形下，若有担保物权由债务人提供，则债权人应首先实现此针对债务人财产的担保物权，然后才能就仍未实现的债权金额向其他担保人主张担保责任之承担。实际上这一规则可以扩张适用于其他任何共同担保的组合之中。在同一债权受多个担保物权之担保的情形，无论所涉及担保物权是否同种类型，凡其中有创设于债务人财产上的担保物权，则债权人均须首先实现此担保物权，其他提供物之担保的第三人均可在债权人主张实现在债务人财产上担保物权前，拒绝其承担担保责任的主张。

（二）担保人之间的追偿问题

无论是提供保证，还是以自己之物为他人债务提供物的担保，第三人因此承担担保责任后，均可在其承担担保责任的范围内向债务人追偿。问题是，若存在两个以上

---

[1]《担保制度解释》第18条第2款明确了这一规则，该条款规定："同一债权既有债务人自己提供的物的担保，又有第三人提供的担保，承担了担保责任或者赔偿责任的第三人，主张行使债权人对债务人享有的担保物权的，人民法院应予支持。"

的第三人担保，而承担担保责任的担保人无法自对债务人的追偿中挽回损失，则其能否向其他担保人要求分摊损失？对此问题，《民法典》第 392 条（规范混合担保）及第 699 条（规范共同保证）均未予明确。[1]

关于数个第三担保人之间能否请求分担之问题，由于法律语焉不详，学理上和司法实务中争议很大。肯定说主要从公平的角度出发，认为即使各第三担保人之间不存在分担协议，也应在各担保人之间按比例分担担保人不能向债务人追偿部分的损失。否定说则认为，《物权法》之前的规范确认了担保人之间可以请求分担的规则，[2] 而《物权法》第 176 条和《民法典》第 392 条均未规定此种分担求偿权，故在数担保人间没有相应约定时，承担了担保责任的担保人对其他担保人没有请求分担的权利。[3]《担保制度解释》采否定说立场。根据该解释第 13 条之规定，同一债务有两个以上第三人提供担保时，除以下能够体现各担保人间具有相互追偿之约定的几种情形外，承担了担保责任的担保人不得向其他担保人追偿：①明确约定了相互追偿及分担份额；②担保人之间约定承担连带共同担保，或者约定相互追偿但是未约定分担份额；③担保人之间未对相互追偿作出约定且未约定承担连带共同担保，但是各担保人在同一份合同书上签字、盖章或者按指印。

✉ 本节拓展

关于"担保物权关系"

担保物权系在担保物上的权利，具有对世性，这一点本应不辩自明，无需多言。但是，抵押权、质权等意定担保物权由当事人通过合同加以创设，容易使人将担保合同的效力与担保物权的效力混为一谈。前文提及，由共有及定限物权所界定的物权人间的关系属于一种"物上关系"，其法律构造显著区别于单纯由合同塑造的存在于特定相对人间的法律关系，从而可以将前述物权界定为"关系物权"。抵押权和质权由债权人与特定担保人（债务人或第三人）之间的抵押合同或质押合同所创设，但抵押权或质权一经设立，即成为特定担保财产上担保物权人与其所有权人之间的关系。由于担保物权可能随其担保的债权而移转，而在抵押人或出质人为他人设立担保物权后，担保物的所有权也可能发生移转，故"担保物权关系"完全有可能在未参与订立抵押合同或质押合同的人之间存在。由此，担保物权的内容应法定，即需由法律确定各种担保物权关系的确切内容，从而将担保物权的内容适用于各时之"所有人-担保物权关

---

[1]《民法典》第 392 条系沿用《物权法》第 176 条的结果，后者也回避了担保人间能否追偿的问题。针对共同保证，《担保法》第 12 条规定，"……已经承担保证责任的保证人，有权向债务人追偿，或者要求承担连带责任的其他保证人清偿其应当承担的份额"。《民法典》第 699 条一方面改变了多个保证人间承担连带责任的规定，另一方面也删去了承担了保证责任的保证人向其他保证人要求分担的规定，此法律修正应该意味着立法者已转向保证人之间不得相互追偿的立场。

[2] 根据《担保法解释》第 38 条，承担了担保责任的担保人，可以向债务人追偿，也可以要求其他担保人清偿其应当分担的份额。

[3] 否认说的其他理由还包括：相互追偿理论上讲不通；程序上费时费力；不能追偿恰恰体现公平原则；追偿计算复杂，可操作性差。参见黄薇主编：《中华人民共和国民法典物权编解读》，中国法制出版社 2020 年版，第 623-625 页。

系"。

观察《民法典》物权编关于抵押权、质权的相关规定，可发现，立法者欠缺自前述"物上关系"视角提供规范的意识。首先，就立法应如何指称担保物权关系当事人这一问题，本书认为，凡涉及担保物权设立后的效力规范，均不应以"抵押人""出质人"指称担保物权人的相对方，而应尽可能使用"抵押物所有人""质物所有人"这样的称谓。[1] 原因已如前述：在担保物权的标的物移转至第三人手中时，担保物权人在行使权利时所面对的已非作为担保合同当事人的抵押人、出质人。试举一例说明立法的问题。《民法典》第408条系抵押权的保全规范，该条针对的是"抵押人的行为足以使抵押财产的价值减少的"情形，但是，在发生抵押物所有权（依第406条）转让的情形，抵押权人的保全措施显然不再针对抵押人，而是针对抵押物的现时所有人。[2] 类似的问题在《民法典》关于担保物权的立法规定上非常普遍。在对这些规范进行解读时，应将"抵押人""出质人"均解读为"抵押物所有人""质物所有人"，以使抵押权人、质权人可以向担保物的受让人、继承人等主张物上的担保权利。其次，对物权法定原则的遵循，需要限制当事人在创设担保物权时的自治。抵押人或出质人与债权人在抵押合同、质押合同中所做出的偏离抵押权、质权标准形态的约定，除非该类特别约定经由法律认可的公示手段得到了公示，否则不能对抗第三人。例如，《民法典》第406条在承认了抵押权的对世性与抵押人的处分权的同时，又设有"当事人另有约定的，按照其约定"的规定，从而引发了该约定的对抗性问题，《担保制度解释》第43条不得不增补以下规则：禁止转让约定，未经登记，不得对抗善意第三人。又如，关于抵押权的实现方式，由于抵押权人不占有标的物，《民法典》第410条实际上并不承认抵押权人的自行变价权。如抵押合同中约定，抵押权人在债务人不履行到期债务时可自行拍卖、变卖抵押物，则此约定在当事人间应具有效力。[3] 但是，如果抵押物被转让给第三人，则抵押权人可否仍根据抵押合同的约定要求对受让人所有及占有之抵押物自行变价？根据以上分析，对此问题应给出否定的答案。

---

[1] 就动产质权而言，直接将"出质人"改称"质物所有人"没什么不便。但在抵押权的情形，由于抵押权的客体也可以是建设用地使用权或海域使用权这样的权利，故"抵押物所有人"的表述不能涵盖所有抵押财产的归属人。

[2] 我国台湾地区"民法"也存在与《民法典》相似的问题，即在规范担保物权效力时，以"抵押人""出质人"作为担保物权人的相对人，如规范抵押权人保全效力的第871条。《德国民法典》则在有关抵押权的规范中有意识地使用"所有人"作为抵押权人的相对人，例如，该法典在同样规定保全效力的第1133条中规定，"因土地之毁损致危害抵押权之担保者，债权人得定相当期间请求所有人除去其危害"（着重号为作者所加）。

[3] 参见《担保制度解释》第45条第1款。

第二节　抵押权

一、抵押权的意义和类型

（一）抵押权的意义

抵押权，是指债务人或者第三人不转移物的占有而向债权人提供一定财产以担保债务的履行，在债务人不履行债务时，债权人得就抵押物折价或者就其卖得的价金优先受偿的权利。

《民法典》第394条对抵押权做出了立法定义。根据此立法定义，可对我国民法上的抵押权概念做以下几点解读：

1. 抵押权为担保物权

抵押权系在抵押物上成立的以变价与优先受偿为内容的权利。抵押权设立于他人之物上，以对其交换价值的支配为目的，其性质为定限物权中的担保物权。

2. 抵押权设立于债务人或者第三人所提供之不动产、不动产权利或动产之上

传统民法上的抵押权仅以不动产为其客体，故为典型的不动产物权。考虑到现代融资担保的需求，尤其是在不影响所有人对其动产使用的前提下发挥其担保融资功能，我国民事立法自《担保法》时代起，即将抵押物的范围一般性地扩展至一般动产，尤其是交通运输工具以及企业经营中所涉及的动产，《物权法》和《民法典》承继了这一制度安排。另外，由于土地公有制导致土地本身（土地所有权）不能作为抵押物，具有流通性的建设用地使用权、海域使用权等不动产用益物权可以作为抵押财产。以此类不动产权利抵押的，应视同为以不动产抵押，以便于权利质权相区分。

提供抵押物的抵押人是债权人以外的人，包括为自己债务提供担保的债务人，以及为他人债务提供物之担保的第三人。抵押权设立后，如由于权利的移转而由抵押人取得对自己财产的抵押权，或者由抵押权人取得抵押物的所有权，则抵押权通常会因物权的混同而消灭，但如存在顺位保留等需要时，抵押权仍不消灭。

3. 抵押权是不移转标的物占有的担保物权

抵押权的成立与存续不以抵押人将抵押物的占有移转于债权人为必要，这与动产质权要求移转占有显著不同。抵押权的设定无须移转标的物的占有，这就意味着，抵押人仍可以继续占有抵押物，并对其加以用益。如此，抵押物的价值就可得到最充分的利用：抵押人既可以利用其使用价值，同时又可以利用其交换价值融通资金。对债权人而言，若其关注的仅是以担保物价值优先受偿而非物的利用，则不移转占有并不影响其设立担保物权目的的达成。

抵押权为不转移占有的担保方式，这一点深刻地塑造了抵押权的效力。抵押权的登记设立、抵押权的保全、抵押期间孳息的收取乃至抵押权的实现方式等，均由抵押人继续占有抵押物的事实所决定。动产抵押的兴起，也是因为其设立不要求转移占有，从而比动产质押更能满足商业社会融资交易的需求。

4. 抵押权是就抵押物卖得的价金优先受偿的权利

抵押权的效力主要体现在变价和优先受偿之上。债务人不履行债务时，抵押权人对抵押物享有变价处分的权利，并就卖得的价金优先受偿。

抵押权的优先受偿的效力表现在：①相对于抵押人的其他普通债权人（无担保债权人），抵押权人就卖得的价金有优先于他们受偿的权利。在民事执行程序中，即便前者已经对抵押物采取了查封、扣押措施，抵押权人仍可以主张优先受偿。②如同一抵押物上存在数个抵押权，原则上，先次序抵押权人优先于后次序抵押权人受偿（具体见于《民法典》第414条）。③抵押人受破产宣告时，抵押权人享有别除权，仍可就抵押物卖得的价金优先受偿。[1]

作为一种最典型的担保物权，抵押权具有前述担保物权的从属性、不可分性及物上代位性，不赘述。

（二）抵押权的类型

1. 一般抵押权与特殊抵押权

《民法典》物权编抵押权一章（第十七章）下设两节，分别规定"一般抵押权"与"最高额抵押权"。前述对抵押权概念的分析，实际上针对的是一般抵押权。最高额抵押权，其所担保债权待确定，从而使其在从属性等方面具有一定的特殊性。本节对抵押权的设立、效力等的阐述均针对一般抵押权作出，关于最高额抵押，将在最后专题讨论。此外，包含在"一般抵押权"中的动产浮动抵押实际上也具有相当的特殊性，本节也将在最后一部分专门对其加以讨论。

2. 不动产抵押权与动产抵押权

我国民法将不动产（含不动产权利）与动产均作为抵押权客体，但以不动产为客体的抵押权和以动产为客体的抵押权，在设立方式、效力等方面存在显著差异，因此，有必要将二者加以区分。不动产抵押权，经登记始能设立，而一旦能设立，该类型抵押权具有最完整的担保物权效力。应该说，经登记设立的不动产抵押权，在物权客体特定、公示以及对世性等方面，与其物权的属性最为契合，可谓是抵押权的原型。动产物权变动，原则上需以交付作为公示手段和生效要件，而动产抵押权又要求以不转移占有的方式设定，故动产抵押权具有特别的公示要求，在保护交易安全的需求面前，动产抵押权的对抗效力也需做一定的限制，《民法典》第403条、第404条等即体现了这种限制。

3. 债务人物上的抵押权与第三人物上的抵押权

抵押人可以是债务人，也可以是第三人，已如前述。即使订立抵押合同的抵押人是债务人，也可能因债务人在抵押期间将抵押物转让于第三人，从而使债权人对第三人之物享有抵押权。区分存在于债务人物上的抵押权与第三人物上的抵押权，具有重要的法律意义。相对于债务人以其物对自己的债务提供担保，第三人以其物对他人债务履行提供担保的，法律对其设有若干保护性规定，包括：①抵押权实现时，若抵押

---

[1] 参见《企业破产法》第109条，该条规定："对破产人的特定财产享有担保权的权利人，对该特定财产享有优先受偿的权利。"

物变价金额不足以清偿债权，第三人对差额不负清偿之责；②第三人就其提供的抵押物向债权人承担担保责任后，可以向债务人追偿，并享有债权人对债务人的权利；③同一债权既受到债务人提供之物的担保，又存在第三人物上担保的，债权人应首先实现在债务人物上的担保物权；④《民法典》对于保证人设有一系列保护性规定，尤其是保证人可以主张债务人对债权人的抗辩（第701条）等，作为物上担保人的第三人也均可以享受这些保护。[1]

二、抵押权的设立

如不将《民法典》第807条规定的建设工程承包人的法定优先权作为法定抵押权看待，则我国民法上的抵押权均须依意定的方式通过法律行为创设。当然，自抵押权取得的角度看，已设立的抵押权也可能与其担保的债权一同，依法定继承这种非法律行为的方式为继承人所取得。

抵押权的设立，无论其为不动产抵押抑或是动产抵押，均须以抵押合同的订立及生效为必要。以下首先讨论抵押合同的订立，然后再分别不动产与动产讨论抵押登记的意义。

（一）抵押合同的订立

抵押合同由债权人与抵押人订立。根据《民法典》第400条的规定，抵押合同须以书面形式订立。抵押合同，至少应明确当事人、抵押财产及抵押权所担保的债权等几个要素。

1. 当事人

抵押合同的当事人为债权人与抵押人。因抵押权设立之目的是为担保债权的实现，故抵押权人必为所担保之债权的债权人。抵押人为提供抵押物并为债权人设立抵押权之人，抵押人可以是被担保之债的债务人，也可以是自愿为他人债务提供担保的第三人。[2]

抵押人为债务人时，如该债务人到期不清偿债务，则抵押权人可以行使抵押权，就抵押物变价的金钱优先受偿；如抵押物变价金额不足以清偿债权，则债权人当然还可要求债务人以其他资产继续偿还余额。抵押人为第三人时，抵押人并不负有被担保之债的清偿之责（属于典型的"无债务，有责任"情形）。因此，如债务人到期不清偿债务，抵押权人固然可以就抵押人所提供的抵押物变价受偿，但抵押人对债权人的

---

〔1〕 涉及第三物保人的特别保护问题，《民法典》在担保物权部分并未做系统考虑，仅在第391条有所体现（未经其同意，债权人允许债务人转移债务的，担保人免责）。相反，对于同样作为第三人提供的保证，《民法典》在第695条之下设有一系列保护保证人的规定。《担保制度解释》第20条通过将后者的规定适用于前者的处理，弥补了这一法律漏洞（"人民法院在审理第三人提供的物的担保纠纷案件时，可以适用民法典第六百九十五条第一款、第六百九十六条第一款、第六百九十七条第二款、第六百九十九条、第七百条、第七百零一条、第七百零二条等关于保证合同的规定"）。

〔2〕 根据《民法典》第683条，机关法人与以公益为目的的法人与非法人组织不得担任保证人，这一规定也应类推适用于以自己财产为他人提供担保的物上担保人（参见《担保制度解释》第5条、第6条）。另外，根据《公司法》第16条之规定，公司为他人提供担保的，须依公司章程的规定，经董事会或股东会、股东大会决议，《担保制度解释》第7条至第12条对《公司法》第16条作出了具体适用的规定。

责任，也仅以抵押物的价值为限；在债务人不履行债务时，抵押权人不得向物上担保人要求代为履行；当抵押物变价所得之金额不能完全清偿债务时，抵押权人也不得要求抵押人承担其他责任。

2. 抵押财产[1]

根据《民法典》第 395 条之规定，可作为抵押权标的的财产有：

（1）建筑物和其他土地附着物。地上建筑物、附着物的所有人得以建筑物、附着物作为抵押财产。由于建筑物与占用土地的建设用地使用权不可分，因此，《民法典》第 397 条规定，以建筑物抵押的，该建筑物占用范围以内的建设用地使用权一并抵押。抵押人还可以正在建造的建筑物抵押。以正在建造的建筑物抵押的，其占用范围内的建设用地使用权也一并抵押。另外，为避免与商品房买受人的利益相冲突，根据相关规定，已经办理预告登记或预售合同登记备案的在建商品房不得作为抵押财产。[2]

（2）建设用地使用权。我国实行土地公有制，土地不能成为抵押财产，而具有可让渡性的建设用地使用权可以作为抵押财产。依《民法典》第 397 条，以建设用地使用权抵押的，该土地上既存的建筑物一并抵押。

（3）海域使用权。通过订立海域使用权出让合同等方式取得的海域使用权，可以作为抵押财产。以海域使用权抵押的，该海域上的构筑物、建筑物一并抵押。

（4）交通运输工具。机动车、船舶、航空器等交通工具通常具有较高的价值，且存在成熟的登记系统可支持抵押权的公示，故此类交通运输工具可作为抵押财产。正在建造的船舶、航空器，即便尚未完工，也可能具有了很高的价值，法律承认其所有人有权利用其进行抵押融资。

（5）生产设备、原材料、半成品、产品。生产设备等均属于动产，且系在经营活动中所涉及的动产，因此也仅有企业或个体工商户等商事主体作为抵押人。抵押权的客体扩张到动产，主要是为了满足企业经营中的融资需求：唯有不转移标的物的占有而能利用交换价值融资，方可满足企业经营的需要。我国民法虽未区分民事抵押权与商事抵押权，但以生产设备等动产抵押，其实已经属于商事抵押权的范畴，也正因为如此，《民法典》才设有第 404 条有关正常经营活动中买受人的规则。

（6）法律、行政法规未禁止抵押的其他财产。《民法典》第 399 条将下列财产列为不得抵押的财产：土地所有权；宅基地、自留地、自留山等集体所有土地的使用权，但是法律规定可以抵押的除外[3]；学校、幼儿园、医疗机构等为公益目的成立的非营利法人的教育设施、医疗卫生设施和其他公益设施；所有权、使用权不明或者有争议

---

〔1〕 物权的客体原则上应为有体物，故抵押权的客体本应直接称为"抵押物"，但考虑到抵押权也可以建设用地所有权等不动产权利作为客体，且我国实证法历来不严格区分"物"与"财产"（在仅以动产为客体的动产质权，立法仍将权利客体指称为"质押财产"，而不称"质物"），故《民法典》以"抵押财产"指称抵押权的客体。考虑到可抵押的不动产权利本身可视为不动产，在本书所采用的表达中，"抵押物"与"抵押财产"乃同义词。

〔2〕 参见《不动产登记操作规范（试行）》14.1.6.5。

〔3〕 在实行农地"三权分置"改革后，土地经营权可以成为抵押财产，参见《农村土地承包法》第 47 条。根据该条规定，以土地经营权担保的，未经登记不得对抗善意第三人。尽管属于不动产权利的抵押担保，但由于土地经营权的设立本身采登记对抗主义（《民法典》第 341 条），故该类型抵押权的设立也采登记对抗规则。

的财产；依法被查封、扣押、监管的财产。[1] 只要不是禁止抵押的财产，且不构成权利质权等其他担保物权的客体，抵押人有处分权的其他财产也可作为抵押权的客体。例如，即便不属于生产设备等经营性资产，而是一般民事主体拥有的普通动产（如珠宝、具有收藏价值的字画等），也能作为抵押权的客体（当然，此类非经营性动产更适合作为质权的标的）。

关于抵押权的客体，还有两个问题值得讨论：

第一，欲发生抵押权设立的效力，抵押人对于其用于抵押的财产须享有处分权。设立抵押权的法律行为，性质上属于处分行为，故抵押人须享有处分权。《民法典》第 395 条在列举抵押财产的范围时，明确规定抵押财产须为"债务人或第三人有权处分"的财产。如果抵押人对其用于抵押的财产不享有处分权，则除非抵押权的设立能满足《民法典》第 311 条规定的善意取得构成要件，或者处分权人事后追认，否则不发生抵押权设立的效果。另外，基于负担行为效力与处分行为效力相区分的原理，抵押人对抵押财产不享有处分权的，不影响抵押合同的效力，这也就意味着，因抵押合同的订立，抵押人负有使债权人取得抵押权的债务。

第二，基于物权客体特定原则，抵押权的客体原则上须为特定的一物。这一点，在不动产抵押方面，应无例外。不动产抵押，无论是建筑物抵押，还是建设用地使用权、海域使用权抵押，均以一个确定的不动产登记单元作为抵押权的客体，并据此进行不动产登记。动产抵押，实际上也须遵循物权客体特定原则，这就意味着，动产抵押权的客体，至迟在实现抵押权时需得以确定（考虑动产浮动抵押的情形），而且，即使法律承认实践中对动产抵押的对象进行概括性的描述（如"抵押人存放于某处冷库中的 5 吨大蒜"），也仅有在根据此种描述能够合理识别抵押财产时，抵押权才在这些动产上发生。[2]

3. 抵押权所担保的债权

抵押权具有从属性，抵押合同须明确指向抵押权所担保的债权。若根据抵押合同的约定，运用意思表示解释的方法仍无法确定其欲担保的债权，则不发生抵押权设定的效果。最高额抵押权的从属性要求较低，在订立抵押合同时仅须确定未来一定期间

---

〔1〕 如果当事人以所有权、使用权不明或有争议的财产设立抵押，其效果如何？实际上，即使是对于已经做了异议登记的不动产（明显存在所有权争议），若债权人与抵押人仍以其作为抵押财产，且已办理抵押登记（登记机关应予办理，参见《不动产登记暂行条例实施细则》第 84 条），则在最终确定异议登记不成立时，抵押权设立的效果完全不受影响。在其他所有权不明或有争议的情形，若确定抵押人对抵押财产无处分权，抵押权也未必不能由债权人取得，因为此时有《民法典》第 311 条善意取得制度适用的余地。另外，以被查封或扣押之财产作为抵押财产的，若嗣后查封或扣押措施被解除，则抵押权设立的效力也不受影响，参见《担保制度解释》第 37 条。由此可见，《民法典》第 399 条其实无必要规定此类财产"禁止抵押"。

〔2〕 参见《担保制度解释》第 53 条。

内可能连续发生债权即可。

（二）抵押登记与抵押权设立的效力

抵押权为担保物权，其针对特定抵押物优先受偿的基本效力本身就具有对世性，因此有强烈的公示需求。抵押权属于不转移占有的担保方式，故即使是在动产抵押，也须考虑将登记作为公示手段。不动产抵押登记与动产抵押登记，在登记方法、效力等方面存在很多差异，以下分别予以讨论。

1. 不动产抵押登记与抵押合同的负担效力

根据《民法典》第 402 条，以建筑物（包括正在建造的建筑物）以及建设用地使用权、海域使用权抵押的，抵押权自登记时设立。该条确立了不动产抵押权的登记设立主义，[1] 它意味着，仅有不动产抵押合同的订立，尚不发生抵押权在抵押物上设定的效果，只有在抵押人与债权人在不动产登记机关共同完成抵押登记时，后者才取得抵押权。

不动产抵押登记能够产生充分的公示效果，经登记的不动产抵押权具有完整的对世性。不动产抵押权设立后，抵押权人不仅可于债务人不履行到期债务时享有变价与优先受偿的权利，而且，即使抵押期间抵押物所有权发生移转，抵押权的效力也不受影响，继续存在于抵押物之上。另外，抵押权登记设立后，抵押权还产生向后的优先效力：无论是在后登记设立的后顺位抵押权，还是在后设立的居住权等用益物权，先登记的抵押权人皆可主张优先效力。

不动产抵押权自登记时设立，但是，抵押人与债权人之间订立的抵押合同，只要不存在效力瑕疵，仍自成立时发生效力，这也是《民法典》第 215 条所确立的区分原则的体现。[2] 不动产抵押登记，需由抵押人与债权人共同向登记机关申请（此点可用于支持物权行为独立性的学说，已如前述），并非债权人依据抵押合同可独自完成。因此，作为负担行为的抵押合同，其效力主要表现为抵押人向债权人负有配合完成抵押登记的债务。具体而言，抵押合同生效后，后续可能发生的法效果如下：①若抵押人配合债权人完成抵押登记，则此债务因清偿而消灭，抵押权也因此得以设立。②若抵押人不履行协助债权人完成登记的义务，则债权人可依据《民法典》第 580 条诉请实际履行。③若因不可归责于抵押人的原因（如在登记之前标的物因不可抗力灭失）导

---

[1] 须注意的是，如前所述，根据《土地承包法》的规定，以土地经营权抵押的，适用登记对抗规则，即抵押权自合同生效时（需满足由发包人或土地承包人同意的要件），但未经登记不得对抗善意第三人。

[2] 在我国民事立法上，对这一点的认识是逐渐达成的。《担保法》第 41 条规定："当事人以本法第四十二条规定的财产抵押的，应当办理抵押物登记，抵押合同自登记之日起生效。"该条将不动产登记设置为不动产抵押合同生效的要件。据此，在抵押合同已订立但未办理登记的情形，该合同不能发生效力，如果抵押人在订立合同后拒绝协助抵押权人办理抵押登记，则债权人无从依据尚未生效的合同主张登记请求权，从而也就无法取得抵押权。考虑到前述问题对债权人的不利影响，《担保法解释》第 56 条第 2 款作出了如下规定："法律规定登记生效的抵押合同签订后，抵押人违背诚实信用原则拒绝办理抵押登记致使债权人受到损失的，抵押人应当承担赔偿责任。"这一规定在一定程度上可以促使抵押人办理抵押登记。然而，这一规定不仅本身欠缺法理依据，而且，在抵押人为债务人时，债权人的债权既已得不到清偿，试问，再规定抵押人（债务人）就拒绝登记行为而对债权人承担赔偿责任又有何意义？到 2007 年《物权法》，立法者终于意识到应区分不动产抵押合同与不动产抵押权设立的效力，遂将"抵押合同自登记之日起生效"改为"抵押权自登记时设立"（《物权法》第 187 条），《民法典》从之。

致无法完成抵押登记，则抵押权不设立，债权人也不得要求抵押人承担担保责任或损害赔偿责任。④若因可归责于抵押人的原因（如抵押人转让抵押财产或因其保管不善导致灭失）导致无法完成抵押登记，则债权人可要求抵押人在抵押合同约定的担保范围内承担责任，但不应超出抵押权能够设立时其应承担的责任范围。

对于抵押合同不履行所产生的责任，《担保制度解释》采过错责任原则。根据该司法解释第46条第2款之规定，因不可归责于抵押人的原因导致抵押权无法登记的，债权人不得要求抵押人承担担保责任。不过，该款同时规定，如抵押人因抵押物毁损灭失或被征收等获得了保险金、赔偿金或补偿金，则债权人可要求抵押人在所获金额范围内对债权人承担赔偿责任。

在因可归责于抵押人的原因导致抵押权不能登记时，关于抵押人应承担的责任，学理上可有两种解释：

第一，违约责任说。抵押人应依违约责任之规定，对债权人承担损害赔偿责任，即抵押人对因抵押权未能设立从而给债权人造成的损失负赔偿之责，这一损失应根据债权人对债务人的财产中进行强制执行仍不能实现的债权金额部分加以确定。

第二，保证责任说。抵押权不能设立时，抵押人仍应承担担保责任，即抵押权因不能登记而未能设立时，抵押人仍应在抵押合同约定的担保范围内承担类似保证人的担保责任。这一结果可以通过法律行为效力转化理论得以解释——对于当事人而言，在就特定物提供具有优先受偿效力的抵押权达成合意时，应可解读出如下意思：若因抵押人原因导致抵押权不能创设，则担保人在担保物的金钱价值范围以内，对债权人提供保证。

自《担保制度解释》第46条第3款的措辞来看，该条采保证责任说。依该条款，在因可归责于抵押人的原因导致抵押权不能设立时，债权人可以"请求抵押人在约定的担保范围内承担责任"。依文意，此责任不是损害赔偿责任，无须以债务人不能清偿造成损失为前提，而且，此处也未承认抵押人享有先诉抗辩权，因此，其承担的相当于是连带责任保证人的担保责任。另外，需要指出的是，无论采违约责任说，还是担保责任说，只有在抵押人为债务人以外的第三人时，前述担保人的责任才有意义。若抵押人为债务人，则由于债权人本身就对其享有被担保之债权，一旦抵押权不能设立，针对债务人特定财产的优先受偿效力不能发生，抵押合同也就失去了意义。

2. 动产抵押权的登记对抗

根据《民法典》第403条之规定，以动产抵押的，抵押权自抵押合同生效时即发生设立的效果，不过，若未办理抵押登记，该抵押权不得对抗善意第三人。对该条所确立的动产抵押权的登记对抗规则，可做几点解读如下：

（1）在抵押人享有处分权的动产上创设抵押权，仅需抵押人与债权人之间订立有效的抵押合同，债权人即可在抵押物上取得抵押权。抵押登记不是抵押权设立的必要条件。不过，如果抵押权未经登记，不能发生完整的物权效力，即不得以抵押权对抗善意第三人。

（2）《民法典》未对动产抵押登记的登记机构及登记方法等作出规定。动产抵押法律制度系回应实践的需求而构建，而建立能够真正发挥公示效用的登记系统在其中发挥至关重要的作用。依相关规范，以机动车等交通工具抵押的，在车辆管理所、海事管理部门及民用航空主管部门申请抵押登记；[1] 以生产设备、原材料、半成品、产品抵押的，在中国人民银行征信中心建立的动产融资统一登记公示系统登记。[2]

（3）动产抵押权未做登记的，不得对抗善意第三人。问题是，如何界定"善意第三人"的范围？不具有全面对世性的物权，原本就是一个独特的范畴，很难依严密的法律逻辑界定"善意第三人"的范围。因此，在此问题上的学说分歧很大。《担保制度解释》第54条[3]选择了一个非常宽泛的立场：未经登记的抵押权，不仅不能对抗交易中的善意第三人（如抵押物的受让人或承租人），而且也不能对抗已经对抵押物采取了保全或执行措施的抵押人的其他债权人；抵押人破产的，未经登记的抵押权也不享有破产法上的别除权。依该条规定，无论抵押人的其他债权人是否为"善意"（即知道或应当知道抵押合同的存在），在真正存在对抵押物的变价受偿竞争时，未经登记的抵押权都不得对抗抵押人的其他债权人。设定抵押权的主要目的，就在于对抵押物上优先受偿效力的追求，因此，依抵押合同被创设但未登记的动产抵押权实际很难真正发挥担保功能。随着动产融资统一登记公示系统的运行，动产抵押权的登记极为便利，可以预期，就生产设备等的抵押而言，债权人基本都会对动产抵押权进行登记。

3. "正常经营活动中的买受人"规则

值得特别强调的是，与不动产抵押权相比，为满足企业融资需求而被法律创造出的动产抵押权，在担保功效上具有先天的不足。在动产抵押，不移转抵押物的占有，抵押权人无法通过实际控制抵押物来避免抵押人对抵押物作出处分。同时，如果抵押物是经营性资产，尤其是抵押人的产品，则一方面抵押人具有强烈的出售意愿（即使

---

[1]　以机动车为例，目前规范机动车抵押登记的部门规章是公安部发《机动车登记规定》（2021年12月4日修订，2022年5月1日施行）。根据该规定，机动车抵押登记需机动车所有人与抵押权人共同申请（这就意味着，债权人基于抵押合同有权请求抵押人配合完成抵押登记），机动车的抵押登记日期、解除抵押登记日期可以供公众查询。总体来看，机动车抵押登记的方法类似不动产抵押登记。

[2]　在该登记系统进行的动产抵押登记，具有以下几个特点：①采取所谓"人的编成"主义，即不按照确定的标的物（如特定的不动产登记单元，或由登记编号和号牌确定的特定机动车），而是按照抵押人的名称、姓名登记、检索抵押信息；登记信息的"人的编成"，决定了此种登记公示不可能像采"物的编成"的不动产登记那样准确；②登记系统完全基于互联网线上运行，登记机构对登记信息不做任何实质性审查；③抵押权人自主办理登记，无须抵押人的配合；抵押人对抵押权人的登记有异议的，可以要求抵押权人变更或注销登记，后者不变更、注销的，前者可以办理异议登记；④系统登记信息向全体公众开放查询（查询人仅需注册为用户即可）。

[3]　《担保制度解释》第54条规定："动产抵押合同订立后未办理抵押登记，动产抵押权的效力按照下列情形分别处理：（一）抵押人转让抵押财产，受让人占有抵押财产后，抵押权人向受让人请求行使抵押权的，人民法院不予支持，但是抵押权人能够举证证明受让人知道或者应当知道已经订立抵押合同的除外；（二）抵押人将抵押财产出租给他人并移转占有，抵押权人行使抵押权的，租赁关系不受影响，但是抵押权人能够举证证明承租人知道或者应当知道已经订立抵押合同的除外；（三）抵押人的其他债权人向人民法院申请保全或者执行抵押财产，人民法院已经作出财产保全裁定或者采取执行措施，抵押权人主张对抵押财产优先受偿的，人民法院不予支持；（四）抵押人破产，抵押权人主张对抵押财产优先受偿的，人民法院不予支持。"

其在抵押合同中约定不得处分抵押物），另一方面，在市场上进行正常交易的买受人，包括且不限于个人消费者，其通过支付价款获得无权利负担之所有权的交易利益，当然也应得到法律的承认和保护。这就意味着，动产抵押权即使经过登记，也不得对抗特定类型的第三人。为此，《民法典》设第404条规定如下："以动产抵押的，不得对抗正常经营活动中已经支付合理价款并取得抵押财产的买受人。"

《担保制度解释》第56条对《民法典》第404条所确定的"正常经营活动中的买受人"规则作出了解释，对其要点做解读如下：①动产抵押，即使经过登记，仍不能对抗正常经营活动中的买受人，即抵押权人不得依据《民法典》第406条关于抵押物转让不影响抵押权的规定继续对买受人主张抵押权。《民法典》第404条所确立的这一规则也可以适用于经登记的所有权保留买卖的出卖人、融资租赁合同的出租人。②所谓"正常经营活动"，指出卖人的经营活动属于其营业执照明确记载的经营范围，且出卖人持续销售同类商品。在动产抵押人将作为抵押物的产品在其正常营业活动中销售时，若因该抵押物在动产融资统一登记系统登记而使抵押权在买受人获得的商品上继续存在，则将会严重阻滞正常的交易，增加交易成本。该规则的构建，意味着，法律并不要求正常交易活动的买受人有检索查询其购买的商品是否为动产抵押物的义务。③该条司法解释也列举了几种不属于正常经营活动买受人的情形，包括购买商品的数量明显超过一般买受人、购买出卖人的生产设备、订立买卖合同的目的在于担保出卖人或者第三人履行债务、买受人与出卖人存在直接或者间接的控制关系等。[1]

（三）流押约定的效力

所谓"流押"，一般指抵押人与债权人之间在抵押合同中的如下约定：如债务人不履行到期债务，则抵押物归债权人所有（以下将抵押合同中的此项约定简称为"流押条款"）。我国法律历来排斥流押条款的效力，明文禁止流押。[2] 法律禁止的理由主要在于，抵押权以债权的优先受偿为已足；若依流押约定，可能导致价值远高于债权的抵押物实际上发生对债权的抵偿（债务人在举债之时，常处于经济上窘迫状态，故而可能应允债权人不合理之要求），这不仅对抵押人显著不公平，也可能损害抵押人其他债权人的利益。但是，流押之约定毕竟是当事人自治的结果，若不存在影响法律行为效力的意思瑕疵，简单否认其效力未必妥当。另外，流押的安排也具有极大便利抵押权实现的优点。因此，近年来流押禁止的规定在立法上逐渐呈缓和的态势，往往已

---

[1] 对《担保制度解释》第56条所列举的几种不适用"正常经营中的买受人"规则情形，可大致理解如下：对于从出卖人手中购买商品数量巨大的买受人而言，法律要求其在交易上负相对更多的注意义务并不为过，其在确定购买前应查询公示系统了解其购买的商品上是否有动产抵押权；生产设备，属于固定资产，处置固定资产，并非正常的经营活动，而这一点买受人可以知晓，故后者在决定购买前应审慎检索动产担保公示系统；出于非典型担保目的订立买卖合同，既不属于正常经营活动，也没有任何理由牺牲登记的动产抵押权的优先效力来保障此担保安排；买卖当事人间具有直接或间接控制关系时，买受人无特别保护之需要。

[2] 《物权法》第186条规定："抵押权人在债务履行期届满前，不得与抵押人约定债务人不履行到期债务时抵押财产归债权人所有。"

不再采取全盘否定流押的立场，而是着眼于强调当事人之间的清算义务。[1]

《民法典》第401条规定："抵押权人在债务履行期限届满前，与抵押人约定债务人不履行到期债务时抵押财产归债权人所有的，只能依法就抵押财产优先受偿"。该条的措辞与先前《担保法》《物权法》相应的规定明显不同，未再禁止当事人做流押约定。对该条规定，可做解读如下：

（1）无论如何界定流押约定的效力，确定无疑的一点是，流押约定不影响抵押合同的整体效力。即使将流押条款做无效论，该部分无效也不影响整体的效力。据此，债权人仍可根据《民法典》第402条或第403条享有抵押权，且可根据第410条实现抵押权。

（2）不应简单否认流押条款的效力，《民法典》既然改变了先前法律对流押的规制方法，应以流押条款能够发生效力加以解释。根据流押条款，债务人不履行到期债务时由债权人取得抵押物所有权。但是，由于抵押物所有权的移转尚需满足不动产登记或动产交付的要件，故仅应承认流押约定的债权效力，质言之，应将此项约定的实际效果解释为，债权人据此可以要求抵押人向其移转抵押物的所有权。根据《民法典》第401条"只能依法就抵押财产优先受偿"的规定，债权人在要求抵押人向其移转抵押物所有权时，若抵押物价值超过抵押权所担保的债权金额，则债权人负有补足差价的义务。当然，如果抵押物价值低于担保债权的金额，则债权人在取得抵押物所有权后仍可要求债务人继续清偿剩余债务。为理顺以上逻辑，可以将流押条款解释为第410条所规定的"协议以抵押财产折价"的预约。

（3）在抵押人为债务人以外第三人的情形，为避免抵押物所有权的移转，抵押人可以根据《民法典》第524条之规定，代债务人清偿债务，消灭抵押权。

三、抵押权的效力

抵押权设立后，债权人取得抵押权。"抵押权的效力"首先界定抵押权所担保的债权以及其及于的抵押财产的范围，然后讨论抵押权的设定对抵押权人所产生的效力，探讨其对抵押物所享有的支配权利及其对抵押物所有人享有的请求权，最后再讨论抵押权的设定对抵押物所有人所产生的效力，借此厘清其与抵押权人之间的法律关系。

（一）抵押权担保债权的范围

抵押权具有从属性，抵押合同必须确定抵押权所担保的具体债权。例如，只要不是设立最高额抵押，在甲公司多次向乙公司销售货物并因此产生数项价款债权的情况下，抵押合同必须指明所担保的是哪一笔债权。抵押权所担保的债权，通常是金钱债权，但也不限于金钱债权。不过，对于非金钱债权，至迟在抵押权实现时，须转化成以赔偿损失等为内容的金钱债权，如此债权人方可自抵押物的变价款中优先受偿。

---

〔1〕 我国台湾地区"民法"第873-1条之规定，可资参考。该条要旨如下：其一，关于抵押物之所有权于债权届期而未获清偿时移转于债权人的约定，非经登记，不得对抗第三人（因偏离抵押权实现的一般规则，故仅在登记时，才可向抵押物的受让人等主张）；其二，债权人可请求抵押人移转抵押物所有权，但抵押物价值超过担保债权的部分，应返还于抵押人，相应地，不足清偿担保债权者，债权人仍得请求债务人偿还；其三，抵押人在抵押物所有权移转于抵押权人前，得清偿抵押权所担保之债权，以消灭该抵押权。

抵押合同在确定其担保的标的债权的同时，可以就担保范围做出约定，如对于所担保的借款债权明确抵押权的优先受偿效力仅及于本金，而不及于利息、滞纳金等。若当事人未对所担保之债权的范围做出具体约定，则根据《民法典》第389条之规定，抵押权所担保的范围及于主债权及其利息、违约金、损害赔偿金、保管担保财产和实现担保物权的费用。

　　抵押权所担保的债权范围，不仅是抵押合同可能约定的事项，而且还是抵押登记的必要事项。由此会引发一个问题，即若抵押登记的债权金额或范围与合同约定不符（例如，合同约定包括本金、利息、违约金等，但抵押登记时仅记载了债权的本金金额），则在实现抵押权时应以何为准？尤其是，根据《民法典》第389条，在抵押合同未做约定时，抵押权所担保的范围应自动覆盖利息、损害赔偿金及相关费用等，但是，抵押登记往往仅会记载主债权的本金，此时应如何判定抵押权所担保的债权范围？对此问题的一般性回答是：应以抵押登记的记载为准。这不仅是因为，时间在后的抵押登记事项，若在内容上与合同约定不符，通常可视为对合同内容的变更。而且，更为重要的是，抵押登记具有公示的意义，抵押权若涉及第三人（如抵押期间发生抵押物所有权的转让，或在同一抵押物上有后顺位抵押权人存在），则第三人信赖的只能是登记簿的记载，故而抵押权人也仅能根据登记记载的债权范围实现抵押权。[1]

（二）抵押标的物的范围

作为一项物权，抵押权也须遵循物权客体特定的原则。因此，抵押人与债权人须就抵押权之标的物达成合意，才可能设立抵押权。为维护抵押权标的物的经济效用与其交换价值，各国立法往往承认抵押权之标的物应发生一定的扩张，而及于从物、从权利、孳息以及替代物等之上。根据我国《民法典》《担保制度解释》以及法理，抵押权之标的物，除当事人明定的抵押物外，还应及于：

（1）从物。主物的处分及于从物，此乃主、从物关系上的基本规则。在主物之上设立抵押权系对主物的处分，除非当事人有相反的意思，从物也将构成抵押权之标的物。对此，《担保制度解释》第40条明确了以下规则：从物产生于抵押权设立前的，除当事人另有约定外，抵押权人可主张抵押权的效力及于从物；从物产生于抵押权设立后的，抵押权人不得主张抵押权的效力及于从物，但是在抵押权实现时可以一并处分。

（2）从权利。从权利附属于主权利，与其共命运，并且不能脱离主权利而独立存

____

〔1〕　不过，在实践中，由于各地不动产登记机关登记技术规范的原因，有时登记系统仅接受债权本金金额的记载，而无法用文字载明利息、滞纳金等也在抵押权担保之列。若存在此种情形，而抵押权最终也针对抵押人的抵押财产实现，且不涉及其他第三人之利益，则应根据合同约定确定担保范围为宜；如果因抵押物已经发生转让而债权人需要就已属于受让人的抵押物实现抵押权，或存在后顺位的抵押权人，则为保护受让人和其他抵押权人对登记簿的信赖，仍应根据登记簿记载确定担保范围。关于此问题，可参考《九民纪要》之58的裁判观点。

在。因此，以主权利抵押的，抵押权标的物的范围也应及于从权利。例如，以建设用地使用权抵押的，如该建设用地使用权的权利人同时享有一项从属性的地役权，则该地役权也将被包含进抵押财产的范围。

（3）添附之物。围绕《民法典》第322条，前文对因添附引起的所有权变动已做出讨论。抵押权设立后，抵押物发生添附的，须依添附规则确定的所有权归属决定其对抵押权的影响。对此《担保制度解释》第41条明确了以下规则：依添附规则添附物归第三人所有的，抵押权人可主张抵押权效力及于补偿金（依《民法典》第390条所确立的担保物权的物上代位规则）；抵押人取得添附物所有权的，抵押权的效力及于添附物，但是添附导致抵押财产价值增加的，抵押权的效力不及于增加的价值部分；[1] 添附物归抵押人与第三人共有的，抵押权的效力及于抵押人对共有物享有的份额。

（4）扣押后的孳息。抵押权设定后，由于抵押物的占有并不转移，孳息仍由抵押人收取，而无从成为抵押权之标的物。但是，自债务人不履行债务而导致抵押物被扣押之日起，抵押权人即有权收取抵押物所产生的天然孳息与法定孳息。抵押权人收取天然孳息的，抵押权的效力及于该天然孳息，其变价仍依《民法典》第410条规定的方式进行。抵押权人自抵押物被扣押之日起，可通知法定孳息（如出租抵押物所产生的租金）的给付义务人向其给付。对于收取的法定孳息，根据《民法典》第412条及第561条，抵押权人首先充抵收取的费用，其次充抵利息，最后充抵本金。

（5）替代物或残留物、分离物。抵押期间，抵押物发生毁损、灭失或者被征收的，抵押权继续存在于所获得的保险金、赔偿金或者补偿金之上。此乃抵押权代位性的体现，已如前述。抵押物灭失之残留物，如房屋坍塌后残留的建筑材料，仍为抵押权的效力所及。抵押物的成分非依物的使用方法而自抵押物中分离的，抵押权的效力也及于此分离物。

（三）抵押权人的权利

因抵押权的设定，抵押权人对抵押物及抵押物所有人享有如下权利：

1. 变价处分权

债务人不履行到期债务而使被担保的债权未获清偿时，抵押权人可依抵押权实现规则对抵押物进行拍卖、变卖，使其转化为可以用于债务清偿的金钱。此时，抵押权人实际享有抵押物的处分权。抵押权人对抵押物的变价处分，具体可见于下文关于抵押权实现的讨论。

2. 依顺位享有优先受偿的权利

就抵押物卖得的价金，抵押权人有优先于其他无担保债权人优先受偿的权利。即使抵押物已成为其他债权人强制执行的对象，在其所担保的债权价值范围内，抵押权人仍可就司法拍卖、变卖所得主张优先受偿。抵押人被宣告破产的，抵押权人可以主张破产法上的别除权，仍可就该特定财产主张优先受偿。

---

[1] 依《民法典》第417条，以建设用地使用权抵押的，地上新增的建筑物不属于抵押财产（尽管通常可视为土地的孳息）。抵押权实现时，新增建筑物应与建设用地使用权一并处分，但抵押权人对于新增建筑物处分所得的价款无优先受偿权。

抵押权为对抵押物交换价值之利用，在同一物上可以为担保两个以上债权而设定复数的抵押权。不过，考虑到该数抵押权皆具有排斥性的优先受偿效力，法律需确定此数个抵押权之间的受偿顺位。在实现抵押权时，顺位在先的抵押权先于顺位在后的抵押权受偿，顺位在后的抵押权仅在先顺位之债权人自抵押物变价金钱中取偿而仍有剩余时，才能主张受偿。在同一个抵押财产上设有多项抵押权的情形，抵押物变价后的金钱时常难以覆盖其担保的全部债权，此时抵押权相互间的优先顺位将直接决定债权能否受偿。

在仅承认不动产抵押权且均实行登记设立规则的法律体系中，抵押权的顺位确定规则简单明了：按抵押权记载于不动产登记簿的先后顺序确定抵押权的顺位，登记在先的，顺位在先。我国民法同时规定不动产抵押与动产抵押，且对两种抵押权实行不同的设立规则，故其顺位确定规则也应有所不同。《民法典》第414条在对抵押权的顺位做出了规定时，未区分不动产抵押与动产抵押。实际上，应区分两种抵押权，分别确定顺位规则：①对于不动产抵押而言，登记系抵押权设立的要件，未进行抵押登记的，不发生抵押权设定的效果，自然也就没有顺位的问题，因此，抵押权顺位仅按登记顺序加以确定。②对于动产抵押而言，《民法典》采登记对抗主义，抵押权的设立不以登记为设立要件，于是，当同一动产上设有两个以上抵押权时，根据抵押权是否登记，就存在以下几种优先顺位规则：抵押权均已登记的，同不动产抵押，按照登记的先后顺序确定顺位；同时并存已登记的抵押权和未登记的抵押权时，即便前者设立时间在后，其优先受偿的顺位也在先；抵押权均未登记的，抵押权的顺位相同，各抵押权人依其债权比例由抵押物变价的金额中平等受偿。[1]

《民法典》第414条对抵押权顺位的规定沿袭了《物权法》第199条的规定。与后者相比，第414条增设第2款如下："其他可以登记的担保物权，清偿顺序参照适用前款规定。"这一规定具有重要的意义。除抵押权外，其他可以登记的担保物权还包括权利质权。抵押人以同一项股权或专利权等担保两项以上债权的，参照第414条第1款的规定，应按照登记的先后确定清偿顺序。此外，对于本款所称"担保物权"，可基于动产担保的功能主义作扩张解释，将与动产抵押一样在动产融资统一公示系统上进行登记的所有权保留、融资租赁等"非典型担保"权利也包含在内，从而使它们也可参照适用第414条第1款的规定，解决担保权利在同一担保物上竞存时的顺位问题。至于保理，由于《民法典》第768设有专门的顺位规定，故无参照适用第414条第1款的必要。

[1]　须注意的是《民法典》第414条与第403条的关系。根据第403条，动产抵押未经登记不得对抗善意第三人，反面解释，可对抗知情的第三人。若特定动产上已存在未登记的动产抵押权，而在后设立的动产抵押的抵押权人在知道此在先抵押权的情况下办理了抵押登记，则应如何确定两抵押权之间的先后顺位？通过第414条的表达可知，在此顺位问题上不考虑其他抵押权人的善意或知情问题，一律按照已登记的优先于未登记的顺位受偿。也就是说，第414条构成第403条的特别规范，从而排除后者的适用。《民法典》第415条在对抵押权与质权的优先顺位做出规定时，也采取了同样的处理，即不考虑质权人对物上存在未登记之抵押权的事实知情与否。

抵押权的顺位依前述规则在法律上加以确定，同时，法律允许抵押权人放弃或变更抵押权的顺位。《民法典》第 409 条第 1 款规定："抵押权人可以放弃抵押权或者抵押权的顺位。抵押权人与抵押人可以协议变更抵押权顺位以及被担保的债权数额等内容。但是，抵押权的变更未经其他抵押权人书面同意的，不得对其他抵押权人产生不利影响。"关于抵押权顺位的放弃与变更，围绕第 409 条，可做如下阐明：①顺位在先的抵押权人可以放弃其抵押权顺位，即抛弃其次序利益，让后顺位的抵押权人优先于其受偿。法律对抵押权人如何抛弃顺位及抛弃的类型、效果均未作规定，[1] 本书认为，抵押权顺位的抛弃，实际上系为后顺位其他抵押权人的利益而为，但抛弃顺位的意思表示一般无须向其他抵押权人做出，而是以向抵押登记机构申请变更登记（将不动产抵押权的顺位变更为最后顺位）或在动产担保统一公示系统上自行变更的方式做出。不过，在抵押权均未登记的动产抵押情形，放弃按比例平等受偿顺位的抵押权人应向其他抵押权人表示放弃此按比例受偿利益，从而使后者取得优先受偿的利益。抵押权顺位抛弃后，该抵押权人的受偿顺位将排在所有其他抵押权人之后，原先顺位在后的抵押权的顺位则自动升进。[2] 不过，抛弃的效力当然不应及于抛弃顺位后在抵押物上新创设的抵押权。②第 409 条规定，"抵押权人与抵押人可以协议变更抵押权顺位"，这一规定令人费解。在实行抵押权固定主义的立法中，抵押权人确实能与抵押人协商变更顺位，但是，我国法实行的是抵押权升进主义，应该不存在抵押权人与抵押人之间协商变更顺位的问题，所谓"抵押权人与抵押人"应为"抵押权人之间"。依《民法典》第 414 条享有不同顺位的抵押权人之间可以协议交换抵押权的顺位，但未经其他抵押权人书面同意，顺位交换不得损害其他抵押权人的利益。③抵押权人可以和抵押人约定变更被担保债权的数额，但是，若抵押物上存在其他抵押权，而且这一变更将损害后者的利益时，则未经其书面同意，此变更对其不生效力。例如，若第一顺位抵押权原本登记担保的债权金额为 1000 万元，他人基于对这一金额的信赖接受了第二顺位的抵押权地位，后第一顺位抵押权人与抵押人达成协议，将担保的债权金额提升至 2000 万元，则在抵押物变价金额足够高从而仍能保障第二顺位抵押权人之债权实现时，这一变更具有完整效力；反之，若按前述变更后的金额优先保障第一顺位债权实现即会导致第二顺位债权人不能得到完全清偿（而在变更前可获完全清偿），则后者仍可主张就自己的全部债权金额自抵押物变价款中优先受偿。

---

[1] 学理上比较详细的讨论，可参见谢在全：《民法物权论》（中册），中国政法大学出版社 2011 年版，第 704-716 页。

[2] 关于抵押权的顺位，存在顺位固定主义与顺位升进主义两种立法例。顺位固定主义，指顺位在先的抵押权因实行抵押权以外的原因（如因债务人的清偿）而消灭时，顺位在后的抵押权并不升位而仍维持原有的顺位。德国、瑞士民法采此种固定主义的立法例。顺位升进主义，则指顺位在先的抵押权因实行抵押权以外的原因而消灭时，顺位在后的抵押权自动升进。法国、日本及我国台湾地区民法均采此种升进主义的立法例。我国《民法典》并未明确在此问题上的立场，但依抵押权的从属性原理以及担保实践的一般认识，我国民法采顺位升进主义应为通说。在顺位升进主义之下，因抵押权人抛弃顺位，顺位在后的抵押权自动升进。若采顺位固定主义，则后顺位抵押权不升进，抵押人可在被抛弃的顺位上再为他人创设抵押权（在此种立法例，顺位抛弃系为抵押人利益而为，抛弃的意思表示因而也须以抵押人为相对人为之）。

抵押权顺位交换的原理不易理解，试举一例说明。甲公司向其控股股东乙公司借款 1200 万元，并以办公楼 A 为乙公司设立抵押担保；后甲公司又向丙银行借款 900 万元，仍以办公楼 A 为丙银行设立第二顺位抵押权；后乙公司欲向丁银行融资 1000 万元，双方达成如下协议：丁银行向乙公司发放 1000 万元贷款，乙公司促成甲公司以办公楼 A 为丁银行设立抵押权，同时丁银行与乙公司交换在办公楼 A 上的抵押权顺位；随后，在甲公司为丁银行办理了抵押登记后，乙公司与丁银行根据顺位交换协议办理了抵押权变更登记，丁银行取得了对办公楼 A 第一顺位的抵押权。再假定甲公司后来不能清偿对乙公司及丙银行的借款，乙公司也无力清偿对丁银行的借款，且办公楼 A 经拍卖仅卖得 2000 万元，则在不考虑利息、违约罚息等的情况下：若不进行顺位交换，丁银行的抵押权处在第三顺位，将无法从抵押物变价的款项中得到任何清偿；在顺位交换后，丁银行抵押权处于第一顺位，其债权可得到全部清偿。在此例中，因第一顺位抵押权担保的债权金额下降，丙银行的利益并未受到损害（实际上还改善了境况）。若丁银行的债权金额超过乙公司的债权金额，则丙银行可以主张顺位交换后的丁银行仍就乙公司先前登记的金额优先受偿，以达成第 409 条所规定的"不得对其他抵押权人产生不利影响"的结果。

3. 保全抵押权的权利

抵押权的实现有赖于抵押物价值的维持，只有在实现抵押权时，抵押物仍具有相当之价值，抵押权才能起到保障债权实现的功能。抵押物的价值若因市场波动有所下跌，或基于其他不可归责于其所有人的事由发生减损（如抵押物因遭遇台风受损），这属于抵押权人需要承受的风险，抵押权人可以通过在设置抵押权时预先考虑抵押财产的贬值风险或由抵押合同特别约定抵押人的补足义务等方法尽力规避。也就是说，法律上并不存在无条件维护抵押物价值以保护抵押权人利益的制度。

抵押权的设定，不移转抵押物的占有，抵押物仍由抵押物所有人占有控制，处在后者的意志之下。如由于抵押物所有人的原因（如砍伐已抵押林地之上的树木，或放任作为抵押物的木屋遭白蚁破坏而不采取任何措施）导致抵押物价值减少，则这一价值下降的事实影响了抵押权人的预期，也可能直接导致在实现抵押权时被担保之债权不能得到完全清偿。在此种情形，法律有必要赋予抵押权人请求抵押人停止相关行为，使其能够干预抵押物所有人对其物的管理，并通过设置增担保请求权等手段，维护抵押权的效用。

关于抵押权的保全效力，《民法典》第 408 条设有如下规定："抵押人的行为足以使抵押财产价值减少的，抵押权人有权请求抵押人停止其行为；抵押财产价值减少的，抵押权人有权请求恢复抵押财产的价值，或者提供与减少的价值相应的担保。抵押人不恢复抵押财产的价值，也不提供担保的，抵押权人有权请求债务人提前清偿债务。"该条规定了抵押权人若干项保全其抵押权的权利，分述如下：

（1）防止抵押财产价值减少的权利。抵押物所有人的行为足以使抵押财产价值减少，抵押权人有权要求其停止其行为，以防止抵押财产价值的降低。抵押权人主张此项权利，必须基于抵押物所有人的行为足以引起抵押财产价值降低的事实。若价值降低系由于抵押权人的行为、市场价格波动、不可抗力或第三人侵害行为引起，不发生抵押权人要求抵押人"停止其行为"的请求权。抵押物所有人足以减少抵押财产价值的行为，既包括积极行为，也包括消极的不作为，因此若因不可抗力或第三人侵害而导致抵押物价值减损之时抵押物所有人不采取有效减损措施的，抵押权人也可要求其采取必要措施（停止消极不作为状态）。抵押物所有人只要有足以减少抵押物价值的行为，抵押权人就有权要求其停止行为，即便抵押物减少后的价值仍大于其所担保的债权金额，也不影响抵押权人的前述权利。

（2）恢复价值或者增担保的请求权。防止抵押财产价值减少的权利，旨在预防减少抵押财产价值事实的出现。若因抵押物所有人的行为，已经发生了抵押财产价值减少的事实，则抵押权人有权请求抵押物所有人恢复抵押财产的价值（如修复因失火部分毁损的建筑物），或者提供与减少的价值相应的担保。恢复抵押物价值所涉及的费用，当然由抵押物所有人承担。抵押物所有人所负的增加担保的义务，可以通过设置新的担保物权的方式来清偿，也可以促成保证人为债权人提供相应保证的方式来清偿。

（3）请求债务人提前清偿债务的权利。抵押物所有人不恢复抵押财产的价值也不提供担保的，抵押权人有权要求债务人提前清偿债务，也就是说，抵押权人恢复抵押财产价值或增担保请求得不到满足时，债务人将丧失期限利益。对于该规定，在解释上应区分抵押物所有人为债务人本人或第三人的情形：对于前者，抵押权人可直接要求债务人提前清偿；对于后者，在抵押物所有人拒绝恢复抵押财产价值或增加担保时，抵押权人应催告债务人提供相应的担保，只有在债务人于合理期间内不提供相应担保的，债权人才能主张其提前清偿债务。

> 另须指出的是，抵押权人为保全抵押权而享有的前述请求权，并非基于抵押合同的效力而产生，而是基于抵押权的物权效力，也就是说，它是因抵押权设立而构建的"所有人-抵押权人关系"的权利内容。这就意味着，面对抵押权的保全效力，负有相应义务的并不仅限于与债权人订立合同的抵押人，即便是因受让抵押物所有权而承受抵押权负担的抵押物新的所有人，也须承受相应的义务。

4. 物上请求权与侵权损害赔偿请求权

对于抵押权人而言，除可依《民法典》第408条保全抵押权外，还可依据抵押权所具有的物上请求权效力维护其权利的完整性。若第三人的行为造成对抵押物的妨害或有妨害和致损的可能，不仅抵押物所有权人可主张排除妨害或消除危险，而且抵押权人亦可依据《民法典》第236条请求排除妨害、消除危险。抵押权人并不占有抵押物，故一般认为抵押权人不享有第235条规定的返还原物请求权。

作为一项绝对权，抵押权也受侵权法的保护。根据《民法典》第1165条第1款之规定，行为人因过错侵害抵押权并造成抵押权人损害的，后者可主张其承担侵权损害赔偿责任。抵押权人是否受有损害，不应以抵押物本身的损害为判断，而应以抵押物之侵害是否削弱了被担保债权的实现为断。例如，即便抵押物遭第三人侵害而毁损，但如果债务人到期正常清偿了债务，则应认定抵押权人并未遭受损害。另外，在第三人实施侵害行为导致抵押物毁损灭失时，若抵押物所有人或债务人另行提供了相应的担保，或抵押权人已根据《民法典》第 390 条就赔偿金代位受偿，则都不发生抵押权人向加害人主张损害赔偿之问题。

抵押权人除享有以上权利外，当然对抵押权也具有处分权。不过，由于抵押权在性质上属于从权利，故不得单独作为处分的对象，而是随其所担保之债权的转让，自动发生一并转让的效果。

（四）抵押物所有人的权利

抵押权属于定限物权，抵押权人仅在法律规定的特定范围内对抵押物享有权利。对于抵押物的所有人而言，抵押权的存在，确实会使其所有权的完整性暂时受到限制，如所有人对其物不得任意实施足以引起价值降低的行为。但是，在"所有人–抵押权人关系"上，所有人仅在限定范围内（即前述抵押权人的权利）承受负担并因此使其所有权的自由受到限制。除此之外，所有人对其物仍享有广泛的自由支配权。在与抵押权相关的意义上，以下讨论抵押物所有人在其物上的具体权利。

1. 抵押物的使用、收益权

抵押权为不转移占有的担保物权，因此，在设定抵押权后，抵押物所有人仍将继续按照抵押物的一般用法使用其物，并从中获取利益，包括将抵押物出租获取租金等。如前所述，抵押权人仅在抵押财产依法被法院扣押后才可取代抵押物所有人收取抵押物的天然孳息与法定孳息。

2. 设定多个抵押权的权利

以上关于抵押权顺位的讨论，乃基于如下事实，即抵押人可以在其物上设定多个抵押权。[1] 抵押权人的权利表现为权利实现时的变价和优先受偿，多个抵押权人对同一标的物享有抵押权并不会引起权利的直接冲突。若抵押物变价不足以清偿其所担保的所有债权，则顺位规则可解决问题。

3. 在抵押物上为他人设定用益物权的权利

以不动产作为抵押的，抵押物所有人仍可为他人设定用益物权。例如，在住宅上设立抵押权后，所有人仍可为他人在抵押物上设立居住权。抵押权与用益物权各有其权利内容，相互之间并不具有排斥性。至于二者之间的优先性，则遵循物权优先性的一般规则：权利在先，效力优先。在前例中，既然抵押权设立在先，居住权设立在后，则在抵押权实现时，如因居住权的存在影响抵押权的变价或导致其变价金额不足以偿付被担保的债权，则抵押权人有权要求除去居住权后再行变价。相反，若居住权设立

---

〔1〕《担保法》第 35 条曾规定，抵押人仅能在抵押物的价值大于其已经担保之债权的余额内再次抵押。这一限制其实是不必要的，抵押权的顺位规则可以解决多个抵押权担保之总债权额超过抵押物价值的问题。《物权法》取消了这一限制，抵押人可将一物为他人设立数个抵押权，而不必确保抵押物的价值大于其所担保的数个债权的总额，《民法典》上也不再有此种限制。

在先，抵押权设立在后，则抵押权的实现，不影响居住权的继续存在（抵押物的变价金额当然会因此有所下降）。

抵押物所有人既然能够为他人设定用益物权，当然更可以将抵押物出租给他人。在我国法上，承租人基于租赁合同对租赁物使用的权利不属于用益物权，但由于《民法典》第725条一般性地承认承租人可以其合同地位对抗租赁物的受让人，故承租权具有一定物权效力，在学理上被称为"准物权"或存在"债权物权化"现象。不过，即便如此，若抵押权设定在先，承租权发生在后，则抵押权当然还具有优先的效力，这也就意味着，在抵押权实现时，承租人不能向受让人主张继续租赁关系。[1] 反之，若自承租人依据租赁合同占有租赁物期间，租赁物上又设定抵押权的，则根据《民法典》第405条（实际上适用第725条亦可），无论是否涉及抵押权的实现，承租人的合同权利均不受影响。

4. 转让抵押物的权利

依法理，抵押人在为他人设定抵押权后，并不丧失对其所有之物的处分权，因此可以不经抵押权人同意而有效地将其物转让于他人。自抵押权人方面观察，抵押权系具有对世性的物权，其权利并非针对特定抵押人存在，而是以特定的抵押物为客体。因此，即便抵押物因抵押人的出让而为第三人所取得，抵押权人仍可以对该第三人主张抵押权。既然抵押物的出让并不影响抵押权人的权利，于是抵押物的出让并不需要抵押权人的同意，可由抵押物所有人任意为之。但是，《民法典》之前的相关民事立法并未认可抵押人在设立抵押权后的自由处分权，尤其是《物权法》甚至明确要求抵押物的转让必须经抵押权人同意。[2]《民法典》第406条终于回归抵押权的对世性原理，在承认抵押权继续存在于抵押物之上的逻辑前提下，认可了抵押物所有人的自由处分权。

《民法典》第406条第1款规定："抵押期间，抵押人可以转让抵押财产。当事人另有约定的，按照其约定。抵押财产转让的，抵押权不受影响。"该条第2款规定："抵押人转让抵押财产的，应当及时通知抵押权人。抵押权人能够证明抵押财产转让可能损害抵押权的，可以请求抵押人将转让所得的价款向抵押权人提前清偿债务或者提存。转让的价款超过债权数额的部分归抵押人所有，不足部分由债务人清偿。"对此条规定，可做以下几点解读：

---

[1]《最高人民法院关于审理城镇房屋租赁合同纠纷案件具体应用法律若干问题的解释》第14条规定："租赁房屋在承租人按照租赁合同占有期限内发生所有权变动，承租人请求房屋受让人继续履行原租赁合同的，人民法院应予支持。但租赁房屋具有下列情形或者当事人另有约定的除外：（一）房屋在出租前已设立抵押权，因抵押权人实现抵押权发生所有权变动的……"

[2]《担保法》第49条规定，抵押人出让已经办理登记的抵押物的，必须通知抵押权人并告知受让人标的物已抵押的事实，否则转让行为无效。《担保法解释》实际上改变了《担保法》的前述规定，从而向抵押人可以自由出让抵押物的传统规则发生了回归。该解释第67条规定："抵押权存续期间，抵押人转让抵押物未通知抵押权人或者未告知受让人的，如果抵押物已经登记的，抵押权人仍可以行使抵押权；取得抵押物所有权的受让人，可以代替债务人清偿其全部债务，使抵押权消灭……"但是，《物权法》反而在此问题上与正确的法理渐行渐远。根据该法第191条的规定，抵押人在抵押期间转让抵押财产的，必须经抵押权人同意，且转让价款需要提前清偿债务或提存；未经抵押权人同意，抵押人不得转让抵押财产。

（1）抵押权的设立，不影响抵押物所有人对其物的处分权，因此"抵押人可以转让抵押财产"。抵押物所有人转让抵押财产，无须征得抵押权人同意，因后者的"抵押权不受影响"。既然抵押权人能够基于抵押权的对抗效力对抵押物的受让人继续主张抵押权的效力，抵押物的转让自然也就无须系于抵押权人的意志。如此，物权法所欲实现的物尽其用、物畅其流的立法宗旨才能得以贯彻。抵押物转让后，抵押权的效力不变，这也包括以下这一效力层面：在抵押物上有两项以上抵押权时，各抵押权人的优先顺位也不受影响，即便由抵押权人之一受让抵押物，其仍能主张保留其顺位（参阅前文关于物权混同问题的讨论）。

（2）该条第1款存在"当事人另有约定的，按照其约定"的规定，实际上承认当事人可以特别约定排除抵押人的自由转让权。基于先前民事立法拒绝承认抵押人处分权的立场，该规定似乎意在缓和抵押物自由转让的新规的冲击力，其在法理上是否妥当存在一些疑问。[1] 基于物权法定，抵押物所有人可自由转让其物，已经成为"所有人-抵押权人关系"的法定内容。抵押合同偏离这一法定内容，约定限制抵押人转让抵押物权利的，必须有相应的公示手段的支撑。《担保制度解释》第43条在对《民法典》第406条第1款"当事人另有约定的，按照其约定"的规定做出解释时，确立了如下规则：仅在禁止或限制转让的约定本身经过登记时，方可产生阻却转让效果发生的效力。[2] 为配合此规则，我国的不动产登记机关已将是否存在限制抵押物转让之事项作为了不动产登记簿的一个记载事项。

（3）该条未区分不动产抵押和动产抵押，而在动产抵押也未区分登记与否，在解释上，应厘清该条规定与第403条、第404条等条文的逻辑关系，将其第1款所称"抵押权不受影响"的效果在区分情况后做限缩解释。首先，对于登记的不动产抵押权，除非有经登记的禁止转让约定，均应认可抵押物所有人自由转让而抵押权不受影响的规则。其次，对于未经登记的动产抵押权，在涉及抵押物转让问题时，应首先适用第403条关于"未经登记，不得对抗善意第三人"的规则，若受让人为善意，则其可取得无抵押权负担的所有权，抵押权也因此消灭；若受让人知晓其受让之动产上存在他人未登记的抵押权，则在不属于正常经营活动中买受人之情形，抵押权不受影响，继续存在于受让人所有之物上。最后，对于登记的动产抵押权，若受让人系在抵押人正常的经营活动中购买，且已支付价款并获得了占有，则抵押权也发生消灭；在其他情

---

[1]　基于物权法定及保障物的流通性的公共政策，有些国家立法明确规定限制抵押物转让的约定无效，如《德国民法典》第1136条规定，"（抵押物）所有人对债权人约定，负有不将土地让与，或设定其他负担之义务者，其约定无效"。

[2]　《担保制度解释》第43条规定："（第1款）当事人约定禁止或者限制转让抵押财产但是未将约定登记，抵押人违反约定转让抵押财产，抵押权人请求确认转让合同无效的，人民法院不予支持；抵押财产已经交付或者登记，抵押权人请求确认转让不发生物权效力的，人民法院不予支持，但是抵押权人有证据证明受让人知道的除外；抵押权人请求抵押人承担违约责任的，人民法院依法予以支持。（第2款）当事人约定禁止或者限制转让抵押财产且已经将约定登记，抵押人违反约定转让抵押财产，抵押权人请求确认转让合同无效的，人民法院不予支持；抵押财产已经交付或者登记，抵押权人主张转让不发生物权效力的，人民法院应予支持，但是因受让人代替债务人清偿债务导致抵押权消灭的除外。"该条解释规范实际上确立了禁止或限制转让特别约定"未经登记，不得对抗善意第三人"的规则。

形，则抵押权继续存在于受让人所有之物上。

（4）抵押物转让而抵押权不受影响的，受让人须承受抵押权负担，但受让人并不因此负担被担保之债的清偿义务。若受让人欲除去其物上的抵押权负担，可以根据《民法典》第524条之规定向债权人代为履行，债权因此受清偿的，抵押权消灭。

（5）根据该条第2款，抵押权人能够证明抵押财产转让可能损害抵押权的（如抵押物所有人将抵押住宅转让给唯一住宅拥有者，从而可能影响抵押权的实现；或者抵押人转让实际处于抵押权人一定监管措施之下的动产，并可能导致抵押权人无法掌控抵押物流向的结果），可以在继续保留抵押物上抵押权的同时，请求转让人以转让抵押物所得的价款提前清偿债务或者提存。由此规定也可知，在不能证明存在抵押权损害可能时，抵押权人仅得主张对抵押物继续享有抵押权，而不得对抵押物卖得的价款提出权利主张。

四、抵押权的实现

（一）抵押权实现的方式

被担保的债权已届清偿期而未获清偿的，抵押权人即可对抵押物主张变价并优先受偿，此即为抵押权的实现。在抵押权实现条件具备时，可以认为，抵押权人对抵押物具有了处分权。但是，一方面，即便在可以实现抵押权时，抵押权人也不占有抵押物，抵押权的实现若得不到抵押物所有人的配合，不借助司法的力量抵押权人恐难以实现抵押权；另一方面，抵押物的变价金额，既直接体现抵押权人与抵押物所有人的利益，同时也关乎后者其他债权人的利益，因此抵押权实现的相关程序须确保产生公允的变价金额。据此，《民法典》第410条对抵押权的实现方式作出了规定。

1. 以协议方式实现抵押权

当事人以协议方式实现抵押权的，属于抵押权私的实现方式，无须司法机关的介入。此种实现方式具有低成本高效率的优势，应在实现抵押权时首先考虑此种实现方式的可能。但是，考虑到抵押权的实现还关涉协议当事人之外第三人（如物上其他抵押权人、抵押物所有人的其他债权人等）的利益，因此即便有当事人合意的基础，仍须由法律对此种实现方式做出规制。

以协议方式实现抵押权的，须由抵押权人与抵押物所有人就抵押权的具体实现方式达成协议，并能够自愿遵守协议，完成抵押权的变价和债权的优先受偿。依协议实现抵押权的，具体可区分两种情形：①折价方式，即当事人就抵押物进行估价后，抵押物所有人将抵押物所有权移转于抵押权人，以抵偿债务。折价协议中，当然会包含清算条款：若双方认同的抵押物价值超过债权金额，则抵押权人须将差价支付于抵押物所有人；若抵押物价值不足，则抵押权人可向债务人继续主张权利。②就抵押物拍卖、变卖的具体方式、价格要求等达成合意，并依此合意实现抵押物的变价。例如，经双方同意，在确定拍卖底价后，将抵押物委托特定拍卖人公开拍卖。

当事人以协议实现抵押权的，对抵押物的折价或变卖金额，应当参照市场价格。因协议所确定的价格过低，从而损害抵押物所有人的其他债权人利益的，后者可以请求人民法院撤销该协议。

在抵押权具备实现条件时，抵押权人能否要求在没有抵押物所有人配合情况下自行拍卖、变卖抵押物？对比《民法典》第410条（关于抵押权实现）与第436条（关于动产质权实现）及第453条（关于留置权实现）具体规定可知，对于动产质权与留置权的实现，法律并不排斥动产质权人或留置权人对质物或留置物的自行拍卖、变卖。其主要原因在于，动产质权与留置权均以动产为客体，且质权人与留置权人均占有担保物，只要承认其具有处分权，此类担保物权人即可自主完成担保物的变价，并通过交付使担保物的买受人取得所有权。抵押权人不占有抵押物，在以不动产为客体时，对抵押物的处分还涉及移转登记的问题，因此，依《民法典》第410条之规定，在不能与抵押物所有权人达成协议之时，抵押权人只能通过法院拍卖、变卖抵押物。

进一步的问题是，若抵押权人未雨绸缪，提前在抵押合同中与抵押人约定，在需要实现抵押权时抵押人允许抵押权人自主对抵押物拍卖、变卖，则该约定效力如何？《担保制度解释》第45条明确承认此约定的效力。[1] 本书认为，可将此约定解释为，抵押人允诺，在抵押权人自主实现抵押权之际，抵押人须给予所有必要之配合，如在必要时做出同意的表示、交出抵押财产、协助受让人办理移转登记等。须注意的是，该约定仅具有债的效力，仅约束抵押人与抵押权人，若抵押期间抵押物转归第三人所有，则抵押权人在针对新的抵押物所有人主张实现抵押权时，不得以前述约定为由主张自行拍卖、变卖抵押物。

2. 通过法院实现抵押权

若抵押权人无法通过协议的方式，在抵押人的配合下实现抵押权，则其只能通过法院实现抵押权。抵押权人通过法院实现抵押权的，有以下两种渠道：

（1）按照《民事诉讼法》规定的"实现担保物权案件"的特别程序向法院申请实现担保物权。"实现担保物权案件"的特别程序，属于非讼程序，依申请的方式进行。这主要是因为，担保物权的实现，通常在相关当事人间并无实质性争议，而仅是要通过该程序导出法院的执行措施。根据《民事诉讼法》及其司法解释的规定，通过"实现担保物权案件"程序实现抵押权的，其程序安排如下：①抵押权人应向抵押财产所在地或登记地基层法院提出实现抵押权的申请，同一财产上设立多项抵押权的，顺位在先的抵押权人未实现抵押权的，不影响顺位在后之抵押权人的申请。②法院受理申请后，5日内向被申请人（抵押物所有人）送达申请书副本及异议权利告知书等；被申请人可以提出异议，并附理由、证据等。③法院经审查，认为当事人对担保物权实

---

[1]《担保制度解释》第45条第1款规定："当事人约定当债务人不履行到期债务或者发生当事人约定的实现担保物权的情形，担保物权人有权将担保财产自行拍卖、变卖并就所得的价款优先受偿的，该约定有效。因担保人的原因导致担保物权人无法自行对担保财产进行拍卖、变卖，担保物权人请求担保人承担因此增加的费用的，人民法院应予支持。"

现无实质性争议且实现担保物权条件成就的，裁定准许拍卖、变卖抵押财产，当事人依该裁定可以向法院申请执行；经审查，认定不符合抵押权实现条件，或当事人间存在实质性争议须经审判才能解决的，裁定驳回申请。

（2）通过民事诉讼实现担保物权。因当事人间存在实质性争议，无法通过"实现担保物权案件"程序实现担保物权，或者基于其他考量，抵押权人可通过民事诉讼程序，以抵押物所有人为被告，提起普通民事诉讼程序，并在取得胜诉判决后向法院申请执行。

（二）抵押权实现的效果

抵押权的实现，对抵押权人、抵押物所有人、债务人及抵押物的受让人均产生一定法律效果，以下分述之：

1. 对抵押权人产生的效果

以折价方式实现抵押权的，抵押权人成为抵押物的所有权人，其先前在物上的抵押权归于消灭。同时，在与抵押物所有人完成清算后，抵押权人的债权全部或部分消灭。以协议方式或在法院执行程序中拍卖、变卖抵押物的，抵押物变价所得的金额在扣除实现抵押权的费用及可能的税款等后，按抵押权的顺位进行分配。变价款分配完毕后，抵押权发生消灭。债权人的债权未从抵押权实现程序中获完全清偿的，可以继续向债务人要求履行。

2. 对抵押物所有人、债务人的效力

抵押物所有人为债务人的，因抵押物的实现，债务人丧失抵押物所有权，同时，其债务在以抵押物变价款清偿的范围内消灭；抵押物变价金额不足以清偿全部债务的，债务人对余额负继续清偿之责。抵押物所有人为第三人的，因抵押物的实现，该第三人也丧失抵押物的所有权；抵押物变价金额不足以清偿全部债务的，第三人不负清偿之责，债权人仅能向债务人要求继续履行。第三人承担担保责任后，有权向债务人追偿。

3. 对抵押物受让人的效力

在以折价的方式实现抵押权时，抵押物所有权由债权人取得。当事人以协议方式拍卖、变卖抵押物的，在抵押物所有人向拍得人、买受人交付了动产或办理了不动产移转登记时，后者取得抵押物所有权；因系因抵押权实现而取得，抵押物受让人当然取得的是无抵押权负担的所有权。通过法院的执行程序对抵押物拍卖、变卖的，在法院制发的拍卖成交裁定书、变卖成交裁定书生效时，受让人取得抵押物所有权。

五、抵押权的其他消灭原因

抵押权，除因抵押权的实现而消灭外，还可因以下原因消灭：

1. 所担保之债权全部消灭

抵押权具有从属性，在其所担保的债权因清偿、提存、抵销、免除等原因而消灭时，抵押权也发生消灭。基于抵押权的不可分性，若债权因部分清偿等发生部分消灭，抵押权不受影响。

2. 抵押权人抛弃抵押权

抵押权人有权处分其抵押权,包括抛弃抵押权。抵押权的抛弃属于有相对人的单方意思表示,抵押权人须以抵押物所有人为相对人做出抛弃抵押权的意思表示,对不动产抵押权而言,还须完成抵押权的注销登记,始能发生效力。抵押权经抛弃而消灭后,其原先担保的债权转化为无担保的普通债权。

3. 抵押物灭失

抵押物灭失,且不存在《民法典》第390条规定替代抵押物的保险金、赔偿金或补偿金的,抵押权消灭。

4. 发生权利混同

抵押期间,抵押权人取得抵押物所有权,或者抵押物所有权人因受让或继承被担保之债权而取得抵押权的,因抵押权与所有权同归一人,原则上抵押权因权利混同而消灭。但是,如抵押物上还存在后顺位的其他抵押权,则为了避免所有权人因后顺位抵押权的升进而遭到损失,此种情形的抵押权不发生消灭。

5. 因主债权诉讼时效期间届满

关于抵押权是否会因一定时间的经过而发生消灭,各国立法存在不同的规定。[1] 在我国,《物权法》之前的规范也曾有不同的立法选择。[2]《民法典》第419条承继了《物权法》第202条,设有如下规定:"抵押权人应当在主债权诉讼时效期间行使抵押权;未行使的,人民法院不予保护。"该条使用的"人民法院不予保护"表述意义不清,存在解释的必要,同时也蕴含着学说分歧的可能。[3]

本书认为,抵押权本身并非诉讼时效的客体,而且,作为物上权利的抵押权,只应以存在和消灭两种形态呈现,而不能将其存在与否的判断系于抵押物所有权人是否做出抗辩的事实。在立法论上,或许可以讨论第419条的合理性问题,但既然《民法典》已经做出了此种立法选择,还是应以被担保之债权的诉讼时效期间届满抵押权即发生消灭的解释更符合法理。若采抵押权不消灭但其权利人丧失司法保护的观点,则尤其是在抵押权存在与否涉及第三人利益时,这种模棱两可的权利状态将会制造诸多不确定性。例如,在出现主债权时效期间届满后,抵押物所有人又在该抵押物上创设

---

〔1〕 在比较法上,总体来看,登记的抵押权不受其所担保之债权时效期间届满这一事实的影响。如果存在一个失权期间,该期间也会被设置得相当长。例如,《瑞士民法典》第807条规定,"债权,已为其登记不动产担保者,不适用时效";根据《意大利民法典》第2847条、第2878条的规定,不动产抵押登记的有效期为20年,不过,抵押权人在该期间届满前可以续展。我国台湾地区"民法"对抵押权因时间经过而消灭的立法设计比较独特,其第880条规定,"以抵押权担保之债,其请求权已因时效而消灭,如抵押权人,于消灭时效完成后,五年间不实行其抵押权者,其抵押权消灭"。

〔2〕《担保法解释》第12条规定:"当事人约定的或者登记部门要求登记的担保期间,对担保物权的存续不具有法律约束力。担保物权所担保的债权的诉讼时效结束后,担保权人在诉讼时效结束后的二年内行使担保物权的,人民法院应当予以支持。"这一规定显系借鉴我国台湾地区"民法"第880条的结果。

〔3〕 举《民法典》颁布后两种释义(评注)书为例。由全国人大法工委组织编写的释义书认为,抵押权期间届满,抵押权本身并不消灭,抵押权人丧失的是受司法强制执行的权利,参见黄薇主编:《中华人民共和国民法典物权编解读》,中国法制出版社2020年版,第728页。相反,由社科院法学研究所组织编写的评注书则认为,抵押权所担保的债权时效期间届满的,抵押权应归于消灭。参见孙宪忠、朱广新主编:《民法典评注·物权编第四卷》,中国法制出版社2020年版,第255页。

新的抵押权，则在后的被担保之债的债权人将无法预判其抵押权的顺位。即便在单纯涉及抵押人自愿同意承担抵押责任的情形，抵押权不消灭说仍须面对此时的抵押权是否还具有优先受偿效力等问题，从抵押物上出现新的抵押权人等情形看，不应承认此时的抵押权仍具有先前的优先受偿效力。

若以抵押权消灭解释第419条的法律效果，则在主债权时效期间届满后，对于登记的抵押权而言，抵押物所有人有权请求抵押权人配合完成涂销登记。对于主债权时效期间届满后，抵押物所有人仍通过协议的方式将抵押物折价或将拍卖、变卖款抵偿债务的，不必以抵押权继续存在或当事人设立了新的抵押权加以解释（对于后者，除非当事人有明确的合意），而可以债务人以先前的抵押物代物清偿（债务人为抵押人时）或第三人清偿（债务人以外之人为抵押人时）解释所谓抵押责任承担的结果。[1]

六、特殊抵押权

《民法典》物权编抵押权一章将"最高额抵押"单独规定，故此种抵押权属于特殊抵押权无疑。考虑到浮动抵押也在客体特定等方面具有特殊性，本节也在此标题下将其作为一种特殊类型的抵押权加以讨论。

（一）最高额抵押权

1. 最高额抵押权的概念与制度功能

最高额抵押权，是指债权人为担保未来一定期间内对债务人将连续发生的债权，于约定的最高限额内，在债务人或第三人提供的担保财产上设定的抵押权。作为抵押权的一个类型，最高额抵押权也以债务人不履行到期债务时就抵押财产变价与优先受偿为内容。

最高额抵押权是为了满足现代工商业发展的需要而获得承认的一种特殊抵押权。以债权人银行给予债务人客户贷款授信而产生的担保需求为例，由于授信额度内的贷款系按照客户需求分批订立借款合同，银行对其特定客户享有多项债权；若无最高额抵押权这种抵押权类型，即便抵押人拥有交换价值能够覆盖整个授信额度的抵押财产（如一栋价值很高的大楼），若通过设立一般抵押权的方式担保债权，则针对每一笔发生的贷款债权，债权人都需要寻求与抵押人订立单独的抵押合同，并完成相应的抵押登记，而在其中任一笔借款被清偿时，也须做相应的抵押权涂销登记。若存在一项通过一次抵押登记，即可在一个约定的最高限额以内对未来动态发生的全部债权均发生担保功效的制度，就能够极大地便利抵押权的设立，节约交易成本。在连续供应合同（如煤矿向热电厂供应煤炭）或经销合同（经销商与生产商定期结算销售款）等商业活动中，也会有债权连续发生，从而有抵押担保便利化的需求。最高额抵押即系满足此种需要而生的制度，其不仅为一揽子的债权安排的担保提供了极大的便利，而且，对于债权人而言，最高额抵押权还有一个极大的优势：自其最高额抵押权记载于登记簿之时起，即便在其对债务人的债权实际发生且最终确定前，抵押人又以同一抵押物

---

[1] 抵押权不消灭说的一个主要理由即在于，若认为抵押权消灭，将无法解释抵押物所有人仍自愿承担抵押责任这一现象，参见前注黄薇主编书。以代物清偿或第三人代为清偿解释自愿承担抵押责任，即可化解这一问题。

再向他人抵押，最高额抵押权也因为登记在先，从而具有更为优先的顺位，也就是说，最高额抵押权人可以在预定的债权范围内，为未来实际发生的债权预先锁定抵押权的优先顺位。

2. 最高额抵押权的特征

最高额抵押权是抵押权的一个类型，与前述一般抵押权具有一些共同的特征，例如：抵押人可以是债务人，也可以是债务人以外的第三人（物上担保人）；最高额抵押权的客体与一般抵押权无差异，包括不动产、不动产权利（建设用地使用权、海域使用权）以及动产，且遵循物权客体特定原则；最高额抵押权的设立方式，适用法律关于一般抵押权设立的规定（《民法典》第402条、第403条）；最高额抵押权的基本效力在于，在债务人不履行到期债务时，抵押权人有权在约定的最高额内就最终确定的债权优先受偿。

在与一般抵押权相区别的意义上，最高额抵押权具有如下特征：

（1）担保不特定的债权。最高额抵押权设立时，其担保的债权尚不确定。最高额抵押权的从属性较弱，设立时仅需指明未来债权发生的范围即可，至于未来是否确定发生、发生的具体债权数量和金额，均具有不确定性。也因为如此，最高额抵押的核心问题之一即是债权的确定规则（《民法典》第423条）。

（2）担保的债权通常为未来将发生的债权，不过，根据《民法典》第420条的规定，最高额抵押权设立前已经存在的债权，经双方同意，也可以转入最高额抵押权所担保的债权范围。

（3）担保的债权须为依一定方法能够确定的一定范围内的债权。《民法典》第420条在界定最高额抵押权所担保的债权时使用了"一定期间内将要连续发生的债权"的表述，应将此"连续发生的债权"解释为依约定确定的同一类型的债权，如连续发生的借款或某种商品的连续供应等。质言之，最高额抵押不应以未来完全不确定的债权作为担保对象，如约定以"未来两年甲公司对乙公司可能发生的所有债权"作为最高额抵押权担保的对象，应以无法确定主债权的理由认定最高额抵押权未设立。

（4）在最高限额内提供担保。在最高额抵押权设立时，尽管其所担保的债权金额尚不确定，但是通过明确约定最高限额的方式，抵押人可以将承担抵押责任的风险控制在此金额范围以内，抵押人欲以同一抵押物为他人提供抵押担保的，后者也可以根据此最高限额决定是否接受该抵押物上的后顺位抵押权。依《民法典》第423条的规定确定债权后，若债权金额超过约定的最高限额，抵押权人也仅得在此最高限额内主张优先受偿。

3. 债权的转让与最高额抵押权的变更

最高额抵押权，虽尚未完全摆脱其对被担保债权的依附（仍须明确未来可能发生的债权），但其从属性发生了极小化。这不仅体现在抵押权设立在先而被担保债权发生在后，还表现在权利移转上从属性的突破。考虑到最高额抵押权在从属性方面的特殊性，我国法律曾禁止最高额抵押权所担保的债权的转让，[1] 此实乃因噎废食，《民法

---

[1]《担保法》第61条规定，"最高额抵押的主合同债权不得转让"。

典》改变了前述立场。根据第 421 条，最高额抵押担保的债权确定前，部分债权转让的，最高额抵押权不得转让（应解为"不随之转让"）。在最高额抵押所担保的债权确定前，其对已经发生的债权并不具有依附性，故债权转让的，最高额抵押权不随之转让。

最高额抵押担保的债权确定前，抵押权人可以与抵押人通过协议变更债权确定期间、最高债权额等，不过，一方面，此种变更不得对抵押物上其他抵押权人造成不利影响，另一方面，变更事项也应载入登记簿，否则不得对抗第三人。

4. 债权的确定

根据《民法典》第 423 条，最高额抵押权所担保的债权因下列原因确定：

（1）约定的债权确定期间届满。这是最常见的一种债权确定方法，约定期限届满时，债权人对债务人在约定范围内已经发生且尚未消灭的各笔债权，确定地成为最高额抵押权的客体。

（2）若抵押合同未约定债权的确定期间，也不存在其他债权确定的原因，则在最高额抵押权设立起满 2 年后，抵押权人可随时请求确定债权。

（3）新的债权不可能发生。如对于为担保矿产品连续供应而设立的最高额抵押而言，即使合同约定的确定期间尚未届满，但在债权人的矿山关停而不可能再订立新的购销协议时，最高额抵押权即按已经发生的债权发生确定。

（4）抵押权人知道或者应当知道抵押财产被查封、扣押。抵押财产被查封、扣押的，尽管并不直接影响抵押权人在抵押物上优先受偿的权利，但此时，一方面，最高额抵押权人通常会因感觉到存在相关风险而希望尽快实现抵押权；另一方面，若因当事人约定的债权确定期未届满而无法行使最高额抵押权，也可能过度影响申请查封、扣押当事人的利益（因被担保的债权额尚不确定，无法以预留相当变价款的方式实现查封、扣押人的债权）。因此法律将抵押物的查封、扣押作为了债权确定的事由。另外，抵押人的其他债权人申请对抵押物查封、扣押的，最高额抵押权人可能并不知晓，从而以新发生的债权会继续纳入最高额抵押担保的预期继续与债务人发生新的交易，若属于此种情形，抵押物被查封、扣押的事实不应成为债权确定的事由，《民法典》因此也在该条设有"抵押权人知道或者应当知道"的主观要件要求。[1]

（5）债务人、抵押人被宣告破产或者解散。债务人被宣告破产或解散的，新的债权不可能发生，抵押权人也有必要立刻实现抵押权，故债权确定。抵押人被宣告破产或解散的，也会立刻引起实现抵押权的必要，最高额抵押权所担保的债权也应立刻确定。

最高额抵押权所担保的债权确定后，其性质转化成一般抵押权，即抵押权人在约定的最高限额内，以抵押财产担保确定后的所有债权的清偿。债务人不履行到期债务的，抵押权人有权就抵押财产变价并优先受偿。

---

[1] 《民法典》第 423 条源自《物权法》第 206 条，后者第 4 项将"抵押财产被查封、扣押"作为债权确定的事由，未考虑抵押权人知情与否。为保护抵押权人的预期，《民法典》将此客观事由改造成主观事由。

　　（二）浮动抵押权

　　1. 浮动抵押权的概念与制度功能

　　所谓浮动抵押权，指的是作为经营者的抵押人与债权人约定，以其现有的和将有的所有经营性动产为后者设立的抵押权。在债务人不履行到期债务时，债权人有权就抵押财产确定时的各动产行使变价和优先受偿的权利。

　　现代担保制度以便利工商业者获得金融机构的融资作为主要的制度功能。实力雄厚的大企业通常有较好的信用，且在提供担保财产方面拥有更多的选择，而中小经营者对抗市场风险的能力一般较弱，且通常不拥有价值较高的担保品（如不动产、大型设备等），故利用自身资产担保获得融资的能力也较弱。若依一般动产抵押权设立的要求，在特定经营性动产上设立抵押权，往往由于特定动产的价值有限，从而难以满足相应融资要求。浮动抵押的基本逻辑是：中小经营者，其生产设备、产品、半成品、原材料等经营性资产的总值可能并不低；以设立抵押的时点来判断，尽管未来抵押人的产品可能会被售出，半成品与原材料也可能会被加工成产品后被售出，生产设备也可能因为折旧而价值下降甚至报废，但是，只要具备稳定的经营，可预期抵押人会以销售回款购置新的原材料及更新设备等，从而进入一个新的生产周期；因此，若能在抵押人现有及将有的全部动产上设立一种动态的抵押权，则全部抵押财产所具备的交换价值可以为债权人实现债权提供一定的保障。

　　浮动抵押制度源自英美法，因其能够灵活地满足现代工商业融资担保的需求，该制度在世界范围内产生了重要的影响。我国《担保法》在立法时尚未涉及浮动抵押，而《物权法》则明确规定了该制度。《民法典》基本继受了《物权法》关于浮动抵押的规定。

　　2. 浮动抵押权的特征

　　与一般抵押权相比，浮动抵押权具有鲜明的特征，主要表现在：

　　（1）抵押人仅能是商事主体。对一般抵押权而言，包括自然人在内的所有民事主体皆可在自己的财产上设立抵押权。而对于浮动抵押，抵押人只能是从事经营活动的企业（公司、合伙企业、个人独资企业等）及个体工商户、农业生产经营者。浮动抵押建立在抵押人动态的经营活动基础之上，因此须将抵押人限定在商事主体。

　　（2）抵押权的客体是抵押人现有的及将有的生产设备、原材料、半成品、产品等全部动产，也就是说，浮动抵押权的客体具有集合性和动态性两个特点。首先，浮动抵押不同于一般的动产抵押，在后者，即便实务中动产抵押权也常以数量庞大的动产作为一项债权担保的对象，如以库存的一万瓶白酒作为抵押，但在法理上仍应遵循物权客体特定原则，认定在每一个单一动产上均设立了抵押权（在前例中，一共设立了一万个抵押权）。而对浮动抵押而言，尽管在订立抵押合同时，也可以清点的方式确定所有的生产设备、产品等，但由于当事人抵押担保的意思指向的是一个动态的集合财产，因此，在抵押财产确定之前，抵押权并不发生在每一个动产之上。其次，在因被担保之债权期限届满等原因而确定之前，浮动抵押权的客体呈现出流出与流入的浮动性：一方面，设立抵押权之时的产品，若在抵押人后续的生产经营活动中出售并交付给他人，并回收了价款，则根据《民法典》第404条确定的"正常经营活动中的买受人"规则，这些被售出的动产不再属于抵押财产；[1] 另一方面，在抵押权设立后抵押财产确定前的期间，抵押人通过以自有资金或他人给予信用等方式获得的新的动产（如新购入的生产设备），也将成为抵押财产。总体上看，浮动抵押权的具体客体范围，并不在设立抵押权时加以确定，而是在《民法典》第 411 条规定的时间加以确定。

除在以上两个方面存在特殊性，尤其是需要通过专门的规则来确定抵押财产的范围外，浮动抵押在设立、效力等方面与一般的动产抵押并无区别。

3. 抵押财产的确定

由以上分析可知，抵押财产的最终确定对于浮动抵押权至关重要。根据《民法典》第 411 条，有下列情形之一的，浮动抵押的抵押财产确定：①债务履行期限届满，债权未实现。浮动抵押所担保的债权到期后，若债务人清偿了债务，则抵押权消灭，根本无须再确定抵押财产；若债务人未清偿债务，则在实现抵押权前，需要依此时抵押人的动产拥有状态确定抵押权具体所及的抵押财产的范围。②抵押人被宣告破产或者解散。抵押人进入破产清算或一般解散清算程序后，其未到期的债务也需要立刻清偿，所以抵押财产需要确定。③当事人约定的实现抵押权的情形。既然已经满足了当事人特别约定的抵押权实现的情形，当然需要立刻确定抵押财产。④严重影响债权实现的其他情形。如债务人恶意减少其责任财产危及债权实现的，抵押权人可以立刻主张抵押财产的确定。

浮动抵押的财产确定后，浮动抵押权转化成一般动产抵押权，抵押权开始在确定的各动产上发生。自抵押权确定之后，抵押人新取得的动产不再成为抵押权的客体，而抵押权人也可根据《民法典》第 410 条之规定对确定的抵押财产实现抵押权。

4. 浮动抵押与购置款抵押权

相对于《物权法》而言，《民法典》抵押权部分的规范增设了一项制度，针对担保物本身的购置款债权规定了相应抵押权的超级优先效力。总体而言，以浮动抵押为背景，能够更好地理解此项新制度。

《民法典》第 416 条规定："动产抵押担保的主债权是抵押物的价款，标的物交付后十日内办理抵押登记的，该抵押权人优先于抵押物买受人的其他担保物权人受偿，但是留置权人除外。"这一新规主要系参考《美国统一商法典》上的 PMSI（Purchase-Money Security Interest）制度而创设，具有复杂的法理构造。为便于解释该条规范的意义，兹先其举一例说明其适用的场景。2021 年 3 月，甲公司向乙银行借款 600 万元，借款期 1 年，甲公司以现有的及将有的全部动产为乙银行设立浮动抵押，乙银行将此浮动抵押权在动产融资统一登记公示系统上做了登记；2021 年 10 月，甲公司拟向丙公司购入价值 60 万元的设备一台，因资金短缺，甲公司向丁银行申请专项贷款，双方约

---

[1] 关于"正常经营活动中的买受人"规则，在浮动抵押中的运用最为常见，也是此种特殊担保制度的内在要求。实际上，《物权法》仅针对浮动抵押规定了"正常经营活动中的买受人"规则，《民法典》才将此规则扩张适用到一般的动产抵押。据此，在浮动抵押中，对于抵押人售出的动产，抵押权人是否仍能追及，取决于买受人是否符合第 404 条的规定。在此问题上，浮动抵押权并无特殊性。这就意味着，就浮动抵押权最终所及的抵押财产范围的确定而言，在设立浮动抵押权时，抵押财产至少能够通过概括描述的方式加以确定，这一点仍具有重要意义。

定，丁银行向甲公司提供 60 万元的贷款，甲公司以从丙公司处获得的设备作为抵押物担保此 60 万元的借款；双方订立借款合同和抵押合同后，丁银行依约将 60 万元支付于丙公司，后者则向甲公司交付了设备；设备交付甲公司后，丁银行立即将其在该设备上的抵押权在动产融资统一登记公示系统上做了登记。后甲公司经营管理不善，无力偿还对乙银行和丁银行的到期借款。

在此例中，如果没有《民法典》第 416 条之规定，则乙银行在设备上有优先于丁银行的抵押顺位。乙银行享有的是浮动抵押权，甲公司新购置的设备，在浮动抵押确定时，也属于乙银行所享有的抵押权的客体。丁银行尽管系为甲公司支付该设备的购置款提供专门的信用支持，但根据《民法典》第 414 条之规定，在乙银行、丁银行的抵押权均登记的情况下，登记在先的乙银行的浮动抵押权优先于丁银行的动产抵押权。

由此可见，法律若缺乏购置款债权超级优先权的相关设计，则浮动抵押在便利中小经营者融资方面实属一把双刃剑：浮动抵押权包揽抵押人现有及将有全部动产的效力，能够为债权人提供很好的保障，从而促成获得浮动抵押担保的债权人向债务人提供融资；但是，抵押人一旦提供了此种抵押担保，由于浮动抵押的效力会自动及于抵押人将来获得的动产，并因登记在先保持优先顺位，则抵押人就几乎阻断了自己以新取得的资产再向他人寻求担保融资的可能。《民法典》第 416 条的立法目的即在于，通过规定担保购置款债权的抵押权的超级优先效力，使其取得相对于在先设立之浮动抵押权更优先的顺位，从而使其他的金融机构或市场主体愿意为抵押人继续提供购置款的信用支持。那么，在法律政策上，规定时间在后的购置款抵押权的超级优先效力是否会损害登记在先的浮动抵押权人的利益，从而对其不公呢？答案应是否定的。购置款抵押权之所以被赋予超级优先效力，是因为，抵押人并非以自有资金（如销售已纳入浮动抵押之产品的回款）购入新的资产，而是以他人给予信用的方式获得新的资产，也就是说，如果他人因担忧浮动抵押的存在而不给予抵押人购置款的信贷，则抵押人根本不会获得购置物。在此种情形，让购置款债权人的抵押权处于第一顺位，其实并不损害浮动抵押权人的担保利益。

结合前例，对《民法典》第 416 条可做进一步解读如下：

（1）此种抵押权担保的是抵押物购置款债权（第 416 条所谓"动产抵押担保的主债权是抵押物的价款"），具体又可分为以下两种情形：如前例，第三方债权人给予信贷，用于支付购置款；抵押物的出卖人直接以赊销的方式给予抵押人信用，也就是说，出卖人先交付标的物于买受人，同时在该物上设立抵押权以担保其销售该物应收取的价款债权。

（2）抵押权以购入的动产为其客体。第 416 条所称"动产抵押担保的主债权是抵押物的价款"，指为担保购置款债权而直接在购入的商品上设立的抵押权。只有在购入物上设立的抵押权，才具有超级优先效力，若以已有的动产担保购置新资产的价款债权，则该抵押权为一般动产抵押权，在优先顺位方面没有特殊待遇。

（3）产生超级优先效力的购置款抵押权须经登记。购置款抵押权效力强大，有必要强化其登记要求。不过，考虑到商业实践的需求，法律给予了债权人一个短暂的宽限期，即在标的物交付后 10 日内办理抵押登记的，可享有超级优先效力。即便是购置款抵押权，若未在标的物交付后 10 日内办理登记，该抵押权只能被作为一般动产抵押权加以对待。

（4）除留置权外，购置款抵押权优先于抵押物上的其他担保物权。购置款抵押权经登记后，当然地对在其后于该抵押物上发生的其他抵押权或质权保持优先的效力（此乃一般动产抵押权根据《民法典》第 414 条、第 415 条所具有的效力）。如前例所示，购置款抵押权的特殊效力表现在，即便面对在先登记的浮动抵押权，该购置款抵押权也具有优先性。不过，若他人在抵押物上享有了留置权，则购置物抵押权仍不能优先于留置权，这一点不仅为第 416 条所明确规定，而且也与《民法典》第 456 条的规定相吻合。留置权是法定担保物权，而且留置权人通常因产生其债权的法律事实而使标的物的价值有所增加（如因修好了车而产生修理费债权），因此，即使是产生所谓超级优先效力的抵押权，也不得优先于留置权。

关于《民法典》第 416 条所规定的购置款抵押权，尚有两个问题值得讨论。

其一，依第 416 条的字面解释，在以下不涉及浮动抵押的情形，购置款抵押权也将具有优先效力：设甲公司从乙公司购入挖掘机一台，为担保 30 万元价款，甲公司在该挖掘机上为乙公司设立动产抵押；乙公司交付给甲公司的次日，后者为取得融资将该挖掘机质押给丙公司（或抵押给丙公司，丙公司于当日办理了抵押登记）；3 日后，乙公司办理了购置款抵押权的登记。在该例中，丙公司在取得质权或抵押权时，即便认真检索动产融资统一公示系统并确定质物或抵押物上不存在在先的登记抵押权，也将无法对抗在交付 10 日内完成登记的购置款抵押权人。购置款抵押权是否具有这个层面上的超级优先效力，学理上甚有争论，而最高人民法院在《担保制度解释》中则明确承认了这一效力。[1] 本书认为，对购置款抵押权的特别保护，并不能以隐蔽担保的方式牺牲其他担保权人的利益为代价，前述以第 416 条所进行的推理在结果上欠缺妥当性，当属该条的法律漏洞，应通过限缩解释否认此种情形购置款抵押权的特殊效力。

其二，关于购置款担保权利可能的适用范围，有观点认为，仅应按照第 416 条的规定限定于购置款抵押权这一种情形。[2] 而《担保制度解释》第 57 条第 1 款则明确承认以下权利人的担保权利具有超级优先效力：在该动产上

---

[1]《担保制度解释》第 57 条第 2 款规定，"买受人取得动产但未付清价款或者承租人以融资租赁方式占有租赁物但是未付清全部租金，又以标的物为他人设立担保物权，前款所列权利人为担保价款债权或者租金的实现而订立担保合同，并在该动产交付后十日内办理登记，主张其权利优先于买受人为他人设立的担保物权的，人民法院应予支持"。该解释的制定者也意识到这一效力可能带来第三人交易安全的问题，但认为从尽量尊重立法原意的角度应该得出这一解释结论（问题是，立法原意本身恐怕并不清晰），参见最高人民法院民事审判第二庭：《最高人民法院民法典担保制度司法解释理解与适用》，人民法院出版社 2021 年版，第 492 页。

[2] 参见黄薇主编：《中华人民共和国民法典物权编解读》，中国法制出版社 2020 年版，第 718 页。作者仅以所有权保留中的出卖人以及融资租赁中的出租人的法律地位是所有权，而非担保物权为由，认为第 416 条不包含上述两种情形。

设立抵押权或者保留所有权的出卖人；为价款支付提供融资而在该动产上设立抵押权的债权人；以融资租赁方式出租该动产的出租人。所有权保留买卖、融资租赁与购置款抵押权有相同的担保机理，因此应承认所有权保留买卖的出卖人与融资租赁的出租人在担保物上拥有的担保权利具有超级优先效力，从而使它们也能够优先于登记在先的浮动抵押权。

第三节　质权

一、概说

质权，是指债权人为担保债权，对债务人或者第三人移交的动产为占有，或者以有价证券或其他可转让的财产权为标的，在债务人不履行到期债务时，能够就该动产或者权利折价或者以其卖得的价款优先受偿的权利。

《民法典》物权编第十八章设"质权"一章，分别规定"动产质权"（第一节）与"权利质权"（第二节），而未设一般规定。这也表明，动产质权与权利质权在权利客体、设立、效力等方面其实存在显著的差异，二者的共性并不多。故立法虽以"质权"统称之，但并未提炼一般规定。可以说，以有体动产为客体的动产质权是质权的基本形态，权利质权中的有价证券质押等也存在通过交付证券设立及产生留置效力等类似动产质押特征，故各国法律多存在准用动产质权的规定。[1]《民法典》也于第446条规定："权利质权除适用本节规定外，适用本章第一节的有关规定。"

作为典型的担保物权，质权也具有从属性、不可分性、物上代位性等特性，前文已于担保物权概述部分详加讨论，此处不赘述。另外，根据《民法典》第439条的规定，出质人与债权人也可以协议设立最高额质权，有关最高额质权的规则，除适用质权的一般规定外，参照适用最高额抵押权的规定。

二、动产质权

（一）动产质权的意义

动产质权，指债权人因担保其债权，占有债务人或者第三人移交的动产，在债务人不履行到期债务时，以该动产折价或者以其卖得的价款优先受偿的权利。动产质权，由债权人与出质人通过订立质押合同方式设立。动产质权的设立，将在动产所有人与

---

〔1〕比较法上，尽管多将质权区分为动产质权与权利质权（少数国家或地区还承认不动产质权），但很少有在各种质权之上设一般规定的立法例。德国民法、瑞士民法、我国台湾地区"民法"均首先规定动产质权，然后规定权利质权，并采用了权利质权可准用动产质权之规定的立法技术（《德国民法典》第1273条、《瑞士民法典》第899条、台湾地区"民法"第901条）。《日本民法典》于质权一章设四节，在动产质、不动产质、权利质之前设有"通则"，不过，正如日本学者指出，该通则实际上仅适用于动产质权，参见〔日〕我妻荣：《新订担保物权法》，申政武、封涛、郑芙蓉译，中国法制出版社2008年版，第118页。由此可见，日本民法其实也是以动产质权为质权的基本形态。

质权人间构建法定的质押关系。[1]

动产质权,在欧洲大陆法系国家,系近代以来改造罗马法的担保制度过程中逐渐形成的担保制度。在我国固有法上,与其较接近的制度乃当铺的典、当,多表现为一方为筹措消费资金而将金银、珠宝、衣物估价交由当铺,后者给予一笔钱款,而在前者不按时归还时,由当铺直接取得当物的所有权。我国现行民法上的动产质权制度则系近代以来借鉴西方法律的产物,已与前述固有法上的典当制度相去甚远。如前文所述,当代社会,担保制度主要服务于工商业者经营融资之需,而动产质权则因其要求出质人须移转担保物的占有,导致出质人丧失继续使用的机会,也无谓增加债权人对质物的保管负担。随着更能适应商业需求的动产抵押、让与担保等制度的兴起,动产质押制度逐渐式微。不过,一方面,以非经营性动产(如金银珠宝、收藏品)质押不存在出质人丧失使用利益的问题;另一方面,通过返还请求权让与或委托监管方式设立的动产质权,也能较好地满足企业融资的需求,而且,债权人实际控制担保物的担保方式能够为债权实现提供最安全和最便利的保障措施。因此,动产质权在今日当然还有其不可替代的价值。

动产质权具有如下特征:

(1)动产质权的标的物为债务人或第三人提供的动产。我国法律不承认不动产质权,以有体物作为质押对象的,仅能在动产上设立质权。当事人约定以不动产作为质权标的的,因违反物权法定原则,设权行为不发生物权效力。动产质权的标的物,或为债务人所有,或为作为物上担保人的第三人所有。机动车、船舶、航空器等特殊动产,在作为动产质权客体时,无特殊性。

关于金钱能否作为动产质权客体的问题,理论与实务上存在争议。以有体物(现金)形态存在的金钱,往往欠缺特定性,一旦被交付给债权人,即因混入债权人的财产而为后者取得所有权,故不宜作为动产质权的客体。不过,如果出质人将特定化的金钱(如存放于密码箱的若干金钱)交给债权人设置担保(如担保债务人特定的劳务给付),则债权人可以对此特定化的金钱产生留置的权利,应认定动产质权因此得以设立。对此问题,《担保法解释》第85条(在"动产质押"的标题之下)曾规定,"债务人或者第三人将其金钱以特户、封金、保证金等形式特定化后,移交债权人占有作为债权的担保,债务人不履行债务时,债权人可以以该金钱优先受偿"。该解释虽已废止,但其规定内容符合法理。关于所谓账户担保,根据《担保制度解释》第70条之规定,债权人实际控制担保人保证金账户等的,可以对账户内的款项优先受偿。由于此种担保并非以有体物为客体,因此该司法解释正确地将其置于

---

[1] 对于定限物权,本书坚持"关系物权"的认知,强调其在定限物权人与所有权人间建立起具有特定权利义务内容的物权关系,动产质权也不例外。特定出质人在其物上为债权人创设动产质权后,若发生该动产所有权的转移,则在质押物新所有权人与质权人间仍发生质押关系。在此意义上,《民法典》上所称的"出质人",应理解为"质押物所有人"。

"非典型担保"的标题之下。

（2）动产质权以质权人取得及维持标的物的占有为必要。动产质权的担保机理，表现在债权人占有质物，并借助留置效力（在债权得到清偿之前拒绝将质物返还于所有权人），促使债务人清偿债务，并在债权届期得不到清偿时可自主实现质权。因此，质权只有在债权人取得质物占有时才能设立，质权的存续也需要质权人继续占有标的物。动产质权的这一特征，与不控制标的物且须借助登记公示权利的抵押权显著不同。

（3）动产质权的内容为对质押物变价与优先受偿。质权设立后，在其所担保的债权获得清偿之前，质权人可留置质物。债权到期而未得到清偿的，质权人可拍卖、变卖质物，并就卖得的价款优先受偿。

（二）动产质权的取得

1. 质押合同的订立

我国民法未规定法定动产质权，[1] 质权仅能以出质人与债权人间订立质押合同的方式创设。根据《民法典》第 427 条之规定，动产质押合同必须以书面形式缔结。基于质权的从属性，质押合同的一方当事人须为被担保之债的债权人，而另一方当事人可为债务人，亦可为自愿以其动产提供质押担保的第三人。质押合同必须指明被担保之债权，必须明确质押动产。由于质权的实现须以对质物的拍卖、变卖的方式进行，故质物须为可自由流通之物，以法律禁止转让之动产出质的，质押合同无效。

与抵押合同涉及的流押问题一样，质押合同订立，也涉及流质条款的效力问题。《民法典》第 428 条与第 401 条采相同的立场，均缓和了《物权法》上对流押和流质的严格禁止立场。当事人在质押合同中做出流质约定的，在具备质权实现条件时，债权人可以据此要求获得质物的所有权，但其也负有清算义务，对于质物价值超过被担保债权的部分，债权人负有向出质人返还的义务。

讨论流质条款效力问题，须适当关注"典当"问题。在我国今日经济生活中仍存在典当，而其法律性质却不甚明了，不仅相关规范的效力层级较低（关于典当的规范主要是 2005 年由商务部和公安部公布施行的《典当管理办法》），而且民法学对其也缺乏足够的关注。根据《典当管理办法》的规定（第 3 条），所谓"典当"，实际上包括了不动产抵押和动产质、权利质三种业务类型。对所谓房产典当，应适用《民法典》关于不动产抵押的规定。关于典当业务中的动产质与权利质实际上与《民法典》规定的动产质权与权利质权并不完全相同，可称其为"营业质"。

与一般意义上的质权相比，营业质最突出的特点就在于所谓"绝当"。通过 2010 年对物权编的修订，我国台湾地区"民法"在质权中增加了有关营业

---

〔1〕 在比较法上，多见法定质权的规定。例如，我国台湾地区"民法"第 862-1 条规定："抵押物灭失之残余物，仍为抵押权效力所及，抵押物之成分非依物之通常用法而分离成为独立之动产者，亦同。前项情形，抵押权人得请求占有该残余物或动产，并依质权之规定，行使其权利。"

质的规定。该法第 899-2 条第 1 项规定，"质权人系经许可以受质为营业者，仅得就质物行使其权利。出质人未于取赎期间届满后 5 日内取赎其质物时，质权人取得质物之所有权，其所担保之债权同时消灭"。《典当管理办法》也规定了绝当。该办法第 40 条第 1 款规定："典当期限或者续当期限届满后，当户应当在 5 日内赎当或者续当。逾期不赎当也不续当的，为绝当。"但是，该条所称"绝当"并不都意味着典当行可以无须清算地获得当物的所有权。根据该办法第 43 条的规定：物估价金额在 3 万元以上的，须按担保物权实现的方法处置绝当物品，即存在多退少补的清算问题；物估价金额不足 3 万元的，典当行可以自行变卖或者折价处理，损溢自负。也就是说，在我国现行法的框架内，即便是表现为"典当"的营业质，也只有在质物价值相对较低的情形，才允许无须清算的流质。

2. 质物的交付

《民法典》第 429 条规定："质权自出质人交付质押财产时设立。"首先需要指出的是，原《担保法》第 64 条第 2 款规定，"质押合同自质物移交于质权人占有时生效"，这一规定混淆了质权设立的效力与质权合同本身的效力，错误地将附着于处分行为的特别生效要件安置于负担行为之上。《物权法》纠正了《担保法》的这一错误，改采质权自交付质押财产时设立的表述，《民法典》从之。这就意味着，在动产质权设立问题上，也存在着负担行为与处分行为的区分，交付乃是质权设立的要件，而非质押合同生效的要件。成立于出质人（无论其是债务人抑或是第三人）与债权人之间的质押合同，只要自身不存在效力瑕疵，即在成立时发生效力。因质押合同的缔结，出质人负有交付质物于债权人从而使动产质权得以设立的合同义务，在其违反此义务时，债权人可诉请其实际履行交付质物的义务，或主张其承担质权不能设立的损害赔偿责任。[1]

依《民法典》第 429 条，动产质权，自出质人交付质物时设立。居于该条核心地位的"交付"，其意义并不清晰。结合物权编第二章第二节"动产交付"之规范，尤其考虑所谓"观念交付"的几种情形，并依动产质权的法理，对此处的"交付"可做解读如下：

（1）出质人向质权人移交质物的实际控制，在后者取得质物的直接占有时，质权设立。例如，甲为向乙借款，在订立借款和质押合同后，将其收藏的一幅字画交到乙的手中，乙占有该字画时，取得质权。此种情形下的交付，与动产所有权转让时，让

---

[1] 《担保制度解释》第 46 条针对不动产抵押合同的效力设有完备的规定，但该解释并未系统规定质押合同的效力。根据该解释第 55 条之规定，通过第三方监管的方式设立动产质权的，若货物仍由出质人控制，则应认定质权未设立，"债权人可以基于质押合同的约定请求出质人承担违约责任"。依法理，在以其他方式设立质权时，只要出质人不履行交付质押物的义务，原则上债权人均可要求其承担违约责任。由于该解释第 46 条对不动产抵押合同不履行的后果有详尽的规定，而第 55 条不仅系针对特定情形而且其法律后果也不足够清晰，且与第 46 条之间存在一些差异（如第 55 条规定违约责任，而第 46 条第 3 款的责任未采违约损害赔偿说，已如前述），故在质押合同效力问题上，类推适用第 46 条即可。

与人向受让人所为之交付迥异：带来所有权转让效果的交付，须让与人彻底放弃物的占有，而由受让人成为物的唯一占有人；而在设立动产质权时，出质人使质权人取得质物的直接占有，质押关系本身构成占有媒介关系，出质人仍是质物的间接占有人。

（2）可以《民法典》第 226 条所规定的"简易交付"方式设立动产质权。在订立质押合同时，如债权人已经占有质物的，则双方关于质权设立的合意，即可使债权人取得质权。

（3）可以《民法典》第 227 条所规定的"返还请求权让与"的方式设立动产质权。出质人间接占有质押动产的，可以将间接占有让与质权人，以代交付。如前文对第 227 条展开讨论时已经述及，在以返还请求权让与方式设立动产质权时，质权自让与通知到达直接占有人时发生设立的效果。

（4）不能以占有改定的方式设立质权。质权的效力，首先表现为质权人对质物的留置，即不使质物再回归出质人的控制。若出质人自己保留直接占有，仅通过构建占有媒介关系，使债权人仅取得间接占有，则由于出质人还能够完全控制其物，不应认定已发生质权设定的结果。《民法典》第 228 条在就占有改定作出规定时，仅采用了"动产物权转让"的表述，而未像简易交付与返还请求权让与那样提及"动产物权的设立"，这也意味着《民法典》不承认以该条规定的方式创设动产质权。

　　在我国商业性的动产质押担保实践中，发展出了利用第三方监管人控制质押财产的方式设立动产质权的做法。如果出质人将货物存放于第三方仓库，则就常规的动产质权设立而言，实际不必由债权人与仓储方订立委托合同。依前述返还请求权让与的方式，仅需出质人将基于仓储合同所产生的对仓储人的返还请求权让与债权人即可，仓储人在接到通知后，即应为债权人的利益继续保管质押财产，在未得到债权人同意的情况下，不得向质押财产所有人返还。如此，债权人即可通过直接占有人有效控制质押财产，质权可以设立。当然，在此种情形下，如果债权人希望进一步落实仓储方的责任，也可与其订立委托合同，并借助委托合同的效力使仓储方为自己之利益占有质押财产，若受托人确实能够为债权人之利益控制其物，则质权因债权人取得质物的实际控制而设立。《担保制度解释》第 55 条特别强调了监管人是否受债权人委托实际控制货物：若为债权人利益而取得实际控制者，动产质权设立；若监管人系受出质人委托占有货物，且货物仍处在出质人控制下，则质权不发生设立的效果。

　　实践中，因商业之需要，当事人通过第三方监管质押财产方式设立动产质权的，往往指向一种被称为"流动质押"或"动态质押"的担保方式，其大致的交易结构如下：出质人、仓储人（监管人）、债权人订立三方协议，出质人以存放于第三方仓库中的商品作为质押财产，向债权人（通常是提供贷款的金融机构）质押贷款，并由债权人委托仓储人占有、监管质押财产；由于有持续经营的需要，债权人核定库存质押财产的最低价值要求，并允许出质人在库存商品价值高于此最低价值额的情况下将多余的商品售出，监管人则根据债权人的指令放货；若库存商品因放货等原因导致其价值低于最低限额，则出质人有义务补交保证金或补足同类质物。如上所述，如监管人能够为债权人利益控制货物，可以认定《民法典》第429条要求的"交付"要件已被满足。问题是，此种动态质押是否符合物权客体特定原则？本书认为，通过解释当事人的意思，可以得出动态质押并不违反物权客体特定原则的结论：在前述交易框架下，通过概括性描述，纳入监管人监管之下的动产皆为质物；就库存的质物，债权人同意放货且实际流出的货物，可解释为债权人抛弃了在这些货物上的质权；对于新入库而根据监管协议自动纳入监管人控制之下的货物，因有在先的质押合意且满足了"交付"要件，债权人立刻取得动产质权。

关于动产质权设立中"交付"的判定标准，还应讨论的一个问题是，债权人与出质人共同占有质物的，能否认定已发生了"交付"从而能够导致动产质权的设立？[1] 动产质权设立对交付的要求，其意并非创造质权人对标的物排他性的占有，而主要在于排除出质人继续对标的物保持排他性占有，故出质人在质物上为债权人创造出一个共同占有的法律地位，后者可以借此制约前者对物的支配和处分，即应认定动产质权因此而设立。例如，将质物继续存放于出质人的仓库，但债权人对存放质物的特定库房锁闭并掌控唯一钥匙，或债权人委派人员驻场监管，以此方式可以有效地设立动产质权。实际上，前述委托第三方监管质物的担保实践，至少就其中某些操作而言，运用的就是依共同占有设立质权的原理。

3. 质权的善意取得

设立质权的法律行为，性质上属于处分行为，应以出质人对质物享有处分权为必要。出质人在他人之物上为债权人创设质权的，仅在处分权人追认或出质人事后取得处分权时，债权人方可取得质权。不过，若债权人能够满足质权善意取得的要件，也可依善意取得的规定，在无须征得处分权人同意的情况下，直接取得质权。

根据《民法典》第311条第3款的规定，善意取得所有权以外的其他物权的，参照该条前两款的规定。据此，若因出质人占有质物而具备处分权的外观，从而使债权人善意相信其享有处分权，且出质人已将质物交付债权人，则在后者以质权之设立担保债权的预期下（相当于"以合理的价格转让"要件），应认定债权人善意取得质权。

（三）动产质权的效力

有关动产质权的效力，在其所担保的债权之范围、质权标的物所及范围（包括物上代位性）等方面与抵押权的效力并无不同，不再赘述。在此主要针对动产质权人与

---

〔1〕 比较法上，不乏明确规定可以共同占有的方式设立动产质权的立法例。《德国民法典》第1206条规定，"动产在所有人与债权人共同保管之中，或由第三人占有，而其返还仅得向所有人及债权人共同为之者，让与共同占有即可替代交付"。该规定意味着，仅需使质权人取得共同占有，即可满足质权设立的交付要求。《瑞士民法典》第884条第3款规定，"出质人保持对质物的排他性之占有者，质权未设定"。该条规定也意味着，当质权人与出质人对质物存在共同占有，从而导致出质人不再保持对质物的排他性占有的，动产质权可设立。

其所有人的权利义务关系加以讨论。

1. 质权人的权利

因动产质权的设立，质权人享有以下权利：

（1）可以留置质物。质权人占有出质人移交的质物，在质权所担保的债权未受全部清偿前，质权人可以其质权对抗出质人的返还请求权。也就是说，质权人可以留置出质人的质物，以此强制债务人履行债务。

（2）质物孳息的收取权。动产质权须移转标的物的占有，若质物在质权人占有期间产生了孳息，由质权人收取更为便利，而且，质权人收取的孳息本身即可使债权人的债权部分实现或获得更充分的保障。《民法典》第430条规定，除质押合同另有约定外，质权人有权收取质物所产生的孳息。此处的孳息既包括天然孳息，也包括法定孳息。出质人以能够产生天然孳息的动产（如母牛）出质的，在孳息自质物分离时，质权人应妥善收取和保管，并将该天然孳息也作为质物对待。经当事人双方协商，将质物出租给第三人使用而能够收取租金的，质权人有权自承租人处收取具有法定孳息性质的租金，并在以收取的租金充抵收取费用后，继续充抵债权的利息，最后充抵债权本金。

（3）保全质权的权利。根据《民法典》第433条的规定，因不能归责于质权人的事由可能使质押财产毁损或者价值明显减少，足以危害质权人权利的，质权人有权请求出质人提供相应的担保[1]（如在质物存在腐烂变质可能时，提供等值的新质物加以更换）；出质人不提供的，质权人可以自主拍卖、变卖质押财产，并与出质人协议将拍卖、变卖所得的价款提前清偿债务或者提存。

（4）物上请求权。质权系以占有为基础的物权，在质权受第三人侵害时，质权人可以行使占有回复、妨害排除和消除危险等物上请求权。例如，甲为担保自己的债务而将某动产出质于乙，乙不慎遗失该物，为丙所拾得，丙将之据为己有，后又赠与丁；此时，乙可直接依质权的效力，以《民法典》第235条为请求权基础规范，要求丁将该动产返还于自己。他人对质权人的质权造成妨害或有妨害之虞的，质权人可根据《民法典》第236条主张排除妨害、消除危险。

（5）变价权和优先受偿权。债务人不履行到期债务的，债权人可以就其占有的质物拍卖、变卖，并就卖得的价款优先受偿。动产质权的设立须以交付质物为必要，一

---

[1] 第433条追随第408条（关于抵押权人的保全权），规定了质权人要求出质人增加担保的权利。实际上，这一规定的妥当性存疑。《民法典》第408条规定的抵押权人的增加担保请求权，以抵押物继续处于抵押人的占有之下，且系因为抵押人的原因导致抵押物价值下降为前提。相反，质权人直接占有质物，若质物毁损或价值下降不可归责于质权人，只是可以因此豁免质权人的赔偿责任而已，若无质押合同上的特别约定，质权人何以能够要求出质人增加担保？第408条既然规定了抵押权人的增担保请求权，如前所述，抵押权人就能切实要求抵押物所有人提供新的担保，必要时，抵押权人可以诉请求之。相反，在解释第433条时，不应承认质权人有相同的权利。也就是说，第433条主要的规范意旨并非在于增担保，而仅是针对质物毁损或价值下降不可归责于质权人，且出质人不主动补足价值时，授权质权人可以立刻自主拍卖、变卖质物。

般不存在因多重质押而需要确定各质权优先受偿顺位的问题。[1] 若特定动产上既有质权，又有抵押权，则须确定二者之间的优先顺位。对此，《民法典》第415条设有如下规定："同一财产既设立抵押权又设立质权的，拍卖、变卖该财产所得的价款按照登记、交付的时间先后确定清偿顺序。"由于质权的发生必须以交付为前提，而动产抵押权却有已经登记与未经登记的两种情形，故该条规定可细化为：①若抵押权设立在先，且经登记，则抵押权优先于在后的质权；②若抵押权设立在先，但未经登记，则在后的质权优先于抵押权；③若质权设立在先，则无论在后的抵押是否登记，质权均优先于抵押权。

（6）转质的权利。关于质权人能否转质及如何转质之问题，《民法典》仅于第434条设有一条其意义有待澄清的规定："质权人在质权存续期间，未经出质人同意转质，造成质押财产毁损、灭失的，应当承担赔偿责任。"[2] 表面上看，该条似乎并不反对未经出质人同意的责任转质，但却未对转质的设立、转质权与原质权之间的关系（尤其是在担保金额、债权存续期等方面的关系）等提供任何有意义的规范。考虑到我国现行法实际上并不存在转质的规定，且其他国家和地区并非普遍存在转质制度，[3] 故本书仅做如下几点观察：①所谓转质，指质权人以其占有的质物，为担保自己或他人的债务再次出质。转质人须向债权人表明自己的质权人身份，即债权人知晓其接受的是转质权。若质权人声称质物为己所有，债权人根本不知该质权的设立为转质，则质权人再以质物设立质权的行为应属无权处分，在其将质物交付债权人后，后者仅在善意时，方可取得质权。②理论上，转质分为承诺转质与责任转质，前者系在出质人同意情况下进行的转质，其效力主要依当事人的约定与出质人的允诺内容而定（其实已经类似出质人对质权人特别授予处分权的情形，因此并非典型的转质）；后者须由法律先赋予质权人以转质的权利，即不经出质人同意也可以自己的责任转质，法律还须提

---

[1]　存在以下例外情形：出质人甲将质物实际交付于债权人乙，为其设立质权后，又以返还请求权让与的方式（甲将其对乙基于质押关系的返还请求权让与丙，并通知乙）为债权人丙设立了质权。此例中，由于后者的效力取决于返还请求权，而仅在债权人乙的债权被清偿的情形（包括通过对质权实现的方式）下，丙方可实际主张返还请求权，故在先设立的乙的质权当然享有更为优先的受偿顺位。质言之，一个动产上若能先后成立两个以上的质权，它们相互间的优先顺位，仍遵循"时间在先，效力优先"的一般规则。

[2]　在确定转质规则方面，这条规定的规范功能也已经被在前的第431条所覆盖。已经失效的原《担保法解释》曾对承诺转质有更具体些的规定，该解释第94条第1款规定："质权人在质权存续期间，为担保自己的债务，经出质人同意，以其所占有的质物为第三人设定质权的，应当在原质权所担保的债权范围之内，超过的部分不具有优先受偿的效力。转质权的效力优先于原质权。"

[3]　《德国民法典》与《法国民法典》未见转质之规定。《瑞士民法典》仅做"质权人，非经出质人同意，不得将质物转质"之规定（第887条）。台湾地区"民法"主要借鉴《日本民法典》（第348条），设有责任转质的规定（第891条），学说也追随日本，探讨责任转质与承诺转质。不过，有台湾地区学者指出，法理上是否有规定转质的必要，不无疑问，参见姚瑞光：《民法物权论》，中国政法大学出版社2011年版，第194页。

供关于此种责任转质效力的具体规范。[1]　③缺乏相应法律规定情形下，"理论上"的责任转质并无法律意义，质言之，在我国现行法的框架下，宜否认质权人对质物有再行转质的权利。

2. 质权人的义务

质权人主要负有以下两方面的义务：

（1）妥善保管质物。质权人应以善良管理人的注意妥善保管质物，因保管不善导致质物毁损、灭失的，质权人对质物所有人承担损害赔偿责任。未经质物所有人同意，质权人不得使用质物。因质权人擅自使用，导致质物损害的，质权人负损害赔偿之责。质权人的行为可能使质押财产毁损、灭失的，质物所有人可以请求质权人将质押财产提存，或者请求提前清偿债务并返还质押财产。质权人因保管质物而支出的费用，除非当事人另有约定，可以要求债务人承担，并纳入质权优先受偿范围之内。

（2）返还质物。动产质权所担保的债权因得到清偿等原因消灭的，质权也随之消灭，此时质权人对质物的占有即丧失了权利基础，而应向有受领权之人返还质物。[2]

对于动产质权的效力，还有一个问题值得讨论，即在质权存续期间，质物所有人能否以及以何种方式对质物加以处分？如所有人能否将质物出让给他人，能否在质物上再次为第三人创设质权或抵押权？动产质权设立后，尽管质物所有人不再直接占有质物，但其对质物的处分权并不因此受影响。不过，针对动产的处分行为欲发生效力，还需满足交付或交付替代的要求。质物为质权人直接占有，故所有人无从通过交付的方式实现动产物权变动，但可通过以下交付替代的方式实现动产物权变动：①质物所有人可通过《民法典》第 226 条规定的简易交付方式将所有权让与质权人。②质物所有人对质权人享有返还请求权，尽管该返还请求权系在未来质权消灭时才可现实行使，但此点并不影响所有人通过《民法典》第 227 条规定的返还请求权让与的方

---

［1］　我国台湾地区学说主要参酌日本民法，对责任转质确定以下主要规则（学说实际也存在若干不清晰之处）：①在转质权的成立方面，转质须于质权存续期间为之，转质权所担保的债权额须在质权担保的债权额范围之内，转质权所担保债权的清偿期不得长于原质权所担保债权的清偿期，须具备质权一般的成立要件。②在转质权的效力方面，转质权对出质人也有效力，出质人欲通过清偿债务而取回质物，须先向转质权人清偿；因转质，质权人即便对于质物上因不可抗力所受损害，亦须对出质人负责；对于转质权人而言，在其债权及原质权所担保的债权均届期，且转质权人的债权未受清偿时，其可以实现转质权，即拍卖、变卖质物，并优先于质权人受偿。参见谢在全：《民法物权论》（下册），中国政法大学出版社 2011 年版，第 988-993 页。我国民事审判中，尽管偶尔涉及转质且法院也运用转质相关理论进行说理，如广西壮族自治区高级人民法院（2016）桂民终 262 号民事判决书，但在现行法的框架内，应无法确立前述复杂规则。

［2］　《民法典》第 436 条规定，债权得到清偿的，质权人"应当返还质押财产"。质权人应当向何人返还？即便是这样一个细节问题，也能体现物权法的高度技术性。一般而言，因质押合同存在于出质人与质权人间，故后者通常应向前者返还质物。但是，质权关系也是一种物上的法律关系，有突破合同关系的可能。若出质人甲为乙设立质权后，又与丙达成质物所有权移转的合意，并以返还请求权让与的方式将质物所有权让与丙，则债权受清偿后，若质权人已受有返还请求权让与通知，则其应向质物受让人（即质物新的所有人）丙负返还之责；若质权人乙因未受领让与通知而不知所有权移转之事实，则其向出质人甲返还质物，亦可发生清偿之效果。对此问题的讨论，也再次证明了前述的一个观点，即在规定质权关系时，立法者应舍弃"出质人—质权人关系"的规制视角，而改采"所有人—质权人关系"的视角。

式将所有权让与第三人。③所有人也可通过返还请求权让与方式，将质物再度出质于第三人，后者于直接占有人（即直接占有质物的质权人）接到让与通知时，取得后顺位的质权。④动产上设立抵押权，无须交付，故在所有人与第三人达成抵押协议时，后者即取得抵押权。由于质权人的质权在先，该抵押权即便经过登记，其受偿顺位也落后于质权。

（四）动产质权的实现与消灭

1. 动产质权的实现

债务人不履行到期债务的，质权人可实现动产质权。动产质权的实现，首先表现为对质物的变价。质物的变价方式有：①质权人可以与质物所有人协议以质物折价，即当事人对质物估价，并通过简易交付方式由质权人取得质物所有权，以抵偿债务。当事人对质物的估价高于债权金额的，质权人应支付超出部分的金钱于质物所有人，不足的，应由债务人继续清偿。②当事人可以协商一致将质物交拍卖人拍卖，或经双方同意以特定的价格出卖于他人。③在无法达成前述协议时，质权人也可根据《民事诉讼法》规定的"实现担保物权案件"向人民法院提出申请，并在获得准许拍卖、变卖的裁定后，通过法院执行程序变价。④依《民法典》第436条第2款之文意，并对比规范抵押权实现的第410条第2款，可以得出法律允许质权人自行出卖质物的结论，即在当事人就质物之拍卖、变卖不能达成协议时，质权人并非必须通过法院才能实现质物的变价，而是可以自行变价。[1]

质物变价后所得的价款，动产质权人有权就其债权优先受偿。质物上同时存在其他人的抵押权的，须视抵押权是否登记及登记时间的具体情况，决定质权与抵押权的优先顺位：抵押权设立在先，且在质权设立之前即已完成抵押登记的，抵押权优先于质权；其他情形，质权人优先于抵押权人受偿。[2] 若质物上发生他人的留置权，则留置权人优先于质权人受偿。[3]

2. 动产质权的其他消灭原因

动产质权，除因质权的实现而消灭外，还因以下原因而消灭：

（1）债权消灭。质权所担保的债权因债务人清偿、债权人的免除、抵销或者混同等原因消灭的，作为从权利的质权也发生消灭。

（2）质权人抛弃质权。质权系质权人享有的财产权利，质权人当然有权抛弃质权。质权的抛弃，须由质权人以单方须受领的意思表示向质物所有人作出。

---

〔1〕 不过，我国现行法未见关于质权人如何变价的规定。质权人不经质物所有人同意而对质物变价，不仅涉及以何人名义处分的问题（理论上，应以自己的名义，此时其有法律授予的处分权），而且，为保障质物所有人及其他债权人之利益，须有保障以公允价格出卖的程序性安排。比较法上（如《德国民法典》第1235条、我国台湾地区"民法"第893条）通常有须以公开拍卖方式进行，且质权人、所有权人均可参加竞拍的规定，可资参考。
〔2〕《民法典》第415条规定："同一财产既设立抵押权又设立质权的，拍卖、变卖该财产所得的价款按照登记、交付的时间先后确定清偿顺序。"
〔3〕《民法典》第456条规定："同一动产上已经设立抵押权或者质权，该动产又被留置的，留置权人优先受偿。"

（3）质押期间，质权人自愿将质物返还于质物所有人的，质权消灭。对此，我国现行法虽未设明文规定，但依质权设立的法理（尤其是依占有改定不得创设质权），质权人在质押期间也应维持对质物的占有，若其将质物返还于出质人，则无论其主观上是否具有抛弃质权的意思，质权均消灭。[1]

（4）质物毁损、灭失的，质权发生消灭。若因毁损灭失，质物所有人受有保险金、赔偿金或补偿金的，或对第三人享有保险金等的给付请求权的，债权人仍能主张就相应的金钱或请求权优先受偿。

　　质权所担保的债权诉讼时效期间届满，质权是否发生消灭？根据《民法典》第419条的规定，抵押权所担保的债权诉讼时效期间届满的，抵押权消灭。对于质权在其所担保之债权的诉讼时效届满后的效力问题，《民法典》并未作出规范。与抵押权人不同，质权人持续占有质物，质权所具有的留置效力应能持续支持担保债权。就债权人而言，若其手中实际占有的质物价值足以覆盖债权全额，其往往并不急于主张权利。若质权因其所担保债权的诉讼时效期间届满而消灭，那就意味着，尽管债权人的债权未得到清偿，但质物所有人却可要求债权人交还质物，这一结果明显对债权人不公。故此，与《民法典》第419条对抵押权的规定不同，《担保制度解释》第44条明确规定，对动产质权等以占有担保物为公示手段的担保物权而言，主债权诉讼时效期间届满的，并不影响其权利的存续，质权人仍能就其占有之质物主张实现质权。当然，质物所有人可以主张《民法典》第437条规定的权利，要求质权人在债务履行期届满后及时行使质权。

三、权利质权

（一）权利质权的意义

权利质权，是指以债权及其他可转让的财产权为客体而设立的质权。例如，甲持有一张金额为100万元的远期汇票，乙为汇票的承兑人和付款义务人；现甲向丙借贷80万元，为担保债务的履行，甲以对乙的票据债权为丙设定权利质权；如甲到期不能清偿贷款本息，则丙可以就甲对乙的债权优先受偿。

民法上的物权，原则上应以有体物为其权利客体，只有在例外情况下，物权才能以特定权利为其客体，而权利质权即属于此种例外情形。质权之所以可以在具有可转让性的权利上存在，其原因在于作为担保物权的质权具有价值权的性质，而具有可转让性的财产权恰恰有交换价值，可以成为优先受偿权的对象。随着当代社会财产形态

---

[1] 关于质押期间质权人返还质物的后果，《担保法解释》第87条第1款曾规定，"……质权人将质物返还于出质人后，以其质权对抗第三人的，人民法院不予支持"。另外，与以占有改定方式不能创设质权的法理相同，《德国民法典》（第1253）条与我国台湾地区"民法"（第897条）均规定，质权人将质物返还于出质人，但做质权保留约定的，该保留不生效力。

的变迁，即便是在供担保的功用方面，有体物之外的财产权（股权、债权等）也变得越来越重要。以可让与的财产权作为质权客体，出质人实际上是将该财产权中的变价权从权利中分离，并使债权人取得此变价权以及就变价之金钱优先受偿的权利。

权利质权为质权的一个类型，与动产质权共同构成了我国民法上的质权体系。权利质权以具有可转让性的财产权利为客体，但不包括建设用地使用权、海域使用权、土地经营权等不动产权利，因为后者被视为不动产纳入抵押权的范畴。[1] 作为权利质权客体的可转让财产权，性质上类似动产，故权利质权与动产质权共同构成质权的体系。《民法典》实际上是将动产质权作为质权的一般形态，并因此就其设立、效力、实现等作出完整的规定；权利质权作为质权的特殊形态，《民法典》仅于物权编第十八章第二节就权利质权的特殊设立要求和效力作出了简要规定，并于第446条设有以下规定："权利质权除适用本节规定外，适用本章第一节的有关规定。"据此，《民法典》关于动产质押合同的订立、流质条款的效力、质权人的权利义务、质权的保全、质权的放弃及质权的实现等规定，除专门针对动产质权的规定外（如第432条关于质物的保管义务的规定），均可适用于权利质权。

（二）权利质权的客体及设立

权利质权属于意定担保物权。欲设立权利质权，首先需要出质人与债权人订立书面质押合同。基于权利质权的从属性，质押合同的一方必须是被担保之债的债权人；出质人是对质押权利拥有处分权的债务人或第三人。[2] 与动产质押不同，权利质权通常涉及第三人，如应收账款的债务人等，此类第三人系权利质权的利害关系人，不过，法律对权利质权效力的设置可以确保第三人的利益不受损害，故权利质权的设立无须征得权利所涉利害关系人的同意。

根据《民法典》第440条以下的规定，可以作为权利质权的客体及相应的质权设立规则如下：

（1）汇票、本票、支票。汇票、本票和支票是《票据法》所规定的票据，系典型的有价证券，其表征的是金钱债权。票据权利的行使与票据不可分离，其质权的设立须以交付票据为必要，因此，《民法典》第441条规定，权利质权自票据交付时设立。同时，该条还设有"法律另有规定的，依照其规定"的规定，此"法律另有规定"指向的是《票据法》第35条。根据该条，以汇票质押的，应当以背书记载"质押"字

---

〔1〕 传统民法上的抵押权仅以不动产为客体，以登记为其设立方式。不动产登记簿上具有登记能力的权利，除不动产所有权外，其他具有可独立转让性质的不动产物权及准物权（包括采矿权等）皆被纳入抵押权的范畴。对以债权为代表的权利质权的承认，系遵循动产质权的思路，故所谓权利质权，不包括以不动产权利作为担保对象的情形。

〔2〕《民法典》第440条规定，债务人或第三人须以其"有权处分"的财产权出质。对有体物而言，处分权主要指行为人对该特定物享有所有权，而对可质押之权利的处分权，则至少有两个层次：其一，权利本身的存在。例如，甲声称对乙享有特定金额的应收账款债权，并以此向丙质押融资，如该债权根本不存在，当然不发生质权设立的效果；不过，若应收账款债务人向质权人确认应收账款债权真实存在后，不得再以应收账款不存在或已消灭为由提出抗辩（参见《担保制度解释》第61条第1款）。其二，权利人对该财产权的处分权未受到限制。

样。据此，票据质权的设立，除交付票据外，还须满足背书记载"质押"字样的要求。[1]

（2）债券、存款单。债券包括政府债券（如国库券）、金融债券与企业债券，系表征一定期限内还本付息的金钱债权的有价证券。存款单系基于存款合同，由金融机构向存款人开具的到期还本付息的金钱债权凭证。以债券、存款单出质的，若存在纸质的债券或存款单，出质人应向债权人交付债权凭证，质权自债权凭证交付时设立。若因无纸化发行的原因不存在债权凭证，则应在相应的登记机构办理登记，[2] 质权自登记时设立。

（3）仓单、提单。仓单是仓储保管人向存货人出具的提取仓储物的凭证。根据《民法典》第441条，并结合第910条关于仓单权利转让的规定，以仓单质押的，出质人在仓单上背书"质押"字样，经保管人签章后，将仓单交付质权人的，权利质权自交付仓单时设立。[3] 根据《海商法》的界定，[4] 提单是指用以证明海上货物运输的货物已经由承运人接收或者装船，以及承运人保证据以交付货物的单证。提单分为记名提单、指示提单与不记名提单，其中，记名提单不得转让，因此也不得作为权利质押的对象；指示提单可通过记名背书或空白背书转让，故在作为质押对象时，质权也应在对提单做质押背书并交付后设立；无记名提单无须背书，在出质人将提单交付债权人时，质权设立。

> 对于以仓单、提单等物权证券作为质押客体的，其设立的究竟是权利质权，还是以相应仓储物或货物设立的动产质权，学理上存在一定讨论空间。《民法典》虽明确规定其为权利质权，但实践中却存在以下操作的可能：出质人一方面在仓单或提单上设立权利质权，另一方面，又以仓单或提单项下的货物设立动产抵押权或通过返还请求权让与等方式设立动产质权。此种情形，实际上相当于在同一担保财产上设立了多个担保物权，应依担保物权竞存规则确定各担保物权的优先顺位，即公示在先的，顺位优先。[5]

（4）可以转让的基金份额、股权。基金份额，指依《证券投资基金法》，通过公开或非公开募集方式设立的证券投资基金，向投资者发行的表示持有人按其持有份额对基金财产享有收益分配权、清算后剩余财产取得权及其他权利的凭证。非公开募集的

---

〔1〕《担保制度解释》第58条对此予以了确认，该条规定："以汇票出质，当事人以背书记载'质押'字样并在汇票上签章，汇票已经交付质权人的，人民法院应当认定质权自汇票交付质权人时设立。"另外，《票据法》第80条、第93条规定本票与支票的背书适用汇票的规定，故以本票和支票质押，也须满足背书记载"质押"的要求。

〔2〕目前，记账式国库券以及在证券交易所上市交易的公司债券已经实现了无纸化。以这些无纸化的债券质押的，根据债券类型的不同，分别在中国证券登记结算机构、中央国债登记结算有限公司、上海清算所等机构办理质押登记。

〔3〕参见《担保制度解释》第59条第1款。

〔4〕参见《海商法》第71条、第79条。

〔5〕参见《担保制度解释》第59条第2款。

基金，不得向合格投资者以外的单位或个人转让，故在设立权利质权时也须遵循这一转让限制。以可以转让的基金份额质押的，应在证券登记结算机构等登记机构办理登记，质权自登记时设立。以可转让的股权出质的，[1] 权利质权也在办理登记时设立。根据股权类型的差异，登记应分别向证券登记结算机构（以上市公司股权出质）或负责企业登记的市场监督机构（以有限公司或非上市股份公司股权出质）办理。

（5）可以转让的注册商标专用权、专利权、著作权等知识产权中的财产权。注册商标专用权人和专利权人享有转让商标权、专利权及许可他人使用商标和专利的财产权，商标权人、专利权人可以此两类财产权作为质押标的，设立权利质权。著作权人对其作品享有复制权、发行权等一系列财产权，权利人可以这些财产权作为质押标的，设立权利质权。根据《民法典》第 444 条之规定，知识产权人以前述权利设立质权的，权利质权自办理出质登记时设立。[2]

（6）现有的以及将有的应收账款。所谓应收账款，指权利人因提供一定的货物、服务或设施而获得的要求义务人付款的权利以及依法享有的其他付款请求权，是以合同为基础的具有金钱给付内容的债权。根据《民法典》的规定，不仅已经发生的应收账款可以出质，而且预期将来能够取得的应收账款也可作为质押标的，例如，煤矿持续向热电厂供应煤炭，煤矿在年初就将全年将发生的对热电厂的应收账款出质向金融机构融资；又如，以基础设施或公用事业项目收费权出质的，实际上是以将来应收账款出质。以应收账款出质的，应在中国人民银行征信中心办理质押登记，质权于登记时设立。

除以上述财产权出质外，《民法典》第 440 条还规定，"法律、行政法规规定可以出质的其他财产权利"也可以成为权利质权的客体。这一规定意味着，权利质权实际上也采取了类型法定主义，即只有依法允许出质的财产权才能成为权利质权的客体，当事人若以法律未规定可以出质的财产权设立权利质权，其设权行为不发生物权效力。

> 历史地和体系地看，权利质权制度源自债权质，并以其为中心。包括非金钱债权在内的各种类型的债权原则上均具有可转让性，因此，在比较法上，一般意义上的债权均可作为质权的客体。就权利质权的设立而言，比较法上往往有"应依关于权利让与之规定为之"的一般规则，[3] 而就债权质来说，其设立及效力与对债务人的通知密切相关。[4]
>
> 我国民法自《担保法》始，将能够设质的债权限定于以票据、债券等有

---

〔1〕 股权原则上均具有可转让性。不过，公司法、证券法等法律对某些类型的股权设有一定期限内不得转让的限制，如股份有限公司发起人持有的本公司股份，自公司成立之日起 1 年内不得转让。

〔2〕 从目前的实践来看，以商标专用权和专利权中的财产权出质的，质押登记在国家知识产权局办理；以著作财产权出质的，质押登记在国家版权局委托的中国版权保护中心办理。

〔3〕 参见台湾地区"民法"第 902 条、《德国民法典》第 1274 条。

〔4〕 依《德国民法典》第 1280 条之规定，以债权出质的，应经债权人将其出质通知债务人，始生质权设立的效力。在我国台湾地区"民法"上，通知债务人并非债权质权的生效要件，仅需有出质人与质权人的合意即可成立债权质权，质权的设立，未通知债务人的，对债务人不生效力。

价证券表彰的金钱债权，《物权法》增加了具有商事及金钱债权属性的"应收账款"质押，《民法典》上的债权质仍限于有价证券及应收账款，而且，由于第440条第7项限制性立法立场的存在，当事人能否以应收账款债权之外的其他债权（如非金钱债权）出质，殊有疑问。在以应收账款出质的情形，《民法典》并未将通知债务人作为质权设立的生效要件，也未明确未通知债务人的，债权质权的效力是否会受到影响。为更好地发挥公示效应，并抑制隐形担保以保护交易安全，我国法律构建了依托互联网的应收账款质押的登记体系，具有鲜明的时代性。但是，这一点并不意味着通知应收账款债务人乃无关紧要之事项。债权人在动产融资统一登记公示系统上将应收账款质押做登录，并因此取得应收账款质权后，若不对应收账款债务人做出通知，后者可能不知质权的存在而仍向其债权人（应收账款质押的出质人）清偿。如此，应收账款质权人将不得再向债务人要求清偿。由此可见，在我国法上，仍应遵循债权质押准用债权转让之规则，通过《民法典》第546条的作用，确立"以应收账款出质，未通知债务人的，该质押对债务人不发生效力"的规则。[1]

（三）权利质权的效力与实现

根据《民法典》第446条的规定，有关动产质权的规定可适用于权利质权，故《民法典》对权利质权的效力与实现均未再作出系统的规定。关于权利质权的特别效力，可就以下几点加以说明：①权利质权设立后，为保障质权人的利益，未经其同意，出质人不得以法律行为对出质的权利实施导致其消灭或有害于质权的内容变更。比较法上，对此点多设有明文规定，[2] 我国民法虽未明确规定，但应属当然之解释。②在以基金份额、股权、知识产权中的财产权、应收账款出质的情形，《民法典》明文禁止出质人转让出质的权利，除非征得质权人的同意。针对抵押期间抵押物的转让问题，如前所述，《民法典》第406条改变《物权法》先前的立场，改采自由转让主义。就此而言，对于权利质权存续期间，权利人转让权利之问题，法典似应采相同的立场，即承认出质人的处分权，并同时承认质权人对归属于受让人之权利继续享有权利质权。《民法典》仍沿用《物权法》的规定，禁止出质人转让出质权利，这一立场是否合理，值得商榷。

关于权利质权的实现，《民法典》也未给出具体规定。尽管存在适用动产质权实现规则（第436条第2款）的可能，但以不同类型的财产权出质，其权利质权的实现方式应有所不同，并不能简单准用动产质权实现规则。依据法理及《民法典》《票据法》《海商法》等的规定，并参酌域外立法，对权利质权的实现可分述如下：

---

〔1〕《担保制度解释》实际确认了这一规则，该解释第61条第3款规定："以现有的应收账款出质，应收账款债务人已经向应收账款债权人履行了债务，质权人请求应收账款债务人履行债务的，人民法院不予支持，但是应收账款债务人接到质权人要求向其履行的通知后，仍然向应收账款债权人履行的除外。"不过，这里使用的是"应收账款债务人接到要求向其履行的通知"的表述，若能修改为"接到应收账款债权已质押的通知"则更为准确。

〔2〕例如《德国民法典》第1276条、台湾地区"民法"第903条。

（1）权利质权设立于汇票、本票、支票、债券等金钱有价证券之上的，根据《民法典》第442条之规定，即使有价证券的兑付期早于主债权到期，无记名证券或经质押背书的记名证券的质权人也有权行使有价证券的权利，直接从付款义务人处获得支付，并与出质人协商以所得款项提前实现自己的债权或者提存。[1]　若主债权先到期且债务人未履行，则质权人当然须等待有价证券清偿期届至后，且满足债务人不清偿到期债务的担保物权实现条件时，才能向付款义务人请求付款。

（2）权利质权设立于仓单或提单之上的，若其存储期或提货期先于主债权届至的，质权人有权向仓储人或承运人提货，并与出质人协议以提取的货物折价提前清偿或者提存；出质人仅同意提存的，应认定质权人对提存物享有动产质权，若债务到期而债务人不履行，则质权人可依动产质权实现方式对仓储物或货物变价受偿。[2]　若主债权到期而债务人不履行到期债务，但仓单记载的存储期未届至，则质权人可要求提前提取仓储物，[3]　并按照动产质权的实现方式实现对仓储物的变价受偿；若提单所记载的提货期未届至，则质权人可等待交货期限届满后向承运人主张提货，并按动产质权实现方式实现对货物的变价受偿。

（3）权利质权设立于应收账款之上的，若应收账款债权清偿期先于被担保的主债权到期的，应质权人或出质人请求，债务人应向质权人或出质人双方共同为给付。质权人与出质人可以协商以该笔款项提前偿还债务或者提存。若应收账款债权清偿期晚于被担保的主债权到期的，则在债务人不履行到期债务且应收账款债权也到期时，质权人可在其债权范围内直接请求应收账款债务人向其给付，并就该款项优先受偿。

（4）权利质权建立在基金份额、股权、知识产权的财产权之上的，若债务人不履行到期债务，质权人可以与出质人协商以质押财产折价，或者根据《民事诉讼法》规定的"实现担保物权案件"之规定向人民法院申请，并在取得裁定后，通过执行程序对质押财产变价受偿。

---

　　[1]　第442条这一规定对出质人存在一个重大风险：在主债务尚未到期的情况下，若有价证券的付款义务人直接向质权人兑付，而后者在得到支付后拒绝与出质人协商提前清偿或提存，甚至将超出主债权金额的金钱据为己有，则这一结果对出质人极为不利（尤其是第三人作为出质人时）。在比较法上，常见的处理方法有二：其一，主债务清偿期届满前，付款义务人仅能向质权人及出质人共同为给付，而出质人与质权人均可请求为双方提存债之标的（参见《德国民法典》第1281条）；其二，质权人直接请求债务人提存，并对提存标的享有质权（参见我国台湾地区"民法"）。此类措施可以确保债务人所给付的金钱不被出质人或质权人任何一方单独控制，从而兼顾了质权人与出质人的利益，可资参考。

　　[2]　此乃根据《民法典》第442条之规定解释的结果。实际上，在主债权未届清偿期而质权人已提取货物的情形，法律仅需规定质权人对其占有的货物享有动产质权（将权利质权转化成动产质权）即可解决问题。第442条的解决方案建立在出质人同意提前折价清偿或者提存的基础上，不仅无谓增加获取同意的需要，而且，向提存机构的提存更会无谓增加费用。在此问题上，台湾地区"民法"第906条之规定，可资参考："为质权标的物之债权，以金钱以外之动产给付为内容者，于其清偿期届至时，质权人得请求债务人给付之，并对该给付物有质权。"

　　[3]　《民法典》第915条规定，存货人或仓单持有人提前提取仓储物的，不减收仓储费。据此，质权人可要求提前提取仓储物。

第四节　留置权

一、留置权的意义

留置权，是指债权人合法占有他人的动产而具备法定条件的，在其到期债权未受清偿时，得留置该动产并就其变价金额优先受偿的法定担保物权。例如，甲的电脑发生故障，送乙处维修；修好后，乙有权请求甲支付维修费；如甲无正当理由拒绝支付维修费而要求电脑的返还，则乙可以留置该电脑，拒绝将其归还于甲，并在后者经催告后仍不履行债务时，对该电脑拍卖、变卖，就卖得的价款优先受偿。《民法典》第447条第1款对留置权定义如下："债务人不履行到期债务，债权人可以留置已经合法占有的债务人的动产，并有权就该动产优先受偿。"

对前述留置权的定义，可做以下几点界定：

（1）留置权为担保物权。留置权的基本功能在于，以对他人之动产的留置，促使债务人清偿其债务。我国民法在此留置效力外，进一步规定了债权人对留置物变价与优先受偿的权利。由此，留置权具备了担保物权的属性，并因此具有担保物权所具有的从属性、物上代位性、权利行使的不可分性[1]等特性。作为物权人，留置权人也享有回复占有、排除妨害、消除危险等物上请求权。

（2）留置权的客体为他人的动产。首先，在我国民法上，留置权的客体仅限于动产，而不能以不动产或者权利作为客体，这与抵押权及质权的客体明显不同。其次，被留置的动产应为属于他人所有的动产。至于该动产是否须为债务人所有，学理上甚有争议，此问题将在后文关于留置权构成要件的部分讨论。

（3）留置权在性质上属于法定担保物权。在他人的动产上，也可以成立动产质权，且动产质权也具有留置的效力，但是留置权的性质与动产质权的性质存在重大差异：前者是法定担保物权，后者是意定担保物权。留置权的法定性意味着，只要法定的留置权发生条件具备，无须考虑债务人的意思即可直接成立留置权。

（4）留置权是于债权得到清偿前留置债务人动产的担保物权。留置权具有两次效力，其对债权的担保作用首先表现在其留置抗辩效力上，即债务人为取回自己的动产必须先清偿其所负的债务，否则债权人可以留置权对抗其返还请求权。若经催告债务人仍不清偿债务，则留置权人可对留置物变价并优先受偿。

　　将留置权规定为一种担保物权，这并非各国通例。留置权制度源自罗马法上的恶意抗辩，系一种对人的抗辩权，表现为给付拒绝的权利。后世在此

---

[1] 考虑到留置权的法定担保物权属性，立法需平衡债权人利益与留置物所有人的利益。在留置物所有人并未就留置权的发生给予相关同意之情形，留置权的客体应以能够满足债权清偿之目的为限，《民法典》第450条即体现了这一立场（"留置财产为可分物的，留置财产的价值应当相当于债务的金额"）。应指出的是，这一规定并未完全否认留置权的不可分性，在依该条确定留置物后，在债权人的债权得到完全清偿前，留置权的效力始终及于全部留置财产。

基础上发展出的留置权，在各国立法上呈现出不同的性质：其一，在德国、法国、意大利等国，留置权并未被规定为担保物权，占有动产的债权人仅享有留置抗辩权（即为确保自己债权的实现而拒绝物之交付），而不享有对留置物进行变价处分的权利；《日本民法典》虽在物权编设独立的"留置权"一章，但该法并未承认留置权的变价与优先受偿效力。其二，在以《瑞士民法典》为代表的立法例中，留置权与动产质权一样，不仅具有留置抗辩的效力，而且留置权人也享有对留置物变价和优先受偿的权利。我国台湾地区"民法"采瑞士立法例，将留置权规定为担保物权。自《民法通则》起，我国民法就将留置权规定为具有优先受偿效力的担保物权，后来的《担保法》《物权法》《民法典》均从之。将留置权定位于债权性的留置抗辩，抑或是作为具有优先受偿效力的担保物权，对于留置权的发生、效力、消灭等均具有重要的影响，不可不察。[1]

另外，我国《民法典》上的留置权，除物权编第十九章的规定外，在合同编的典型合同中，也分别于承揽合同（第783条）、货运合同（第836条）、保管合同（第903条）及行纪合同（第959条）规定了承揽人、承运人、保管人与行纪人的留置权。《民法典》之外的其他民事立法也有关于留置权的具体规定，如《信托法》第57条规定了信托人的留置权。关于这几类法律具体规定的留置权与物权编留置权规定之间的关系，有观点认为，物权编关于留置权的规定（尤其是涉及留置权发生的第447条、第448条）构成留置权的一般规范，而法律针对具体情形所设置的留置权规定则系特别规范，其涉及的留置权也可作特殊留置权解。本书认为，合同编所涉及的几处留置权规定，均属于物权编第十九章规定的留置权的具体表现形态，其发生均能满足第447条、第448条规定的留置权一般构成要件（均属典型的"同一法律关系"），而其效力也无任何特殊之处。因此，对于物权编所规定的法定留置权而言，前述合同编的数处规定仅是留置权的具体表现而已，二者之间并不存在一般

---

〔1〕 例如，若留置权仅具有抗辩效力，则留置物是否为债务人所有根本就是一个完全无关紧要之问题，而在具有变价和优先受偿效力的留置权立法中，须认真考虑物的归属问题。又如，若留置权不构成一项物权，则其留置抗辩效力在留置权人丧失物之占有时应消灭，而作为物权的留置权，则应具有物上请求权的效力，留置权不应因权利人占有的丧失而消灭。此外，对留置权性质的不同立法定位，也会影响"同一法律关系"或"牵连关系"等留置权构成要件的界定。由于存在前述两种不同的留置权立法例，一国立法在吸收借鉴他国立法经验时，不能不加区分地"兼容并蓄"，而应以对留置权性质的基本界定为中心，构建其留置权制度的完整逻辑。

与特别的关系。[1]

二、留置权的构成要件

作为法定担保物权，留置权的发生并非基于当事人设立物权的合意，而系根据法定的构成要件加以判断。《民法典》第 448 条但书实际上创造了一种特殊的商事留置权，不过，除了对同一法律关系要件的要求不同外，此种商事留置权也须满足一般留置权的其他构成要件，故下文在对一般留置权构成要件的讨论中一并说明商事留置权的构成。

留置权的法定构成要件包括以下几个方面：

1. 须债权人合法占有属于他人的动产

如前所述，留置权的客体必须是属于债务人的动产，而且，为发生留置的效力，留置权的发生必须以债权人已占有留置物为前提。例如，甲将需要维修的车辆交付给修理厂，后者因占有甲的车辆，可以为担保维修费债权而留置该车辆。

根据《民法典》第 447 条，债权人须占有"债务人的动产"。对于动产质权，自愿提供担保的第三人当然能够以其动产为他人债务提供担保，故质权可依法律行为的效力创设于第三人之动产上。而作为法定担保物权的留置权，其效力并不止于留置抗辩，而是涉及留置物的变价受偿，故法律关于留置权发生的要件设置须均衡保护债权人与留置物所有人的利益。就此点而言，法律规定债权人仅能对其占有的债务人的动产行使留置权，符合留置权的法定担保物权属性。不过，若同时考虑立法对动产与债权应属于"同一法律关系"的要求，并在该要件中正当化留置权的法律基础，则债权人占有的动产为第三人所有的事实，不应影响留置权的发生。试举一例说明此问题：乙借用甲的机动车，在使用中不慎发生剐蹭导致车辆受损；乙将车辆送丙修理厂维修，并应支付 2000 元修理费；若乙不支付此费用，而甲以车辆所有权人之名义要求丙返还车辆；此时，尽管车辆并非债务人乙所有，但没有理由不支持丙的留置权主张。因此，在满足"同一法律关系"要件之情形，仅需债权人自债务人处合法取得动产的占有，

---

[1] 对此，可以《民法典》第 783 条的规定为例加以说明。该条规定，"定作人未向承揽人支付报酬或者材料费等价款的，承揽人对完成的工作成果享有留置权或者有权拒绝交付，但是当事人另有约定的除外"。承揽人完成工作成果后，对定作人享有承揽报酬请求权。若承揽工作成果的所有权归属于定作人（如定作人提供车辆维修或定作人提供主要材料定作的情形），则承揽人占有的是债务人的动产，且所担保的债权与该动产属于同一承揽合同关系，即便没有该条规定，承揽人根据《民法典》第 448 条同样也享有留置。若承揽的工作成果属于承揽人（如承揽人提供全部布料为定作人定制衣物的情形），则承揽人无从在自己之物上享有留置权，故该条另设"或者有权拒绝交付"的规定，应对此种情形下承揽人的利益保护。在后一种情形，承揽人拒绝交付的权利实际上构成了《民法典》第 525 条规定的双务合同中的同时履行抗辩权。如前所述，在仅将留置权规定为留置抗辩的立法例中，留置抗辩与同时履行抗辩权的效力相近。而我国法将留置权规定为具有变价受偿效力的担保物权，其与双务合同履行抗辩权的区分甚为显著（尽管在逻辑上也存在权利人同时主张履行抗辩和留置权的可能）。另外，法律针对具体合同所作的具体的留置权规定，均无留置物必须为债务人所有的要求。若物权编关于留置权的规定严格要求留置物须为债务人所有，则前者的确可以被理解为放松了该项要件的特别规范。不过，如后文所述，即便是在留置权的一般构成上，留置物是否为债务人所有实际并不影响留置权的发生。如此看，这些留置权具体规定就没有任何特殊之处了。

即可满足留置权的构成要件，留置物是否为债务人所有，应在所不问。为避免不合理地缩小留置权的适用范围，应将《民法典》第 447 条所称 "债务人的动产" 理解为 "他人的动产" 或 "自债务人处取得的动产"。[1]

根据《民法典》第 447 条，债权人对动产的占有须为 "合法占有"。所谓合法占有，指债权人依合法的手段取得占有，如因保管、运输等合同的缔结而占有保管物、货物，或以归还失主的意思拾得并占有遗失物等。债权人以法律禁止的私力侵夺他人占有的，因占有的取得不合法，留置权不发生。

债权人取得和维持的占有，可以是其对物的实际控制，也可以是通过直接占有人获得的间接占有，例如，经寄存人甲同意，保管人乙将保管物交丙保管，若甲不向乙支付保管费，乙仍可基于其对保管物的间接占有行使留置权。

2. 留置的动产须与其担保的债权属于同一法律关系

依《民法典》第 448 条的规定，债权人留置的动产，应当与债权属于 "同一法律关系"。在比较法上，此一关联留置动产与债权之间的关系多被称为 "牵连关系"。[2]留置权属于法定担保物权，在其法定构成要件完备时，即便违反留置物所有人的意志，债权人也取得留置权，这与动产出质人自愿将其物交付债权人持续占有显著不同。因此，法律确定留置权构成要件时，须公平兼顾债权人与留置物所有人的利益，避免过度扩张留置权而侵害他人的所有权。债权人占有的动产与留置权所欲担保的债权具有一定牵连关系或须同处于一个法律关系中的要求，即为对留置权发生的一项重要限制。

---

[1] 《瑞士民法典》第 895 条第 1 款将债权人对留置物的占有表述为 "债权人依债务人的意思占有动产或有价证券"，而未直接规定动产须为债务人所有，但是，该条第 3 款又称 "债权人因善意受领而占有不属于债务人的动产时，对该物有留置权"，从而实际以留置物为债务人所有为原则，且通过附加善意受领占有的条件，将留置权扩张到第三人之物上。在 2010 年修订前，我国台湾地区 "民法" 第 928 条也要求 "债权人占有属于其债务人之动产"，经修订，改为 "债权人占有他人之动产"，并于该条第 2 款将在占有之始明知或因重大过失而不知该动产非为债务人所有的情形排除留置权的发生。可见，对于能否在第三人所有之物上发生留置权的问题，前述两个立法例均将债权人的善意作为了决定性因素。在我国大陆的立法过程中，尽管《担保法》第 82 条也将留置权的标的物限定为 "债务人的动产"，但是，《担保法解释》第 108 条实际上对前述《担保法》的规定作了扩张解释，从而承认了留置权的善意取得——该条规定："债权人合法占有债务人交付的动产时，不知债务人无处分该动产的权利，债权人可以按照《担保法》第 82 条的规定行使留置权"。《民法典》出台前，我国学者多以善意取得解释留置权在第三人之物上发生的法律机理，如崔建远先生主张将《物权法》第 230 条（留置权的定义）和第 106 条（善意取得规定）统筹考虑，参见崔建远：《物权：规范与学说》（下册），清华大学出版社 2011 年版，第 944 页。本书则认为，善意取得制度乃针对依法律行为引起物权变动的情况设置，对于作为法定担保物权的留置权应无适用余地。即便是《瑞士民法典》第 895 条的规定，与所谓善意取得制度也相去甚远。《民法典》出台后的《担保制度解释》不再将债权人的善意作为其对第三人所有之动产发生留置权的前提，而是强调 "同一法律关系" 要件的重要性。该解释第 62 条第 1 款规定，"债务人不履行到期债务，债权人因同一法律关系留置合法占有的第三人的动产，并主张就该留置财产优先受偿的，人民法院应予支持。第三人以该留置财产并非债务人的财产为由请求返还的，人民法院不予支持"。根据该款，只要满足了同一法律关系要件，债权人占有的动产是否为债务人所有，在所不问。该条第 3 款同时规定，"企业之间留置的动产与债权并非同一法律关系，债权人留置第三人的财产，第三人请求债权人返还留置财产的，人民法院应予支持"，根据该款，若未能满足同一法律关系的要求，则即便是在商事留置权中，债权人对其占有的属于第三人的动产一律不发生留置权。

[2] 参见《瑞士民法典》第 895 条、台湾地区 "民法" 第 928 条。我国《担保法》将留置权的发生仅限于基于保管合同、运输合同、加工承揽合同而占有债务人之物的情形，《担保法解释》则大大扩张了留置权适用的范围。依据该解释第 109 条，债权人对动产的占有与其债权的发生有牵连关系的，债权人可以留置其所占有的动产。《物权法》则放弃了 "牵连关系" 的用法，改采 "同一法律关系" 的表达，《民法典》从之。

如何界定《民法典》第 448 条规定的"同一法律关系","同一法律关系"与"牵连关系"是否具有相同的意义？对此类问题，学说上有不同的见解。[1] 本书认为，自文义上看，"同一法律关系"的外延应比"牵连关系"窄，更加体现立法者适当限制留置权的发生以保护留置物所有人利益的法律政策。考虑到我国法上留置权具有变价与优先受偿的效力，这一立场值得赞同。另外，"牵连关系"实际上是一种意义模糊的表达，很难把握其法律内涵。[2] 总体上看，"同一法律关系"的表述更加清晰。本书认为，以下情形应构成第 448 条所称"同一法律关系"：

（1）基于一项合同的缔结，一方自他方处取得动产的占有，并负有向后者返还该物的义务，同时对后者产生了合同债权。如前所述，《民法典》在典型合同部分，针对承揽、货运、保管、行纪合同所规定的留置权，均属于此种情形。例如，保管人因保管合同之缔结取得对保管物的占有，且负有向寄存人归还之义务，但若后者不支付保管合同所约定的保管费，则保管人可以留置保管物。在其他因合同关系取得他人动产的占有的情形，为担保该合同关系所产生的债权，留置权发生所要求的"同一法律关系"要件皆可得到满足。例如，在货物运输过程中，不仅可为担保运费债权而行使留置权，而且，若因托运人对货物申报不实等造成承运人损失，承运人可要求托运人赔偿损失（《民法典》第 825 条），并对货物行使留置权。

（2）基于合同以外的法定之债的发生原因，一方占有须返还于他方的动产，而同时对他方享有债权。在无因管理关系中，管理人须将因管理事务而取得的财产移交被管理人，而后者也须偿付管理人在管理活动中支出的必要费用，若需要移交的管理利益为动产的形态（如收取的天然孳息），则管理人可为担保管理费用债权而留置该动产。无论是否将其解释为一种无因管理关系，在因拾得遗失物而发生在拾得人与失主之间的法律关系中，拾得人在对失主负有返还遗失物义务的同时，也对后者享有偿付实际支出的保管费等费用的债权（《民法典》第 317 条），由于二者产生自同一法定之债的关系，拾得人可在失主不偿还必要费用时留置该遗失物。

（3）除前述情形外，若债权系因债权人合法占有的特定动产而生，则尽管动产占有的取得与债权的发生并非基于同一法律事实，只要相关请求权规范同时涉及债权的发生与动产的返还义务，则可认定存在"同一法律关系"。例如，甲所遗失之物被乙拾得，后者据为己有并将其赠与善意之丙，若丙对该物支出了必要费用，则在甲向丙主张返还原物之时，丙可依据《民法典》第 460 条之规定，要求甲偿付此必要费用，并

---

〔1〕 有观点认为，"同一法律关系"之于"牵连关系"，只是换了一种说法而已，二者具有相同的意义，参见孙宪忠、朱广新主编：《民法典评注：物权编》（第 4 卷），中国法制出版社 2020 年版，第 429 页。有不少学者直接采用"牵连关系"说明"同一法律关系"，当然是将二者视为意义完全相同的法律范畴。另有观点认为，同一法律关系只能是合同关系，不包括不当得利、无因管理、侵权行为等发生的债的关系，参见李国光等：《最高人民法院〈关于适用《中华人民共和国担保法》若干问题的解释〉理解与适用》，吉林人民出版社 2000 年版，第 383 页。

〔2〕 我国台湾地区学者谢在全主要以日本民法学说作为参照，介绍了所谓"单一标准说"与"两项标准说"，而此两种标准之下又有诸多的分歧学说。由此可见，"牵连关系"绝非一个容易做出精确界定的概念。参见谢在全：《民法物权论》（下册），中国政法大学出版社 2011 年版，第 1066 页之下。实际上，如前所述，日本民法上的留置权人并不具有变价与优先受偿的权利，因此其学说对于建构针对我国法的解释论未必有直接的镜鉴价值。

为担保此债权留置该物。[1]

在对"牵连关系"的类型描述中，通说认为，基于同一事实关系或生活关系所产生的动产占有与债权发生也属于具有牵连关系的情形。例如，甲、乙在聚餐结束后，无故意或过失错取对方雨具，则甲对其雨具的返还请求权与其对乙负担的雨具返还义务，系基于同一事实关系而发生，故具有牵连关系。[2] 本书作者认为，该例以误取雨具基于同一生活事实，尽管仍不免存在争议，但基于"牵连关系"概念之文义上的宽泛性，确立占有他人雨具与请求返还自己雨具之间具有此种关系，或许并无不可，但是，在我国法上已明确将留置权发生的基础确定为"同一法律关系"之前提下，应摒弃此种同一生活事实亦构成同一法律关系的观点，不认为此种情形能够产生留置权。

对于留置物与债权之间具有牵连关系的一般规则，《民法典》第448条设有一个例外规定，即"但企业之间留置的除外"。在两个企业之间，一方对他人享有债权而同时合法占有他方动产的，无须满足该动产占有与债权属于同一法律关系的要件，即可成立留置权。此乃《民法典》对于商事留置权的特别规定。[3] 考虑到商业交往所要求的便捷、安全的需要，以及企业相对于一般民事主体更能够承受留置权负担的事实，《民法典》通过豁免同一法律关系要件的方式，承认了商事留置权。例如，甲汽修厂为乙运输公司修理车辆，后者拖欠了修理费若干，当乙公司将一辆高价值车辆交甲维修时，甲决定对此车行使留置权，担保此前的修车款债权。尽管属于同一类型的系列合同，但甲占有此车与先前的修车款债权并非处于同一法律关系中；但是，由于甲、乙均属企业，甲占有车辆与其担保之债权均系在营业活动中产生，故即便二者之间并不处在同一法律关系中，基于营业活动这一事实已经足以为留置权的发生提供必要的法律上的关联。[4] 由是观之，《民法典》第448条但书之规定仍失之于过宽。企业间产生的债权也有可能不是营业活动产生的债权（如甲企业因乙企业侵害其知识产权而对后者

[1] 此例所涉及的法律关系，学理上称之为"回复请求权人—占有人关系"。所有人向善意的无权占有人主张物之返还的，其请求权基础在于《民法典》第235条。第460条规定的善意占有人向所有权人求偿必要费用的权利，仅在所有人向占有人主张时，方可发生（若甲不向丙主张物之返还，而仅向乙提出侵权损害赔偿，自然不发生丙向甲求偿必要费用之问题），因此，丙对甲享有的费用求偿债权乃依附于甲对丙的物上请求权的从属性请求权，此主从关系可被视为"同一法律关系"。关于对此问题的进一步讨论，可参见本书后文占有部分的论述。
[2] 参见谢在全：《民法物权论》（下册），中国政法大学出版社2011年版，第1069、1070页。
[3] 我国民法虽奉行民商合一，但并非不承认商事规则的特殊性。比较法上，实行民商分立的国家，可在商法典上专门针对商人规定商事留置权，从而保持民法典上民事留置权对牵连关系的一般要求。在我国，由于不存在独立的商法典，故商事留置权的特殊要求以《民法典》中的特别规定加以满足。
[4] 瑞士民法不仅实行民商合一，其民法典规定的留置权也是具有变价和优先受偿效力的担保物权，因此其立法与我国立法最为相近，具有借鉴价值。根据《瑞士民法典》第895条，商人间因营业关系而占有的动产，与其因营业关系而产生的债权，具有牵连关系。我国台湾地区"民法"继受瑞士民法，其第929条规定"商人间因营业关系而占有之动产，与其因营业关系所生之债权，视为有前条所定之牵连关系"。我国《民法典》对于商事留置权未采用此拟制同一法律关系存在的立法技术，但在解释和构成上，也应考虑将因营业活动取得动产占有及因营业活动而产生债权，作为商事留置权的构成要素。

产生的损害赔偿债权），而在特殊情形下，企业也可能并非基于正常营业活动而取得对其他企业动产之占有，在这些情形，营业活动背景缺失，企业之所为不再属于"商事"，故仍须满足一般留置权对同一法律关系构成要件的要求，方可使留置权发生。质言之，企业之间商事留置权的发生，不仅要有债权人占有债务人动产的事实，还应要求此动产占有系因营业活动而取得，且留置该物所欲担保之债权也应系因营业活动而取得。[1]

3. 须债权已届清偿期

债权人对他人动产的占有，仅在其所欲担保之债权届清偿期而未得到清偿时，才能产生出留置的效力。若债权尚未届清偿期，而动产所有人已提出返还请求，则原则上债权人不得拒绝返还，否则会产生债务人被迫提前清偿债务的不公平后果。例如，若当事人在维修合同中约定，承揽人首先完成维修工作，定作人可在接受工作成果后的 3 个月内付清承揽报酬，则在定作人要求返还维修物时，承揽人不得主张留置。至于留置权所产生的变价与优先受偿的二次效力，已属担保物权的典型效力，更须以债务人不履行到期债务为留置权实现的条件。

《民法典》第 447 条以"债务人不履行到期债务"作为留置权的发生要件，符合留置权的基本法理。但是，《民法典》对此未设例外规定。如果债权未届清偿期，而债务人已无支付能力，则不许债权人行使留置权，对债权人显然不公，且有悖于法律设置留置权的目的。因此，若债权人能够证明债务人无支付能力，则即使债权尚未届清偿期，也应允许债权人行使留置权。[2]

4. 不存在不得留置的情形

此为留置权发生的消极要件。《民法典》第 449 条设有规定如下："法律规定或者当事人约定不得留置的动产，不得留置。"据此，在满足了前述积极要件的情形，若存在以下两种情形之一的，留置权不发生：①当事人以合意排除债权人对其占有动产的留置权的，实际构成债权人对留置权的预先抛弃，且原则上不会影响第三人的利益，故应尊重当事人自治，排除债权人的留置权。②特定情形下，若留置权的行使会导致违背公序良俗，则应认定留置权不发生，例如，承运人不得以运费未付为由而留置其运送的紧急赈灾物资。

三、留置权的效力

留置权的发生，一方面使留置权人取得留置、变价处分及优先受偿等权利，另一

---

[1] 《担保制度解释》第 62 条第 2 款规定："企业之间留置的动产与债权并非同一法律关系，债务人以该债权不属于企业持续经营中发生的债权为由请求债权人返还留置财产的，人民法院应予支持。"该款规定实际上为我国法上的商事留置权增加了债权必须系企业持续经营而产生的要件，不过，该款并未同时确认对债务人动产占有的取得也系基于营业活动而取得，应有进一步完善的空间。

[2] 若债务人已进入破产程序，则根据《企业破产法》第 46 条第 1 款，未到期的债权视为到期。对于债务人未进入破产程序而欠缺支付能力之情形，原《担保法解释》第 112 条设有规定如下："债权人的债权未届清偿期，其交付占有标的物的义务已届履行期的，不能使用留置权。但是，债权人能够证明债务人无支付能力的除外。"在该解释被废止的情形下，本书认为，债权人可以通过援用《民法典》第 578 条有关预期违约以及第 527 条、第 528 条有关不安抗辩权的规定，使未到期的债权发生提前到期的效果，并因此为留置权的主张提供支持。

方面也使其承受保管留置物等义务。

(一) 留置权人的权利

1. 留置标的物的权利

债务人不履行到期债务的，债权人可以留置标的物，即扣留留置物而不返还于其所有人，这是留置权最重要的效力之一。留置效力以抗辩的方式表现，债权人因满足前述留置权的发生要件而取得留置权的，其享有的留置权将成为其占有的本权。留置物的所有人无论基于合同债权（如寄存人基于保管合同的效力要求返还），还是基于《民法典》第 235 条主张具有物上请求权性质的返还原物请求权，债权人均有权拒绝返还。由于留置权的物权属性，该抗辩效力亦可向第三人为之。例如，若留置物所有人依返还请求权让与的方法，将其所有权转让于第三人，则面对该受让人的返还请求，债权人仍得以留置权对抗之。留置抗辩属于一时性抗辩，若债务人或第三人清偿了债务，则留置权消灭，债权人当然应向留置物所有人返还留置物。

由于留置物的价值往往明显超过其担保的债权，债权人对标的物的留置，一般能够对债务人产生足够的压力和动力，使其及时清偿债务，债权也就因此能得以实现。

作为有权占有人，留置权人可拒绝留置物所有人的返还请求权，已如前述。问题是，在寄存人向保管人要求返还寄存物等存在债权人留置权的案件中，法院应如何判决？法院可否因原告未履行给付保管报酬的义务，而在被告提出留置抗辩的情形下，以判决驳回诉讼请求？对此问题，《德国民法典》之规定或可提供借鉴。该法典第 273 条规定了留置抗辩权，而第 274 条第 1 款则规定："于债权人提起之诉讼，债务人留置权利之主张，仅发生于债务人受领其自己之给付时，应为给付（同时履行抗辩之给付）判决之效力。"如前所述，德国民法上的一般留置权仅具有留置抗辩的效力（不具有变价且优先受偿的效力），但其前述规定对于解释我国法上留置权的第一次效力同样具有启发意义。我国民法虽欠缺此一规定，但在针对《民法典》第 525 条所规定的同时履行抗辩权的判决方法方面，我国学者也探讨了解释论上同时履行判决的妥当性与可行性问题。[1] 本书认为，就留置抗辩的效力而言，留置权的这一层效力与双务合同的同时履行抗辩权之间具有相同的法律构造，其行使应可准用同时履行抗辩权的规定，并按照后者的学说界定抗辩在裁判上的后果。在原告对标的物享有返还请求权而被告行使留置抗辩权时，法院应作出同时给付的判决，即给予原告附条件的胜诉判决（而非驳回其诉讼请求），判定在原告向被告履行债务后，后者应向前者返还其物。此判决生效后，若原告仍不履行债务，则无从申请强制执行。但是，在被告受领了原告的给付后，原告可就物的返还申请强制执行。当然，由于我国法上的留置权具有变价效力，留置权人处于较为有利的地位之上，即便有了前述判决，也不影响留置权人在满足第 453 条时间要求的前提下，随时实现其留置权。

---

[1] 参见韩世远：《合同法总论》，法律出版社 2018 年版，第 401 页之下。

2. 收取留置物孳息的权利

与动产质权人一样，留置权人占有留置物，若留置物产生天然孳息或法定孳息，留置权人有权收取（《民法典》第452条）。对于其所收取的孳息，留置权人首先应以其充抵收取孳息的费用，其次再充抵所担保债权的利息，最后充抵债权本身。对于非金钱形态的天然孳息，其变价充抵须以实现留置权的方法进行。

3. 变价处分和优先受偿权

留置权的效力首先表现在留置标的物之上，并以此留置效果促使债务人为取回留置物而履行债务。若债务人仍不履行债务，则留置权产生二次效力，即对留置物依法变价并优先受偿的权利。

在意定的动产质权，一般出质人会考虑与债权金额相匹配之动产作为质押物，且其也能预期债务人不履行到期债务时，质权人将实现质权，因此，质权的实现无须特别催告债务人并给予对方特别宽限期。而对于法定留置权而言，债权人留置之物的价值可能远远超出其担保的债权（如因对价值1万元之物进行维修，产生100元的维修费债权），故债权人不能因债务人不履行到期债务就立刻对留置物进行变价受偿。在留置权的一次效力与二次效力之间，债权人须催告债务人履行债务，并设置一个实现留置权的宽限期，只有债务人在此意定或法定的宽限期内仍不履行债务的，债权人方可实现留置权。根据《民法典》第453条之规定，债权人对物进行留置后，应与债务人协商债务履行的宽限期，若双方不能达成一致，则留置权人应给予债务人不少于60日的宽限期，但留置物属于鲜活易腐等不易保管的动产除外。

关于留置权的实现方法，《民法典》第453条的规定与规范动产质权实现方法的第436条一致，即债务人逾宽限期仍不履行的，留置权人可以与债务人协议以留置物折价，或者可就留置物自助变价优先受偿。对此可参照前文对动产质权实现的讨论，不赘述。

留置权人在实现留置权时，留置物上可能同时存在他人的动产抵押权或动产质权。根据《民法典》第456条之规定，被留置的动产上已存在抵押权或质权的，留置权人优先于动产抵押权及动产质权受偿。

4. 物上请求权

留置权人占有其留置的动产，其占有受法律保护。在他人侵夺其占有时，留置权人可依《民法典》第462条之规定，主张占有的回复。其占有受妨害或有妨害之虞时，留置权人亦可根据该条要求排除妨害与消除危险。同时，作为担保物权人，留置权人也享有基于物权的请求权，可以主张《民法典》第235条、第236条规定的返还原物、排除妨害及消除危险的请求权。

（二）留置权人的义务

留置权发生后，留置权人依法也须负担一定义务，主要表现在：

（1）妥善保管留置物的义务。留置权人应以善良管理人的注意妥善保管留置物，因保管不善致使留置物毁损、灭失的，留置权人应当承担赔偿责任（《民法典》第451条）。

（2）留置物的返还义务。若留置权所担保的债权受到清偿或者因其他原因消灭，债权人得以抗辩债务人返还请求权的基础丧失，从而有将留置物返还于其所有人的义务。

四、留置权的消灭

留置权因下列原因发生消灭：

（1）债权因债务人的清偿或其他原因消灭。留置权属于从权利，其所担保的主债权消灭的，留置权本身也消灭。

（2）留置权的实现。留置权人依《民法典》第 453 条之规定实现留置权的，无论是债权人折价取得留置物所有权，抑或是以拍卖、变卖的方法使第三人取得留置物所有权，留置权均在物上消灭。

（3）留置权的抛弃。留置权人抛弃留置权的，须向留置物的所有人为抛弃的意思表示。该抛弃意思表示到达对方时，发生留置权消灭的结果。

（4）留置权人接受债务人另行提供的担保。留置权基于法律规定而发生，并非出于债务人的本意，而且，留置物的价值很可能远超债务金额。故此，应允许债务人提出能够对债务清偿提供足够保障的担保，并以此取代留置权。另行提供的担保，可以是抵押权、质权等担保物权，也可以是保证。根据《民法典》第 457 条之规定，债权人接受债务人另行提供担保的，留置权消灭。[1]

（5）关于留置权人丧失占有是否引起留置权消灭的问题。《民法典》第 457 条规定："留置权人对留置财产丧失占有……的，留置权消灭。"留置权人对留置物占有的丧失，应包括其自愿放弃占有及非基于其意志而丧失占有两种情形。留置权人自愿放弃占有，将留置物返还于留置物所有人的，应发生与动产质权人返还质物于出质人相同的后果，即留置权应发生消灭。但是，在留置权人被动丧失留置物占有的情形，留置权是否因此而消灭，实有疑问。若质权人被动丧失占有，但依占有保护或基于留置权的物上请求权，仍能及时回复对物的占有，有何理由剥夺债权人的留置权呢？即便是在仅将留置权规定为留置抗辩的立法例中，若留置物系因被他人实施侵夺行为而丧失占有，留置权人也可以根据占有保护之规定，向侵夺人主张占有的回复，并因重新回复占有而继续主张留置抗辩。我国民法既然将留置权规定为物权，则留置权人不仅可在留置物被侵夺时根据《民法典》第 462 条之规定回复占有，而且，也应能够根据

---

〔1〕 这一规定存在两项缺陷：其一，如前文所述，留置权也可能发生于第三人之物上，因此，不仅债务人能够通过提供担保消灭留置权，而且作为质物所有人的第三人亦可，故应将"债务人"改为"债务人或留置物所有人"（参考我国台湾地区"民法"第 937 条）。其二，根据该条，仅在债权人接受债务人提供的担保时，留置权才消灭，质言之，债权人可以通过拒绝接受担保的提出而使留置权不消灭，这一规定不符合法理。债务人或留置物所有人提出合理的、能够保障债权实现的担保手段时，债权人有义务接受新的担保安排。若担保的提出足以保障债权的实现，而债权人拒绝接受的，仍应作留置权已消灭的解释。

《民法典》第 235 条之规定，向无权占有人要求回复占有。[1] 若按照第 457 条规定的措辞，则一旦留置权人丧失了占有，留置权即告消灭，这一规定显然不合法理，也异于比较法上对该问题的处理，[2] 有必要经由解释缓解其效力。本书认为，对第 457 条的此处规定，应作以下两点解释：其一，留置权人自愿放弃留置物占有的，留置权消灭。其二，留置物的占有并非基于留置权人的意志而丧失的，则在留置权人终局性地丧失回复占有可能性时，留置权发生消灭；若留置权人能够通过行使物上请求权回复占有，则因占有并未终局性丧失，从而应认定留置权未消灭，质言之，可以将此种情形之下的"丧失占有"限缩解释为"终局性地丧失占有"。[3]

---

〔1〕 若无第 457 条之规定，留置权人可以主张第 235 条，因其属于后者规定的"权利人"，可以向无权占有人要求返还原物，并在回复占有后，继续行使其留置抗辩及变价受偿的权利。但是，如依第 457 条之字面意思，则在丧失占有时，留置权已消灭，债权人也就无从主张物权请求权。《民法典》第 457 条系沿袭《物权法》第 240 条的结果，而在《物权法》立法之前，《担保法解释》实际认可留置权人享有向无权占有人要求返还原物的权利。该解释第 87 条第 2 款曾规定，"因不可归责于质权人的事由而丧失对质物的占有，质权人可以向不当占有人请求停止侵害、恢复原状、返还质物"，而第 114 条则规定留置权也适用第 87 条之规定。

〔2〕 我国台湾地区"民法"原第 938 条规定，"留置权因占有之丧失而消灭"，2007 年《物权法》第 240 条规定留置权因占有丧失而消灭，疑似系借鉴该条。不过，《物权法》通过的同年，台湾地区对"民法"物权编进行修正，删去了此条规定。按台湾地区"民法"的现行规定，留置权人丧失其留置物之占有，于 2 年内未请求返还者，其留置权消灭（第 937 条第 2 项、第 898 条）。此留置权消灭原因，并非因丧失占有本身，而是因为在法定的失权期间内未行使返还请求权所致。

〔3〕 另一种可能的解释是，即使是留置权人非依自己的意愿丧失占有时，留置权也消灭；但此种消灭并不具有终局性，在留置权人依占有保护的规定回复物的占有时，留置权人可以重新取得留置权。参见黄薇主编：《中华人民共和国民法典物权编解读》，中国法制出版社 2020 年版，第 833 页。本书认为，这一"死而复生"的解释不仅没有足够的法理支持，更重要的是，依此种解释，留置权在占有丧失时就消灭了，因而债权人就不得以《民法典》第 235 条为请求权基础向无权占有人要求回复占有（而仅能主张适用范围狭窄的第 462 条）。这就意味着，若留置物非因他人侵占而丧失，或已被侵占人以外不知占有瑕疵的第三人所占有，则债权人根本无从回复留置物的占有，也就无从重新获得留置权。故此，本书认为，将能回复占有者视为未丧失其占有的解释更佳。在立法论上，则宜删去此因丧失占有而导致留置权消灭的规定。

第八章

占 有

✉ **本章提要**

占有制度是物权法体系非常重要的组成部分。本章主要探讨占有的概念与性质，此外，围绕占有的效力，包括占有的保护效力及"回复请求权人—占有人关系"。本章还具体讨论占有的分类、占有的得丧变更等。

🎯 **导入性问题**

1. 小偷能否因事实占有盗窃物而取得权利？小偷对盗窃物的事实控制是否构成民法上的"占有"？《民法典》物权编将"占有"与"所有权""用益物权"和"担保物权"并列，这是否意味着"占有"即为"占有权"？

2. 既然将占有界定为对物事实上的管领支配，为什么实际控制物的占有辅助人不是占有人，而不实际控制物的间接占有人却被作为占有人对待？

3. 甲将汽车出借于乙，而丙从乙处侵夺了对汽车的占有。甲除可依其所有权向丙主张占有回复请求权外，是否也可以主张占有的保护？

4. 甲窃取乙的笔记本电脑，将其赠与善意的丙。丙发现电脑风扇损坏，遂花费 500 元更换了一个风扇。如乙向丙要求返还电脑，问丙是否可要求乙偿还 500 元？

👉 第一节 占有概述

一、占有的意义、性质与功能

（一）占有的意义

占有，绝非一个容易界定的法律范畴。一方面，我国《民法典》物权编虽设有"占有"分编，但其仅有的 5 条规定过于简单，既未直接定义何为占有，也缺乏占有取得这样的规范来间接地界定占有；另一方面，在不同的语境下，"占有"也具有不同的意义。[1] 实际上，关于何为占有，并不存在一个先验、不证自明的判断标准。即使存在一项一般的标准（如"事实上的管领"），这一标准也时常需要依有关占有的法律

---

[1] 例如，《民法典》第240条在对所有权做定义时，将"占有"作为所有权的一项权能。作为所有权权能的占有，并不指对物实际控制的事实，而是表达了所有人有权占有其物的思想，其主要的功能在于，在占有丧失后，所有权人可基于其占有权能向无权占有人要求回复占有。

制度对占有之功能及效果所预设的目标而修正。

在方法论上，对"占有"这一法律范畴进行思考者容易形成这样一种思维定式，即人们总是能够根据一种"事实上"的、外在的标准先界定了什么是占有，然后再决定此种占有事实能产生何种法律效果。实际上，一旦何为占有成为一项法律判断的对象，其也就不再是一个单纯的事实问题了。法律对占有预设的功能及效果会反作用于对占有的认定，只有理解这一点，我们才能更好地认识占有概念本身。

兹举两例说明前述思想：①如后文所述，尽管占有通常被界定为对物"事实上的管领"，但是，为满足占有的时效取得功能及保护功能，有些对物并无具有事实上管领之人（如出租人、出质人等）却仍被界定为占有人（间接占有人）；反之，由于无须为其提供保护效力与时效取得效力，有些对物具有事实上管领之人（如受雇为人开车的司机）却不被作为占有人（而被安排了"占有辅助人"这一角色），但是，一旦涉及占有的自力救济功能，立法往往又改变立场，将一般仅给予占有人的自力救济权也给予占有辅助人（仿佛又将其作为占有人对待）。②在占有是否取得与丧失的判断问题上，因判断目的的不同，判断标准亦可能有差异。若为是否满足先占取得之要件，而对是否取得"占有"做出判断，则即使行为人尚未"事实上"在动产上产生管领力，只要开启了不间断的获取管领的行动，并因此可能最终获得事实上的管领力（例如，猎人击伤并持续追踪猎物），则应认定行为人已经取得了占有；反之，若为回复占有之目的，或者为取得时效是否开始计算之目的而判断占有状态之有无，则应以通常之"事实上管领力"的具备为标准。在占有是否已丧失的判断标准方面，若为占有保护之目的，占有之物因被他人侵夺而失去事实上管领的，即为丧失占有（侵夺人取得占有）；反之，若为满足取得时效所要求的不间断的占有期间，则在物因他人侵夺等原因短暂与占有人分离而后又回复时，应认定占有未丧失。

由于我国民事规范未对占有概念做任何界定，需要借助学理上能形成共识的理解来阐明这一概念，并依此为基础进行法律适用。现代各国民法上的占有制度，多发端于古代罗马法上的占有（Possessio）与日耳曼法上的占有（Gewere）制度。这两种法律传统上的占有观念存在很大的差异，[1] 而后世

---

〔1〕 罗马法很早就孕育出了抽象的所有权概念，占有则独立于所有权，仅为能够产生特定法律后果的法律事实，而不构成权利（用罗马法的观念来说，占有仅受令状保护，不产生诉权）。占有的取得，不仅要求有物的管领（所谓"体素"，corpus），还要求具有所有的意思（所谓"心素"，animus），若无所有之意思，对物的控制仅构成"持有"（detentio）。在日耳曼法上，一般也译作"占有"的 Gewere，与罗马法上的占有相去甚远。日耳曼法欠缺罗马法式的抽象所有权概念，Gewere 不是单纯的法律事实，而是一种权利。14 世纪以后，德意志全面继受罗马法，罗马法上的 Possessio 与日耳曼法上的 Gewere 不断融合，尤其是经 19 世纪伟大法学家萨维尼、耶林等的研究，逐渐形成了《德国民法典》上的占有制度。关于占有制度之历史渊源及相关学说，可参见史尚宽：《物权法论》，中国政法大学出版社 2000 年版，第 525 - 531 页；王泽鉴：《民法物权》，北京大学出版社 2009 年版，第 395-398 页。

各国民法对它们的继受和改造也各有不同，这就导致了当代各国法律在占有制度方面的较大差异。[1] 我国民国时期的民法基本继受了德国、瑞士民法上的占有观念，将占有作为对物实际控制的事实加以对待，同时将间接占有人也作为占有人对待。从当前民法理论及司法实践对于占有的认识来看，我国民法已经形成了与德国相似的占有概念体系。

占有，是对物的事实上的管领支配。凡对物有事实上管领力者，即为该物的占有人。[2] 对于占有的这一定义，可做解析如下：①占有的对象是有体物。物权的客体原则上是有体物，不过，权利质权等物权也可以权利为其客体。占有并非纯粹法律上之力，而是针对客体的实际管领，故仅能以有体物为客体。基于物权客体特定原则，物权的客体为有体物的，必须是独立的一物，不能以物的部分为客体，而占有人当然可对物的部分取得占有，如占有一宗土地的部分。正因为占有的对象仅限于有体物，对于实际上行使地役权等财产权之人而言，其对权利的实际行使构成"准占有"，可准用有关占有的规定。[3] ②占有人对占有物有事实上的管领力。所谓事实上管领力，系相对在物上具有"法律上之力"而言，后者指根据权利而产生的对物支配效力（彻底丧失占有的所有人仍享有此种法律上的支配力）。对物取得实际管领、控制者，无论其管领是否基于一项权利或是否合法取得，均成为物的占有人。因此，窃贼或强盗得手后固然不能取得盗赃的所有权，但却是实实在在的占有人。不过，在间接占有与占有辅助人之情形，并不单纯依对物的事实上管领为标准判断占有之有无，这一点也证明了该概念的复杂性。

（二）占有的性质

关于占有的性质，立法及学说上历来有占有权说与占有事实说。前者认为，占有权为法律给予占有人法律上之力，占有权虽不同于占有的本权（得为占有的权利），但占有的法律地位本身也构成一项权利。[4] 后者则认为，占有不是权利，仅为对物管领的事实。我国民法学理以占有系事实而非权利的性质界定为通说。

我国《民法典》物权编第五分编以"占有"为名，显著区别于所有权、用益物权、担保物权等分编，可见该法典并未将占有本身作为一项物权加以规范。占有制度

---

〔1〕 例如，在忠实继受罗马法的意大利民法上，只有在以行使所有权或其他物权的形式对物进行控制之时，才构成占有（《意大利民法典》第1140条）。这就意味着，承租人、借用人等不是占有人，而仅是持有人。这一观念显著区别于德国民法上的占有概念。又如，与德国民法上占有仅为对物控制的事实不同，日本民法受法国民法的影响，将占有直接规定为"占有权"（《日本民法典》物权编第二章）。

〔2〕《德国民法典》第854条规定："对于物有事实上管领力者，取得该物之占有。取得人能够行使对物之管领的，即因与原占有人间之合意而取得其占有。"《瑞士民法典》第919条第1款规定："对物有事实上管领力者，为该物的占有人。"（该条第2款规定，"在地役权和土地负担之情形，事实上行使其权利者，视同对物占有"，此为准占有之规定）。我国台湾地区"民法"第940条规定，"对于物有事实上管领之力者，为占有人"。

〔3〕 参见《瑞士民法典》第919条、我国台湾地区"民法"第966条、《日本民法典》第204条。

〔4〕 日本民法明确采占有权说。关于占有为权利抑或事实，史尚宽援引萨维尼的观点认为，这取决于解释的视角：如解为与物之关系，自为事实；如解为由此所生法律上之力，则为权利。参见史尚宽：《物权法论》，中国政法大学出版社2000年版，第530页。

的核心在于占有保护，而占有保护的要旨恰恰在于不考虑占有人对占有之物是否拥有一项使其占有正当化的权利（即本权与占有的成立及效力无关）。若占有人本就是占有物的所有人，占有保护制度也将此本权剥离，将其作为不相关的因素：缺乏本权的占有人，在遭遇他人侵夺时，仍可主张占有保护；即使是物之所有人，若因其实施侵夺行为而被占有人主张占有回复，也不得主张所有权的抗辩。由此可见，占有的效力的确系从对物管领的事实而非一项权利的逻辑出发。在此意义上，说占有是一个法律事实当然没有问题。

不过，法律界定占有事实之目的，正是为了赋予占有人在占有物上一定的法律地位。占有的保护，虽远未达到权利保护的程度（如占有人的回复占有请求权仅能针对侵夺人等瑕疵占有人提出，且仅得在侵夺发生之日起 1 年内行使），但毕竟也给予了占有人法律上的请求权。另外，学理上通说认为，占有人的占有地位也受侵权法的保护。在此意义上，占有至少也具有"准权利"的性质。而且，作为物权法上的制度，法律对占有的保护还具有一定的对世性特征，任何人（包括物之所有人）侵夺占有的，占有人均可向其主张占有回复；任何人妨害占有的，占有人均可向其主张排除妨害。在与一定的法律关系相结合时，占有也可能起到强化占有人在该法律关系中之权利的功效，例如，在租赁关系中，租赁物的占有人可以其占有对抗租赁物的受让人，从而使其享有的租赁债权具有准物权的色彩；在动产所有人依返还请求权让与方式移转所有权时，标的物的直接占有人可以依托对物的占有，以对转让人的抗辩事由对抗受让人。因此，仅强调占有是一项法律事实而非权利，并不能全面揭示占有的法律性质。可以将占有界定为一种能够依法赋予占有人在其事实控制之物上以特定法律地位（包括享有一定权利）的事实，质言之，占有虽然本身不是一种权利，却可以依法产生出请求权、自力救济权等法律效果。

（三）占有的功能

占有是独立于本权的对物的事实控制，民法之所以在权利体系之外专门规范占有的法律事实，主要是因为法律欲赋予占有一定的效力，以实现一定的目的。在占有法律制度之下，占有具有了如下几方面的功能：

1. 占有保护的功能

罗马法上，占有制度的重心在于向占有人提供令状保护。后世法律继受了罗马法的这一重要制度，在权利保护的同时，也保护占有本身。关于法律对占有本身提供保护的理由，有尊重占有意志、维护占有利益及维护和平秩序等不同学说，其中多数学说以维护和平秩序为占有保护的主要理由。占有为一定事实状态，即使占有人不享有占有的本权，其对物实际管领的状态存续也会形成一定的社会秩序，而维护此秩序的安定以确保社会的和平，应为法律的一项基本任务。无论如何，以暴力手段打破既有的占有状态，因其行为本身的不法性，均应被禁止。在私法上，只有赋予被剥夺占有或被妨害占有之占有人以请求回复占有或排除妨害等法律救济手段，方可建立一种法律上的预期，使准备采取侵夺行动之人意识到，即使对方无占有的本权，且自己系物之所有人，若自己诉诸私人的暴力剥夺对方的占有，则对方可以对自己实施正当防卫，在对方提出占有回复之诉时，自己也不得提出本权抗辩从而须负回复占有的责任。由此可见，占有的保护效力，确实有助于减少破坏和平秩序的暴力行为，引导人们寻求公力救济。

《民法典》第 462 条规定了基于占有的返还原物、排除妨害、消除危险的请求权，并指示了依侵权法规则保护占有利益的损害赔偿请求权。另外，占有也可以作为一项利益，成为不当得利请求权指向的对象。

2. 占有的权利推定功能

对物占有的事实，不仅能够为占有人提供占有保护的效力，而且也有助于其获得权利的保护。基于占有的事实，在无相反证据的情况下，可以依占有人的占有意思推定其为相应的权利人。占有之所以具有这种权利推定的功能，是因为占有之外观状态常常与权利之归属与享有相吻合，也就是说，占有的事实往往是其本权的表象。法律承认占有的权利推定效力，不仅可以解决因举证困难而产生的权利归属判断的难题，便利本权的保护，也有利于维护交易的安全。

3. 占有的权利取得功能

在符合法律规定要件的情况下，占有还可以为占有人取得权利。通过法律行为变动动产物权的，受让人自让与人处取得物之占有的，取得相应的动产物权。以所有的意思先行占有无主动产的，可以因先占取得而成为物之所有权人。以合理价格善意受让动产的，可以因占有的取得而自无处分权人处取得该动产的所有权。在规定取得时效的国家，占有人可以因取得时效的完成而取得物之所有权。

二、占有的构成

如前所述，占有是对物的事实上的管领和控制。但是，何谓"事实上"的管领和控制，并非一个不证自明的事实。何等法律事实能够构成占有，对此仍须从占有的法律构成上加以研究。

1. 占有的主体

占有人可以是自然人，也可以是法人或非法人组织，因为后者同样可以利用其工作人员对物加以事实上的控制（法人或非法人组织为占有人，工作人员为占有辅助人）。占有的取得，即便是实施法律行为的结果（如买受人从出卖人手中获得标的物的占有），也不以法律行为的有效性为前提，即因法律行为无效而影响行为人权利取得的，并不影响行为人取得对物的实际控制。这也就意味着，占有的主体无须具备行为能力。

2. 占有的客体

占有的客体应为有体物，包括不动产和动产，因仅有形之物才能被人事实上管领支配。占有是物权制度的基石，占有仅得在有体物上发生的特性，直接决定了物权原则上也仅能在有体物上发生。此外，占有可以在物的一部分上发生，已如前述。

3. 占有的客观要件：事实上的管领支配

特定物是否处于特定人事实支配之下，可自占有取得和丧失的角度观察：取得占有而未丧失者，即为占有人。如此界定的原因在于，在人与物之结合紧密程度的要求方面，占有的取得比占有的维持要求更高。同时，原始取得占有也比依继受取得占有有更高的要求。是否原始取得物之占有，须依一般生活观念定之，通常要求人与物有物理上的接触（空间要求），并稳定地控制该物（时间要求），如占据土地或房屋、在海滩上捡取贝壳装入衣兜、在林间收集或砍伐薪材。临渊羡鱼或望梅止渴者，皆未因此种感官上与特定物的结合而成为鱼或梅子的占有人，而仅有在结网而渔有所获或从树上摘下梅子时，占有才被获取。相反，在取得占有后，为维持占有的状态，已不需要占有人与物有如此紧密的关系，只要占有人没有放弃占有的意思，且没有他人排他性地取得占有，则先前的占有不消灭。[1] 继受取得占有的，新占有人可以因前占有人放弃占有并有意使其取得占有的意思而取得占有，即使其尚未"事实上"取得对物的管领力。[2]

对物事实上的管领支配，也可以通过他人进行。间接占有人通过直接占有人进行对物的管领，而占有辅助人则为占有人取得和维持占有。

4. 占有的主观要件：占有意思

古代罗马法特别强调占有的"心素"，即为自己占有的意志。后世民事立法，有些明确要求占有人须有为自己占有的意思，而有些立法在占有的定义或取得等规范中仅要求对物取得事实上的管领力，而未见对占有人主观占有意思的要求。[3] 有鉴于此，学理上对于占有的构成，存在客观说与主观说：依前者，仅需有对物的事实上的管领力，即可成立占有；依后者，尚要求具备占有的意思。

本书认为，占有的取得，除须具备对物的实际管领（"体素"）外，还需要具备

---

〔1〕 举例来说，以下情形，尽管物似乎已脱离了占有人的控制，但占有人并不丧失占有，仍为物之占有人：离开林间度假小屋时忘记锁闭房门直至第二年才返回（即使其间有不请自来的进屋避雨者）；整个夏季将家畜留在高山牧场上吃草而无人看护；收集薪炭材后将其堆放于路边等待过些天装车搬运；将自行车停在楼下但忘记上锁；将相机遗忘在公园长椅上达一月之久但无人拿取。这一界定建立在常识基础之上，即在前述情形下，一般人均能意识到这些暂无人看护之物均有主，且实际仍处于他人占有意志之下，不能随意纳入自己的管领（否则可能构成侵占，甚至是盗窃）。当然，只要他人打破了此种开放占有的状态，对物取得实际控制，即便该他人系出于无因管理的意思（为归还之目的而拾取遗失物），也将导致前占有人的占有丧失。

〔2〕 若作为占有人的出卖人遥指在山坡上吃草的一头牛对买受人说，"那头牛是你的了"，则后者立刻取得对该牛的占有。

〔3〕 例如，法国、意大利等国民法对于占有的构成，要求占有人有以在物上行使所有权或其他物权的意思占有物，而德国、瑞士民法在规定占有之取得时，均未要求具有占有或所有的主观意识。不过，法律条文未明文要求占有意思，并不意味着学说上采客观说。例如，我国台湾地区"民法"第940条虽未在立法上要求占有意思且学说上亦有因此而采客观说者，但有力的学说却认为占有的构成尚须有占有的意思，参见王泽鉴：《民法物权》，北京大学出版社2009年版，第404-405页；谢在全：《民法物权论》（下册），中国政法大学出版社2011年版，第1140-1141页。另外，若对相关立法做体系的解读，则即使表面上采客观说的立法例，也可以对立法本身有不同的解释。例如，《德国民法典》第854条第1款对占有的取得设规定如下，"对于物有事实上管领之力者，取得该物之占有"，似采客观说；但是，该条第2款之规定（"取得人能够行使对物之管领的，即因与原占有人间之合意而取得其占有"）明显采主观说，因为在该款所涉及的"开放占有"（如对于在野外放养的牲畜）之情形，占有的取得系通过单纯地与原占有人间的合意而发生（该合意实际上使其具备了为自己占有的意思）。

占有的意思（"心素"）。在所有可认定为占有取得的情形，都应能观察到或解释出占有人对物的占有意思：无论有无合法的基础，以对物据为己有的意思实施管领者，取得占有；以在物上行使定限物权的意思而实施管领者，无论该定限物权是否真的存在（如暴力夺取他人之物而主张行使留置权），占有均被取得；因租赁、借用、保管等占有媒介关系而对他人之物实施管领并同时认可对他人的返还义务者，不仅有为自己占有的意思（承租人、借用人具有为自己使用之目的占有物的意思；保管人也具有占有意思，因唯有如此，方能确保未来可以将保管物返还于寄存人），而且也同时具有为他人占有的意思（出租人等也具有通过承租人等进行占有的意思），由此，间接占有与直接占有可同时成立于物上。相反，若缺乏为自己占有的意思，则即使对物进行了管领支配，也不取得占有。[1] 对物占有的意思，不必均指向具体特定之物，而是可以概括的方式呈现。例如，在屋前设置快递接收箱的，对快递员置入的以其为收件人的所有物品，均可认定有占有的意思。[2] 占有人的占有意思，并不涉及意思表示，故无须占有人具备相应行为能力，无行为能力人仅需具备对物占有的自然意思，也可取得占有。

三、占有的分类

依不同的标准，可以将占有及相关范畴做不同的分类或概念的区分。

（一）自主占有与他主占有

以占有人是否具有所有的意思，可以将占有区分为自主占有与他主占有。自主占有，是指占有人主观上以所有的意思而为的占有。至于占有人是否真的对占有物享有所有权，则在所不问。因此，所有人的占有固然是自主占有，强盗、窃贼及侵占所拾得遗失物的拾得人的占有也均属自主占有。他主占有，是指占有人主观上不以所有的意思而为的占有。凡不以所有意思占有者，均承认占有物另有其主，这就意味着，他主占有人基本都属于占有媒介关系中的直接占有人，如承租人、借用人、保管人、居住权人、质权人、留置权人等。在所有权保留买卖中，尽管在买受人付清价款前出卖人在形式上仍保有所有权，但已占有其购置之物的买受人并不具有他主占有的意思，应作为自主占有人加以对待。

区分自主占有与他主占有的意义在于：①自主占有系占有的基本形态，法律关于

---

[1] 对于受雇操作挖掘机在工地上施工者，即使在相当长一段时间里排他性地使用挖掘机，也不取得对挖掘机的占有，其仅作为占有辅助人，依为他人占有的意思而使雇主继续维持其占有。进入未上锁的森林小屋避雨者，即使留在屋内过夜，只要打算第二天雨停后离去，则因欠缺占有的意思而不取得对房屋的占有。在书店拿起一本书翻阅之人，并不取得对该书的占有，这不仅是因为通常控制物的时间很短暂难以构成"事实上的管领"，更重要的是，该人并无占有的意思。相反，若某人秉持"窃书不算偷"的理念将书藏入怀中，则其因占有的意思而取得占有。

[2] 在本例中，对物是否取得"事实上的管领力"，恰恰需要结合占有的意思才能加以识别。正因为有占有的意思，在不知有物被置入接收箱的情况下，即可认定有占有的取得。若快递员错投邻居的快递，则由于可推定接收人无占有的意思，从而对该物并无占有，则邻居自行从快递箱中取回者，不构成侵夺占有。

占有效力的规定均可适用于自主占有，而部分效力规范并不适用于他主占有；[1] ②就占有的取得功能而言，无论是先占取得、善意取得，还是依取得时效之完成而取得，均要求占有人的占有为自主占有。受让人依法律行为的效力取得动产所有权的，其对动产的占有须为自主占有；依简易交付、返还请求权让与、占有改定等替代交付手段移转动产所有权的，受让人对所取得的占有地位（包括间接占有）也须具有自主占有的意思。

（二）直接占有与间接占有

以存在所谓"占有媒介关系"为前提，[2] 根据占有是否为对物的直接管领支配，可将占有的形态区分为直接占有与间接占有。直接占有，是指在占有媒介关系中对占有物有事实上管领力的占有，如质权人、承租人、借用人、保管人等基于一定法律关系（所谓"占有媒介关系"）直接管领、控制他人之物的占有。间接占有，是指自己不直接占有其物，而基于占有媒介关系对于直接占有人有返还请求权，从而对其物有间接管领力的占有，如出质人、出租人、出借人等的占有。

> 我国民事立法未对间接占有作出明确规范（但《民法典》规定占有改定的第228条等规范暗含着间接占有的概念，已如前述），需要根据比较法的经验，尽可能打造学理上的共识。间接占有人并不直接管领和控制标的物，其何以仍能成为占有人？实际上，承认直接占有与间接占有的双重占有结构，此乃德国民法调和罗马法的占有（possessio）与日耳曼法的占有（Gewere）的产物。以因租赁而引起的占有为例，根据罗马法的占有观念（将占有作为所有权之外观的观念），对于租赁物行使管领力从而成为占有人的，是出租人，而非承租人（后者系持有人），占有保护原则上仅能由出租人享有。而根据日耳曼法的占有观念，仅有承租人系占有人。《德国民法典》创设了间接占有概念，该法典第868条规定："用益权人、质权人、收益承租人、使用承租人、受寄人，或基于类似之法律关系，在一定时期对于他人有为占有之权利或义务者，该他人亦为占有人（间接占有）。"[3] 对于该条所例示的质权人、

---

[1] 在罗马法上，仅有以所有的意思占有物者，才是占有人（不具有所有意思而控制他人之物者，为"持有人"），因此，罗马法上的占有制度系针对所谓自主占有人而设，并对后世产生影响。即便是在将他主占有也作为占有形态的当代法律体系上，自主占有仍是占有的基本形态，也是某些涉及占有的规范所默认的占有类型。就下文将要讨论的"回复请求权人—占有人关系"而言，有必要将部分规范中所称"占有人"限缩解释为"自主占有人"，例如，仅善意的自主占有人才应享受《民法典》第461条的优待，若为他主占有人，其对占有之物造成毁损、灭失的，至少应依侵权法负过错赔偿责任。

[2] 间接占有固然需要依托"占有媒介关系"加以界定，所谓"直接占有"也只有于存在占有媒介关系且在与间接占有相对应的意义上，才具有其意义。若不存在此种占有媒介关系构造的双重占有结构，对物的事实上管领支配即为"占有"，而非"直接占有"。民法著作在界定"直接占有"这一概念范畴时，往往忽略了此点。若引入"独立占有与非独立占有"这一组占有概念，则以上区分将更加清晰：通常所谓占有，乃指独立占有而言，而"直接占有"并非独立的占有，须与"间接占有"相依存。

[3]《瑞士民法典》第920条第1款规定："占有人，为设定限制物权或成立对人性权利，将物移转于他人占有者，双方均为占有人。"我国台湾地区"民法"第941条规定："地上权人、农育权人、典权人、质权人、承租人、受寄人，或基于其他类似之法律关系，对于他人之物为占有者，该他人为间接占有人。"

承租人及概括的"类似之法律关系",学理上称为"占有媒介关系"。间接占有人,即为通过直接占有人之媒介而占有物之人。

以占有媒介关系为核心,可将间接占有的构成要件界定如下:①存在直接占有人的他主占有。质权人、承租人等不仅以他主占有的意思直接占有物,而且在主观上也承认出质人、出租人等为更上级的占有人。②直接占有人占有的取得,系依间接占有人的意愿(往往基于双方的合意)而发生。承租人取得租赁物的占有,系根据出租人移转直接占有的意愿而发生,出租人同时为自己保留了间接占有。在占有改定之情形,物之占有人通过与对方约定一个占有媒介关系,在给予对方一个间接占有法律地位的同时,给自己保留了对物的直接占有。③间接占有人对直接占有人享有返还请求权。占有媒介关系的核心在于,一方对于他方享有物之返还请求权。在定期租赁关系中,即使返还请求权须待租期届满时才能现实行使,该请求权的存在仍在界定出租人的间接占有地位中发挥重要的作用。在动产质押关系中,即使出质人对质物的返还请求须以债权人的债权得到清偿为条件,此一返还请求权的存在仍可使出质人具有间接占有人的地位。间接占有人对直接占有人的返还请求权,往往因当事人之间缔结一项以后者在一定时间内占有物为内容的合同(如租赁、保管等)而发生,不过,即使该合同因当事人为无行为能力人等原因而无效,只要直接占有物的一方仍因该交往关系而认可对他方的返还义务,则不妨碍占有媒介关系的成立,从而使该他方具有间接占有人的法律地位。

本书认为,界定间接占有法律地位最为重要的一点是,直接占有人不仅具有为自己利益占有的意思(若完全为他人占有,则构成占有辅助,而非占有),主观上也承认其占有未来要回归于间接占有人,质言之,直接占有人有意服从间接占有人的占有意志,后者也因此对物有间接的管领力。问题的关键不在于当事人间到底具有何种法律关系以及此一关系是否产生自一个有效的法律行为,而在于直接占有人主观上是否承认间接占有人为更高一级的占有人。即使是在租赁、质押等典型的占有媒介关系中,只要直接占有人在占有期间改变占有意思,不再承认自己对出租人、出质人负有返还义务(如承租人宣称以租赁物抵债,或质权人因流押约定主张质物已归其所有),则即便直接占有人的相关主张无法律根据且不会改变当事人间既存的法律关系(租赁合同的效力不受承租人单方无理主张影响,出租人仍享有要求承租人返还租赁物的权利),直接占有人的占有也将转化成独立的占有,间接占有人将丧失其占有的法律地位。

以下这一点也特别值得强调,即界定间接占有法律地位的目的,仅在于引出"间接占有人也是占有人"的结论,并使间接占有人可以主张占有的相关效力。在间接占有人与直接占有人之间,除占有本身的效力外(如间接占有人暴力侵夺直接占有人之占有时,后者也享有正当防卫及请求占有回复的权利),间接占有的成立并不会在直接占有人与间接占有人内部产生任何新的法律关系。质言之,间接占有法律地位,并不为直接占有人与间接占有人之间的关系提供请求权基础，间接占有的取得与消灭，也不影响直接占有人与间接占有人之间实际存在的法律关系。

间接占有可以有多层的结构，即，存在多层占有媒介关系时，可能出现多阶层的间接占有人。例如，甲出租自有房屋于乙，而乙又将房屋转租于丙，无论该转租是否征得甲的同意，丙都因此成为直接占有人，乙为第一阶层的间接占有人，而甲则为第二阶层的间接占有人（同时也是自主占有人）。[1]

将间接占有也作为占有，其意义在于，凡关于占有的效力规则，原则上均适用于间接占有。首先，间接占有人也能主张基于占有的请求权：在占有被他人侵夺时，间接占有人可请求侵夺人回复占有于直接占有人，若后者不能或不愿受领，则间接占有人可请求回复占有于自己；占有被妨害或有妨害之虞的，间接占有人也可请求排除妨害、消除危险。其次，若占有能够产生时效取得的效力，则以所有人意思对物间接占有者，可因时效期间的完成取得占有物的所有权（若不承认间接占有，则一旦物的占有人因出租、保管等原因将直接占有移转于他人，占有就将发生中断，从而使取得时效无法完成）。最后，间接占有在动产物权变动中发挥着重要的作用，《民法典》第226条至第228条规定的几种替代交付的手段大多须依托间接占有：在简易交付（第226条），常见的情形是，间接占有人通过与直接占有人的合意，放弃其对物的间接占有，而直接占有人开始以自主占有的意思管领其物；在返还请求权让与（第227条），让与人通过向受让人让与间接占有的法律地位，使后者取得动产的所有权；在占有改定（第228条），让与人通过与受让人的合意，创设占有媒介关系，给自己保留直接占有的法律地位，同时使受让人取得间接占有。

（三）自己占有与占有辅助

此组概念主要为说明"占有辅助"及"占有辅助人"的概念。在具有从属关系的两人之间，可以存在"占有"与"占有辅助"的区分。

在与占有辅助对应意义上的自己占有，指的是通过占有辅助人对物进行管领的占有人，如甲雇佣乙为自己开车，则甲系通过乙实现着对车辆的占有。

占有辅助，指基于特定的从属关系，受他人指示，并为他人实施对物的事实上管领。占有辅助人尽管对物存在事实上的管领，但因其并不具有为自己占有的主观意思，故不被视为占有人。作为占有辅助基础的从属关系，主要指雇佣、家政服务或类似关系。[2] 例如，咖啡店员工尽管持续地使用咖啡机，也不占有咖啡机，因其并无为自己占有的意思，仍应以其服务的咖啡店为咖啡机占有人。又如，居家女佣即便是在雇主举家外出度假期间，也不占有其照看的房屋，而应以其雇主为占有人。

我国现行法虽未对占有辅助作出规定，但该概念仍有重要的价值。占有辅助人不

---

〔1〕 关于多重间接占有，《德国民法典》第871条设有如下规定：间接占有人与第三人有第868条所定之关系（即占有媒介关系）者，该第三人亦为间接占有人。

〔2〕《德国民法典》第855条规定："因家务、营业或类似关系，依照他人有关其物之指示，而对于该物为事实上管领者，仅该他人为占有人。"我国台湾地区"民法"第942条规定："受雇人、学徒或基于其他类似之关系，受他人之指示，而对于物有管领之力者，仅该他人为占有人。"

是占有人，故有关占有效力之规定（保护效力、推定效力、权利取得等），原则上均不适用于占有辅助人，而是适用于其服务的占有人（雇主等）。如果第三人从占有辅助人手中侵夺了占有，则应由作为雇主的占有人而非受雇人主张占有的回复。如某人明显系以他人所雇司机的形象控制车辆，则应将雇主而非司机推定为车辆所有人。占有的取得效力也应就占有人而非占有辅助人加以判断，如渔船主人雇佣他人在船上从事捕捞作业，对于渔获，应认定船主通过先占取得的方式获得所有权。不过，对物有实际管领力的占有辅助人，面对他人侵夺或妨害占有的行为，也可以自力防御。

　　"占有辅助人—占有人"与"直接占有人—间接占有人"这两组概念对于准确认识何为民法上的占有至关重要，因为占有辅助、间接占有似乎都偏离了"占有为对物的实际管领"的标准定义。无论从属关系中的占有人，还是占有媒介关系中的间接占有人，其占有皆须通过他人对物管领的事实中导出，而且，占有辅助人与直接占有人均承认在其上有真正的占有人或更高级的占有人，此种主观上的认可系构成占有辅助和直接占有的关键。同时，占有辅助人与直接占有人在占有的主观意志上存在显著差别：前者无为自己占有的意思，因此不作为占有人对待；而后者则有为自己占有的意思，故作为占有人对待。若甲从乙处承租豪华轿车，并交由其雇佣的司机丙驾驶，则甲当然有占有车辆并从车辆的使用中获得利益的主观意思，同时，乙通过租赁关系的媒介，也成为间接占有人；司机丙对车辆的实际控制，并不改变雇主占有车辆的事实，且无论是在对甲的内部关系上，还是在对外的关系上，丙皆不被作为占有人对待。[1]

（四）单独占有与共同占有

以对物管领者为一人抑或是多人为标准，可将占有区分为单独占有与共同占有。

单独占有，指占有人排他性地行使事实上对物的管领支配。单独占有是占有的一般形态。须注意的是，以下两种占有的形态也属于单独占有：①部分占有。若一套三居室的房屋分租给三个承租人，则对于每间居室，占有人的占有均为单独占有。②直接占有与间接占有属于两个不同层次的占有，出租人的间接占有与承租人的直接占有并不构成共同占有。

共同占有，指数人共同对物行使事实上的管领支配。共同占有可区分为两种不同的形态：①简单的共同占有，也称分别的共同占有或重复的共同占有，指每一共有人均可独立地对占有物进行事实上的管领支配，同时也顾及其他共同占有人的占有需要。例如，合租者在对自己居住房屋具有单独占有的同时，对于共用的客厅、厨房及卫生

---

　　[1]　某人对某物是否享有占有人的法律地位，也可从他人是否会构成占有侵夺的视角观察。在前例中，若出租人乙未经承租人甲的同意，利用备用钥匙，擅自开走了车辆，则乙的行为构成了对甲之占有的侵夺。若丁偷走了司机丙停放于车库的车辆，在人们的一般观念上，不会认为丙的占有被侵夺并因此赋予其回复占有的权利，正常的看法是，承租人甲的占有乃至于其背后出租人乙的占有被丁侵夺。若雇主甲不知司机丙，直接开走了后者停放的车辆，没有人会认为甲的行为构成对丙之占有的侵夺。

间等有共同的占有。②统一共同占有，也称共同共有性的共同占有，指全体占有人对于占有物仅有一个事实上的管领力而为的占有。例如，甲、乙二人共同出资买入收藏级摩托车，并商定仅在另一方同意时，一方才可使用，为此，甲掌控摩托车的钥匙，而乙则掌控车库的钥匙，此时，甲、乙对该摩托车享有统一共同占有。又如，出质人甲将仓储人丙保管的一批货物出质给乙，若三方订立协议，约定丙同时为出质人、质权人之利益而直接占有，并仅得向双方当事人返还仓储物，则质权人与出质人在质物上存在统一的共同占有（共同间接占有）。

区分单独占有与共同占有的意义主要在于明确共同占有的效力，包括以下几方面：①在占有保护方面，任何一个共同占有人均有权针对第三人主张占有的保护；在共同共有人内部，若共有人之一以法律禁止的私力排除了其他共有人的占有，则其他共有人也可向其主张占有保护，但若仅涉及共有人对共有物使用范围的争议，则不适用占有的保护。[1] ②在占有的取得效力方面，若动产所有人依法律行为向他人转移所有权，而该动产上有共同占有，则让与人须确保全体占有人均放弃占有，而使受让人取得单独占有，唯有如此，方可认为让与人完成了《民法典》第224条要求的"交付"。就质权设立所要求的"交付"而言，如前例所示，若出质人使质权人取得统一的共同占有人地位，则后者对质物取得稳定的控制，应发生质权设立的后果；若出质人仅使质权人取得简单的共同占有人地位，则由于质权人不能排除出质人独立占有的可能，应认定质权未设立。[2]

（五）有权占有与无权占有

1. 区分标准与区分的意义

以占有人之占有是否具有本权为标准，可以将占有区分为有权占有与无权占有。

有权占有，是指基于本权的占有，例如基于所有权、建设用地使用权、居住权、质权等物权的占有以及基于租赁、借用等合同关系的占有等。

无权占有，是指占有人对占有物不享有本权的占有，如窃贼对赃物的占有、拾得人对遗失物的占有，或者基于无效的合同而对他人之物的占有等。

区分有权占有与无权占有的主要意义在于：有权占有人因权源的存在，可持续地保持占有状态，他人请求其交付占有物时，有权占有人可以拒绝，例如，承租人因租赁合同占有租赁物，在租期届满之前，承租人可继续占有租赁物，出租人要求返还的，可以拒绝。相反，无权占有人对于正当的返还请求权人无拒绝的权利，例如，遗失物

---

〔1〕 我国现行法未对共同占有作任何规定，但比较法上的规定可资参考。《德国民法典》第866条规定："数人共同占有一物者，各共有人在其相互间之关系，就占有物所得使用之范围，不得请求占有之保护。"；我国台湾地区"民法"第965条规定："数人共同占有一物者时，各共有人就其占有物使用之范围，不得互相请求占有之保护。"若数人合租而共用淋浴间，则在其中一人锁闭淋浴间而排除他人占有时，其他共同占有人可向其主张占有保护；若一占有人以自己晚归为由，要求在午夜时分独占淋浴间，则有关该问题的解决，不适用占有保护的规定。这就意味着，若在该共有人做此声明后，其他共有人仍在午夜时分使用淋浴间，后者并不构成对前者占有的侵夺，前者不得主张占有保护，不得实施自力救济。

〔2〕 例如，若甲欲以机动车出质于乙，甲仅将一把车钥匙交付于乙，而后者允许甲可利用备用车钥匙随时使用车辆，则乙所取得的简单共同占有地位尚不能满足《民法典》第429条要求的"交付"，故应认定动产质权未设立。

的拾得人不得拒绝失主的返还请求权，又如，租赁合同届满后，承租人继续占有租赁物的，其占有为无权占有，[1] 出租人自可请求其返还租赁物。

在我国法律上，前述规则体现在《民法典》第 235 条规定的占有回复请求权之上，根据该条规定，物权人仅得向无权占有人要求返还原物。无权占有人，无论其占有为恶意占有抑或是善意占有，均对拥有占有权能的物权人负回复占有之责。须特别注意的是，在占有被侵夺时，能够依据《民法典》第 462 条之规定主张占有回复的，不仅限于有权占有人，无权占有人也可主张。质言之，有权占有与无权占有的区分的意义在于说明作为物权请求权的占有回复请求权，这一区分对于占有保护基本无意义。

2. 无权占有的再分类：善意占有与恶意占有

善意占有与恶意占有，这是对无权占有的进一步分类，有权占有无所谓善意、恶意可言。根据无权占有人是否误信其有占有权源且无怀疑为标准，[2] 可以将无权占有区分为善意占有与恶意占有。

善意占有，是指无权占有人无占有的本权但误信存在此种本权且无怀疑的占有。例如，甲拾得遗失物据为己有并赠与于乙，后者完全不知赠与物为他人遗失之物，并以因受赠而获得所有权的认知占有该物。

恶意占有，是指占有人明知无占有本权，或者对是否存在占有本权有怀疑而为的占有，例如，窃贼对盗赃物的占有，或者以极低的价格从他人处购买并对标的物是否为赃物有合理怀疑之人的占有等。

区分善意占有与恶意占有的主要意义在于，在行使返还请求权的所有人与无权占有人的关系上，善意占有人与恶意占有人所获待遇不同，法律优待善意占有人（见后文关于"回复请求权人—占有人关系"的讨论）。此外，在规定取得时效的国家，善意占有的取得时效期间一般较恶意占有的时效期间短。

另外，对于无权占有，理论上还区分为和平占有与强暴占有、公然占有与隐秘占有等。这些分类的意义在于为取得时效的适用提供基础，由于我国法不承认时效取得，故这些分类在我国法上无意义，不赘述。

👉 第二节 占有的取得、变更与消灭

占有的效力，建立在对占有的得丧、变更进行界定的基础之上。前节对占有及占

---

〔1〕 关于此点，学理上有争议，前文在对《民法典》第 235 条加以讨论时已有所论述。

〔2〕 关于善意占有和恶意占有的区分标准，主要有两种不同的学说。一说认为，仅以占有人事实上是否知晓其为无权占为分类，只要不知其占有为无权占有者，即为善意占有人；另一学说认为，善意占有的构成，不仅要求无权占有人误信其占有为有权占有，而且还须其在主观上对此深信不疑。参见王泽鉴：《民法物权》，北京大学出版社 2009 年版，第 415 页。本书认为，我国法上并无推定无权占有人为善意占有人的规范，且对善意占有人的优待系以对权利人的不利益为代价，而民法还是应以保护权利为首要的宗旨，故应采后说。

有类型的界定，已经对占有的取得、消灭等有所涉及，本节再做更系统的讨论。

一、占有的取得

占有的取得，以是否需要依赖他人既存的占有为标准，可以区分为占有的原始取得与继受取得。

（一）占有的原始取得

占有的原始取得，是指非基于他人既存之占有而取得的占有。具有占有的意思，对于标的物取得事实上的管领力，如果不是基于他人放弃占有并使其取得的意思而取得，而是依自己的管领行为而取得，均属占有的原始取得。例如，拾得遗失物（无论有无据为己有的意思）、无主物的先占、以盗窃或者暴力手段取得动产或者不动产的占有等。占有也可通过占有辅助人以原始取得的方式取得，如渔船主通过雇佣的船员获得渔获的占有；再如，某人控制流浪儿童在街头为其盗窃，并取得对后者窃得财物的占有。

占有的原始取得是典型的事实行为，既不以合法为必要，也不要求占有人须具有行为能力（仅需具备占有的自然意思即可）。

（二）占有的继受取得

占有的继受取得，是指基于他人既存占有而取得的占有。因占有媒介关系而存在直接占有与间接占有的双重占有的，其占有继受取得与不存在间接占有的一般情形有所不同，以下先讨论一般占有的继受取得，然后再讨论存在间接占有时占有的继受取得问题。

1. 独立占有的继受取得

通常情形下占有的继受取得，指前占有人放弃其占有并使现占有人取得对物的事实管领力。[1] 占有的继受取得，须满足三方面的要件：其一，与原始取得占有一样，现占有人须取得对物事实上管领力；其二，前占有人放弃占有；其三，现占有人取得对物管领力系基于前占有人使其取得的意志。据此，若前占有人甲抛弃占有，并使其处于无人占有状态并被乙实际控制的，不属于占有的继受取得，因为甲并无使乙获得占有的意愿。若前占有人不完全放弃占有，而有使其他人取得占有的意思，则仅可能使后者取得共同占有，或者直接占有或间接占有的法律地位。

占有的继受取得，虽须依赖前占有人使他人取得占有的意思，但这并不意味此系依法律行为而取得占有。以拾得人向失主归还遗失物为例，拾得人向失主归还遗失物，

---

〔1〕 我国学理一般以"占有移转"指称占有继受取得的此种最常见情形。我国台湾地区"民法"第 946 条规定，"占有之移转，因占有物之交付而生效力。前项移转，准用第七百六十一条之规定"（第 761 条系关于简易交付、占有改定及返还请求权让与的规定）。该条的逻辑有些奇怪。如果需要界定"占有移转"与"交付"，似应以占有移转来定义交付，如"交付，因占有之移转而完成"。而且，称占有的移转准用简易交付等的规定更令人费解。例如，若甲遗失其物，被乙拾得，此时乙是占有人；若在甲上门索要时，乙提出愿高价买下，甲表示同意，则乙可依简易交付之规定而取得该遗失物的所有权。在该例中，并无任何占有之移转发生（拾得人以原始取得方式取得占有，并最终因取得了所有权而保留了对物的占有）。另外，以"占有移转"来界定占有的继受取得也不够准确，毕竟占有本身并非权利（自取得的视角看，甚至不能先入为主地界定为一种法律地位），而仅是事实，一项事实又如何能够被移转呢？本书不采"占有移转"的说法，而是按照事实构成要件的方法建构占有的继受取得。

符合前述占有继受取得的要件，失主的占有因此失而复得，但归还遗失物本身并非法律行为。即使占有的继受取得确以实施一项法律行为为背景，该法律行为的不成立或不生效也不影响占有的继受取得，例如，出卖人甲向买受人乙交付买卖标的物，则乙继受取得标的物占有的效果，并不因买卖合同及（或）物权行为被认定为无效而受影响。[1] 不过，在当事人间以合意移转所谓开放式占有的情形，占有的继受取得系法律行为的效果，须以该法律行为有效为前提。[2]

占有的继受取得，也可以通过占有辅助人实现。例如，甲向汽车制造商乙公司购买大货车，按合同约定，买方须自行前往乙公司所在地受领交付，若甲派自己雇用的司机丙前往接车，则在乙公司将车辆交付于丙时，甲以继受取得的方式取得了该车辆的占有。

占有的继受取得，还存在一种特殊方式，即继承人因概括继受而取得对遗产物的占有。[3] 被继承人死亡，无论继承人对被继承人遗留之物是否取得事实上的管领力，占有均立刻由继承人取得。继承开始时，继承人当然地取得对遗产物的占有，既不以其知道继承事实的发生为必要，也无须事实上取得对物的管领力，更不必要求其作出接受继承的表示。继承人取得的占有，与对物事实上的管领无关，是最为特殊的占有取得。其立法原因在于，被继承人的死亡，必然会导致其先前对物占有的消灭，若对其遗留之物仍须遵循取得事实管领力的要求，则在继承人介入之前，逻辑上遗产将会处于无人占有的状态，以秘密手段窃取者甚至都可主张自己未侵夺他人的占有。举例来说，独居的甲去世，其唯一一继承人女儿乙生活在国外，因疫情一时无法归国，有关部门为甲处理后事后，锁闭房屋。此种情形，应认定乙已因概括继承之故取得了遗产的占有。如果丙入室盗走物品，则其盗窃行为构成对乙的占有的侵夺，后者可根据《民法典》第462条向其主张返还。

---

[1] 我国台湾地区学理，受第946条之影响，通说认为，导致占有继受取得的占有移转系依法律行为而生的效力。这一观点明显站不住脚。占有的继受取得，不仅不要求前占有人与占有取得人间存在有效的法律行为（因一方不具备相应行为能力等导致法律行为不生效力的，影响权利的变动，但不影响占有继受取得的效果），而且，占有继受取得甚至也不要求当事人在基础关系上存在合意。举例来说，甲向乙发出借用的要约，乙误认为系赠与，遂同意，并将物交付于甲，尽管双方无论就债权之发生还是物权之变动方面均无合意，但并不影响甲继受取得该物占有的效果发生。若执着地针对"占有之移转"本身建构双方的合意，不仅有画蛇添足的嫌疑（毕竟占有取得人系因取得事实上对物管领而成为占有人，而不是因意思表示的效果意思而取得），而且仍无法回避因行为能力缺陷或意思表示瑕疵而导致该"法律行为"无效的问题。

[2] 在前举转让山坡上吃草之牛的例子中，转让人与受让人间一旦达成合意，即可使受让人以继受取得的方式取得牛的占有。这一效果须以该合意有效为前提，若因一方欠缺行为能力等原因导致效力瑕疵，则不发生继受取得的效果，即坡上的牛仍为转让人所占有。当然，若受让人爬上山坡将该牛赶回自家牛圈，则这一举措终结了转让人的占有并使其取得了占有。如前所述，关于这一占有取得方式的规定，见于《德国民法典》第854条第2款。德国民法通说认为，一般情形下占有的继受取得，并非基于法律行为，而在通过合意转让开放式占有的情形，该合意具有法律行为的性质，完全受民法总则关于法律行为规定的调整，参见［德］鲍尔、施蒂尔纳：《德国物权法》（上册），张双根译，法律出版社2004年版，第118~119页。

[3] 对此，我国民法未设规定。《德国民法典》第857条之规定（"占有得移转于继承人"）可资参考。

2. 间接占有的继受取得[1]

直接占有与间接占有系一组相互依存的概念，已如前述。间接占有的取得，基本都属于继受取得，即须以既存的占有为基础。间接占有的取得，可分为创设取得与移转取得：

（1）间接占有的创设取得。通过创设占有媒介关系，可以既存的占有为基础，发生间接占有取得的效果。具体又可分为三种情形：①占有人在使他人成为直接占有人（该他人也因此通过继受取得方式取得直接占有）的同时，自己取得了间接占有的法律地位。例如，甲将其占有的房屋出租并交付于乙，后者取得直接占有，而甲成为间接占有人。②占有人为自己保留直接占有，而为他人创设间接占有的法律地位，后者因此取得间接占有，此方式即为占有改定。例如，甲将房屋出售给乙，同时又向乙承租该房屋，乙因此取得间接占有，甲则由自主占有转化为他主的直接占有。③当事人间预先确定占有媒介关系，其后一方取得对物的直接占有时，他方即取得间接占有。例如，甲委托行纪人乙向第三方买入设备，则在乙自第三方丙处取得购入物的直接占有时，甲即取得间接占有。

（2）间接占有的移转取得。间接占有，也可以受让既存的间接占有法律地位的方式为受让人取得。间接占有人对于直接占有人享有返还请求权，间接占有可通过该返还请求权让与的方式，由受让人取得。例如，甲因将货物存放于乙之仓库而对后者享有返还请求权，甲将该返还请求权让与丙，则后者取代甲成为间接占有人，乙的直接占有地位不变。另外，间接占有也可依概括继承而为继承人所取得，因前述返还请求权将因被继承人的死亡而向继承人发生法定移转。

占有的继受取得，与原始取得一样，使占有人的占有产生占有保护等各种效力。除此之外，在规定取得时效的立法中，占有的继受人可以将自己的占有与前占有人的占有合并计算取得时效的期间，其也可以主张将自己的占有与前占有人的占有分离而独立计算取得时效期间。我国民法未有取得时效之规定，故前述规则在我国法上无意义。

二、占有的变更

占有的变更，是指占有存续中占有状态发生的改变。占有存在多种状态，而各种状态之间可能发生转化，例如，若借用人在借用期间与出借人达成了受让借用物的合意，则其先前的他主直接占有，就会转化成自主占有（同时出借人的间接占有消灭）。各种占有状态的法律效力不同，因此，占有的变更势必会导致法律效力的变更。以下主要说明他主占有到自主占有的变更以及善意占有到恶意占有的变更。

（一）他主占有变更为自主占有

他主占有与自主占有具有不同的法律效力，例如，只有自主占有人才能主张时效

---

[1] 由于间接占有与直接占有相依存，故下文对间接占有取得的讨论，实际上也涉及直接占有的取得。如前所述，在不存在占有媒介关系构造的双重占有之情形，不宜将对物的实际管领称为"直接占有"（应以通常意义上的"占有"称谓），故前文关于"占有的继受取得"部分并未讨论直接占有的取得。

取得。如果占有人的占有于开始时系他主占有，中途转变为自主占有，则可以从转变之日起计算取得时效。因此，由法律规定此种转变的认定标准是具有法律意义的。

他主占有与自主占有的区分，其标准在于占有人主观上是否具有所有的意思。他主占有向自主占有的转变，当然意味着占有人意思的转变，即由为他人占有转变为以据为己有的意思而占有。例如，租赁期届满后，因出租人未及时要求返还租赁物，承租人遂产生将租赁物据为己有的意思，不准备再向出租人返还。

然而，占有意思毕竟仅是占有人内在的、主观的意愿，如果仅凭占有人内在意思的变化即可产生占有效力上的变化，一方面，此种主观意愿的变化难以在外部被察觉，也难以在事后以举证的方式加以证实；另一方面，它对使其获得占有之人（如出租人）可能产生相当不利的后果，对其甚为不公。因此，他主占有向自主占有的变更，除要求占有人主观意思的转变外，还需要其将这种意思的变更向使其占有之人做出表示。在前例中，只有在承租人将自己对租赁物据为己有的意思向出租人表示时，在法律上才发生他主占有向自主占有的转变。[1] 若他主的直接占有人与间接占有人达成受让所有权的合意（所谓"简易交付"），则前者的占有立刻由他主占有转化为自主占有。

（二）善意占有变更为恶意占有

善意占有与恶意占有的区分，对于占有人与返还请求权人之间在费用求偿、孳息收取及损害赔偿等方面的效力具有重要的意义。从善意占有状态到恶意占有状态的转化，其标准应从严掌握。占有人开始占有时为善意，则通常仅在有足够清晰的事实基础能够使占有人知晓其占有为无权时，才应认定自其知晓时起占有的状态转化为恶意。在占有期间，若有人声称占有物为其所有并要求占有人返还，由于这一事实本身并不能说明该人即为所有人，故不能据此认定发生了从善意占有向恶意占有的转化。不过，若他人以在占有物上享有的权利为基础，以占有人为被告提起了诉讼，且最终取得了胜诉的结果，则有理由认为，自起诉状送达时起，占有人的占有即应认定为恶意占有。[2]

三、占有的消灭

占有，因对物具有事实上的管领力而取得，同理，占有人丧失对物事实上管领力也将导致占有的消灭。占有消灭的原因，有必要区分一般占有与间接占有分别讨论。

（一）一般占有的消灭

针对不存在直接占有与间接占有的双重占有结构的一般占有而言，以下情形可导致占有的消灭：

---

〔1〕 关于他主占有向自主占有转化的法律规定，我国台湾地区"民法"第945条第1项之规定可供参考："占有依其所由发生之事实之性质，无所有之意思者，其占有人对于使其占有之人表示所有之意思时起，为以所有之意思而占有。其因新事实变为以所有之意思而占有者，亦同。"

〔2〕 我国台湾地区"民法"第959条规定："善意占有人自确知其无占有本权时起，为恶意占有人。善意占有人于本权诉讼败诉时，自诉状送达之日起，视为恶意占有人。"《德国民法典》也于第987条、第989条等将诉讼系属作为判定占有人为恶意占有人的标准。

1. 因占有人的意思而消灭

占有人依其意志单纯地放弃对物实际控制的，其占有消灭，如某人将其饲养的宠物龟放生于池塘，其占有消灭。占有人为使他人取得占有而放弃其占有的，其占有也发生消灭，同时该他人取得占有。例如，甲将在牧场上放养的一头牛出卖于乙，并向乙表示可自行去牧场上将牛牵走，这一表示即发生甲丧失占有的效果。

若占有人依其意志使他人取得物的直接占有，而由自己保留间接占有，则因其无放弃占有的意思，其占有不消灭，而是转化为间接占有。

占有人自愿放弃占有，因此而取得占有之人的占有为无瑕疵的占有，不存在对前者给予占有保护的问题。

2. 非因占有人的意思而消灭

占有人对物的管领力也可能由于占有人意志以外的原因而丧失，如物被窃、被抢或者遗失。占有人对物的管领力仅仅一时不能行使，未被他人取得占有，且预期可自动或及时恢复实际管领的，占有不消灭。例如，饲养的家畜临时走失，后自行归来，或占有人在野外将其寻获。

占有的丧失，若系他人违背占有人意志的暴力等行为所致，丧失占有者可依《民法典》第462条主张占有的回复。

（二）间接占有的消灭

当物上存在直接占有人与间接占有人时，直接占有的丧失与前述占有的丧失无区别。至于间接占有，则存在以下消灭原因：

（1）直接占有人丧失占有。间接占有人的占有依赖直接占有人的媒介，若直接占有人丧失了占有，则间接占有也消灭。例如，甲出借其物于乙，丙盗走该物，则窃贼丙取得占有，乙的直接占有与甲的间接占有均告消灭，不存在甲仍媒介丙的占有保留间接占有的问题。相反，若直接占有人也将自己的占有转化为间接占有，则成立多阶层的间接占有，原间接占有并不消灭。若甲出借其物于乙，乙再转借于丙，则甲的间接占有地位不变。

（2）间接占有人放弃其间接占有。间接占有人向直接占有人表示放弃间接占有地位，或与第三人达成返还请求权让与合意的，该间接占有人的占有消灭。例如，若出借人甲同意由借用人乙取得借用物的所有权，则甲的间接占有因此而消灭；若甲与丙达成合意，将甲对乙享有的保管物返还请求权让与丙，则甲的间接占有因让渡于丙而消灭。

（3）直接占有人向间接占有人表明不承认间接占有。如前所述，间接占有须以直接占有人承认间接占有人的占有为更高级的占有为前提，若直接占有人于占有期间向占有人表示，自己不再承认对方的间接占有地位，则无论此主张有无依据，间接占有均消灭。例如，质权人根据与出质人间的流质约定，在债务人到期不履行债务时，向出质人表示质物已归其所有；即使流质的效力不应获得认可，质权人的前述表示仍导致出质人丧失间接占有的地位。

（4）间接占有人对直接占有人的返还请求权消灭。间接占有人的占有地位，须依赖其对直接占有人的返还请求权的存在，若此返还请求权因时间经过、解除条件成就等而消灭，则无论直接占有人有无否认其占有地位的表示，间接占有人的占有均告消灭。例如，甲以占有改定方式将动产所有权让与于乙，用于担保其对后者的债务，则在乙的债权得到清偿时，其间接占有消灭。

第三节 占有的权利推定与保护效力

占有为对物具有管领力的法律事实，而非权利。尽管其自身不是权利，但对物的占有本身即为一项法律上的利益，而且，从占有中也可能引导出权利。另外，占有人对物的实际管领，既体现占有人的意志，同时也构成社会秩序的一部分，若法律仅对确定的权利加以保护，则在占有本身被暴力侵夺而占有人是否享有本权有疑问时，不仅占有人的尊严无法获得保护，而且和平的秩序也会被破坏。是故，法律赋予了占有一系列效力，本节以下讨论占有的权利推定效力、保护效力，[1] 并在下一节讨论"回复请求权人—占有人关系"中所涉及的占有效力问题。

一、占有的权利推定效力

对物权的保护，当然以证明物权的存在为前提。但是，物权享有的证明，在具体个案中往往非常困难（设想一下，某人如何证明一个秘而不宣的传家宝确归其所有），故而法律需要一些减轻权利人证明责任的制度，在容易加以证实的占有事实上附着某种权利的推定，即只要具备对物管领的事实，即可推定特定权利之存在，除非有相反的证据足以推翻这一推定。

占有具有权利推定的效力，此为我国学理所公认，但我国实证法并未设具体规定。而在比较法上，各国和地区的法律对占有的权利推定效力的规定也存在显著的差异。[2] 由域外法的这些规定可看出，占有的权利推定效力规则存在复杂的结构，而我国立法的空白则更是导致相关规则确定的困难。依法理，对占有的权利推定效力可做以下几点说明：

（1）原则上，仅对动产的占有具有权利推定的效力。不动产以登记为公示手段，占有已登记的不动产而行使物权的，不适用占有推定规则，而是以登记作为不动产权

---

[1] 占有还具有权利取得的效力，主要体现在取得时效制度之上。如前所述，我国法不承认取得时效，且前文已对先占取得、动产善意取得等体现占有取得效力的问题做了讨论，故本节不再单独讨论占有的权利取得效力。

[2] 以德国、瑞士、日本、我国台湾地区的立法规定为例：①《德国民法典》第 1006 条规定："（第 1 款）为动产占有人之利益，推定其为动产之所有人。物因被盗、遗失或其他事由，而脱离占有者，对于原占有人，不适用前段规定。但占有物为金钱或无记名证券者，不在此限。（第 2 款）为前占有人之利益，推定其在占有之期间内，为物之所有人。（第 3 款）在间接占有之情形，对于间接占有人，亦适用此种之推定。"②《瑞士民法典》第930 条规定："动产的占有人，推定其为该动产的所有人。各前占有人，推定其对占有该动产期间为该动产的所有人。"该法典第 931 条规定："动产的占有人，不欲成为该动产之所有人者，得主张推定其所由善意受领该动产的占有人，为所有人。动产的占有人，就该动产主张有限制物权或对人性权利者，得推定其在该动产上有此权利，但不得援引此推定对抗其受领该动产时的占有人。"③《日本民法典》188 条规定："占有人于占有物上行使之权利，推定为适法的权利"。④我国台湾地区"民法"第 943 条规定："（第 1 项）占有人于占有物上行使之权利，推定其适法有此权利。（第 2 项）前项推定，于下列情形不适用之：（一）占有已登记之不动产而行使物权。（二）行使所有权以外之权利者，对使其占有之人。"

利的推定方法。不过，对于未登记的不动产，仍有占有推定规则适用之余地。

（2）动产的占有人推定为所有权人。具体而言，动产的现在占有人，推定为该动产现在的所有权人；动产的前占有人，推定其在占有期间为该动产的所有权人。不过，若前占有人证明，其占有丧失系因被盗、遗失等非基于其意志的原因而发生，则针对该前占有人，不推定现在占有人为所有权人。例如，甲是某动产的现在占有人，而乙能证明自己在上一个年度曾占有该物，则若乙不能证明其系因被盗等原因丧失该物占有，则仍推定现在占有人甲为所有权人。这就意味着，应由乙举证证明，尽管物不再为自己占有，但由先前占有所表彰的所有权仍在自己手中（如乙提供书面借用合同，证明其系因借用而将物交付于甲。此种情形，并不要求甲举证证明自己系因买卖等交易从乙的手中取得了所有权）。反之，若乙能够证明，其对该物的占有系因失窃而丧失（在失窃时曾向公安机关报案），则在甲针对乙的关系中不适用占有的推定规则。[1] 在存在间接占有人之情形，因直接占有人无所有的意思，应推定间接占有人为所有人。若存在多阶层的间接占有，则应推定最高级的间接占有人为所有人。

占有的权利推定效力，与占有的取得是否正当无关，在法律上具有意义的，仅是占有的事实状态。有学者明确指出，"窃贼就窃得之盗赃物行使所有权时，亦推定为所有权"。[2] 这一观点似乎违反常识：既然是窃贼在行使所有权，法秩序怎能将其推定为所有权人？实际上，占有的权利推定效力，系针对占有的单纯事实而产生。某人是否是窃贼，这本身是一个待证的事实，如果甲向乙提起诉讼，且证明了被告乙采用盗窃手段获得了讼争物的占有，则这并不意味着被告的占有不具有所有权推定的效力，而是这一权利推定已被原告的反证所推翻。若甲果真以盗窃手段获得物的占有（但这一事实其实并无他人知晓），而乙妨害了其对物的占有，则甲在提起以所有权为基础的排除妨害之诉时，只要其自己不说出真相（有何等愚钝之人会在诉讼中自承其为小偷的事实呢？），法院当然还是应该依占有的权利推定效力，推定现在占有该物的甲系物之所有权人。正是由于在具体个案中无法获知事物的全貌，才需要推定规则来配置举证责任。因此，前述观点更为准确的表达应该是"即使事后有证据证明，行使所有权之人乃窃贼，当初依占有的事实将其推定为所有人亦是必要且正确的"。

（3）无所有的意思，而以行使质权等定限物权之意思占有动产者，应推定其享有其主张的权利。动产之占有人，推定其以自主占有的意思占有物，故一般应将占有人推定为所有人。但是，若占有人明确以行使定限物权的意思占有物，则应推定其享有

---

〔1〕 在后一种情形，占有的推定规则仍有意义：其一，对乙而言，其先前的占有仍产生了推定其为所有权人的效力，也就是说，若因甲无法证明其对该动产享有所有权，则乙享有所有权的结论仍系由其先前占有该物的权利推定效力所产生；其二，在甲与第三人的关系上，仍可适用占有的权利推定规则，例如，若丙妨害了甲的占有，则甲在以所有权人的名义依《民法典》第236条要求排除妨害时，仍应被推定为所有权人。

〔2〕 谢在全：《民法物权论》（下册），中国政法大学出版社2011年版，第1176页。

其主张之权利。例如，甲以质权人的名义占有某物（因质押合同无效等原因，甲实际上可能并不享有质权），不慎遗失后为乙拾得，乙赠与丙，则在甲向丙提出占有回复之主张时，应推定先前以质权人名义占有该物的甲享有质权。不过，此种类型的占有人不得援引此推定，对抗使其获得占有之人。例如，若某甲声称其在自某乙处取得占有的某动产上享有质权，则在针对乙的关系上（无论是甲要求实现质权，抑或是乙要求返还该物），甲不得援用占有的权利推定，而是应当负担证明其确为质权人的举证责任。[1]

（4）占有的权利推定效力，通常由占有人为自己利益而援引，如动产占有人向他人提出基于所有权的回复占有或妨害排除诉讼时，可因占有而被推定为所有权人。又如，动产因他人实施侵权行为而毁损、灭失的，侵权行为发生时的占有人可主张被推定为所有权人，从而主张所有权被侵害的损害赔偿。若法律不设仅在为占有人利益时方可适用权利推定的限制，[2]则占有的权利推定亦可为第三人或司法机关所援引。例如，对于被执行人占有的动产，法院可以推定归被执行人所有，并采取查封、扣押措施。[3]又如，甲出借电动车于乙，丙因过失驾驶导致电动车报废，丙不知电动车归甲所有，而对占有人乙支付了赔偿金；此时，丙可援引占有的推定效力，主张其对占有人乙的支付构成其债务的清偿。[4]

（5）占有的权利推定效力，其主要意义在于：对于基于占有而被法律推定存在之权利，占有人不负有举证责任，仅在有相反的证据足以反驳这一推定时，占有人才须

---

〔1〕 关于在物上行使债权性权利者（如以承租人名义占有租赁物）是否也应被推定为适法享有该权利之问题，比较法上有不同的处理。瑞士民法（《瑞士民法典》第 931 条第 2 款）、我国台湾地区"民法"（第 943 条）明确，占有人在物上行使对人性权利的，推定其有此权利。德国民法通说认为，《德国民法典》第 1065 条的推定效力规定可扩及于在动产上行使用益权或质权的占有人，但绝不能扩及于因行使一项债权而占有物之人，参见〔德〕鲍尔、施蒂尔纳：《德国物权法》（上册），张双根译，法律出版社 2004 年版，第 177 页。本书认为，即使一般性地承认占有人在物上行使债权性权利时也可适用占有的推定效力，也须排除在占有人与使其获得占有之人的关系上的适用（参见前列《瑞士民法典》第 931 条、台湾地区"民法"第 943 条），而债权性权利也基本上仅得向使其获得占有之人主张（如承租人向出租人主张基于租赁合同的权利），如此看来，德国民法通说的立场似更合理，即不应将占有的权利推定效力赋予因一项债权而占有动产者。

〔2〕 根据《德国民法典》第 1006 条的规定，仅在为占有人利益时，才将占有人推定为所有人。《瑞士民法典》、《日本民法典》、我国台湾地区"民法"等未设此要求。

〔3〕 《最高人民法院关于人民法院民事执行中查封、扣押、冻结财产的规定》第 2 条第 1 款规定："人民法院可以查封、扣押、冻结被执行人占有的动产……"。对动产占有的权利推定，甚至在人民法院审查案外人的执行异议时也可发挥效力。《最高人民法院关于人民法院办理执行异议和复议案件若干问题的规定》第 25 条规定："对案外人的异议，人民法院应当按照下列标准判断其是否系权利人：……（二）已登记的机动车、船舶、航空器等特定动产，按照相关管理部门的登记判断；未登记的特定动产和其他动产，按照实际占有情况判断……"实际上，由于我国民事实体法缺乏有关动产占有的权利推定规定，前述民事诉讼法相关司法解释甚至可以成为占有的权利推定效力在我国现行法上的规范依据。

〔4〕 参见王泽鉴：《民法物权》，北京大学出版社 2009 年版，第 451 页。不过，以占有的权利推定说明此清偿效力，似过于牵强。占有的权利推定，应该仅具有在诉讼中配置举证责任的意义。而本例涉及的是债务人是否因给付而免除损害赔偿责任的问题。在我国台湾地区"民法"上，就此问题，与其适用第 943 条，不如依第 310 条第 2 项规定的债权准占有人规则处理。对此问题，《德国民法典》第 851 条（规定在债编侵权行为一节中）专门设有如下规定："因动产之侵夺或毁损而负损害赔偿义务之人，对侵夺或毁损时占有该物之人为赔偿之给付者，纵第三人为该物之所有人或就该物享有其他权利，仍因该给付而免除其责任。但该第三人之权利为其所知悉，或因重大过失而不知者，不在此限"。

举证证明自己在物上享有权利。我国《民事诉讼法》确立了"谁主张，谁举证"的证明责任一般规则，但同时也明确，对于法律规定推定的事实，当事人不负举证责任，除非有相反的证据足以反驳。[1]

二、占有的保护效力[2]

（一）占有保护的基本思想

如前所述，占有的保护功能旨在维护秩序与和平。法律关于占有的保护规定，仅是为了对抗他人对占有的不法侵夺或妨害。若不存在此种不法侵害或妨害，则不存在占有保护之问题，相关保护需要通过占有背后的权利逻辑加以解决。例如，若甲不慎遗失某物，乙拾得后据为己有，并将其出卖于丙；甲若对丙主张返还，仅可基于所有权主张占有回复，而不得依先前占有人的地位有所主张，因为甲的占有丧失与丙的占有取得，并不存在违背前占有人甲的意志且破坏和平秩序的占有剥夺事实。

法律对占有人的保护，仅基于占有被侵夺或妨害这一事实，而与主张占有保护者自己对占有物是否享有本权以及其如何取得占有无关。对实施暴力侵夺或妨害者而言，其行为的不法性，并不因其所侵夺或妨害之占有本身系不法取得这一事实而改变。质言之，只要有不法侵夺或妨害他人占有的事实出现，法律就给予被侵夺或妨害占有者以占有的保护，而不问被侵夺或妨害之占有本身是否有瑕疵。

占有的保护，显然可以与物权的保护相叠加。若所有人、居住权人、质权人等物权人占有之物被他人侵夺或妨害，则被侵夺或妨害占有之人既可以主张基于物权的保护，[3]也可以主张基于占有的保护。对于承租人、借用人等基于合同关系而占有物之人而言，占有保护特别具有价值，因针对侵夺或妨害占有之人，这类占有人并不享有物权请求权，仅能依靠占有的保护手段维持占有或回复占有。物的占有人一般在物上有受法律保护的利益，这一点系法律对占有提供保护的重要理由。不过，即使是无权占有人乃至瑕疵占有人也均可在其占有被侵夺或妨害时主张占有的保护。以"小偷的占有是否应受保护"这一问题为例，如在占有背后的本权层面思考，答案显然是否定的，因盗窃取得占有者，绝不能取得盗赃物的所有权或任何权利。但是，在小偷实际占有控制其窃取之物时，如不承认其能够为维护此占有状态而进行自力防御或主张占有保护请求权，则任何人皆可以小偷的占有不受保护为由从其手中强行夺取。实际上，同样是基于维护和平秩序的考量，法律严格限制权利人的自力救济，因此，即便是被窃的事主也不得在事后发现其失窃之物时，强行从占有人手中夺回该物（关于实施自助行为的问题，见下文讨论），而是应该寻求公力救济。

---

〔1〕 参见《民事诉讼法》第67条、《最高人民法院关于适用〈中华人民共和国民事诉讼法〉的解释》第93条。

〔2〕 狭义的占有保护，仅指法律针对侵夺占有、妨害占有及妨害之虞时提供的正当防卫与基于占有的请求权而言（因其与占有制度的维护和平功能相对应）；而在广义上，占有的保护也包括对占有人给予侵权损害赔偿及不当得利返还等救济手段。除特别说明者外，本书在第一种意义上使用"占有的保护"这一表述。

〔3〕 包括《民法典》第181条规定的正当防卫、第1177条规定的自助行为，以及第235条、第236条规定的物权请求权（返还原物、排除妨害、消除危险）。

正如前文针对小偷的占有是否具有权利推定效力问题所做的分析，对"小偷的占有是否应受保护"这一问题也应有以下重要的观察视角：在具体个案中，被侵夺占有或妨害占有者是否是小偷，这本身并非确定无疑的事实，而是一个待证的事实。以下区分占有人的自力救济与占有之诉简要分析：①就占有人针对侵夺行为实施正当防卫而言，假设甲在街上发现乙骑着自己不久前失窃的电动车并欲当街抢回，此时，乙能否正当防卫？即便有人从法律价值出发，认为小偷对于权利人采取的此种自力救济不得采取防卫行为，在前例中，要得出乙不得防卫的结论也必须满足两个事实前提：其一，甲需要确定电动车确为自己失窃之物，且占有人乙就是小偷（试想，若乙系从窃贼丙处善意购得，甲当街夺回的正当性是否要大打折扣呢？）；其二，对于遭遇强力夺取的乙而言，其需要确定，声称电动车为己所有的甲确系机动车的所有人（即便乙就是窃贼，他是否会怀疑这位当街动手的是一个"黑吃黑"者呢？）。显然，以上"事实"均须经过一定的调查程序方可确定。以甲的侵夺行为的不法性为理由，直接赋予正在遭遇占有侵夺的乙以正当防卫权，这一点应无疑问。②若小偷甲占有之物被乙暴力侵夺后，甲在依《民法典》第462条之规定，向法院诉请判令乙返还占有物时，当然不会自承为窃贼，而若被告乙提出甲系窃贼，则即使乙尝试认真举证证明这一点，法院也应以此欲证事实与本案不具有相关性而不予考虑。质言之，在占有之诉中，被告仅得以自己未实施不法侵夺行为作为抗辩事由，而不得以原告的占有属于不受法律保护的占有形态作为抗辩。

以上分析表明，法律对占有的保护，首先是基于对和平秩序维护的需要。如果占有人对于占有物并不拥有占有的权利，则即使其能够获得占有保护，也无法最终以其无权占有对抗真正的权利人。反面观之，实施占有侵夺之人，固然会在占有人提起的占有物返还之诉中败诉，但却可以在基于对占有物的本权或其他请求权的诉讼中重新获得对物的占有。例如，甲自乙处购买一辆二手货车并已支付价款，但乙迟迟不交付车辆，一日，甲利用乙停车搬运货物之机将车开走。若乙提起占有物返还之诉，则甲将败诉。但甲当然可以依据买卖合同的效力，要求法院判令乙向其交付车辆并转移其所有权。由此可见，一些类型的占有保护，仅具有临时性，围绕占有物的最终法律地位，仍应由本权关系加以决定（前例中，甲开走车辆后，乙的以下决定或许更加明智：容忍甲侵夺的结果，不提出占有物返还之诉，以免将来在买卖合同的诉讼中败诉）。

占有的保护效力是占有制度的核心内容，包括自力救济和基于占有的请求权两个方面，以下分别加以讨论。

（二）占有人的自力救济权

我国《民法典》虽未对占有人的自力救济权作出专门规定，[1] 但学理上认可占有的这一保护效力。法律既然通过《民法典》第 462 条这样的规范确认占有的事实为一种受保护的状态，即应认可占有人在必要限度内以己力维护其对物之管领状态的权利。占有人的自力救济，须针对正在发生或持续中的占有侵夺或妨害进行，故通说认为仅有直接占有人可能实施自力救济，间接占有人固然可以主张占有物返还请求权，但原则上不存在自力救济的问题。[2] 占有辅助人虽非占有人，但也有权为维护占有人的占有而采取自力救济措施。

占有人的自力救济权主要包括自力防御权与自力取回权两个方面。

1. 自力防御权

占有人对于他人侵夺其占有的行为，可以自己的力量加以防御，以维护自己的占有状态。例如，无论占有人是否有占有的本权，对于他人抢夺或盗窃其占有物的行为，均可予以必要的反抗。自力防御既然是法律赋予占有人的权利，则其行为不具有违法性，即便造成他人的损害，也无须承担赔偿责任。

《民法典》虽未针对占有人的自力救济权作出规定，但是，其第 181 条有关正当防卫的规定本身即具有开放性，[3] 可作为占有人自力防御权的法律根据。

2. 自力取回权

占有物被他人不法侵夺的，占有人可以及时以自己的力量从加害人处取回。应将自力防御与自力取回视为一个连贯的过程：侵夺人正在实施不法侵夺行为而尚未完成侵夺的，占有人可自力防御；侵夺人刚刚完成侵夺的（如将动产抢到手中准备离开），在观念上，对占有的剥夺与侵占人的占有取得都还处在一种不稳定的状态，此时，应允许占有人即时以己力恢复占有。对动产的侵夺而言，一旦侵夺人携带其侵夺之物离开而不能再被追踪，则被侵夺人的占有终局性地丧失，其不再能够实施具有正当防卫性质的取回权。对不动产的侵夺而言，在侵夺人占据不动产之初，被侵夺人就必须立刻驱逐侵夺人而回复占有，若侵夺发生已久，侵夺人已稳定地控制其侵夺的不动产，

---

〔1〕 比较法上，凡对占有作出专门规范的立法，一般都规定有占有人的自力救济权。例如，《德国民法典》第 859 条规定："占有人对于暴力得以己力防御之。占有物被侵夺者如系动产，占有人得就地或追踪向加害人取回之。土地之占有人，其占有因暴力而被侵夺者得即时排除其侵害而恢复占有……"《瑞士民法典》第 926 条规定："占有人对于被禁止的私力，得以强力防御之。占有人在占有物被他人以强力或以秘密方式侵夺时，得立即驱逐侵夺人，夺回不动产，占有物为动产时，得当场或立即追踪，向侵夺人取回动产。在前款情形，依具体情事被认为非正当合理的强力，占有人不得采用之。"我国台湾地区"民法"第 960 条："占有人，对于侵夺或妨害其占有之行为，得以己力防御之。占有物被侵夺者，如系不动产，占有人得于侵夺后，即时排除加害人而取回之；如系动产，占有人得就地或追踪向加害人取回之。"

〔2〕 在以下情形，似乎也不应排除间接占有人的自力救济：甲将租来的电动车出借于乙使用，一日晚间甲途经乙住所附近时，恰好看见丙正在盗取该电动车，于是甲以强力中断了丙的窃取行为。不过，此例的说明价值其实有限，因为即便是一个不相干的路人，也可能挺身而出以强力制止正在进行中的盗窃行为，且该行为也属于《民法典》第 181 条所规定的正当防卫。这也表明，占有人的自力救济权，主要还是针对那些直接以暴力剥夺占有（如从占有人手中夺取占有物）的情形。盗取财物，固然也属于侵夺占有，但如果占有人不在场或未发觉（坐公交车时，钱包被盗），也就不存在自力救济的可能。

〔3〕《民法典》第 181 条规定："因正当防卫造成损害的，不承担民事责任。正当防卫超过必要的限度，造成不应有的损害的，正当防卫人应当承担适当的民事责任。"

则法律不应再允许被侵夺占有之人自力取回。因此，对于动产，被侵夺人必须是在侵夺发生时就地进行，或者立即不间断地追踪取回；对于不动产，被侵夺人应立即驱逐侵夺人。

考虑到自力取回系自力防御的延长，我国法律虽未对此设专门规定，仍可依《民法典》第181条之规定，将占有人自力取回的行为视为正当防卫。[1]

（三）占有人的物上请求权

我国法上占有保护的核心规范是《民法典》第462条。该条规定："占有的不动产或者动产被侵占的，占有人有权请求返还原物；对妨害占有的行为，占有人有权请求排除妨害或者消除危险；因侵占或者妨害造成损害的，占有人有权依法请求损害赔偿。占有人返还原物的请求权，自侵占发生之日起一年内未行使的，该请求权消灭。"该条关于因占有被侵害或妨害而产生的损害赔偿请求权规定，性质上属于侵害占有的侵权责任。[2] 因此，该条实际上规定了占有物返还请求权、排除妨害请求权与消除危险请求权三项基于占有的物上请求权。

1. 占有物返还请求权

占有因他人实施侵夺行为而丧失的，占有人有权要求占有的回复，此即为占有物的返还请求权。[3] 在罗马法上，对占有人占有的回复，系通过"回复占有令状"（*interdicta recuperndae possessionis*）实现，日本民法称"占有回收之诉"（《日本民法典》第200条）。关于该项请求权的构成及其行使，可作分析说明如下：

（1）请求权的主体为被侵夺占有的前占有人。此项请求权的主体，系因他人实施侵夺行为而丧失占有的前占有人。只要在侵夺发生时系物的占有人，无论其占有为直接占有还是间接占有，为自主占有还是他主占有，为有权占有还是无权占有，为善意占有还是恶意占有，均有权主张此项请求权。由于占有辅助人不属于占有人，故不得主张此项请求权。如侵夺人从占有辅助人手中侵夺占有，则应由占有人主张此项请求权。若由间接占有人主张此项请求权，其应主张义务人向直接占有人返还占有物，若

---

[1] 能否以《民法典》第1177条规定的自助行为解释占有人的自力取回权？本书认为，自力取回权并非自助行为的规范所能覆盖。第1177条规定的自助行为，仅具有自力保全的意义，在采取了扣押侵权人的财物等合理措施后，行为人尚需立即请求有关国家机关处理。而占有人的自力取回权，可直接实现占有物的夺回，无须再诉诸公力救济。

[2]《民法典》第462条基本沿袭了《物权法》第245条，唯一的一处改变是，前者将后者"占有人有权请求损害赔偿"规定修改为"占有人有权依法请求损害赔偿"。"依法"一词的添加，表明了该项规定具有参引性规定的性质，主要指向《民法典》第1165条第1款，而并非独立的请求权规范。此种立法处理与《民法典》第237条、第238条相似。占有人因占有被侵害而主张损害赔偿的，应以《民法典》第1165条第1款为请求权基础，而非依据第462条为主张。实际上，在债法层面上，占有人除可能主张侵权损害赔偿请求权外，还可能主张占有的不当得利返还。考虑到侵害占有的损害赔偿与占有的不当得利问题已属债法范畴，本书后文不讨论。

[3]《民法典》第462条与第235条均使用了"返还原物"的表达，实际上二者均指向请求权人先前所丧失占有的回复，只不过，第235条系基于物权而向无权占有人主张回复占有，而第462条系前占有人基于占有本身向侵夺人或其他瑕疵占有人主张回复占有。另外，《民法典》第462条使用了"占有的不动产或者动产被侵占的"这样的表达。"侵占"一般指将已经占有的他人之物据为己有（该意义在《刑法》第270条规定的"侵占罪"最为清晰显著，《民法典》第317条第3款规定的拾得人侵占遗失物也指将拾得的遗失物据为己有），而不包含以违背占有人意志的手段剥夺占有的意思。此处采用"侵占"的表达不准确或至少易生歧义，而且，"占有被侵占"本身也存在表达不佳的问题，故本书采用"侵夺""侵夺占有""占有被侵夺"这样的表达。

后者不愿受领，则间接占有人可要求向其返还。

（2）请求权所针对的是侵夺占有的行为。所谓侵夺占有，指违背占有人之意志不法地剥夺占有人对占有物之管领力的行为，如窃取图书、抢夺钱财、强占田产、霸占他人车位等。在法律允许行为人以强力剥夺占有的情形（如债权人依《民法典》第1177条的规定扣留侵权人的财物），因该行为不具有违法性，占有人不得主张占有回复。在因遗失而丧失对占有物的占有，或因直接占有人拒绝再承认间接占有人为更高级占有人而使后者丧失间接占有等情形，丧失占有的占有人固然可依据物权请求权、合同上的请求权或法律提供的其他请求权基础主张物的返还，但其不得主张此项占有物返还请求权，因为并不存在占有侵夺的事实前提。

（3）该请求权的相对人为物的现时占有人，且为瑕疵占有人。关于占有物返还请求权可以向何人提出的问题，可分以下几点阐明：①占有物返还请求权以占有回复为内容，故仅可向物的现时占有人提出。占有物返还请求权通常以侵夺人为相对人，但无论基于何种原因侵夺人已不再是物的占有人时，占有物返还请求权当然不能再针对侵夺人主张（占有人可向其主张侵害占有的损害赔偿请求权等）。②若侵夺人因侵夺而取得的占有，已为第三人所取得（例如，窃贼将盗得的动产赠与了他人，或者他人知晓某物为盗赃遂强行从盗贼手中夺取），则占有物返还请求权能否针对该第三人主张？对此问题，我国法律未作规范。依占有保护的法理，并参酌比较法上之规定，[1] 应认可占有被侵夺之人可向以下两类物的现时占有人主张占有物返还请求权：其一，占有的概括承继人，即因侵占人死亡而依法承继占有的继承人；其二，恶意的特定承继人，即知晓占有侵夺的事实（前占有为瑕疵占有）而取得占有之人。这就意味着，若特定的占有承受人不知其取得之占有为有瑕疵的占有，则占有被侵夺之人不得向其主张占有物的返还。[2] ③若侵夺人未丧失占有，而仅是将侵夺之物出租、出借或寄存于他人，从而仍保留间接占有人地位，则被侵夺人可要求侵夺人将其对直接占有人的返还请求权让与于自己。

（4）该请求权应自侵占发生之日起1年内行使，否则请求权即告消灭。法律之所以将占有物返还请求权行使的期间限定在1年，主要是因为该请求权的目的在于恢复被侵夺行为破坏的占有秩序，是一项纯粹基于事实而非基于权利的请求权，需要特别顾及秩序的安宁——如瑕疵占有人的占有已维持相当一段时间，则新的占有秩序已经生成，不宜再由前占有人依据先前占有的效力打破这一新的秩序。当然，如果占有人对于瑕疵占有人同时也享有基于本权的物权请求权，则可在占有物返还请求权消灭之

---

〔1〕 根据《德国民法典》第861条之规定，占有人的占有因法律禁止的私力而被侵夺的，可向有瑕疵的占有人请求回复占有；而根据该法典第858条之规定，以法律禁止的私力所为的占有为有瑕疵之占有，而后占有人若为占有人的继承人，或在取得占有时知道前占有人的占有为有瑕疵占有的，其占有亦为有瑕疵的占有。《日本民法典》也有类似规定，该法典第200条第2款规定："占有回收之诉，不得向侵夺人的特定承受人提起。但是，承受人已知侵夺事实的，不在此限。"

〔2〕 当然，若被侵夺占有者为物的所有人或系对该物享有占有权能的定限物权人，则其可依据《民法典》第235条向占有的特定承继人主张回复占有，因后者纵然不知前手占有侵夺的事实，相对于行使返还请求权的物权人，其终究还是无权占有人。

后继续主张物权请求权。关于该 1 年期间的性质，应认定为除斥期间。该期间不发生中止、中断，而且，由于该除斥期间的客体系一项请求权，而非一般形成权，故应将其解释为向法院诉请占有物返还的时间要求，即占有被侵夺之人必须自侵夺之日起 1 年内向法院提起诉讼，未起诉的，该请求权消灭。[1]

    在占有物返还之诉中，被告侵夺人可否提出本权抗辩？例如，甲将自己之物出租于乙，租期届满后，乙拒绝归还，于是甲以暴力夺回租赁物；在乙因此提出占有物返还之诉时，甲能否以自己对租赁物享有所有权为抗辩？此问题既涉及占有原理在实体法上的规范表现，又与民事诉讼制度密切相关，并不容易给出一个确定的答案。总体而言，占有保护的基本思想（对和平秩序的维护），与允许本权抗辩是不相容的。在前例中，若法院接受侵夺人的本权抗辩而驳回占有物返还之诉，则无异于宣告：所有权人皆可以暴力夺回自己之物而无须负民法上的责任。占有物返还之诉的逻辑很简单，即，只要被告实施了法律禁止的侵夺行为，就须负返还之责。在占有物返还之诉中，法院对于被告侵夺人提出的享有本权的抗辩以及提供的相关证据，根本不应加以审查。[2] 当然，对物享有本权的侵夺人在占有之诉中败诉并因此将占有物返还的，不影响其另行提起本权之诉，并在该诉中胜诉后重新实现物的占有。[3]

---

[1] 关于该 1 年期间实际为以诉讼主张的期间，德国民法的规定最为明晰。根据《德国民法典》第 864 条第 1 款，占有物返还请求权与占有妨害排除请求权，未以诉讼主张者，自侵夺之日起经过 1 年而消灭。我国《民法典》第 462 条第 2 款也应作此解释。若将该期间约束解释为仅需在诉讼外向瑕疵占有人主张即可克服，则会产生诸多疑问，例如，甲的占有被乙侵夺后，甲每隔几个月就向乙交涉一次，要求返还占有物，而后者一直未返还，5 年后，甲向乙提起占有物返还之诉。若认为诉讼外及时提出请求即可确保该请求权不消灭，则在解释上，需要创造一套除斥期间与诉讼时效期间衔接的规则（类似我国法上保证期间与保证债权诉讼时效期间衔接的问题），这不仅会将问题复杂化，更重要的是，若该 1 年期间因此种解释方法的运用实际会得到无限延展（转向诉讼时效期间后会因时效中断而重新计算），占有保护与权利保护的区分将不复存在，基于维护和平秩序的占有保护未免有被赋予过强效力的嫌疑。故此，在前例中，即使被侵夺人在诉讼外向侵夺人有所主张，只要其未于 1 年内向法院提起诉讼，其请求权也告消灭。

[2] 罗马法上，占有的保护系依占有的令状实现，类似当代民事诉讼制度中的假处分，而在这样的非诉司法程序中，不存在对相关申请加以抗辩的程序构造。在比较法上，日本民法虽也通过占有之诉对占有加以保护，但《日本民法典》第 202 条明文规定："占有之诉与本权之诉互不妨碍。对占有之诉，不得基于本权理由进行裁判"。《德国民法典》第 863 条也体现相同的精神。在我国民事诉讼法上，占有的司法保护系通过普通审判程序进行，故应由实体法明确，占有之诉不应基于本权理由进行裁判。如此，完全可以将占有之诉归入《民事诉讼法》第十三章规定的"简易程序"（未来可以通过修正法律，比照该法第 165 条，对占有诉讼实行一审终审）。

[3] 在占有之诉中，不允许侵夺人以本权为抗辩，那么，作为被告的侵夺人能否同步另行提起本权之诉或提起反诉（在本权人暴力夺回的事例中，本权之诉应为确认之诉）？若侵夺人获得了本权之诉的胜诉结果，则是否意味着其可以在占有之诉中挫败占有人？这一问题非常复杂，这里尝试做出一点未必成熟的分析。侵夺人可以另行提起本权之诉，但是，占有人的占有之诉与侵夺人的本权之诉仍应互不干扰地审理。尤其是，不应因本权之诉具有终局性，而根据《民事诉讼法》关于诉讼中止的规定中止占有之诉。两个案件的各自审理，这就意味着，即便侵夺人赢得了本权之诉，原则上仍不改变其在占有之诉中败诉的结果。这是因为，两项判决产生既判力的时间可能不同，例如，若本权人在本权之诉中一审胜诉，占有人提起上诉，那么法院在作出占有之诉的判决时，不应受到本权诉讼一审结果的影响。当然，本权之诉的判决已经生效，且其判决结果排斥了占有之诉中的占有物返还请求，则法院应判决驳回占有人的诉讼请求。

在占有之诉中拒绝本权抗辩，而要求侵夺人另行提起本权诉讼，初看起来，如此安排似乎无谓增加了司法成本，并不合理。但是，这一处置至少有以下三方面的合理性：其一，如前所述，若允许本权抗辩，并在抗辩成立时驳回占有之诉，则会使占有制度维护和平秩序的立法目的落空；其二，不允许本权抗辩，可以将占有之诉的诉讼程序设计为简易程序（可以实行一审终审），使法院能迅速审结案件，以满足维护和平秩序所要求的时效性；其三，若允许本权抗辩，被告侵夺人可能会提出此抗辩，但最终可能无法以证据支持该抗辩事由，如此，不仅不能降低司法成本，反而可能会增加司法成本。

2. 占有妨害排除请求权、占有妨害预防请求权

根据《民法典》第 462 条，占有人对于他人妨害其占有的行为，可以请求排除妨害；有妨害可能的，占有人可以请求预防妨害的发生（消除危险）。在罗马法上，对占有物上妨害的排除以及预防妨害的发生，系通过"占有维持令状"（*interdicta retinendae possessionis*）实现。日本民法上，占有妨害请求权称"占有保持之诉"（《日本民法典》第 198 条），占有妨害预防请求权称"占有保全之诉"。

所谓占有妨害，指以占有侵夺以外的方式影响占有人对物的管领支配。妨害人以法律禁止的私力妨害占有人对物之管领支配的，占有人可请求排除妨害；占有有继续被妨害之虞的，占有人可请求消除危险。例如，甲承租他人的土地，乙多次向该地倾倒垃圾或超标排放废气，甲可要求乙清理垃圾，并停止倾倒或排放。对于妨害人以法律禁止的私力正在实施的妨害行为，占有人可自力防御。

与前述占有物返还请求权一样，能够主张排除妨害请求权及消除危险请求权的是物的占有人，而不问其占有本身是否为有权（有别于《民法典》第 236 条规定之物权人的排除妨害请求权）。而妨害行为或状态即便由所有权人针对归属于自己之物做出，但只要以法律禁止的方式违背占有人意志施加妨害，仍不影响占有人的妨害排除或消除危险请求权的成立。例如，甲将车位出租于乙，后双方因租金给付等发生争议，甲遂在车位前放置大石墩以阻止乙停放车辆，则乙可主张基于占有的妨害排除请求权。

关于对占有的妨害是否须为以法律禁止的私力造成的问题，比较法上的规定有所不同。[1] 本书认为，对占有妨害排除与占有妨害预防这两种请求权而言，其法律机理与占有人的占有物返还请求权并无二致，即均系法律赋予

---

　　〔1〕　德国与瑞士民法明确规定占有人的妨害排除请求权系针对以法律禁止之私力造成的妨害（《德国民法典》第 862 条第 1 款规定，"占有因法律禁止的私力被妨害者，得对加害人请求除去其妨害。占有有继续被妨害之虞者，得请求防止其妨害"；《瑞士民法典》第 928 条第 1 款也规定，"占有因被禁止的私力而受妨害者，虽妨害人主张对物享有更优的权利，占有人仍得对妨害人提起诉讼"）。日本民法与我国台湾地区"民法"则未特别强调妨害须以法律禁止的私力造成（《日本民法典》第 198 条规定，"占有人于其占有有妨害之虞时，可以依占有保全之诉，请求预防妨害或提供损害赔偿的担保"；我国台湾地区"民法"第 962 条规定，"……占有被妨害者，得请求除去其妨害；占有有被妨害之虞者，得请求防止其妨害"）。

占有人针对他人破坏和平秩序的暴力或隐匿行为的救济手段。因此，只有在妨害系违背占有人的意志而被施加或有施加可能时，方可依据《民法典》第462条主张排除妨害或消除危险。若物上的"妨害"起初系经占有人同意而发生，则其后占有人不得依据占有的效力排除妨害。例如，甲在乙占有的土地旁施工，经乙许可，甲在乙的土地上临时堆放挖掘出的泥土，若施工结束后甲拒绝清理，则乙不得主张占有人的妨害排除请求权（其可主张基于合同或物权的相关请求权）。就《民法典》第462条的规范而言，尽管该条并未使用诸如"以法律禁止的私力妨害"这样的表达，但通过将此处的"妨害"本身解释为系违反占有人意志而强行施加的不当影响（正如对该条中使用的"侵占"一词所做的解释），亦可准确界定作为占有保护手段的占有妨害排除请求权的这一构成要件，并厘清其与基于物权的排除妨害请求权（《民法典》第236条规定的请求权）之间的界限。

占有人的排除妨害与消除危险请求权的行使是否受时间限制？《民法典》第462条第2款仅针对占有物的返还请求权规定了1年的除斥期间，似应排除该1年除斥期间对排除妨害与消除危险请求权的适用。立法作此区分，或许是因为，妨害或危险呈现出持续状态，只要妨害或危险继续存在，排除妨害与消除危险的请求权不应因时间的经过而消灭。[1] 而且，这一理解也与《民法典》第196条关于排除妨害、消除危险请求权不适用诉讼时效期间的规定相吻合。但是，本书认为，此二种基于占有的请求权也应与占有物返还请求权一体适用1年除斥期间的规定，即请求权若未以诉讼主张，则自妨害占有或危险发生之日起经过1年而消灭。理由如下：①比较法上，1年除斥期间一般均一体适用于占有物返还请求权、占有妨害排除请求权与消除危险请求权。[2] ②这里讨论的并非物权人基于确定的权利主张排除妨害、消除危险，而是保护占有不受强力妨害的请求权，其本身具有维护和平秩序的目的与临时保护措施的性质，不施加时间限制是不合理的。③相对于占有被妨害之人，遭受占有侵夺之人所受损害的程度更深，法律保护的必要性也更强，若占有物返还请求权需要受制于1年除斥期间，有何理由认为保护需求更弱的占有妨害反而无须受此期间约束，从而使其获得更佳之保护？④那种强调妨害或危险状态呈持续性从而使相关请求权不受时间限制的观点是站不住脚的。对占有保护而言，重要的是他人以法律禁止的私力侵夺或妨害了占有，如果后续妨害状态的维持并不再需要以暴力维持，[3] 则具有意义的仍是起初的强力妨害，从而使排除妨害请求权应自此妨害发生时计算除斥期间。在前举强行

〔1〕 参见黄薇主编：《中华人民共和国民法典物权编解读》，中国法制出版社2020年版，第848页。
〔2〕 参见《德国民法典》第864条、《瑞士民法典》第929条、我国台湾地区"民法"第963条。
〔3〕 侵夺占有之人一旦完成了侵夺行为，则前占有人之占有被剥夺的状态何尝不也是处于持续之中呢？因此，对于占有保护而言，强调状态本身的持续是没有意义的，关键要看是否以法律禁止的私力持续进行妨害。若甲强行穿行乙之不动产，在遭到乙的抗议和反制措施（如设置障碍物）后，甲仍继续强行穿行，甚至于不断破坏障碍物，或与乙多次发生肢体冲突，则在此情形，暴力妨害的状态持续才具有使除斥期间不完成的效果。

在他人土地上倾倒垃圾的事例中，尽管倾倒后的垃圾会持续地妨害占有人的占有，但是，占有人要求清理（排除妨害）的请求权仍应自妨害人强行倾倒之日起计算 1 年的除斥期间。在此 1 年除斥期间完成后，若占有人拥有所有权等物权，其当然还可以主张《民法典》第 236 条意义上的排除妨害请求权，且该请求权不受诉讼时效期间的限制。

第四节　占有人与回复请求权人的权利义务关系

一、问题的界定

《民法典》物权编"占有"一章共设 5 个法条，除第 462 条规定占有的保护效力外，第 458 条至第 461 条的规范意旨何在？有关费用求偿、使用利益与孳息的归属、占有物毁损灭失时的损害赔偿问题，多与无因管理、不当得利与侵权行为有关，那么，该组规范与这些典型债法制度之间存在何种逻辑关系？第 459 条至第 461 条究竟适用于何种情形？

（一）《民法典》第 458 条的不足

欲回答前述问题，可以首先从《民法典》第 458 条规定的解读着手。该条规定："基于合同关系等产生的占有，有关不动产或者动产的使用、收益、违约责任等，按照合同约定；合同没有约定或者约定不明确的，依照有关法律规定。"基于合同关系产生的占有，当然也属于对物支配管领意义上的占有，不过，在立法者看来，若当事人间存在合同关系，则在占有物的使用、收益以及毁损灭失的损害赔偿等方面，应以合同法的规则加以调整，而无须适用第 459 条至第 461 条的规定。例如，若涉及出租人与承租人间围绕租赁物的使用、收益、费用支出及损害赔偿等的法律适用问题，则应首先尊重当事人的自治，"按照合同约定"处理；若当事人未做具体约定，则应适用法律关于租赁合同的具体规定。[1]

《民法典》第 458 条的规定，是否意味着，对于"基于合同关系等产生的占有"以外的占有而言，在涉及占有物的使用、收益、损害赔偿问题时，就一律适用第 459 条至第 461 条的规定呢？答案显然是否定的。若占有人系基于其享有的一项定限物权（如居住权、动产质权）而占有不动产或动产，则占有人与所有人之间在物的使用、收益、费用负担等方面，当然首先应由物权编调整物权关系的相应规范加以调整。[2] 更

---

〔1〕　例如，有关租赁物的使用、收益，应适用《民法典》第 709 条、第 720 条；有关租赁物修缮的费用负担，应适用第 713 条；有关租赁物的毁损、灭失责任，应适用第 710 条、第 714 条、第 729 条等。这就意味着，在占有物使用、收益、损害赔偿的问题上，合同的约定及合同法的规范，不仅应优先于无因管理、不当得利、侵权行为等调整法定之债的一般规范适用，而且也优先于《民法典》第 459-461 条这一组规范适用。

〔2〕　例如，因质权而占有质物的，关于质物孳息收取和抵充的规则，应适用《民法典》第 430 条；关于质物因使用而发生损害的赔偿问题，应适用第 431 条；关于因质权人保管不善所生的毁损、灭失责任，应适用第 432 条。

为重要的是，若占有非基于合同或物权而取得，则在占有物的使用、收益、费用负担、损害赔偿等方面，还将普遍涉及不当得利、无因管理及侵权责任等制度。如果说第458条实际排除了第459条至第461条对基于合同的占有关系的适用的话，该条的立法处理并不能够真正揭示这一组规范适用于何种情形，更不能回答当事人基于不当得利、侵权责任等产生的请求权与这一组规范之间的逻辑关系。本书认为，《民法典》第458条的立法技术，无助于说明物权编何以需要就所谓"回复请求权人—占有人关系"作出规定，更不能理顺该问题所涉及的复杂的请求权体系，因此在学理上尤其有必要对该问题进行体系化的建构。

(二)"回复请求权人—占有人关系"的逻辑定位与规范体系

《民法典》物权编于占有一章从占有效力的角度，对占有人的费用偿还请求权、损害赔偿等问题作出特别规定，尤其是对善意占有人的优待性规定，体现了法律保护占有的一贯立场。这一立法处理也是借鉴瑞士、日本及我国台湾地区民事立法的结果。[1] 不过，正如前文在讨论《民法典》第235条时所指出的那样，自所有权等物权的占有回复请求权的视角，将占有人的费用偿还请求权及损害赔偿责任等纳入"回复请求权人—占有人"法律关系，并将其作为从属于第235条规定的占有回复请求权的法律关系加以对待，应是更佳的立法选择。[2] 也就是说，这里对占有人的费用偿还请求权等问题的讨论，均存在一个前提，即所有人等物权人对无权占有人行使占有回复请求权。举例来说，甲饲养的宠物犬走失，乙拾获后据为己有，后将其赠与丙。若甲未向丙要求返还该犬，则当然不发生丙要求甲偿付购买狗粮的花费等问题。在《民法典》第459条至第461条这一组规范中，尽管仅有第460条专门设置了权利人向占有人要求返还原物的前提，但第459条及第461条出现的"恶意占有人"实际上已经表明这两条规范也仅针对无权占有人（因仅在无权占有，方有善意、恶意之分），而作为无权占有人相对方的"权利人"也就是第235条所称"权利人"，包括所有人及其他拥有占有权能的定限物权人，其中，所有人最为典型，故该法律关系也可概称为"所有人—占有人关系"。据此，若将第459条至第461条界定为附属于第235条的规范，则其适用范围已经得到准确界定，根本无需由第458条作排除性规定。综上，应将《民法典》第459条、第460条、第461条的适用情形及相关法律问题作以下识别：不动产或动产的所有人，或其他根据第235条享有回复请求权的其他定限物权人，向无权占有人主张物的返还，若后者在占有期间因使用该物而造成了损害，是否需要对前者负赔偿之责（第459条）？若后者对占有物支出了费用，前者是否有义务偿还该费用（第

---

[1] 《瑞士民法典》于物权编"占有"章第938条至第940条，区分善意占有与恶意占有，对占有人的使用收益、费用偿还、损害赔偿等作出了规定。《日本民法典》于物权编"占有权"章"占有的效力"一节之下的第189、190、191及196条，针对孳息返还义务、占有物毁损或灭失时的赔偿责任以及占有人的费用偿还请求权等作出了规定。我国台湾地区"民法"于物权编"占有"章第952条至第959条，区分善意占有与恶意占有，对占有物的孳息归属、费用偿还和损害赔偿等问题作出了规定。

[2] 《德国民法典》即采用此种立法技术。该法典物权编第一章"占有"虽然有着丰富的内容，但并不包括"回复请求权人—占有人关系"规范。调整回复请求权人与占有人之间法律关系的规范被规定在"所有权"一章第四节"所有权请求权"之中。该节首先于第985条规定了所有人的返还请求权，然后于其下的第987条至第1003条系统地对所有人与占有人关系作出规定。

460 条）？若在后者向前者返还占有物之前，占有物毁损、灭失，则后者是否应向前者赔偿损失（第 461 条）？

那么，立法者为何需要通过第 459 条至第 461 条对"回复请求权人—占有人关系"作出特别规范呢？在占有物的孳息与收益归属、占有物毁损灭失的损害赔偿责任以及所支出费用的求偿权等问题上，如果法律不针对"回复请求权人—占有人关系"作特别规范，则按照问题的属性，一般而言：物的孳息与收益问题，主要应适用不当得利之规定；占有物毁损、灭失的赔偿责任，主要应适用侵权责任的规定；占有人对于占有物所支出的费用，可以依支出费用型非给付不当得利或者依无因管理之规定处理。但是，民法上这些规范法定之债的制度，往往并不严格区分占有人的善意或者恶意，如果不针对"回复请求权人—占有人关系"创设特别规则，则对这些一般规则的适用往往会导致对善意占有人的不公。例如，根据侵权法的一般规则，行为人因故意或者过失造成他人之物毁损的，应负完全的赔偿责任。然而，如果占有人善意地相信自己是所有权人（如善意购买盗赃物的占有人），而疏于保管其主观上认为是自己的占有物，甚至将其抛弃，从而造成占有物的毁损或灭失，此时，显然不宜将对他人之物应尽的注意义务标准作为判断该善意自主占有人有无过错的标准，并据此确定损害赔偿责任，而是应该确定对善意占有人更为友好的法律规则。为此，法律在"回复请求权人—占有人关系"框架内，主要基于优待善意自主占有人的立法考量，创设了第 459 条至第 461 条的特别规范。

既然将"回复请求权人—占有人关系"规范界定为特别规范，则在其规范事项范围内，依据特别法优先于一般法适用的规则，这些规范将排除侵权责任、不当得利等一般规范的适用，而不产生请求权竞合之问题。例如，若依《民法典》第 461 条，物之所有人对于善意占有人无损害赔偿请求权，则当然不存在所有人另以第 1165 条关于侵权责任之规定享有侵权损害赔偿请求权之可能。据此，"回复请求权人—占有人关系"规范本身应构成一个完整的规范体系，或在必要时引致不当得利或侵权责任的规范，从而系统地解决法律适用问题。[1] 但是，现行立法并未满足这一要求，从而带来了法律解释和适用上的一些难题。例如，根据《民法典》第 460 条，善意占有人对于所支出的必要费用，可以要求返还请求权人偿还，但是，该条并未回应以下问题：对于必要费用之外的有益费用，善意占有人是否可以要求偿还？对于确需支出的必要费用，恶意占有人是否可以要求偿还？在有关"回复请求权人—占有人关系"规范未给出答案的情况下，逻辑上有两种解释可能：其一，既然第 460 条仅规定了善意占有人的费用求偿权，表明立法者有制裁恶意占有者的立法意旨，故应对该条作反面解释，即恶意占有人对其所支出的必要费用

---

〔1〕 关于"回复请求权人人—占有人关系"规范与其他请求权之间的竞合问题，鲍尔、施蒂尔纳认为，《德国民法典》第 987 条之下的规范原则上构成排他性的特别规范，参见［德］鲍尔、施蒂尔纳：《德国物权法》（上册），张双根译，法律出版社 2004 年版，第 203 页。

无求偿权；其二，第 460 条未规定恶意占有人的求偿权，并不意味着，在能够满足不当得利构成要件的情况下，恶意占有人也不能根据不当得利请求权主张费用的偿还，也就是说，在立法就"回复请求权人—占有人关系"未作全面规范之情形（立法本应作出更全面的规范），不能简单地对既有规定作反面解释并排除其他请求权规范的适用。[1] 本书认为，应采用第二种解释方案。质言之，对第 459 条至第 461 条这一组规范，是否具有排除其他请求权规范的效力，不能一概而论，须根据具体的规范意旨而定。

从《民法典》第 459 条至第 461 条的规范内容来看，第 459 条调整因占有人使用而导致损害的赔偿责任，第 460 条规定了占有人的孳息返还义务及善意占有人对支出必要费用的求偿权，第 461 条规定占有物毁损、灭失时的赔偿责任。这一规范体系有些奇怪，尤其是，第 459 条专门调整因使用而导致的损害赔偿，而第 461 条则一般性地对占有物的毁损、灭失责任作出规定，二者的关系不甚清晰。本节以下内容拟对该三条规范内容进行一定重组，区分占有物的使用收益、支出费用的偿还及占有物毁损灭失的赔偿三个问题分别加以讨论。

二、占有物的使用、收益

无权占有人在占有期间，通过对物的使用获得使用利益，并可能收取天然孳息或者法定孳息。所有权人等权利人在主张占有物之返还时，能否一并要求占有人返还收益和孳息？例如，甲窃取乙的挖掘机后出卖于丙，1 年后，甲向丙要求挖掘机的返还，若丙在占有期间持续使用该挖掘机，或将其出租于他人获取租金若干，则在丙知晓或不知晓其占有之物为盗赃物的情形，其是否应向乙返还因使用挖掘机所获利益或者是否需将收取的租金返还于乙？

关于占有人是否需要为其占有期间对物的使用对回复请求权人负利益返还之问题，《民法典》第 459 条至第 461 条这一组规范并未加以明确。比较法上，总体上对此问题仍按照优待善意占有人的立法宗旨，承认善意占有人有就占有物加以使用收益的权利，故善意占有人无须就其使用对回复请求权人负利益返还的义务。[2] 本书认为，透过规范的解释，在我国法上，也应确立善意占有人对因使用占有物而获得利益不负返还之责的规则。《民法典》第 459 条规范占有人因使用占有物导致损害的赔偿问题，依该条规定，恶意占有人应当负损害赔偿责任；那么，反面解释，善意占有人使用导致占有

---

〔1〕 有观点认为，既然《民法典》第 460 条仅规定善意占有人可以要求返还请求权人支付其支出的必要费用，那么恶意占有人就不能要求权利人支付任何费用，参见黄薇主编：《中华人民共和国民法典物权编解读》，中国法制出版社 2020 年版，第 841 页。

〔2〕 例如，根据《德国民法典》第 993 条，善意占有人对于物的收益，不负返还之责；该法典第 988 条同时规定，若占有人系无偿取得占有，则应依不当得利之规定对所有人负有返还其收益的义务。《瑞士民法典》第 918 条第 1 款规定："物的善意占有人，依其被推定的权利，得对占有物为使用及收益者，对权利人不负返还义务"。我国台湾地区"民法"借鉴瑞士民法之规定，于第 952 条设有规定如下："善意占有人于其推定其为适法所有之权利范围内，得为占有物之使用、收益。"

物损害的，无须负损害赔偿之责。依情形之不同，对物的正常使用，有的会造成物的明显损耗（如使用机动车导致的损耗），有的则不会明显造成损害（如对房屋的正常居住使用），既然善意占有人对因使用造成的损害无须负责，则没有理由认为，其应对因使用获得的利益负返还之责（用坏了不用赔，没用坏反而需要支付使用代价，不符合逻辑）。[1]据此，在我国法上仍应确立以下规则：恶意占有人无使用占有物之权利，其因使用造成物的损害的，应依《民法典》第459条负责，即使其使用未造成物的损害，恶意占有人仍应依不当得利的规则，对回复请求权人负有返还使用利益之责；善意占有人对于占有物有使用并保有使用利益的权利，对回复请求权人不负使用利益的返还之责。[2]

　　若占有物产生了天然孳息或者法定孳息，则收取孳息的无权占有人是否有向回复请求权人返还孳息的义务？对此问题，比较法上的一般立场还是倾向于优待善意占有人，承认善意占有人能够保有孳息而不必归还。[3]但是，我国《民法典》第460条明文规定：“不动产或者动产被占有人占有的，权利人可以请求返还原物及其孳息……”[4]该条不区分善意占有人与恶意占有人，规定占有人在返还原物的同时，均应一并返还其对占有物收取的孳息。该条如此规定的理由或许是：比较法上，善意占有人之所以能够保留孳息，主要是为了以此孳息收益覆盖占有人在管理、保存占有物上支出的费用；只要单独规定了善意占有人的费用求偿权，则使其负担孳息归还义务，并不会导致对善意占有人的不公。无论这一理由是否充分，我国现行法已经作出了善意占有人也须返还孳息的立法选择。不过，至少在返还孳息的具体规则方面，区分善意占有与恶意占有仍有意义，即应类推适用《民法典》第986条、第987条等规范，确立以下的规则：对善意占有人而言，若其收取的孳息非基于其消费或处分的原因而不复存在，

---

[1] 以第459条关于因使用而导致损害的赔偿责任规则迂回地解释善意占有人对使用利益不负返还之责，并非学界通说，且的确会造成与对孳息返还规则的不同评价问题。就此问题，一种代表性观点认为，因使用利益与孳息无本质区别，在使用利益返还问题上应类推适用第460条规则，据此，善意占有人亦负使用利益的返还之责。考虑到第460条对善意占有人也须承担孳息返还义务的规定，本身就存在合理性方面的质疑，因此，本书认为不应类推该条规定，而应取向于优待善意占有人的立法目的，透过第459条的解释，得出善意占有人不负使用利益返还的结论。如此处理，也可以使第459条产生出规范意义（若仅按字面解释，则第459条的规范内容已完全被第461条吸收，从而成为一条无意义的规范）。

[2] 善意占有人不负使用利益的返还之责，却须依《民法典》第460条之规定，负孳息的返还之责，的确存在法律评价上的矛盾。针对善意占有人自行高强度使用他人挖掘机，及将挖掘机出租于他人并获得租金的两种情形，若法律规则适用的结果是，对于前者，善意占有人无需返还使用利益（哪怕用坏了挖掘机，也不用赔偿），而对于后者，善意占有人必须将所得的租金予以返还，则法律规则的自相矛盾显而易见。本书认为，该问题主要系第460条偏离优待善意占有人的立法宗旨所致，未来立法可以考虑允许善意占有人保留收取的孳息（同时明确，若收取的孳息能够覆盖其所支出费用的，不再向回复请求权人要求该费用的偿还）。

[3] 以《日本民法典》的规定为例，关于孳息是否返还的规则有三个要点：其一，善意占有人取得由占有物产生的孳息（第189条第1款）；其二，恶意占有人负返还孳息的义务，并负偿还其已消费的、因过失而毁损的及怠于收取的孳息代价的义务（第190条第1款）；其三，占有人就其支出的必要费用可以向回复请求权人要求偿还，但占有人取得孳息情形，必要费用归占有人负担。

[4] 就所谓原物返还而言，该规定与《民法典》第235条构成了重叠，且缺失了第235条对占有须为“无权占有”的要求。在所有权人等权利人以物权为基础要求回复占有时，应以第235条而非本条为请求权基础。由于孳息返还问题系原物返还请求权的从属问题，故负有孳息返还义务的当然也仅是无权占有人。

或其对孳息根本未予收取，[1] 则其未实质性由孳息获利，不应负有补偿其价额的义务；对恶意占有人而言，若其因过失而导致收取的天然孳息毁损，或其因过失未予收取，则须折价赔偿回复请求权人的损失。

三、对占有物所支出费用的偿还

无权占有人就其占有之物，对所有权人等回复请求权人负有返还义务，已如前述。但是，占有人在占有他人之物期间，可能对占有物支出费用，如占有他人机动车者，可能对机动车做常规性保养，可能对机动车升级改造（如加装倒车雷达），也可能给车辆喷涂炫亮且昂贵的车漆，那么，在占有人向回复请求权人返还占有物时，其能否就其支出的费用向后者要求偿还？解决这一问题须兼顾占有人与回复请求权人的利益，既不使支出费用的占有人受到不当损害，也不给回复请求权人增加无谓的负担。为此，既需要区分占有人之占有为善意或恶意，也需要考虑所支出费用的具体情形，既要考虑在"回复请求权人—占有人关系"框架内作特别规范，也要考虑不当得利、无因管理等一般规范的适用余地。由于其具有的复杂性，该问题在学理上引发了很多争论。

比较法上，关于占有人的费用偿还请求权，一般将支出的费用区分为必要费用、有益费用（改良费用）及奢侈费用等，并根据占有人的善意或恶意，确定不同的规则。[2] 对该问题，我国《民法典》第460条仅明确了以下这条规则，即善意占有人因维护占有物而支出必要费用的，有权向回复请求权人要求偿还。通过与《民法典》关于不当得利、无因管理之规定的协调，应对我国法上的占有人费用求偿权补充以下两项规则：

（1）对于善意占有人而言，其在占有物上支出有益费用的，则在占有物返还时，善意占有人可在该物现存价值增加限度内，向返还请求权人主张偿还。[3]

（2）该条未赋予恶意占有人必要费用的求偿权，但是，不应据此否认恶意占有人向回复请求权人主张必要费用偿还的权利。首先，恶意占有，仅意味着占有人知道其无本权而继续占有，并不完全排除其主观上具有为他人利益管理的可能，因此，恶意占有人有可能依《民法典》第979条有关无因管理之规定，请求必要费用的偿还。其

---

[1] 例如，善意的自主占有人认为，枝头已成熟的水果品质不佳，且市价低廉，遂未采摘而任其自落且腐烂于地，则其对于果树的回复请求权人不负折价补偿的义务。

[2] 例如，根据《德国民法典》之规定，占有人就占有物所支出的必要费用，得向所有人请求偿还，若系恶意占有人支出的必要费用，所有人的偿还义务依无因管理的规定（第994条）；若善意占有人支出必要费用之外的有益费用，且在所有人恢复物时其价值因而增加者，善意占有人可在价值增加限度内请求所有人偿还。根据《瑞士民法典》之规定，权利人请求返还其物时，善意占有人可请求偿还必要费用与有益费用，对于其他费用，善意占有人无偿还请求权，但若其未受补偿，可取走添置物（第939条）；恶意占有人就其支出的费用，仅在该费用对权利人亦为必要者，始得请求偿还。根据我国台湾地区"民法"之规定，善意占有人对其支出的必要费用，得向回复请求权人请求偿还（第954条），对于其支出的改良费用，善意占有人于其占有物现存之增加价值限度内，得向回复请求权人请求偿还（第955条）；恶意占有人，因保存占有物所支出之必要费用，对于回复请求权人，得依关于无因管理之规定请求偿还（第957条）。

[3] 关于善意占有人对有益费用的求偿权，有学者主张，应将本条中的必要费用扩及于有益费用，参见杨代雄主编：《袖珍民法典评注》，中国民主法治出版社2022年版，第353页。若不作此目的性扩张解释，可考虑以《民法典》第985条关于不当得利的规定作为请求权基础。

次，既然属于为维护占有物所必须支出的费用，则回复请求权人收回得到维护的占有物而不偿付该费用的，将构成不当得利，占有人可依据《民法典》第 985 条之规定，请求不当得利（其所支出的必要费用）的偿还。

据此，车辆占有人对车辆做常规性保养而支出必要费用的，无论其为善意还是恶意，均可向回复请求权人要求费用偿还（不过，若占有人因使用车辆获取了使用利益，则不能再要求偿付费用）。占有人加装倒车雷达，属于改良车辆，相关支出应为有益费用，善意占有人应有权要求偿还，而恶意占有人仅在返还请求权人因此构成不当得利的情形，可主张在其得利范围内要求偿还。在车上喷涂炫亮且昂贵的车漆，相关支出应属于无谓的奢侈费用，即使占有人为善意，也不得向返还请求权人要求偿还费用。

本书关于留置权部分的讨论已经提及，占有人对回复请求权人享有费用偿还请求权的，若后者不清偿此项债务，则占有人有权留置占有物。

　　关于占有人在费用未被偿还前得拒绝占有物归还的权利，比较法上常见针对此种情形的专门规定，[1] 而我国民法无类似规定。通过将占有人的费用偿还债权与回复请求权人主张占有物返还的权利解释为《民法典》第 448 条所称"同一法律关系"，可以赋予占有人对占有物的留置权，并利用留置权的留置抗辩效力达成拒绝返还占有物的目的。[2] 但是，如前文所述，占有人的费用偿还请求权仅在回复请求权人实际主张占有物之返还时才真正发生，故占有人此时应仅享有留置抗辩（即拒绝归还占有物）的权利，而不存在根据《民法典》第 453 条就占有物变价且优先受偿的问题。由此可见，以占有人享有留置权来解释占有人拒绝返还占有物的权利，并不能完全令人满意。若转而寻求以《民法典》第 525 条规定的同时履行抗辩权作为占有人拒绝返还占有物的规范依据，理论上也说不通，因为回复请求权人要求返还占有物的请求权，与占有人要求偿还费用的请求权，并非基于双务合同而发生，二者间不构成对待给付，不适用同时履行抗辩权。由此可见，在规定占有人费用偿还请求权的规范中专门设置在费用受偿前拒绝返还占有物的权利，实有必要。

四、占有物毁损灭失的赔偿责任

占有他人之物，因故意或过失而导致物之毁损、灭失的，应依侵权责任之规定负

---

〔1〕《德国民法典》第 1000 条规定，"占有人在未受费用之偿还前，得拒绝物之返还。占有人故意以侵权行为取得物之占有者，无留置权"。《瑞士民法典》第 939 条亦明确规定，在权利人给付该费用前，善意占有人得拒绝返还其物。

〔2〕 我国台湾地区"民法"在"回复请求权人—占有人关系"规范中（第 952 条至第 959 条）也未专门规定占有人在费用受偿还之前拒绝物之返还的权利，且台湾地区"民法"上的留置权与《民法典》上规定的留置权也具有相似的效力结构（即不仅有留置的效力，且具有变价和优先受偿的效力），而台湾地区学理通说认为，于此情形，占有人享有留置权。参见王泽鉴：《民法物权》，北京大学出版社 2009 年版，第 514 页；谢在全：《民法物权论》（下册），中国政法大学出版社 2011 年版，第 1206 页。不过，这些著作都未对占有人是否能够对留置物变价受偿问题作出讨论。

损害赔偿之责，这似乎是不言而喻的道理。但是，若占有人为善意的自主占有人，则由于其主观上认为系在管领、处置自己之物，故不应以侵权行为规范来评价其行为。例如，乙从甲处低价购买二手《民法典评注》，不知该套图书系甲自丙处窃取的盗赃，乙在阅读该图书后，对其质量不满意，遂付诸一炬，问丙能否要求乙赔偿损失？乙虽系故意毁损图书，但其主观上认为其处置的是自己之物，显然不应简单地认为其应对其故意行为负侵权损害赔偿责任。

作为"回复请求权人–占有人关系"规范的重要组成部分，《民法典》第461条规定："占有的不动产或者动产毁损、灭失，该不动产或者动产的权利人请求赔偿的，占有人应当将因毁损、灭失取得的保险金、赔偿金或者补偿金等返还给权利人；权利人的损害未得到足够弥补的，恶意占有人还应当赔偿损失。"对该条规定，可作以下几点解读：

（1）该条的请求权人为所有权人等回复请求权人，即《民法典》第235条规定的"权利人"。义务人为无权占有人，其中，第二分句规定的赔偿损失请求权指向恶意占有人，而第一分句规定的保险金等返还请求权的义务人包括了善意占有人与恶意占有人。

（2）该条请求权预设的事实是，物在占有人占有期间发生了毁损或者灭失。所谓毁损，指占有物物质上或者功能上的损害或耗费，如机动车剐蹭导致车身受损，或因未及时保养导致发动机性能下降等。所谓灭失，指占有物的全部毁灭，如机动车发生严重事故而完全报废。在占有物虽遭毁损但未灭失的情形，不影响回复请求权人返还原物的主张，但须探讨其能否一并要求就毁损主张损害赔偿之问题。在占有物灭失之情形下，回复占有的请求权即便先前已存在，也已发生给付不能，此时需要解决回复请求权人是否能就标的物灭失主张损害赔偿之问题。

（3）占有人如基于占有物毁损、灭失的事实而自第三人处获得了保险金、赔偿金或者补偿金，则无论占有人为善意或恶意，均应将此所受的利益返还于回复请求权人。[1] 占有人对占有物享有保险利益，其因保险标的发生毁损、灭失的保险事故而自保险人处获得保险金的，应向回复请求权人返还。无权占有人占有之物因他人实施的

[1] 《民法典》第461条的规范视角比较独特。若该条旨在规范占有物毁损、灭失的责任问题，应始终从损害赔偿的角度着手。由于一般情形下的侵权责任为过错责任，故"回复请求权人–占有人关系"规范也应以因可归责于占有人的事由导致毁损、灭失为前提，并确立以下规则：善意占有人，仅在因占有物毁损、灭失所受利益范围内，对回复请求权人负损害赔偿责任；恶意占有人则须负全部赔偿责任（参见《日本民法的》第191条；我国台湾地区"民法"第953条、第956条）。若占有物的毁损、灭失不可归责于占有人，则保险金、赔偿金等的返还问题，系纯粹的不当得利问题，与侵权责任问题无关。若占有物的毁损、灭失可归责于善意占有人，更佳的规范角度应是，自损害赔偿的视角，将善意占有人的赔偿范围限于其因物之毁损、灭失而得的利益。可以说，第461条将实质上属于不当得利的问题与侵权责任问题糅合在一起而成，容易滋生一些解释上的困难。

侵权行为而发生毁损、灭失的，若占有人受有赔偿金，[1] 也应将此赔偿金向回复请求权人返还。因征收、征用导致占有物毁损、灭失，而无权占有人受有补偿金的，亦同。

（4）占有物毁损、灭失的，若占有人为善意，即便毁损、灭失系由可归因于占有人之事由而发生，善意占有人在将因此而获得的保险金、赔偿金或补偿金给付于回复请求权人后，即可免于承担责任。若善意占有人未因物之毁损、灭失受有利益，基于对善意占有人优待的考量，其也不对回复请求权人承担侵权赔偿责任。须指出的是，仅有善意的自主占有人方能享有此种优待。若占有人为他主占有人，则根据其与使其获得占有之人之间的关系，占有人本就负有妥善保管的义务，自不得主张基于善意占有的免责待遇。举例来说，若乙将窃自甲的字画质押于不知情的丙，而丙因疏于保管而导致该字画毁损、灭失，则丙的占有纵然为善意占有，仍应对甲负损害赔偿之责。

（5）依该条之规定，若占有人为恶意，则其损害赔偿责任不限于因毁损、灭失而获得的利益，而应对回复请求权人所受全部损害负赔偿之责。对于恶意占有人的赔偿责任，比较法上多以占有物的毁损、灭失可归责于占有人为前提，若占有物的毁损、灭失不可归责于占有人，回复请求权人对恶意占有人亦无损害赔偿请求权。第 461 条对于恶意占有人的赔偿责任未以占有人因过错造成损害为前提，对此，至少存在两种解释可能：其一，若坚持仅恶意占有人有过错时方成立对回复请求权人的损害赔偿责任，则可将该规定解释为引致性规定，即恶意占有人须依侵权责任相关规定（《民法典》第 1165 条第 1 款）负责，从而将此损害赔偿责任导向过错责任。此种解释的一个重要理由在于，"回复请求权人–占有人关系"规范意在优待善意占有人，而非对恶意占有人加以特别惩戒，故不应一律使恶意占有人负无过错侵权责任。其二，既然该条未明确要求恶意占有人仅对因过错造成的毁损、灭失负责，且未使用"依法"等字样揭示该规范的引致性规范属性，即应认为此处立法者确立的是无过错赔偿责任，体现了我国民事立法更为严苛地对待恶意占有人的立场。由此可见，该问题的实质在于，立法者对于"回复请求权人—占有人关系"设置特别规范的立法宗旨，究竟是为了优待善意占有人，还是为了惩戒恶意占有人。如不能确定此立法意旨，在解释论上，依文义采第二种观点似乎是更为现实的选择。若能一体贯彻优待善意占有人（而非惩戒恶意占有人）的立法目的，则应依第一种解释为宜。

---

〔1〕 自侵权责任的视角看，侵权人应向所有人等回复请求权人负损害赔偿之责（如在甲强占登记于乙之下的房产，而丙基于过失导致该房产失火焚毁的情形，丙应向乙而非甲承担赔偿责任），若侵权人向无权占有人给付赔偿金，仅在依占有的权利推定效力等可将无权占有人作为债权的准占有人（表见债权人）之时，侵权人对无权占有人的给付方可构成清偿。在此情形，回复请求权人不得再向侵权人主张侵权责任，而仅得向无权占有人要求赔偿金的返还。在前举事例中，由于被毁的房屋登记在乙的名下，丙若向占有人甲给付赔偿金，并不能消灭其对乙的债务，房屋所有人乙仍能向丙主张损害赔偿，而丙可以向甲主张不当得利的返还。

中国特色社会主义法治理论系列教材

书　名	作　者
法理学	雷　磊
宪法学	秦奥蕾
行政法与行政诉讼法学	林鸿潮
中国法制史	赵　晶
民法学：总论	刘智慧
民法物权	刘家安
民法学：合同	田士永
经济法学	刘继峰
商法总论	王　涌
民事诉讼法学（第二版）	杨秀清
刑法学总论（第二版）	罗　翔
刑法学分论	方　鹏
刑事诉讼法学	汪海燕
国际法学	李居迁
国际私法学（第二版）	霍政欣
国际经济法（2017 年版）	杨　帆
国际经济法学（2020 年版）	祁　欢
法律职业伦理（第三版）	许身健
财税法	施正文
环境法学	于文轩
劳动法与社会保障法学	娄　宇
证据法	施鹏鹏
知识产权法（第二版）	陈　健
公司法学	王　涌